A book for You

赤本バックナンバーのご案内

赤本バックナンバーを1年単位で印刷製本しお届けします！

弊社発行の「**高校別入試対策シリーズ（赤本）**」の収録から外れた古い年度の過去問を1年単位でご購入いただくことができます。
「**赤本バックナンバー**」はamazon（アマゾン）の*プリント・オン・デマンドサービスによりご提供いたします。
定評のあるくわしい解答解説はもちろん赤本そのまま，解答用紙も付けてあります。
志望校の受験対策をさらに万全なものにするために，「**赤本バックナンバー**」をぜひご活用ください。

⚠*プリント・オン・デマンドサービスとは，ご注文に応じて1冊から印刷製本し，お客様にお届けするサービスです。

ご購入の流れ

① 英俊社のウェブサイト https://book.eisyun.jp/ にアクセス
② トップページの「高校受験」 赤本バックナンバー をクリック

③ ご希望の学校・年度をクリックする … の該当書籍のページにジャンプ
④ amazon（アマゾン）のウェブサイト …

⚠ 納期や配送，お支払い等，購入に関するお問 … トにてご確認ください。
⚠ 書籍の内容についてのお問い合わせは …

国私立高校・高専 バックナンバー

⚠表中の×印の学校・年度は，著作権上の事情等により発刊いたしません。
あしからずご了承ください。

（アイウエオ順）

※価格はすべて税込表示

学校名	2019年 実施問題	2018年 実施問題	2017年 実施問題	2016年 実施問題	2015年 実施問題	2014年 実施問題	2013年 実施問題	2012年 実施問題	2011年 実施問題	2010年 実施問題	2009年 実施問題	2008年 実施問題	2007年 実施問題	2006年 実施問題	2005年 実施問題	2004年 実施問題	2003年 実施問題
阪教育大附高池田校舎	1,540円 66頁	1,430円 60頁	1,430円 62頁	1,430円 60頁	1,430円 60頁	1,430円 58頁	1,430円 58頁	1,430円 60頁	1,430円 58頁	1,430円 56頁	1,430円 54頁	1,320円 50頁	1,320円 52頁	1,320円 52頁	1,320円 48頁	1,320円 48頁	
阪星光学院高	1,320円 48頁	1,320円 44頁	1,210円 42頁	1,210円 34頁	×	1,210円 36頁	1,210円 30頁	1,210円 32頁	1,650円 88頁	1,650円 84頁	1,650円 84頁	1,650円 80頁	1,650円 86頁	1,650円 80頁	1,650円 82頁	1,320円 52頁	1,430円 54頁
阪桐蔭高	1,540円 74頁	1,540円 66頁	1,540円 68頁	1,540円 66頁	1,540円 66頁	1,430円 64頁	1,540円 68頁	1,430円 62頁	1,430円 62頁	1,540円 68頁	1,430円 62頁	1,430円 62頁	1,430円 60頁	1,430円 62頁	1,430円 58頁		
西大学高	1,430円 56頁	1,430円 56頁	1,430円 58頁	1,430円 54頁	1,320円 52頁	1,320円 52頁	1,430円 54頁	1,320円 50頁	1,320円 52頁	1,320円 50頁							
西大学第一高	1,540円 66頁	1,430円 64頁	1,430円 64頁	1,430円 56頁	1,430円 62頁	1,430円 54頁	1,320円 48頁	1,430円 56頁	1,430円 56頁	1,430円 56頁	1,430円 56頁	1,320円 52頁	1,320円 52頁	1,320円 50頁	1,320円 46頁	1,320円 52頁	
西大学北陽高	1,540円 68頁	1,540円 72頁	1,540円 70頁	1,430円 64頁	1,430円 62頁	1,430円 60頁	1,430円 60頁	1,430円 58頁	1,430円 58頁	1,430円 58頁	1,430円 56頁	1,430円 54頁					
西学院高	1,210円 36頁	1,210円 36頁	1,210円 34頁	1,210円 34頁	1,210円 32頁	1,210円 32頁	1,210円 32頁	1,210円 32頁	1,210円 28頁	1,210円 30頁	1,210円 28頁	1,210円 30頁	×	1,210円 30頁	1,210円 28頁	×	1,210円 26頁
都女子高	1,540円 66頁	1,430円 62頁	1,430円 60頁	1,430円 60頁	1,430円 60頁	1,430円 54頁	1,430円 56頁	1,430円 56頁	1,430円 56頁	1,430円 56頁	1,430円 56頁	1,430円 54頁	1,430円 54頁	1,320円 50頁	1,320円 50頁	1,320円 48頁	
畿大学附属高	1,540円 72頁	1,540円 68頁	1,540円 68頁	1,540円 66頁	1,430円 64頁	1,430円 62頁	1,430円 58頁	1,430円 60頁	1,430円 58頁	1,430円 60頁	1,430円 54頁	1,430円 58頁	1,430円 56頁	1,430円 54頁	1,430円 56頁	1,320円 52頁	
留米大学附設高	1,430円 64頁	1,430円 62頁	1,430円 58頁	1,430円 60頁	1,430円 58頁	1,430円 58頁	1,430円 58頁	1,430円 58頁	1,430円 56頁	1,430円 58頁	1,430円 54頁	×	1,430円 54頁	1,430円 54頁			
天王寺高	1,540円 74頁	1,430円 62頁	1,430円 64頁	1,540円 66頁	1,210円 40頁	1,210円 40頁	1,430円 64頁	1,430円 64頁	1,430円 58頁	1,430円 62頁	1,430円 60頁	1,430円 60頁	1,430円 64頁	1,430円 58頁	1,430円 62頁	1,430円 58頁	
學学園高	1,210円 40頁	1,210円 40頁	1,210円 36頁	1,210円 42頁	1,210円 40頁	1,210円 40頁	1,210円 38頁	1,210円 38頁	1,320円 44頁	1,320円 48頁	1,320円 46頁	1,320円 48頁	1,320円 46頁	1,320円 44頁	1,210円 42頁		
教学園高	1,540円 66頁	1,540円 66頁	1,430円 64頁	1,430円 56頁	1,320円 52頁	1,320円 50頁	1,320円 52頁	1,320円 48頁	1,320円 52頁	1,320円 50頁	1,320円 50頁	1,320円 46頁					
南学院高	1,870円 102頁	1,760円 98頁	1,650円 82頁	1,980円 116頁	1,980円 112頁	1,980円 112頁	1,870円 110頁	1,870円 112頁	1,870円 106頁	1,540円 76頁	1,540円 76頁	1,540円 72頁	1,540円 72頁	1,540円 70頁			
風高	1,430円 58頁	1,430円 54頁	1,430円 60頁	1,430円 60頁	1,430円 60頁	1,430円 60頁	1,430円 60頁	1,430円 60頁	1,430円 56頁	1,430円 58頁	×	1,430円 56頁	1,430円 58頁	1,430円 54頁	1,430円 54頁		

※価格はすべて税込表示

学校名	2019年 実施問題	2018年 実施問題	2017年 実施問題	2016年 実施問題	2015年 実施問題	2014年 実施問題	2013年 実施問題	2012年 実施問題	2011年 実施問題	2010年 実施問題	2009年 実施問題	2008年 実施問題	2007年 実施問題	2006年 実施問題	2005年 実施問題	2004年 実施問題	2003年 実施問題
清風南海高	1,430円 64頁	1,430円 64頁	1,430円 62頁	1,430円 60頁	1,430円 60頁	1,430円 58頁	1,430円 58頁	1,430円 60頁	1,430円 56頁	1,430円 56頁	1,430円 56頁	1,430円 56頁	1,430円 58頁	1,430円 58頁	1,320円 52頁	1,430円 54頁	
智辯学園和歌山高	1,320円 44頁	1,210円 42頁	1,210円 40頁	1,210円 40頁	1,210円 38頁	1,210円 38頁	1,210円 40頁	1,210円 38頁	1,210円 38頁	1,210円 40頁	1,210円 40頁	1,210円 38頁	1,210円 38頁	1,210円 38頁	1,210円 38頁	1,210円 38頁	
同志社高	1,430円 56頁	1,430円 56頁	1,430円 54頁	1,430円 54頁	1,430円 56頁	1,430円 54頁	1,320円 52頁	1,320円 52頁	1,320円 50頁	1,320円 48頁	1,320円 50頁	1,320円 50頁	1,320円 46頁	1,320円 48頁	1,320円 44頁	1,320円 48頁	1,320 46
灘高	1,320円 52頁	1,320円 46頁	1,320円 48頁	1,320円 46頁	1,320円 46頁	1,320円 48頁	1,210円 42頁	1,320円 44頁	1,320円 50頁	1,320円 48頁	1,320円 46頁	1,320円 48頁	1,320円 48頁	1,320円 46頁	1,320円 44頁	1,320円 46頁	1,320 46
西大和学園高	1,760円 98頁	1,760円 96頁	1,760円 90頁	1,540円 68頁	1,540円 66頁	1,430円 62頁	1,430円 62頁	1,430円 62頁	1,430円 64頁	1,430円 64頁	1,430円 62頁	1,430円 64頁	1,430円 64頁	1,430円 62頁	1,430円 60頁	1,430円 56頁	1,430 58
福岡大学附属大濠高	2,310円 152頁	2,310円 148頁	2,200円 142頁	2,200円 144頁	2,090円 134頁	2,090円 132頁	2,090円 128頁	1,760円 96頁	1,760円 94頁	1,650円 88頁	1,650円 84頁	1,760円 88頁	1,760円 90頁	1,760円 92頁			
明星高	1,540円 76頁	1,540円 74頁	1,540円 68頁	1,430円 62頁	1,430円 62頁	1,430円 64頁	1,430円 64頁	1,430円 60頁	1,430円 58頁	1,430円 56頁	1,430円 56頁	1,430円 54頁	1,430円 54頁	1,430円 54頁	1,320円 52頁	1,320円 52頁	
桃山学院高	1,430円 64頁	1,430円 64頁	1,430円 62頁	1,430円 60頁	1,430円 58頁	1,430円 54頁	1,430円 56頁	1,430円 54頁	1,430円 58頁	1,430円 58頁	1,430円 56頁	1,320円 52頁	1,320円 52頁	1,320円 48頁	1,320円 46頁	1,320円 50頁	1,320 50
洛南高	1,540円 66頁	1,430円 64頁	1,540円 66頁	1,540円 66頁	1,430円 62頁	1,430円 64頁	1,430円 62頁	1,430円 62頁	1,430円 62頁	1,430円 60頁	1,430円 58頁	1,430円 64頁	1,430円 60頁	1,430円 62頁	1,430円 58頁	1,430円 58頁	1,430 60
ラ・サール高	1,540円 70頁	1,540円 66頁	1,430円 60頁	1,430円 62頁	1,430円 60頁	1,430円 58頁	1,430円 60頁	1,430円 60頁	1,430円 58頁	1,430円 54頁	1,430円 60頁	1,430円 54頁	1,430円 56頁	1,320円 50頁			
立命館高	1,760円 96頁	1,760円 94頁	1,870円 100頁	1,760円 96頁	1,870円 104頁	1,870円 102頁	1,870円 100頁	1,760円 92頁	1,650円 88頁	1,760円 94頁	1,650円 88頁	1,650円 86頁	1,320円 48頁	1,650円 80頁	1,430円 54頁		
立命館宇治高	1,430円 62頁	1,430円 60頁	1,430円 58頁	1,430円 58頁	1,430円 56頁	1,430円 54頁	1,430円 54頁	1,320円 52頁	1,320円 52頁	1,430円 54頁	1,430円 56頁	1,320円 52頁					
国立高専	1,650円 78頁	1,540円 74頁	1,540円 66頁	1,430円 64頁	1,430円 62頁	1,430円 62頁	1,430円 62頁	1,540円 68頁	1,540円 70頁	1,430円 64頁	1,430円 62頁	1,430円 62頁	1,430円 60頁	1,430円 58頁	1,430円 60頁	1,430円 56頁	1,430 60

公立高校 バックナンバー

※価格はすべて税込表

府県名・学校名	2019年 実施問題	2018年 実施問題	2017年 実施問題	2016年 実施問題	2015年 実施問題	2014年 実施問題	2013年 実施問題	2012年 実施問題	2011年 実施問題	2010年 実施問題	2009年 実施問題	2008年 実施問題	2007年 実施問題	2006年 実施問題	2005年 実施問題	2004年 実施問題	200 実施
岐阜県公立高	990円 64頁	990円 60頁	990円 60頁	990円 60頁	990円 58頁	990円 56頁	990円 58頁	990円 52頁	990円 54頁	990円 52頁	990円 52頁	990円 48頁	990円 50頁	990円 52頁			
静岡県公立高	990円 62頁	990円 58頁	990円 58頁	990円 60頁	990円 60頁	990円 56頁	990円 58頁	990円 58頁	990円 56頁	990円 54頁	990円 52頁	990円 54頁	990円 52頁	990円 52頁			
愛知県公立高	990円 126頁	990円 120頁	990円 114頁	990円 114頁	990円 114頁	990円 110頁	990円 112頁	990円 108頁	990円 108頁	990円 110頁	990円 102頁	990円 102頁	990円 102頁	990円 100頁	990円 100頁	990円 96頁	99 9
三重県公立高	990円 72頁	990円 66頁	990円 66頁	990円 64頁	990円 66頁	990円 64頁	990円 66頁	990円 64頁	990円 62頁	990円 62頁	990円 58頁	990円 58頁	990円 52頁	990円 54頁			
滋賀県公立高	990円 66頁	990円 62頁	990円 60頁	990円 62頁	990円 62頁	990円 46頁	990円 48頁	990円 46頁	990円 48頁	990円 44頁	990円 44頁	990円 44頁	990円 46頁	990円 44頁	990円 44頁	990円 40頁	99 4
京都府公立高(中期)	990円 60頁	990円 56頁	990円 54頁	990円 54頁	990円 56頁	990円 54頁	990円 56頁	990円 54頁	990円 56頁	990円 54頁	990円 52頁	990円 50頁	990円 50頁	990円 50頁	990円 46頁	990円 46頁	99 4
京都府公立高(前期)	990円 40頁	990円 38頁	990円 40頁	990円 38頁	990円 38頁	990円 36頁											
京都市立堀川高 探究学科群	1,430円 64頁	1,540円 68頁	1,430円 60頁	1,430円 62頁	1,430円 64頁	1,430円 60頁	1,430円 60頁	1,430円 58頁	1,430円 58頁	1,430円 64頁	1,430円 54頁	1,320円 48頁	1,210円 42頁	1,210円 38頁	1,210円 36頁	1,210円 40頁	
京都市立西京高 エンタープライジング科	1,650円 82頁	1,540円 76頁	1,650円 80頁	1,540円 72頁	1,540円 72頁	1,540円 70頁	1,320円 46頁	1,320円 50頁	1,320円 46頁	1,320円 44頁	1,210円 42頁	1,210円 42頁	1,210円 38頁	1,210円 38頁	1,210円 40頁	1,210円 34頁	
京都府立嵯峨野高 京都こすもす科	1,540円 68頁	1,540円 66頁	1,540円 68頁	1,430円 64頁	1,430円 64頁	1,430円 62頁	1,210円 42頁	1,210円 42頁	1,320円 46頁	1,320円 44頁	1,210円 42頁	1,210円 40頁	1,210円 40頁	1,210円 36頁	1,210円 36頁	1,210円 34頁	
京都府立桃山高 自然科学科	1,320円 46頁	1,320円 46頁	1,210円 42頁	1,320円 44頁	1,320円 46頁	1,320円 44頁	1,210円 42頁	1,210円 38頁	1,210円 42頁	1,210円 40頁	1,210円 40頁	1,210円 38頁	1,210円 34頁	1,210円 34頁			

※価格はすべて税込表示

府県名・学校名	2019年 実施問題	2018年 実施問題	2017年 実施問題	2016年 実施問題	2015年 実施問題	2014年 実施問題	2013年 実施問題	2012年 実施問題	2011年 実施問題	2010年 実施問題	2009年 実施問題	2008年 実施問題	2007年 実施問題	2006年 実施問題	2005年 実施問題	2004年 実施問題	2003年 実施問題
阪府公立高（一般）	990円 148頁	990円 140頁	990円 140頁	990円 122頁													
阪府公立高（特別）	990円 78頁	990円 78頁	990円 74頁	990円 72頁													
阪府公立高（前期）					990円 70頁	990円 68頁	990円 66頁	990円 72頁	990円 70頁	990円 60頁	990円 58頁	990円 56頁	990円 56頁	990円 54頁	990円 52頁	990円 52頁	990円 48頁
阪府公立高（後期）					990円 82頁	990円 76頁	990円 72頁	990円 64頁	990円 64頁	990円 64頁	990円 62頁	990円 62頁	990円 62頁	990円 58頁	990円 56頁	990円 58頁	990円 56頁
庫県公立高	990円 74頁	990円 78頁	990円 74頁	990円 74頁	990円 74頁	990円 68頁	990円 66頁	990円 64頁	990円 60頁	990円 56頁	990円 58頁	990円 56頁	990円 58頁	990円 56頁	990円 56頁	990円 54頁	990円 52頁
良県公立高（一般）	990円 62頁	990円 50頁	990円 50頁	990円 52頁	990円 50頁	990円 52頁	990円 50頁	990円 48頁	990円 48頁	990円 48頁	990円 48頁	990円 48頁	×	990円 44頁	990円 46頁	990円 42頁	990円 44頁
良県公立高（特色）	990円 30頁	990円 38頁	990円 44頁	990円 46頁	990円 46頁	990円 44頁	990円 40頁	990円 40頁	990円 32頁	990円 32頁	990円 32頁	990円 32頁	990円 28頁	990円 28頁			
歌山県公立高	990円 76頁	990円 70頁	990円 68頁	990円 64頁	990円 66頁	990円 64頁	990円 64頁	990円 62頁	990円 66頁	990円 62頁	990円 60頁	990円 60頁	990円 58頁	990円 56頁	990円 56頁	990円 56頁	990円 52頁
山県公立高（一般）	990円 66頁	990円 60頁	990円 58頁	990円 56頁	990円 58頁	990円 56頁	990円 58頁	990円 60頁	990円 56頁	990円 56頁	990円 52頁	990円 52頁	990円 50頁				
山県公立高（特別）	990円 38頁	990円 36頁	990円 34頁	990円 34頁	990円 34頁	990円 32頁											
島県公立高	990円 68頁	990円 70頁	990円 74頁	990円 68頁	990円 60頁	990円 58頁	990円 54頁	990円 46頁	990円 48頁	990円 46頁	990円 46頁	990円 46頁	990円 44頁	990円 46頁	990円 44頁	990円 44頁	990円 44頁
口県公立高	990円 86頁	990円 80頁	990円 82頁	990円 84頁	990円 76頁	990円 78頁	990円 76頁	990円 64頁	990円 62頁	990円 58頁	990円 58頁	990円 60頁	990円 56頁				
島県公立高	990円 88頁	990円 78頁	990円 86頁	990円 74頁	990円 76頁	990円 80頁	990円 64頁	990円 62頁	990円 60頁	990円 58頁	990円 60頁	990円 54頁	990円 52頁				
川県公立高	990円 76頁	990円 74頁	990円 72頁	990円 74頁	990円 72頁	990円 68頁	990円 68頁	990円 66頁	990円 66頁	990円 62頁	990円 62頁	990円 60頁	990円 62頁				
媛県公立高	990円 72頁	990円 68頁	990円 66頁	990円 64頁	990円 68頁	990円 64頁	990円 62頁	990円 60頁	990円 62頁	990円 56頁	990円 58頁	990円 56頁	990円 54頁				
岡県公立高	990円 66頁	990円 68頁	990円 68頁	990円 66頁	990円 60頁	990円 56頁	990円 56頁	990円 54頁	990円 56頁	990円 58頁	990円 52頁	990円 54頁	990円 52頁	990円 48頁			
崎県公立高	990円 90頁	990円 86頁	990円 84頁	990円 84頁	990円 82頁	990円 80頁	990円 80頁	990円 82頁	990円 80頁	990円 80頁	990円 80頁	990円 78頁	990円 76頁				
本県公立高	990円 98頁	990円 92頁	990円 92頁	990円 92頁	990円 94頁	990円 74頁	990円 72頁	990円 70頁	990円 70頁	990円 68頁	990円 68頁	990円 64頁	990円 68頁				
分県公立高	990円 84頁	990円 78頁	990円 80頁	990円 76頁	990円 80頁	990円 66頁	990円 62頁	990円 62頁	990円 62頁	990円 58頁	990円 58頁	990円 56頁	990円 58頁				
児島県公立高	990円 66頁	990円 62頁	990円 60頁	990円 60頁	990円 60頁	990円 60頁	990円 60頁	990円 60頁	990円 60頁	990円 58頁	990円 58頁	990円 54頁	990円 58頁				

英語リスニング音声データのご案内

英語リスニング問題の音声データについて

(赤本収録年度の音声データ)　弊社発行の**「高校別入試対策シリーズ（赤本）」に収録している年度**の音声データは，以下の一覧の学校分を提供しています。希望の音声データをダウンロードし，赤本に掲載されている問題に取り組んでください。

(赤本収録年度より古い年度の音声データ)　**「高校別入試対策シリーズ（赤本）」に収録している年度よりも古い年度**の音声データは，6ページの国私立高と公立高を提供しています。赤本バックナンバー（1～3ページに掲載）と音声データの両方をご購入いただき，問題に取り組んでください。

ご購入の流れ

① 英俊社のウェブサイト https://book.eisyun.jp/ にアクセス
② トップページの「高校受験」 リスニング音声データ をクリック
③ ご希望の学校・年度をクリックすると，オーディオブック（audiobook.jp）のウェブサイトの該当ページにジャンプ
④ オーディオブック（audiobook.jp）のウェブサイトでご購入。※初回のみ会員登録（無料）が必要です。

⚠ ダウンロード方法やお支払い等，購入に関するお問い合わせは，オーディオブック（audiobook.jp）のウェブサイトにてご確認ください。

音声データを入手できる学校と年度

赤本収録年度の音声データ

ご希望の年度を1年分ずつ，もしくは赤本に収録している年度をすべてまとめてセットでご購入いただくことができます。セットでご購入いただくと，1年分の単価がお得になります。

⚠ ×印の年度は音声データをご提供しておりません。あしからずご了承ください。

国私立高（アイウエオ順）

※価格は税込表示

学校名	税込価格				
	2020年	2021年	2022年	2023年	2024年
アサンプション国際高	¥550	¥550	¥550	¥550	¥550
5か年セット	¥2,200				
育英西高	¥550	¥550	¥550	¥550	¥550
5か年セット	¥2,200				
大阪教育大附高池田校	¥550	¥550	¥550	¥550	¥550
5か年セット	¥2,200				
大阪薫英女学院高	¥550	¥550	¥550	¥550	×
4か年セット	¥1,760				
大阪国際高	¥550	¥550	¥550	¥550	¥550
5か年セット	¥2,200				
大阪信愛学院高	¥550	¥550	¥550	¥550	¥550
5か年セット	¥2,200				
大阪星光学院高	¥550	¥550	¥550	¥550	¥550
5か年セット	¥2,200				
大阪桐蔭高	¥550	¥550	¥550	¥550	¥550
5か年セット	¥2,200				
大谷高	×	×	×	¥550	¥550
2か年セット	¥880				
関西創価高	¥550	¥550	¥550	¥550	¥550
5か年セット	¥2,200				
京都先端科学大附高(特進・進学)	¥550	¥550	¥550	¥550	¥550
5か年セット	¥2,200				

※価格は税込表示

学校名	税込価格				
	2020年	2021年	2022年	2023年	2024年
京都先端科学大附高（国際）	¥550	¥550	¥550	¥550	¥550
5か年セット	¥2,200				
京都橘高	¥550	×	¥550	¥550	¥550
4か年セット	¥1,760				
京都両洋高	¥550	¥550	¥550	¥550	¥550
5か年セット	¥2,200				
久留米大附設高	×	¥550	¥550	¥550	¥550
4か年セット	¥1,760				
神戸星城高	¥550	¥550	¥550	¥550	¥550
5か年セット	¥2,200				
神戸山手グローバル高	×	×	×	¥550	¥550
2か年セット	¥880				
神戸龍谷高	¥550	¥550	¥550	¥550	¥550
5か年セット	¥2,200				
香里ヌヴェール学院高	¥550	¥550	¥550	¥550	¥550
5か年セット	¥2,200				
三田学園高	¥550	¥550	¥550	¥550	¥550
5か年セット	¥2,200				
滋賀学園高	¥550	¥550	¥550	¥550	¥550
5か年セット	¥2,200				
滋賀短期大学附高	¥550	¥550	¥550	¥550	¥550
5か年セット	¥2,200				

国私立高（アイウエオ順）

※価格は税込表示

学校名	税込価格				
	2020年	2021年	2022年	2023年	2024年
樟蔭高	¥550	¥550	¥550	¥550	¥550
5か年セット	¥2,200				
常翔学園高	¥550	¥550	¥550	¥550	¥550
5か年セット	¥2,200				
清教学園高	¥550	¥550	¥550	¥550	¥550
5か年セット	¥2,200				
西南学院高(専願)	¥550	¥550	¥550	¥550	¥550
5か年セット	¥2,200				
西南学院高(前期)	¥550	¥550	¥550	¥550	¥550
5か年セット	¥2,200				
園田学園高	¥550	¥550	¥550	¥550	¥550
5か年セット	¥2,200				
筑陽学園高(専願)	¥550	¥550	¥550	¥550	¥550
5か年セット	¥2,200				
筑陽学園高(前期)	¥550	¥550	¥550	¥550	¥550
5か年セット	¥2,200				
智辯学園高	¥550	¥550	¥550	¥550	¥550
5か年セット	¥2,200				
帝塚山高	¥550	¥550	¥550	¥550	¥550
5か年セット	¥2,200				
東海大付大阪仰星高	¥550	¥550	¥550	¥550	¥550
5か年セット	¥2,200				
同志社高	¥550	¥550	¥550	¥550	¥550
5か年セット	¥2,200				
中村学園女子高(前期)	×	¥550	¥550	¥550	¥550
4か年セット	¥1,760				
灘高	¥550	¥550	¥550	¥550	¥550
5か年セット	¥2,200				
奈良育英高	¥550	¥550	¥550	¥550	¥550
5か年セット	¥2,200				
奈良学園高	¥550	¥550	¥550	¥550	¥550
5か年セット	¥2,200				
奈良大附高	¥550	¥550	¥550	¥550	¥550
5か年セット	¥2,200				

※価格は税込表示

学校名	税込価格				
	2020年	2021年	2022年	2023年	2024年
西大和学園高	¥550	¥550	¥550	¥550	¥550
5か年セット	¥2,200				
梅花高	¥550	¥550	¥550	¥550	¥550
5か年セット	¥2,200				
白陵高	¥550	¥550	¥550	¥550	¥550
5か年セット	¥2,200				
初芝立命館高	×	×	×	×	¥550
東大谷高	×	×	¥550	¥550	¥550
3か年セット	¥1,320				
東山高	×	×	×	×	¥550
雲雀丘学園高	¥550	¥550	¥550	¥550	¥550
5か年セット	¥2,200				
福岡大附大濠高(専願)	¥550	¥550	¥550	¥550	¥550
5か年セット	¥2,200				
福岡大附大濠高(前期)	¥550	¥550	¥550	¥550	¥550
5か年セット	¥2,200				
福岡大附大濠高(後期)	¥550	¥550	¥550	¥550	¥550
5か年セット	¥2,200				
武庫川女子大附高	×	×	¥550	¥550	¥550
3か年セット	¥1,320				
明星高	¥550	¥550	¥550	¥550	¥550
5か年セット	¥2,200				
和歌山信愛高	¥550	¥550	¥550	¥550	¥550
5か年セット	¥2,200				

公立高

※価格は税込表示

学校名	税込価格				
	2020年	2021年	2022年	2023年	2024年
京都市立西京高（エンタープライジング科）	¥550	¥550	¥550	¥550	¥550
5か年セット	¥2,200				
京都市立堀川高（探究学科群）	¥550	¥550	¥550	¥550	¥550
5か年セット	¥2,200				
京都府立嵯峨野高（京都こすもす科）	¥550	¥550	¥550	¥550	¥550
5か年セット	¥2,200				

赤本収録年度より古い年度の音声データ

以下の音声データは，赤本に収録以前の年度ですので，赤本バックナンバー（P.1～3に掲載）と合わせてご購入ください。
赤本バックナンバーは1年分が1冊の本になっていますので，音声データも1年分ずつの販売となります。

※価格は税込表示

国私立高（アイウエオ順）

学 校 名	税込価格																
	2003年	2004年	2005年	2006年	2007年	2008年	2009年	2010年	2011年	2012年	2013年	2014年	2015年	2016年	2017年	2018年	2019年
大阪教育大附高池田校		¥550	¥550	¥550	¥550	¥550	¥550	¥550	¥550	¥550	¥550	¥550	¥550	¥550	¥550	¥550	¥550
大阪星光学院高（1次）	¥550	¥550	¥550	¥550	¥550	¥550	¥550	¥550	¥550	¥550	×	¥550	×	¥550	¥550	¥550	¥550
大阪星光学院高（1.5次）			¥550	¥550	¥550	¥550	¥550	¥550	×	×	×	×	×	×	×	×	×
大阪桐蔭高						¥550	¥550	¥550	¥550	¥550	¥550	¥550	¥550	¥550	¥550	¥550	¥550
久留米大附設高				¥550	¥550	×	¥550	¥550	¥550	¥550	¥550	¥550	¥550	¥550	¥550	¥550	¥550
清教学園高														¥550	¥550	¥550	¥550
同志社高						¥550	¥550	¥550	¥550	¥550	¥550	¥550	¥550	¥550	¥550	¥550	¥550
灘高																¥550	¥550
西大和学園高				¥550	¥550	¥550	¥550	¥550	¥550	¥550	¥550	¥550	¥550	¥550	¥550	¥550	¥550
福岡大附大濠高（専願）											¥550	¥550	¥550	¥550	¥550	¥550	¥550
福岡大附大濠高（前期）				¥550	¥550	¥550	¥550	¥550	¥550	¥550	¥550	¥550	¥550	¥550	¥550	¥550	¥550
福岡大附大濠高（後期）				¥550	¥550	¥550	¥550	¥550	¥550	¥550	¥550	¥550	¥550	¥550	¥550	¥550	¥550
明星高															¥550	¥550	¥550
立命館高（前期）						¥550	¥550	¥550	¥550	¥550	¥550	¥550	¥550	×	×	×	×
立命館高（後期）						¥550	¥550	¥550	¥550	¥550	¥550	¥550	¥550	×	×	×	×
立命館宇治高										¥550	¥550	¥550	¥550	¥550	¥550	¥550	×

※価格は税込表示

公立高（府県順）

府県名・学校名	税込価格																
	2003年	2004年	2005年	2006年	2007年	2008年	2009年	2010年	2011年	2012年	2013年	2014年	2015年	2016年	2017年	2018年	2019年
岐阜県公立高				¥550	¥550	¥550	¥550	¥550	¥550	¥550	¥550	¥550	¥550	¥550	¥550	¥550	¥550
静岡県公立高				¥550	¥550	¥550	¥550	¥550	¥550	¥550	¥550	¥550	¥550	¥550	¥550	¥550	¥550
愛知県公立高（Aグループ）	¥550	¥550	¥550	¥550	¥550	¥550	¥550	¥550	¥550	¥550	¥550	¥550	¥550	¥550	¥550	¥550	¥550
愛知県公立高（Bグループ）	¥550	¥550	¥550	¥550	¥550	¥550	¥550	¥550	¥550	¥550	¥550	¥550	¥550	¥550	¥550	¥550	¥550
三重県公立高				¥550	¥550	¥550	¥550	¥550	¥550	¥550	¥550	¥550	¥550	¥550	¥550	¥550	¥550
滋賀県公立高	¥550	¥550	¥550	¥550	¥550	¥550	¥550	¥550	¥550	¥550	¥550	¥550	¥550	¥550	¥550	¥550	¥550
京都府公立高（中期選抜）	¥550	¥550	¥550	¥550	¥550	¥550	¥550	¥550	¥550	¥550	¥550	¥550	¥550	¥550	¥550	¥550	¥550
京都府公立高（前期選抜 共通学力検査）												¥550	¥550	¥550	¥550	¥550	¥550
京都市立西京高（エンタープライジング科）		¥550	¥550	¥550	¥550	¥550	¥550	¥550	¥550	¥550	¥550	¥550	¥550	¥550	¥550	¥550	¥550
京都市立堀川高（探究学科群）												¥550	¥550	¥550	¥550	¥550	¥550
京都府立嵯峨野高（京都こすもす科）		¥550	¥550	¥550	¥550	¥550	¥550	¥550	¥550	¥550	¥550	¥550	¥550	¥550	¥550	¥550	¥550
大阪府公立高（一般選抜）														¥550	¥550	¥550	¥550
大阪府公立高（特別選抜）														¥550	¥550	¥550	¥550
大阪府公立高（後期選抜）	¥550	¥550	¥550	¥550	¥550	¥550	¥550	¥550	¥550	¥550	¥550	¥550	¥550	×	×	×	×
大阪府公立高（前期選抜）	¥550	¥550	¥550	¥550	¥550	¥550	¥550	¥550	¥550	¥550	¥550	¥550	¥550	×	×	×	×
兵庫県公立高	¥550	¥550	¥550	¥550	¥550	¥550	¥550	¥550	¥550	¥550	¥550	¥550	¥550	¥550	¥550	¥550	¥550
奈良県公立高（一般選抜）	¥550	¥550	¥550	¥550	×	¥550	¥550	¥550	¥550	¥550	¥550	¥550	¥550	¥550	¥550	¥550	¥550
奈良県公立高（特色選抜）				¥550	¥550	¥550	¥550	¥550	¥550	¥550	¥550	¥550	¥550	¥550	¥550	¥550	¥550
和歌山県公立高	¥550	¥550	¥550	¥550	¥550	¥550	¥550	¥550	¥550	¥550	¥550	¥550	¥550	¥550	¥550	¥550	¥550
岡山県公立高（一般選抜）					¥550	¥550	¥550	¥550	¥550	¥550	¥550	¥550	¥550	¥550	¥550	¥550	¥550
岡山県公立高（特別選抜）												¥550	¥550	¥550	¥550	¥550	¥550
広島県公立高	¥550	¥550	¥550	¥550	¥550	¥550	¥550	¥550	¥550	¥550	¥550	¥550	¥550	¥550	¥550	¥550	¥550
山口県公立高					¥550	¥550	¥550	¥550	¥550	¥550	¥550	¥550	¥550	¥550	¥550	¥550	¥550
香川県公立高					¥550	¥550	¥550	¥550	¥550	¥550	¥550	¥550	¥550	¥550	¥550	¥550	¥550
愛媛県公立高					¥550	¥550	¥550	¥550	¥550	¥550	¥550	¥550	¥550	¥550	¥550	¥550	¥550
福岡県公立高				¥550	¥550	¥550	¥550	¥550	¥550	¥550	¥550	¥550	¥550	¥550	¥550	¥550	¥550
長崎県公立高					¥550	¥550	¥550	¥550	¥550	¥550	¥550	¥550	¥550	¥550	¥550	¥550	¥550
熊本県公立高（選択問題A）													¥550	¥550	¥550	¥550	¥550
熊本県公立高（選択問題B）													¥550	¥550	¥550	¥550	¥550
熊本県公立高（共通）					¥550	¥550	¥550	¥550	¥550	¥550	¥550	¥550	×	×	×	×	×
大分県公立高					¥550	¥550	¥550	¥550	¥550	¥550	¥550	¥550	¥550	¥550	¥550	¥550	¥550
鹿児島県公立高					¥550	¥550	¥550	¥550	¥550	¥550	¥550	¥550	¥550	¥550	¥550	¥550	¥550

受験生のみなさんへ

英俊社の高校入試対策問題集

各書籍のくわしい内容はこちら→

近畿の高校入試シリーズ

最新の近畿の入試問題から良問を精選。
私立・公立どちらにも対応できる定評ある問題集です。

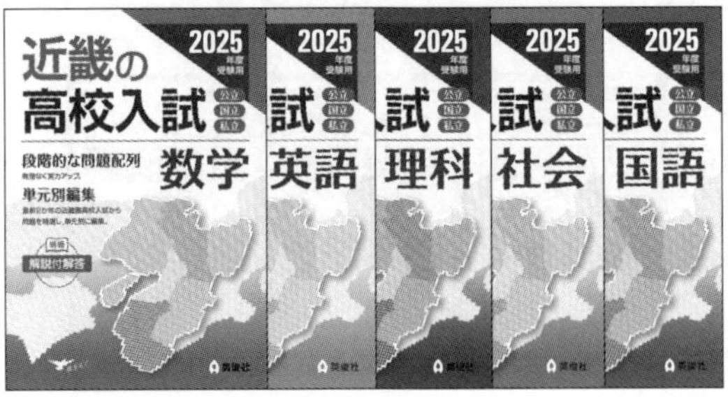

近畿の高校入試シリーズ

中1･2の復習

近畿の入試問題から１・２年生までの範囲で解ける良問を精選。
高校入試の基礎固めに最適な問題集です。

最難関高校シリーズ

最難関高校を志望する受験生諸君におすすめのハイレベル問題集。
灘、洛南、西大和学園、久留米大学附設、ラ・サールの最新７か年入試問題を単元別に分類して収録しています。

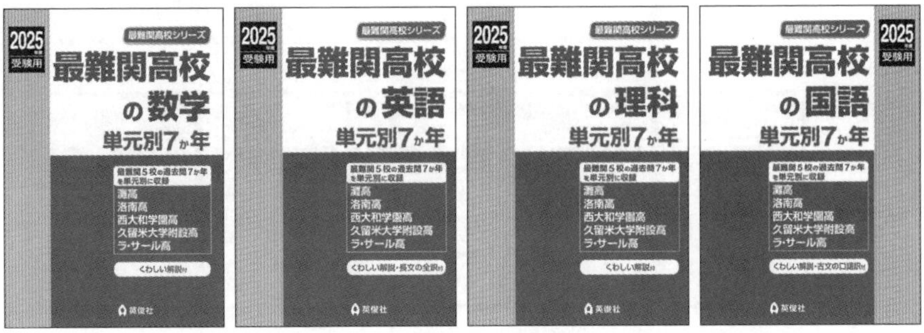

ニューウイングシリーズ　出題率

入試での出題率を徹底分析。出題率の高い単元、問題に集中して効率よく学習できます。

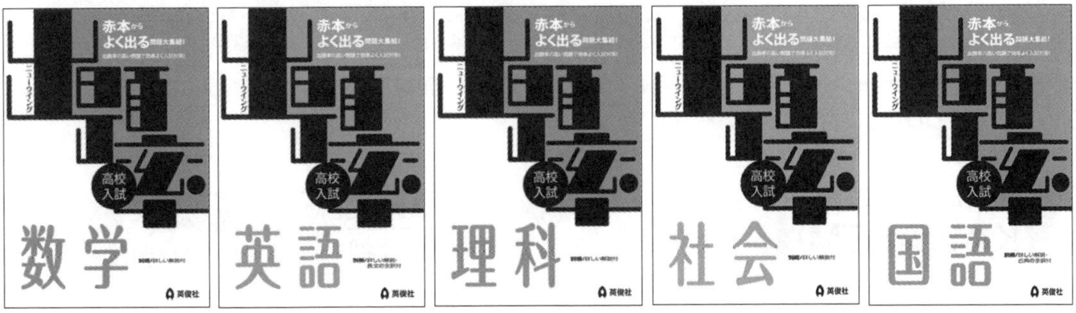

近道問題シリーズ

重要ポイントに絞ったコンパクトな問題集。苦手分野の集中トレーニングに最適です!

数学5分冊

01 式と計算
02 方程式·確率·資料の活用
03 関数とグラフ
04 図形〈1·2年分野〉
05 図形〈3年分野〉

英語6分冊

06 単語·連語·会話表現
07 英文法
08 文の書きかえ·英作文
09 長文基礎
10 長文実践
11 リスニング

理科6分冊

12 物理
13 化学
14 生物·地学
15 理科計算
16 理科記述
17 理科知識

社会4分冊

18 地理
19 歴史
20 公民
21 社会の応用問題 ―資料読解·記述―

国語5分冊

22 漢字·ことばの知識
23 文法
24 長文読解 ―攻略法の基本―
25 長文読解 ―攻略法の実践―
26 古典

学校·塾の指導者の先生方へ

赤本収録の**入試問題データベース**を利用して、**オリジナルプリント教材**を作成していただけるサービスが登場!! 生徒**ひとりひとりに合わせた**教材作りが可能です。

プリント教材作成システム KAWASEMI Lite

くわしくは KAWASEMI Lite 検索 で検索!
まずは**無料体験版**をぜひお試しください。

※指導者の先生方向けの専用サービスです。受験生など個人の方はご利用いただけませんので、ご注意ください。

公立高校入試対策シリーズ 3024

もくじ

●公立入試はこうだ！

●過去５か年の公立高入試問題

〈**英語長文**の全訳と**古文**の口語訳を付けてある〉

（注） 著作権の都合により，実際に使用された写真と異なる場合があります。　（編集部）

2020～2024年度のリスニング音声（書籍収録分すべて）は
英俊社ウェブサイト「**リスもん**」から再生できます。
https://book.eisyun.jp/products/listening/index/

リスもん
リスニング問題　音声再生ウェブページ

再生の際に必要な入力コード→ **34798562**
（コードの使用期限：2025年７月末日）

スマホはこちら ——→

※音声は英俊社で作成したものです。

❖三重県公立高校　入学者選抜について（全日制課程）

※　以下は2025年度入試の概要です。本書編集時点では，2025年度入試のくわしい選抜方法が公表されておりません。受検に際しては，必ず2025年度選抜実施要項をご確認ください。

★学科紹介　学科には，大きく分けて普通科，専門学科及び総合学科がある。

●**普通科**　学習の中心が普通教科に置かれている。中学校で学習したことを基礎にして，さらに幅広い一般的な教養を身につけることをねらいとする。

●**専門学科**　それぞれの学科に関する専門的な知識・技術を身につけることをねらいとする。

職業学科：農業，工業，商業，水産，家庭，看護，情報，福祉

その他の学科：理数，体育，英語，国際，応用デザイン

●**総合学科**　普通科・専門学科の両方の性格を持つ学科。必履修科目以外は，自分の進路希望や興味・関心などに基づいて，科目を選択して学ぶことができる。

★前期選抜　実施を希望する高等学校が，事前に公表する「学校の特色」，「選抜において重視する要件」に基づき，独自の選抜を2月に実施する。

① 募集枠　各高等学校が学科・コースの特色等をふまえて定める。原則として，普通科は入学定員の30％以内，普通科の中に設置されているコース，専門学科，総合学科等は50％以内とする。

② 選抜資料　自己推薦書，調査書

③ 検　　査　面接または「自己表現」，作文または小論文，実技検査，学力検査等の中から，各高等学校が自校の特色に合わせて指定した検査を1つ以上実施する。

※「自己表現」…受検者が面接時に，自己の個性や得意なものを自由な形で表現するものとする。

※学力検査…高等学校が作成する2教科以内の学力検査または総合問題（思考力，判断力，表現力及び中学校までの学習内容を総合的に活用する能力が身についているかをみるもの）とする。ただし，県教育委員会が作成する学力検査問題（国語，数学及び英語）を使用することができる。

④ 選抜方法　選抜資料と各高等学校が実施する検査の結果を総合し，各高等学校が合格内定者を決定する。

《スポーツ特別枠選抜》

●三重県が指定する強化指定運動部がある高等学校の中から希望する学校が，その指定している競技において実施する。昨年度は16校42競技で実施された。

●前期選抜と同じ日程で行い，志願する学科の検査内容に実技検査を加えて実施する。

★後期選抜　後期選抜の募集枠を設定する高等学校が，共通の学力検査及び選抜方法により，3月に実施する。(一部の学校では面接等を実施する。)

①募集枠　入学定員から前期選抜等の合格内定者数を減じた数を募集定員とする。

②選抜資料　調査書（第3学年における「各教科の学習の記録」及び「特別活動の記録」等）

③検　査　ア　国語，数学，社会，外国語（英語）及び理科の5教科の学力検査を実施する。

イ　各高等学校においては，学科・コースごとに実施教科を減じるまたは免じることができる。

ウ　各高等学校は，学科・コースごとに，面接または「自己表現」，作文または小論文，実技検査のいずれか，あるいはいくつかを課すことができる。

エ　学力検査の配点は，各教科50点。実技検査を実施する場合，その配点は50点とする。

オ　各高等学校は，学科・コースごとに，学力検査実施各教科及び実技検査の配点を傾斜配点とすることができる。前年度（2024年度）において，傾斜配点を実施した高等学校，学科・コースの教科と配点は以下のとおり。

四日市南(数理科学コース)…数学・100点

飯野(英語コミュニケーション)…英語・100点

宇治山田商業(国際)…英語・100点

④選抜方法　〈第1段階〉　①調査書により募集定員のおよそ100％(注)にあたる人数の者を選ぶ。②学力検査等により募集定員のおよそ80％にあたる人数の者を得点の高い者から選ぶ。上記①，②の両方にあてはまる者を合格者とする。

（注）　調査書「各教科の学習の記録」等により選ぶ人数を，募集定員のおよそ110％または120％とあらかじめ設定する高等学校，学科・コースがある。前年度（2024年度）において，110％または120％と設定した高等学校，学科・コースは以下のとおり。

- 募集定員の110％…桑名(普通)，四日市南(普通)，神戸(普通)，津西(普通)，松阪(普通)
- 募集定員の120％…桑名(理数)，四日市(普通・国際科学コース)，四日市南(普通・数理科学コース)，四日市西(普通・比較文化・歴史コース／普通・数理情報コース)，川越(普通／国際文理)，神戸(理数)，津西(国際科学)，上野(理数)，名張青峰(普通・文理探究コース)，松阪(理数)，伊勢(普通・国際科学コース)

〈第2段階〉　残りの募集定員の2分の1に相当する人数を，第1段階で調査書により選考された者の中から，学力検査等の高得点者から順次選び，合格者とする。

〈第３段階〉 各高等学校が示す「特に重視する選抜資料等(注)」をふまえ，残りの合格者を決定する。

（注）「特に重視する選抜資料等」は，各高等学校が事前に，学力検査の結果を重視するか，調査書の内容を重視するかなどを明示したもの。（前年度の各高等学校の「特に重視する選抜資料等」は，5～6ページ参照）

選抜方法イメージ図　募集定員 200 人のケース

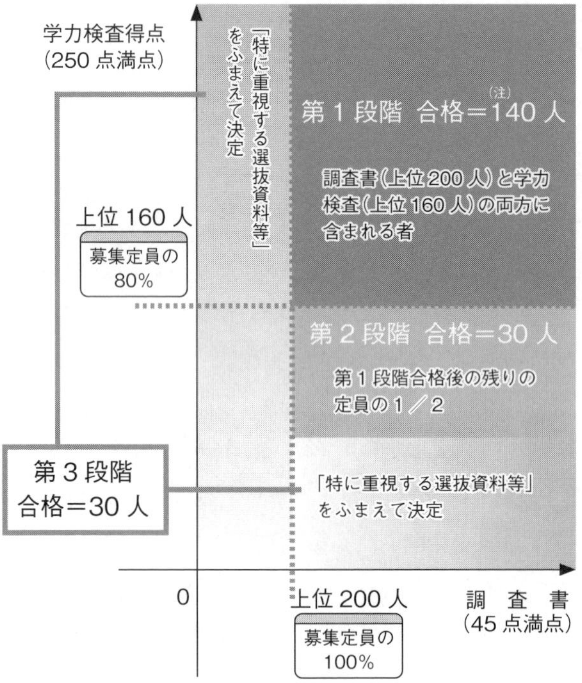

（注）第 1 段階の合格者を 140 人とした場合を表している。

★2025年度 入学者選抜実施日程

●前期選抜・連携型中高一貫教育に係る選抜・特別選抜・スポーツ特別枠選抜

検査実施予定日：2 月 3 日（月）・4 日（火）（追検査 2 月 10 日（月））

合格者発表予定日：2 月 13 日（木）

●後期選抜

検査実施予定日：3 月 10 日（月）

合格者発表予定日：3 月 17 日（月）

●再募集（後期選抜追検査）

検査実施予定日：3 月 21 日（金）

合格者発表予定日：3 月 25 日（火）

2024年度後期選抜（全日制課程）の選抜資料及び選抜方法の最終段階における「特に重視する選抜資料等」一覧（前年度参考）

※　表中の○印は，選抜資料に該当するもので，◎印が「特に重視する選抜資料」を示す。

高等学校名	学科名・コース名	学力検査の結果	調査書の内容	面接の状況	作文の結果	実技検査の結果
桑名	普通	◎	○			
	理数	◎	○			
桑名西	普通	◎	○			
桑名北	普通	○	○	◎		
桑名工業	機械 材料技術　くくり募集	○	◎	○		
	電気 電子　くくり募集	○	◎	○		
いなべ総合学園	総合学科	◎	○			
四日市	普通	◎	○			
	国際科学コース	◎	○			
四日市南	普通	◎	○			
	数理科学コース	◎	○			
四日市西	普通	◎	○			
	比較文化･歴史コース 数理情報コース　くくり募集	◎	○			
朝明	普通	○	○	◎		
	ふくし	○	○	◎		
四日市四郷	普通	○	◎	○		
四日市工業	機械	◎	○			
	電子機械	◎	○			
	電気	◎	○			
	電子工学	◎	○			
	建築	◎	○			
	物質工学	◎	○			
	自動車	◎	○			
四日市中央工業	機械	○	○	◎		
	電気	○	○	◎		
	化学工学	○	○	◎		
	都市工学	○	○	◎		
	設備システム	○	○	◎		
四日市商業	商業	◎	○			
	情報マネジメント	◎	○			
四日市農芸	農業科学 食品科学 環境造園　くくり募集	○	○	◎		
	生活文化	○	○	◎		
菰野	普通	○	○	◎		
川越	普通	◎	○			
	国際文理	◎	○			
神戸	普通	◎	○			
	理数	◎	○			
飯野	英語コミュニケーション	○	○	◎		

高等学校名	学科名・コース名	学力検査の結果	調査書の内容	面接の状況	作文の結果	実技検査の結果
白子	普通	○	◎	○		
	生活創造	○	◎	○		
石薬師	普通	◎	○			
稲生	普通	○	◎	○		
	体育	○	◎	○		
亀山	普通	○	○	◎		
	システムメディア	○	○	◎		
	総合生活	○	○	◎		
津	普通	◎	○			
津西	普通	◎	○			
	国際科学	◎	○			
津商業	ビジネス	◎	○			
	情報システム	◎	○			
津東	普通	◎	○			
津工業	機械	◎	○	○		
	電気	◎	○	○		
	電子	◎	○	○		
	建設工学	◎	○	○		
久居	普通	○	◎			
久居農林	生物生産 生物資源　くくり募集	○	○	◎		
	環境情報 環境土木　くくり募集	○	○	◎		
	生活デザイン	○	○	◎		
白山	普通	○	○	◎		
	情報コミュニケーション	○	○	◎		
上野	普通	◎	○			
	理数	◎	○			
あけぼの学園	総合学科	○	○	◎		
伊賀白鳳	機械 電子機械 建築デザイン 生物資源 フードシステム 経営 ヒューマンサービス　くくり募集	○	○	◎		
名張	総合学科	○	○	◎		
名張青峰	普通	○	◎			
	文理探究コース	◎	○			
松阪	普通	◎	○			
	理数	◎	○			

<table>
<tr><th>高等学校名</th><th>学科名・コース名</th><th>学力検査の結果</th><th>調査書の内容</th><th>面接の状況</th><th>作文の結果</th><th>実技検査の結果</th></tr>
<tr><td rowspan="4">松阪工業</td><td>機械</td><td>◎</td><td>○</td><td>○</td><td></td><td></td></tr>
<tr><td>電気工学</td><td>◎</td><td>○</td><td>○</td><td></td><td></td></tr>
<tr><td>工業化学</td><td>◎</td><td>○</td><td>○</td><td></td><td></td></tr>
<tr><td>自動車</td><td>◎</td><td>○</td><td>○</td><td></td><td></td></tr>
<tr><td rowspan="2">松阪商業</td><td>総合ビジネス</td><td>◎</td><td>○</td><td></td><td></td><td></td></tr>
<tr><td>国際ビジネス</td><td>◎</td><td>○</td><td></td><td></td><td></td></tr>
<tr><td>飯南</td><td>総合学科</td><td>○</td><td>○</td><td>◎</td><td></td><td></td></tr>
<tr><td rowspan="3">相可</td><td>普通</td><td>◎</td><td>○</td><td>○</td><td></td><td></td></tr>
<tr><td>生産経済</td><td>○</td><td>○</td><td>◎</td><td></td><td></td></tr>
<tr><td>環境創造</td><td>○</td><td>○</td><td>◎</td><td></td><td></td></tr>
<tr><td rowspan="4">明野</td><td>生産科学</td><td>○</td><td>○</td><td>◎</td><td></td><td></td></tr>
<tr><td>食品科学</td><td>○</td><td>○</td><td>◎</td><td></td><td></td></tr>
<tr><td>生活教養</td><td>○</td><td>○</td><td>◎</td><td></td><td></td></tr>
<tr><td>福祉</td><td>○</td><td>○</td><td>◎</td><td></td><td></td></tr>
<tr><td>宇治山田</td><td>普通</td><td>◎</td><td>○</td><td></td><td></td><td></td></tr>
<tr><td rowspan="2">伊勢</td><td>普通</td><td>◎</td><td>○</td><td></td><td></td><td></td></tr>
<tr><td>国際科学コース</td><td>◎</td><td>○</td><td></td><td></td><td></td></tr>
<tr><td rowspan="3">宇治山田商業</td><td>商業</td><td>◎</td><td>○</td><td></td><td></td><td></td></tr>
<tr><td>情報処理</td><td>◎</td><td>○</td><td></td><td></td><td></td></tr>
<tr><td>国際</td><td>◎</td><td>○</td><td></td><td></td><td></td></tr>
<tr><td rowspan="3">伊勢工業</td><td>機械</td><td>○</td><td>◎</td><td>○</td><td></td><td></td></tr>
<tr><td>電気</td><td>○</td><td>◎</td><td>○</td><td></td><td></td></tr>
<tr><td>建築</td><td>○</td><td>◎</td><td>○</td><td></td><td></td></tr>
<tr><td>南伊勢(度会)</td><td>普通</td><td rowspan="2">○</td><td rowspan="2">○</td><td rowspan="2">◎</td><td rowspan="2"></td><td rowspan="2"></td></tr>
<tr><td>南伊勢(南勢)</td><td>普通</td></tr>
<tr><td>鳥羽</td><td>総合学科</td><td>○</td><td>○</td><td>◎</td><td></td><td></td></tr>
<tr><td>志摩</td><td>普通</td><td>○</td><td>○</td><td>◎</td><td></td><td></td></tr>
<tr><td rowspan="2">水産</td><td>海洋・機関</td><td>○</td><td>○</td><td>◎</td><td></td><td></td></tr>
<tr><td>水産資源</td><td>○</td><td>○</td><td>◎</td><td></td><td></td></tr>
<tr><td rowspan="4">尾鷲</td><td>普通</td><td>◎</td><td>○</td><td></td><td></td><td></td></tr>
<tr><td>プログレッシブコース</td><td>◎</td><td>○</td><td></td><td></td><td></td></tr>
<tr><td>情報ビジネス</td><td>◎</td><td>○</td><td></td><td></td><td></td></tr>
<tr><td>システム工学</td><td>◎</td><td>○</td><td></td><td></td><td></td></tr>
<tr><td rowspan="2">木本</td><td>普通</td><td>◎</td><td>○</td><td></td><td></td><td></td></tr>
<tr><td>総合学科</td><td>◎</td><td>○</td><td></td><td></td><td></td></tr>
<tr><td>紀南</td><td>普通</td><td>○</td><td>○</td><td>◎</td><td></td><td></td></tr>
</table>

2024年度 後期選抜（全日制課程）志願状況

（注1）志願者数・志願倍率は，志願変更後の最終志願者数・志願倍率。
（注2）後期選抜募集人数は，入学定員から前期選抜等合格内定者数を差し引いた人数。

高等学校名	学科名・コース名	後期選抜募集人数	志願者数	志願倍率
桑名	普通	240	261	1.09
	理数	40	90	2.25
桑名西	普通	280	322	1.15
桑名北	普通	107	106	0.99
桑名工業	機械 材料技術 くくり募集	36	32	0.89
	電気 電子 くくり募集	36	41	1.14
いなべ総合学園	総合学科	132	185	1.40
四日市	普通	240	196	0.82
	国際科学コース	80	169	2.11
四日市南	普通	240	180	0.75
	数理科学コース	80	193	2.41
四日市西	普通	120	119	0.99
	比較文化・歴史コース 数理情報コース くくり募集	60	103	1.72
朝明	普通	80	47	0.59
	ふくし	18	14	0.78
四日市四郷	普通	80	74	0.93
四日市工業	機械	18	21	1.17
	電子機械	18	20	1.11
	電気	18	19	1.06
	電子工学	18	19	1.06
	建築	18	14	0.78
	物質工学	18	18	1.00
	自動車	18	26	1.44
四日市中央工業	機械	18	20	1.11
	電気	18	18	1.00
	化学工学	18	13	0.72
	都市工学	18	14	0.78
	設備システム	18	19	1.06
四日市商業	商業	92	127	1.38
	情報マネジメント	18	20	1.11
四日市農芸	農業科学 食品科学 環境造園 くくり募集	54	70	1.30
	生活文化	36	37	1.03
菰野	普通	107	71	0.66
川越	普通	200	221	1.11
	国際文理	40	89	2.23
神戸	普通	240	170	0.71
	理数	39	153	3.92
飯野	英語コミュニケーション	37	41	1.11

高等学校名	学科名・コース名	後期選抜募集人数	志願者数	志願倍率
白子	普通	134	143	1.07
	生活創造	18	19	1.06
石薬師	普通	82	77	0.94
稲生	普通	80	98	1.23
	体育	18	24	1.33
亀山	普通	53	63	1.19
	システムメディア	36	36	1.00
	総合生活	18	22	1.22
津	普通	320	376	1.18
津西	普通	240	210	0.88
	国際科学	40	135	3.38
津商業	ビジネス	92	114	1.24
	情報システム	20	11	0.55
津東	普通	189	226	1.20
津工業	機械	54	63	1.17
	電気	18	18	1.00
	電子	19	17	0.89
	建設工学	18	18	1.00
久居	普通	134	144	1.07
久居農林	生物生産 生物資源 くくり募集	36	35	0.97
	環境情報 環境土木 くくり募集	36	36	1.00
	生活デザイン	36	38	1.06
白山	普通	18	13	0.72
	情報コミュニケーション	18	19	1.06
上野	普通	200	163	0.82
	理数	20	56	2.80
あけぼの学園	総合学科	36	45	1.25
伊賀白鳳	機械 電子機械 建築デザイン 生物資源 フードシステム 経営 ヒューマンサービス くくり募集	106	109	1.03
名張	総合学科	92	102	1.11
名張青峰	普通	134	119	0.89
	文理探究コース	18	15	0.83
松阪	普通	200	167	0.84
	理数	40	115	2.88

高等学校名	学科名・コース名	後期選抜募集人数	志願者数	志願倍率
松阪工業	機械	18	20	1.11
	電気工学	18	24	1.33
	工業化学	18	15	0.83
	自動車	18	19	1.06
松阪商業	総合ビジネス	54	60	1.11
	国際ビジネス	18	16	0.89
飯南	総合学科	25	21	0.84
相可	普通	53	59	1.11
	生産経済	18	15	0.83
	環境創造	18	9	0.50
明野	生産科学	18	19	1.06
	食品科学	18	12	0.67
	生活教養	18	20	1.11
	福祉	18	12	0.67
宇治山田	普通	134	127	0.95
伊勢	普通	240	208	0.87
	国際科学コース	40	79	1.98
宇治山田商業	商業	36	43	1.19
	情報処理	18	23	1.28
	国際	18	17	0.94
伊勢工業	機械	36	30	0.83
	電気	21	5	0.24
	建築	18	10	0.56
南伊勢(度会)	普通	31	4	0.13
鳥羽	総合学科	18	20	1.11
志摩	普通	18	10	0.56
水産	海洋・機関	18	14	0.78
	水産資源	19	5	0.26
尾鷲	普通	47	49	1.04
	プログレッシブコース	21	3	0.14
	情報ビジネス	21	12	0.57
	システム工学	20	20	1.00
木本	普通	120	121	1.01
	総合学科	18	21	1.17
紀南	普通	56	20	0.36

※下記の高等学校，学科・コースでは後期選抜は行わない。

桑名高等学校・衛生看護科
四日市四郷高等学校・スポーツ科学コース
飯野高等学校・応用デザイン科
白子高等学校・文化教養（吹奏楽）コース
松阪工業高等学校・繊維デザイン科
相可高等学校・食物調理科
昴学園高等学校・総合学科

❖傾向と対策〈数学〉

出題傾向

		数と式							方程式						関数					図形								資料の活用	
		数の計算	数の性質	平方根の計算	平方根の性質	文字式の利用	式の計算	式の展開・因数分解	一次方程式の計算	一次方程式の応用	連立方程式の計算	連立方程式の応用	二次方程式の計算	二次方程式の応用	比例・反比例	一次関数	関数 $y=ax^2$	いろいろな事象と関数	関数と図形	図形の性質	平面図形の計量	空間図形の計量	図形の証明	作図	中3単元 相似	中3単元 三平方の定理	中3単元 円周角の定理	場合の数・確率	資料の分析と活用・標本調査
2024年度	後期選抜	○	○				○	○			○	○	○		○		○		○		○	○	○	○	○	○	○	○	○
2023年度	後期選抜	○		○	○		○	○				○	○		○		○		○	○	○	○	○	○	○	○	○	○	○
2022年度	後期選抜	○		○			○					○	○		○		○		○		○	○	○	○	○	○	○	○	○
2021年度	後期選抜	○		○			○	○				○	○				○	○	○		○	○	○	○	○	○	○	○	○
2020年度	後期選抜	○		○			○	○				○	○				○	○	○		○	○	○	○	○	○	○	○	○

出題分析

★数と式…………正負の数の計算，平方根の計算，単項式・多項式の計算，因数分解を中心に出題されている。

★方程式…………２次方程式の計算問題のほか，連立方程式を利用した文章題などが出題されている。

★関　数…………主に放物線のグラフについて，座標を求める問題，直線の式を求めてから三角形の面積を求める問題，与えられた条件から座標を求める問題が多く出題されている。

★図　形…………平面図形は，主に円を題材として出題されていて，相似を利用して線分の長さや線分比を求める問題や，証明問題が出題されている。また，作図，空間図形も毎年出題されている。

★資料の活用……玉やじゃんけんなどを題材とした確率の問題や，ヒストグラムなどの資料から，累積度数を求める問題，箱ひげ図を読み取る問題なども出題されている。

来年度の対策

①基本事項をマスターすること！

出題は広範囲にわたっているので，まずは全範囲を復習し，基本をマスターすることが大切だ。そのうえで問題演習も多くこなして，全体的な総仕上げをしよう。入試頻出の解法も多く利用するので，入試の出題率を詳しく分析して編集した「**ニューウイング 出題率 数学**」（英俊社）を使って，効率良く学習しよう。

②図形や関数の分野に強くなること！

平面図形，空間図形に関する問題や，関数のグラフと図形の融合問題が毎年出題され，一部に難問も含まれる。点差のつきやすいところなので，類題を何度も演習しておこう。苦手単元は，**数学の近道問題シリーズ「関数とグラフ」「図形〈1・2年分野〉」「図形〈3年分野〉」**（いずれも英俊社）を仕上げて，克服しよう。

英俊社のホームページにて，中学入試算数・高校入試数学の解法に関する補足事項を掲載しております。必要に応じてご参照ください。
URL → https://book.eisyun.jp/
スマホはこちら →

❖傾向と対策〈英語〉

出題傾向

		放送問題	語い	音声			英文法					英作文			読解		長文問題										
				語の発音	語のアクセント	文の区切り・強勢	語形変化	英文完成	同意文完成	指示による書きかえ	正誤判断	整序作文	和文英訳	その他の英作文	問答・応答	絵や表を見て答える問題	会話文	長文読解	長文総合	設問の内容：音声・語い	文法事項	英文和訳	英作文	内容把握	文の整序・挿入	英問英答	要約
2024年度	後期選抜	○												○		○	○		○					○	○		○
2023年度	後期選抜	○												○		○	○		○					○	○		○
2022年度	後期選抜	○												○			○		○					○	○		○
2021年度	後期選抜	○												○		○	○		○					○	○		
2020年度	後期選抜	○												○		○	○		○					○	○		

出題分析

★長文問題は，内容把握に関する設問がほとんどであり，読解力を試す問題となっている。分量・難易度ともに，標準的なレベルである。作文問題が独立問題として出題されており，条件にあった文を書くものが6問出されている。正しい文法知識と確かな語い力が必要である。

★リスニングテストは絵や表，対話や文章に関する質問に答える問題，対話の最後の英文に対する受け答えを選ぶ問題が出題されている。

来年度の対策

①長文を数多く読んでおくこと！

読解力をつけることが重要である。日頃からできるだけ多くの長文を読み，英文に慣れておきたい。実力アップのための教材としては，**英語の近道問題シリーズ**の「**長文基礎**」（英俊社）が適切だ。

②作文力をつけておくこと！

中学3年間で学習した重要語いと文法をしっかり復習し，作文力を身につけておく必要がある。問題集では，上記シリーズの「**文の書きかえ・英作文**」（英俊社）がおすすめだ。

③リスニングテストの準備をしておくこと！

毎年出題されており，今後も出題されることが予想される。普段からネイティブスピーカーの話す英語に慣れておこう。問題集では，上記シリーズの「**リスニング**」（英俊社）から始めるのがよい。

❖傾向と対策〈社会〉

出題傾向

		地理							歴史							公民										融合問題
		世界地理			日本地理			世界地理・日本地理総合	日本史					世界史	日本史・世界史総合	政治				経済				国際社会	公民総合	
		全域	地域別	地図・時差（単独）	全域	地域別	地形図（単独）		原始・古代	中世	近世	近代・現代	複数の時代			人権・憲法	国会・内閣・裁判所	選挙・地方自治	総合・その他	しくみ・企業	財政・金融	社会保障・労働・人口	総合・その他			
2024 年度	後期選抜	○			○								○		○										○	
2023 年度	後期選抜	○			○								○		○										○	
2022 年度	後期選抜	○			○								○												○	
2021 年度	後期選抜	○			○								○		○										○	
2020 年度	後期選抜	○			○								○												○	

出題分析

★出題数と時間　最近の 5 年間，大問数は 5 で一定，小問数は 33～38 となっており，45 分の試験時間に対しての問題量は適量といえる。

★出題形式　選択式・記述式ともに出題される。特に，各分野において短文による説明が求められる出題の多いことが特徴。

★出題内容　①地理的内容について

世界地理では特色ある地図や世界各地の部分図が提示されることが多く，そこから世界各国のようすをグラフや統計表，雨温図などを用いて問われる。日本地理では地形図の読み取りが出題される年度もある。また，三重県の特徴が問われることがあるのも特徴の一つ。

②歴史的内容について

日本史を中心とした出題だが，関連する世界史の内容はおさえておく必要がある。テーマはさまざまだが，特に人々のくらしや文化，外交について問われることが多い。年表・グラフ・写真などを用いて，古代～現代までの範囲が幅広く出題される。

③公民的内容について

政治・経済・国際関係・環境問題についての問いが総合的に出題されてい

る。グラフや年表などを読み取ったうえでの論述を求められる問題もあるので注意が必要。

★難 易 度　全体的に標準的なレベルだが，短文説明の問題は簡潔に説明することに慣れておかないと得点には結びつかないので対策を立てておきたい。

来年度の対策

①地図，グラフ，統計，雨温図などを使って学習しておくこと！

世界地図・日本地図を使った問題が毎年出題されていることを考えると，地図帳を使った学習は欠かせない。また，資料集を活用して統計表の数値の読み取り方を練習しておく必要がある。

②人物や代表的な事件について年代とともにまとめておくこと！

年代順や同時代の出来事などを問う問題に対しては，年表を作成・利用し，事項を整理しておくことが大切。また，写真資料も多用されているので，資料集などにも目を通しておこう。

③時事問題にも関心を持とう！

公民分野では，環境問題などを中心に最近話題になっていることを意識した問題が見られる。また，数値などのデータを読み取る練習もしておきたい。

④標準的な問題に対する不注意からくるミスをなくすことが大切だ！

教科書を中心に基礎的な事項を整理し，さらに問題集を利用して知識の確認をしておこう。短文説明については，**社会の近道問題シリーズ**の「**社会の応用問題―資料読解・記述―**」（英俊社）を使って苦手としないように努めておこう。

❖傾向と対策〈理科〉

出題傾向

		物理					化学					生物					地学					環境問題
		光	音	力	電流の性質とその利用	運動とエネルギー	物質の性質	物質どうしの化学変化	酸素が関わる化学変化	いろいろな化学変化	酸・アルカリ	植物	動物	ヒトのからだのつくり	細胞・生殖・遺伝	生物のつながり	火山	地震	地層	天気とその変化	地球と宇宙	
2024年度	後期選抜	○		○	○					○	○		○		○		○					
2023年度	後期選抜		○			○	○		○			○		○						○	○	
2022年度	後期選抜	○			○		○			○		○			○					○	○	
2021年度	後期選抜			○	○		○			○			○		○		○				○	
2020年度	後期選抜		○			○	○		○			○		○						○	○	

出題分析

★物　理…………電流・光・音・運動などの単元から偏りなく出題されている。なお，どの単元においても，計算問題が出されやすい。

★化　学…………幅広く出題されており，単元の偏りは見られない。どの単元でも短文説明が出されやすい。

★生　物…………植物・動物・ヒトのからだのつくりやはたらき，細胞・生殖・遺伝についての出題が多い。また，実験器具の操作や試薬の使い方などについても，よく出されている。

★地　学…………天気・天体についての出題が多く見られる。また，湿度や地震についての問題では計算問題が出題されやすい。

全体的にみると…各分野から2題ずつ均等に出題されていることが多い。

来年度の対策

①重要事項をまとめよう！

　教科書に載っている太字の重要語句は，必ず理解しておこう。こういった重要事項は問題として出されやすい。学習の仕上げに，「**ニューウイング 出題率 理科**」（英俊社）をやってみよう。入試でよく出題される問題を集めた問題集なので，効率よく学習できる。

②計算問題にも慣れておこう！

各分野で計算問題が出題される。そのほとんどが公式や基本的な考えで解くことができる問題なので，早めに慣れておきたい。**理科の近道問題シリーズ**の「**理科計算**」（英俊社）で練習しておこう。

③短文説明に備えよう！

語句や公式などをただ暗記しているだけでは，短文説明の問題でつまずいてしまう。実際に覚えた知識や語句は，ことばで正確に説明できるようになっておこう。対策には，上記シリーズの「**理科記述**」（英俊社）がおすすめだ。

❖傾向と対策〈国語〉

出題傾向

		現代文の読解									国語の知識									作文		古文・漢文								
		内容把握	原因・理由	接続語	適語挿入	脱文挿入	段落の働き・論の展開	要旨・主題	心情把握・人物把握	表現把握	漢字の読み書き	漢字・熟語の知識	ことばの知識	慣用句・ことわざ・四字熟語	文法	敬語	文学史	韻文の知識	表現技法	課題作文・条件作文	短文作成・表現力	読解問題	主語・動作主把握	会話文・心中文	要旨・主題	古語の意味・口語訳	仮名遣い	文法・係り結び	返り点・書き下し文	古文・漢文・漢詩の知識
2024年度	後期選抜	○	○			○				○	○				○	○				○		○					○		○	
2023年度	後期選抜	○			○	○		○	○	○	○				○				○	○		○					○		○	
2022年度	後期選抜	○		○					○		○				○					○		○	○				○		○	
2021年度	後期選抜	○	○								○	○		○	○					○		○	○				○		○	
2020年度	後期選抜	○	○						○	○	○	○			○					○		○				○	○		○	

【出典】

2024年度　②文学的文章　瀧羽麻子「ひこぼしをみあげて」
　③論理的文章　中村浩志「二万年の奇跡を生きた鳥　ライチョウ」
　④古文・漢文(書き下し文)「玉勝間」・「蒙求」

2023年度　②文学的文章　瀬尾まいこ「夏の体温」
　③論理的文章　樺沢紫苑「極アウトプット　『伝える力』で人生が決まる」
　④古文　吉田兼好「徒然草」

2022年度　②文学的文章　高田由紀子「スイマー」
　③論理的文章　河野哲也「問う方法・考える方法　『探究型の学習』のために」
　④古文「浮世物語」

2021年度　②文学的文章　寺地はるな「水を縫う」
　③論理的文章　小菅正夫「動物が教えてくれた人生で大切なこと。」
　④古文「十訓抄」

2020年度　②文学的文章　重松　清「虹色メガネ」(『季節風　夏』所収)
　③論理的文章　田中　修「植物のひみつ」　④古文「十訓抄」

出題分析

★現代文…………文学的文章，論理的文章が各１題で，内容把握，理由説明が中心に出題されている。30～80 字の記述問題もある。

★古　文…………古文の文章に，漢文の訓読文や書き下し文を交じえているのが特徴で，仮名遣い・内容把握・返り点が出題の中心となっている。部分的に書かれている口語訳を参考に，文章全体の流れを読み取り，内容をとらえることが求められている。

★漢　字…………大問で，書きとりと読みがながあわせて８題出されている。特に難解なものはない。2020・2021 年度では，現代文の小問で，行書体の筆順や形に関する問題が出されている。

★文　法…………現代文の中で，文節数，単語分け，品詞名，動詞の活用の種類や活用形などが出題されている。

★作　文…………毎年，資料と共に与えられたテーマに対する自分の意見や考えを 160～200 字で書く問題が出されている。

来年度の対策

長文問題で本文中のことばを使ってまとめる記述式の問題が多く出題されるので，問題集に多くあたって練習をしておきたい。漢字・国語の知識についても基本的なところをしっかりおさえておく必要がある。古文については，内容を把握することが中心となるので，全体の話の流れをつかむ読解力をつけておくことが重要である。また，作文が毎年出されているので，その対策もしておくこと。日頃からニュースを見たり新聞を読んだりして気になったことについて，160～200 字で自分の考えをまとめる練習をするとよい。

長文の読解力，文法やことばの知識，古文の読解力など中学校で学習する内容が総合的に問われているので，「**国語の近道問題シリーズ**（全５冊）」（英俊社）のような単元別の問題集で苦手分野をなくしておこう。そのうえで，入試で出題率の高い問題を集めた「**ニューウイング 出題率 国語**」（英俊社）をやっておけば万全な対策となるだろう。

【写真協力】 Mikenorton · Alluvial fan 01 · via Wikimedia CC-BY SA ／ ピクスタ株式会社 ／ フェアトレード ジャパン ／ 帝国書院

【地形図】 本書に掲載した地形図は，国土地理院発行の地形図・地勢図を使用したものです。

~MEMO~

~MEMO~

~*MEMO*~

三重県公立高等学校
（後期選抜）

2024年度
入学試験問題

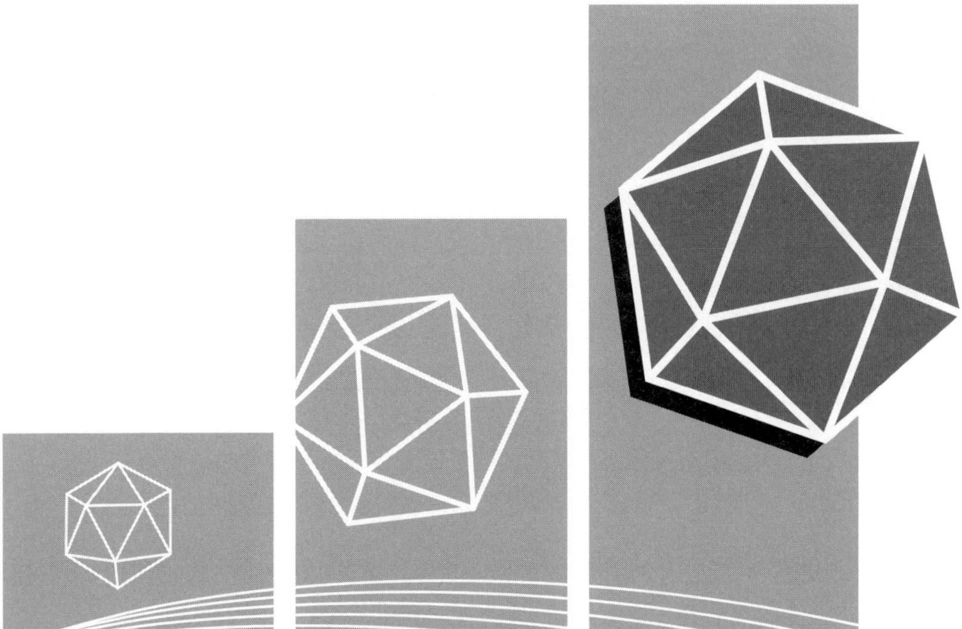

数学

時間　45分　　満点　50点

1　あとの各問いに答えなさい。

(1)　$7\times(-6)$ を計算しなさい。(　　　)

(2)　$\dfrac{3}{2}x-\dfrac{2}{3}x$ を計算しなさい。(　　　)

(3)　$(-21x^2y)\div 3xy$ を計算しなさい。(　　　)

(4)　連立方程式 $\begin{cases}4x-5y=7\\2x+3y=-2\end{cases}$ を解きなさい。(　　　　　)

(5)　$x^2+5x-36$ を因数分解しなさい。(　　　)

(6)　二次方程式 $2x^2+5x-1=0$ を解きなさい。(　　　)

(7)　$120n$ の値《あたい》が整数の2乗となるような自然数 n のうち，最も小さい数を求めなさい。(　　　)

(8)　関数 $y=\dfrac{20}{x}$ で，x の変域が $2\leqq x\leqq 4$ のとき，y の変域を求めなさい。(　　　$\leqq y\leqq$　　　)

(9)　次の図は，あるクラスの生徒27人が受けた，30点満点の数学のテスト結果について，箱ひげ図にまとめたものである。このテスト結果の四分位範囲《しぶんいはんい》を求めなさい。

ただし，得点は整数とする。(　　　点)

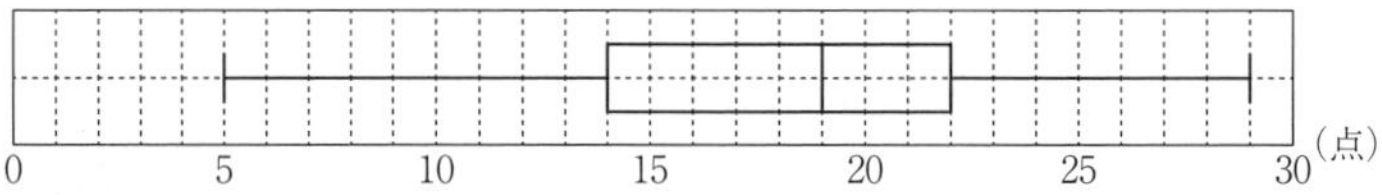

(10)　正十角形の1つの内角の大きさを求めなさい。(　　　)

(11)　底面の半径が5cm，母線の長さが8cmの円錐《えんすい》の展開図において，側面のおうぎ形の中心角の大きさを求めなさい。(　　　)

(12)　右の図で，円Oの周上の点Aを接点とする接線上にあり，OP = BPとなる点Pを，定規とコンパスを用いて作図しなさい。

なお，作図に用いた線は消さずに残しておきなさい。

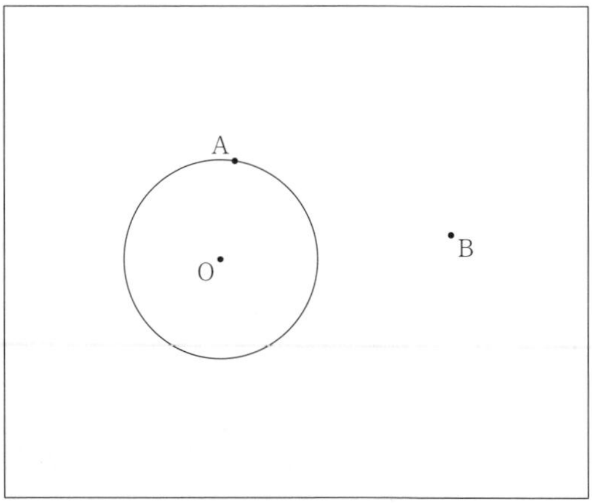

2　次のヒストグラムは，あるクラスの生徒20人が，11月の1か月間に図書館に行った回数のデータを用いて，はなこさんは階級の幅《はば》を3回に，たろうさんは階級の幅を10回にしてまとめたものである。例えば，はなこさんがまとめたヒストグラムでは，図書館に行った回数が3回以上6回未満の生徒が4人いたことを，たろうさんがまとめたヒストグラムでは，図書館に行った回数が10回以上20回未満の生徒が7人いたことを表している。

このとき，あとの各問いに答えなさい。

はなこさんがまとめたヒストグラム

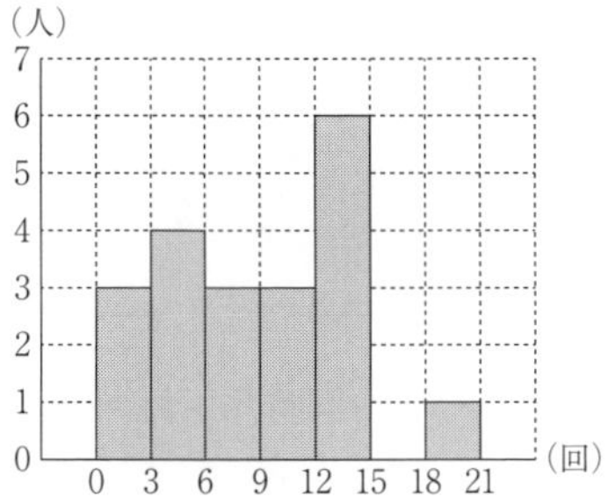

たろうさんがまとめたヒストグラム

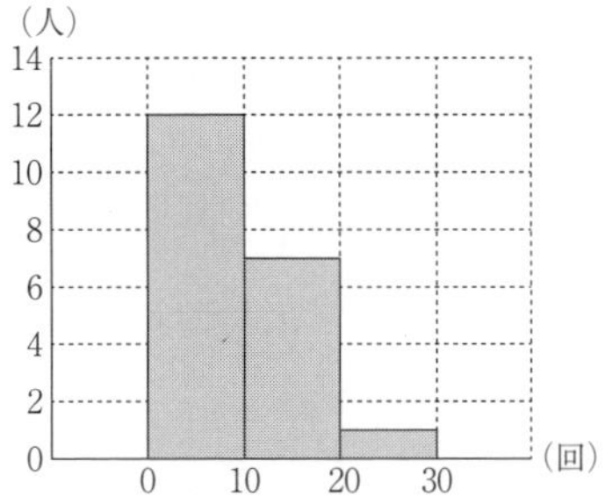

(1)　図書館に行った回数の，はなこさんがまとめたヒストグラムの最小の階級から6回以上9回未満の階級までの累積《るいせき》度数《どすう》を求めなさい。(　　　人)

(2)　図書館に行った回数が9回の生徒の人数を求めなさい。(　　　人)

3　1から9までの整数が1つずつ書かれた9個の玉があり，かずきさんの袋《ふくろ》とよしこさんの袋にそれぞれいくつか入れる。かずきさんとよしこさんは，それぞれ自分の袋から1個の玉を取り出し，その取り出した玉に書かれた数が大きい方を勝ちとするゲームをしている。

かずきさんの袋　　よしこさんの袋

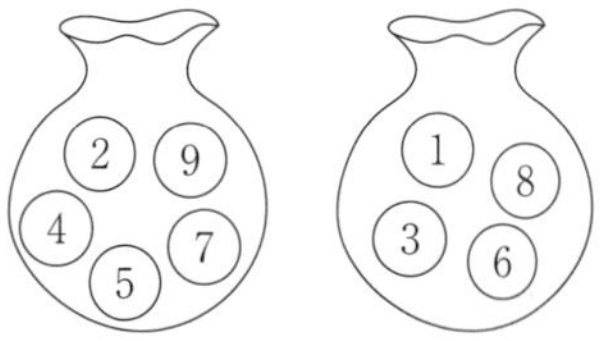

右の図のように，かずきさんの袋に2，4，5，7，9の数が書かれた玉を，よしこさんの袋に1，3，6，8の数が書かれた玉を入れたとき，あとの各問いに答えなさい。

ただし，かずきさんの袋からどの玉が取り出されることも，よしこさんの袋からどの玉が取り出されることも，それぞれ同様に確からしいものとする。

(1)　このゲームで，かずきさんが勝つ確率を求めなさい。(　　　)

(2)　かずきさんの袋の2，4，5，7，9の数が書かれたいずれか1個の玉を取り出し，その玉をよしこさんの袋に入れ，ゲームをしたところ，かずきさんが勝つ確率と，よしこさんが勝つ確率が等しくなった。このとき，かずきさんの袋の2，4，5，7，9のいずれの玉を，よしこさんの袋に入れたか，その玉に書かれた数を答えなさい。(　　　)

4　次の〈問題〉について，あとの各問いに答えなさい。

〈問題〉
A組の生徒に，りんごとみかんあわせて140個を配る。A組の生徒全員に，りんごを3個ずつ配ると7個余った。また，A組の生徒全員に，みかんを5個ずつ配ると3個たりなかった。
A組の生徒の人数と，りんごとみかんのそれぞれの個数を求めなさい。

下の［　　］は，けいたさんとのぞみさんが，〈問題〉を解くために，それぞれの考え方で方程式に表したものである。

〈けいたさんの考え方〉
A組の生徒の人数をx人とすると，
りんごの個数は，
xの式で表すと，［①］個，
みかんの個数は，
xの式で表すと，［②］個，
であるから，
［①］＋［②］＝140
と表すことができる。

〈のぞみさんの考え方〉
りんごの個数をx個，
みかんの個数をy個とすると，
A組の生徒の人数は，
xの式で表すと，［③］人，
yの式で表すと，［④］人，
であるから，
$\begin{cases} x+y=140 \\ ［③］=［④］ \end{cases}$
と表すことができる。

(1)　上の［①］，［②］，［③］，［④］に，それぞれあてはまる適切なことがらを書き入れなさい。①(　　　)　②(　　　)　③(　　　)　④(　　　)

(2)　A組の生徒の人数と，りんごとみかんのそれぞれの個数を求めなさい。
A組の生徒(　　　人)　りんご(　　　個)　みかん(　　　個)

5　右の図のように，関数$y=\frac{1}{3}x^2$……㋐のグラフ上に2点A，Bがあり，点Aのx座標が-6，点Bのx座標が3である。
このとき，あとの各問いに答えなさい。
ただし，原点をOとし，座《ざ》標《ひょう》軸《じく》の1目もりを1cmとする。

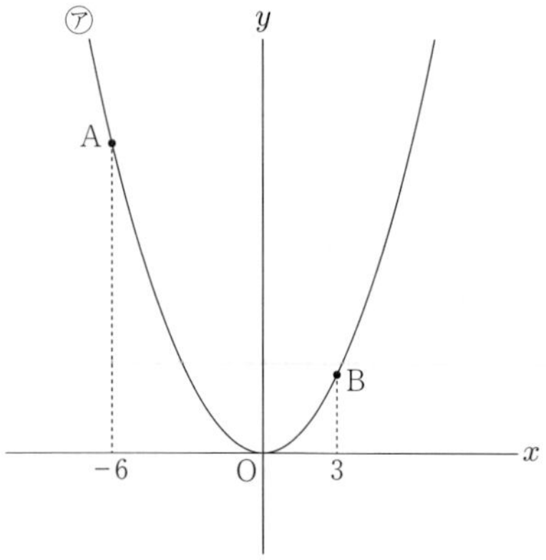

(1)　点Aの座標を求めなさい。(　　　)

(2)　△OABの面積を求めなさい。(　　　cm^2)

(3)　x軸上に，AP＋BPの値が最小となる点Pをとるとき，次のア～ウのことがらのうち，△OABと△PABの面積について正しく表しているものはどれか，最も適切なものを1つ選び，その記号を書きなさい。
(　　　)

ア．△OAB より，△PAB の方が面積が大きい。

イ．△OAB より，△PAB の方が面積が小さい。

ウ．△OAB と△PAB の面積は等しい。

(4) x 軸上に点 Q をとり，点 Q を通り y 軸と平行な直線が△OAB の面積を 2 等分するとき，点 Q の x 座標を求めなさい。

なお，答えに $\sqrt{\ }$ がふくまれるときは，$\sqrt{\ }$ の中をできるだけ小さい自然数にしなさい。

(　　　)

[6] 右の図のように，AB < AC の△ABC と，3 点 A，B，C を通る円 O がある。∠ACB の二等分線と，点 A を通り線分 BC に平行な直線の交点を D とする。線分 CD と円 O の交点を E とし，線分 BE の延長線と線分 AD の交点を F，線分 AB と線分 CD の交点を G とする。

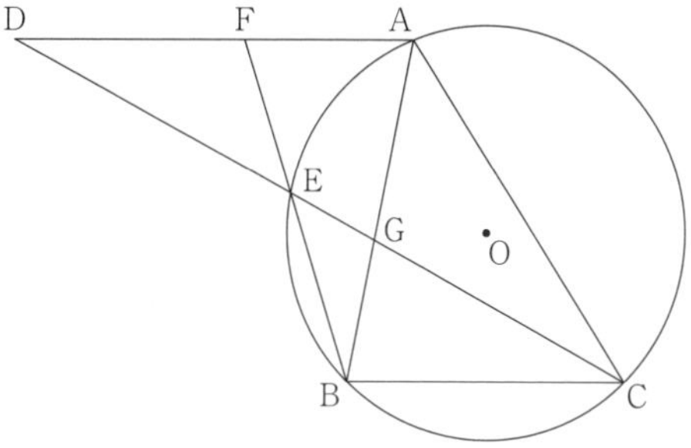

このとき，あとの各問いに答えなさい。

ただし，点 E は点 C と異なる点とする。

(1) △ABF ∽△ADG であることを証明しなさい。

[　　　　　　　　　　　　　　　　　　　　　　　　　　　　　　]

(2) AB = 6 cm，BC = 5 cm，CA = 7 cm のとき，次の各問いに答えなさい。

① 線分 AG の長さを求めなさい。(　　　cm)

② 線分 DE と線分 EG と線分 GC の長さの比を，最も簡単な整数の比で表しなさい。(　　　)

[7] 右の図のように，正方形 ABCD を底面，点 E を頂点とする，すべての辺の長さが 4 cm の正四角錐 P がある。線分 AB，AD の中点をそれぞれ M，N とし，4 点 A，M，N，E を結んで三角錐 Q をつくる。

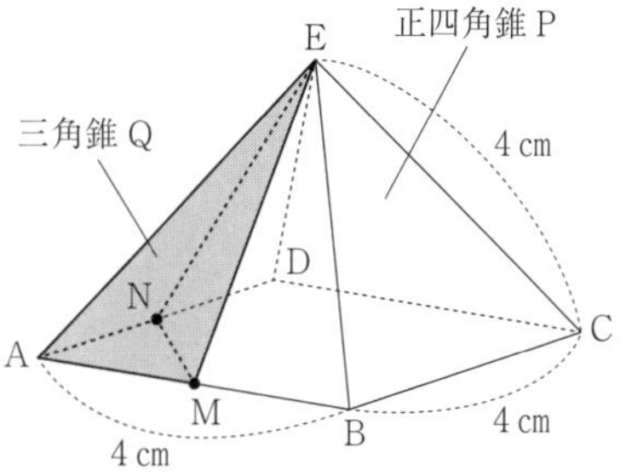

このとき，あとの各問いに答えなさい。

なお，各問いにおいて，答えの分母に $\sqrt{\ }$ がふくまれるときは，分母を有理化しなさい。また，$\sqrt{\ }$ の中をできるだけ小さい自然数にしなさい。

(1) △EAM の面積を求めなさい。(　　　cm^2)

(2) 正四角錐 P と三角錐 Q の体積の比を，最も簡単な整数の比で表しなさい。(　　　)

(3) △EAM を底面としたときの三角錐 Q の高さを求めなさい。(　　　cm)

英語

時間　45分　　　　満点　50点

（編集部注）　放送問題の放送原稿は英語の末尾に掲載しています。
音声の再生についてはもくじをご覧ください。

1　放送を聞いて，あとの各問いに答えなさい。

(1)　下の表についての英語による質問を聞いて，その質問に対する答えとして，ア～エから最も適当なものを1つ選び，その記号を書きなさい。質問は1回だけ放送します。(　　　)

名前	買ったもの	それを買ったとき
Mana	枕《まくら》	2日前
Aki	枕	3日前
Kenji	辞書	2日前
Yasuo	辞書	3日前

ア．Mana did.　　イ．Aki did.　　ウ．Kenji did.　　エ．Yasuo did.

(2)　英語による対話を聞いて，それぞれの質問に対する答えとして，ア～エから最も適当なものを1つ選び，その記号を書きなさい。対話と質問は1回ずつ放送します。

No.1 (　　　)　No.2 (　　　)　No.3 (　　　)

No.1　ア．Yes, he does.　　イ．No, he doesn't.　　ウ．Yes, he will.　　エ．No, he won't.

No.2　ア．Sara and Masato.　　イ．Sara and her family.　　ウ．Masato and his aunt.
エ．Masato and his brother.

No.3　ア．He is going to go to an amusement park with Tim.
イ．He is going to practice tennis in Wakaba City.
ウ．He is going to have an important tennis match.
エ．He is going to have a good time in Hikari City.

(3)　英語による対話を聞いて，それぞれの対話の最後の英文に対する受け答えとして，ア～ウから最も適当なものを1つ選び，その記号を書きなさい。対話は1回ずつ放送します。

No.1 (　　　)　No.2 (　　　)　No.3 (　　　)　No.4 (　　　)

No.1　ア．Sure.　　イ．Yes, I can.　　ウ．Yesterday.

No.2　ア．The weather was nice.　　イ．I wish I could go there.　　ウ．OK, I will take it.

No.3　ア．On the blackboard at the entrance.　　イ．To the restroom to wash my hands.
ウ．For new students who want to join us.

No.4　ア．I really like the team.　　イ．I needed to go to a swimming school.
ウ．I'll practice soccer tomorrow.

(4)　高校生のAkikoと，イギリスからの留学生のNickとの英語による対話を聞いて，それぞれの質問に対する答えとして，ア～エから最も適当なものを1つ選び，その記号を書きなさい。対話と質問は

2回ずつ放送します。No.1 (　　　) No.2 (　　　) No.3 (　　　)

No.1 ア. Akiko did.　イ. Akiko's sister did.　ウ. Nick's mother did.
エ. Nick's sister did.

No.2 ア. Yes, she will.　イ. No, she won't.　ウ. Yes, she is.　エ. No, she isn't.

No.3 ア. 2,500 yen.　イ. 5,000 yen.　ウ. 7,500 yen.　エ. 10,000 yen.

2 あとの各問いに答えなさい。

(1) 次の対話文は，高校生の Ken と，Ken の家でホームステイを始めたアメリカからの留学生の John が，話をしているときのものです。対話文を読んで，次の各問いに答えなさい。

John : Wow! You're good at playing the piano. How long have you been practicing it?

Ken : For ten years. When I was five, I went to a piano concert with my father. The performance was wonderful. I've wanted to be a musician since then.

John : That's nice. (　①　) My mother taught me how to play it when I was an elementary school student.

Ken : Really? Can you join my band? I'm in the band at school, and the band members need a student who can play the guitar.

John : Sounds interesting. But I left my guitar in my country.

Ken : Don't worry. You can borrow a guitar at school from Mr. Tanaka, our music teacher.

John : OK. (　②　)

Ken : How about tomorrow? Our band members are going to practice after school, so let me introduce you to them.

John : I see. When do you usually practice with your band members?

Ken : On Wednesdays and Fridays. From next month, we'll practice after school every day.

John : Oh, why?

Ken : We'll have a concert on October 28. So, we have to practice harder.

John : Can I play the guitar in your band at the concert if I practice hard?

Ken : Of course, yes. Now it's September 5, so you still have more than one month to practice for the concert. The other band members will be happy if they play music with you.

John : I'm glad to hear that. I'll do my best for the concert.

(注) introduce ～　～を紹介《しょうかい》する

No.1 (①)，(②) に入るそれぞれの文として，ア～エから最も適当なものを1つ選び，その記号を書きなさい。①(　　　) ②(　　　)

① ア. I want to watch your piano performance someday.
イ. I think we'll be great musicians in the future.
ウ. I can't play the piano, but I like playing the guitar.

エ. I've never been to a piano concert, but I'll like it.

② ア. When can I join your band?　　イ. Where should I borrow it at school?

ウ. Who can we meet after school?　　エ. What should we bring to the band?

No.2　対話文の内容に合う文として，ア～エから最も適当なものを１つ選び，その記号を書きなさい。(　　　)

ア. Ken started to play the piano five years ago after going to a piano concert with his father.

イ. John didn't bring his guitar from his country, so his mother will send it to him tomorrow.

ウ. Ken's band members have been practicing for the concert every day after school for two months.

エ. John is going to join the concert with Ken and the other band members next month.

(2)　下のグラフは，高校生のNozomiが，自分の学級の生徒全員の平日（weekdays）と週末の起床《きしょう》時刻についてまとめたものです。このグラフから読み取れることを正しく表している文として，ア～エから最も適当なものを１つ選び，その記号を書きなさい。(　　　)

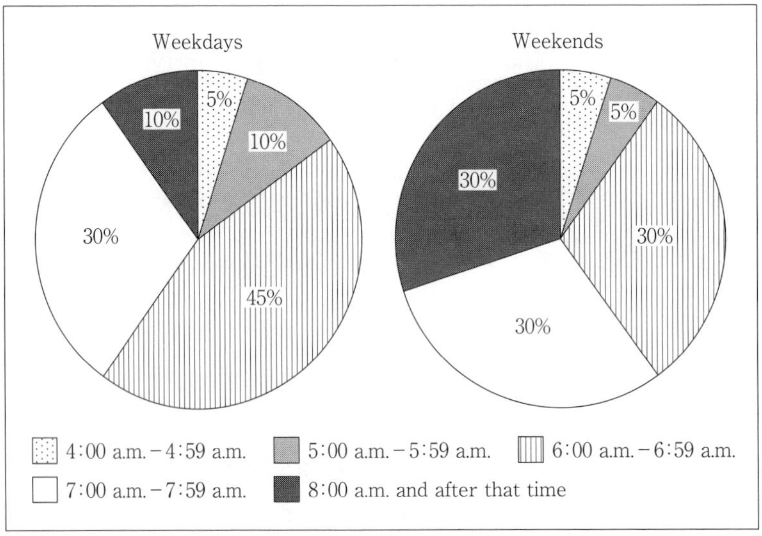

ア. A quarter of Nozomi's class gets up before 6 a.m. on weekdays, and 10% of the class gets up before 6 a.m. on weekends.

イ. The same number of the students in Nozomi's class gets up from 6:00 a.m. to 6:59 a.m. on weekdays and weekends.

ウ. More than half of Nozomi's class gets up before 7 a.m. on weekdays, and 40% of the class gets up before 7 a.m. on weekends.

エ. More than two thirds of Nozomi's class gets up at 7 a.m. or after that time on both weekdays and weekends.

3　あとの各問いに答えなさい。

(1)　次のような状況《じょうきょう》において，あとの①～③のとき，あなたならどのように英語で表しますか。それぞれ4語以上の英文を書きなさい。

ただし，I'm などの短縮形は1語として数え，コンマ（,），ピリオド（.）などは語数に入れません。

【状況】　オーストラリアから来た留学生のSophiaが，あなたの家でホームステイをしています。あなたは，Sophiaと話をしています。

①　この前の夏に家族と岩手（Iwate）を旅行したと伝えるとき。

(　　　　　　　　　　　　　　　　　　　　　　　　　　　　)

②　動物園でサルにえさをやることがおもしろかったと伝えるとき。

(　　　　　　　　　　　　　　　　　　　　　　　　　　　　)

③　いちばん好きな動物は何かと尋《たず》ねるとき。

(　　　　　　　　　　　　　　　　　　　　　　　　　　　　)

(2)　Ichiroの，アメリカに住んでいる友人のDanielが夏休みに日本に来ることになり，IchiroはDanielにEメールを書いています。

あなたがIchiroなら，①～③の内容をどのように英語で表しますか。それぞれ3語以上の英文を書き，下のEメールを完成させなさい。

ただし，I'm などの短縮形は1語として数え，コンマ（,），ピリオド（.）などは語数に入れません。

①(　　　　　　　　　　　　　　　　　　　　　　　　　　　　)

②(　　　　　　　　　　　　　　　　　　　　　　　　　　　　)

③(　　　　　　　　　　　　　　　　　　　　　　　　　　　　)

【Eメール】

> Hi, Daniel.
>
> ①　どれくらい日本に滞在《たいざい》する予定かということ。
>
> ②　毎年8月にあるこの町の祭りで，人々が花火を楽しむということ。
>
> ③　もしその花火を見たら驚《おどろ》くだろうということ。
>
> Your friend,
>
> Ichiro

4　次の文章を読んで，あとの各問いに答えなさい。

Kana is a high school student. She is seventeen.

One day in July, Kana and her classmates were talking about the school festival. They needed to decide what to do at the school festival. Kana said, "I want to do something interesting." Then, Wataru, one of the classmates, said, "How about selling items made from old clothes we don't need? We still have three months to prepare for the school festival, so we can make something nice." The classmates got interested in Wataru's idea. Kana said, "How did you get such an idea?" Wataru said, "Look. This is the pencil case my mother made from my old school bag. She likes finding ways to use old things again. I want to make old clothes useful." The other students said, "That's nice. (　　①　　)" Wataru said, "How about shopping bags and aprons? It's easy to make them." Kana said, "OK. Let's collect old clothes."

For the school festival, Kana worked very hard with her classmates. Some of the classmates brought their family's old clothes to school. Some teachers gave their old clothes to Kana's class. Mr. Kuroki, Kana's social studies teacher, said, "I'm glad that you're collecting old clothes. Many people usually throw them away." Kana said, "There are a lot of clothes people don't need, so I'm surprised." On the day of the school festival, a lot of students and teachers got interested in the items, and came to Kana's class to buy them. Mr. Kuroki said to Kana, "What a cute shopping bag! I'll show this to my little children and talk about the environment with them." Kana said, "About the environment? I've never thought about that. I only enjoyed making items." Mr. Kuroki said, "Making them from old clothes is good for the environment. We can reduce garbage."

The next day after school, Kana was talking with Wataru. Kana said, "Mr. Kuroki said that our idea for the school festival was good for the environment. I'm glad to hear that." Wataru said, "Now a lot of old clothes become garbage, and that is a big problem in our society. However, I'm surprised that people like items made from their old clothes." She said, "That's right. We have a lot of garbage in our society, but maybe we can still use some of the garbage to make different items. Why don't we find such items?" Wataru said, "Sounds interesting."

Two weeks later, Kana and Wataru went to the teachers' room to see Mr. Kuroki. Kana said to Mr. Kuroki, "(　　②　　) Look." She showed a picture of a bag on her tablet device and said, "This is made from old seat belts. It's not safe to use old seat belts for new cars. However, after washing the old seat belts, this company uses them and produces bags and wallets which people can use for a long time because seat belts are so strong." Wataru said, "Some companies make items from umbrellas. This bag is useful on a rainy day because it doesn't get wet." Mr. Kuroki said, "That's interesting." Kana said, "When I was looking at websites, I was surprised that we throw a lot of things away every day. I want other students to know more about this problem." Mr. Kuroki said, "How about making a poster to tell them about the problem? I think you'll find some more ways to reduce garbage, so you can show such ways on the poster, too." Kana said, "Sounds nice."

(Three years later)

Kana studies at a university in London and learns about people's actions in Europe to protect the environment. Wataru studies at a university in Japan. They are good friends.

One day, Kana was talking with Wataru online. Kana said, "Last week, I visited a food company which stopped using plastic to wrap their products. The people working there told me how they're trying to reduce garbage. When I go back to Japan, I'll start a company and show people what they can do to protect the environment." Wataru said, "You should tell Mr. Kuroki about that. He'll be happy if he hears that." Kana said, "Of course. I enjoyed talking with Mr. Kuroki when I was a high school student. I've been interested in the ways to protect the environment since then."

(注) items　品物　　aprons　エプロン　　throw ～ away　～を捨てる　　environment　環境《かんきょう》
reduce ～　～を減らす　　tablet device　タブレット端末《たんまつ》　　seat belts　シートベルト
actions　行動　　Europe　ヨーロッパ　　online　オンラインで

(1)　(①), (②) に入るそれぞれの文として，ア～エから最も適当なものを１つ選び，その記号を書きなさい。①(　　　)　②(　　　)

①　ア．What clothes will we collect?
　　イ．What items can we make?
　　ウ．When will we start it?
　　エ．When did you get it?

②　ア．We found many unique items on websites.
　　イ．We made these interesting items yesterday.
　　ウ．We sold these clothes at the school festival.
　　エ．We gave our old clothes to a company.

(2)　本文の内容に合うように，下の英文の (A), (B) のそれぞれに入る最も適当な１語を，本文中から抜《ぬ》き出して書きなさい。A (　　　)　B (　　　)

After the school festival, Kana and Wataru showed Mr. Kuroki some products (A) from the things people didn't need. Mr. Kuroki gave Kana an idea to make a poster because she wanted to tell other students about the garbage (B) in society.

(3)　下線部に I enjoyed talking with Mr. Kuroki when I was a high school student. とあるが，Mr. Kuroki が Kana に話した内容として，ア～エからあてはまらないものを１つ選び，その記号を書きなさい。(　　　)

ア．Mr. Kuroki is glad that Kana's class is collecting old clothes.
イ．Making items from old clothes is good for the environment.
ウ．Kana can show some ways to reduce garbage on the poster.

エ. It's good to learn more about the environment in other countries.

(4) 本文の内容に合う文として，ア～カから適当なものを2つ選び，その記号を書きなさい。

(　　　)(　　　)

ア. Wataru's classmates got interested in his idea for the school festival, and they started to collect old clothes.

イ. Wataru used his old school bag to make a pencil case and gave it to his mother three months ago.

ウ. When Kana talked with Mr. Kuroki before the school festival, she showed him her shopping bag.

エ. Kana worked hard for the school festival because she thought making items was good for the environment.

オ. After the school festival, Kana told Mr. Kuroki about a bag which people can use for a long time.

カ. Kana taught the people working at a food company how to reduce garbage when she was studying in London.

〈放送原稿〉

ただいまから，2024年度三重県公立高等学校入学試験英語のリスニング検査を行います。問題は，(1)，(2)，(3)，(4)の4つです。問題用紙の各問いの指示に従って答えなさい。聞いている間にメモを取ってもかまいません。

それでは，(1)の問題から始めます。(1)の問題は，表を見て答える問題です。次の表についての英語による質問を聞いて，その質問に対する答えとして，ア～エから最も適当なものを1つ選び，その記号を書きなさい。質問は1回だけ放送します。

では，始めます。

Who bought a dictionary two days ago?

これで(1)の問題を終わり，(2)の問題に移ります。

(2)の問題は，英語による対話を聞いて，質問に答える問題です。それぞれの質問に対する答えとして，ア～エから最も適当なものを1つ選び，その記号を書きなさい。対話は，No.1，No.2，No.3の3つです。対話と質問は1回ずつ放送します。

では，始めます。

No.1 A： Kevin, which would you like, tea or coffee?
B： I'd like coffee with milk.
A： Oh, really?
B： I can't drink coffee without milk.

質問します。

Does Kevin need milk to drink coffee?

No.2 A： How was your summer vacation, Sara?
B： It was nice, Masato. I visited Okinawa with my family. That was my first trip to Okinawa. The nature there was really beautiful. Have you ever been there?
A： Yes, twice in spring. To see my aunt in Okinawa, I wanted to go there with my brother during this summer vacation, but we didn't. We couldn't get airplane tickets.
B： Oh, I'm sorry to hear that.

質問します。

Who went to Okinawa during the summer vacation?

No.3 A： Riku, you're going to leave home at nine in the morning tomorrow, right?
B： Yes, mom. I'm going to visit an amusement park in Hikari City with my friend, Tim.
A： Oh, I thought you were going to play tennis in Wakaba City tomorrow.
B： No. I'm going to practice tennis there next Sunday. I have an important tennis match next month.
A： I see. Have a good time with Tim tomorrow.

質問します。

What is Riku going to do next Sunday?

これで(2)の問題を終わり，(3)の問題に移ります。

(3)の問題は，英語による対話を聞いて，答える問題です。それぞれの対話の最後の英文に対する受け答えとして，ア～ウから最も適当なものを１つ選び，その記号を書きなさい。対話は，No.1，No.2，No.3，No.4の４つです。対話は１回ずつ放送します。

では，始めます。

No.1　A： Good morning, Hannah. You look happy today.

B： Yes. I got a dog from my uncle yesterday. I wanted to have a dog for a long time. It's very cute.

A： That's nice. Can I visit your house to see the dog?

No.2　A： Wait, Peter. Do you have an umbrella with you?

B： No. Why, mom? It's sunny.

A： Now it's sunny, but it'll be rainy when you come home. So, you should take an umbrella with you.

No.3　A： Rachel, what are you doing?

B： Oh, Takashi. Look. I've just finished making this poster about our club for new students.

A： How beautiful! Where should we put it?

No.4　A： Hi, Paul. Did you watch the soccer game at Yamanaka Stadium on TV yesterday?

B： I watched half of the game and left home.

A： Oh, why?

これで(3)の問題を終わり，(4)の問題に移ります。

(4)の問題は，高校生のAkikoと，イギリスからの留学生のNickとの英語による対話を聞いて，質問に答える問題です。それぞれの質問に対する答えとして，ア～エから最も適当なものを１つ選び，その記号を書きなさい。対話と質問は２回ずつ放送します。

では，始めます。

Nick　： Hi, Akiko. Happy birthday! This is for you.

Akiko： Thank you, Nick. Oh, a book about sweets in your country. How did you know I like making sweets?

Nick　： Your sister told me about that. She said the cookies you make are really nice.

Akiko： I'm happy to hear that. I usually enjoy making sweets on weekends and my sister likes having them. Do you like sweets?

Nick　： Yes. When I lived in London, my mother sometimes baked pies and cakes for me. She is a teacher at a cooking school.

Akiko： Really? I want to talk about cooking with your mother.

Nick　： Actually, she is going to see me and stay in this city for a week next month. Can you make some Japanese sweets for her?

Akiko： I'm sorry, but I can't. I've never made them. I know some Japanese sweet shops, so how about going there with her?

Nick ： Sounds great. She told me that she wants to wear a kimono. Can she have such an experience in this city?

Akiko ： Yes. I can take you and your mother to a nice kimono shop near a sweet shop. If she pays five thousand yen at the kimono shop, she can wear a kimono for a day.

Nick ： That's interesting. I want to wear a kimono, too.

Akiko ： You're a student, so if you pay half of the price, you can have the same experience with your mother. You'll look nice in a kimono.

Nick ： Can you take a picture when my mother and I wear kimonos?

Akiko ： Of course.

質問します。

No.1 Who told Nick Akiko likes making sweets?

No.2 Will Akiko make Japanese sweets for Nick's mother?

No.3 How much does Nick need when he wears a kimono at the kimono shop?

（対話と質問を繰り返す）

これでリスニング検査の放送を終わります。

社会

時間　45分　　　　満点　50点

1　次の略地図を見て，あとの各問いに答えなさい。

〈略地図〉

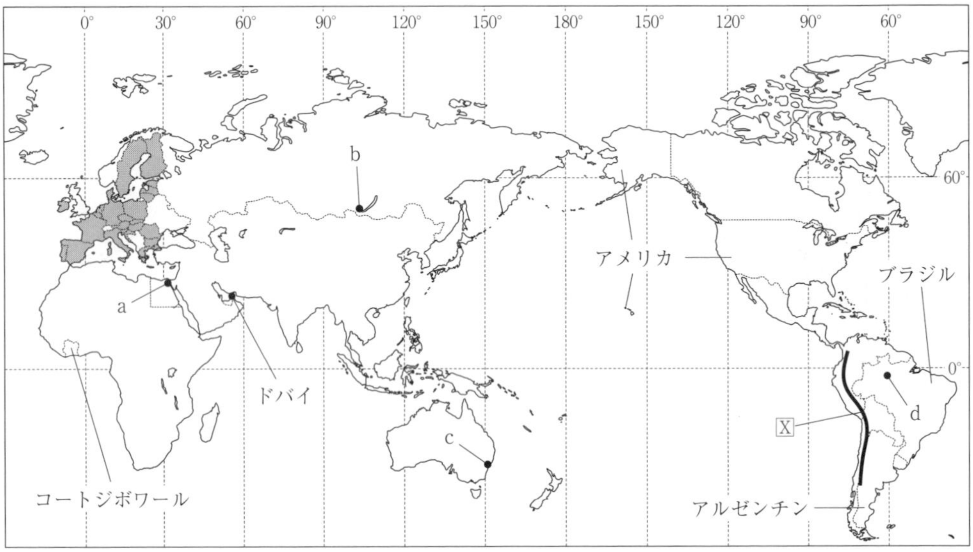

〔注：国境は一部省略〕

(1)　略地図にXで示したあたりにある山脈では，6,000mを超《こ》える山々がみられる。この山脈の名称《めいしょう》は何か，次のア～エから最も適当なものを1つ選び，その記号を書きなさい。(　　　)

ア．アルプス山脈　　イ．ヒマラヤ山脈　　ウ．ロッキー山脈　　エ．アンデス山脈

(2)　資料1は，略地図に示したa～dのいずれかの都市における雨温図である。資料1は，いずれの都市の雨温図か，略地図のa～dから最も適当なものを1つ選び，その記号を書きなさい。(　　　)

〈資料1〉

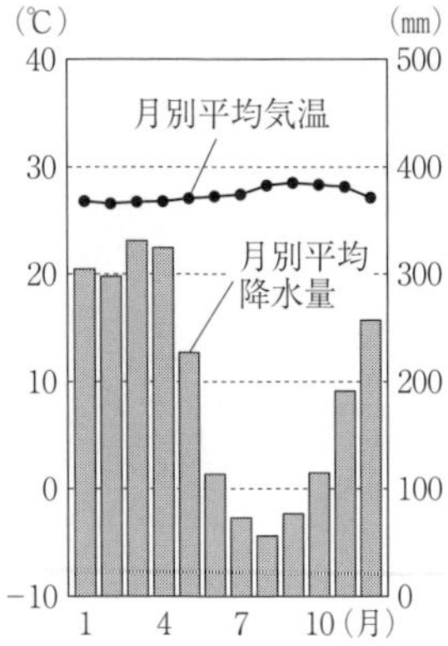

(『理科年表2022』から作成)

(3)　略地図に示したドバイは，東経60度の経線に合わせた時刻を標準時として使っている。12月1日にドバイから日本に向かう飛行機の中で，時計をドバイの標準時から日本の標準時に合わせるとき，どのように調整するか，次のア～エから最も適当なものを1つ選び，その記号を書きなさい。(　　　)

ア．5時間進める。　　イ．5時間遅《おく》らせる。

ウ．13時間進める。　　エ．13時間遅らせる。

(4)　略地図に▒で示した国は，2021年時点のEU加盟国である。資料2は，EU加盟国における，EUへの拠出《きょしゅつ》金からEUからの受取金を引いた金額を示したものであり，□で囲んだ国は，2004年以降に加盟した国を示している。また，資料3は，2003年以前にEUに加盟した国と2004年以降にEUに加盟した国について，一人あたりの国民総所得別

の国の数を示したもの，資料4は，そうたさんとゆきこさんが，資料2，資料3をもとに話し合った内容の一部である。資料4の［あ］にあてはまる内容は何か，資料3から読み取り，書きなさい。(　　　　　　　　　　　　　　　)

〈資料2〉　EUへの拠出金からEUからの受取金を引いた金額

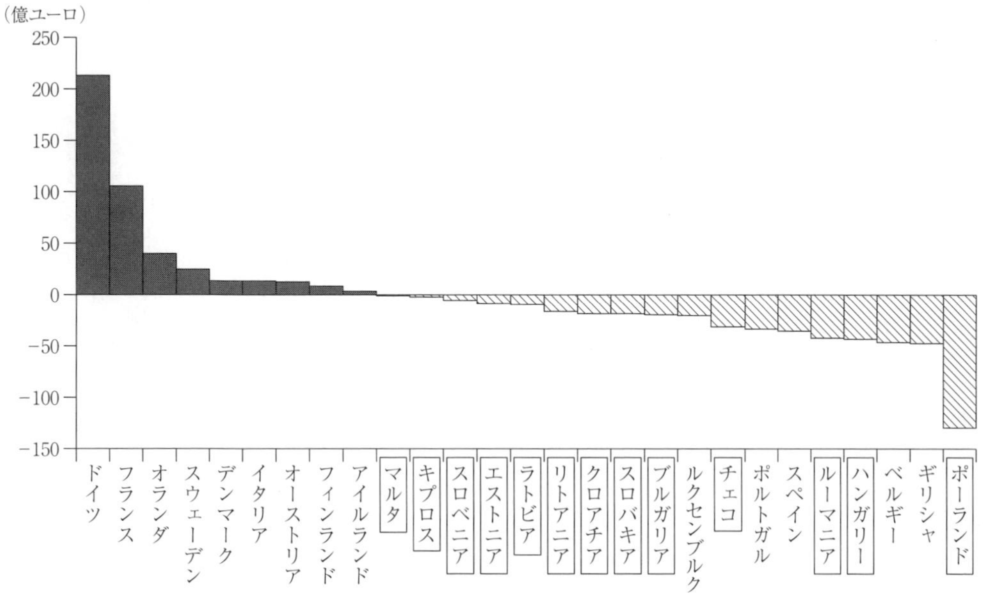

〔注：数値は2021年のもの。マルタ，キプロスの数値はそれぞれ，−1，−2である。〕

(欧州《おうしゅう》委員会 Webページから作成)

〈資料3〉　一人あたりの国民総所得別の国の数

	2003年以前に加盟した国	2004年以降に加盟した国
40,001ドル以上	10か国	0か国
30,001～40,000ドル	2か国	1か国
20,001～30,000ドル	2か国	7か国
20,000ドル以下	0か国	5か国

(注：数値は2021年のもの。2020年に離《り》脱《だつ》したイギリスは含《ふく》んでいない。)

(国際連合 Webページから作成)

〈資料4〉

そうた：資料2を見ると，EU加盟国の中には，受取金より拠出金の方が多い国と，拠出金より受取金の方が多い国があるということがわかるね。

ゆきこ：そうだね。拠出金より受取金の方が多い国は，2004年以降に加盟した国が多いよ。

そうた：本当だね。資料3からは，2004年以降に加盟した国は，2003年以前に加盟した国に比べ，［あ］という傾向《けいこう》があることがわかるね。

ゆきこ：その通りだね。そのような，加盟国の間の経済格差は，EUが抱える課題の1つとなっているね。

(5)　資料5は，略地図に示したアメリカの工業についてまとめたものの一部である。資料5の［　Ⅰ　］にあてはまる言葉は何か，書きなさい。(　　　)

〈資料5〉

> 北緯《ほくい》37度付近から南の地域は，航空宇宙産業やICT産業などが発達し，温暖な気候であることから［　Ⅰ　］とよばれる。なかでも，カリフォルニア州サンフランシスコ郊外《こうがい》のシリコンバレーには，ICT関連企業《きぎょう》が集中している。

(6)　略地図に示したコートジボワールについて述べた文はどれか，次のア～エから最も適当なものを1つ選び，その記号を書きなさい。(　　　)

ア．1990年代以降の急速な経済成長の結果，工業製品を世界各地に輸出する工業国となり，「世界の工場」とよばれるまでになった。

イ．チョコレートの原料であるカカオの栽培《さいばい》に適した気候であり，カカオ豆の生産量は世界一である。

ウ．人口の約80％の人々がヒンドゥー教を信仰《しんこう》しており，国内を流れるガンジス川ではヒンドゥー教徒が沐浴《もくよく》を行っている。

エ．白豪《はくごう》主義とよばれる政策が1970年代に撤廃《てっぱい》されて以降，ヨーロッパ以外からの移民を積極的に受け入れるようになった。

(7)　資料6は，さとうきび，とうもろこし，牛肉の，世界における生産量の国別割合を示したものであり，A～Cは，略地図に示したアメリカ，ブラジル，アルゼンチンのいずれかである。資料6のA～Cにあてはまる国の組み合わせはどれか，下のア～カから最も適当なものを1つ選び，その記号を書きなさい。(　　　)

〈資料6〉

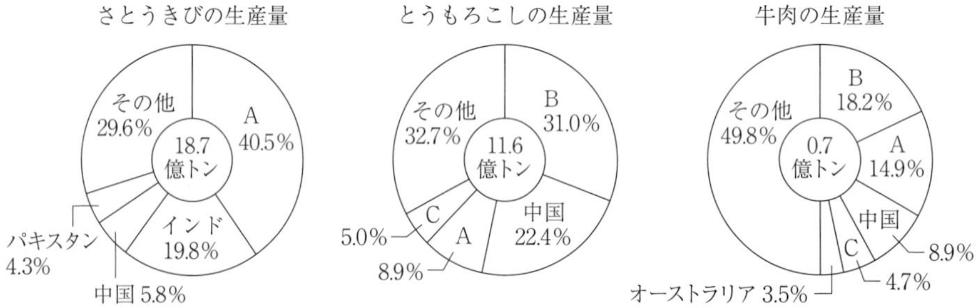

〔注：数値は2020年のもの〕

(『世界国勢図会《ずえ》 2022／2023』から作成)

ア．A―アメリカ　　B―ブラジル　　C―アルゼンチン

イ．A―アメリカ　　B―アルゼンチン　　C―ブラジル

ウ．A―ブラジル　　B―アメリカ　　C―アルゼンチン

エ．A―ブラジル　　B―アルゼンチン　　C―アメリカ

オ．A―アルゼンチン　　B―アメリカ　　C―ブラジル

カ．A―アルゼンチン　　B―ブラジル　　C―アメリカ

2　次の略地図を見て，あとの各問いに答えなさい。

〈略地図〉

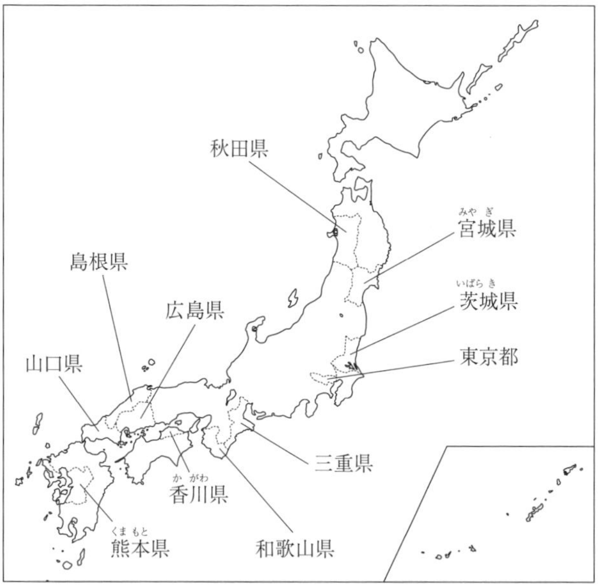

(1)　略地図に示した熊本県にあり，カルデラをもつ火山の名称は何か，次のア～エから最も適当なものを１つ選び，その記号を書きなさい。(　　　)

ア．有珠山《うすざん》　　イ．箱根山《はこねやま》　　ウ．阿蘇山《あそさん》　　エ．霧島山《きりしまやま》

(2)　資料１は，略地図に示した秋田県，宮城県，三重県，和歌山県における，農業産出額のうち，米と果実の産出額，漁業産出額を示したものである。資料１のａとｃにあてはまる県名の組み合わせはどれか，次のア～カから最も適当なものを１つ選び，その記号を書きなさい。(　　　)

ア．ａ―秋田県　　ｃ―宮城県

イ．ａ―秋田県　　ｃ―和歌山県

ウ．ａ―宮城県　　ｃ―三重県

エ．ａ―宮城県　　ｃ―和歌山県

オ．ａ―和歌山県　　ｃ―三重県

カ．ａ―三重県　　ｃ―秋田県

〈資料１〉

	農業産出額(億円)		漁業産出額(億円)
	米	果実	
a	795	30	718
b	1,078	89	27
c	78	759	127
d	270	70	361

〔注：数値は2020年のもの〕

(『データでみる県勢 2023』から作成)

(3)　略地図に示した香川県について，香川県の讃岐《さぬき》平野では，降水量が少なく水不足になりやすいため，古くからため池や用水路が整備されてきた。あすかさんは，讃岐平野で降水量が少ない理由を説明するために，資料を作成した。資料２はその一部であり，中国・四国地方における，冬の季節風のようすと夏の季節風のようすを模式的に示したものである。讃岐平野で降水量が少ないのはなぜか，その理由の１つとして考えられることを，資料２から読み取れることをもとにして，「湿った風」，「山地」という２つの言葉を用いて，書きなさい。

(　　　　　　　　　　　　　　　　　　　　　　　　　　　　　　　　　　　　)

〈資料 2〉

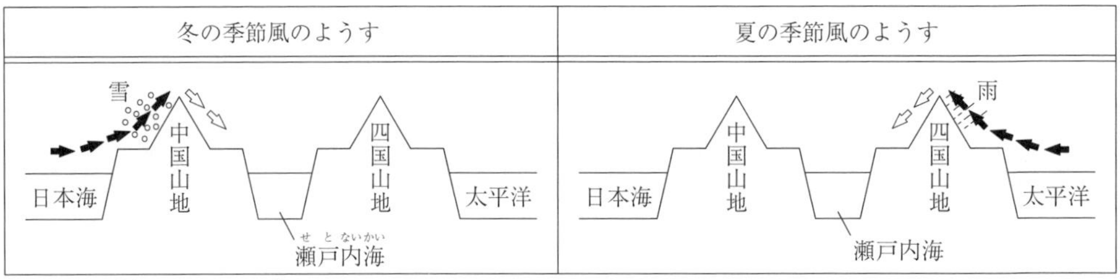

〔注：➡は湿《しめ》った風，⇨は乾《かわ》いた風を示す〕

(4)　略地図に示した茨城県について，資料 3 は，茨城県の一部を示した 2 万 5 千分の 1 の地形図である。また，資料 4 は，5 cm の長さを示したものさしである。資料 3 から読み取れることを述べた文として正しいものはどれか，下のア～エから最も適当なものを 1 つ選び，その記号を書きなさい。(　　　)

〈資料 3〉

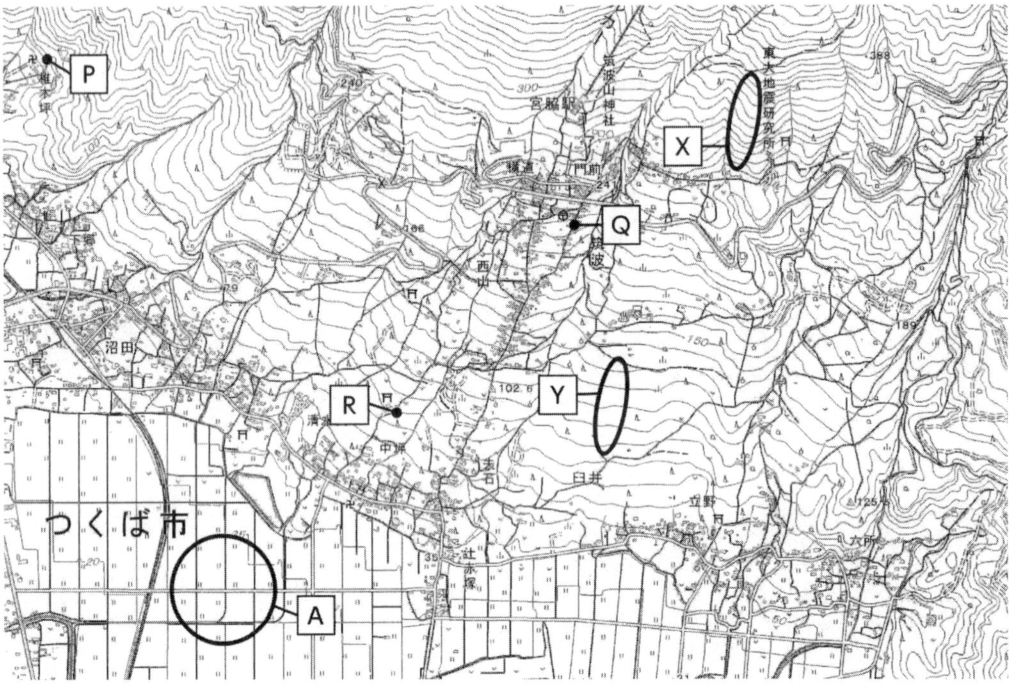

(国土地理院　電子地形図 25000 から作成)
(編集部注：原図を縮小しています。)

〈資料 4〉

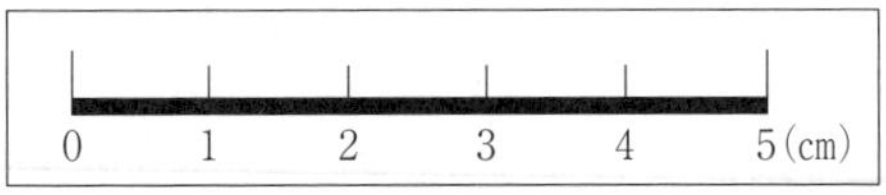

ア．◯で囲んだ A の地域における主な土地利用は，畑である。

イ．P 地点から，Q 地点までの実際の直線距離《きょり》は 3 km 以上ある。

ウ．Q 地点から見た，R 地点のおおよその方位は南東である。

エ．0 で囲んだ，X と Y の 2 か所の土地を比べると，Y の土地の方が傾斜《けいしゃ》が緩《ゆる》やかである。

(5) 資料5は，略地図に示した広島県，山口県，島根県における，化学工業，鉄鋼業，輸送用機械工業の製造品出《しゅっ》荷《か》額《がく》を示したものである。資料5のⅠとⅢにあてはまる県名の組み合わせはどれか，次のア～カから最も適当なものを1つ選び，その記号を書きなさい。(　　　)

ア. Ⅰ―広島県　　Ⅲ―山口県

イ. Ⅰ―広島県　　Ⅲ―島根県

ウ. Ⅰ―山口県　　Ⅲ―広島県

エ. Ⅰ―山口県　　Ⅲ―島根県

オ. Ⅰ―島根県　　Ⅲ―広島県

カ. Ⅰ―島根県　　Ⅲ―山口県

〈資料5〉

	化学工業(億円)	鉄鋼業(億円)	輸送用機械工業(億円)
Ⅰ	333	1,675	839
Ⅱ	19,791	6,209	11,825
Ⅲ	4,348	11,893	32,663

〔注：数値は2019年のもの〕

(『データでみる県勢2023』から作成)

(6) 資料6は，略地図に示した東京都を含む，関東地方の一部を示したものである。資料7は，資料6に示した東京都，埼玉県，千葉県，神奈川県における，昼間人口と夜間人口を示したもの，資料8は，東京都，埼玉県，千葉県，神奈川県における，事業所数と大学数を示したものである。資料7に示したように，東京都の昼間人口が夜間人口より多いのはなぜか，その理由の1つとして考えられることを，資料7，資料8から読み取れることをもとにして，「通勤」，「通学」という2つの言葉を用いて，書きなさい。

(　　　　　　　　　　　　　　　　　　　　　　　　　　　　)

〈資料6〉

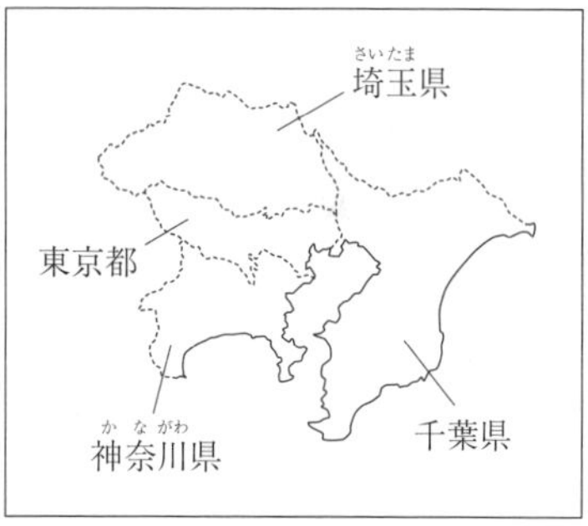

〈資料7〉

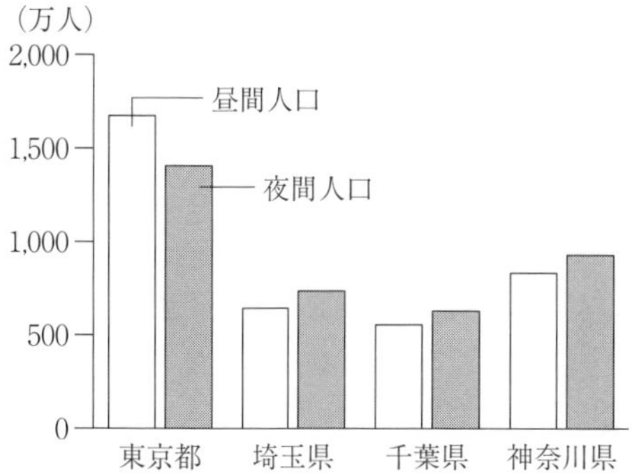

〔注：数値は2020年のもの〕

(『データでみる県勢2023』から作成)

〈資料8〉

	事業所数	大学数
東京都	812,225	179
埼玉県	267,988	39
千葉県	215,071	35
神奈川県	344,198	45

〔注：数値は2021年のもの。大学数には短期大学数を含む。〕

(『データでみる県勢2023』から作成)

(7) 資料9は，日本における，野菜の，国内消費量と国内生産量の推移を示したものである。また，資料10は，日本における品目別食料自給率の推移を示したものであり，ア～エは，米，小麦，野菜，魚介《ぎょかい》類のいずれかの食料自給率である。野菜の食料自給率はどれか，資料10のア～エから最も適当なものを1つ選び，その記号を書きなさい。(　　　)

〈資料 9〉

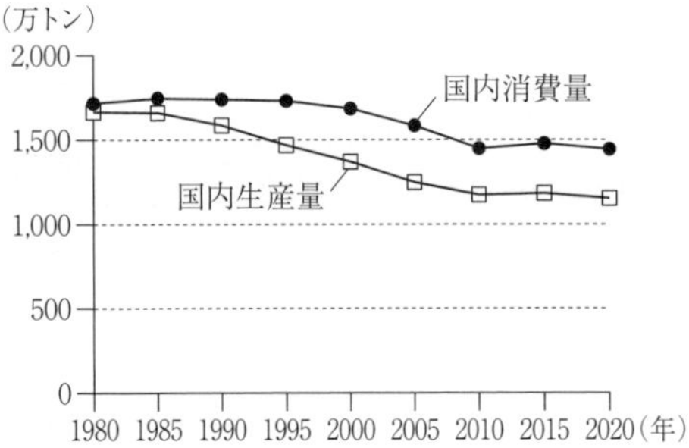

〈資料 10〉

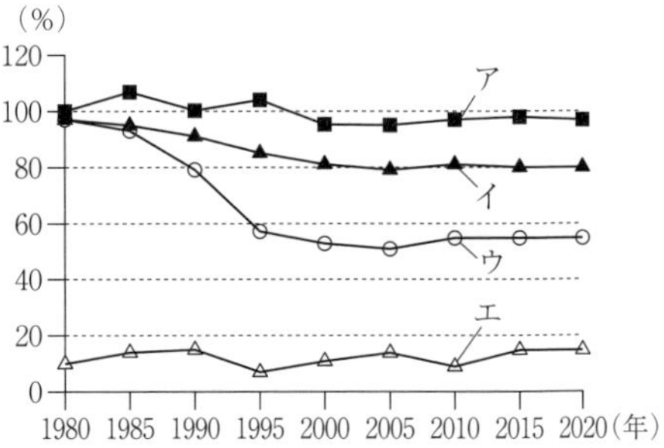

(資料 9，資料 10 は，農林水産省 Web ページから作成)

③ 右の表は，ゆうきさんのクラスで歴史的分野の学習を行ったときに設定されたテーマを示したものである。これを見て，あとの各問いに答えなさい。

テーマ 1	飛鳥《あすか》文化
テーマ 2	鎌倉《かまくら》時代の仏教
テーマ 3	室町《むろまち》時代の人々のくらし
テーマ 4	外国船の出現と天保《てんぽう》の改革
テーマ 5	不平等条約改正の実現
テーマ 6	普通《ふつう》選挙の実現と社会運動の広まり
テーマ 7	日本の高度経済成長

(1) テーマ 1 について，7 世紀初めに聖徳太子《しょうとくたいし》(厩戸皇子《うまやどのおうじ》) が建てた寺院を何というか，次のア～エから最も適当なものを 1 つ選び，その記号を書きなさい。(　　　)

ア．東大寺《とうだいじ》　イ．中尊寺《ちゅうそんじ》　ウ．法隆寺《ほうりゅうじ》
エ．延暦寺《えんりゃくじ》

(2) テーマ 2 について，鎌倉時代の仏教に関するできごとについて述べた文はどれか，次のア～エから最も適当なものを 1 つ選び，その記号を書きなさい。(　　　)

ア．空海《くうかい》が遣唐使《けんとうし》とともに唐にわたり，帰国して高野山《こうやさん》に金剛峯寺《こんごうぶじ》を建て，真言宗《しんごんしゅう》を広めた。
イ．栄西《えいさい》が座禅《ざぜん》によって自分の力でさとりを開く禅宗《ぜんしゅう》を宋《そう》から伝え，臨済宗《りんざいしゅう》を広めた。
ウ．武士《ようさい》や農民たちが浄土真宗《じょうどしんしゅう》(一向宗《いっこうしゅう》) の信仰で結びつき，守護大名《しゅごだいみょう》に対抗《たいこう》した。
エ．極楽《ごくらく》浄土に生まれ変わることを祈《いの》る浄土信仰が広まり，平等院鳳凰堂《びょうどういんほうおうどう》がつくられた。

(3) テーマ 3 について，資料 1 は，室町時代の村のようすについてまとめたものの一部である。[I] にあてはまる言葉はどれか，次のア～エから最も適当なものを 1 つ選び，その記号を書きなさい。(　　　)

ア．惣《そう》　イ．座　ウ．株仲間　エ．五人組

〈資料 1〉

> 村では，[I] とよばれる自治組織がつくられ，農業用水路の管理や森林の利用などについて村のおきてを定めたり，違反者《いはんしゃ》を罰《ばっ》したりした。

(4) テーマ 4 について，資料 2 は，天保の改革についてまとめたものの一部である。資料 2 の下線部について，方針の転換とはどのようなことか，「異国船打《いこくせんうち》払令《はらいれい》をやめ，」で始めて，「燃料」，「水」という 2 つの言葉を用いて，書きなさい。

〈資料 2〉

> 老中《ろうじゅう》の水野忠邦《みずのただくに》は，アヘン戦争で清《しん》がイギリスに敗北したことから，外国船への対応について，<u>方針の転換《てんかん》</u>を命じた。

(異国船打払令をやめ，　　　　　　　　　　　　　　　　　　　　　　　　　　　)

(5)　テーマ5について，資料3は，日本が幕末に結んだ不平等条約の改正についてまとめたものの一部，資料4は，明治以降のできごとを年代順にⓐ～ⓔの記号をつけて並べたものである。資料3で示したできごとが起こったのはどの時期か，次のア～エから最も適当なものを1つ選び，その記号を書きなさい。
(　　　)

ア．ⓐとⓑの間　　イ．ⓑとⓒの間
ウ．ⓒとⓓの間　　エ．ⓓとⓔの間

〈資料3〉

外相《がいしょう》の小村寿太郎《こむらじゅたろう》は，アメリカと交渉《こうしょう》し，関税自主権の完全な回復に成功した。

〈資料4〉

ⓐ　岩倉《いわくら》使節団が欧米に派遣される。
ⓑ　大日本帝国《ていこく》憲法が発布《はっぷ》される。
ⓒ　日清戦争が起こる。
ⓓ　日露《にちろ》戦争が起こる。
ⓔ　日本が国際連盟に加盟する。

(6)　テーマ6について，資料5は，満25才以上の男子に選挙権を与《あた》える普通選挙法と同年に制定された法律を要約したものの一部である。資料5に示した法律を何というか，その名称を書きなさい。(　　　)

〈資料5〉

国の体制を変えようとしたり，私有財産制度を否定したりすることを目的として結社をつくる，またはこれに加入した者には，10年以下の懲役《ちょうえき》，または禁固の刑《けい》に処する。

(7)　テーマ7について，日本の高度経済成長期に日本で起こったできごとについて述べた文として，誤っているものはどれか，次のア～エから1つ選び，その記号を書きなさい。(　　　)

ア．オリンピック東京大会に合わせて，東海道新幹線が開通した。
イ．公害問題が深刻化したことを受け，政府は公害対策基本法を制定した。
ウ．地価や株価が高騰《こうとう》し，バブル経済とよばれる好景気となった。
エ．テレビアニメ『鉄腕《てつわん》アトム』が初めて放送された。

4　次の表は，みさきさんのクラスで歴史的分野を学習したときの内容をまとめたものの一部である。これを見て，あとの各問いに答えなさい。

①古墳《こふん》時代には王や豪族の墓として大きな古墳がつくられ，ヤマト王権（大和《やまと》政権）が現れた。
十字軍の遠征《えんせい》をきっかけに，②イスラム世界の学問や文化がヨーロッパに伝わった。
ヨーロッパの国々がアジアへの航路を開拓《かいたく》し，日本と③貿易や交流を始めた。
欧米諸国で④市民革命が起こり，新しい政治のしくみがうまれた。
1929年にアメリカで起こった恐慌《きょうこう》は世界中に広がり，⑤世界恐慌となった。
1989年に米ソの首脳が地中海のマルタ島で会談し，⑥冷戦の終結を宣言した。

(1)　下線部①について，資料1は，古墳時代のようすについてまとめたものの一部である。資料1の Ⅰ ， Ⅱ にあてはまる言葉の組み合わせはどれか，次のア～エから最も適当なものを1つ選び，その記号を書きなさい。(　　　)

ア．Ⅰ―埴輪《はにわ》　Ⅱ―北朝　　イ．Ⅰ―埴輪　Ⅱ―南朝

ウ．Ⅰ―土偶《どぐう》　Ⅱ―北朝　　エ．Ⅰ―土偶　Ⅱ―南朝

〈資料1〉

> 古墳の頂上やまわりには Ⅰ が並べられた。また，5世紀には，ヤマト王権（大和政権）の王たちが，たびたび中国の Ⅱ に朝貢《ちょうこう》し，中国の Ⅱ の皇帝から政治的な力を認められた。

(2)　下線部②について，資料2は，ヨーロッパの文化の変化についてまとめたものの一部である。資料2に示したような動きを何というか，その名称を書きなさい。

(　　　)

〈資料2〉

> 14世紀から16世紀のヨーロッパでは，イスラム文化や，古代ギリシャやローマの文化への関心が高まり，これまでのキリスト教の教えにとらわれない，自由でいきいきとした文化が生まれた。

(3)　下線部③について，次のⓐ～ⓓのカードは，16世紀から17世紀にかけての，日本と外国との貿易や交流に関するできごとを示したものである。ⓐ～ⓓのカードを，書かれた内容の古いものから順に並べると，どのようになるか，下のア～エから最も適当なものを1つ選び，その記号を書きなさい。(　　　)

ⓐ	海外渡航《とこう》を許可する朱印状《しゅいんじょう》を発行された大名や大商人が，貿易を行った。	ⓑ	種子島《たねがしま》に流れ着いたポルトガル人が，日本に鉄砲《てっぽう》を伝えた。
ⓒ	キリシタン大名が，ローマ教皇のもとに4人の少年使節を派遣した。	ⓓ	オランダ商館が長崎《ながさき》の出島《でじま》に移され，オランダ人は出島で貿易を許された。

ア．ⓐ→ⓑ→ⓒ→ⓓ　　イ．ⓐ→ⓑ→ⓓ→ⓒ　　ウ．ⓑ→ⓐ→ⓒ→ⓓ　　エ．ⓑ→ⓒ→ⓐ→ⓓ

(4)　下線部④について，資料3は，欧米諸国で起こったできごとをまとめたものの一部である。また，資料4は，資料3のいずれかのできごとがもたらした政治体制の変化について，まとめたものの一部である。資料4に示したような政治体制の変化は，資料3のどのできごとがもたらしたものか，資料3のア～エから最も適当なものを1つ選び，その記号を書きなさい。(　　　)

〈資料3〉

西暦《せいれき》	できごと	
1689年	イギリスで権利の章典(権利章典)が制定される	…ア
1775年	アメリカ独立戦争が起こる	…イ
1789年	フランス人権宣言が発表される	…ウ
1804年	ナポレオンがフランスの皇帝となる	…エ

〈資料4〉

国王は議会の同意なしに，法律を停止したり，税を徴収《ちょうしゅう》したりすることができなくなった。

(5) 下線部⑤について，みさきさんは，世界恐慌が日本に与えた影響《えいきょう》に関する資料を集めた。資料5，資料6，資料7はその一部である。日本の農家所得が，資料5の ░ で示した時期に減少したのはなぜか，その理由の1つとして考えられることを，資料6，資料7から読み取り，「アメリカとの貿易において，」で始めて，書きなさい。

(アメリカとの貿易において，　　　　　　　　　　　)

〈資料5〉日本の農家所得の推移

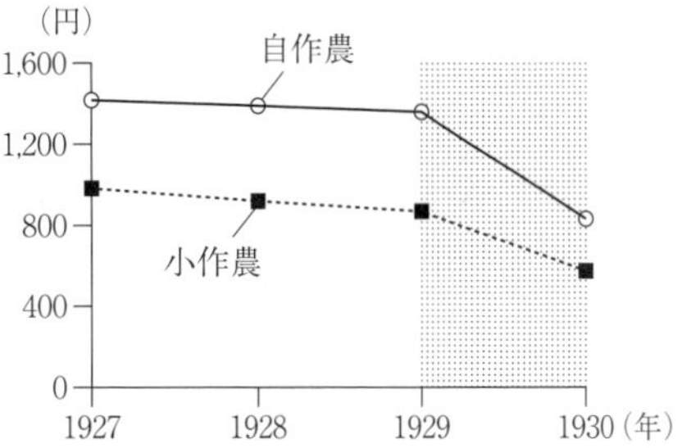

(『岩波講座日本歴史19 近代6』から作成)

〈資料6〉日本の生糸《きいと》輸出量と輸出相手国

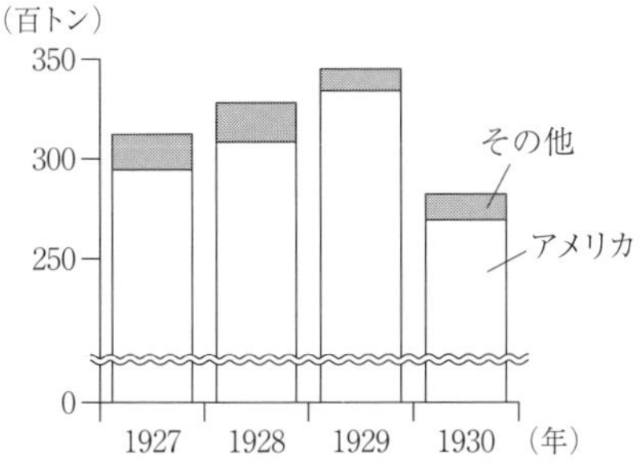

(『日本貿易精覧』から作成)

〈資料7〉 日本のまゆの価格の推移

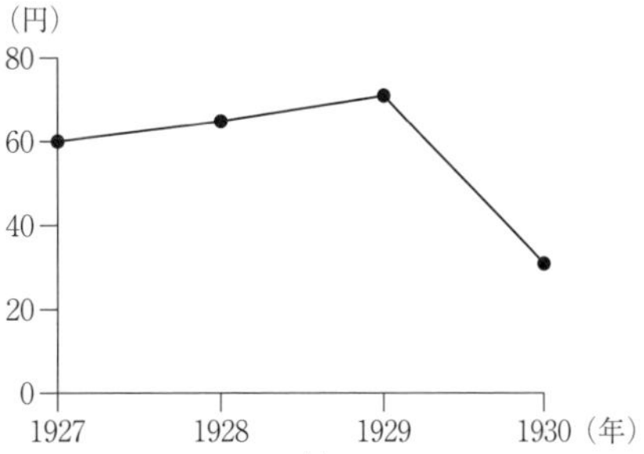

〔注：まゆの価格は，10貫《かん》(37.5 kg)あたりのもの〕

(『近現代日本経済史要覧』から作成)

(6) 下線部⑥について，冷戦で対立した2つの陣営《じんえい》のうち，アメリカを中心とする資本主義陣営の国にあてはまる組み合わせはどれか，次のア～エから最も適当なものを1つ選び，その記号を書きなさい。(　　　)

	ア	イ	ウ	エ
国	東ドイツ 大韓民国《だいかんみんこく》	東ドイツ 中《ちゅう》華《か》人民《じんみん》共《きょう》和《わ》国《こく》	西ドイツ 大韓民国	西ドイツ 中華人民共和国

5　次の表は，ひろとさんのクラスで行った公民的分野の学習において，班ごとに設定した学習課題をまとめたものである。これを見て，あとの各問いに答えなさい。

A班	日本国憲法は，どのような特徴をもつ憲法だろうか。
B班	人権が対立したときに，どのように調整すればよいのだろうか。
C班	裁判のしくみや裁判所のもつ役割は，どのようなものだろうか。
D班	住民の声を生かした政治を実現するために，どのような制度があるのだろうか。
E班	為替《かわせ》相場の変化は，日本の経済にどのような影響を与えるのだろうか。
F班	経済を安定させるために，政府はどのような政策を行うのだろうか。
G班	社会保障と財政の関係は，国によってどのような違《ちが》いがあるのだろうか。
H班	地球温暖化の対策として，どのような取り組みをしているのだろうか。

(1)　A班の学習課題について，日本国憲法の3つの基本原理（基本原則）のうち2つは，基本的人権の尊重と，国民主権である。残りの1つは何か，その名称を**漢字**で書きなさい。(　　　)

(2)　B班の学習課題について，次の(a)，(b)の各問いに答えなさい。

(a)　資料1は，B班が，人権が対立した事例についてまとめたものの一部である。資料1の［Ⅰ］，［Ⅱ］にあてはまる言葉の組み合わせはどれか，次のア～エから最も適当なものを1つ選び，その記号を書きなさい。

(　　　)

〈資料1〉

> タレントAの私生活の情報を記《き》載《さい》した本が，タレントAの承諾《しょうだく》なく，出版されることになった。タレントAは「［Ⅰ］の侵害《しんがい》である」として，本の出版の差し止めを裁判所に求めた。これに対して出版社は，「本の出版は［Ⅱ］の自由である」と反論した。

ア．Ⅰ―プライバシーの権利　　Ⅱ―居住・移転

イ．Ⅰ―プライバシーの権利　　Ⅱ―表現

ウ．Ⅰ―知る権利　　Ⅱ―居住・移転

エ．Ⅰ―知る権利　　Ⅱ―表現

(b)　資料2は，B班が，人権が制限される場合についてまとめたものの一部である。資料2の［Ⅲ］にあてはまる言葉は何か，書きなさい。(　　　)

〈資料2〉

> 日本国憲法では，国民は，自由および権利を「濫用《らんよう》してはならないのであって，常に［Ⅲ］のためにこれを利用する責任を負ふ」（第12条）と定められ，「［Ⅲ］」によって，人権が制限されることがある。

(3)　C班の学習課題について，次の(a)，(b)の各問いに答えなさい。

(a)　資料3は，裁判のしくみについてまとめたものの一部である。資料3の［X］，［Y］にあてはまる言葉の組み合わせはどれか，次のア～エから最も適当なものを1つ選び，その記号を書きなさい。(　　　)

〈資料3〉

> 裁判は，多くの場合，地方裁判所，家庭裁判所，簡易裁判所のいずれかで第一審《だいいっしん》が行われ，第一審の判決が不服な場合は，第二審の裁判所に［X］し，さらにその判決にも従えなければ第三審の裁判所に［Y］することができる。

ア．X―控訴《こうそ》　　Y―上告

イ．X―控訴　　Y―尋問《じんもん》

ウ．X―起訴　　Y―上告

エ．X―起訴　　Y―尋問

(b) 資料4は，最高裁判所が出した判決内容をまとめたものの一部である。資料5は，資料4をもとに，C班が，裁判所のもつ役割について作成した発表原稿《げんこう》の一部である。資料5の［ Z ］にあてはまる言葉は何か，下のア～エから最も適当なものを1つ選び，その記号を書きなさい。

(　　　)

〈資料4〉

	判決内容
薬事法距離制限 (1975年)	薬局を開く許可の条件として，他の薬局から一定以上離《はな》れていなければならないとする薬事法第6条は，職業選択《せんたく》の自由（憲法第22条）に違反している。
議員定数不均衡《ふきんこう》 (1976年)	衆議院議員選挙で，選挙区の間で1票の価値に大きな格差を生じさせている公職選挙法の規定は，選挙権の平等（憲法第14・44条）に違反しているが，選挙は無効としない。

〈資料5〉

裁判所は，［ Z ］を通じて，国の政治が憲法に基《もと》づいて行われ，人権が保障されることを見守る大切な役割を担《にな》っている。

ア．閣議　　イ．弾劾《だんがい》裁判　　ウ．国民審査　　エ．違憲審査

(4) D班の学習課題について，有権者数が60,000人の地方公共団体において，住民が条例制定を求めて直接請求権《せいきゅうけん》を行使する場合，必要な署名数と請求先の組み合わせはどれか，次のア～エから最も適当なものを1つ選び，その記号を書きなさい。(　　　)

ア．必要な署名数―1,200人以上　　請求先―首長

イ．必要な署名数―1,200人以上　　請求先―選挙管理委員会

ウ．必要な署名数―20,000人以上　　請求先―首長

エ．必要な署名数―20,000人以上　　請求先―選挙管理委員会

(5) E班の学習課題について，資料6は，てつやさんが，為替相場の変化が日本の経済に与える影響についてまとめたノートの一部である。資料6の［ あ ］にあてはまる数と，［ う ］にあてはまる言葉は何か，下のア～エから最も適当な組み合わせを1つ選び，その記号を書きなさい。(　　　)

〈資料6〉

1ドル＝80円のとき

［日本］ 自動車X1台の価格：200万円 ⇒ 日本からアメリカへの輸出 ⇒ ［アメリカ］ 自動車X1台の価格：［ あ ］ドル

1ドル＝100円のとき

［日本］ 自動車X1台の価格：200万円 ⇒ 日本からアメリカへの輸出 ⇒ ［アメリカ］ 自動車X1台の価格：20,000ドル

1ドル＝125円のとき

［日本］ 自動車X1台の価格：200万円 ⇒ 日本からアメリカへの輸出 ⇒ ［アメリカ］ 自動車X1台の価格：［ い ］ドル

〈日本の経済に与える影響〉

［ う ］の方が，アメリカでの自動車Xの価格が高くなるので売れにくくなる。

ア．あ―25,000　　う―円高　　イ．あ―25,000　　う―円安

ウ．あ―16,000　　う―円高　　エ．あ―16,000　　う―円安

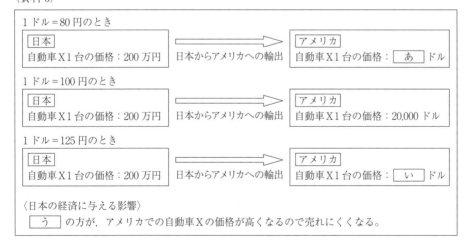

(6)　F班の学習課題について，資料7は，F班が，政府の財政政策についてまとめたものの一部である。資料7の［ a ］，［ b ］にあてはまる言葉の組み合わせはどれか，次のア～エから最も適当なものを1つ選び，その記号を書きなさい。

(　　　)

〈資料7〉

> 政府は，好景気の時に，公共事業を［ a ］たり，［ b ］をしたりして，景気をおさえようとする。

ア．a―増やし　　b―増税　　イ．a―増やし　　b―減税

ウ．a―減らし　　b―増税　　エ．a―減らし　　b―減税

(7)　G班の学習課題について，まさみさんは，社会保障と財政の関係について調べ，資料を集めた。資料8，資料9はその一部である。資料8，資料9から読み取れることを述べた文として正しいものはどれか，下のア～エから最も適当なものを1つ選び，その記号を書きなさい。(　　　)

〈資料8〉　国民所得に占《し》める社会保障支出の割合の国際比較《ひかく》

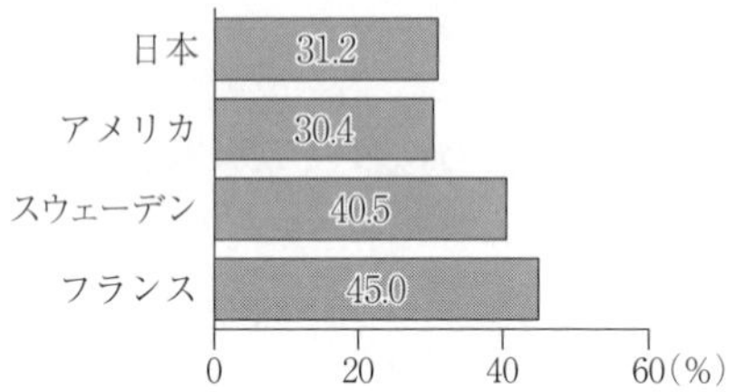

〔注：数値は2018年のもの〕

(国立社会保障・人口問題研究所Webページから作成)

〈資料9〉　国民負担率の国際比較

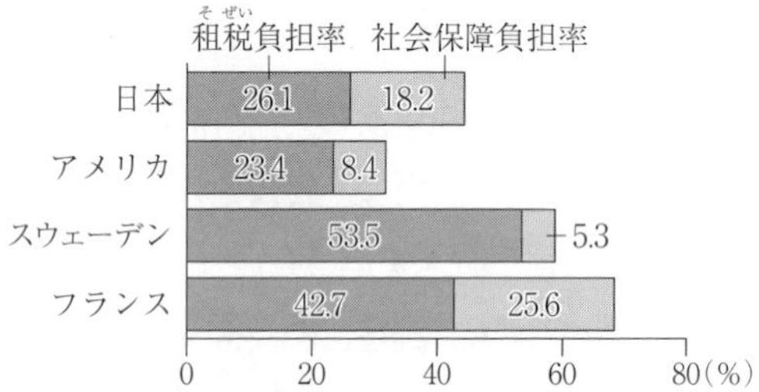

〔注：数値は2018年のもの。国民負担率とは，国民所得に占める，租税負担の割合と社会保障負担の割合を合計したもの。〕

(財務省Webページから作成)

ア．日本は，国民所得に占める社会保障支出の割合がスウェーデンより低く，国民負担率はスウェーデンより高い。

イ．アメリカは，国民所得に占める社会保障支出の割合が4か国の中で最も低く，租税負担率と社会保障負担率はともに日本より高い。

ウ．スウェーデンは，国民所得に占める社会保障支出の割合がフランスより低く，国民負担率はフランスより高い。

エ．フランスは，4か国の中で，国民所得に占める社会保障支出の割合と国民負担率がともに最も高い。

(8)　H班の学習課題について，ひろとさんは，国土交通省が地球温暖化の対策として推進しているモーダルシフトに関する資料を集めた。資料10，資料11，資料12はその一部である。国土交通省が地球温暖化の対策としてモーダルシフトを推進しているのは，日本の国内貨物輸送がどのような状況《じょうきょう》であるからか，資料11，資料12から読み取り，書きなさい。

(　　　　　　　　　　　　　　　　　　　　　　　　　　　　　　　　　　)

〈資料10〉　モーダルシフトについてまとめたものの一部

> モーダルシフトとは，トラック等の自動車で行われている貨物輸送を，船舶《せんぱく》や鉄道を利用した貨物輸送へと転換すること。国土交通省が地球温暖化の対策として推進している。

(国土交通省Webページから作成)

〈資料 11〉　1 トンの貨物を 1 km輸送したときの二酸化炭素の排出《はいしゅつ》量

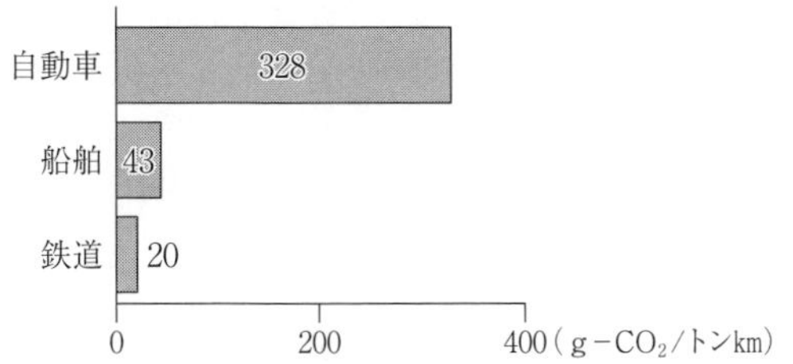

〔注：数値は 2021 年の国内貨物輸送におけるもの〕

(国土交通省 Web ページほかから作成)

〈資料 12〉　国内貨物輸送量に占める輸送機関別割合

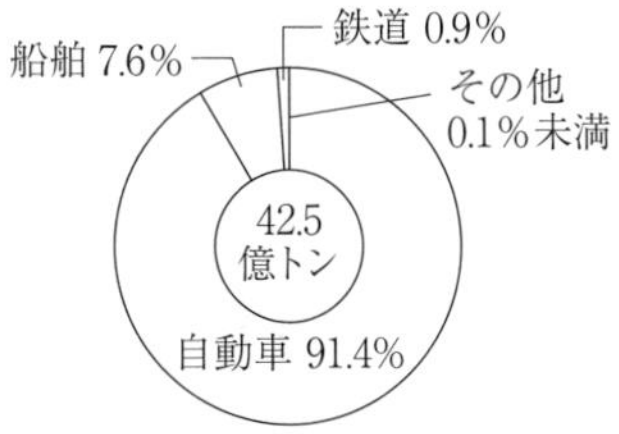

〔注：数値は 2021 年のもの。四捨五入の関係から合計は 100% にならない。〕

(総務省 Web ページから作成)

理科

時間　45分　　　　満点　50点

1　図は，イヌ，ハト，メダカ，イカ，エビ，クワガタをそれぞれの特徴《とくちょう》をもとに，A～Eのグループに分類したものである。このことについて，あとの各問いに答えなさい。

図

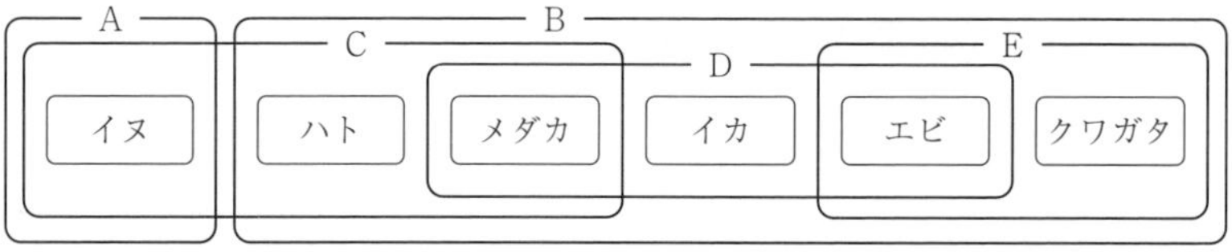

(1)　AとBのグループは，子の生まれ方のちがいで分類しており，Aのグループの動物は，母親の子宮内で酸素や栄養分をもらい，ある程度成長した子が生まれる。Aのグループの動物のような，子の生まれ方を何というか，その名称《めいしょう》を書きなさい。(　　　)

(2)　CとDのグループは，それぞれどのような特徴の動物か，次のア～カから最も適当なものを1つずつ選び，その記号を書きなさい。C(　　　)　D(　　　)

ア．一生，肺で呼吸する動物　　イ．一生，えらで呼吸する動物

ウ．気門から空気をとり入れる動物　　エ．背骨のある動物

オ．背骨のない動物　　カ．外《がい》とう膜《まく》をもつ動物

(3)　Eのグループのエビ，クワガタは節足動物である。節足動物に分類できる動物はどれか，次のア～オから適当なものをすべて選び，その記号を書きなさい。(　　　)

ア．ヒトデ　　イ．ムカデ　　ウ．チョウ　　エ．カニ　　オ．アサリ

② 次の文は，大気圧について興味をもったあきなさんとたくやさんが行った実験と，実験の後のあきなさんとたくやさんの会話文である。これらを読んで，あとの各問いに答えなさい。

〈実験〉 大気圧がはたらいていることを調べるために，次の①～③の順序で実験を行った。

① 図1のように，耐熱用《たいねつよう》のペットボトルに少量の熱湯を入れた。

② ペットボトルに入れた熱湯を捨てた後，ペットボトルのふたをしめた。

③ ふたをしめてからしばらくすると，図2のようにペットボトルがへこんだ。

図1

図2

【あきなさんとたくやさんの会話】

あきな：なぜ，ペットボトルがへこんだのだろう。ペットボトルに入れた熱湯から水蒸気が発生し，ペットボトルの中の空気が，ペットボトルの外に出ていったことはわかるけど。

たくや：そうだね。その後，ペットボトルの中の温度が下がることで，ペットボトルの中の水蒸気は，(A)から(B)へ状態変化したね。ふたをしめているので，空気が入ることができず，ペットボトルの中の気圧が，まわりの大気圧よりも(C)なることで，ペットボトルがへこんだんだよ。

あきな：なるほど。大気圧によってペットボトルがへこんだんだ。

たくや：そうだよ。他にも大気圧によって起こる現象があるよ。

(1) 文中の(A)，(B)，(C)に入る言葉はそれぞれ何か，右のア～エから最も適当な組み合わせを1つ選び，その記号を書きなさい。(　　)

	ア	イ	ウ	エ
A	液体	液体	気体	気体
B	気体	気体	液体	液体
C	大きく	小さく	大きく	小さく

(2) 下線部について，次の(a)，(b)の各問いに答えなさい。

(a) 大気圧によって起こる現象を述べたものはどれか，次のア～エから最も適当なものを1つ選び，その記号を書きなさい。(　　)

ア．髪《かみ》の毛《け》を下じきでこすると，髪の毛が下じきに引きつけられた。

イ．市販《しはん》の化学カイロを外袋《そとぶくろ》から出すと，化学カイロの温度が上がった。

ウ．密閉《みっぺい》された袋を，山のふもとから山頂まで持っていくと，その袋がふくらんだ。

エ．冷たい水をコップに入れ，しばらくするとコップの表面に水滴《すいてき》がついていた。

(b) 図3のように，机の上にゴム板を置いた。ゴム板の上面の面積が $1000cm^2$ であり，ゴム板の上面にはたらく大気圧の大きさを100000Paとすると，ゴム板の上面全体にはたらく大気による力の大きさは何Nか，求めなさい。ただし，$1 Pa = 1 N/m^2$ であるとする。(　　N)

図3

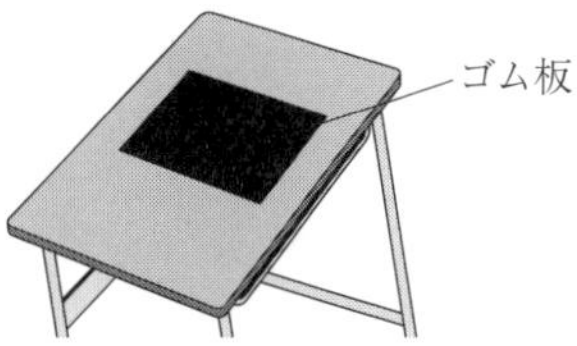

3　次の実験について，あとの各問いに答えなさい。

〈実験〉 凸《とつ》レンズによってできる実像を調べるために，物体（P字形に発光ダイオードを並べた光源），焦点距離《しょうてんきょり》10cmの凸レンズ，スクリーン，光学台を用いて，凸レンズを光学台の中央に固定し，次の①～③の順序で実験を行った。

① 図1のように，凸レンズから物体までの距離を15cmにし，実像が映るようにスクリーンを移動させたところ，凸レンズとスクリーンの距離は30cmだった。

② ①の状態から，物体の位置を，凸レンズから遠ざけるように5cm移動させ，実像が映るようにスクリーンを移動させた。

③ ②の状態から，物体の位置を，凸レンズから遠ざけるようにさらに10cm移動させ，実像が映るようにスクリーンを移動させた。

図1

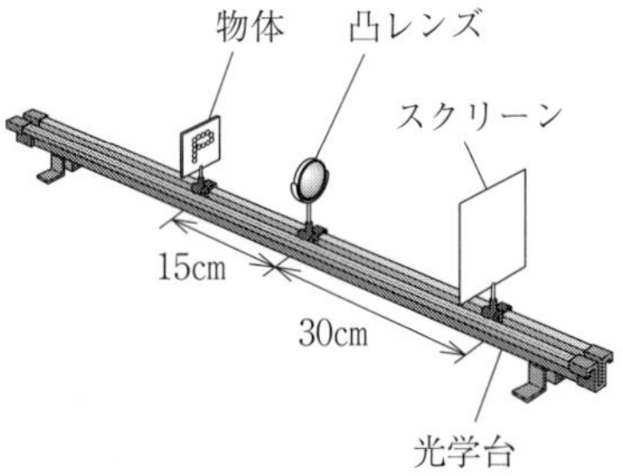

(1) ①について，スクリーンに映った実像の上下・左右の向きと大きさは，物体と比べて，それぞれどのようになっていたか，次のア～エから最も適当なものを1つ選び，その記号を書きなさい。
（　　）

ア．上下・左右の向きはともに同じ向きで，大きさは実像の方が大きかった。
イ．上下・左右の向きはともに同じ向きで，大きさは実像の方が小さかった。
ウ．上下・左右の向きはともに逆向きで，大きさは実像の方が大きかった。
エ．上下・左右の向きはともに逆向きで，大きさは実像の方が小さかった。

(2) ②について，スクリーンに実像が映ったとき，凸レンズとスクリーンの距離は何cmか，求めなさい。（　　　cm）

(3) ③について，図2は，スクリーンに実像が映ったときの，物体の位置，凸レンズ，スクリーンを模式的に示しており，3本の ⟶ は，物体の1点Aから出た光の道すじを途中《とちゅう》まで示したものである。3本の ⟶ で示した光が，凸レンズを通った後に進む，スクリーンまでの光の道すじを，図2に ── を使って表しなさい。ただし，光は凸レンズの中心線上で屈折《くっせつ》することとする。

図2

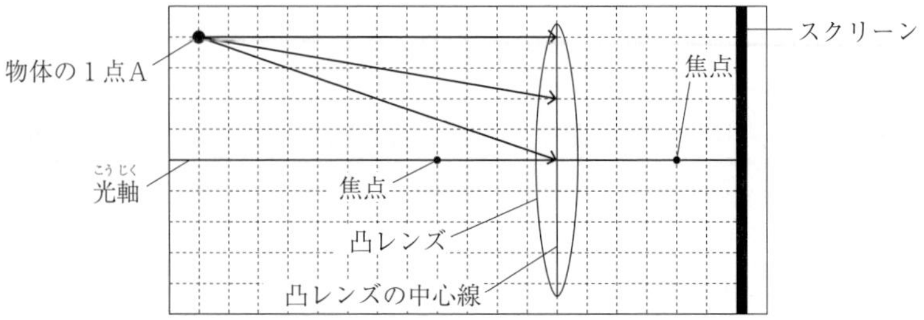

(4) 凸レンズで屈折した光が実像をつくるしくみに関係することがらについて述べたものはどれか，次のア～エから最も適当なものを１つ選び，その記号を書きなさい。(　　　)

ア．虫眼鏡《むしめがね》で，花を拡大して観察する。　　イ．光ファイバーで，情報を送る。

ウ．鏡で，自分の姿を見る。　　エ．カメラで，物体の写真をとる。

4　次の実験について，あとの各問いに答えなさい。

〈実験〉　化学変化と物質の質量について調べるために，次の①～③の順序で実験を行った。表は，質量を測定した結果をまとめたものである。

① 図1のように，密閉できるプラスチックの容器に，石灰石《せっかいせき》1.0gと，うすい塩酸10cm^{3}を入れた試験管を入れ，容器のふたをして密閉した後，電子てんびんで全体の質量を測定した。

② 図2のように，容器を傾《かたむ》けて石灰石とうすい塩酸を反応させると，気体が発生した。反応が終わった後，電子てんびんで全体の質量を測定した。

③ 容器のふたをゆるめてプシュッと音がするのを確認《かくにん》した後，ふたをしめてから，電子てんびんで全体の質量を測定した。

図1

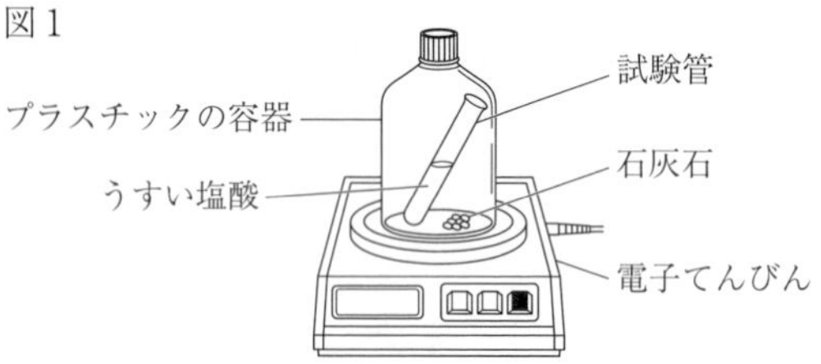

図2

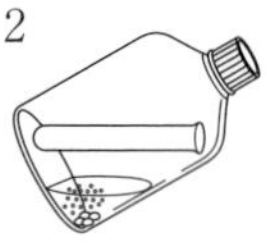

表

	反応前	反応後	ふたをゆるめた後
全体の質量〔g〕	87.0	87.0	86.8

(1) ①，②について，次の(a)～(c)の各問いに答えなさい。

(a) 石灰石とうすい塩酸を反応させて発生した気体は何か，次のア～エから最も適当なものを1つ選び，その記号を書きなさい。(　　　)

ア．アンモニア　　イ．酸素　　ウ．塩素　　エ．二酸化炭素

(b) 石灰石とうすい塩酸を反応させて発生した気体と同じ気体が発生する実験はどれか，次のア～エから最も適当なものを1つ選び，その記号を書きなさい。(　　　)

ア．塩化銅水溶液を電気分解する。

イ．炭酸水素ナトリウムを加熱する。

ウ．二酸化マンガンにうすい過酸化水素水を加える。

エ．塩化アンモニウムと水酸化カルシウムの混合物を加熱する。

(c) 全体の質量が反応前と反応後で変化しなかったように，化学反応の前後で，その反応に関係している物質全体の質量は変わらない。この法則を何というか，その名称を書きなさい。

(　　　　の法則)

(2) ②，③について，ふたをゆるめた後の全体の質量が，ふたをゆるめる前の全体の質量より小さくなったのはなぜか，その理由を「気体」，「容器」という2つの言葉を使って，簡単に書きなさい。

(　　　　　　　　　　　　　　　　　　　　　　　　　　　　)

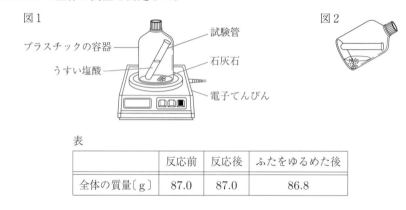

5 次の文を読んで，あとの各問いに答えなさい。

ひろきさんは，火山の活動に興味をもち，火成岩を観察した。また，マグマのどのような性質が，火山の形に関係しているのかを考える実験を行った。そして，観察したことや実験した結果を，次の①，②のようにノートにまとめた。

【ひろきさんのノートの一部】

① 火成岩の観察

火成岩はマグマが冷え固まってできた岩石である。標本の火成岩 A～D を，それぞれ双眼《そうがん》実体顕微鏡《けんびきょう》を用いて観察し，表1のようにまとめた。

表1

	火成岩A	火成岩B	火成岩C	火成岩D
スケッチ		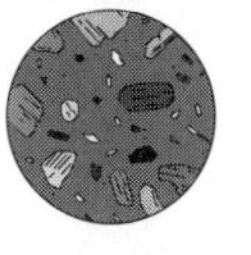		
岩石の色	白っぽい	黒っぽい	白っぽい	黒っぽい
岩石のつくり	比較的《ひかくてき》大きな鉱物である斑晶が，肉眼では見分けられない小さな粒《つぶ》に囲まれている。		肉眼で見分けられるぐらいの大きさの鉱物のみが組み合わさっている。	

② マグマの性質と火山の形の関係についての実験

〈目的〉 ねばりけを変化させることができる物質を用いて，物質の流れ方や，物質が固まった後の形について調べる。

〈方法〉

1．2枚のポリエチレンの袋 P，Q のそれぞれに，歯科用型どり剤《ざい》20g と少量の赤色の絵具を入れて，ポリ塩化ビニルのパイプに通した。

2．紙皿の中央に穴をあけて，ポリ塩化ビニルのパイプを通した後，袋 P に水 $50cm^3$ を，袋 Q に水 $70cm^3$ を加え，両方ともよくもんで混ぜ，図1のように組み立てた。

3．図2のように，袋 P，Q から，袋の中の物質をそれぞれゆっくり押《お》し出し，物質の流れ方や，物質が固まった後の形を観察した。

図1

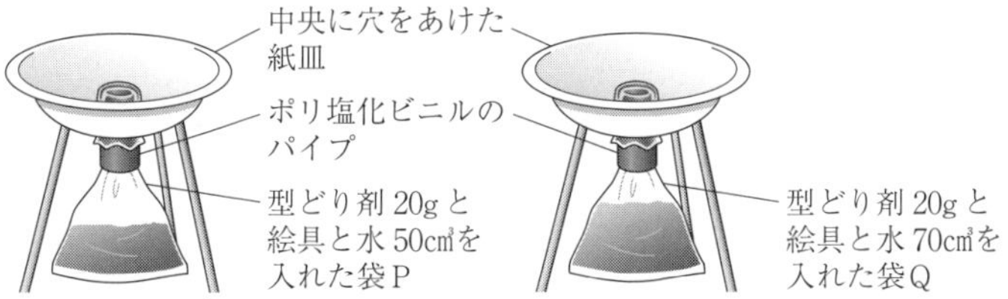

図2

〈結果〉 実験結果をまとめると，表2のようになった。

表2

	ねばりけ	物質の流れ方	物質が固まった後の形
袋Pの中の物質	大きかった	流れにくかった	盛り上がっていた
袋Qの中の物質	小さかった	流れやすかった	うすく広がっていた

(1)　①について，次の(a)～(d)の各問いに答えなさい。

(a)　火成岩Aのスケッチに示したXは，斑晶をとり囲んでいる部分である。Xを何というか，その名称を**漢字**で書きなさい。(　　　)

(b)　火成岩C，Dのように，肉眼で見分けられるぐらいの大きさの鉱物のみが組み合わさってできている岩石のつくりを何というか，その名称を書きなさい。(　　　)

(c)　火成岩C，Dにふくまれる鉱物が肉眼で見分けられるぐらいに大きくなったのは，マグマがどのように冷え固まったからか，「地表からの深さ」，「時間の長さ」にふれて，「マグマが」に続けて，簡単に書きなさい。

(マグマが　　　　　　　　　　　　　　　　　　　　　　　　　　　　　　　　　　)

(d)　火成岩A～Dは，花こう岩，玄武《げんぶ》岩，斑《はん》れい岩，流紋《りゅうもん》岩のいずれかである。火成岩B，Cは，それぞれ何か，次のア～エから最も適当な組み合わせを1つ選び，その記号を書きなさい。

(　　　)

	ア	イ	ウ	エ
火成岩B	玄武岩	玄武岩	流紋岩	流紋岩
火成岩C	花こう岩	斑れい岩	花こう岩	斑れい岩

(2)　②について，次の文は，実験を振り返ったときの，ひろきさんと先生の会話文である。このことについて，下の(a)，(b)の各問いに答えなさい。

先生　：この実験では，ねばりけを変化させることができる物質をマグマに見立てて実験を行いました。この実験からわかったことはありますか。

ひろき：はい。この実験結果から，物質のねばりけがちがうと，物質の流れ方や，物質が固まった後の形がちがってくることがわかります。つまり，マグマのねばりけが火山の形に関係していることがわかりました。

先生　：そのとおりです。マグマのねばりけと火山の形の関係について，どのようなことがいえますか。

ひろき：実験結果から，マグマのねばりけが（ あ ）と，流れにくく，傾斜《けいしゃ》が（ い ）な形の火山になると考えられます。

先生　：そうです。よく考察できましたね。

(a)　マグマが地表に流れ出たものを何というか，その名称を書きなさい。(　　　)

(b)　文中（ あ ），（ い ）に入る言葉はそれぞれ何か，次のア～エから最も適当な組み合わせを1つ選び，その記号を書きなさい。(　　　)

ア．あ―大きい　　い―ゆるやか　　イ．あ―大きい　　い―急

ウ．あ―小さい　　い―ゆるやか　　エ．あ―小さい　　い―急

(3) 次の文は，火山の形や噴火《ふんか》のようすについてまとめたものである。文中の（ う ），（ え ）に入る言葉はそれぞれ何か，下のア～エから最も適当な組み合わせを１つ選び，その記号を書きなさい。(　　　)

昭和新山や平成新山のような，傾斜が（ う ）な形の火山は，（ え ）な噴火になることが多い。

ア．う―ゆるやか　　え―おだやか　　イ．う―ゆるやか　　え―爆発的

ウ．う―急　　え―おだやか　　エ．う―急　　え―爆発的

6　次の観察について，あとの各問いに答えなさい。

〈観察〉　あおいさんは，種子から発芽したタマネギの根が成長するときの細胞《さいぼう》の変化について調べるために，次の①，②の順序で観察を行った。

① 図1のように，タマネギの種子を，吸水させたろ紙上にまき，20～25℃で数日間暗所に置くと，根が出てきた。10mm 程度になった根を，図2のように，先端から9mm 切りとり，3mm ごとに，a，b，c の部分に切り分けた。3枚のスライドガラスに，切り分けたa，b，c をそれぞれのせ，えつき針でくずし，5％塩酸を1滴落として，3分間待った。次に，ろ紙で5％塩酸をじゅうぶんに吸いとり，酢酸《さくさん》オルセイン溶液《ようえき》を1滴落として，5分間待った。さらに，カバーガラスをかけてろ紙をのせ，指で根をゆっくり押しつぶして，a，b，c それぞれのプレパラートをつくった。

図1

図2

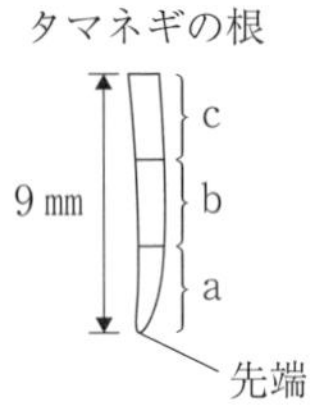

② ①でつくったa，b，c それぞれのプレパラートを，図3の顕微鏡で観察したところ，a，b，c のプレパラートのいずれか1つで，細胞の中にひものようなものが見えた。次に，ひものようなものが多い部分を，視野の中央に移動させるようにプレパラートを動かし，高倍率にかえて観察した。図4は，高倍率で観察した細胞の一部をスケッチしたものである。

図3

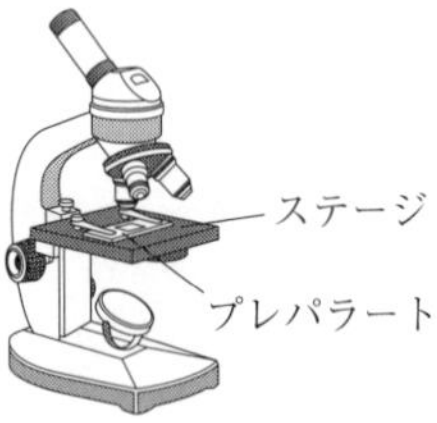

図4

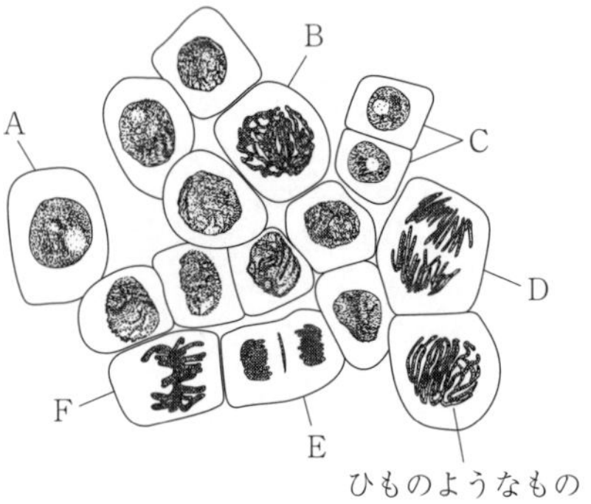

(1) ①について，下線部の操作を行う目的は何か，次のア～エから最も適当なものを1つ選び，その記号を書きなさい。(　　　)

ア．細胞の分裂《ぶんれつ》を早めるため。　　イ．細胞に含まれる水分を取り除くため。

ウ．細胞に栄養を与《あた》えるため。　　エ．1つ1つの細胞を離《はな》れやすくするため。

(2) ②について，次の(a)～(d)の各問いに答えなさい。

(a)　細胞の中にひものようなものが見えたのは，a，b，c のプレパラートのうちどれか，最も適当なものを１つ選び，a，b，c の記号で書きなさい。(　　　)

(b)　図５は，図３の顕微鏡で細胞を観察するときの顕微鏡の視野を，図６は，図３の顕微鏡のステージにのせたプレパラートを，模式的に示したものである。図５の点 P を，視野の中央に移動させるようにプレパラートを動かす方向として正しいものはどれか，図６のア～エから最も適当なものを１つ選び，その記号を書きなさい。(　　　)

図５

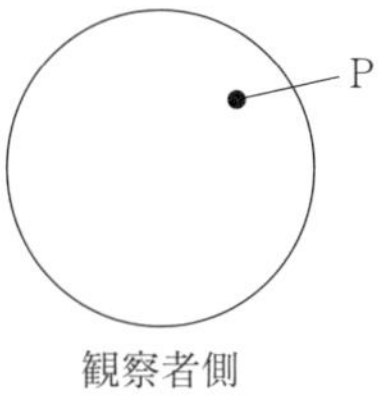

図６

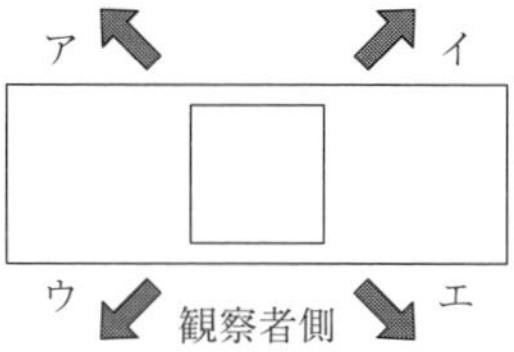

(c)　図４の A～F は，細胞分裂の過程で見られる異なった段階の細胞を示している。図４の A～F を細胞分裂の進む順に並べるとどうなるか，A を最初として，B～F の記号を左から並べて書きなさい。(A →　　→　　→　　→　　→　　)

(d)　次の文は，図４に示したひものようなものと，ひものようなものにふくまれているものについて説明したものである。文中の（ あ ），（ い ）に入る最も適当な言葉はそれぞれ何か，その名称を書きなさい。あ(　　　)　い(　　　)

細胞分裂のときに，細胞の中に見られるひものようなものを（ あ ）といい，（ あ ）にふくまれている，生物のもつ形質を決めるものを（ い ）という。

(3)　タマネギの根が成長するとき，細胞はどのように変化しているか，「細胞の数」，「細胞の大きさ」にふれて，簡単に書きなさい。

(　　　　　　　　　　　　　　　　　　　　　　　　　　　　　　　　　　)

7　次の実験について，あとの各問いに答えなさい。

〈実験〉　酸の水溶液とアルカリの水溶液を混ぜたときの水溶液の性質の変化と，そのときにできる物質について調べるために，うすい塩酸，うすい水酸化ナトリウム水溶液を用いて，次の①，②の実験を行った。

①　うすい塩酸 $10cm^3$ をビーカーに入れ，緑色の BTB 溶液を 2，3 滴加えると水溶液の色は黄色になった。次に，図 1 のようにガラス棒でかき混ぜながら，うすい水酸化ナトリウム水溶液を少しずつ加えて，水溶液の色の変化を調べた。表は，できた水溶液の色の変化のようすを，加えたうすい水酸化ナトリウム水溶液の体積 $4cm^3$ ごとにまとめたものである。なお，うすい水酸化ナトリウム水溶液 $8cm^3$ を加えたときにできた水溶液の pH を，pH メーターで測定すると，7 であった。

図 1

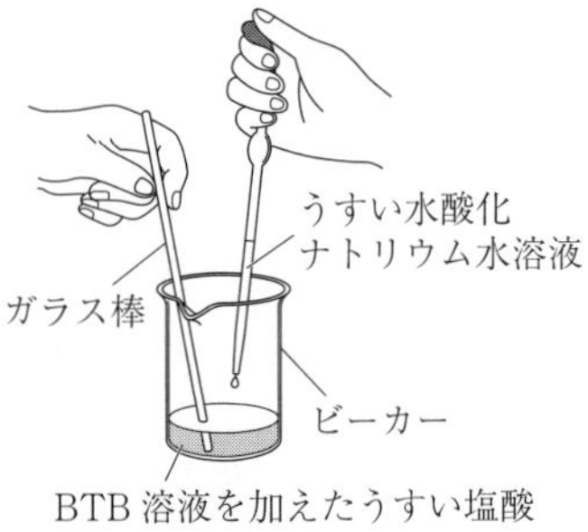

表

加えたうすい水酸化ナトリウム水溶液の体積〔cm^3〕	0	4	8	12	16
できた水溶液の色	黄色	黄色	緑色	青色	青色

②　うすい塩酸 $10cm^3$ をビーカーに入れ，うすい水酸化ナトリウム水溶液 $8cm^3$ を加えて，水溶液の pH を 7 にした。次に，図 2 のように，pH が 7 の水溶液の一部をガラス棒でスライドガラスにとった。その後，スライドガラスにとった水溶液の水を蒸発させて，残った固体を顕微鏡で観察した。

図 2

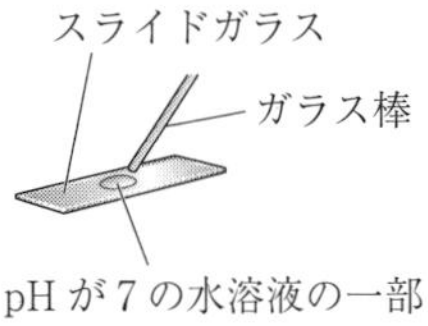

(1)　①について，次の(a)～(d)の各問いに答えなさい。

(a)　塩酸は，塩化水素が水にとけた水溶液である。水にとけた塩化水素はどのように電離しているか，電離のようすを化学式で表しなさい。(　　　　　→　　　　　)

(b)　酸の水溶液とアルカリの水溶液それぞれにマグネシウムリボンを入れるとどうなるか，次のア～エから最も適当なものを 1 つ選び，その記号を書きなさい。(　　　)

ア．酸の水溶液中とアルカリの水溶液中の両方で気体が発生する。

イ．酸の水溶液中では気体が発生し，アルカリの水溶液中では気体が発生しない。

ウ．酸の水溶液中では気体が発生せず，アルカリの水溶液中では気体が発生する。

エ．酸の水溶液中とアルカリの水溶液中の両方で気体が発生しない。

(c)　うすい水酸化ナトリウム水溶液を少しずつ加えていったとき，水溶液の pH はどのように変化したと考えられるか，次のア～エから最も適当なものを 1 つ選び，その記号を書きなさい。

(　　　)

ア．水溶液の pH が 7 になるまでは大きくなり，その後も大きくなっていった。

イ．水溶液の pH が 7 になるまでは大きくなり，その後は 7 から変わらなかった。

ウ．水溶液の pH が 7 になるまでは小さくなり，その後も小さくなっていった。

エ．水溶液の pH が 7 になるまでは小さくなり，その後は 7 から変わらなかった。

(d) 加えたうすい水酸化ナトリウム水溶液の体積と水溶液中のナトリウムイオンの数の関係，加えたうすい水酸化ナトリウム水溶液の体積と水溶液中の水酸化物イオンの数の関係を模式的に表しているグラフはそれぞれどれか，次のア～カから最も適当なものを 1 つずつ選び，その記号を書きなさい。

加えたうすい水酸化ナトリウム水溶液の体積と水溶液中のナトリウムイオンの数の関係

（　　）

加えたうすい水酸化ナトリウム水溶液の体積と水溶液中の水酸化物イオンの数の関係

（　　）

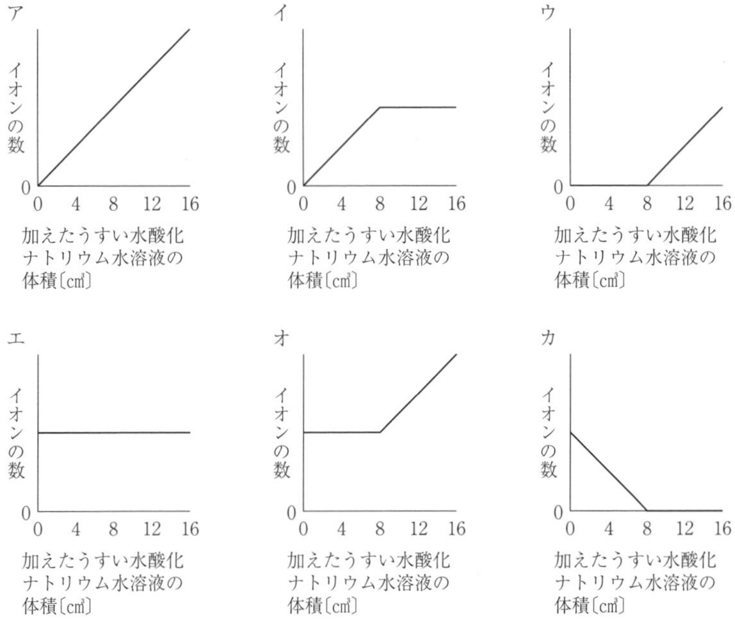

(2) ②について，水を蒸発させて，残った固体を顕微鏡で観察すると，どのような結晶《けっしょう》が見られるか，次のア～エから最も適当なものを 1 つ選び，その記号を書きなさい。（　　）

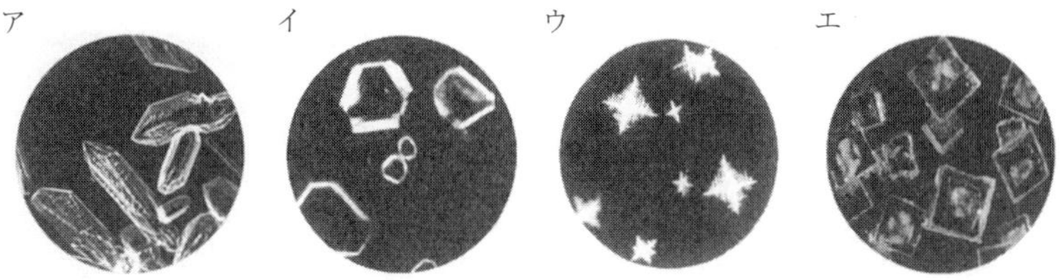

(3) 次の文は，酸の水溶液とアルカリの水溶液を混ぜたときに起こる反応と，そのときにできる物質について説明したものである。文中の（ あ ），（ い ）に入る最も適当な言葉は何か，それぞれ**漢字**で書きなさい。また，（ う ），（ え ）に入る言葉はそれぞれ何か，あとのア～エから最も適当な組み合わせを 1 つ選び，その記号を書きなさい。あ（　　） い（　　） うえ（　　）

酸の水溶液とアルカリの水溶液を混ぜたときに起こる，たがいの性質を打ち消し合う反応を（ あ ）といい，水と（ い ）ができる。（ い ）は，酸の（ う ）イオンとアルカリの（ え ）イオンが結びついてできた物質である。

ア．う―陽　　え―陽　　イ．う―陽　　え―陰《いん》　　ウ．う―陰　　え―陽

エ．う―陰　　え―陰

8　次の実験について，あとの各問いに答えなさい。

〈実験〉　回路に加える電圧と流れる電流の関係を調べるために，2種類の抵抗器《ていこうき》X，Yを用いて，次の①，②の実験を行った。

① 図1，図2の回路をつくり，抵抗器に加える電圧を0Vから8.0Vまで2.0Vずつ上げて，抵抗器に流れる電流の大きさを測定した。図3は，その結果をグラフに表したものである。

図1

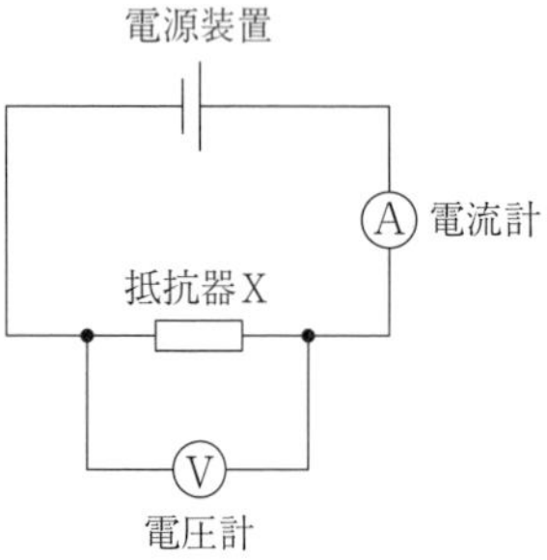

図2

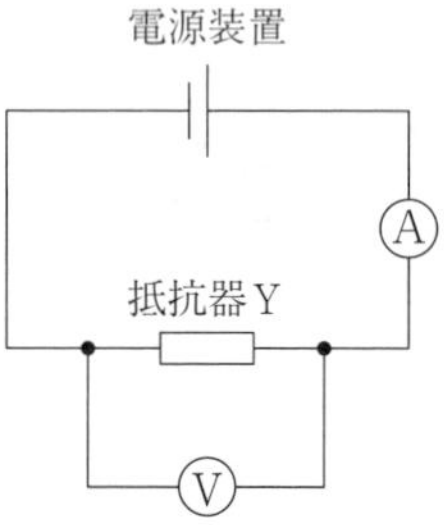

図3

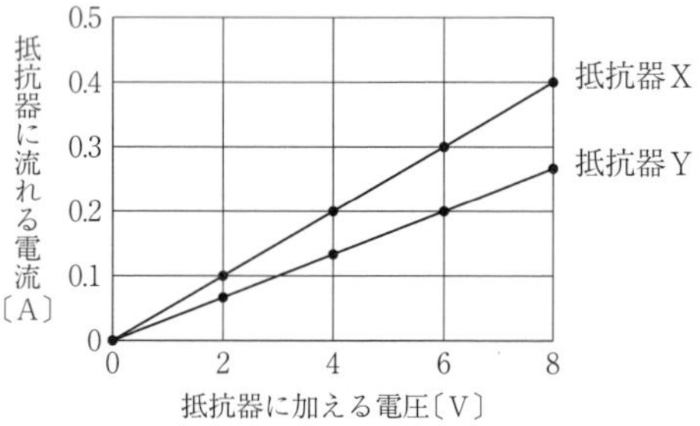

② 抵抗器X，Yを用いて，図4，図5のように直列回路と並列回路をつくり，電源装置で電圧を加え，回路全体に流れる電流の大きさを測定した。

図4

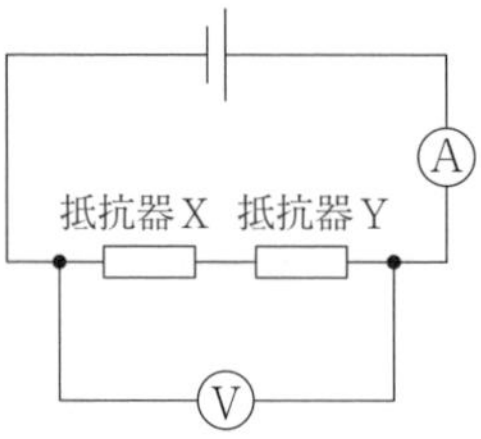

図5

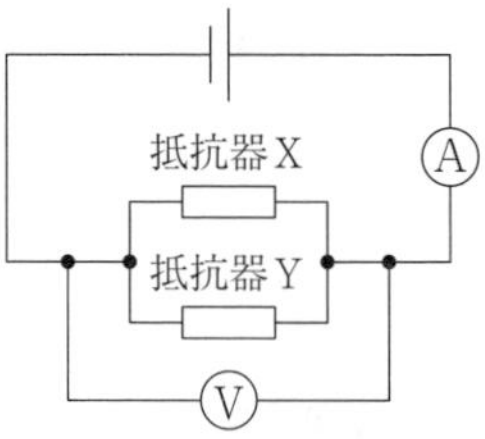

(1) ①について，次の(a)～(d)の各問いに答えなさい。

(a) 抵抗器Xに6.0Vの電圧を加えたとき，抵抗器Xに流れた電流の大きさは何Aか，書きなさい。(　　　A)

(b) 次の文は，抵抗器に加えた電圧と流れた電流についてまとめたものである。文中の（ あ ）に入る最も適当な言葉は何か，書きなさい。(　　　)

実験の結果から，抵抗器に流れる電流は，抵抗器に加える電圧に比例することがわかる。この関係を（ あ ）の法則という。

(c) 抵抗器Yの抵抗の大きさは，抵抗器Xの抵抗の大きさの何倍か，求めなさい。(　　　倍)

(d) 抵抗器Yに6.0Vの電圧を加えたとき，抵抗器Yの電力の大きさは何Wか，求めなさい。

(　　　W)

(2) ②について，次の(a)～(c)の各問いに答えなさい。

(a) 図4の回路について，回路全体に加わる電圧の大きさが12Vのとき，抵抗器Xに流れる電流の大きさは何Aか，求めなさい。(　　　A)

(b) 図4，図5の回路について，回路全体に加わる電圧の大きさを同じにしたとき，図4における回路全体に流れる電流の大きさをI_1，図5における回路全体に流れる電流の大きさをI_2とすると，I_1とI_2の比（$I_1 : I_2$）はどうなるか，最も簡単な整数の比で表しなさい。

$I_1 : I_2$ =(　　:　　)

(c) 図4，図5の回路について，電圧を加えて回路に電流を流したとき，それぞれの回路における抵抗器Xと抵抗器Yの電力の大きさはどのような関係になるか，次のア～ケから最も適当な組み合わせを1つ選び，その記号を書きなさい。(　　　)

	図4の回路	図5の回路
ア	抵抗器Xの方が大きくなる。	抵抗器Xの方が大きくなる。
イ	抵抗器Xの方が大きくなる。	抵抗器Yの方が大きくなる。
ウ	抵抗器Xの方が大きくなる。	同じ大きさになる。
エ	抵抗器Yの方が大きくなる。	抵抗器Xの方が大きくなる。
オ	抵抗器Yの方が大きくなる。	抵抗器Yの方が大きくなる。
カ	抵抗器Yの方が大きくなる。	同じ大きさになる。
キ	同じ大きさになる。	抵抗器Xの方が大きくなる。
ク	同じ大きさになる。	抵抗器Yの方が大きくなる。
ケ	同じ大きさになる。	同じ大きさになる。

容をふまえ、老人クラブの皆さんに楽しんでもらうための工夫を明確にして書きなさい。

③　あなたの考えが的確に伝わるように書きなさい。

④　原稿《げんこう》用紙の使い方にしたがい、全体を百六十字以上二百字以内にまとめなさい。

(三)　次の□の中は、ボランティア部の部員が作成した、老人クラブの皆《みな》さんへ送付する案内状の下書きの一部である。傍線部分「ご出席するよう」の言葉の使い方が適切でないと先生から指摘《してき》されたボランティア部の部員が、傍線部分「ご出席するよう」を適切に書き直したものとして最も適当なものを、あとのア〜エから一つ選び、その記号を書きなさい。（　　）

> 拝啓《はいけい》
>
> 　青い空に秋の深まりを感じる季節となりました。A地区老人クラブの皆様におかれましては、いかがお過ごしでしょうか。
>
> 　さて、私たちA中学校ボランティア部では、左記のように今年も皆様をお招きして、交流会を計画いたしました。ご多用のこととは存じますが、ぜひご出席するようご案内申しあげます。
>
> 敬具
>
> ―記―
>
> ●日時　○月○日（○）午後四時より
>
> ●場所　A中学校体育館
>
> 　追ってプログラムを送付いたします。
>
> 以上

ア、出席いたしますよう　　イ、ご出席になるよう

ウ、出席なさるよう　　エ、ご出席くださいますよう

【資料 4】

○【資料 3】の質問において，老人クラブの皆さんがそれぞれ回答した理由の一部

・中学生が自分たちのために準備をしてくれたことがわかり，うれしかったから
・中学生と一緒《いっしょ》に歌うことができ，とても楽しかったから
・中学生と話ができず，残念だったから
・長い時間イスに座《すわ》っていたので，少し疲《つか》れたから

【資料 5】

●今年度の交流会の進行表（案）

	項目
1	開会のあいさつ
2	《未定》
3	閉会のあいさつ

※《未定》の項目については，次回の話し合いで決定する。

(一)【資料1】、【資料2】、【資料3】、【資料4】からわかることとして最も適当なものを、次のア〜エから一つ選び、その記号を書きなさい。（　）

ア、【資料1】を見ると、ボランティア部の中学生が最もがんばった交流会の項目について、「合唱（童謡）」と回答した割合は、「合唱（合唱コンクール課題曲）」と回答した割合より小さく、【資料2】を見ると、老人クラブの皆さんが最もよかったと思う交流会の項目については、「合唱（童謡）」より「合唱（合唱コンクール課題曲）」と回答した割合の方が大きい。

イ、【資料1】を見ると、ボランティア部の中学生が最もがんばった交流会の項目について、「劇」と回答した割合は最も大きいが、【資料2】を見ると、老人クラブの皆さんが最もよかったと思う交流会の項目について、「劇」と回答した割合は最も小さい。

ウ、【資料3】を見ると、ボランティア部の中学生が交流会を「楽しかった」「まあまあ楽しかった」と回答した割合は、合わせて九十五パーセント以下である。

エ、【資料3】を見ると、交流会を「楽しかった」「まあまあ楽しかった」と回答した老人クラブの皆さんの割合は、合わせて全体の八割以下であり、その理由として、【資料4】を見ると、「中学生と話ができず、残念だったから」と「長い時間イスに座っていたので、少し疲れたから」が当てはまる。

(二) 次は、ボランティア部の部員であるいつきさんとなつほさんの会話の一部である。この会話を参考にして、老人クラブの皆さんに交流会で楽しんでもらうための工夫《くふう》について、あなたの考えを、あとの〔作文の注意〕にしたがって書きなさい。

いつきさん　次回の話し合いでは、【資料5】の「今年度の交流会の進行表（案）」の中の《未定》の項目について、決定する必要があるね。

なつほさん　それについては、【資料3】の「交流会は楽しかったですか」の質問において、「まったく楽しくなかった」「あまり楽しくなかった」と回答した老人クラブの皆さんがいるから、今年こそ老人クラブの皆さん全員に楽しんでもらえる交流会にしたいよね。

いつきさん　そうだね。昨年度の交流会の項目を参考にするのもいいし、それ以外の項目について新たに考えてもいいね。老人クラブの皆さんに楽しんでもらえる交流会にするには、どんな工夫が必要かな。

〔作文の注意〕

① 題名は書かずに本文から書き出しなさい。

② 具体的な交流会の項目を一つ取り上げ、【資料4】と右の会話の内

のともし火の光をこひかりて（たのんで）も、書はよむべし（読めるだろう）。たとひ（たとえ）そのあかり心にまかせず（思うようにならず）、はつはつなりとも（かすかであるとしても）、[①]にはこよなくまさりたるべし（よりは格段にまさっているだろう）。又年（一年）のうちに、雪蛍《ゆきほたる》のあるは、しばしのほどなるに（少しの間であるのに）、それがなき（ない）ほど（間）は、[②]は書よまでありけるにや（読まないでいたのであろうか）、いとをかし（まことに変である）。

ア、①―雪蛍　②―夜　　イ、①―ともし火　②―夜

ウ、①―雪蛍　②―冬夏　　エ、①―ともし火　②―冬夏

5　A中学校のボランティア部は、毎年A地区老人クラブの皆《みな》さんをA中学校に招待し、交流会を行っている。次の【資料1】、【資料2】、【資料3】、【資料4】は、昨年度の交流会を計画・実行したボランティア部の中学生とその交流会に参加した老人クラブの皆さんに行ったアンケート結果の一部をまとめたものであり、【資料5】は、ボランティア部の部員が、今年度の交流会について話し合いを行ったときの記録の一部である。これらを読んで、あとの各問いに答えなさい。

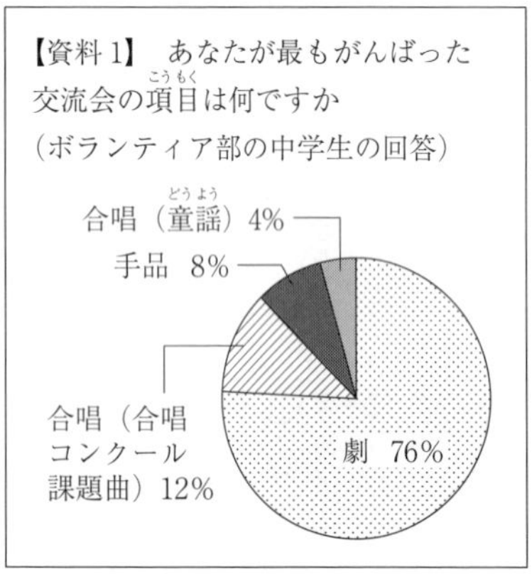

【資料1】　あなたが最もがんばった交流会の項目《こうもく》は何ですか
（ボランティア部の中学生の回答）

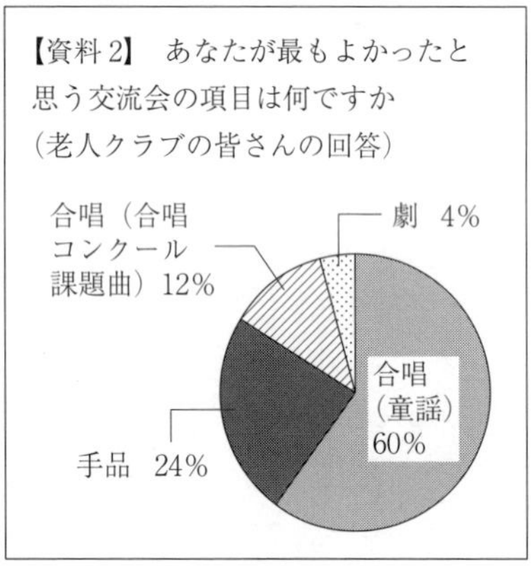

【資料2】　あなたが最もよかったと思う交流会の項目は何ですか
（老人クラブの皆さんの回答）

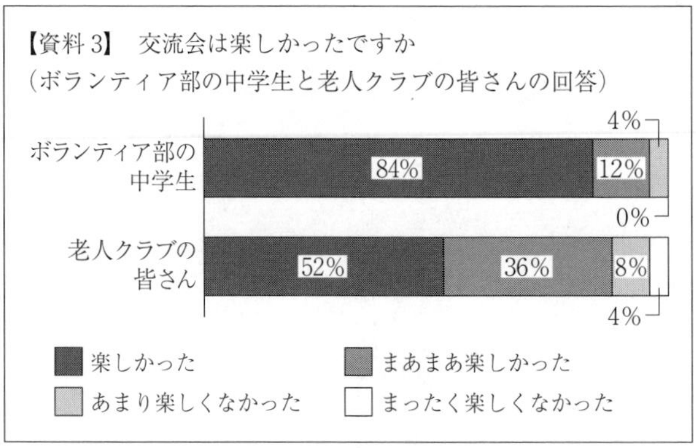

【資料3】　交流会は楽しかったですか
（ボランティア部の中学生と老人クラブの皆さんの回答）

4　Ⅰ、Ⅱ、Ⅲを読んで、あとの各問いに答えなさい。

Ⅰ　もろこしの国に《中国に》、むかし孫康（注1）といひける人は、いたくがくもんを好みけるに、家まづしくて、油をえかはざりければ《買うことができなかったので》、夜は雪のひかりにてふみ《書物》をよみ、又同じ国の車胤《しゃいん》（注2）といひし人も、いたく書《ふみ》よむ事をこのみけるを、これも①同《おな》じやうにいと貧しくて、油をええざりければ《得ることができなかったので》、②夏のころは蛍《ほたる》を多くあつめてなむよみける。③此《こ》の二つの故事《ふるごと》《昔あった事がら》は、いといと名高くして、しらぬ人なく、歌にさへなむおほくよむことなりける。

（「玉勝間《たまかつま》」より）

＊一部表記を改めたところがある。

【訓読文】※　※原文（白文）に句読点、返り点、送り仮名をつけた文章。

Ⅱ　孫氏世録ニ曰ハク、康家貧ニシテ無シ㆑油、常映雪読書。

Ⅲ　晋ノ車胤字ハ武子、南平ノ人ナリ。恭勤ニシテ不㆑倦マ、博覧多通ナリ。家貧ニシテ不㆓常ニハ得㆒㆑油ヲ。夏月ニハ則チ練嚢ニ盛リ㆓数十ノ蛍火ヲ㆒、以テ照ラシ㆑書ヲ、以テ㆑夜ヲ継グ㆑日ニ焉。

【書き下し文】

Ⅱ　孫氏世録に曰《い》はく《『孫氏世録』にいうことには》、康《孫康》家貧《ひん》にして油無し、常に雪に映して《雪に照らして》書を読む。

Ⅲ　晋《しん》の車胤字《あざな》は武子《ぶし》、南平《なんぺい》の人なり。恭勤《きょうきん》にして倦《う》まず《まじめに学業にはげみ》、博覧多通なり《ひろくたくさんの書物に目を通していた》。家貧にして常には油を得ず。夏月には則《すなわ》ち練嚢《れんのう》に数十の蛍火《けいか》を盛り《ねり絹のふくろにたくさんの蛍を入れ》、以《もっ》て書を照らし、夜を以て日に継《つ》ぐ《そのあかりで書物を照らして読み、夜も勉強した》。

（「蒙求《もうぎゅう》」より）

＊一部表記を改めたところがある。

（注1）　孫康——中国の晋の時代の人物。

（注2）　車胤——中国の晋の時代の人物。

㈠　傍線部分①「同じやうに」を現代仮名遣《かなづか》いに改め、すべてひらがなで書きなさい。（　　）

㈡　二重傍線部分「常　映　雪　読　書」が、「常に雪に映して書を読む」と読むことができるように返り点をつけたものは、次のア～エのうちどれか。最も適当なものを一つ選び、その記号を書きなさい。（　　）

ア、常　映㆑雪㆑読　書　　イ、常　映㆓雪　読㆒書

ウ、常　映㆑雪　読㆑書　　エ、常　映㆓雪　読㆒㆑書

㈢　傍線部分②「夏のころは蛍を多くあつめてなむよみける」とあるが、車胤がこのようにしなければならなかった理由について、Ⅲではどのように表現されているか。Ⅲの【訓読文】から六字で抜《ぬ》き出《だ》して書きなさい。（句読点、返り点、送り仮名は不要である。）

㈣　傍線部分③「此の二つの故事」とあるが、次は、Ⅰに続く文章で、筆者が「此の二つの故事」に対して意見を述べている箇所《かしょ》の一部である。①、②に入る言葉の組み合わせとして最も適当なものを、あとのア～エから一つ選び、その記号を書きなさい。（　　）

もし油をえずば、よるよるは《毎夜》、ちかどなりなどの家にものして《行って》、そ

殺して食べるといった殺生《せっしょう》は、ほとんどしてこなかったにちがいない。

稲作を基本にしたこのような日本文化によって、日本の奥山は、先進国の中では唯一《ゆいいつ》例外的に、今日まで豊かな自然を残すことになったのである。ライチョウの生息する高山は信仰の対象であり、奥山の最も奥の神の領域にすむライチョウは、日本人にとって長い間、「神の鳥」であった。だからこそ、日本のライチョウは今日なお、人を恐れないのだ。その意味で、人を恐れない日本のライチョウは、日本文化の産物といえるのである。これが、私が最終的にたどり着いた結論だった。

（中村浩志《なかむらひろし》「二万年の奇跡《きせき》を生きた鳥　ライチョウ」より）

＊一部表記を改めたところがある。

（注1）アリューシャン――アメリカ合衆国アラスカ州に属する列島。

（注2）刈り敷き――山野の草・樹木の茎葉《けいよう》を緑のままで水田や畑に敷《し》き込《こ》むこと。また、その材料。

（注3）霊験――神仏が示す不思議な利益《りやく》。

(一)　傍線部分(1)「登り」は動詞であるが、波線部分①～④の動詞のうち、活用の種類が「登り」と同じものを一つ選び、その番号を書きなさい。（　　）

(二)　傍線部分(2)「強い」の品詞名として最も適当なものを、次のア～オから一つ選び、その記号を書きなさい。（　　）

ア、副詞　　イ、連体詞　　ウ、動詞　　エ、形容詞　　オ、形容動詞

(三)　傍線部分(3)「外国のライチョウ」とあるが、次は、外国のライチョウがもつ、日本のライチョウとは異なる特徴《とくちょう》について、筆者の考えをまとめたものである。□に入る言葉を、本文中の言葉を使って五字以上十字以内で書きなさい。（句読点も一字に数える。）

外国のライチョウは、人が近づくと飛んで逃《に》げるなど、人に対する□という特徴がある。

(四)　次は、本文中のA、B、C、Dのいずれかに入る文である。この文が入る最も適当な箇所《かしょ》を、A、B、C、Dから一つ選び、その記号を書きなさい。（　　）

こうして、今日の里の環境《かんきょう》がつくり出された。

(五)　次は、日本のライチョウが人を恐《おそ》れない理由について、筆者の考えをまとめたものである。□に入る言葉を、本文中の言葉を使って二十五字以上三十五字以内で書きなさい。（句読点も一字に数える。）

日本人にとってライチョウは、□から。

さらにその二年後には、イギリスのケンブリッジ大学に一年間滞在《たいざい》する機会があり、その折にスコットランドを訪れ、ライチョウを観察することができた。しかし、ここのライチョウも同様に警戒心が強く、近づいて写真に撮ることができなかった。私はこの時点で、人を恐れない日本のライチョウの方が、むしろ特殊《とくしゅ》であることに気づいたのである。

一体なぜ、日本のライチョウだけが人を恐れないのだろうか。私は外国のライチョウをみたことで、初めてこの疑問に向き合うことになった。アリューシャン、アラスカ、スコットランドでは、ライチョウが狩猟《しゅりょう》の対象となってきたのに対し、日本では狩猟の対象とならなかったことが、その直接の原因であることはすぐに理解できた。しかし、なぜ外国では狩猟の対象になったのに、日本ではならなかったのか。その本質的な点については、すぐには答えを見出《みいだ》すことはできなかった。この点に納得のいく答えが得られたのは、カッコウの研究で外国を訪れる機会が多くなり、外国の自然と文化にふれ、欧米《おうべい》文化と日本文化の本質的なちがいが理解できてからである。アリューシャン列島での調査をきっかけに、ライチョウへの関心がふたたび高まるとともに、この謎《なぞ》は私の中で、すこしずつ解けていくことになった。［A］

日本には古くから、高い山には神が鎮座《ちんざ》するという山岳信仰《さんがくしんこう》がある。修《しゅ》験道《げんどう》に代表されるこの山岳信仰は、日本に古くからあった山岳信仰と、大陸から伝来した仏教とが一体となったものである。山にこもって修行し、悟《さと》りを開くという山岳と密接に関係した宗教で、七世紀に大和国《やまとのくに》を中心に活動していた役 行者《えんのぎょうじゃ》が開祖とされ、江戸《えど》時代までの長い間、庶民《しょみん》の間で広く流布《るふ》していた。高野山、比叡山《ひえいざん》、長野県の戸隠山《とがくしやま》は、修験道の霊山《れいざん》として、かつては大変栄えていた。［B］

では、なぜこのような山岳信仰が、長きにわたって日本人に受け入れられてきたのだろうか。日本の歴史を通観し、たどり着いた結論は、その原因が日本の自然と文化にあるというものだった。［C］

四季を通して雨が降る日本は、広く森でおおわれた国だ。縄文《じょうもん》時代以前には、その森の中を大小の河川《かせん》が流れ、いたるところに湿地《しっち》、池、湖があるというのが、日本本来の自然の姿だった。その後、大陸から稲作《いなさく》文化が入り、湿地や平地の森が開墾《かいこん》されて水田がつくられるようになり、平地に開けた環境《かんきょう》が広がった。稲作は、山から水を引いて洪水《こうずい》に備えるなど、共同作業が必要である。そのため、水田の近くに集落をつくって定住する生活が基本となった。集団全体をまとめる政《まつりごと》の中心として、集落には神社が祀《まつ》られた。また、水を引いて水田にすることが困難な場所は、野菜類を栽培《さいばい》する畑として開墾された。［D］

それに対し、里に隣接《りんせつ》した里山の森は、田畑の肥料となる落ち葉や(注2)刈《か》り敷《し》きを得たり、薪《まき》や炭などの燃料を得たり、また家を建てる木材を得たりする場として、大いに利用された。里山は人が住む場所として、里とともに生活の場であった。その里山に対し、里から離《はな》れた奥山《おくやま》には神が祀られ、人がみだりに入ることが制限されていた。水田耕作で最も重要なのは、水の確保である。そのためには、奥山の森に手をつけてはいけないことを、人々は経験を通して知っていたのである。こうして、里と里山は人の領域、奥山は神の領域として使い分ける、日本文化の基本的な形態が確立された。

修験道に代表される山岳信仰は、まさにこのような日本文化の基本構造の中で、うまく機能してきたと考えられる。人々は山を畏怖《いふ》しながらも、ときには日常を離れて神との一体化をもとめ、山に登ることもあった。そして厳しい修行により(注3)霊験《れいげん》を得て、ふたたび里にもどり、生活の中に生かした。だからたとえ山に入ったとしても、神罰《しんばつ》を恐れ、動物を

那彩たちに対する千春の行動や心情が変化する様子を表現している。
エ、千春と那彩との会話で話が展開し、那彩が自分の経験を千春に伝えたことにより、二人の思いが通じ合っていく様子を表現している。

3　次の文章を読んで、あとの各問いに答えなさい。

山に(1)登り、ライチョウと出会ったことのある人なら、人を恐《おそ》れないこの鳥に(2)強いインパクトを①受けた方も多いだろう。数メートルの距《きょ》離《り》に②近づいても人を恐れない野生動物に接する機会など、ほとんどないからである。では一体、ライチョウはなぜ人を恐れないのだろうか。私は学生のころからライチョウに③接していたにもかかわらず、このことを疑問に思うことは一度もなかった。ライチョウはそういう鳥だということで、最初から納得《なっとく》してしまっていたからである。だが、そうではないことに気づく機会が、四十歳《さい》を④すぎて訪《おとず》れた。

一九九三年の夏、信濃《しなの》毎日新聞社が創立一二〇周年を迎《むか》えるにあたり、同系列の信越《しんえつ》放送とともに(注1)アリューシャンの自然と登山のニュースを放映するプロジェクトが組まれた。そのさい、私も学術調査員として参加することになった。アリューシャン列島には、ライチョウが生息している。(3)外国のライチョウをぜひみてみたいというのが、私の参加理由だった。

北緯《ほくい》五三度より北に位置するこの列島では、寒冷のために木は育たず、海岸からすでに日本の標高二四〇〇メートル以上の高山帯に相当する気候だった。ライチョウは、海岸付近から氷河でおおわれる標高七〇〇メートル付近に生息し、ここでは高山の鳥ではなかった。最も驚《おどろ》いたのは、ライチョウから五〇メートルほどの距離まで近づくと、飛んで逃《に》げたことである。そのため、写真に撮《と》ることができなかった。日本のライチョウなら、数メートルの距離まで近づいて姿や行動をじっくり観察し、写真撮影《さつえい》もできる。だが、ここのライチョウは、人に対する警戒心《けいかいしん》が、日本のライチョウとはまったくちがっていたのである。アリューシャン列島の後にアラスカにも寄ったが、ここのライチョウもまた、人の姿をみると飛んで逃げることを確認《かくにん》した。

きに追いかけている那彩たちが、わたしはうらやましかったんだ。

「わたしもがんばる。那彩を見習って」

目をまるくしていた那彩が、照れくさそうに頰《ほお》をゆるめた。千春の言いたいことは通じたようだ。

「星のこと全然くわしくないし、足ひっぱっちゃうかもだけど」

「いやいや、あたしだってそんなにくわしくないってば！」

那彩がもどかしげにさえぎった。

「そもそも、専門家でもまだわかってないことが山ほどあるんだよ?」

そうみたいだ。プラネタリウムの上映中も、しつこく「まだわかっていません」と念を押された。宇宙はあまりにも広く、人間はあまりにも小さい。

「初心者っていうなら、あたしたち全員が初心者だって」

きっぱりと言いきって、那彩はななめ上にふっと視線をずらした。千春もつられて目を上げた。

（瀧羽麻子《たきわあさこ》「ひこぼしをみあげて」より）

＊一部表記を改めたところがある。

＊一部省略したところがある。

(一)　傍線部分(1)「微笑《ほほえ》ん」は動詞であるが、その活用形として最も適当なものを、次のア～エから一つ選び、その記号を書きなさい。（　　）

ア、未然形　　イ、連用形　　ウ、連体形　　エ、仮定形

(二)　傍線部分(2)「すとんと座《すわ》った」とあるが、「すとんと」と「座った」とはどのような文節どうしの関係か。次のア～エから最も適当なものを一つ選び、その記号を書きなさい。（　　）

ア、主・述の関係　　イ、修飾《しゅうしょく》・被修飾《ひしゅうしょく》の関係

ウ、並立《へいりつ》の関係　　エ、補助の関係

(三)　傍線部分(3)「気になってたんだ」とあるが、那彩《なさ》が気になっていたことは何か。次のア～エから最も適当なものを一つ選び、その記号を書きなさい。（　　）

ア、自分が、ずばずばとものを言ったため、千春《ちはる》が先輩《せんぱい》たちとの議論に入れなかったのではないかということ。

イ、自分が、先輩たちと投影機《とうえいき》の話をしていたため、初心者の千春は楽しめなかったのではないかということ。

ウ、自分が、千春を天文部に強引《ごういん》に誘《さそ》ったことで、千春に無理をさせているのではないかということ。

エ、自分が、天文部に入ってから舞《ま》いあがっていることで、千春に心配をかけているのではないかということ。

(四)　二重傍線部分「『なんかちょっと、うらやましかった』口に出したら、妙《みょう》にすっきりした」とあるが、千春がこの言葉を口に出したことで、妙にすっきりしたのは、どのようなことに気づいたからか。「……ことに気づいたから。」につながるように、本文中の言葉を使って三十五字以上四十五字以内で書きなさい。（句読点も一字に数える。）

ことに気づいたから。

(五)　この文章の表現についての説明として最も適当なものを、次のア～エから一つ選び、その記号を書きなさい。（　　）

ア、葉山《はやま》先生とのやり取りを通して、天文部に対して相反する姿勢を示していた千春と那彩の行動や心情を、対比しながら表現している。

イ、前半では、葉山先生の助言を受け入れていく那彩の心情を、後半では、過去の自分と向き合う千春の心情を、比喩《ひゆ》を用いて表現している。

ウ、天文部での出来事を語り手の目線で客観的に描写《びょうしゃ》し、葉山先生や

顔をむけていた片瀬先輩には、ぷいと目をそらされてしまった。

那彩が小走りに駆《か》けよってきて、千春のとなりに(2)すとんと座《すわ》った。

「千春、どうだった?」

「きれいだった」

千春は答えた。すでに通路のほうへ歩き出していた先生に、いたずらっぽく目くばせされた。

「気に入った? よかったあ」

ぱあっと顔をほころばせた那彩は、すぐに表情をひきしめた。

「実は、ちょっとだけ心配だったんだ。千春が楽しめるかなって」

「大丈夫《だいじょうぶ》、解説がわかりやすかったし。初心者でもちゃんとついていけたよ」

千春が言うと、ぎゅっと腕《うで》をつかまれた。

「ちがうの、初心者とか、そういう意味じゃなくて」

「え?」

「あのね、ええと……なんていうか……」

どうも歯切れが悪い。戸惑《とまど》いつつ、千春は続きを待った。那彩は日頃《ひごろ》からずばずばとものを言うのに、めずらしい。

「(3)気になってたんだ」

那彩がぼそりとつぶやいて、手をひっこめた。もじもじとスカートをいじる。

「千春に、無理させてないかなって」

「無理? わたしが?」

意味がのみこめず、千春は問い返した。

「天文部、あたしが強引《ごういん》に誘っちゃったから。千春は優《やさ》しいしさ。内心、なんかちがうって思ってたりとか……」

「思ってないよ」

とっさに大きな声が出てしまって、口をつぐんだ。そっとまわりをうかがう。幸い、そばには誰《だれ》もいない。

「ほんとに?」

那彩が上目づかいで千春をちらっと見やり、またうつむいた。両手で握《にぎ》りしめたスカートがしわくちゃだ。

「前に失敗したんだ、あたし」

小学校で仲のよかった友だちに、折にふれて星の話をしていたらしい。相手も楽しそうに聞いてくれていた。というか、那彩はそう思いこんでいた。

ある日いきなり、遠慮《えんりょ》がちに本音を告げられるまでは。

「ごめん、星にはあんまり興味ないんだ、って」

那彩は深く落ちこんだ。反省もした。他人の趣味《しゅみ》を無理やり押《お》しつけられたら、あたしだっていやだ。これからはむやみに星のことばかりしゃべらないように気をつけよう、と心に決めた。

「だけど天文部に入って、舞《ま》いあがっちゃって。先輩たちもあんなだしね。最近、浮《う》かれすぎっていうか、調子に乗っちゃってた」

那彩がぐいと顔を上げ、千春と目を合わせた。

「ごめんね千春。あたし、うるさかったよね? 正直、ひいてない?」

「そんなことないよ」

少し考えて、「でも」と千春は思いきって言い足した。せっかく那彩が素直《すなお》な気持ちを打ち明けてくれたんだから、わたしもそうしよう。

「なんかちょっと、うらやましかった」

口に出したら、妙《みょう》にすっきりした。

ああそうか、と思う。心から夢中になれるものを持ち、それをひたむ

国語

時間　四五分
満点　五〇点

1　次の①～⑧の文の傍線部分について、漢字は読みをひらがなで書き、ひらがなは漢字に直しなさい。

① 一家で農業を営む。（　　む）
② 図書の返却《へんきゃく》を促す。（　　す）
③ 道路の幅《はば》を拡張する。（　　）
④ 作品に思いを凝縮する。（　　）
⑤ 冬の日はみじかい。□い
⑥ 平和の鐘《かね》をならす。□らす
⑦ 店先にかんばんを出す。□□
⑧ じゃっかんの変更《へんこう》が生じる。□□

2　次の文章を読んで、あとの各問いに答えなさい。

> 中学一年生の長谷川千春《はせがわちはる》は、同級生の那彩《なさ》に誘《さそ》われて天文部に入部した。ある日、千春は、葉山《はやま》先生、二階堂先輩《にかいどうせんぱい》、片瀬《かたせ》先輩、那彩たちと一緒《いっしょ》に科学館を訪《おとず》れ、はじめてプラネタリウムを見た。

場内が明るくなっても、千春はしばらく立ちあがれなかった。体の半分が、まだ宇宙のどこかをさまよっているみたいだ。

「長谷川さん」

名前を呼ばれ、はっと背筋がのびた。振《ふ》りむくと、一列後ろから葉山先生が千春を見下ろしていた。

「どうだった？」

「すごく、きれいでした」

うまく頭が働かないまま、千春はとりあえず答えた。つまんない返事だ。われながら恥《は》ずかしくなる。

「すみません、なんか、小さい子の感想みたいで」

「そんなことないよ」

先生が(1)微笑《ほほえ》んだ。

「きれいだなって感じるのが、すべてのはじまりじゃない？　出発点っていうか。わたしはそうだったよ」

首をめぐらせ、ホールを見わたす。

「たぶん、みんなも」

千春も周囲を見まわしてみた。二階堂先輩は椅子《いす》に体を沈《しず》め、余韻《よいん》を味わうかのように天井《てんじょう》をうっとりと見上げている。二年生の四人は投影《とうえい》機《き》のそばに集まって、なにやら熱心に議論している。ちょうどこっちに

2024年度／解答

数　学

[1] 【解き方】(2) 与式＝$\left(\dfrac{3}{2}-\dfrac{2}{3}\right)x=\dfrac{9-4}{6}x=\dfrac{5}{6}x$

(3) 与式＝$-\dfrac{21x^2y}{3xy}=-7x$

(4) 与式を順に①，②とする。①－②×2より，$-11y=11$　よって，$y=-1$　これを①に代入して，$4x-5\times(-1)=7$ だから，$4x=2$ より，$x=\dfrac{1}{2}$

(5) 和が5，積が－36となる2数は，9と－4だから，与式＝$(x+9)(x-4)$

(6) 解の公式より，$x=\dfrac{-5\pm\sqrt{5^2-4\times2\times(-1)}}{2\times2}=\dfrac{-5\pm\sqrt{33}}{4}$

(7) $120n=2^3\times3\times5\times n$ より，最も小さい自然数 n は，$n=2\times3\times5=30$

(8) $y=\dfrac{20}{x}$ は，反比例を表す式で，$x>0$ のとき，x が増加すると y は減少する。$x=2$ のとき，$y=\dfrac{20}{2}=10$　$x=4$ のとき，$y=\dfrac{20}{4}=5$ だから，$5\leqq y\leqq10$

(9) 箱ひげ図より，第1四分位数は14点，第3四分位数は22点だから，四分位範囲は，$22-14=8$（点）

(10) 正十角形の1つの外角の大きさは，$360°\div10=36°$　よって，1つの内角の大きさは，$180°-36°=144°$

(11) 側面のおうぎ形の中心角を $x°$ とする。おうぎ形の弧の長さと底面の円周の長さは等しいから，$2\times\pi\times8\times\dfrac{x}{360}=2\times\pi\times5$　よって，$x=225$

(12) Aを通る直線OAの垂線と線分OBの垂直二等分線の交点がPとなる。

(例)

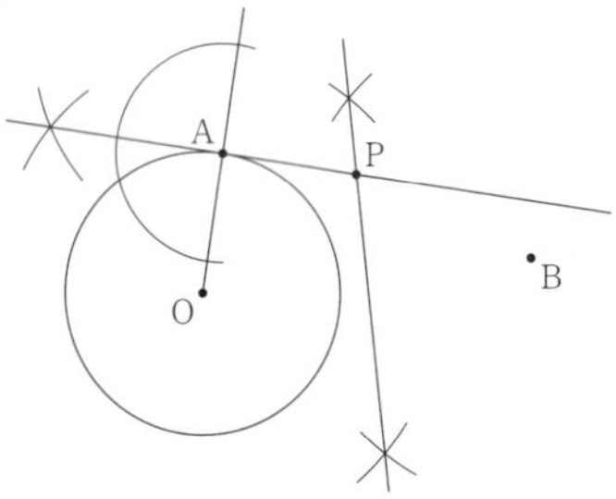

【答】(1) －42　(2) $\dfrac{5}{6}x$　(3) $-7x$　(4) $x=\dfrac{1}{2}$，$y=-1$

(5) $(x+9)(x-4)$　(6) $x=\dfrac{-5\pm\sqrt{33}}{4}$　(7) 30　(8) 5（$\leqq y\leqq$）10

(9) 8（点）　(10) 144°　(11) 225°　(12)（右図）

[2] 【解き方】(1) $3+4+3=10$（人）

(2) はなこさんのヒストグラムから，8回以下の生徒は10人，たろうさんのヒストグラムから，9回以下の生徒は12人であることがわかる。よって，9回の生徒は，$12-10=2$（人）

【答】(1) 10（人）　(2) 2（人）

[3] 【解き方】(1) かずきさんが取り出す玉に書かれた数を a，よしこさんが取り出す玉に書かれた数を b とする。a，b の組み合わせは全部で，$5\times4=20$（通り）　このうち，$a>b$ となるのは，$(a,\ b)=(2,\ 1)$，$(4,\ 1)$，$(4,\ 3)$，$(5,\ 1)$，$(5,\ 3)$，$(7,\ 1)$，$(7,\ 3)$，$(7,\ 6)$，$(9,\ 1)$，$(9,\ 3)$，$(9,\ 6)$，$(9,\ 8)$ の12通り。よって，求める確率は，$\dfrac{12}{20}=\dfrac{3}{5}$

(2) $a>b$ となる a，b の組が10通り，すなわち，(1)の場合より2通り少なくなればよい。それぞれの玉を移した場合について，(1)の場合より何通り増減するか調べると，2を移したとき，$-1+4=3$（通り）増え，4を移したとき，$-2+3=1$（通り）増え，5を移したとき，$-2+2=0$ より変わらず，7を移したとき，

$-3+1=-2$ より 2 通り減る。したがって，7 の玉を移せばよい。

【答】(1) $\dfrac{3}{5}$　(2) 7

④【解き方】(1)〈のぞみさんの考え方〉$(x-7)$ 個のりんごをちょうど 3 個ずつ配ることができるから，生徒の人数は $\dfrac{x-7}{3}$ 人，また，$(y+3)$ 個のみかんをちょうど 5 個ずつ配ることができるから，生徒の人数は $\dfrac{y+3}{5}$ 人とそれぞれ表せる。

(2)〈けいたさんの考え方〉より，$(3x+7)+(5x-3)=140$ だから，$8x=136$　したがって，$x=17$　よって，りんごの個数は，$3\times17+7=58$（個），みかんの個数は，$140-58=82$（個）

【答】(1) ① $3x+7$　② $5x-3$　③ $\dfrac{x-7}{3}$　④ $\dfrac{y+3}{5}$

(2)（A 組の生徒）17（人）（りんご）58（個）（みかん）82（個）

⑤【解き方】(1) $y=\dfrac{1}{3}x^2$ に，$x=-6$ を代入して，$y=\dfrac{1}{3}\times(-6)^2=12$　よって，A $(-6,\ 12)$

(2) $y=\dfrac{1}{3}x^2$ に，$x=3$ を代入して，$y=\dfrac{1}{3}\times3^2=3$　よって，B $(3,\ 3)$ だから，直線 AB の傾きは，$\dfrac{3-12}{3-(-6)}=-1$ より，直線 AB の式は，$y=-x+b$ と表せる。点 B の座標の値を代入して，$3=-3+b$ より，$b=6$　したがって，右図のように，直線 AB と y 軸との交点を C とすると，C $(0,\ 6)$　したがって，$\triangle OAB=\triangle OAC+\triangle OBC=\dfrac{1}{2}\times6\times6+\dfrac{1}{2}\times6\times3=18+9=27\ (cm^2)$

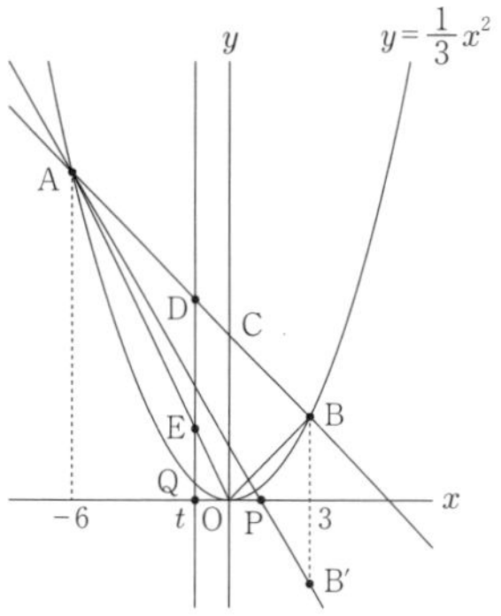

(3) 右図のように，x 軸について点 B と対称な点を B′ とすると，AP + BP = AP + B′P だから，3 点 A，P，B′ が一直線上に並ぶとき，AP + BP の値が最小となる。B′ $(3,\ -3)$ より，直線 AB′ の式を求めると，$y=-\dfrac{5}{3}x+2$　よって，P $\left(\dfrac{6}{5},\ 0\right)$　したがって，△OAB と△PAB の底辺をともに AB としたとき，高さは△PAB の方が小さくなる。よって，△OAB より，△PAB の方が面積が小さい。

(4) Q $(t,\ 0)$ とすると，△OAC の面積は△OBC の面積より大きいから，$-6<t<0$　前図のように，点 Q を通り y 軸に平行な直線と，AB，AO との交点をそれぞれ D，E とすると，D $(t,\ -t+6)$，直線 OA の式は $y=-2x$ より，E $(t,\ -2t)$ だから，$DE=(-t+6)-(-2t)=t+6$　DE を底辺としたときの△ADE の高さは，$t-(-6)=t+6$ だから，$\triangle ADE=\dfrac{1}{2}(t+6)^2$　したがって，$\dfrac{1}{2}(t+6)^2=\dfrac{27}{2}$ が成り立つから，$(t+6)^2=27$ より，$t+6=\pm3\sqrt{3}$　よって，$t=-6\pm3\sqrt{3}$　$-6<t<0$ だから，$t=-6+3\sqrt{3}$

【答】(1) $(-6,\ 12)$　(2) 27 (cm^2)　(3) イ　(4) $-6+3\sqrt{3}$

⑥【解き方】(2) ① ∠ADG = ∠ACE より，△ADC は二等辺三角形だから，AD = AC = 7 cm　DA ∥ BC より，AG : BG = AD : BC = 7 : 5　よって，$AG=6\times\dfrac{7}{7+5}=\dfrac{7}{2}$ (cm)　② △ABF ∽ △ADG より，AF : AG = AB : AD = 6 : 7 だから，$AF=\dfrac{6}{7}AG=3$ (cm)　よって，$DF=7-3=4$ (cm)　したがって，DF ∥ BC より，DE : CE = DF : CB = 4 : 5 だから，$DE=DC\times\dfrac{4}{4+5}=\dfrac{4}{9}DC$　また，DA ∥ BC より，DG : CG = DA : CB = 7 : 5 だから，$GC=DC\times\dfrac{5}{7+5}=\dfrac{5}{12}DC$　よって，EG = DC −

$\frac{4}{9}$DC － $\frac{5}{12}$DC ＝ $\frac{5}{36}$DC　したがって，DE：EG：GC ＝ $\frac{4}{9}$DC：$\frac{5}{36}$DC：$\frac{5}{12}$DC ＝ 16：5：15

【答】(1) △ABF と△ADG において，共通だから，∠BAF ＝∠DAG……(i)　$\overset{\frown}{AE}$に対する円周角だから，∠ABF ＝∠ACE……(ii)　線分 CE は∠ACB の二等分線だから，∠ACE ＝∠BCE……(iii)　DA ∥ BC より，平行線の錯角は等しいから，∠BCE ＝∠ADG……(iv)　(ii)，(iii)，(iv)より，∠ABF ＝∠ADG……(v)　(i)，(v)より，2 組の角がそれぞれ等しいから，△ABF ∽△ADG

(2) ① $\frac{7}{2}$ (cm)　② 16：5：15

7 【解き方】(1) △EAM は，30°，60° の直角三角形だから，AM ＝ $\frac{1}{2}$EA ＝ 2 (cm)，EM ＝ $\frac{\sqrt{3}}{2}$EA ＝ $2\sqrt{3}$ (cm)　よって，△EAM ＝ $\frac{1}{2}\times 2\times 2\sqrt{3} = 2\sqrt{3}$ (cm^2)

(2) P と Q の底面をそれぞれ正方形 ABCD，△AMN とすると，高さは等しいから，体積の比は，底面の面積比と等しい。正方形 ABCD ＝ 4 × 4 ＝ 16 (cm^2)，△AMN ＝ $\frac{1}{2}\times 2\times 2 = 2$ (cm^2)だから，求める体積の比は，16：2 ＝ 8：1

(3) E から底面 ABCD に垂線 EH を下ろすと，H は AC と BD の交点だから，△ABH ≡△AEH より△AEH は直角二等辺三角形で，EH ＝ $\frac{1}{\sqrt{2}}$EA ＝ $2\sqrt{2}$ (cm)　よって，△AMN を底面としたときの三角錐 Q の体積は，$\frac{1}{3}\times 2\times 2\sqrt{2} = \frac{4\sqrt{2}}{3}$ (cm^3)　したがって，求める高さを h cm とすると，$\frac{1}{3}\times 2\sqrt{3}\times h = \frac{4\sqrt{2}}{3}$ だから，$h = \frac{4\sqrt{2}}{3}\times\frac{3}{2\sqrt{3}} = \frac{2\sqrt{6}}{3}$

【答】(1) $2\sqrt{3}$ (cm^2)　(2) 8：1　(3) $\frac{2\sqrt{6}}{3}$ (cm)

英　語

1 【解き方】(1) 2日前に辞書を買ったのはケンジ。

(2) No.1. ケビンは「私はミルクが入っていないコーヒーを飲むことができません」と言っている。No.2. 夏休みに沖縄を訪れたのはサラと彼女の家族。No.3. リクは次の日曜日にわかば市でテニスを練習する予定。

(3) No.1.「その犬を見るためにあなたの家を訪れてもいいですか？」に対する返答。Sure. =「もちろんです」。No.2. 母親の「今は晴れているけれど，帰宅するときには雨が降るでしょう。だから，傘を持っていった方がいい」に対する応答。OK, I will take it. =「わかった，僕はそれを持っていくよ」。No.3. レイチェルが作ったポスターを見て，タカシは「私たちはそれをどこに貼ればいいでしょう？」と尋ねている。On the blackboard at the entrance. =「入口の黒板に」。No.4.「私は試合の半分を見て，家を出た」と言っているポールに「どうして？」と尋ねている。I needed to go to a swimming school. =「私はスイミングスクールに行く必要があったのです」。

(4) No.1. アキコの「あなたは私がお菓子作りが好きだということをどのようにして知ったのですか？」という質問に対して，ニックが「あなたの妹がそのことについて私に教えてくれました」と答えている。No.2. ニックの「あなたは彼女のために和菓子を作ってあげることができますか？」という質問に対して，アキコが「残念ですが，私はできません。私は一度もそれらを作ったことがないのです」と答えている。No.3. 着物屋で1日着物を着るのに必要な金額は5,000円だが，学生はその半額になるとアキコが言っている。

【答】(1) ウ　(2) No.1. ア　No.2. イ　No.3. イ　(3) No.1. ア　No.2. ウ　No.3. ア　No.4. イ
(4) No.1. イ　No.2. イ　No.3. ア

◀全訳▶ (1) 誰が2日前に辞書を買いましたか？

(2)

No.1.

A：ケビン，あなたはお茶とコーヒーのどちらがいいですか？

B：ミルク入りのコーヒーをお願いします。

A：えっ，本当に？

B：私はミルクが入っていないコーヒーを飲むことができません。

質問：ケビンはコーヒーを飲むためにミルクが必要ですか？

No.2.

A：あなたの夏休みはどうでしたか，サラ？

B：それは楽しかったですよ，マサト。私は家族といっしょに沖縄を訪れました。それは私の初めての沖縄旅行でした。そこの自然は本当に美しかったです。あなたは今までにそこに行ったことがありますか？

A：はい，春に2回あります。沖縄のおばさんに会うため，私は今年の夏休みの間に兄とそこに行きたかったのですが，私たちは行きませんでした。私たちは飛行機のチケットを手に入れることができなかったのです。

B：まあ，私はそれを聞いて残念です。

質問：誰が夏休みの間に沖縄に行きましたか？

No.3.

A：リク，あなたは明日の朝，9時に家を出発する予定でしょう？

B：そうだよ，お母さん。僕は友だちのティムといっしょにひかり市にある遊園地を訪れる予定だよ。

A：あら，私はあなたたちが明日わかば市でテニスをする予定だと思っていたわ。

B：違うよ。僕は次の日曜日にそこでテニスを練習する予定だよ。僕は来月大切なテニスの試合があるんだ。

A：なるほど。明日はティムと楽しく過ごしてね。

質問：リクは次の日曜日に何をする予定ですか？

(3)

No.1.

A：おはようございます，ハンナ。今日あなたはうれしそうですね。

B：はい。私は昨日おじさんから犬をもらいました。私は長い間犬を飼いたいと思っていました。それはとてもかわいいですよ。

A：それはいいですね。その犬を見るためにあなたの家を訪れてもいいですか？

No.2.

A：待って，ピーター。あなたは傘を持っている？

B：いいや。どうして，お母さん？　晴れているよ。

A：今は晴れているけれど，あなたが帰宅するときには雨が降るでしょう。だから，あなたは傘を持っていった方がいいわ。

No.3.

A：レイチェル，あなたは何をしているのですか？

B：ああ，タカシ。見てください。私は新入生のために私たちのクラブについてのこのポスターを作り終えたところです。

A：なんて美しいのでしょう！　私たちはそれをどこに貼ればいいでしょう？

No.4.

A：こんにちは，ポール。あなたは昨日テレビでやまなかスタジアムでのサッカーの試合を見ましたか？

B：私は試合の半分を見て，家を出ました。

A：あら，どうして？

(4)

ニック：こんにちは，アキコ。お誕生日おめでとう！　これはあなたのためのものです。

アキコ：ありがとう，ニック。まあ，あなたの国のお菓子についての本ですね。あなたは私がお菓子作りが好きだということをどのようにして知ったのですか？

ニック：あなたの妹がそのことについて私に教えてくれました。彼女はあなたの作るクッキーが本当においしいと言っていました。

アキコ：私はそれを聞いてうれしいです。私はたいてい週末にお菓子作りを楽しんでいて，妹はそれらを食べるのが好きです。あなたはお菓子が好きですか？

ニック：はい。私がロンドンに住んでいたとき，母はときどき私のためにパイやケーキを焼いてくれました。彼女は料理学校の先生です。

アキコ：本当ですか？　私はあなたのお母さんと料理をすることについて話がしたいです。

ニック：実は，来月彼女は私と会って，この街に1週間滞在する予定です。あなたは彼女のために和菓子を作ってあげることができますか？

アキコ：残念ですが，私はできません。私は一度もそれらを作ったことがないのです。私は和菓子屋を何軒か知っていますから，彼女といっしょにそこへ行くのはどうですか？

ニック：いいですね。彼女は着物が着たいと私に言いました。彼女はこの街でそのような体験ができますか？

アキコ：はい。私はお菓子屋の近くにある素敵な着物屋へあなたとあなたのお母さんを連れていってあげることができます。その着物屋で5,000円支払えば，彼女は1日着物を着ることができます。

ニック：それは面白いです。私も着物が着たいです。

アキコ：あなたは学生ですから，その値段の半分を支払えば，お母さんと同じ体験ができますよ。着物を着るとあなたは素敵に見えるでしょう。

ニック：母と私が着物を着たときに写真を撮ってくれますか？

アキコ：もちろんです。

No.1.　誰がアキコはお菓子作りが好きだとニックに教えましたか？

No.2.　アキコはニックの母親のために和菓子を作りますか？

No.3.　着物屋で着物を着るとき，ニックはいくら必要ですか？

2 **【解き方】**(1) No.1.　① 直後の「私が小学生のとき，母が私にその弾き方を教えてくれました」というせりふより，ウの「私はピアノを弾くことはできませんが，ギターを弾くのが好きです」が入る。② 直後にあるケンの「明日はどうですか？」というせりふより，アの「私はいつあなたのバンドに参加することができますか？」が入る。No.2.　ア．ケンの最初のせりふを見る。ケンがピアノを弾き始めたのは10年前。イ．ジョンとケンの3番目のせりふを見る。ジョンは学校でギターを借りる予定。ウ．ケンの5番目のせりふを見る。ケンが所属するバンドが毎日放課後に練習するのは来月から。エ．「ジョンは来月ケンや他のバンドのメンバーたちといっしょにコンサートに参加する予定だ」。ジョンとケンの7番目のせりふを見る。内容に合っている。

(2) ア．平日，午前6時より前に起きる生徒の割合は15パーセント。a quarter of ～は「～の4分の1」という意味なので25パーセントになる。イ．午前6時から午前6時59分までに起きる生徒の数は平日と週末で異なっている。ウ．「平日にはノゾミのクラスの半数以上が午前7時より前に起き，週末にはクラスの40パーセントが午前7時より前に起きる」。グラフと一致する。エ．「ノゾミのクラスの3分の2以上が平日と週末の両方とも7時以降に起きる」という文。3分の2は約66パーセント。ノゾミのクラスで午前7時以降に起きているのは，平日が40パーセントで週末が60パーセント。

【答】(1) No.1.　① ウ　② ア　No.2.　エ　(2) ウ

◀全訳▶　(1)

ジョン：わあ！　あなたはピアノを弾くのが得意ですね。あなたはどれくらいそれを練習しているのですか？

ケン　：10年間です。5歳のとき，私は父といっしょにピアノコンサートに行きました。その演奏は素晴らしかったです。私はそのときから音楽家になりたいと思っています。

ジョン：それは素敵です。私はピアノを弾くことはできませんが，ギターを弾くのが好きです。私が小学生のとき，母が私にその弾き方を教えてくれました。

ケン　：本当ですか？　私のバンドに参加してくれませんか？　私は学校でバンドに所属していて，そのバンドのメンバーたちはギターを弾くことができる生徒を必要としているのです。

ジョン：面白そうですね。でも私は国にギターを置いてきました。

ケン　：心配はいりません。あなたは音楽の先生の田中先生から学校でギターを借りることができます。

ジョン：わかりました。私はいつあなたのバンドに参加することができますか？

ケン　：明日はどうですか？　私たちのバンドのメンバーは放課後に練習する予定なので，あなたを彼らに紹介させてください。

ジョン：わかりました。あなたはふだんバンドのメンバーといつ練習するのですか？

ケン　：毎週水曜日と金曜日です。来月から，私たちは毎日放課後に練習する予定です。

ジョン：えっ，どうしてですか？

ケン　：私たちは10月28日にコンサートがあるのです。だから，私たちはより一生懸命練習しなければなりません。

ジョン：もし私が一生懸命練習すれば，コンサートであなたのバンドでギターを弾くことができますか？

ケン　：もちろん，できます。今は9月5日なので，コンサートに向けて練習するのにあなたにはまだ1か月以上あります。あなたといっしょに音楽を演奏するのなら，他のバンドのメンバーは喜ぶでしょう。

ジョン：私はそれを聞いてうれしいです。私はコンサートのために全力を尽くします。

3 **【解き方】**(1) ①「～を旅行する」は travel in ～，take a trip to ～，visit ～で表せる。②「～することは面白かった」は It was interesting to ～，～ing … was fun，enjoyed ～ing (～することを楽しんだ) で表せ

る。「～にえさをやる」= feed ～, give food to ～。③「あなたはどの～が一番好きですか？」= What ～ do you like〔the〕best?や「あなたが一番好きな～は何ですか？」= What is your favorite ～?で尋ねる。

(2) ① 期間を尋ねる疑問詞はHow longやHow many days。「あなたは～する予定ですか？」= are you going to ～?。「～に滞在する」= be/stay in ～。②「花火を楽しむ」= enjoy fireworks, like to see fireworks。「毎年8月に」= in August every year, every August。「花火が人々を幸せにする」と考え, The fireworks make people happy.とすることもできる。その場合「8月にある」は過去分詞の後置修飾で表せる。③「もしあなたが～すれば」= if/when you ～。「驚く」= be surprised。

【答】(1) ①（例1）I traveled in Iwate with my family last summer.（例2）My family and I took a trip to Iwate this summer.（例3）My family visited Iwate last summer. ②（例1）It was interesting to feed monkeys in the zoo.（例2）Giving food to a monkey in the zoo was fun.（例3）I enjoyed giving monkeys some foods in the zoo. ③（例1）What animal do you like the best?（例2）What's your favorite animal?（例3）Can you tell me the animal you like best?

(2) ①（例1）How long are you going to stay in Japan?（例2）How many days are you going to be in Japan?（例3）Can you tell me how long you'll stay in Japan? ②（例1）People enjoy fireworks at the festival in this town in August every year.（例2）The fireworks at the festival held in this city in August make people happy.（例3）Every August people like to see fireworks at the festival in this town. ③（例1）If you see the fireworks, you will be surprised.（例2）You'll be surprised when you watch them.（例3）They'll amaze you.

4 **【解き方】**(1) ① ワタルの「買い物バッグやエプロンはどうでしょう？」という返答に着目する。イの「私たちはどんな品物を作ることができますか？」が入る。② 直後にカナが古いシートベルトからできたバッグの写真を見せていることに着目する。アの「私たちはウェブサイトでユニークな品物をたくさん見つけました」が入る。

(2) 第5段落を見る。A. カナとワタルは黒木先生に人々が必要としなくなった物から『作られた』製品を見せた。「～から作られた製品」= products made from ～。B. 黒木先生はゴミ『問題』について伝えるためにポスターを作ってはどうかというアイデアをカナに伝えた。「問題」= problem。

(3) 第3段落で「カナのクラスが古着を集めているのでうれしい」「古着で品物を作ることは環境によい」, 第5段落で「ポスターでゴミを減らすための方法を示すことができる」と話している。エの「他の国の環境についてもっと多くのことを学ぶのはよいことだ」と話している場面はない。

(4) ア.「ワタルのクラスメートたちは学園祭のための彼のアイデアに興味を持ち, 古着を集め始めた」。第2段落と第3段落の前半を見る。内容に合う。イ. 第2段落の後半にあるワタルの言葉を見る。ワタルが見せた筆箱は, ワタルの母親によって作られた。ウ. 学園祭前にカナが黒木先生に自分の買い物バッグを見せている場面はない。エ. 第3段落の後半にあるカナの言葉を見る。カナは環境のことを一度も考えたことがなかったと述べている。オ.「学園祭のあとで, カナは黒木先生に人々が長い間使うことのできるバッグについて話した」。第5段落の前半を見る。内容に合う。カ. 最終段落の冒頭にあるカナの言葉を見る。カナが訪れた食品会社の人たちがカナにどのようにゴミを減らすよう努めているのかを教えてくれた。

【答】(1) ① イ　② ア　(2) A. made　B. problem　(3) エ　(4) ア・オ

◀全訳▶　カナは高校生です。彼女は17歳です。

7月のある日, カナと彼女のクラスメートたちは学園祭について話していました。彼女たちは学園祭で何をするのか決める必要がありました。カナは「私は何か面白いことがしたいです」と言いました。すると, クラスメートの1人であるワタルが「僕たちが必要のない古着から作られた品物を売るのはどうでしょう？　学園祭の準備をするのにまだ3か月あるから, 僕たちは何か素敵な物を作ることができます」と言いました。クラスメートたちはワタルのアイデアに興味を持ちました。カナは「あなたはどうやってそんなアイデアを思いついたのですか？」と言いました。ワタルは「見てください。これは母が僕の古い通学かばんから作った筆箱です。彼女は古い物を再び利用する方法を見つけるのが好きです。僕は古着を役立つ物にしたいです」と言いました。他の生徒たちは「それはいいですね。私たちはどんな品物を作ることができますか？」と言いました。ワタルは「買い物バッグやエプロンはどうでしょう？　それらを作るのは簡単です」と言いました。カナは「わかりました。古着を集めましょう」と言いました。

学園祭に向けて，カナはクラスメートたちととても一生懸命頑張りました。クラスメートの何人かは家族の古着を学校に持ってきました。先生の中には自分たちの古着をカナのクラスにくれた人もいました。カナの社会の先生の黒木先生は「あなたたちが古着を集めているので私はうれしいです。多くの人はたいていそれらを捨ててしまいます」と言いました。カナは「人々が必要としない服がたくさんあるので，私は驚いています」と言いました。学園祭の当日，たくさんの生徒や先生がそれらの品物に興味を持ち，それらを買うためカナのクラスに来ました。黒木先生はカナに「なんてかわいい買い物バッグなのでしょう！　私はこれを私の幼い子どもたちに見せて，彼らといっしょに環境について話します」と言いました。カナは「環境についてですか？私はそれについて一度も考えたことがありません。私はただ品物を作って楽しんだだけです」と言いました。黒木先生は「古着からそれらを作るのは環境にとってよいことです。私たちはゴミを減らすことができます」と言いました。

翌日の放課後，カナはワタルと話していました。カナは「黒木先生が私たちの学園祭のアイデアは環境にいいと言いました。私はそれを聞いてうれしいです」と言いました。ワタルは「今，たくさんの古着がゴミになっていて，それが僕たちの社会で大きな問題になっています。しかし，僕は人々が古着から作られた品物を気に入っていることに驚いています」と言いました。彼女は「その通りです。私たちの社会にはたくさんのゴミがありますが，もしかしたら私たちは様々な品物を作るためにゴミの一部をまだ使うことができるかもしれません。そのような品物を見つけませんか？」と言いました。ワタルは「面白そうですね」と言いました。

2週間後，カナとワタルは黒木先生に会うために職員室へ行きました。カナは黒木先生に「私たちはウェブサイトでユニークな品物をたくさん見つけました。見てください」と言いました。彼女はタブレット端末でバッグの写真を見せ，「これは古いシートベルトからできています。古いシートベルトを新しい車のために使うのは安全ではありません。しかし，古いシートベルトを洗ったあと，シートベルトはとても丈夫なのでこの会社はそれを利用して人々が長い間使うことのできるバッグや財布を製造しています」と言いました。ワタルは「傘から品物を作っている会社もあります。このバッグは濡れないので雨の日に便利です」と言いました。黒木先生は「それは面白いですね」と言いました。カナは「私がウェブサイトを見ていたとき，私たちが毎日多くの物を捨てていることに驚きました。私は他の生徒たちにもこの問題についてもっと知ってもらいたいです」と言いました。黒木先生は「彼らにその問題について伝えるためにポスターを作ってはどうでしょう？　私はあなたたちがゴミを減らすための方法をもう少し見つけると思うので，あなたたちはポスターでそのような方法を示すこともできます」と言いました。カナは「いいですね」と言いました。

（3年後）

カナはロンドンの大学で勉強し，環境を守るためのヨーロッパの人々の行動について学んでいます。ワタルは日本の大学で勉強しています。彼らはよい友だちです。

ある日，カナはオンラインでワタルと話していました。カナは「先週，私は商品を包装するためのプラスチックの使用をやめた食品会社を訪問しました。そこで働いている人たちは，どのようにゴミを減らすよう努めているのか私に教えてくれました。日本に帰ったら，私は会社を始めて，環境を守るために何ができるかを人々に伝えるつもりです」と言いました。ワタルは「あなたはそれについて黒木先生に伝えるべきです。そのことを聞けば彼は喜ぶでしょう」と言いました。カナは「もちろんです。高校生のとき私は黒木先生と話すことを楽しみました。そのときから私は環境を守る方法にずっと興味を持っているのです」と言いました。

社　会

1 **【解き方】**(1) アはヨーロッパ州，イはアジア州，ウは北アメリカ州にある山脈。

(2) 資料 1 は，熱帯のサバナ気候の雨温図。

(3) 東経 135 度を標準時子午線とする日本とドバイとの経度差は 75 度。経度差 15 度で 1 時間の時差が生じるので，75 ÷ 15 から時差は 5 時間とわかる。東に位置する日本のほうが時間は進んでいる。

(4) 2004 年以降に加盟した国には，冷戦終結とソ連解体を契機に加盟を決めた旧東側諸国が多いことがポイント。

(5) 年間を通して日照時間が長い地域のため，住みやすく，労働力も集まりやすい。

(6) アは中国，ウはインド，エはオーストラリア。

(7) ブラジルではさとうきびを，アメリカではとうもろこしを原料としたバイオエタノールの生産がさかんなことがヒント。

【答】(1) エ　(2) d　(3) ア　(4) 一人あたりの国民総所得が低い（同意可）　(5) サンベルト　(6) イ　(7) ウ

2 **【解き方】**(1) アは北海道，イは神奈川県，エは宮崎と鹿児島の県境にある火山。

(2) 米が多い a と b は東北地方の県と考えられる。そのうち，産出額が高い b が「あきたこまち」などを多く産出する秋田県となるので，a が宮城県。残る c と d のうち，c は果実の産出額が高いので，みかんの生産などがさかんな和歌山県となる。よって，d が三重県となる。

(3) 冬は中国山地により，夏は四国山地により季節風がさえぎられるため，瀬戸内地方は年間を通して降水量が少ない。

(4) ア.「畑」ではなく田が多い。イ. 縮尺が 25000 分の 1 の地形図において，実際の距離 3 km ＝ 300000cm は，300000 ÷ 25000 から 12cm で示されることになる。資料 4 を使うと 8 cm 程しかないことがわかる。ウ.「南東」ではなく，南西が正しい。

(5) 山口県南部には石油化学コンビナートが建設されており，化学工業の出荷額が高い。また，広島県広島市などでは自動車工業がさかんなため，輸送用機械工業の出荷額が高い。

(6) 東京都には，官公庁や民間企業の事業所，大学などの学校が集中していることに注目。

(7) アは米，ウは魚介類，エは小麦。

【答】(1) ウ　(2) エ　(3) 湿った風が山地にさえぎられるから。(同意可)　(4) エ　(5) オ

(6) 東京都に通勤，通学してくる人が多いから。(同意可)　(7) イ

3 **【解き方】**(1) アは聖武天皇が建てた寺。イは奥州藤原氏と関係が深い。エは最澄が建てた天台宗の総本山。

(2) アとエは平安時代，ウは室町時代のできごと。

(3) イは鎌倉・室町時代，ウは江戸時代につくられた商工業者の同業者組合。エは江戸幕府が百姓らを統制するために組織させた。

(4) 1842 年に薪水《しんすい》給与令が出された。

(5) 資料 3 は 1911 年のできごと。ⓐは 1871 年，ⓑは 1889 年，ⓒは 1894 年，ⓓは 1904 年，ⓔは 1920 年のできごと。

(7) ウは 1980 年代後半のようす。

【答】(1) ウ　(2) イ　(3) ア　(4) (異国船打払令をやめ，)燃料や水を与えること。(同意可)　(5) エ

(6) 治安維持法《ちあんいじほう》　(7) ウ

4 **【解き方】**(1)「土偶」は縄文時代につくられた土製の人形。

(2) レオナルド・ダ・ヴィンチ，ミケランジェロ，ダンテなどが活躍した。

(3) ⓐは 1600 年代初頭，ⓑは 1543 年，ⓒは 1582 年，ⓓは 1641 年のできごと。

(4) 資料 4 は，1688 年にイギリスで起こった名誉革命による変化を示している。

(5) 特に東北地方では冷害も加わり，餓死《がし》者が出るなどした。

(6) イはソ連を中心とする社会主義陣営の組み合わせ。

【答】(1) イ　(2) ルネサンス(または，文芸復興)　(3) エ　(4) ア

(5) (アメリカとの貿易において，)生糸の輸出量が減り，まゆの価格が下がったから。(同意可)　(6) ウ

5 **【解き方】**(1) 前文と日本国憲法第9条で規定されている内容。

(2) (a) プライバシーの権利とは，私生活をみだりに公開されない権利のことをいう。(b) 社会全体の共通の利益のこと。

(3) (a) 三審制は，裁判をより慎重に進め，人権を守るために導入されている制度。(b) すべての裁判所が違憲審査の権限を持っているが，最終的な判断は最高裁判所が下すため，「憲法の番人」と呼ばれている。

(4) 条例の制定・改廃の請求には，有権者の50分の1以上の署名が必要。

(5) アメリカドルに対して，円の価値が高くなれば円高ドル安，低くなれば円安ドル高という。円高になれば，日本ではアメリカ製品を割安で輸入できるが，アメリカでは日本製品は割高になり，輸出が減る。

(6) 雇用を抑制し，消費意欲を減退させようとする。

(7) ア．日本の国民負担率はスウェーデンより低い。イ．アメリカの租税負担率と社会保障負担率は，ともに日本より低い。ウ．スウェーデンの国民負担率は，フランスより低い。

(8) 自動車の排気ガスには多くの二酸化炭素が含まれることに注目する。

【答】(1) 平和主義　(2) (a) イ　(b) 公共《こうきょう》の福祉《ふくし》　(3) (a) ア　(b) エ　(4) ア　(5) ア　(6) ウ　(7) エ

(8) 1トンの貨物を1km輸送したときの二酸化炭素の排出量の多い自動車が，国内貨物輸送量に占める輸送機関別割合の多くを占めているから。(同意可)

理　科

1 【解き方】(2) 図より，Cのグループのイヌ，ハト，メダカには背骨があり，イカ，エビ，クワガタには背骨がない。Dのグループのメダカ，イカ，エビは一生水中で生活し，えらで呼吸する。

(3) 節足動物は体やあしが節に分かれている。

【答】(1) 胎生　(2) C. エ　D. イ　(3) イ・ウ・エ

2 【解き方】(1) 水蒸気は水が気体になったもので，温度が下がると液体の水に状態変化する。

(2) (a) アは静電気，イは化学変化，エは状態変化によって起こる現象。(b) $1\,\mathrm{m}^2 = 10000\mathrm{cm}^2$ より，100000

$$(\mathrm{Pa}) \times \frac{1000\ (\mathrm{cm}^2)}{10000\ (\mathrm{cm}^2)} = 10000\ (\mathrm{N})$$

【答】(1) エ　(2) (a) ウ　(b) 10000 (N)

3 【解き方】(1)・(2) 実像は物体の向きと上下・左右がともに逆になる。物体が焦点距離の2倍の位置にあるとき，凸レンズの反対側の焦点距離の2倍の位置に物体と同じ大きさの実像ができる。物体が焦点と焦点距離の2倍の位置の間にあるとき，実像の大きさは物体よりも大きくなる。

(4) アは屈折した光が虚像をつくるしくみ，イは全反射，ウは反射に関係することがら。

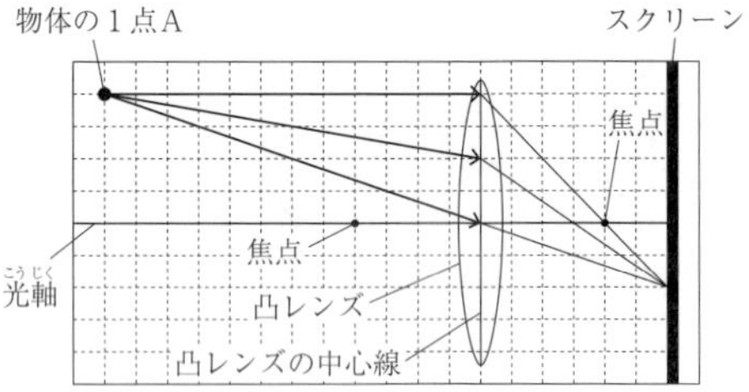

【答】(1) ウ　(2) 20 (cm)　(3) (前図)　(4) エ

4 【解き方】(1) (b) アは塩素，ウは酸素，エはアンモニアが発生する。

【答】(1) (a) エ　(b) イ　(c) 質量保存(の法則)　(2) 気体が容器の外へ出ていったから。(同意可)

5 【解き方】(1) (d) 表1より，火成岩Bは斑状組織で有色鉱物を多く含むので玄武岩，火成岩Cは等粒状組織で無色鉱物を多く含むので花こう岩。

(2) 表2より，物質のねばりけが大きいほど，物質は流れにくく，物質が固まった後の形は盛り上がっていたので，マグマのねばりけが大きいほど，傾斜が急な火山になると考えられる。

(3) 昭和新山や平成新山は傾斜が急な火山なので，マグマのねばりけが大きく，爆発的な噴火になることが多い。

【答】(1) (a) 石基　(b) 等粒状組織　(c) (マグマが)地下深くで長い時間をかけて冷え固まったから。(同意可)

(d) ア

(2) (a) 溶岩　(b) イ　(3) エ

6 【解き方】(2) (a) 細胞の中に見られるひものようなものは染色体で，細胞分裂をしている細胞に現れる。細胞分裂は根の先端付近でさかんに行われる。(b) 顕微鏡の視野は上下左右が逆に見えているので，プレパラートを動かす方向も上下左右逆にする。(c) 細胞分裂が始まると，細胞の中に染色体が現れ，それが中央に並ぶ。その後，染色体は細胞の両端に分かれ，仕切りができ始める。そして，2個の細胞に分裂する。(d) い．解答例の他に，DNA，デオキシリボ核酸としてもよい。

【答】(1) エ　(2) (a) a　(b) イ　(c) (A →) B → F → D → E → C　(d) あ．染色体　い．(例) 遺伝子

(3) 細胞の数がふえ，細胞の大きさが大きくなる。(同意可)

7 【解き方】(1) (a) 塩化水素→水素イオン＋塩化物イオン　(c) 表より，水溶液の色は黄色→緑色→青色と変化したので，酸性→中性→アルカリ性と変化した。(d) 水酸化ナトリウムの電離のようすは，$NaOH \rightarrow Na^{+} + OH^{-}$　ナトリウムイオンは水溶液中で他のイオンと反応しないので，イオンの数は加えたうすい水酸化ナトリウム水溶液の体積に比例してふえる。水酸化物イオンは，水溶液が中性になるまでは水素イオンと反応して数はふえず，中性を過ぎると数がふえ始める。

(2) うすい塩酸とうすい水酸化ナトリウム水溶液が中和したときにできる塩は塩化ナトリウム。塩化ナトリウム

の結晶は立方体のような形をしている。

【答】(1)(a) $HCl \rightarrow H^+ + Cl^-$ (b) イ (c) ア

(d)(加えたうすい水酸化ナトリウム水溶液の体積と水溶液中のナトリウムイオンの数の関係) ア (加えたうすい水酸化ナトリウム水溶液の体積と水溶液中の水酸化物イオンの数の関係) ウ

(2) エ (3) あ. 中和 い. 塩 うえ. ウ

8 【解き方】(1)(a) 図3より,抵抗器Xに加える電圧が6.0Vのとき,抵抗器Xに流れる電流は0.3A。(c) 図3より,抵抗器Xに加える電圧が6.0Vのとき,抵抗器Xに流れる電流は0.3Aなので,オームの法則より,抵抗器Xの抵抗の大きさは,$\dfrac{6.0\,(\mathrm{V})}{0.3\,(\mathrm{A})} = 20\,(\Omega)$ 抵抗器Yに加える電圧が6.0Vのとき,抵抗器Yに流れる電流は0.2Aなので,抵抗器Yの抵抗の大きさは,$\dfrac{6.0\,(\mathrm{V})}{0.2\,(\mathrm{A})} = 30\,(\Omega)$ よって,$\dfrac{30\,(\Omega)}{20\,(\Omega)} = 1.5$ (倍) (d) 図3より,抵抗器Yに加える電圧が6.0Vのとき,抵抗器Yに流れる電流は0.2Aなので,$6.0\,(\mathrm{V}) \times 0.2\,(\mathrm{A}) = 1.2\,(\mathrm{W})$

(2)(a) 図4より,抵抗器Xと抵抗器Yは直列につながっているので,回路全体の抵抗の大きさは,$20\,(\Omega) + 30\,(\Omega) = 50\,(\Omega)$ よって,回路に流れる電流の大きさは,$\dfrac{12\,(\mathrm{V})}{50\,(\Omega)} = 0.24\,(\mathrm{A})$ (b) (a)より,回路全体に加わる電圧の大きさを12Vにすると,I_1は0.24A。図5より,抵抗器Xと抵抗器Yは並列につながっているので,回路全体に加わる電圧の大きさを12Vにすると,各抵抗器に加わる電圧も12Vになる。抵抗器Xに流れる電流の大きさは,$\dfrac{12\,(\mathrm{V})}{20\,(\Omega)} = 0.6\,(\mathrm{A})$ 抵抗器Yに流れる電流の大きさは,$\dfrac{12\,(\mathrm{V})}{30\,(\Omega)} = 0.4\,(\mathrm{A})$ よって,$I_2 = 0.6\,(\mathrm{A}) + 0.4\,(\mathrm{A}) = 1.0\,(\mathrm{A})$ I_1とI_2の比は,$0.24\,(\mathrm{A}) : 1.0\,(\mathrm{A}) = 6 : 25$ (c) 図4より,抵抗器Xと抵抗器Yに流れる電流の大きさは等しく,抵抗の大きさは抵抗器Yの方が大きいので,加わる電圧は抵抗器Yの方が大きい。したがって,電力は抵抗器Yの方が大きくなる。図5より,抵抗器Xと抵抗器Yに加わる電圧の大きさは等しく,抵抗の大きさは抵抗器Xの方が小さいので,流れる電流は抵抗器Xの方が大きい。よって,電力は抵抗器Xの方が大きくなる。

【答】(1)(a) 0.3 (A) (b) オーム (c) 1.5 (倍) (d) 1.2 (W) (2)(a) 0.24 (A) (b) ($I_1 : I_2 =$) 6 : 25 (c) エ

国　語

1 【答】① いとな(む)　② うなが(す)　③ かくちょう　④ ぎょうしゅく　⑤ 短(い)　⑥ 鳴(らす)　⑦ 看板　⑧ 若干

2 【解き方】(一) 過去の助動詞「た」につく活用形。「ん」が音便であることにも着目する。音便は，五段活用の動詞の連用形に表れる音の変化。

(二)「すとんと」は，「座った」という動作の様子を詳しく表現している。

(三)「千春に，無理させてないかなって」「天文部，あたしが強引に誘っちゃったから」と続けていることから，那彩の心配していることをつかむ。

(四)「ああそうか」が千春の気づきを表していることに着目し，「そう」の指す内容が，直後の「心から夢中になれるものを持ち…うらやましかった」であることをおさえる。

(五) 那彩が「千春に，無理させてないか」と気にかけ，お互いに「素直な気持ち」を打ち明け合い，「あたしたち全員が初心者だって」と改めて星に向き合っている。そして那彩が，星に興味のない友だちに星の話をし続けていた苦い経験を話したことをきっかけに，千春も「うらやましかった」と素直な気持ちを伝えている。こうして二人の会話を中心に話が進むことをおさえた上で，「那彩が，照れくさそうに頬をゆるめた。千春の言いたいことは通じたようだ」などとあることから，二人の気持ちが通い合っていく様子をつかむ。

【答】(一) イ　(二) イ　(三) ウ

(四) 心から夢中になれるものを持ち，それをひたむきに追いかけている那彩たちがうらやましかった(ことに気づいたから。)(43字)(同意可)

(五) エ

3 【解き方】(一)「登る」と②は，「ない」をつけると直前の音が「ア段」の音になる五段活用。「近づい」に音便が表れていることにも注意する。①は下一段活用，③はサ行変格活用，④は上一段活用。

(二) 活用のある自立語で，言い切りの形が「～い」となる語。

(三)「人が近づくと飛んで逃げる」性質を表す言葉。アリューシャン列島のライチョウが，「五〇メートルほどの距離まで近づくと，飛んで逃げた」ことを，「人に対する警戒心が…ちがっていた」と述べ，スコットランドのライチョウも「同様に警戒心が強く」と表現している。

(四) 入れる文の前にくるのは「こうして」の指す内容であり，「今日の里の環境がつくり出された」過程を説明するものであることをつかむ。「森の中を大小の河川が流れ…湖がある」という「日本本来の自然の姿」が，「稲作文化」が入ったことで「開墾」され「定住」が始まり，集落に「神社が祀られ」たり，水田にできない所は「畑として開墾され」たりしてきたという，里の形成過程を述べた段落に着目する。

(五)「一体なぜ，日本のライチョウだけが人を恐れないのだろうか」という問いに対し，「日本では狩猟の対象とならなかったことが，その直接の原因」と述べており，さらに「なぜ外国では狩猟の対象になったのに，日本ではならなかったのか」という本質的な問いを加えているので，その答えとなる箇所を探す。「ライチョウの生息する高山は信仰の対象であり…『神の鳥』であった」と述べた後，「だからこそ，日本のライチョウは…人を恐れないのだ」とまとめていることをおさえる。

【答】(一) ②　(二) エ　(三) 警戒心が強い(同意可)　(四) D

(五) 信仰の対象である高山に生息するため，狩猟の対象とならなかった(30字)(同意可)

4 【解き方】(一)「au」は「ô」と発音するので，「やう」は「よう」にする。

(二)「雪」から「映」に，「書」から「読」に戻って読んでいる。一字戻って読む場合には「レ点」を用いる。

(三) Ⅰで，とても「貧しく」て，「油」を「得ることができなかったので」と理由を述べているので，これに対応する「貧」と述べているところをⅢの訓読文から探す。

(四) ①は，「ともし火」よりもずっと「かすか」で弱いあかり。筆者は，油を買えず「雪」や「蛍」の光で書物を読んでいたという話に対し，「ちかどなりなどの家」で「ともし火の光」を借りて書物が読めるはずだと指摘していることから考える。②は，「雪蛍」がない間，書物が読めなくなるときのこと。Ⅰが，油が買えないので，夜には「雪」や「蛍」の光で書物を読んだという話であることをふまえる。

【答】 ㈠ おなじように　㈡ ウ　㈢ 家貧不常得油　㈣ ア

◀口語訳▶　Ⅰ．中国に，昔孫康といった人（がいてその人）は，たいそう学問を好んだが，家が貧しくて，油を買うことができなかったので，夜は雪のあかりで書物を読み，また同じ国の車胤という人も，たいそう書物を読むことを好んだが，これも同じようにたいそう貧しくて，油を得ることができなかったので，夏のころは蛍を多く集めて（その光で書物を）読んだ。この二つの昔あった事がらは，非常に有名で，知らない人はなく，歌にまでも多く詠むことであった。

Ⅱ．『孫氏世録』にいうことには，孫康は家が貧しくて油がなく，いつも雪に照らして書物を読んだ。

Ⅲ．晋の車胤は字を武子といい，南平の人である。まじめに学業にはげみ，ひろくたくさんの書物に目を通していた。家が貧しくいつも油が手に入るとは限らなかった。夏にはねり絹のふくろにたくさんの蛍を入れ，そのあかりで書物を照らして読み，夜も勉強した。

㈣ もし油がなければ，毎夜，近隣などの家に行って，その灯火の光をたのんで借りても，書物は読めるだろう。たとえそのあかりが思うようにならず，かすかであるとしても，雪や蛍よりは格段にまさっているだろう。また一年のうちに，雪や蛍があるのは，少しの間であるのに，それがない間は，夜は書物を読まないでいたのであろうか，まことに変である。

5 **【解き方】** ㈠ **【資料 1】**における「劇」の割合は 76 %で最も多く，**【資料 2】**における「劇」の割合は 4 %で最も少ない。

㈢「出席する」は相手の動作なので，尊敬語に直す。また，相手にお願いする内容であることもふまえた表現にする。

【答】 ㈠ イ

㈡（例）

私は，中学生と老人クラブの皆さんが一緒に歌いたい曲を話し合い，皆で合唱できるとよいと思います。なぜなら，「中学生と一緒に歌うことができて楽しかった」や「中学生と話ができず，残念だった」という意見があるからです。だから，中学生と老人クラブの皆さんが班になって好きな歌や思い出の歌を出し合い，一緒に話し合って合唱する歌を決め，それを歌う活動を行えば，老人クラブの皆さんに楽しんでもらえると思います。(198 字)

㈢ エ

~MEMO~

~MEMO~

~MEMO~

三重県公立高等学校
(後期選抜)

2023年度
入学試験問題

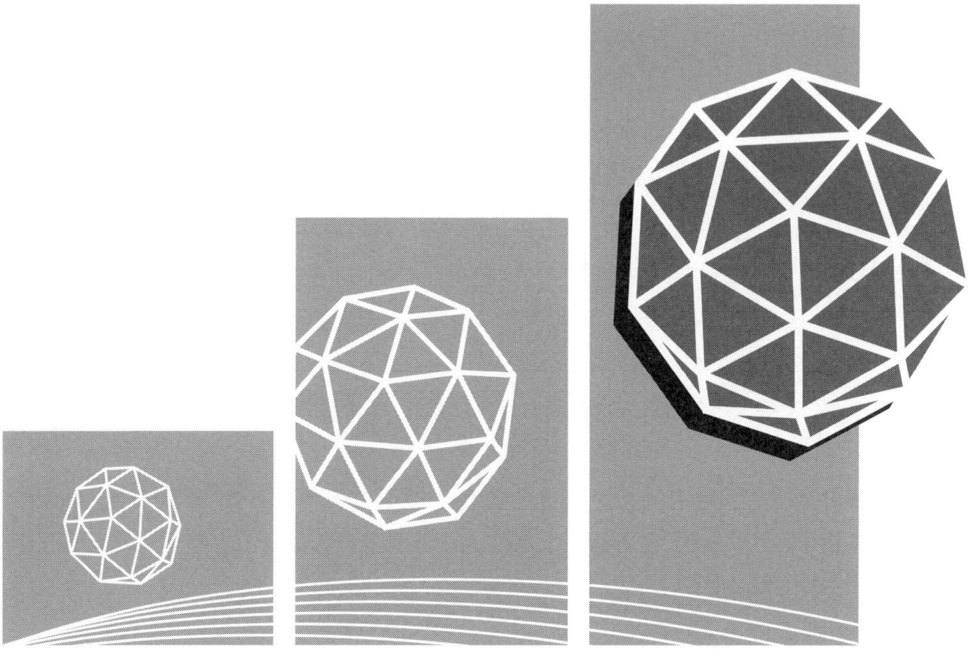

数学

時間　45分　　　　満点　50点

1　あとの各問いに答えなさい。

(1)　$4-(-3)$ を計算しなさい。(　　　)

(2)　$6(2x-5y)$ を計算しなさい。(　　　)

(3)　$\dfrac{5}{\sqrt{5}}+\sqrt{20}$ を計算しなさい。(　　　)

(4)　x^2-5x+4 を因数分解しなさい。(　　　)

(5)　二次方程式 $3x^2-7x+1=0$ を解きなさい。(　　　)

(6)　$\dfrac{\sqrt{40n}}{3}$ の値《あたい》が整数となるような自然数 n のうち，もっとも小さい数を求めなさい。(　　　)

(7)　y は x に比例し，$x=10$ のとき，$y=-2$ である。このとき，$y=\dfrac{2}{3}$ となる x の値を求めなさい。(　　　)

(8)　右の図で，2直線 ℓ，m が平行のとき，$\angle x$ の大きさを求めなさい。

(　　　)

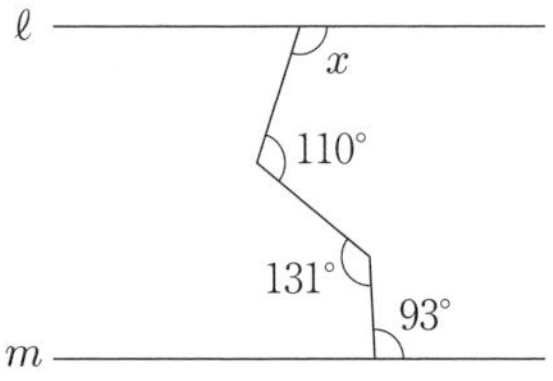

(9)　右の図のような，点A，B，C，D，E，Fを頂点とする三角柱があるとき，直線ABとねじれの位置にある直線はどれか，次のア～クから適切なものをすべて選び，その記号を書きなさい。(　　　)

ア．直線BC　　イ．直線CA　　ウ．直線AD　　エ．直線BE

オ．直線CF　　カ．直線DE　　キ．直線EF　　ク．直線FD

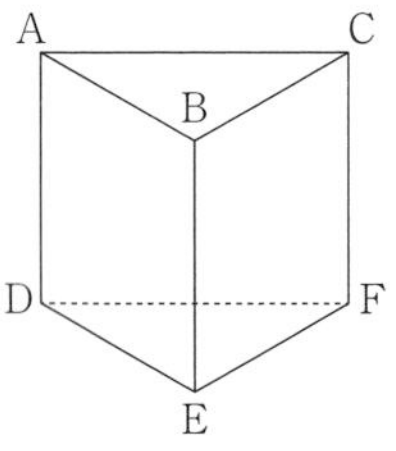

(10)　右の図は，P中学校の3年生25人が投げた紙飛行機の滞空《たいくう》時間について調べ，その度数分布表からヒストグラムをつくったものである。例えば，滞空時間が2秒以上4秒未満の人は3人いたことがわかる。

このとき，紙飛行機の滞空時間について，最頻値《さいひんち》を求めなさい。(　　　秒)

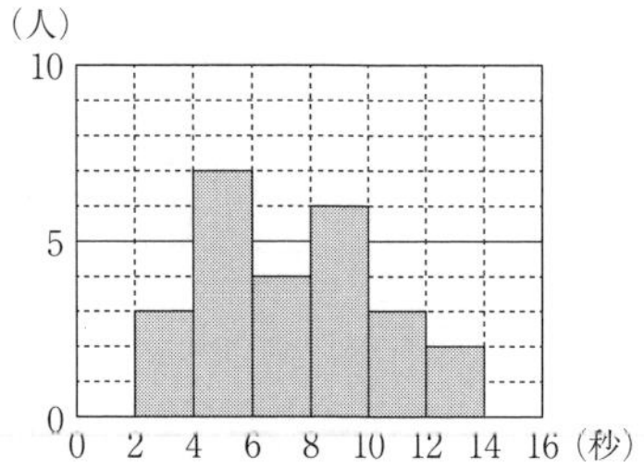

(11)　次の図で，直線 ℓ と点Aで接する円のうち，中心が2点B，Cから等しい距離《きょり》にある円を，定規とコンパスを用いて作図しなさい。

なお，作図に用いた線は消さずに残しておきなさい。

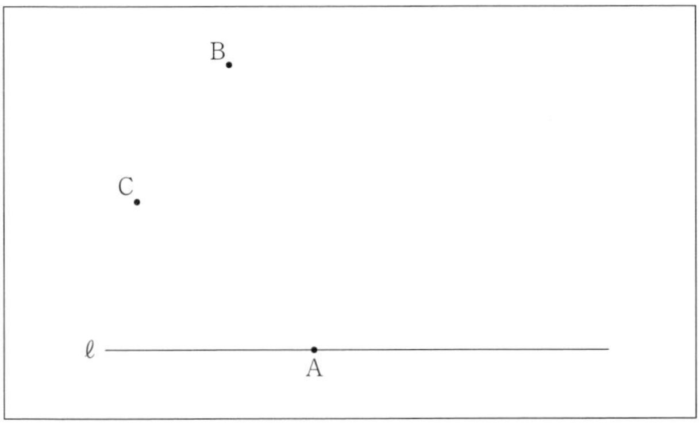

② ひびきさんは，A班8人，B班8人，C班10人が受けた，20点満点の数学のテスト結果について，図1のように箱ひげ図にまとめた。図2は，ひびきさんが図1の箱ひげ図をつくるのにもとにしたB班の数学のテスト結果のデータである。

このとき，あとの各問いに答えなさい。ただし，得点は整数とする。

図1

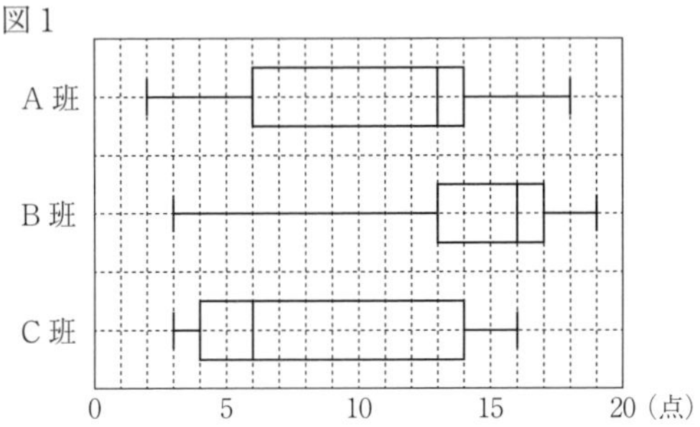

図2

17, 14, 15, 17, 12, 19, m, n　(単位　点)

(1) A班の数学のテスト結果の第1四分位数を求めなさい。(　　　点)

(2) B班の数学のテスト結果について，m，n の値をそれぞれ求めなさい。

ただし，$m < n$ とする。m = (　　　)　n = (　　　)

(3) C班の数学のテスト結果について，データの値を小さい順に並べると，小さい方から6番目のデータとしてありえる数をすべて答えなさい。(　　　)

(4) 図1，図2から読みとれることとして，次の①，②は，「正しい」，「正しくない」，「図1，図2からはわからない」のどれか，下のア～ウから最も適切なものをそれぞれ1つ選び，その記号を書きなさい。

① A班の数学のテスト結果の範囲《はんい》と，B班の数学のテスト結果の範囲は，同じである。(　　　)

ア．正しい　　イ．正しくない　　ウ．図1，図2からはわからない

② A班，B班，C班のすべてに14点の人がいる。(　　　)

ア．正しい　　イ．正しくない　　ウ．図1，図2からはわからない

3　ある陸上競技大会に小学生と中学生あわせて120人が参加した。そのうち，小学生の人数の35%と中学生の人数の20%が100m走に参加し，その人数は小学生と中学生あわせて30人だった。

このとき，あとの各問いに答えなさい。

(1)　次の［　　］は，陸上競技大会に参加した小学生の人数と，中学生の人数を求めるために，連立方程式に表したものである。［ ① ］，［ ② ］に，それぞれあてはまる適切なことがらを書き入れなさい。①(　　　)　②(　　　)

> 陸上競技大会に参加した小学生の人数を x 人，中学生の人数を y 人とすると，
>
> $$\begin{cases} \boxed{\quad ① \quad} = 120 \\ \boxed{\quad ② \quad} = 30 \end{cases}$$
>
> と表すことができる。

(2)　陸上競技大会に参加した小学生の人数と，中学生の人数を，それぞれ求めなさい。

(陸上競技大会に参加した小学生　　　人，中学生　　　人)

4　のぞみさんは，グーのカードを2枚，チョキのカードを1枚，パーのカードを1枚持っており，4枚すべてを自分の袋《ふくろ》に入れる。けいたさんは，グーのカード，チョキのカード，パーのカードをそれぞれ10枚持っており，そのうちの何枚かを自分の袋に入れる。のぞみさんとけいたさんは，それぞれ自分の袋の中のカードをかき混ぜて，カードを1枚取り出し，じゃんけんのルールで勝負をしている。このとき，あとの各問いに答えなさい。

ただし，あいこの場合は，引き分けとして，勝負を終える。

(1)　けいたさんが自分の袋の中に，グーのカードを1枚，チョキのカードを2枚，パーのカードを1枚入れる。このとき，けいたさんが勝つ確率を求めなさい。(　　　)

(2)　けいたさんが自分の袋の中に，グーのカードを1枚，チョキのカードを3枚，パーのカードを a 枚入れる。のぞみさんが勝つ確率と，けいたさんが勝つ確率が等しいとき，a の値を求めなさい。

(　　　)

5　右の図のように，関数 $y = \frac{1}{4}x^2$……㋐のグラフと関数 $y = ax + b$……㋑のグラフとの交点A，Bがあり，点Aの x 座標が -6，点Bの x 座標が2である。㋐のグラフ上に x 座標が4となる点Cをとり，点Cを通り x 軸《じく》と平行な直線と y 軸との交点をDとする。3点A，B，Dを結び△ABDをつくる。

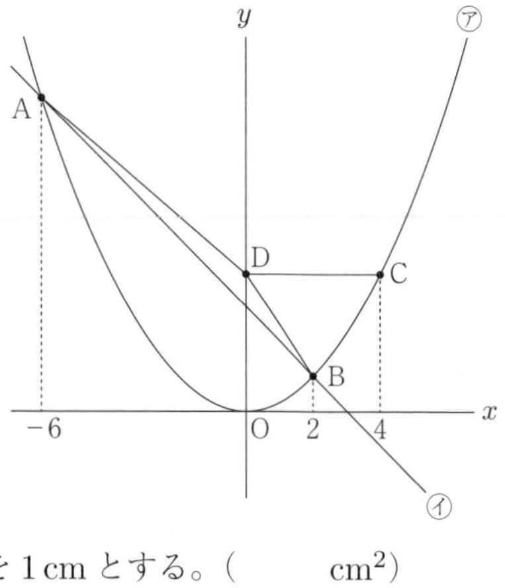

このとき，あとの各問いに答えなさい。

(1)　点Bの座標を求めなさい。(　　　)

(2)　a，b の値をそれぞれ求めなさい。

a = (　　　)　b = (　　　)

(3)　△ABDの面積を求めなさい。ただし，座標軸の1目もりを1cmとする。(　　　cm^2)

(4)　㋑のグラフ上に点Eをとり，△CDEをつくるとき，△CDEがCD ＝ CEの二等辺三角形となるときの点Eのx座標をすべて求めなさい。

なお，答えに$\sqrt{\ }$がふくまれるときは，$\sqrt{\ }$の中をできるだけ小さい自然数にしなさい。

（　　　　）

6　右の図のように，円Oの円周上に3点A，B，Cをとり，△ABCをつくる。∠ABCの二等分線と線分AC，円Oとの交点をそれぞれD，Eとし，線分AEをひく。点Dを通り線分ABと平行な直線と線分AE，BCとの交点をそれぞれF，Gとする。

このとき，あとの各問いに答えなさい。

ただし，点Eは点Bと異なる点とする。

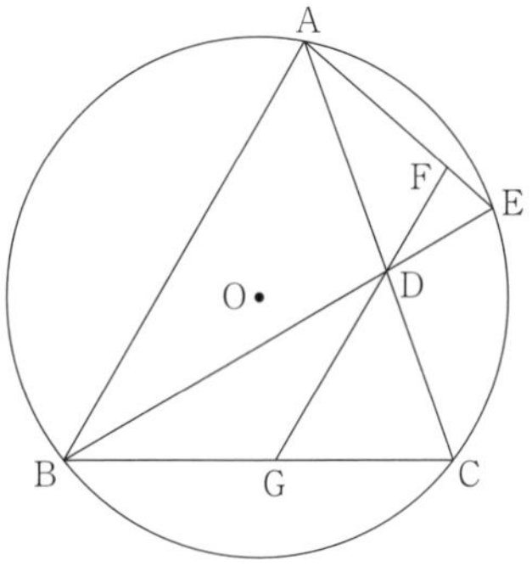

(1)　△ABD ∽ △DAF であることを証明しなさい。

（　　　　　　　　　　　　　　　　　　）

(2)　AD ＝ 6 cm，DF ＝ 3 cm，BC ＝ 10cm のとき，次の各問いに答えなさい。

①　線分ABの長さを求めなさい。（　　　　cm）

②　線分DGの長さを求めなさい。（　　　　cm）

7　右の図のように，点Aを頂点，線分BCを直径とする円を底面とした円すいPがあり，母線ABの中点をMとする。AB ＝ 12cm，BC ＝ 8 cm のとき，あとの各問いに答えなさい。

ただし，各問いにおいて，円周率はπとし，答えに$\sqrt{\ }$がふくまれるときは，$\sqrt{\ }$の中をできるだけ小さい自然数にしなさい。

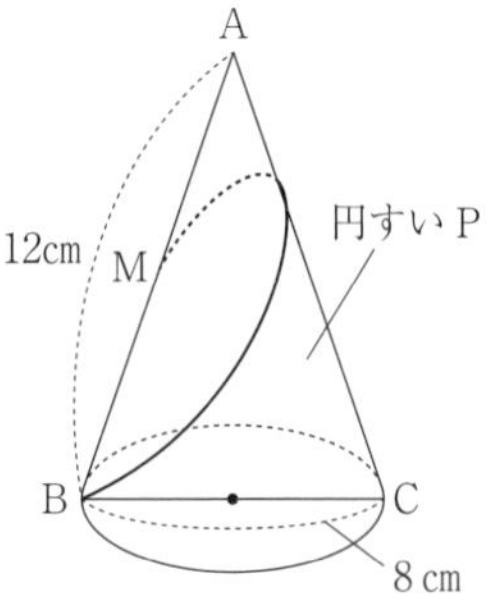

(1)　円すいPの体積を求めなさい。（　　　　cm^3）

(2)　円すいPの側面に，点Mから点Bまで，母線ACを通って，ひもをゆるまないようにかける。かけたひもの長さが最も短くなるときのひもの長さを求めなさい。

（　　　　cm）

英語

時間　45分　　　満点　50点

(編集部注)　放送問題の放送原稿は英語の末尾に掲載しています。
音声の再生についてはもくじをご覧ください。

1　放送を聞いて，あとの各問いに答えなさい。

(1)　下の表についての英語による質問を聞いて，その質問に対する答えとして，ア～エから最も適当なものを１つ選び，その記号を書きなさい。(　　　)

名前	練習したスポーツ	練習した日
Kana	バスケットボール	この前の水曜日
Akiko	バスケットボール	この前の土曜日
Kenji	テニス	この前の水曜日
Naoto	テニス	この前の土曜日

ア．Kana did.　イ．Akiko did.　ウ．Kenji did.　エ．Naoto did.

(2)　英語による対話を聞いて，それぞれの質問に対する答えとして，ア～エから最も適当なものを１つ選び，その記号を書きなさい。No.1 (　　　)　No.2 (　　　)　No.3 (　　　)

No.1　ア．Yes, he did.　イ．No, he didn't.　ウ．Yes, he will.　エ．No, he won't.

No.2　ア．She climbed a mountain with her sister.
イ．She climbed a mountain with her friend.
ウ．She watched a movie with her sister.
エ．She watched a movie with her friend.

No.3　ア．He will have soup.　イ．He will buy bread.　ウ．He will make salad.
エ．He will cook omelets.

(3)　英語による対話を聞いて，それぞれの対話の最後の英文に対する受け答えとして，ア～ウから最も適当なものを１つ選び，その記号を書きなさい。

No.1 (　　　)　No.2 (　　　)　No.3 (　　　)　No.4 (　　　)

No.1　ア．Here you are.　イ．You're welcome.　ウ．It's perfect.

No.2　ア．This morning.　イ．Two hours later.　ウ．Near the bed.

No.3　ア．About two hours ago.　イ．At about seven in the evening.
ウ．For about three minutes.

No.4　ア．When I was eight years old.　イ．It was so difficult.
ウ．My brother taught me.

(4)　高校生のEmiと，カナダからの留学生のMarkとの英語による対話を聞いて，それぞれの質問に対する答えとして，ア～エから最も適当なものを１つ選び，その記号を書きなさい。

No.1 (　　　)　No.2 (　　　)　No.3 (　　　)

No.1 ア. Yes, she has. イ. No, she hasn't. ウ. Yes, she does. エ. No, she doesn't.

No.2 ア. How to find interesting flowers and trees.

イ. How to take pictures of flowers.

ウ. The names of flowers in Japanese.

エ. The names of flowers in English.

No.3 ア. At 7:30. イ. At 7:40. ウ. At 8:20. エ. At 8:30.

2　あとの各問いに答えなさい。

(1)　次の対話文は，高校生のManaと，友人のRisaが，教室で話をしているときのものです。対話文を読んで，次の各問いに答えなさい。

Mana：　What are you going to do during the summer vacation, Risa?

Risa　：　I'm going to visit my uncle in China with my family.

Mana：　That's great. Have you ever been there?

Risa　：　No, that will be my first time there. I haven't seen my uncle since he moved to China this April. He is going to take my family to some museums and a big temple.

Mana：　Sounds wonderful. I wish I could go to China with you. Can you tell me about your trip when you come back to Japan?

Risa　：　Sure. I'll buy something nice for you in China. I'll bring it for you when we meet next time after the trip.

Mana：　Thank you. (　　①　　)

Risa　：　For a week. I'm going to leave Japan on July 27.

Mana：　So, you will be back in this city in August before the city festival.

Risa　：　That's right. Your parents will take us to the city festival on August 5, right?

Mana：　Yes. I'm looking forward to the fireworks at the festival.

Risa　：　Me, too. We couldn't see them last year because it was rainy, so I want to see them this year.

Mana：　We were very sad at the festival last year. (　　②　　) By the way, one of my cousins will come to stay with my family on that day.

Risa　：　Is that the cousin who studies at a university in Tokyo?

Mana：　Yes. Is it OK if he joins us for the festival?

Risa　：　Sure. It will be fun.

(注)　moved to ～　～に引っ越《こ》した

No.1　(①)，(②)に入るそれぞれの文として，ア～エから最も適当なものを1つ選び，その記号を書きなさい。①(　　　)　②(　　　)

①　ア．How was the summer vacation?　　イ．How long are you going to stay there?

ウ．What time did you go there?　　エ．When will you come back to Japan?

②　ア．I hope the weather will be good this year.

イ．I didn't know that it was rainy last year.

ウ．I don't think my parents will go to the festival.

エ．I understand why you didn't have the fireworks.

No.2　対話文の内容に合う文として，ア～エから最も適当なものを1つ選び，その記号を書きなさい。(　　　)

ア．Risa hasn't met her uncle for ten years, so she decided to go to China to see him.

イ．Mana is going to visit China with Risa in July to go to some museums and a temple.

ウ．Risa will give a present to Mana in August after Risa's trip to China with her family.

エ．Mana's cousin will come to stay in Mana's house and go to the festival with Mana and Risa in July.

(2) 下に示すのは，高校生の Yuko が留学している St. Edwards High School の図書館にある掲示《けいじ》物《ぶつ》です。この掲示物から読み取れることを正しく表している文として，ア～エから最も適当なものを１つ選び，その記号を書きなさい。（　　　）

Library News ~September~

Welcome to St. Edwards High School Library!!

Open

Monday, Tuesday, Thursday, Friday

9:00 a.m. - 5:00 p.m.

Wednesday

9:00 a.m. - 3:30 p.m.

I'm Anna, the staff member in the library.

I hope this library will be a good place for you all.

In this library…

・You can borrow three books for a week.

・You can borrow ten books during the summer vacation and the winter vacation.

(If you can't find the book that you want to read, I will help you.)

Library Rules

・Be quiet. Respect others.

・Don't eat. Don't drink.

What is your favorite book?

If you want to tell other students a book you like, please use a note, **I LOVE THIS BOOK**, and put it in the **Library Box**.

I will show the notes to other students in the Library News in October and November.

(Your Name　　　　　　　　)

I LOVE THIS BOOK

The name of the book:

____

Writer: ____________

Reason: ____________

ア．Students can borrow three books in the library at four in the afternoon on Wednesday.

イ．Students can drink in the library during the vacation, but they can't eat at all there.

ウ．Anna wants students to tell her about the books they read during the summer vacation.

エ．Notes will be used by students who want to tell their favorite books to other students.

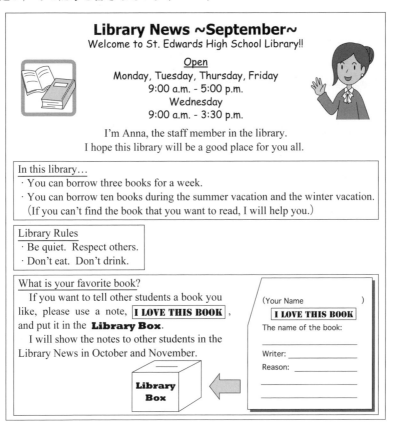

3　あとの各問いに答えなさい。

(1)　次のような状況《じょうきょう》において，あとの①～③のとき，あなたならどのように英語で表しますか。それぞれ4語以上の英文を書きなさい。

ただし，I'm などの短縮形は1語として数え，コンマ（,），ピリオド（.）などは語数に入れません。

【状況】　あなたは，アメリカから来た留学生のSamと，休み時間に教室で話をしているところです。

①　どんなスポーツが得意かと尋《たず》ねるとき。

(　　　　　　　　　　)

②　自分たちの野球チームが昨日試合に初めて勝ったことがうれしいと伝えるとき。

(　　　　　　　　　　)

③　次の土曜日，自分たちの練習に参加しないかと尋ねるとき。

(　　　　　　　　　　)

(2)　Wataruは，英語の授業で，お気に入りのものについて紹介《しょうかい》するために，自分のバイオリンの写真を見せながらスピーチをすることにし，下の原稿《げんこう》を準備しました。

あなたがWataruなら，①～③の内容をどのように英語で表しますか。それぞれ4語以上の英文を書き，下の原稿を完成させなさい。

ただし，I'm などの短縮形は1語として数え，コンマ（,），ピリオド（.）などは語数に入れません。

①(　　　　　　　　　　)

②(　　　　　　　　　　)

③(　　　　　　　　　　)

【原稿】

Hello, everyone. I'm going to tell you about my violin.

①　祖母が誕生日にくれたということ。

②　祖母が私にバイオリンの弾《ひ》き方を教えてくれるということ。

③　昨日夕食を食べる前に，家族のために演奏したということ。

Thank you.

4 次の文章を読んで，あとの各問いに答えなさい。

Ryota is sixteen and a member of the English club at Hikari High School.

One day after school in July, Ryota and the other members of the English club were going to decide what to do for their next activity. Ryota said, "I like Hikari City, but only a few foreign tourists come to the city. Can we do anything to make foreign tourists more interested in our city?" Mary, one of the members from Australia, said, "Why don't we make a video about Hikari City in English?" All the members said, "(　　①　　)" The leader said, "OK. Let's make a great video and ask the staff members in Hikari City Hall to use it on their website." Then, three members went to Hikari Castle to get information and two members visited Hikari Flower Park to know more about it. Ryota and Mary were talking about Hikari Sunday Market. Mary said, "We can see the market in front of Hikari Station every Sunday. One of my classmates told me about it when I came to this city from Australia last year. I like talking with local people there. We can eat local food." Ryota said, "That's great. We can find something interesting there for our video. Can you go there with me this Sunday?" She said, "Of course."

On the Sunday morning, Ryota and Mary went to Hikari Sunday Market. There were about fifteen stands and some people were buying products there. Mary said, "Look, that is my favorite stand." A woman at the stand was selling juice and cookies. Mary said to her, "Ms. Tanaka, the carrot cookies I bought last week were delicious. What do you recommend today?" The woman smiled and said, "Thank you, Mary. How about fresh tomato juice?" Ryota and Mary had the tomato juice and Ryota said, "Wow, it's delicious. How did you make this delicious juice?" Ms. Tanaka said, "Well, I use my mother's fresh tomatoes. She is a farmer in this city and picks them early in the morning every day." Ryota said to Ms. Tanaka, "I really love this juice." After saying goodbye to Ms. Tanaka, Mary found a new stand. She said, "Look at the stand which sells bags. They are so cute." Ryota agreed and said to Mr. Ito, the man in the stand, "Did you design them?" Mr. Ito said, "Yes. I designed them and the bags' cloth is made in Hikari City." Ryota said, "Sounds interesting." Ryota and Mary walked around the market and enjoyed spending time there.

When Ryota and Mary were going home, he said, "I didn't know about the market at first. However, the people I met there taught me about the market and Hikari City. I understand why you like the market." They decided to go there again the next week and talk to people to get more information.

Four months later, the members of the English club finished making the video and showed it to the staff members in Hikari City Hall. In the video, the members of the club showed some pictures of old walls in the castle, beautiful flowers in the park, and local products in the market, and explained them in English. The leader of the club said to the staff members, "(　　②　　)" Ms. Sato, one of the staff members, said, "We really liked it. We will use it on our city's website for foreign tourists." The leader said, "Thank you." Ryota said, "I hope more foreign tourists will come and enjoy our city."

(Ten years later)

Ryota is a staff member in Hikari City Hall now and helps tourists enjoy the city. Mary is now in Australia, but they are still good friends.

One evening in June, Ryota and Mary were talking online. Mary said, "I'm going to visit Japan with my friend, Kate, next month. Can we meet in Hikari City on the second Sunday of that month?" He said, "Sure. Let's meet at Hikari Station."

That Sunday morning, Mary and Kate were waiting in front of the station, and found Hikari Sunday Market. Then, Ryota came from the market and said to them, "Welcome. Mary, do you remember this market?" Mary said, "Hi! I'm surprised that many foreign tourists are buying local products here. There were only a few foreign tourists ten years ago." He said, "I'm trying to make this market more popular among foreign tourists with some other staff members in the city hall." Mary said to Ryota, "How nice! There are still some stands we showed in the video ten years ago." He said, "Yes, you can still drink Ms. Tanaka's fresh tomato juice."

(注) activity 活動　leader 部長　stand(s) 屋台　cloth 布
explained ～ ～を説明した　online オンラインで　remember ～ ～を覚えている

(1) (①), (②) に入るそれぞれの文として，ア～エから最も適当なものを1つ選び，その記号を書きなさい。①(　　) ②(　　)

① ア. That's a good idea.　イ. Show me the video you made.
ウ. We didn't know that.　エ. We enjoyed it very much.

② ア. I took the pictures in Hikari City Hall.
イ. I'm going to tell you more about local products.
ウ. We saw a lot of foreign tourists in the city.
エ. We'll be happy if you are interested in our video.

(2) 本文の内容に合うように，下の英文の (A), (B) のそれぞれに入る最も適当な1語を，本文中から抜《ぬ》き出して書きなさい。A (　　) B (　　)

When Ryota was a high school student, he went to Hikari Sunday Market with Mary. Ryota and Mary found some interesting local (A), such as fresh juice and bags. They got more information by (B) to people they met in the market.

(3) 下線部に There are still some stands we showed in the video ten years ago. とあるが，the video の内容として，ア～エから最も適当なものを1つ選び，その記号を書きなさい。(　　)

ア. The video about Hikari High School in English.
イ. The video that shows some places in Hikari City.
ウ. The video taken by foreign tourists in Hikari City.
エ. The video the staff members in Hikari City Hall made.

(4) 本文の内容に合う文として，ア～カから適当なものを2つ選び，その記号を書きなさい。

( )( )

ア．Ryota asked the other members of the English club to make a video because he wanted foreign tourists to come to Hikari City.

イ．The leader of the English club was going to make a website to show their video to foreign tourists.

ウ．Mary knew about Hikari Sunday Market because one of her classmates told her about it.

エ．Mary bought carrot cookies at Hikari Sunday Market when she went there with Ryota to get information.

オ．After going to Hikari Sunday Market, Ryota asked Mary why she liked the market, but he didn't understand the reason.

カ．When Mary went to Hikari Sunday Market with Kate, she found many foreign tourists there.

〈放送原稿〉

ただいまから，2023 年度三重県公立高等学校入学試験英語のリスニング検査を行います。問題は，(1)，(2)，(3)，(4)の 4 つです。問題用紙の各問いの指示に従って答えなさい。聞いている間にメモを取ってもかまいません。

それでは，(1)の問題から始めます。(1)の問題は，表を見て答える問題です。次の表についての英語による質問を聞いて，その質問に対する答えとして，ア～エから最も適当なものを 1 つ選び，その記号を書きなさい。質問は 1 回だけ放送します。

では，始めます。

Who practiced basketball last Wednesday?

これで(1)の問題を終わり，(2)の問題に移ります。

(2)の問題は，英語による対話を聞いて，質問に答える問題です。それぞれの質問に対する答えとして，ア～エから最も適当なものを 1 つ選び，その記号を書きなさい。対話は，No.1，No.2，No.3 の 3 つです。対話と質問は 1 回ずつ放送します。

では，始めます。

No.1　A：　Hi, Mike. I'm hungry. Why don't we have lunch?

B：　Sure, Yumi. I'm hungry, too.

A：　There are two restaurants near here. Which do you want to have, a hamburger or curry?

B：　Well.... I had curry last night. So, I want a hamburger for lunch.

質問します。

Did Mike eat a hamburger last night?

No.2　A：　Hi, Paul. How was your weekend?

B：　It was nice! I climbed a mountain with my sister. How about you, Hannah?

A：　I enjoyed watching a movie with my friend. The story was so nice. I want to watch it again!

B：　Oh, that's good.

質問します。

What did Hannah do on the weekend?

No.3　A：　Can you help me cook dinner, John?

B：　Sure, mom. What will we have for dinner today?

A：　We will have salad, omelets, soup and bread. I'm cooking soup and I asked your father to buy bread for dinner.

B：　OK. Then, I will make salad first. Next, I will cook omelets, too.

A：　Thank you. You always make delicious dishes.

B：　I want to be a cook in the future.

質問します。

What will John do first?

これで(2)の問題を終わり，(3)の問題に移ります。

(3)の問題は，英語による対話を聞いて，答える問題です。それぞれの対話の最後の英文に対する受け答えとして，ア～ウから最も適当なものを１つ選び，その記号を書きなさい。対話は，No.1，No.2，No.3，No.4 の４つです。対話は１回ずつ放送します。

では，始めます。

No.1　A：　May I help you?

B：　Yes, I'm looking for a cap. I like this one, but it's a little small for me.

A：　OK. How about this bigger one?

No.2　A：　Good morning, Bob. Oh, what's wrong?

B：　I feel sick and I have a stomachache.

A：　Oh, no. When did the stomachache start?

No.3　A：　Hello, this is Harry. May I speak to Jack, please?

B：　Sorry, he isn't at home now. Any messages?

A：　No, thank you. What time will he come back?

No.4　A：　Nick, what are you doing?

B：　I'm drawing a picture with a computer.

A：　Wow, it's beautiful. How did you learn about drawing pictures with a computer?

これで(3)の問題を終わり，(4)の問題に移ります。

(4)の問題は，高校生の Emi とカナダからの留学生の Mark との英語による対話を聞いて，質問に答える問題です。それぞれの質問に対する答えとして，ア～エから最も適当なものを１つ選び，その記号を書きなさい。対話と質問は２回ずつ放送します。

では，始めます。

Emi：　Mark, do you have any plans this weekend?

Mark：　Yes, I'm going to join the event to enjoy hiking in Midori Park this Sunday.

Emi：　Oh, I'm going to join it with my sister, Chika, too. Can you come with us?

Mark：　Sounds good. Thank you. Have you joined the event before?

Emi：　Yes. My mother and I join it every year. This year, she can't join it, but Chika will come with me. She will join it for the first time.

Mark：　Me, too. I want to find interesting flowers and trees in the park. Look. I took these pictures of flowers in my country.

Emi：　How beautiful! Do you know the names of these flowers?

Mark：　Yes. I learned them from books about flowers.

Emi：　Chika and I often read books about flowers, too. At the event, we want to find the flowers we saw in the books.

Mark：　How nice! Can you teach me the names of flowers in Japanese at the event?

Emi：　Sure. Then, can you teach us the names of flowers in English?

Mark：　Yes, of course. Where should we meet on Sunday?

Emi　：　Let's meet at Yamanaka Station at 7:30. We can take the train that leaves the station at 7:40.

Mark：　OK. Can we get to the park before the event by that train?

Emi　：　Don't worry. The train arrives at Midori Park Station at 8:10, and then it takes ten minutes to the park. So at the park, we'll still have ten minutes before the event starts.

Mark：　I see. I'm looking forward to the event.

質問します。

No.1　Has Chika joined the event to enjoy hiking in Midori Park before?

No.2　What will Mark teach Emi and her sister?

No.3　What time will the event to enjoy hiking in Midori Park start?

(対話と質問を繰り返す)

これでリスニング検査の放送を終わります。

社会

時間　45分　　　　満点　50点

1　次の各問いに答えなさい。

(1)　略地図1に示したアフリカ州について，次の(a)～(c)の各問いに答えなさい。

〈略地図1〉

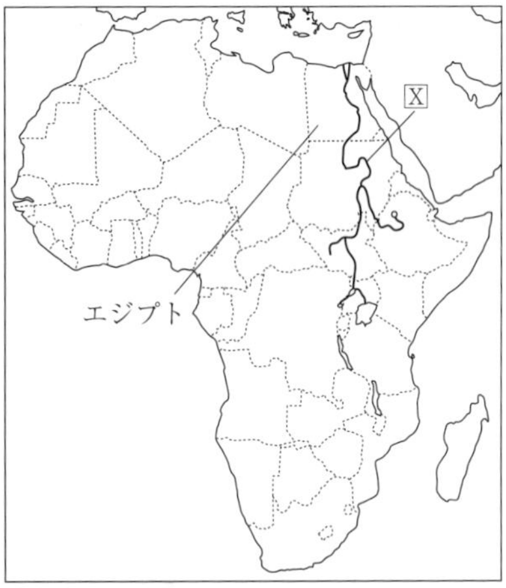

〔注：国境は一部省略〕

(a)　略地図1に[X]で示した川は世界最長であり，その流域では古代文明が栄えた。[X]で示した川の名称《めいしょう》は何か，次のア～エから最も適当なものを1つ選び，その記号を書きなさい。(　　　)

ア．ナイル川　　イ．インダス川　　ウ．ライン川

エ．アマゾン川

(b)　略地図1に示したアフリカ州には，緯線《いせん》や経線を利用して引かれた，直線的な国境線が見られる。このように，直線的な国境線が見られるのはなぜか，その理由の1つとして考えられることを，「ヨーロッパ諸国」，「境界線」という2つの言葉を用いて，書きなさい。

(　　　　　　　　　　　　　　　　　　　　　　　　　　　　　　)

(c)　資料1は，エジプトの総人口に占《し》める宗教別人口の割合を示したものである。資料2のA，Bは，資料1の[あ]，[い]のいずれかの宗教について説明したものの一部である。資料1の[あ]にあてはまる宗教の名称と，その宗教の説明の組み合わせはどれか，あとのア～エから最も適当なものを1つ選び，その記号を書きなさい。(　　　)

〈資料1〉

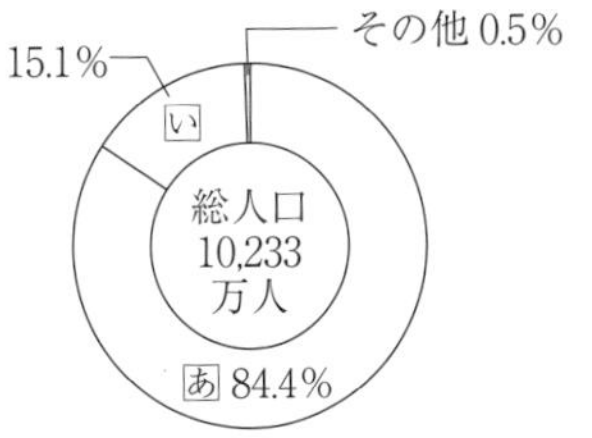

(『データブック　オブ・ザ・ワールド 2022』から作成)

〈資料2〉

A	日曜日になると多くの人々が教会へ礼拝《れいはい》に訪《おとず》れる。食事の前に神への感謝のいのりをささげる人々もいる。
B	1日に5回，聖地に向かって礼拝を行ったり，約1か月の間，日中は飲食をしない断食《だんじき》を行ったりするなど，日常生活にかかわる細かい決まりがある。

ア．[あ]―イスラム教　　宗教の説明―A

イ．[あ]―キリスト教　　宗教の説明―A

ウ．[あ]―イスラム教　　宗教の説明―B

エ．[あ]―キリスト教　　宗教の説明―B

(2)　略地図2に示したヨーロッパ州について，次の(a)，(b)の各問いに答えなさい。

(a)　略地図2に ⬭ で示したあたりに見られる，氷河によってけずられた谷に海水が深く入りこんでできた地形を何というか，その名称を書きなさい。(　　　)

(b)　資料3のア～エは，略地図2に示したa～dのいずれかの都市における雨温図である。略地図2にaで示した都市の雨温図はどれか，資料3のア～エから最も適当なものを1つ選び，その記号を書きなさい。

(　　　)

〈略地図2〉

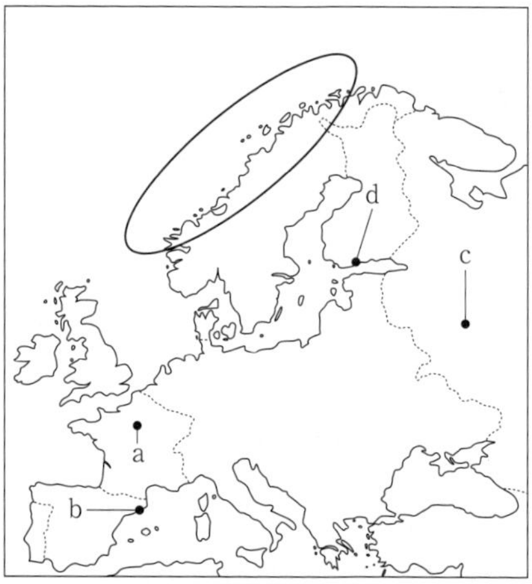

〔注：国境は一部省略〕

〈資料3〉

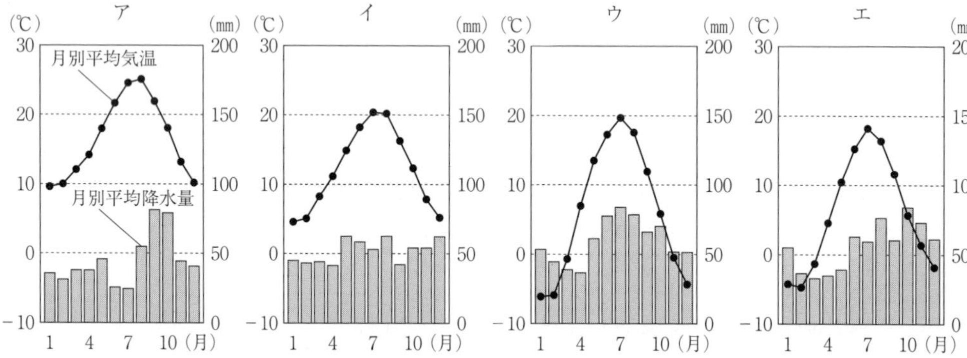

(『理科年表 2022』から作成)

(3)　略地図3に示したオーストラリアについて，次の(a)，(b)の各問いに答えなさい。

〈略地図3〉

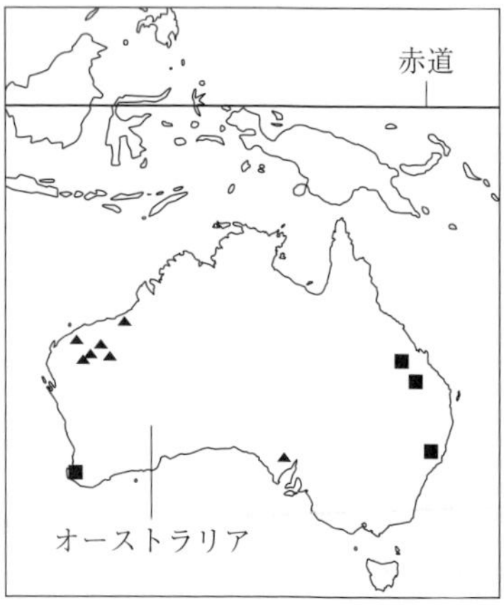

(a)　略地図3に示した■，▲は，鉄鉱石，石炭のいずれかの，鉱産資源のおもな産地を示している。また，資料4のⅠ，Ⅱは，鉄鉱石，石炭のいずれかの，世界における輸出量の国別割合を示したものである。略地図3に示した■は，鉄鉱石，石炭のどちらのおもな産地を示しているか。また，略地図3に■で示した鉱産資源の，世界における輸出量の国別割合にあてはまるものは，資料4のⅠ，Ⅱのどちらか，次のア～エから最も適当な組み合わせを1つ選び，その記号を書きなさい。(　　　)

ア．■―鉄鉱石　　資料4―Ⅰ　　イ．■―石炭　　資料4―Ⅰ

ウ．■―鉄鉱石　　資料4―Ⅱ　　エ．■―石炭　　資料4―Ⅱ

〈資料4〉世界における輸出量の国別割合

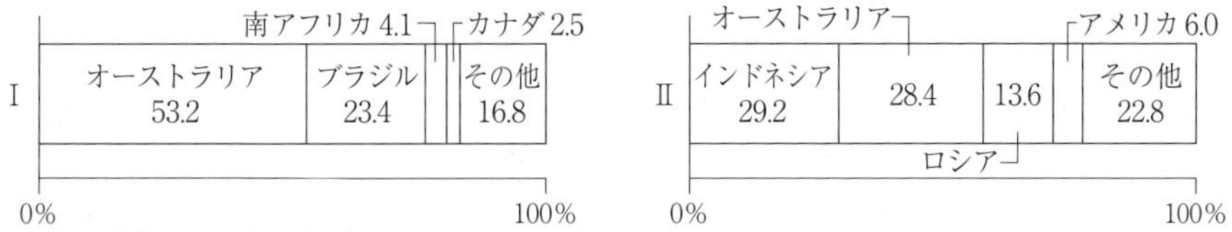

〔注：数値は2017年のもの〕

(『世界国勢図《ず》会《え》 2021／22』ほかから作成)

(b)　さちこさんは，オーストラリアからの観光客が冬の北海道に多く見られることに興味をもち，資料を集めた。資料5は，2018年度における，オーストラリアから北海道を訪れた観光客の月別宿泊者《しゅくはくしゃ》数を示したものである。また，資料6は，さちこさんがオーストラリアから北海道を訪れる観光客について調べ，まとめたものの一部である。資料6の［ A ］にあてはまる内容は何か，書きなさい。(　　　　　　)

〈資料5〉

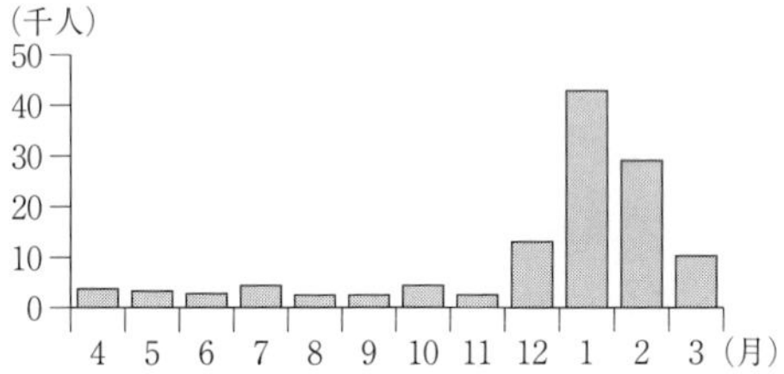

〔注：数値は2018年度のもの〕

(北海道観光振興《しんこう》機構 Webページから作成)

〈資料6〉

オーストラリアは，［ A ］に位置するため，日本と季節が逆になる。また，北海道では，パウダースノーとよばれる良質な雪でスキーやスノーボードを楽しむことができるので，オーストラリアからの観光客が冬の北海道に多く見られると考えられる。

2　右の略地図を見て，次の各問いに答えなさい。

(1)　資料1は，略地図に□で示した範囲《はんい》の拡大図である。資料1に⬭で示したあたりに広がる自然環境《かんきょう》について述べた文はどれか，あとのア～エから最も適当なものを1つ選び，その記号を書きなさい。

(　　　)

〈略地図〉

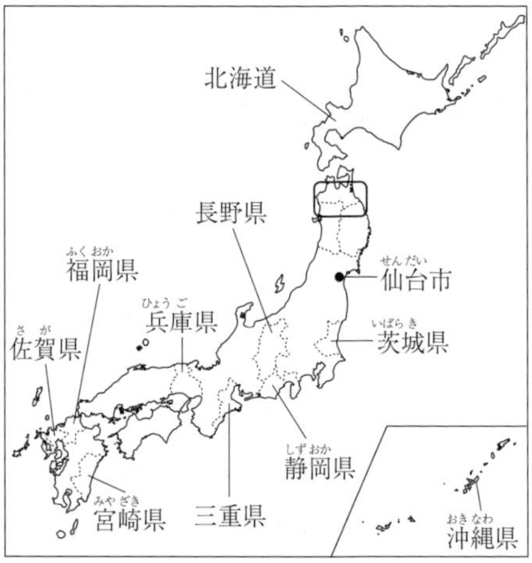

〈資料1〉

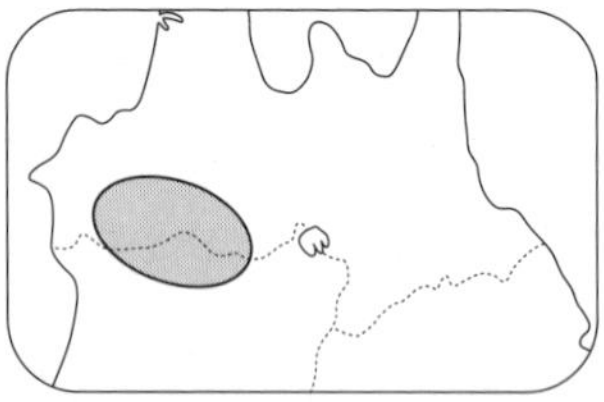

ア．吉野《よしの》すぎなどの良質な樹木が育っている。

イ．縄文《じょうもん》すぎをはじめとする貴重な自然が残っている。

ウ．日本アルプスと呼ばれる，3000m級の山脈がある。

エ．ブナの原生林が残る，白神山地《しらかみさんち》が広がっている。

(2)　略地図に示した仙台市について，次の(a)，(b)の各問いに答えなさい。

(a)　仙台市のように，政府によって指定を受け，都道府県が担《にな》う業務の一部を分担する都市を何というか，その名称を**漢字**で書きなさい。(　　　都市)

(b)　資料2は，仙台市の一部を示した2万5千分の1の地形図である。まもるさんは，資料2に示したP地点からQ地点までの道のりを調べるために，●━●で経路を書きこみ，長さをはかると，4cmであった。●━●で示した経路の実際の道のりと，P地点から見たQ地点のおおよその方位の組み合わせはどれか，あとのア～エから最も適当なものを1つ選び，その記号を書きなさい。(　　　)

〈資料2〉

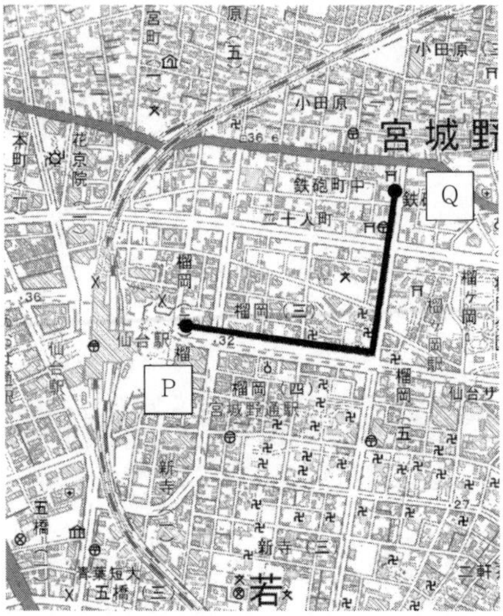

(国土地理院 電子地形図25000から作成)

ア．道のり―1000m　方位―北西　イ．道のり―1000m　方位―北東
ウ．道のり―2000m　方位―北西　エ．道のり―2000m　方位―北東

(3) 資料3は，略地図に示した福岡県，佐賀県，宮崎県における，耕地面積に占める水田の割合，農業産出額のうち米と畜産《ちくさん》の産出額，工業出荷額《しゅっかがく》を示したものである。資料3のAとCにあてはまる県名の組み合わせはどれか，次のア～カから最も適当なものを1つ選び，その記号を書きなさい。(　　　)

ア．A―福岡県　C―佐賀県
イ．A―福岡県　C―宮崎県
ウ．A―佐賀県　C―福岡県
エ．A―佐賀県　C―宮崎県
オ．A―宮崎県　C―福岡県
カ．A―宮崎県　C―佐賀県

〈資料3〉

	耕地面積に占める水田の割合(%)	農業産出額(億円)		工業出荷額(億円)
		米	畜産	
A	53.4	172	2,209	16,523
B	82.8	155	340	20,839
C	80.7	376	389	99,760

(注：数値は2019年のもの。ただし，耕地面積に占める水田の割合は2021年のもの。)
(『データでみる県勢　2022』ほかから作成)

(4) 略地図に示した長野県と茨城県について，資料4，資料5，資料6は，それぞれ，まもるさんが，レタスの生産と出荷に関して集めた資料の一部である。資料4の▒で示した時期における，長野県産のレタスの，東京都中央卸売市場《おろしうりしじょう》への月別出荷量には，どのような特徴《とくちょう》があるか，資料4，資料5，資料6から読み取り，長野県の気候にふれて，書きなさい。
(　　　　　　　　　　　　　　　　　　　　)

〈資料4〉長野県産のレタスと，茨城県産のレタスの，東京都中央卸売市場への月別出荷量

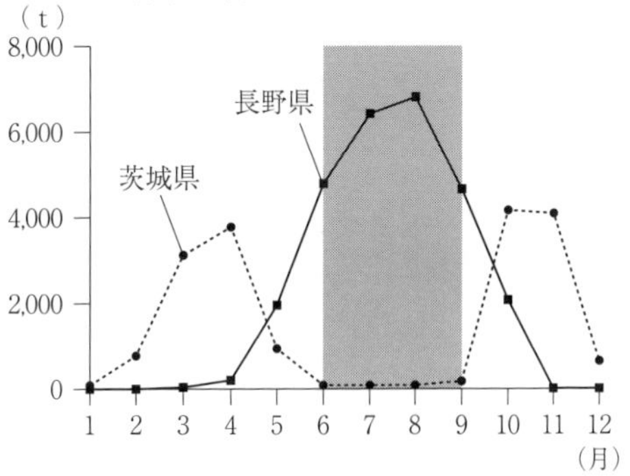

(注：長野県と茨城県は，東京都中央卸売市場への出荷量が多い上位1位と2位の県。数値は2021年のもの。)
(東京都中央卸売市場 Web ページから作成)

〈資料5〉　レタスの生育についてまとめたものの一部

> レタスの生育に適した気温は，15～20℃である。

〈資料6〉　レタスの生産がさかんである，長野県の南牧村《みなみまきむら》(野辺山原《のべやまはら》)と茨城県の古河市《こがし》の月別平均気温

	1月	2月	3月	4月	5月	6月	7月	8月	9月	10月	11月	12月
長野県南牧村(野辺山原)	－5.3	－4.5	－0.3	5.8	11.0	14.8	18.9	19.5	15.5	9.3	3.8	－1.9
茨城県古河市	3.6	4.6	8.2	13.5	18.4	21.8	25.6	26.8	23.0	17.2	11.0	5.8

〔注：単位は℃〕
(気象庁 Web ページから作成)

(5) 略地図に示した静岡県の工業について述べた文はどれか，次のア～エから最も適当なものを1つ選び，その記号を書きなさい。(　　　)

ア．豊かな水を利用した製紙・パルプ工業がさかんで，パルプ・紙・紙加工品の出荷額は，全国1

位である。

イ．金属加工の技術が発達し，ナイフやフォークなどの金属洋食器の出荷額は，全国１位である。

ウ．織物機械をつくる技術を土台にして自動車の生産が始まり，輸送用機械の出荷額は，全国１位である。

エ．明治時代に副業として眼鏡《めがね》フレームづくりが始まり，眼鏡フレームの出荷額は，全国１位である。

(6)　資料７は，略地図に示した北海道，三重県，兵庫県，沖縄県における産業別人口の割合と，人口を示したものである。北海道は，資料７のどれにあてはまるか，ア～エから最も適当なものを１つ選び，その記号を書きなさい。(　　　)

〈資料７〉

	産業別人口の割合（%）			人口（千人）
	第一次産業	第二次産業	第三次産業	
ア	4.0	15.4	80.7	1,453
イ	1.9	25.0	73.0	5,466
ウ	6.1	17.4	76.5	5,250
エ	3.0	32.3	64.7	1,781

〔注：数値は2017年のもの。ただし，人口は2019年のもの。〕

(『データでみる県勢　2022』ほかから作成)

3　右の表は，さとるさんのクラスで歴史的分野の学習を行ったときに設定されたテーマを示したものである。これを見て，次の各問いに答えなさい。

テーマ1	古代までの日本
テーマ2	摂関《せっかん》政治
テーマ3	鎌倉《かまくら》時代の人々のくらし
テーマ4	室町《むろまち》時代の産業の発達
テーマ5	立憲制国家の成立
テーマ6	大正デモクラシー

(1)　テーマ1について，資料1は，1949年に群馬県《ぐんまけん》の岩宿《いわじゅく》遺跡《いせき》で発見された石器を示した写真である。資料1に示した石器の名称と，資料1の石器が発見されたことによって，日本にもあったことが明らかになった時代の組み合わせはどれか，次のア～エから最も適当なものを1つ選び，その記号を書きなさい。(　　　)

〈資料1〉

ア．石器の名称―打製石器　　時代―新石器時代

イ．石器の名称―打製石器　　時代―旧石器時代

ウ．石器の名称―磨製《ませい》石器　　時代―新石器時代

エ．石器の名称―磨製石器　　時代―旧石器時代

(2)　テーマ2について，資料2は，摂関政治が行われていたころに政治の実権をにぎっていた人物が，娘《むすめ》を天皇のきさきにした日によんだ歌を示したものである。資料2の歌をよんだ人物は誰《だれ》か，次のア～エから最も適当なものを1つ選び，その記号を書きなさい。(　　　)

〈資料2〉

> この世をば
> わが世とぞ思う
> 望月《もちづき》の欠けたることも
> 無しと思えば

ア．藤原鎌足《ふじわらのかまたり》　　イ．藤原純友《ふじわらのすみとも》　　ウ．藤原道長《ふじわらのみちなが》

エ．藤原頼通《ふじわらのよりみち》

(3)　テーマ3について，資料3は，鎌倉時代に，紀伊国《きいのくに》(和歌山《わかやま》県)にあった阿氏河荘《あてがわのしょう》の百姓《ひゃくしょう》たちが，荘園《しょうえん》領主に提出した訴《うった》え状の要約の一部を示したものである。資料4は，資料3を見たさとるさんが，鎌倉時代の農民のくらしについて調べ，まとめたものの一部である。資料3，資料4の［　Ⅰ　］に共通してあてはまる言葉は何か，**漢字**で書きなさい。(　　　)

〈資料3〉

> 阿氏河荘の百姓らが申し上げます。領家の寂楽寺《じゃくらくじ》に納める材木が遅《おく》れていますが，［　Ⅰ　］が，奉公《ほうこう》のために上京するとか，近くで作業があると言っては村の人を責め使うので，暇《ひま》がありません。

〈資料4〉

> 鎌倉時代の農民は，荘園領主に年貢《ねんぐ》を納めていたが，阿氏河荘のように，［　Ⅰ　］がおかれた荘園では，［　Ⅰ　］と荘園領主との二重の支配を受けていた。

(4)　テーマ4について，資料5は，室町時代における商工業のしくみについて模式的に示したものである。次の(a)，(b)の各問いに答えなさい。

〈資料5〉

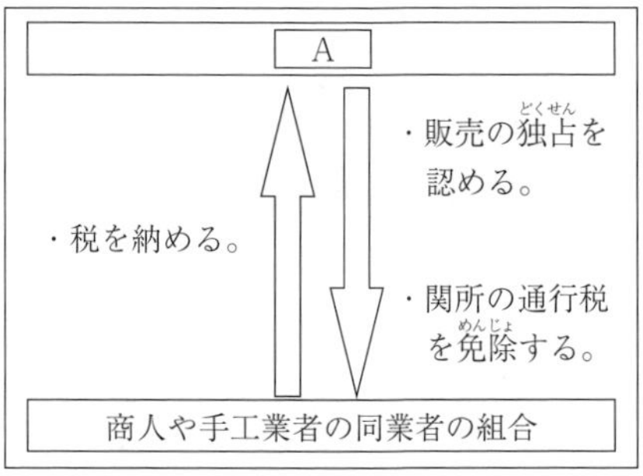

(a)　資料5の［A］にあてはまる言葉として誤っているものはどれか，次のア～エから1つ選び，その記号を書きなさい。(　　　)

ア．貴族　　イ．武士　　ウ．寺社　　エ．庄屋《しょうや》

(b)　室町時代から安土桃山《あづちももやま》時代にかけて，商工業を発展させるために出された楽市令により，資料5の［A］が打撃《だげき》を受けることになった理由は何か，その1つとして考えられることを，資料5から読み取り，楽市令の内容にふれて，書きなさい。

(　　　　　　　　　　　　　　　　　　　　　　　　　　　　　　　　　　　　　)

(5)　テーマ5について，資料6は，大日本帝国《ていこく》憲法に定められた統治のしくみについてまとめたものの一部である。資料6の［X］，［Y］にあてはまる言葉の組み合わせはどれか，次のア～エから最も適当なものを1つ選び，その記号を書きなさい。(　　　)

〈資料6〉

大日本帝国憲法では，帝国議会は，［X］と衆議院の二院制がとられ，［Y］は，天皇の政治を補佐《ほさ》する機関として位置づけられた。

ア．X―参議院　Y―太政官《だじょうかん》　　イ．X―参議院　Y―内閣

ウ．X―貴族院　Y―太政官　　エ．X―貴族院　Y―内閣

(6)　テーマ6について，護憲運動が起こるきっかけの1つとなったできごとはどれか，次のア～エから最も適当なものを1つ選び，その記号を書きなさい。(　　　)

ア．立憲政友会の内閣が倒《たお》され，藩閥《はんばつ》や官僚《かんりょう》に支持された，桂太郎《かつらたろう》内閣が成立した。

イ．閣僚《かくりょう》のほとんどを立憲政友会の党員で組織する，原敬《はらたかし》内閣が成立した。

ウ．加藤高明《かとうたかあき》内閣のもとで，満25歳《さい》以上の男子に選挙権を与《あた》える普通《ふつう》選挙法が制定された。

エ．近衛文麿《このえふみまろ》内閣のもとで，議会の承認《しょうにん》なしに労働力や物資を動員する国家総動員法が制定された。

4　次の表は，まさみさんのクラスで歴史的分野を学習したときの内容をまとめたものの一部である。これを見て，あとの各問いに答えなさい。

稲作《いなさく》とともに，①青銅器や鉄器などの金属器も伝わった。
飛鳥《あすか》地方を中心に，日本で最初の②仏教文化である飛鳥文化が栄えた。
江戸《えど》幕府は，③長崎《ながさき》に外国との交流の窓口を開き，交易を行った。
産業革命の結果，強い工業力と軍事力をもった欧米《おうべい》諸国は，④アジアに支配の手をのばした。
第一次世界大戦後の 1919 年に，⑤パリで講和会議が開かれ，国際協調の動きが見られた。
1973 年の第四次中東戦争によって，世界や⑥日本の経済は大きな打撃を受けた。

(1)　下線部①について，資料 1 は，弥生《やよい》時代に大陸から伝わった銅鐸《どうたく》を示した写真である。資料 1 で示した銅鐸は，おもにどのような目的で使用された道具と考えられているか，次のア～エから最も適当なものを 1 つ選び，その記号を書きなさい。(　　　)

〈資料 1〉

ア．農作業の道具　　イ．祭りの道具　　ウ．煮《に》たきの道具　　エ．狩《か》りの道具

(2)　下線部②について，6 世紀の半ばに日本に仏教を伝えたとされる国はどこか，次のア～エから最も適当なものを 1 つ選び，その記号を書きなさい。(　　　)

ア．百済《くだら》《ペクチェ》　　イ．高句麗《こうくり》《コグリョ》　　ウ．新羅《しらぎ》《シルラ》　　エ．渤海《ぼっかい》

(3)　下線部③について，次の(a)，(b)の各問いに答えなさい。

(a)　資料 2 は，江戸幕府の鎖国《さこく》下の窓口の一部とその相手国を示したものである。資料 2 の Ⅰ ， Ⅱ にあてはまる言葉の組み合わせはどれか，次のア～エから最も適当なものを 1 つ選び，その記号を書きなさい。

(　　　)

〈資料 2〉

鎖国下の窓口	相手国
長崎	中国（清《しん》）・オランダ
薩摩藩《さつまはん》	Ⅰ
Ⅱ	朝鮮《ちょうせん》

ア．Ⅰ―琉球《りゅうきゅう》王国　　Ⅱ―松前藩

イ．Ⅰ―ロシア　　Ⅱ―松前藩

ウ．Ⅰ―琉球王国　　Ⅱ―対馬《つしま》藩

エ．Ⅰ―ロシア　　Ⅱ―対馬藩

(b)　江戸幕府の成立後，日本との国交が回復し，江戸幕府の将軍が代わるごとに日本に使節を派遣《はけん》した国はどこか，次のア～エから最も適当なものを 1 つ選び，その記号を書きなさい。(　　　)

ア．中国（清）　　イ．朝鮮　　ウ．琉球王国　　エ．ロシア

(4)　下線部④について，次のⓐ～ⓓのカードは，17 世紀から 19 世紀にかけてインドとイギリスの間で起こったできごとを示したものである。ⓐ～ⓓのカードを，書かれた内容の古いものから順に並べると，どのようになるか，あとのア～エから最も適当なものを 1 つ選び，その記号を書きなさい。(　　　)

ⓐ	産業革命後，イギリスは大量の綿織物をインドへ輸出した。	ⓑ	インドの綿織物業が衰退《すいたい》し，イギリスへの不満が高まりインド大反乱が起こった。

ⓒ	イギリスは東インド会社をつくり，インドから大量の綿織物を輸入した。	ⓓ	イギリス政府がインド全土を直接支配するようになった。

ア．ⓐ→ⓒ→ⓓ→ⓑ　　イ．ⓐ→ⓓ→ⓑ→ⓒ　　ウ．ⓒ→ⓐ→ⓑ→ⓓ　　エ．ⓒ→ⓑ→ⓓ→ⓐ

(5)　下線部⑤について，資料3は，パリで開かれた講和会議において結ばれた条約の内容を示したものの一部である。資料3に示した条約を何というか，その名称を書きなさい。

(　　　　条約)

〈資料3〉

・ドイツにすべての植民地を放棄《ほうき》させる。
・国際連盟を設立する。

(6)　下線部⑥について，資料4は，1973年における日本のエネルギー資源の割合を示したものである。また，資料5は，1971年から1974年における原油の国際価格の推移を示したもの，資料6は，1971年から1974年における日本の消費者物価指数の推移を示したものである。日本の消費者物価指数が，資料6の■で示した時期に急上昇したのはなぜか，その理由の1つとして考えられることを，資料4，資料5から読み取り，「エネルギー資源」という言葉を用いて，書きなさい。

(　　　　　　　　　　　　　　　　　　　　　　　　　　　　　　)

〈資料4〉

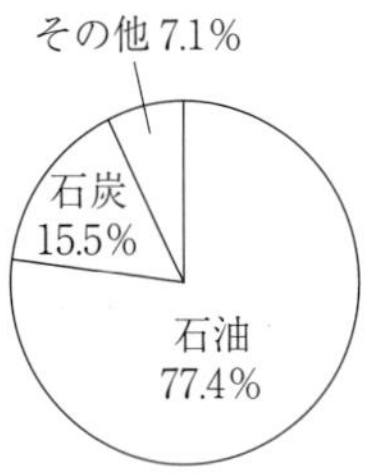

(『数字でみる日本の100年』から作成)

〈資料5〉

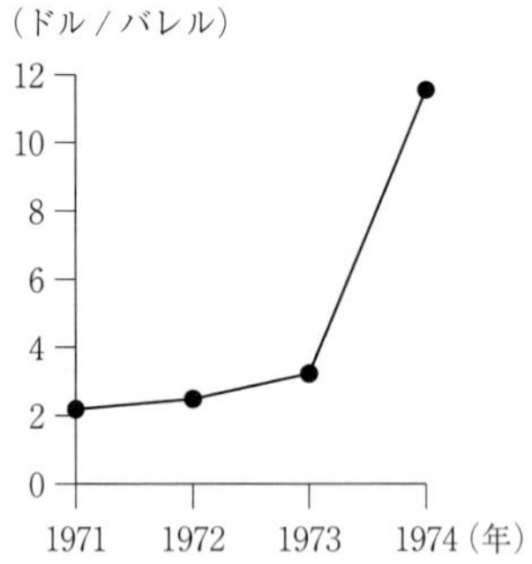

〔注：1バレル＝約159リットル〕
(BP Webページから作成)

〈資料6〉

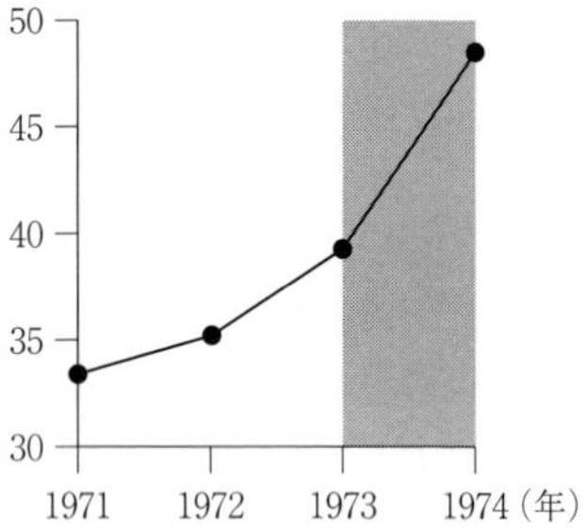

〔注：2015年を100としたときの数値〕
(『数字でみる日本の100年』から作成)

5　次の表は，あゆみさんのクラスで行った公民的分野の学習において，班ごとに設定した学習課題をまとめたものである。これを見て，あとの各問いに答えなさい。

A 班	なぜ憲法は必要なのだろうか。
B 班	地方公共団体は，どのようにして財源を確保しているのだろうか。
C 班	私たちは，政治にどのように関わればよいのだろうか。
D 班	市場経済《しじょうけいざい》において，価格はどのようにしてきまるのだろうか。
E 班	物事を決定するとき，みんなが納得《なっとく》するためには何が必要なのだろうか。
F 班	私たちの消費行動は，社会にどのような影響《えいきょう》を与えるのだろうか。
G 班	日本は，世界とどのような協力を行っているのだろうか。

(1)　A 班の学習課題について，資料 1 は，A 班が，政治と憲法について調べ，まとめたものの一部である。資料 1 の [I] にあてはまる言葉はどれか，次のア～エから最も適当なものを 1 つ選び，その記号を書きなさい。(　　　)

〈資料 1〉

国の政治の基本的なあり方を定める法を憲法といいます。また，憲法によって，政治の権力を [I] し，人権を保障するという考え方を立憲主義といいます。

ア．拡大　　イ．集中　　ウ．制限　　エ．否定

(2)　B 班の学習課題について，B 班は，三重県の財政についてクラスで発表するために資料を集めた。資料 2 は，三重県の令和 4 年度予算の歳入《さいにゅう》とその内訳を示したもの，資料 3 は，三重県の令和 4 年度予算の歳出《さいしゅつ》とその内訳を示したものである。また，資料 4 は，B 班が資料 2，資料 3 をもとに作成した発表原稿《げんこう》の一部である。資料 4 の [A]，[B] にあてはまる言葉の組み合わせはどれか，あとのア～エから最も適当なものを 1 つ選び，その記号を書きなさい。(　　　)

〈資料 2〉

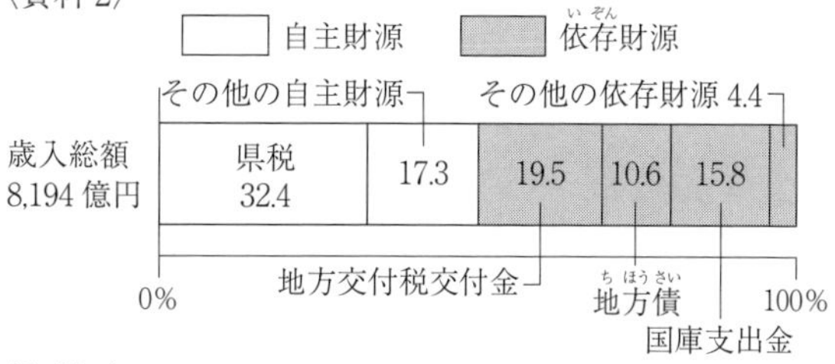

〈資料 3〉

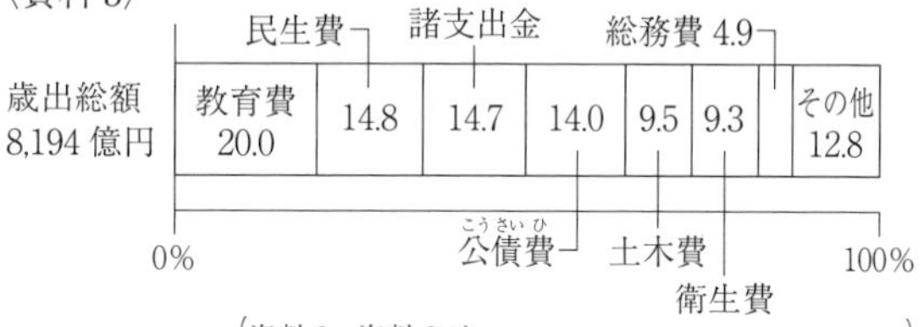

(資料 2，資料 3 は，『令和 4 年度三重県版ハロー・タックス』から作成)

〈資料 4〉

歳入のうち，依存財源は，50 %を超《こ》えています。依存財源のうち，[A] は，使いみちが特定されていないものです。また，地方債は，地方公共団体が債券《さいけん》を発行して借りたお金のことです。

歳出のうち，[B] は，借りたお金を返すための費用です。地方債の発行が増えすぎると，地方公共団体は，収入のほとんどを [B] に使わなければならなくなり，住民の生活に必要な仕事ができなくなるおそれがあります。

ア．A—国庫支出金　　B—民生費　　　　イ．A—国庫支出金　　B—公債費
ウ．A—地方交付税交付金　　B—民生費　　エ．A—地方交付税交付金　　B—公債費

(3)　C 班の学習課題について，次の(a)，(b)の各問いに答えなさい。

(a)　資料 5 は，令和 3 年 10 月 31 日に実施《じっし》された第 49 回衆議院議員総選挙における，有権者の

年代別選挙関心度を示したものの一部，資料6は，第49回衆議院議員総選挙における，年代別投票率を示したものの一部である。18〜29歳の年代の選挙への関わり方にはどのような問題点が見られるか，資料5，資料6からそれぞれ読み取り，「他の年代と比べて，」で始めて，書きなさい。

（他の年代と比べて，　　　　　　　　　　　　　　　　　　　　　　　　　　　　　　）

〈資料5〉

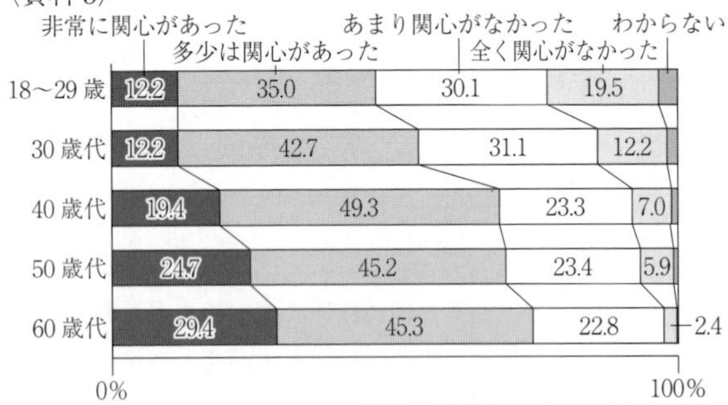

（明るい選挙推進協会資料から作成）

〈資料6〉

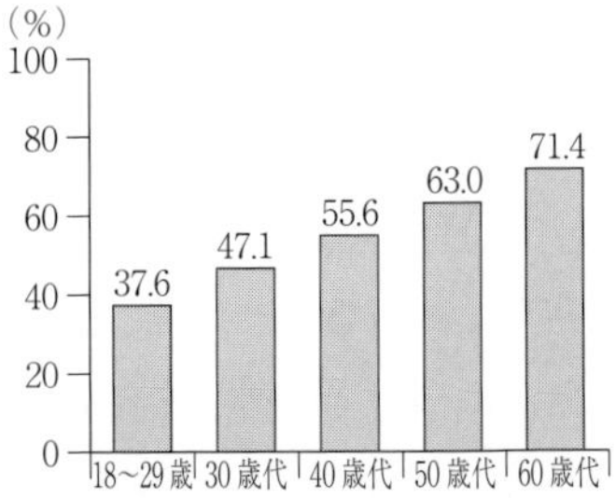

（総務省Webページから作成）

(b)　資料7は，C班が，住民の意見を政治に生かすためのある制度について調べたものの一部である。資料7に示した制度を何というか，その名称を書きなさい。（　　　　）

〈資料7〉

実施した地方公共団体	実施年	問われた内容
新潟県巻町《にいがたけんまきまち》 (現新潟市)	1996年	原子力発電所の建設
滋賀県米原町《しがけんまいはらちょう》 (現米原市《まいばらし》)	2002年	市町村合併《がっぺい》
大阪府大阪市	2015年	特別区の導入 (大阪都構想《とこうそう》)

(4)　D班の学習課題について，資料8は，D班が，市場経済において，ある商品の価格と需要量《じゅようりょう》および価格と供給量の関係が，状況《じょうきょう》により変化することを説明するために作成したものである。資料8の曲線X，曲線Yは，需要曲線，供給曲線のいずれかであり，2つの曲線が交わる点の価格は，この商品の均衡《きんこう》価格を示している。資料8の曲線Xについて，曲線Xが，aの位置からbの位置に移動したときの状況について，正しく述べたものはどれか，次のア〜エから最も適当なものを1つ選び，その記号を書きなさい。（　　　）

〈資料8〉

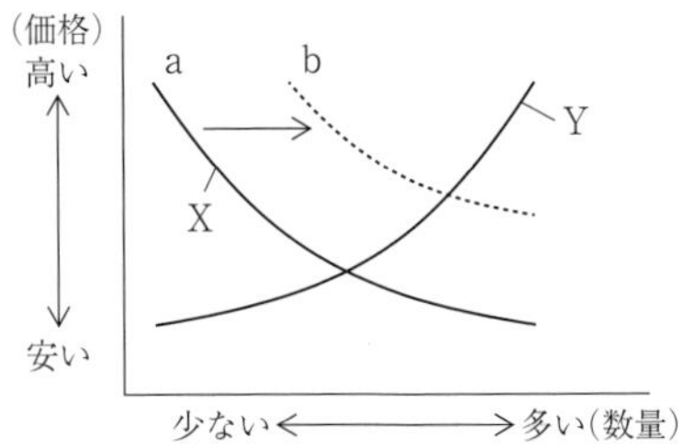

ア．この商品より品質のよい別の商品が販売《はんばい》されたため，需要量が減り，価格が下がった。
イ．この商品がテレビで紹介《しょうかい》されて人気が出たため，需要量が増え，価格が上がった。
ウ．この商品の原材料の調達が難しくなったため，供給量が減り，価格が上がった。
エ．この商品の製造工場を拡張したため，供給量が増え，価格が下がった。

(5)　E班の学習課題について，E班は，合唱コンクールで歌いたい曲について，クラスで行った投票結果をもとに考えた。資料 9 は，最も歌いたい曲だけに投票した結果を示したもの，資料 10 は，歌いたい曲に順位をつけて投票し集計した結果を示したものである。また，資料 11 は，はるみさんとひふみさんが，それぞれの投票の結果について，話し合った内容の一部である。これらを見て，あとの(a)，(b)の各問いに答えなさい。

〈資料 9〉 最も歌いたい曲だけに投票した結果

	結果
曲 A	16 票
曲 B	11 票
曲 C	8 票

〈資料10〉 歌いたい曲に順位をつけて投票し集計した結果

	1 位（3 点）	2 位（2 点）	3 位（1 点）	合計
曲 A	16 人	5 人	14 人	72 点
曲 B	11 人	17 人	7 人	74 点
曲 C	8 人	13 人	14 人	64 点

〔注：1 位が 3 点，2 位が 2 点，3 位が 1 点として集計〕

〈資料 11〉

はるみ：最も歌いたい曲だけに投票した結果を見ると，曲 A が一番人気があるね。
ひふみ：でも，最も歌いたい曲を，曲 A に投票した人よりも，曲 A 以外に投票した人の方が多いね。この結果から曲 A に決定することは，[あ]の考え方から，良い方法だといえるかな。
はるみ：歌いたい曲に順位をつけて投票し集計すると，結果が変わるね。曲を決定する前に，みんなでよく話し合うことが大切だね。
ひふみ：意見の対立を解消し，[い]をめざす努力をすることが大切だね。

(a) 資料 11 の[あ]，[い]にあてはまる言葉の組み合わせはどれか，次のア～エから最も適当なものを 1 つ選び，その記号を書きなさい。(　　)

ア．あ―効率　い―合意　イ．あ―効率　い―共生　ウ．あ―公正　い―合意
エ．あ―公正　い―共生

(b) ひふみさんは，資料 9 の投票結果で曲 A に決定した場合，曲 B と曲 C に投票された票は，以前に学習した，選挙における死票にあたるのではないかと考え，公民的分野のノートを見直した。資料 12 は，ひふみさんの公民的分野のノートの一部である。資料 12 の[X]にあてはまる選挙制度はどれか，あとのア～エから最も適当なものを 1 つ選び，その記号を書きなさい。

(　　)

〈資料 12〉

選挙制度	特徴	課題
[X]	最も多くの票を集めた政党が，多数の議席を得るため，政権が安定する。	死票が多い。
[Y] [Z]	死票が少ない。	得票の少ない政党も議席を得やすくなるため，政権が安定しない。

ア．大選挙区制　イ．小選挙区制　ウ．議院内閣制　エ．比例代表制

(6) F 班の学習課題について，資料 13 は，F 班が，商品選択《せんたく》のめやすとなるマークについて調べ，まとめたものの一部である。また，資料 14 は，資料 13 をもとに，F 班が，私たちの消費行動が与える影響について，持続可能性の観点から話し合い，意見をまとめたものの一部である。資料

14の［　a　］にあてはまる内容は何か，その1つとして考えられることを，「生産者」という言葉を用いて，書きなさい。

(　　　　　　　　　　　　　　　　　　　　　　　　　　)

〈資料13〉

このマークは，国際フェアトレード認証《にんしょう》ラベルを示したもので，発展途上国で生産された農産物や製品を適正な価格で継続《けいぞく》的に取り引きしている商品に付けられます。

〈資料14〉

私たちの消費行動は，持続可能な社会の実現に影響を与えます。だから，私たちが，国際フェアトレード認証ラベルのついた商品を選んで購入《こうにゅう》することで，［　a　］ことができます。

(7)　G班の学習課題について，G班では，政府開発援助《えんじょ》（ODA）について調べ，資料を集めた。資料15は，政府開発援助についてまとめたものの一部，資料16は，先進国（29か国）における政府開発援助額の順位を示したもの，資料17は，日本の政府開発援助額と日本の国民総所得（GNI）を示したものである。日本の政府開発援助額には，どのような特徴があるか，資料15，資料16，資料17から読み取れることにふれて，書きなさい。

(　　　　　　　　　　　　　　　　　　　　　　　　　　)

〈資料15〉

政府開発援助とは，先進国（29か国）の政府が，発展途上国の経済や福祉《ふくし》の向上のために，さまざまな技術の協力や資金の援助を行うことです。国際連合は，先進国の政府開発援助の目標額を，国民総所得の0.7％としています。

〈資料16〉

順位	国名
1	アメリカ
2	ドイツ
3	イギリス
4	日本
5	フランス
6	スウェーデン
7	オランダ
8	カナダ
9	イタリア
10	ノルウェー
	その他19か国

〔注：数値は2020年のもの〕

〈資料17〉

日本の政府開発援助額 163億ドル
日本の国民総所得 51,564億ドル

（資料15，資料16，資料17は，外務省Webページから作成）

理科

時間　45分　　　　満点　50点

1　次の実験について，あとの各問いに答えなさい。

〈実験〉　唾液《だえき》によるデンプンの変化を調べるために，次の①～③の順序で実験を行った。

①　試験管Aに0.5％デンプン溶液《ようえき》を10cm^{3}と，水でうすめた唾液を2cm^{3}入れた。

②　図1のように，試験管Aを約40℃の湯に10分間入れた後，試験管Aの液を試験管Bと試験管Cに，半分ずつとり分けた。

③　図2のように，②でとり分けた試験管Bにヨウ素溶液を2，3滴《てき》加えて色の変化を見た。また，試験管Cにベネジクト溶液を少量加え，ある操作をした後，色の変化を見た。

表は，ヨウ素溶液とベネジクト溶液それぞれに対する反応をまとめたものである。

図1

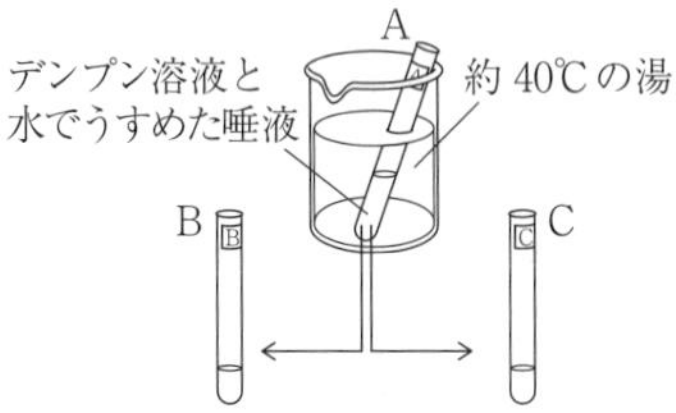

図2

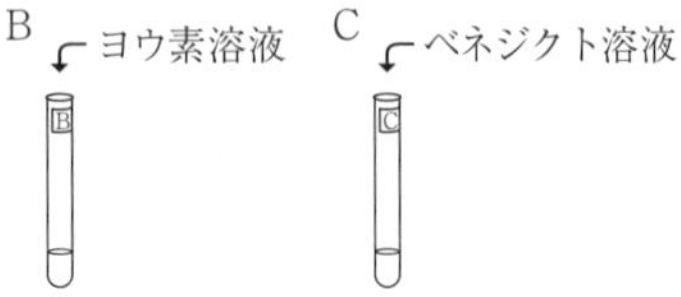

表

ヨウ素溶液に対する反応	ベネジクト溶液に対する反応
変化しなかった	赤褐色《せきかっしょく》になった

(1)　唾液にふくまれるアミラーゼのように，消化液にふくまれ，食物を分解して吸収されやすい物質に変えるはたらきをする物質を何というか，その名称《めいしょう》を書きなさい。(　　　)

(2)　下線部の操作について，試験管Cの中の物質とベネジクト溶液を反応させるためにはどのような操作が必要か，簡単に書きなさい。

(　　　　　　　　　　　　　　　　　　　　　　　　　　　　　　　)

(3)　試験管B，Cで見られたデンプンの変化が，唾液のはたらきによるものであることを確認するためには，対照実験が必要である。唾液のはたらきによるものであることを確認するための対照実験において，①で試験管に入れる液として最も適当なものはどれか，次のア～エから1つ選び，その記号を書きなさい。また，②，③と同様の操作を行い，ヨウ素溶液とベネジクト溶液それぞれに対する反応を調べた結果として最も適当なものはどれか，次のオ～クから1つ選び，その記号を書きなさい。試験管に入れる液(　　　)　結果(　　　)

ア．0.5％デンプン溶液を10cm^{3}入れる。

イ．0.5％デンプン溶液を12cm^{3}入れる。

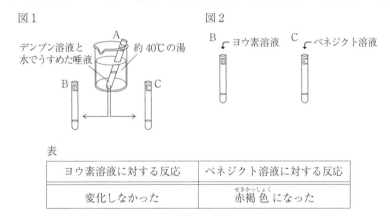

ウ．0.5％デンプン溶液を $10cm^3$ と，水を $2\,cm^3$ 入れる。

エ．水を $10cm^3$ と，水でうすめた唾液を $2\,cm^3$ 入れる。

	ヨウ素溶液に対する反応	ベネジクト溶液に対する反応
オ	青紫色《あおむらさきいろ》になる	変化しない
カ	青紫色になる	赤褐色になる
キ	変化しない	変化しない
ク	変化しない	赤褐色になる

2　あとの各問いに答えなさい。

(1)　雲のでき方について調べるために，図のように，フラスコの内部をぬるま湯でぬらし，線香《せんこう》のけむりを少量入れ，ピストンを押《お》しこんだ状態の大型注射器をフラスコにつないだ。大型注射器のピストンを引いたり，押したりしたとき，フラスコ内のようすと温度変化を調べたところ，ピストンを引くとフラスコ内が白くくもり，温度が変化した。

図

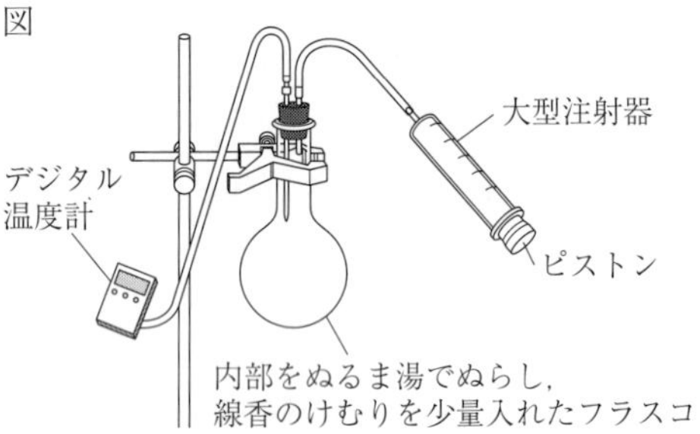

次の文は，フラスコ内のようすと温度変化，雲のでき方についてまとめたものである。文中の（ X ），（ Y ）に入る言葉はそれぞれ何か，右のア～エから最も適当なものを１つ選び，その記号を書きなさい。また，（ あ ）に入る最も適当な言葉は何か，**漢字**で書きなさい。XY（　　　）　あ（　　　）

	ア	イ	ウ	エ
X	膨張《ぼうちょう》	膨張	圧縮	圧縮
Y	上がり	下がり	上がり	下がり

ピストンを引くと，フラスコ内が白くくもったことから，空気は（ X ）すると温度が（ Y ），水滴《すいてき》ができることがわかった。自然界では，空気は上昇《じょうしょう》すると，上空の（ あ ）が低いため（ X ）して温度が（ Y ），温度が露点《ろてん》に達すると空気中の水蒸気の一部が水滴になり，雲ができる。

(2)　温度20℃の空気のかたまりが，高さ0mの地表から上昇すると，高さ800mで雲ができはじめた。表は，温度と飽和《ほうわ》水蒸気量の関係を示したものである。高さ0mにおける空気のかたまりの湿度《しつど》は何％であったと考えられるか，求めなさい。ただし，答えは小数第1位を四捨五入し，整数で求めなさい。また，雲ができはじめるまでは空気が100m上昇するごとに温度は1℃変化するものとし，空気のかたまりが上昇しても，空気 $1\,m^3$ あたりにふくまれる水蒸気量は変わらないものとする。（　　　％）

表

温度〔℃〕	飽和水蒸気量〔g/m^3〕	温度〔℃〕	飽和水蒸気量〔g/m^3〕
0	4.8	16	13.6
2	5.6	18	15.4
4	6.4	20	17.3
6	7.3	22	19.4
8	8.3	24	21.8
10	9.4	26	24.4
12	10.7	28	27.2
14	12.1	30	30.4

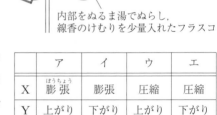

3 次の実験について，あとの各問いに答えなさい。

〈実験〉 音の大きさや高さと弦《げん》の振動《しんどう》の関係を調べるために，次の①，②の実験を行った。

① 図1のように，モノコードの弦のAB間をはじいて，音を聞いた。1回目は，弦のAB間の長さを34cmにしてはじいた。2回目は，ことじを移動させて，弦のAB間の長さを47cmにして，弦の張り，弦をはじく強さは変えずにはじいた。

② 図2のように，弦をはじいたときに出た音をマイクロホンで拾って，音の波形をコンピュータで観察した。図3は，コンピュータの画面に表示された音の波形を模式的に表したものである。

図1

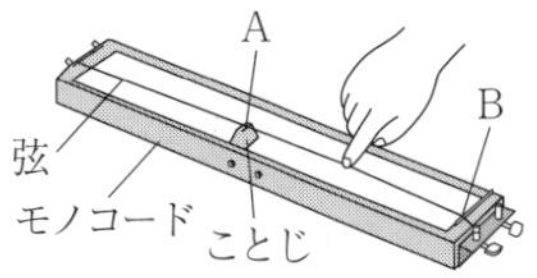

図2

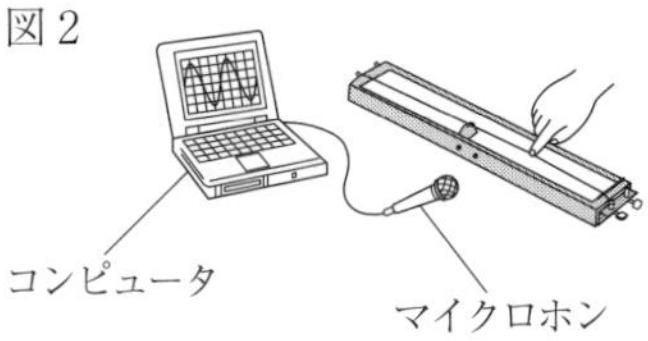

図3

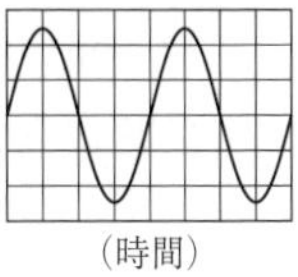

(1) ①について，次の(a)，(b)の各問いに答えなさい。

(a) 次の文は，弦をはじいたときの音を，ヒトがどのように受け取るかを説明したものである。文中の（ X ）に入る最も適当な言葉は何か，書きなさい。(　　　)

弦の振動が空気を振動させ，その振動が空気中を次々と伝わり，耳の中にある（ X ）で空気の振動をとらえる。

(b) 2回目は，1回目と比べて，音の高さや振動数はどのように変化するか，次のア～エから最も適当なものを1つ選び，その記号を書きなさい。(　　　)

ア．音の高さは高くなり，振動数は多くなった。

イ．音の高さは高くなり，振動数は少なくなった。

ウ．音の高さは低くなり，振動数は多くなった。

エ．音の高さは低くなり，振動数は少なくなった。

(2) ②について，次の(a)，(b)の各問いに答えなさい。

(a) 図3の横軸《よこじく》の1目盛りが0.001秒を表しているとき，この音の振動数は何Hzか，求めなさい。(　　　Hz)

(b) 弦をはじいたときに出た音は，音の高さは変わらず，音の大きさが小さくなっていき，やがて聞こえなくなった。図4は，音が出てから聞こえなくなるまでの，コンピュータで観察された音の波形の変化を表している。 Y に入る波形はどれか，あとのア～エから最も適当なものを1つ選び，その記号を書きなさい。ただし，音の波形を表した図3と図4の縦軸《たてじく》，横軸の1目盛りが表す値《あたい》は同じものとする。(　　　)

図4

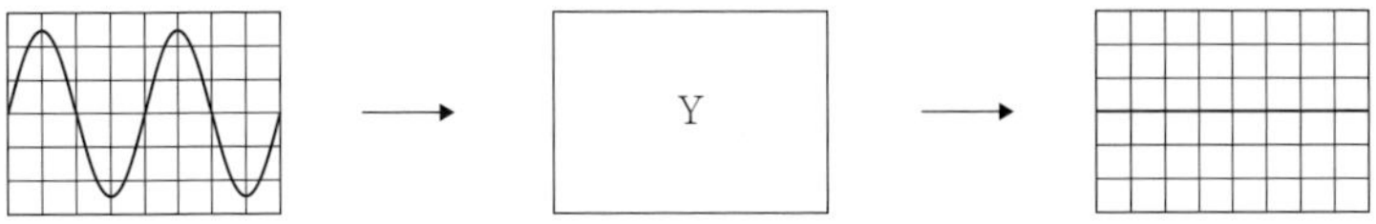

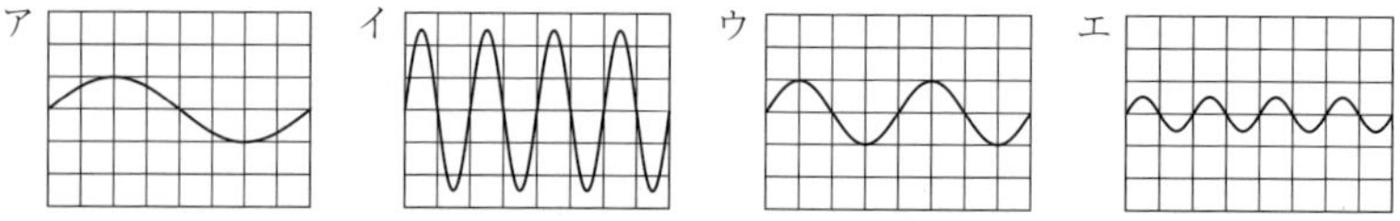

4　次の実験について，あとの各問いに答えなさい。

〈実験〉　水とエタノールの混合物から，エタノールをとり出せるか調べるために，次の①，②の順序で実験を行った。

①　図1のように，水 $20 cm^3$ とエタノール $5 cm^3$ の混合物を枝つきフラスコに入れ，弱火で加熱して，枝つきフラスコから出てきた液体を，試験管A，試験管B，試験管Cの順に約 $3 cm^3$ ずつ集めた。

②　試験管A，B，Cに集めた液体をそれぞれ蒸発皿に入れ，図2のようにマッチの火を近づけた。表は，マッチの火を近づけたときのようすをまとめたものである。

図1

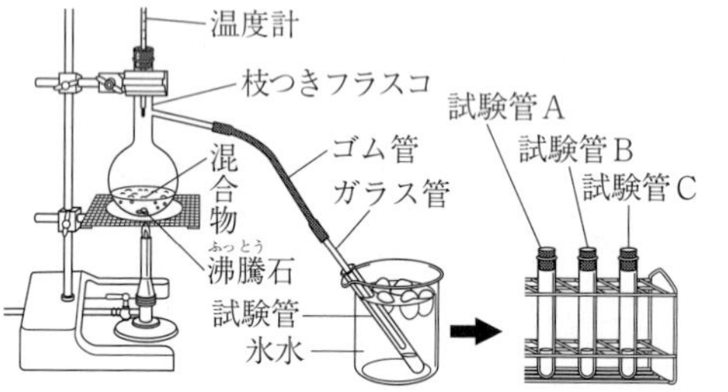

図2

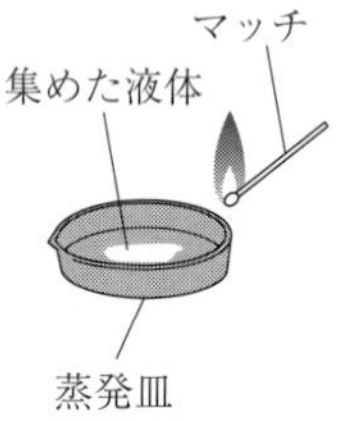

表

	マッチの火を近づけたときのようす
試験管Aに集めた液体	よく燃えた
試験管Bに集めた液体	少しだけ燃えた
試験管Cに集めた液体	燃えなかった

(1)　試験管A，B，Cに集めた液体を比べたとき，水の割合が最も高い液体とエタノールの割合が最も高い液体は，それぞれどの試験管に集めた液体か，試験管A，B，Cから最も適当なものを1つずつ選び，A，B，Cの記号で書きなさい。

水の割合が最も高い(　　　)　エタノールの割合が最も高い(　　　)

(2)　水とエタノールの混合物を加熱したときの温度変化を示したグラフはどれか，次のア～エから最も適当なものを1つ選び，その記号を書きなさい。(　　　)

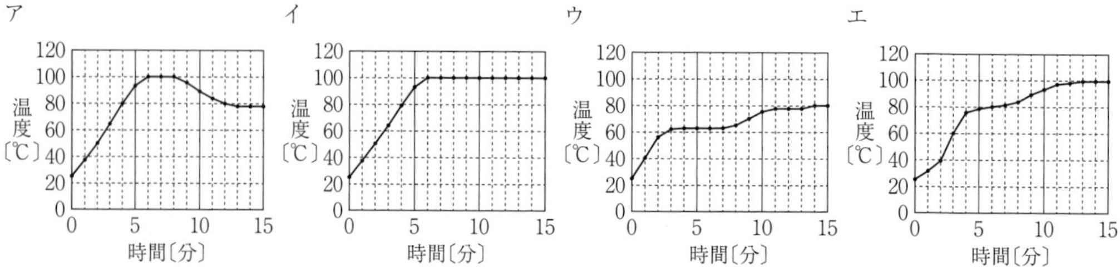

(3)　次の文は，液体の混合物を加熱して，目的の物質をとり出す方法について説明したものである。文中の（ あ ），（ い ）に入る最も適当な言葉はそれぞれ何か，書きなさい。

あ(　　　　)　い(　　　　)

液体を加熱して沸騰させ，出てくる蒸気である気体を冷やして再び液体にして集める方法を（ あ ）という。（ あ ）を利用すると，混合物中の物質の（ い ）のちがいにより，目的の物質をとり出すことができる。

5　次の文を読んで，あとの各問いに答えなさい。

あすかさんは，季節によって見える星座が変化することに興味をもち，星座を観測し，季節によって見える星座が変化することについて，インターネットや資料集を用いて調べた。そして，観測したことや調べたことを次の①，②のようにレポートにまとめた。

【あすかさんのレポートの一部】

① 星座の観測

5月1日の午前0時に，三重県のある地点で，南の空に見えたてんびん座を観測した。観測したてんびん座を，周りの風景も入れて図1のように模式的に示した。1か月後，同じ時刻に同じ地点で星座を観測すると，てんびん座は5月1日の午前0時に観測した位置から移動して見え，5月1日の午前0時にてんびん座を観測した位置には異なる星座が見えた。その後，1か月ごとに，同じ時刻に同じ地点で南の空に見えた星座を観測した。

図1

てんびん座

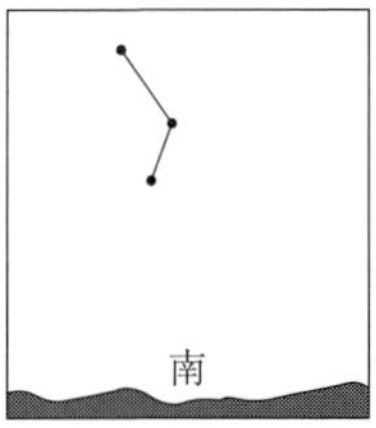

5月1日午前0時

② 季節によって見える星座の変化と地球の公転

季節によって見える星座が変化することについて考えるために，太陽，地球，星座の位置関係と，地球の公転について調べた。地球から見た太陽は，星座の星の位置を基準にすると，地球の公転によって星座の中を動いていくように見えることがわかった。この星座の中の太陽の通り道付近にある星座の位置を調べ，図2のように模式的にまとめた。A～Dは，それぞれ3月1日，6月1日，9月1日，12月1日の公転《こうてん》軌《き》道《どう》上の地球の位置を示している。

図2

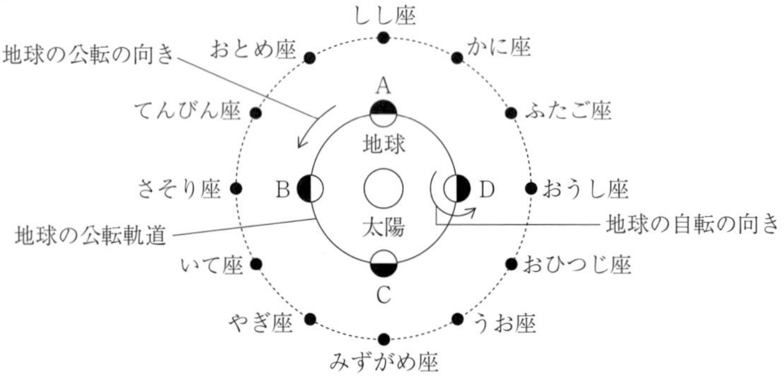

(1) ①について，次の(a)～(c)の各問いに答えなさい。

(a) 星座の星や太陽のようにみずから光をはなつ天体を何というか，その名称を書きなさい。

(　　　)

(b) 次の文は，観測した星座の1年間の見かけの動きについて，説明したものである。文中の(あ)に入る方位と，(い)に入る数は何か，あとのア～エから最も適当な組み合わせを1つ選び，その記号を書きなさい。また，(う)に入る最も適当な言葉は何か，**漢字**で書きなさい。

あい(　　　)　う(　　　)

南の空に見えた星座は，1か月後の同じ時刻には，（ あ ）に約（ い ）°移動して見え，1年後の同じ時刻には，また同じ位置に見える。これは，地球が太陽を中心にして，公転軌道上を1年かかって360°移動するからである。このような，地球の公転による星の1年間の見かけの動きを，星座の星の（ う ）という。

ア．あ―東　　い―15　　イ．あ―東　　い―30　　ウ．あ―西　　い―15

エ．あ―西　　い―30

(c) ある日の午後8時にやぎ座が，図3のウの位置に南中して見えた。この日から2か月前の午後10時には，やぎ座がどの位置に見えたか，図3のア～オから最も適当なものを1つ選び，その記号を書きなさい。ただし，図3の点線のうち，となり合う線の間の角度はすべて30°とする。(　　　)

図3

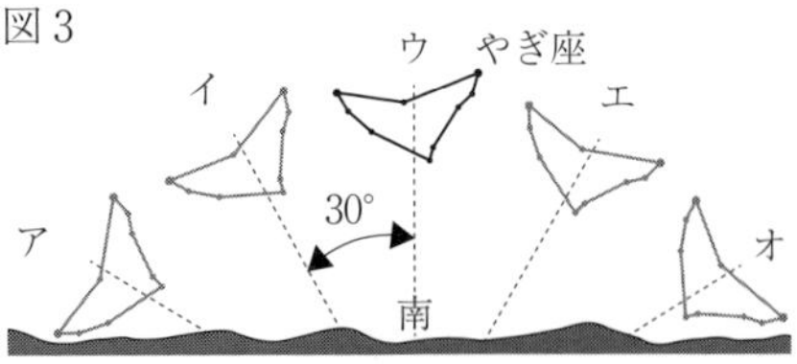

(2) ①，②について，次の(a)～(d)の各問いに答えなさい。

(a) 地球から見た太陽は，星座の星の位置を基準にすると，地球の公転によって星座の中を動いていくように見える。この星座の中の太陽の通り道を何というか，その名称を書きなさい。

(　　　)

(b) あすかさんが，5月1日の午前0時にてんびん座を観測した後，1か月ごとに，午前0時に同じ地点で南の空に見えた星座を，6月1日から順に並べるとどうなるか，次のア～エから最も適当なものを1つ選び，その記号を書きなさい。(　　　)

ア．おとめ座→しし座→かに座　　イ．しし座→ふたご座→おひつじ座

ウ．さそり座→いて座→やぎ座　　エ．いて座→みずがめ座→おひつじ座

(c) 地球が図2のDの位置にあるとき，さそり座は一日中見ることができない。一日中見ることができないのはなぜか，その理由を，「さそり座は」に続けて，「方向」という言葉を使って，簡単に書きなさい。

(さそり座は　　　　　　　　　　　　　　　　　　　　　　　　　　　　　　　　　　)

(d) ①と同じ地点で観測したとき，観測した星座の見え方について，正しく述べたものはどれか，次のア～エから最も適当なものを1つ選び，その記号を書きなさい。(　　　)

ア．3月1日には，午前2時の東の空に，おうし座が見える。

イ．6月1日には，午前2時の東の空に，おとめ座が見える。

ウ．9月1日には，午前2時の西の空に，てんびん座が見える。

エ．12月1日には，午前2時の西の空に，うお座が見える。

6　次の観察や実験について，あとの各問いに答えなさい。

植物の葉や茎《くき》のつくりとはたらきについて調べるために，次の①，②の観察や実験を行った。

①　アジサイの葉の表面を観察するために，葉の表側と裏側の表面のプレパラートをつくり，図1のように，顕微鏡《けんびきょう》のステージにプレパラートをのせ，アジサイの葉の表面を観察した。図2，図3は，それぞれ顕微鏡で観察したアジサイの葉の表側と裏側の表面をスケッチしたものである。

図1

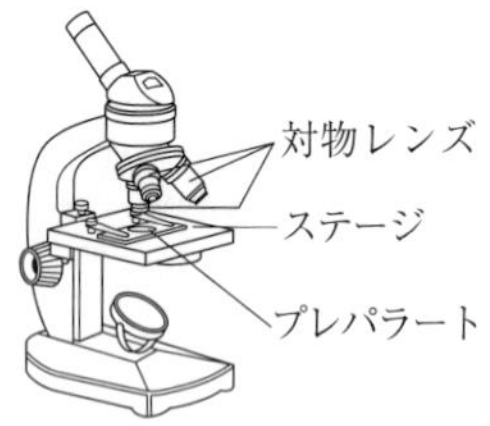

図2

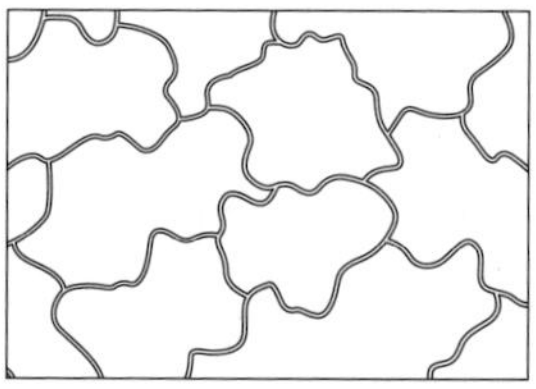

図3

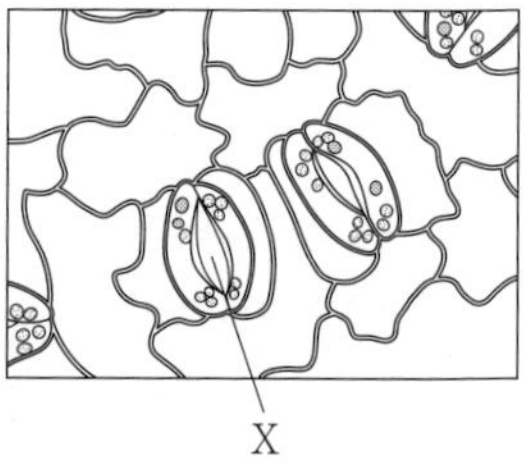

②　図4のように，アジサイの葉の枚数や大きさがほぼ同じ枝を4本用意し，何も処理しないものをA，すべての葉の表側全体にワセリンをぬったものをB，すべての葉の裏側全体にワセリンをぬったものをC，すべての葉の両側全体にワセリンをぬったものをDとし，水を入れたメスシリンダーに入れ，メスシリンダーの水面に少量の油を入れた。水面の位置に印をつけ，電子てんびんでそれぞれの質量を測定した後，明るく風通しのよいところに2時間置いて，再び水面の位置を調べ，それぞれの質量を測定し，水の減少量を求めた。表は，A～Dにおける，水の減少量をまとめたものである。また，水面の位置は水の減少量に比例して下がっていた。ただし，葉にぬったワセリンは，ぬった部分からの蒸散をおさえることができ，ぬらなかった部分からの蒸散には影響《えいきょう》を与《あた》えないものとする。

図4

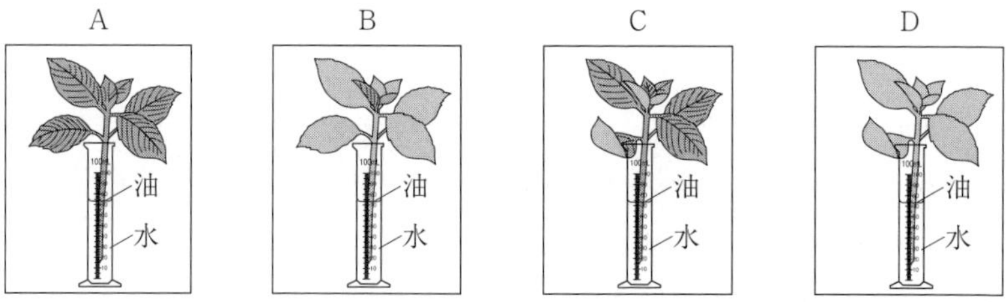

表

	A	B	C	D
水の減少量〔g〕	4.8	4.1	1.2	Y

(1)　①について，次の(a)，(b)の各問いに答えなさい。

(a)　顕微鏡でアジサイの葉の表面を観察するとき，対物レンズを低倍率のものから高倍率のものにかえると，視野の明るさと，レンズを通して見える葉の範囲《はんい》が変わった。対物レンズを低倍率のものから高倍率のものにかえると，視野の明るさと，レンズを通して見える葉の範囲はそれ

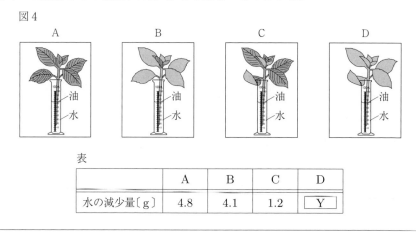

それどのように変わるか，次のア～エから最も適当なものを1つ選び，その記号を書きなさい。

（　　）

	ア	イ	ウ	エ
視野の明るさ	明るくなる	明るくなる	暗くなる	暗くなる
レンズを通して見える葉の範囲	広くなる	せまくなる	広くなる	せまくなる

(b) 図3に示したXは，2つの三日月形の細胞《さいぼう》で囲まれたすきまで，水蒸気の出口，酸素や二酸化炭素の出入り口としての役割を果たしている。図3のXを何というか，その名称を書きなさい。（　　）

(2) ②について，次の(a)～(e)の各問いに答えなさい。

(a) メスシリンダーの水面に油を入れたのはなぜか，その理由を簡単に書きなさい。

（　　　　　　　　　　　　　　　　　　　　　　　　　　　　）

(b) 図5，図6は，それぞれアジサイの茎と葉の断面を模式的に表したものである。茎の切り口から吸収された水が通る管は，図5，図6のP～Sのうちどれか，次のア～エから最も適当な組み合わせを1つ選び，その記号を書きなさい。また，茎の切り口から吸収された水が通る，維《い》管束《かんそく》の一部の管を何というか，その名称を**漢字**で書きなさい。記号（　　）　名称（　　）

図5

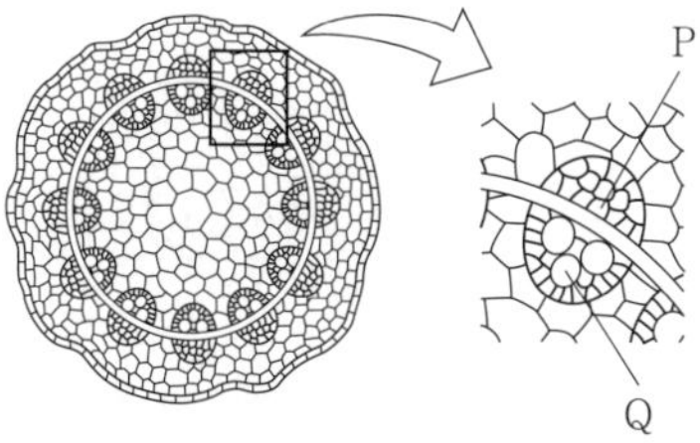

図6

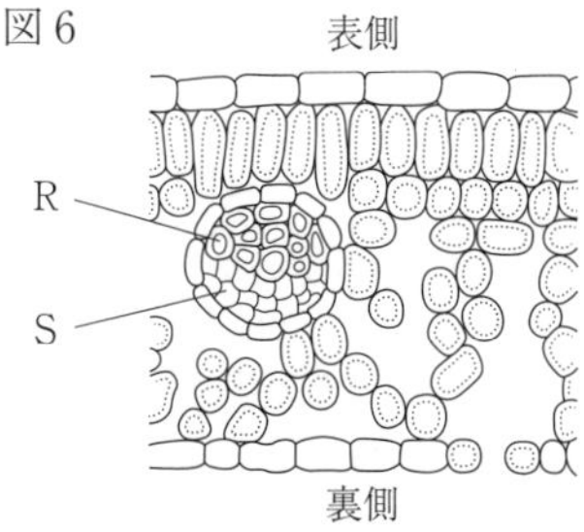

ア．PとR　　イ．PとS　　ウ．QとR　　エ．QとS

(c) 次の文は，表にまとめた水の減少量から，蒸散と吸水の関係について考察したものである。文中の（ あ ），（ い ）に入る言葉はそれぞれ何か，下のア～エから最も適当な組み合わせを1つ選び，その記号を書きなさい。（　　）

アジサイの葉の裏側にワセリンをぬったCと比べて，ワセリンを全くぬらなかったAや，表側にワセリンをぬったBの方が，水の減少量が（ あ ）なった。このことから，アジサイでは主に葉の（ い ）でさかんに蒸散が行われており，蒸散が行われると吸水が起こることがわかる。

ア．あ―多く　　い―表側　　イ．あ―多く　　い―裏側　　ウ．あ―少なく　　い―表側
エ．あ―少なく　　い―裏側

(d) この実験におけるアジサイの葉の裏側からの蒸散量は何gか，求めなさい。ただし，蒸散量は水の減少量と等しいものとする。（　　g）

(e) 表の中の［ Y ］に入る数は何か，次のア～エから最も適当なものを1つ選び，その記号を書きなさい。（　　）

ア．0.5　　イ．0.7　　ウ．2.9　　エ．5.3

7　次の実験について，あとの各問いに答えなさい。

〈実験〉　銅が酸素と結びつく変化と酸化銅から酸素をとり除く変化について調べるために，次の①，②の実験を行った。

①〈目的〉　銅と酸素が結びついて酸化銅ができるときの，銅の質量と酸素の質量との関係について調べる。

〈方法〉　1.40g の銅の粉末をステンレス皿にうすく広げ，図 1 のようにガスバーナーでステンレス皿ごと一定時間加熱した。加熱をやめて，ステンレス皿全体をじゅうぶんに冷ましてから，電子てんびんでステンレス皿全体の質量を測定した。

測定後，ステンレス皿の中の物質をよくかき混ぜてからうすく広げて，ふたたび加熱し，冷ましてから質量を測定する操作を，質量が増えることなく一定になるまでくり返した。加熱後の物質の質量は，測定したステンレス皿全体の質量からステンレス皿の質量を引いて求めた。

図 1

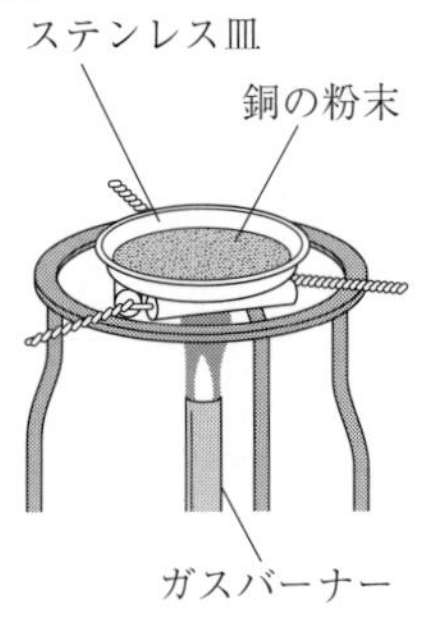

〈結果〉　加熱回数と加熱後の物質の質量をまとめると，表のようになった。

表

加熱回数	1 回	2 回	3 回	4 回	5 回	6 回
加熱後の物質の質量〔g〕	1.57	1.67	1.73	1.75	1.75	1.75

②〈目的〉　酸化銅から酸素をとり除く変化について調べる。

〈方法〉　図 2 のように，試験管 a に 1.33g の酸化銅と 0.10g の炭素の粉末の混合物を入れて，ガスバーナーで加熱し，発生した気体を試験管 b の石灰水《せっかいすい》に通した。反応が終わった後，ガラス管を石灰水から引きぬき，ガスバーナーの火を消した。その後，図 3 のようにすぐに目玉クリップでゴム管を閉じた。試験管 a をじゅうぶんに冷ましてから，試験管 a の中に残った物質をとり出して調べた。

〈結果〉　石灰水が白くにごった。試験管 a の中に残った物質は，赤色をしていた。

図 2

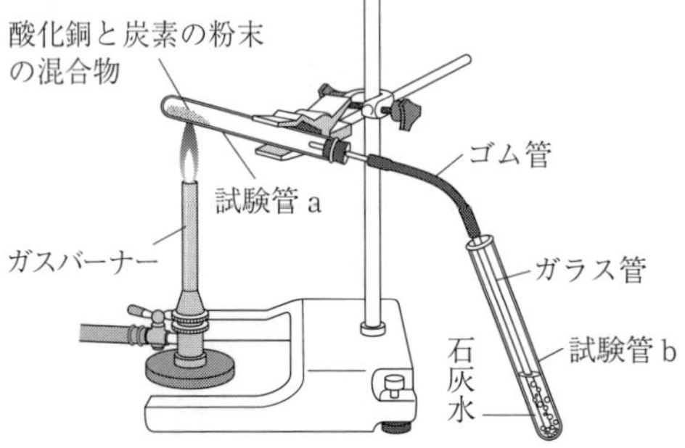

図 3

火を消した後

(1)　①について，次の(a)〜(c)の各問いに答えなさい。

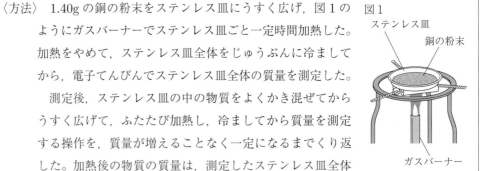

(a) 銅と酸素が結びついてできる酸化銅は何色か，次のア～エから最も適当なものを1つ選び，その記号を書きなさい。(　　　)

ア．緑色　　イ．白色　　ウ．黒色　　エ．銀色

(b) 銅と酸素が結びついて酸化銅ができるとき，銅と酸素の質量の比はどうなるか，最も簡単な整数の比で表しなさい。銅：酸素＝(　　：　　)

(c) 銅の粉末の加熱回数が2回のとき，加熱後の物質の中に残っている，酸素と結びつかなかった銅の質量は何gか，求めなさい。(　　　g)

(2) ②について，次の(a)～(c)の各問いに答えなさい。ただし，試験管aの中では，酸化銅と炭素の粉末との反応以外は起こらないものとする。

(a) 下線部の操作を行うのはなぜか，その理由を「試験管aに」に続けて，簡単に書きなさい。

(試験管aに　　　　　　　　　　　　　　　　　　　　)

(b) 次の文は，実験の結果についての，あかりさんと先生の会話文である。このことについて，下の(i)，(ii)の各問いに答えなさい。

先生　：実験の結果から，どのような化学変化が起こったのか，考えてみましょう。まず，この実験で何ができたと考えられますか。

あかり：石灰水が白くにごったことから，発生した気体は二酸化炭素だとわかります。また，試験管aに残った物質が赤色だったことから，銅ができたと考えられます。

先生　：そのとおりです。では，どのような化学変化によって，二酸化炭素や銅ができたのでしょうか。

あかり：炭素は，酸化銅から酸素を奪《うば》いとり，二酸化炭素になりました。また，酸化銅は，炭素によって酸素をとり除かれ，銅になりました。つまり，炭素は酸化され，酸化銅は（ あ ）されました。

先生　：そうですね，よく整理できています。最後に，炭素と銅の性質を，酸素との反応に注目して比べると，何かわかることはありますか。

あかり：炭素を用いて，酸化銅から酸素をとり除くことができたことから，炭素は，銅よりも（ い ）性質であると考えられます。

先生　：はい，そのとおりです。この実験で起こった化学変化について，まとめることができましたね。

(i) 文中（ あ ）に入る，酸化銅に起こった化学変化を何というか，最も適当な言葉を書きなさい。(　　　)

(ii) 文中（ い ）に入る，銅と比べたときの炭素の性質は何か，簡単に書きなさい。

(　　　　　　　　　　　　　　　　　　　　)

(c) 酸化銅と炭素の粉末の混合物を加熱したときに起きた化学変化を，化学反応式で表すとどうなるか，書きなさい。ただし，酸化銅は，銅と酸素の原子の数の比が1：1で結びついているものとする。(　　　　→　　　　)

8　次の実験について，あとの各問いに答えなさい。

〈実験〉　道具を使う場合と道具を使わない場合の仕事について，仕事の大きさや仕事の能率を調べるために，次の①，②の実験を行った。

①〈目的〉　物体を決められた高さまで引き上げるとき，道具を使う場合と道具を使わない場合の，力の大きさと引く距離《きょり》について調べる。

〈方法〉　次のA～Cの方法で同じ台車と滑車《かっしゃ》を使い，台車と滑車を矢印➡の向きに引き上げた。

A：そのまま引き上げる

図1のように，台車と滑車を真上にゆっくりと20cm引き上げて，力の大きさと糸を引いた距離をはかった。

B：動滑車《どうかっしゃ》を使う

図2のように，滑車を動滑車として使い，台車を真上にゆっくりと20cm引き上げて，力の大きさと糸を引いた距離をはかった。

C：斜面《しゃめん》を使う

図3のように，滑車をのせた台車を，斜面に沿って高さ20cmまでゆっくりと引き上げて，力の大きさと糸を引いた距離をはかった。

図1

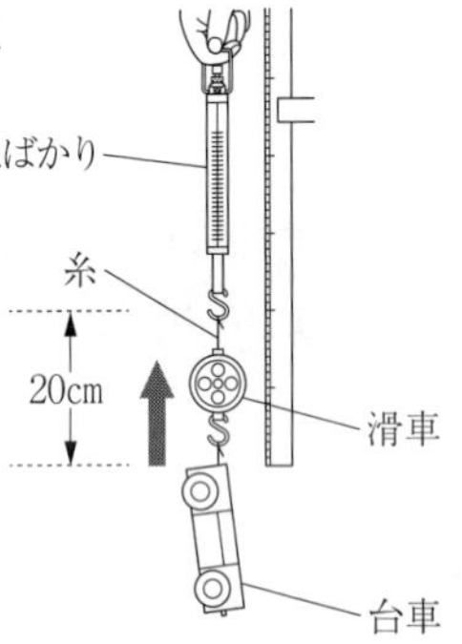

図2

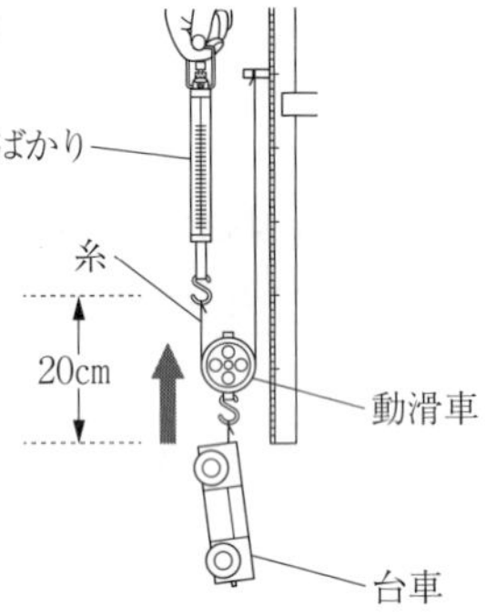

図3

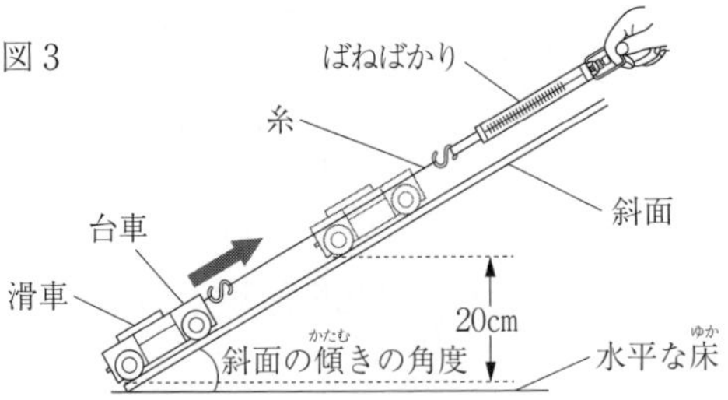

〈結果〉　実験結果をまとめると，表のようになった。

表

方法	力の大きさ〔N〕	糸を引いた距離〔cm〕
A：そのまま引き上げる	2.4	20
B：動滑車を使う	X	Y
C：斜面を使う	Z	30

(1) ①について，次の(a)～(d)の各問いに答えなさい。ただし，糸やばねばかりの重さ，糸と動滑車にはたらく摩《ま》擦《さつ》力《りょく》，台車と斜面にはたらく摩擦力は考えないものとする。また，台車と滑車を引き上げるときは，ゆっくりと一定の速さで動かした。

(a) 方法Aのように，ばねばかりに物体をつり下げたときの，物体にはたらく重力をF_1，ばねばかりが物体を引く上向きの力をF_2とする。物体をゆっくりと一定の速さで真上に引き上げているときと，物体をゆっくりと一定の速さで真下に下げているときの，力の大きさの関係として正しいものはどれか，次のア～オから最も適当なものを1つ選び，その記号を書きなさい。

( )

ア．物体を引き上げるときはF_1の方がF_2より大きく，下げるときはF_1の方がF_2より小さい。
イ．物体を引き上げるときはF_1の方がF_2より小さく，下げるときはF_1の方がF_2より大きい。
ウ．物体を引き上げるときも下げるときも，F_1の方がF_2より大きい。
エ．物体を引き上げるときも下げるときも，F_1とF_2の大きさは等しい。
オ．物体を引き上げるときも下げるときも，F_1の方がF_2より小さい。

(b) 方法Aにおいて，台車と滑車を引き上げる力がした仕事は何Jか，求めなさい。(J)

(c) 表の中の［X］，［Y］，［Z］に入る最も適当な数は何か，それぞれ求めなさい。

X( ) Y( ) Z( )

(d) 方法Cのときより，斜面の傾きの角度を大きくして，滑車をのせた台車を，斜面に沿って高さ20cmまでゆっくりと引き上げた。このときの引く力の大きさと引く距離は，方法Cのときと比べて，それぞれどうなるか，次のア～エから最も適当なものを1つ選び，その記号を書きなさい。ただし，斜面の傾きの角度は，90°未満とする。( )

ア．引く力の大きさは大きくなり，引く距離は短くなる。
イ．引く力の大きさは大きくなり，引く距離は長くなる。
ウ．引く力の大きさは小さくなり，引く距離は短くなる。
エ．引く力の大きさは小さくなり，引く距離は長くなる。

②〈目的〉 モーターを使って仕事をする実験を行い，物体を引き上げるのにかかった時間を調べる。

〈方法〉 図4のように，重さ0.8Nのおもりをモーターと糸で結び，床につかない状態で静止させた。その後，モーターに電圧をかけ，糸をゆっくりと一定の速さで真上に巻き上げて，おもりを矢印➡の向きに20cm引き上げた。

図4

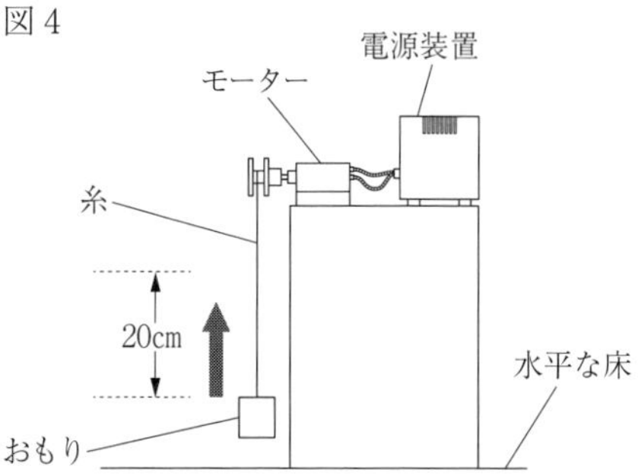

〈結果〉 おもりを真上に20cm引き上げるのに4.0秒かかった。

(2) ②について，次の(a)，(b)の各問いに答えなさい。

(a)　モーターの仕事率は何 W か，求めなさい。ただし，糸の重さは考えないものとする。

(　　　W)

(b)　②の実験のモーターとおもりを使い，②の実験と同じ大きさの電圧をかけ，図 5 のように，斜面の傾きの角度が 30° の斜面に沿って高さ 20cm まで，ゆっくりと一定の速さで，おもりを矢印 ➡ の向きに引き上げた。斜面を上がっていくおもりの平均の速さは何 cm/s か，求めなさい。ただし，糸の重さ，糸と斜面に固定された滑車にはたらく摩擦力，おもりと斜面にはたらく摩擦力は考えないものとする。(　　　cm/s)

図 5

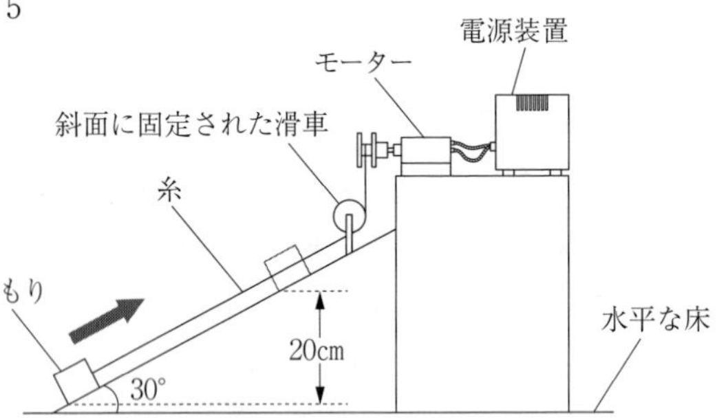

いるなあ。読書をもっとしたいなと思っているんだけど。

ようこさん　【資料2】を見ると、「あなたの読書量が減っているのはなぜですか」という質問に、あおいさんと同じことを回答している人が七割以上いるね。また、［①］という項目は、メディアの視聴《しちょう》という点であおいさんの読書量が減っている理由と共通しているんじゃないかな。

鈴木先生　確かにそうですね。ようこさんは、読書が好きだと言っていたけれど、［②］？

ようこさん　毎日、寝《ね》る前に読書をします。一日が終わって一番リラックスしている時間です。

鈴木先生　そうなんですね。ところであおいさんは、もっと読書をしたいと思っていると言っていたけれど、読書の魅力は何ですか？

あおいさん　私は頭の中で、登場人物の姿や声を思《おも》い浮《う》かべながら読みます。自由にイメージを膨《ふく》らませられるのが魅力です。

鈴木先生　なるほど。読書の良いところについてもう少し考えてみたいですね。

(一)　【話し合いの様子の一部】の［①］に入る言葉として最も適当なものを、次のア～エから一つ選び、その記号を書きなさい。（　　）

ア、仕事や勉強が忙しくて読む時間がない
イ、テレビの方が魅力的である
ウ、魅力的な本が減っている
エ、良い本の選び方が分からない

(二)　【話し合いの様子の一部】の［②］に入る鈴木先生の会話として最も適当なものを、次のア～エから一つ選び、その記号を書きなさい。（　　）

ア、読書を始めたのはいつですか
イ、なぜ読書をしますか
ウ、どんなときに読書をしますか
エ、読書のための本をどこで選びますか

(三)　【話し合いの様子の一部】の傍線部分「読書の良いところについてもう少し考えてみたいですね」とあるが、あなたは読書の良いところは何だと考えるか。あなたの考えを、次の〔作文の注意〕にしたがって書きなさい。

〔作文の注意〕

① 題名は書かずに本文から書き出しなさい。
② あなたが考える読書の良いところを一つ取り上げ、その理由を明確にして書きなさい。なお、【資料3】は参考にしてもしなくてもよい。
③ あなたの考えが的確に伝わるように書きなさい。
④ 原稿《げんこう》用紙の使い方にしたがい、全体を百六十字以上二百字以内にまとめなさい。

20　40　60　80　100　120　140　160　180　200

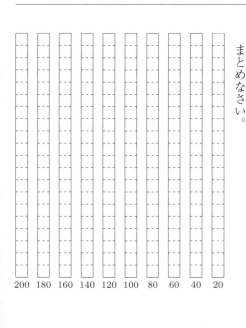

5　次の【資料1】、【資料2】、【資料3】は、文化庁が実施《じっし》した「国語に関する世論調査（平成三十年度）」について、図書館担当の鈴木《すずき》先生が、十六歳《さい》から十九歳の結果をもとにまとめたものである。また、あとの【話し合いの様子の一部】は、【資料1】、【資料2】、【資料3】について、鈴木先生と図書委員のようこさんとあおいさんが話し合ったときのものである。これらを読んで、あとの各問いに答えなさい。

【資料1】あなたは自分の読書量を増やしたいと思いますか
（16歳から19歳の回答）

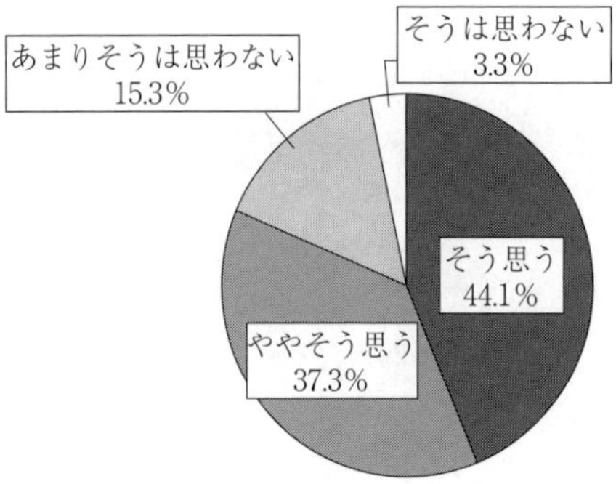

【資料2】あなたの読書量が減っているのはなぜですか（主な項目《こうもく》）（複数回答可）
（以前に比べて読書量が減っていると答えた16歳から19歳の回答）

情報機器（携帯《けいたい》電話，スマートフォン，タブレット端末《たんまつ》，パソコン，ゲーム機等）で時間がとられる	73.5%
仕事や勉強が忙《いそが》しくて読む時間がない	70.6%
テレビの方が魅力的《みりょくてき》である	8.8%
魅力的な本が減っている	8.8%
良い本の選び方が分からない	5.9%

【資料3】読書をすることの良いところは何だと思いますか（主な項目）
（複数回答可）（16歳から19歳の回答）

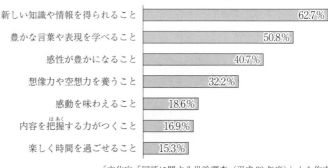

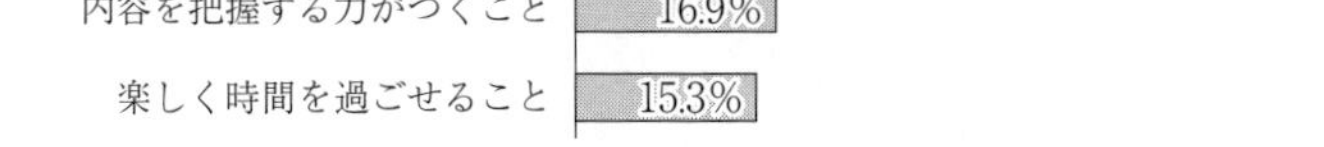

〔文化庁「国語に関する世論調査（平成30年度）」から作成〕

【話し合いの様子の一部】

鈴木先生　図書館をもっと利用してもらうための参考になればと思って、資料を作ってみました。【資料1】を見てください。「あなたは自分の読書量を増やしたいと思いますか」では、「そう思う」と回答した人と「ややそう思う」と回答した人がたくさんいますね。

ようこさん　そうですね。私は読書が好きだから、もっと読書をしたいと思っているけれど、あおいさんはどう？

あおいさん　私は、情報機器を使っている時間が多くて読書量が減って

4　次の文章と、文章についてのたくやさんとよしこさんの【話し合いの様子の一部】を読んで、あとの各問いに答えなさい。

（注1）寸陰《すんいん》惜《を》しむ人なし。これよく知れるか、愚《おろ》かなるか。（これは、わずかな時間を惜(お)しむ必要がないと、よく分かっているためなのか、それとも愚かであるためなのか）愚かにして怠《おこた》る人（怠(なま)けている人）のために①言はば、一銭軽《かろ》しといへども（一銭はわずかではあるが）、是《これ》をかさぬれば、貧しき人を富める人となす。されば、商人《あきびと》の一銭を惜しむ心、切《せつ》なり（切実である）。（注2）刹那《せつな》覚えずといへども（意識されないでも）、これを運びてやまざれば（これをずっと積み上げていけば）、命を終《を》ふる期《ご》（時期）、忽《たちま》ちに至る。

されば、道人《だうにん》は、遠く日月《にちぐわつ》を惜しむべからず（仏道の修行者(しゅぎょうしゃ)は、遠い将来にわたる歳月(さいげつ)を惜しむべきではない）。ただ今の一念（現在の一瞬(いっしゅん)が）、むなしく過ぐる事を惜しむべし。（「新編　日本古典文学全集　徒然草《つれづれぐさ》」より）

＊一部表記を改めたところがある。

（注1）寸陰――「一寸《いっすん》の光陰《こういん》」の略。わずかな時間。

（注2）刹那――きわめて短い時間。一瞬間。

【話し合いの様子の一部】

たくやさん　私はこの文章を読んで、②一寸の光陰軽《かろ》んずべからずということわざを思い出したよ。

よしこさん　筆者の兼好《けんこう》法師は「徒然草」の中で、自分の考えや意見を自由に述べていて、今回の文章では、時間の使い方についての考えを述べているよね。

たくやさん　それから、③商人のたとえ話が書かれていることで、筆者の言いたいことが分かりやすく感じたよ。

よしこさん　そうだね。そのようなたとえ話や、文章の最後の部分で書かれている、仏道の修行者の心構えなどを通じて、［④］べきだと筆者は言っているんだね。

㈠　傍線部分①「言はば」を現代仮名遣《かなづか》いに改め、すべてひらがなで書きなさい。（　　）

㈡　傍線部分②「一寸の光陰軽んずべからず」とあるが、この言葉のもとになった漢文の「一寸光陰不可軽」を「一寸の光陰軽んずべからず」と読むことができるように返り点をつけたものは、次のア～エのうちどれか。最も適当なものを一つ選び、その記号を書きなさい。（　　）

ア、一寸光陰不㆓可軽㆒

イ、一寸光陰不㆑可㆑軽

ウ、一寸光陰㆓不㆑可軽㆒

エ、一寸光陰㆓不可㆒㆑軽

㈢　傍線部分③「商人のたとえ話」とあるが、商人がわずかなお金を大切にしていることが書かれている部分を、文章中の古文から十五字以内で抜《ぬ》き出《だ》して書きなさい。（句読点も一字に数える。）

㈣　［④］に入る言葉として最も適当なものを、次のア～エから一つ選び、その記号を書きなさい。（　　）

ア、一瞬間という短い時間を意識することなく生活する

イ、物事を成功させるために、遠い将来を考えて生きる

ウ、現在の一瞬間を無駄《むだ》にせず、大切にしながら生きる

エ、生涯《しょうがい》には長い月日があることを期待しつつ生活する

から一つ選び、その記号を書きなさい。（　　）

ア、副詞　　イ、連体詞　　ウ、接続詞

エ、形容詞　　オ、形容動詞

(三)　次の文章は、本文中のA、B、Cのいずれかに入る文章である。この文章が入る最も適当な箇所《かしょ》を、A、B、Cから一つ選び、その記号を書きなさい。（　　）

たとえば、「跳《と》び箱《ばこ》」を例に考えてみましょう。

あなたは、今、五段を跳べます。最終的に八段を跳べるようになりたい。その場合、いきなり八段に挑戦《ちょうせん》しますか？　高すぎますよね。足がすくみます。

「絶対に無理！」と拒否《きょひ》反応を起こしてしまうかもしれません。

では、六段だとどうでしょう？　五段よりは少しは高いけど、「何度か練習したら跳べるかもしれない」という気持ちになるのではないでしょうか。

では、四段だとどうでしょう？　五段を跳べるあなたにとっては、楽勝。むしろ、「つまらない」と思うでしょう。

このときの八段が危険領域、六段が学習領域、五段以下が快適領域です。ですから、六段を練習して六段を跳べるようになったら、七段に挑戦する。七段を跳べるようになったら、次はようやく八段へ挑戦する。

(四)　傍線部分(3)「私たちの心の中には『快適領域』の他に『学習領域』と『危険領域』という領域があります」とあるが、本文中に述べられている「快適領域」、「学習領域」、「危険領域」の三つの領域における心の状態について次の表にまとめるとき、表の中の a ～ c にはそれぞれ何が入るか。あとのア～オからすべて選び、その記号を書きなさい。なお、ア～オの記号はすべて一回ずつ使うこと。

a（　　）　b（　　）　c（　　）

領域	心の状態
快適領域（コンフォートゾーン）	a
学習領域（ラーニングゾーン）	b
危険領域（デンジャーゾーン）	c

ア、新しい体験にワクワクを感じる

イ、居心地《いごこち》がいいので出たくない

ウ、逃《に》げ出《だ》したい

エ、意欲的に挑戦してみよう

オ、ワクワク感よりも恐怖《きょうふ》や不安の方が強い

(五)　傍線部分(4)「大事なのは、自分のレベルよりちょっとだけ上の目標を立てる、ということです」とあるが、次は、自分のレベルよりちょっとだけ上の目標を立てることが大事であることについて、筆者の考えをまとめたものである。［　　］に入る言葉を、ドーパミンの効果にふれて、本文中の言葉を使って三十五字以上五十五字以内で書きなさい。（句読点も一字に数える。）

いきなり難しいことにチャレンジすると恐怖や不安を感じてしまうが、ちょっとがんばればできそうなことに挑戦するとき脳内にドーパミンがもっとも大量に分泌《ぶんぴつ》され、［　　］最終的に「大きな目標」を達成できるため、自分のレベルよりちょっとだけ上の目標を立てることが大事である。

初めての人に話しかける。
行ったことのないところに行ってみる。
やったことのないことをやってみる。

こうしたことは楽ではありませんが、確実にあなたの持つ「可能性」を大きく広げます。

ですから、少しでも今の自分を変えたい、現実世界を変えたいと思っているのなら、勇気を出して、居心地のいい快適領域を一歩抜け出し、新しい行動を始めることです。

では、次から「行動する」ための具体的な方法についてお伝えします。

新しい行動やチャレンジが自己成長につながるとはいっても、恐怖や不安の方が強い人もいるでしょう。先ほども言ったように、快適な領域から出るときに恐怖や不安を感じるのは生物としては当然ですし、無謀《むぼう》な挑戦《ちょうせん》をしたら何かを失うリスク（注4）もあります。

そこで私が提案したいのが、「ちょっと難しいこと（ちょい難《むず》）」にチャレンジする、ということです。

いきなり難しいことにチャレンジすると恐怖や不安を感じてしまいますから、「少しがんばれば、できそうなこと」に挑戦するのです。

先ほど快適領域のことをお話ししましたが、(3)私たちの心の中には「快適領域」の他に「学習領域」と「危険領域」という領域があります。

「快適領域」のすぐ外には、「学習領域」があり、その外側に「危険領域」が広がっています。

「学習領域（ラーニングゾーン）」は、軽いストレスは感じても、恐怖や不安、危険までは感じない。むしろ、新しい体験にワクワクを感じ、意欲的に挑戦してみようという気持ちになる領域です。

「学習領域」の外側、「学習領域」よりも大変な挑戦が「危険領域（デンジャーゾーン）」。「危険領域」に入ると難易度が高すぎて、ワクワク感よりも恐怖や不安の方が強くなってしまい、「できればやりたくない」「逃《に》げ出《だ》したい」気持ちになります。

C

このように、「ちょい難」の目標を、一つひとつクリアして「自分のできる範囲《はんい》」を広げていくと、最終的に「大きな目標」を達成することができます。

私たちの脳内では、ちょっとがんばればできる課題に挑戦するとき、ドーパミンがもっとも大量に分泌されます。すると前述したように、集中力や記憶力、学習機能などが高まり、結果として、自己成長が引き起こされるのです。

(4)大事なのは、自分のレベルよりちょっとだけ上の目標を立てる、ということです。

（樺沢紫苑《かばさわしおん》「極《エッセンシャル》　アウトプット　『伝える力』で人生が決まる」より）

＊一部表記を改めたところがある。

（注1）　メリット――ある物事から得られる利益。
（注2）　分泌――細胞《さいぼう》が作り出した物質を細胞外に出すこと。
（注3）　大脳新皮質――脳の一番外側の部分で、哺乳類《ほにゅうるい》において特に発達した部分。
（注4）　リスク――危険。

(一)　傍線部分(1)「それを行動に移さない人は多いです」とあるが、この部分は、いくつの文節に分けられるか。次のア～エから最も適当なものを一つ選び、その記号を書きなさい。（　　）

ア、四　イ、五　ウ、六　エ、七

(二)　傍線部分(2)「全く」の品詞名として最も適当なものを、次のア～オ

3　次の文章を読んで、あとの各問いに答えなさい。

本を一冊読んで、「すごく勉強になった!」と思っても、(1)それを行動に移さない人は多いです。「学び」や「気づき」を行動に移さなければ現実世界は(2)全く変わらない。多少賢《かしこ》くなったかもしれませんが、現実的な(注1)メリットは何一つ得られないのです。

では、なぜ、人はなかなか行動に移せないのでしょうか。

それは、人間が「快適領域(コンフォートゾーン)」を出ることを恐《おそ》れるように、生物学的にプログラミングされているからです。

快適領域とは何かというと、「なわばり」のようなもの。

動物にはなわばりがあり、そこから出ると敵が襲《おそ》ってくる危険があります。ですから、なわばりから出ないようにプログラミングされている。これは生命を維持《いじ》するためには欠かせない本能であり、動物である人間にも受《う》け継《つ》がれています。「なわばり」(快適領域)から出て自分の知らない世界に踏《ふ》み出《だ》すことに不安や恐怖《きょうふ》を感じるのは、生物的な本能ということです。

快適領域は、日々あなたが活動する場所であり、日々あなたが会う人であり、日々通う学校や部活、塾《じゅく》、習い事の場です。それが、あなたの居心地《いごこち》のいい領域です。居心地がいいので出たくない。

A

このように、人間は本来「現状維持」がもっとも心地《ここち》よいようにできています。しかしながら、この快適領域にいる限り、変化も自己成長もありません。新しいことができるようになることが自己成長ですから、自己成長には「変化」や「チャレンジ」が必要です。快適領域にとどまっている限り、安心はできても自己成長することはないのです。

逆に言えば、快適領域を抜《ぬ》け出《だ》して新しい行動を始めれば、いつでも自己成長できる、ということです。

人は新しいことにチャレンジすると、脳内物質のドーパミンが(注2)分泌《ぶんぴつ》されます。ドーパミンは「楽しい」という感情を引き起こす物質ですが、それと同時に「新しいことを学習する」のをサポートする物質でもあります。ドーパミンが分泌されると、集中力、やる気、記《き》憶力《おくりょく》、学習機能などが高まります。結果として効率的な学習が行われ、自己成長が引き起こされるのです。

また、人間と他の動物では、決定的に違《ちが》うものがあります。

(注3)大脳新皮質の発達です。

人間は進化とともに大脳新皮質を発達させ、その発達によって「言語」を獲得《かくとく》し、人と「言葉」でコミュニケーションできるようになりました。また、直立歩行できるようになった人類は、手を使って「道具」をつくるようになりました。大脳新皮質が発達したからこそ、人は無数のチャレンジに挑《いど》み続《つづ》け、これほどの文明を築くことができたのです。

これは他の動物とは決定的に違う点であり、人間以外の動物は、基本的に生命を脅《おびや》かす危険を冒《おか》してまで新しいチャレンジをすることはありません。

ですから、あなたが「何か新しいことをして失敗したくない」という不安を感じたとしても、それは生物としての本能で、間違ってはいません。

B

ただ覚えておいてほしいのは、私たち人間は進化の過程で「チャレンジする力」や「考える力」を獲得したのです。そうした力をうまく使うことで、本能的な不安や恐怖に打《う》ち克《か》ち、新しいチャレンジに立ち向かうことができます。その結果、できることが増えていき、あなたが活躍《かつやく》できる世界はどんどん広がっていくのです。

は、三十個以上はある。片手に管を刺《さ》して固定していたから、使いにくい手で折ったんだろう。形は不格好だ。それでも、紙飛行機には顔まで描《えが》かれていて、「おみそれ号」「チビチビ号」「瑛ちゃん号」「またね号」と名前まで付いている。

壮太は、知っていたんだ。ぼくが夜にプレイルームでおもちゃ箱をひっくり返していたことを。そして、壮太がいなくなった後、ぼくがどう過ごせばいいかわからなくなることも。

明日から、一つ一つ飛ばそう。三十個の紙飛行機。これを飛ばしている間、少しは時間を忘れることができそうだ。

（瀬尾《せお》まいこ「夏の体温」より）

（注1）三園さん――病院に勤務している保育士。

(一) 傍線部分(1)「行こ」は動詞であるが、波線部分①～④のうち、動詞の活用形が「行こ」と同じものを一つ選び、その番号を書きなさい。（　）

(二) 傍線部分(2)「そう言ってくるりと背を向けると、そのまま部屋から出て行った」とあるが、壮太《そうた》がいなくなった後のぼくの気持ちについて、直喩《ちょくゆ》を用いて表現している部分を、本文中から十字以上二十字以内で抜《ぬ》き出《だ》して書きなさい。（句読点も一字に数える。）

(三) 傍線部分(3)「午後は部屋で漫画《まんが》を読んだ」とあるが、「午後は」は、どの文節を修飾《しゅうしょく》しているか。次のア～ウから最も適当なものを一つ選び、その記号を書きなさい。（　）

ア、部屋で　イ、漫画を　ウ、読んだ

(四) 傍線部分(4)「壮太だ……。赤青黄緑銀金、いろんな色の折り紙で作った紙飛行機は、三十個以上はある」とあるが、紙飛行機を見つけてぼくはどのように考えるようになったか。壮太がいなくなった後のぼくがどのようになると壮太は思っていたかにふれて、「……と考えるようになった。」につながるように、本文中の言葉を使って六十字以上八十字以内で書きなさい。（句読点も一字に数える。）

と考えるようになった。

(五) 本文の描写《びょうしゃ》について説明したものとして最も適当なものを、次のア～エから一つ選び、その記号を書きなさい。（　）

ア、ぼくと壮太の関係が、お互《たが》いの気持ちを理解し合うことで深くなっていく様子を、二人の会話を中心に描《えが》いている。

イ、ぼくと母親の考え方の違《ちが》いを対比的に表すことで、わかり合えない親子関係に思い悩《なや》む母親の姿を描いている。

ウ、壮太にぼくとの過去を振《ふ》り返《かえ》り語らせることで、ぼくとの楽しかった生活に満足している様子を丁寧《ていねい》に描いている。

エ、ぼく自身が心の中で思ったことを詳細《しょうさい》に表現することで、他の登場人物が気づいていないぼくの内面を描いている。

で漫画《まんが》を読んだ。時々、壮太は本当に帰ったんだな、もう遊ぶことはないんだなと気づいて、ぽっかり心に穴が空いていくようだった。これ以上穴が広がったらやばい。そう思って、必死で漫画に入《はい》り込《こ》もうとした。

二時過ぎからは診察《しんさつ》があった。この前の採血の結果が知らされる。

「だいぶ血小板が増えてきたね」

先生は優《やさ》しい笑顔《えがお》をぼくに向けると、さもビッグニュースのように、

「あと一週間か二週間で退院できそうかな」

と言った。

「よかったです。ありがとうございます」

お母さんは頭を下げた。声が震《ふる》えているのは本当に喜んでいるからだろう。

やっとゴールが見えてきた。ようやく外に出られる。それはうれしくてたまらない。だけど、どうしても確認したくて、

「一週間ですか？　二週間ですか？」

とぼくは聞いた。

「そこは次回の検査結果を見てからかな」

先生はそう答えた。

「はあ」

「どっちにしても一、二週間で帰れると思うよ」

先生は、「よくがんばったからね」と褒《ほ》めてくれた。

一、二週間。ひとくくりにしてもらっては困る。一週間と二週間では、七日間も違《ちが》うのだ。七日後にここを出られるのか、十四日間ここで過ごすのかは、まるで違う。ここでの一日がどれほど長いのかを、壮太のいない時間の退屈《たいくつ》さを、先生は知っているのだろうか。ぼくら子どもにとっての一日を、大人の感覚で計算するのはやめてほしい。

お母さんは診察室を出た後も、何度も「よかったね」と言った。ぼくは間近に退院が迫《せま》っているのに、時期があやふやなせいか、気分は晴れなかった。明日退院できる。それなら手放しで喜べる。だけど、一週間か二週間、まだここでの日々は続くのだ。

がっかりしながらも、病室に戻《もど》る途中《とちゅう》に西棟《にしとう》の入り口が見えて、ぼくは自分が嫌《いや》になった。何をぜいたく言っているのだ。遅《おそ》くとも二週間後にはここから出られるし、ここでだって苦しい治療《ちりょう》を受けているわけじゃない。西棟には、何ヶ月も入院している子だっているのだ。それを思うと、胸がめちゃくちゃになる。病院の中では、自分の気持ちをどう動かすのが正解なのか、どんな感情を持つことが正しいのか、よくわからなくなってしまう。

就寝《しゅうしん》時間が近づいてくると、やっぱり気持ちが抑《おさ》えきれなくなってプレイルームに向かった。真っ暗な中、音が出ないようマットに向かっておもちゃ箱をひっくり返す。三つの大きな箱の中身をぶちまけるのだ。ただそれだけの行為《こうい》が、ぼくの気持ちを保ってくれた。悪いことだとはわかっている。でも、こうでもしないと、ぼくの中身が崩《くず》れてしまいそうだった。いつも、翌朝にはおもちゃは片付けられ、きれいにプレイルームは整えられている。きっと、お母さんか(注1)三園《みその》さんが直してくれているのだろう。それを思うと、ひどいことをしてるよなと申し訳ない。だけど、何かしないと、おかしくなりそうで止められなかった。

三つ目のおもちゃ箱をひっくり返し、あれ、と思った。

布の箱から、がさっと何かが落ちた。硬《かた》いプラスチックのおもちゃの音とはちがう。暗い中、目を凝《こ》らしてみると、紙飛行機だ。

ぼくは慌《あわ》てて電気をつけた。

(4)壮太だ……。赤青黄緑銀金、いろんな色の折り紙で作った紙飛行機

国語

時間　四五分
満点　五〇点

1　次の①～⑧の文の傍線部分について、漢字は読みをひらがなで書き、ひらがなは漢字に直しなさい。

① 空に太陽が輝く。（　　く）
② 五年ぶりの優勝を遂げる。（　　げる）
③ 出場する選手を激励する。（　　）
④ 空き地に雑草が繁茂する。（　　）
⑤ 開会の時刻をつげる。□げる
⑥ 生涯《しょうがい》の師とうやまう。□う
⑦ 生徒会長のせきにんを果たす。□□
⑧ 友だちと公園をさんさくする。□□

2　次の文章を読んで、あとの各問いに答えなさい。

約一ヶ月《いっかげつ》の入院をしている小学二年生のぼく（瑛《えい》ちゃん）は、入院してきた同学年の壮太《そうた》と一緒《いっしょ》に過ごしたが、壮太の退院の日を迎《むか》えることとなった。

「(1)行こうか。壮太」
母親に肩《かた》に手を①置かれ、
「瑛ちゃん、じゃあな」
と壮太は②言った。
「ああ、元気でな」
ぼくは手を振《ふ》った。
壮太は、
「瑛ちゃんこそ元気で」
(2)そう言ってくるりと背を向けると、そのまま部屋から出て行った。
壮太たちがいなくなると、
「フロアの入り口まで③見送ればよかったのに。案外二人ともお別れはあっさりしているんだね。ま、男の子ってそんなもんか」
とお母さんは言った。
お母さんは何もわかっていない。あれ以上言葉を発したら、泣きそうだったからだ。きっと壮太も同じなのだと④思う。もう一言、言葉を口にしたら、あと少しでも一緒にいたら、さよならができなくなりそうだった。口や目や鼻。いろんなところがじんと熱くなるのをこらえながら、ぼくは「まあね」と答えた。
壮太がいなくなったプレイルームには行く気がせずに、(3)午後は部屋

2023年度／解答

数　学

1 【解き方】(1) 与式 $= 4 + 3 = 7$

(2) 与式 $= 6 \times 2x - 6 \times 5y = 12x - 30y$

(3) 与式 $= \dfrac{5 \times \sqrt{5}}{\sqrt{5} \times \sqrt{5}} + \sqrt{2^2 \times 5} = \dfrac{5\sqrt{5}}{5} + 2\sqrt{5} = \sqrt{5} + 2\sqrt{5} = 3\sqrt{5}$

(4) 和が -5，積が 4 の 2 数は -1 と -4 だから，与式 $= (x - 1)(x - 4)$

(5) 解の公式より，$x = \dfrac{-(-7) \pm \sqrt{(-7)^2 - 4 \times 3 \times 1}}{2 \times 3} = \dfrac{7 \pm \sqrt{37}}{6}$

(6) $\dfrac{\sqrt{40n}}{3} = \dfrac{2\sqrt{10n}}{3}$　よって，$n = 10m^2$ (m は自然数)と表せるとき，$\dfrac{2\sqrt{10n}}{3} = \dfrac{2\sqrt{10 \times 10m^2}}{3} = \dfrac{20m}{3}$ となる。これが最小の自然数となるのは，$m = 3$ のときだから，$n = 10 \times 3^2 = 90$

(7) $y = ax$ として，これに $x = 10$，$y = -2$ を代入すると，$-2 = 10a$ より，$a = -\dfrac{1}{5}$　よって，$y = -\dfrac{1}{5}x$ に，$y = \dfrac{2}{3}$ を代入して，$\dfrac{2}{3} = -\dfrac{1}{5}x$ より，$x = -\dfrac{10}{3}$

(8) 右図のように，ℓ，m に平行な直線を加えると，平行線の錯角は等しいことから，$\angle a = 131° - 93° = 38°$　よって，$\angle b = 180° - (110° - 38°) = 108°$　したがって，$\angle x = \angle b = 108°$

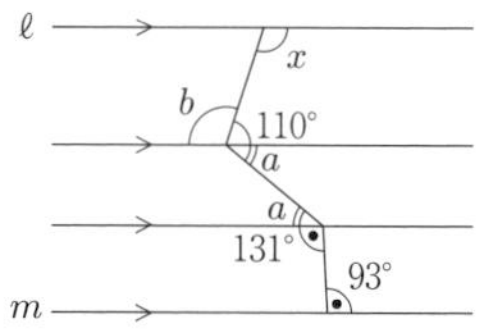

(9) 直線 AB と平行でなく交わることもないのは，直線 CF，EF，FD。

(10) 4 秒以上 6 秒未満が 7 人で最も多い。よって，最頻値は，$\dfrac{4 + 6}{2} = 5$ (秒)

(11) この円の中心は，BC の垂直二等分線と，点 A を通る直線 ℓ の垂線との交点になる。

(例)

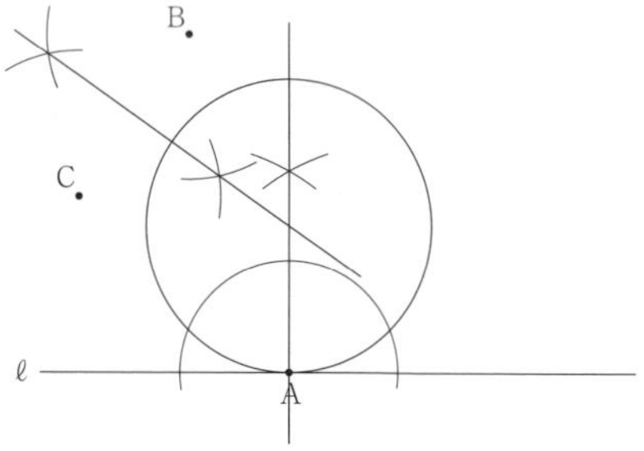

【答】(1) 7　(2) $12x - 30y$　(3) $3\sqrt{5}$　(4) $(x - 1)(x - 4)$

(5) $x = \dfrac{7 \pm \sqrt{37}}{6}$　(6) 90　(7) $-\dfrac{10}{3}$　(8) 108°

(9) オ，キ，ク　(10) 5 (秒)　(11) (右図)

2 【解き方】(1) 第 1 四分位数は，箱ひげ図の長方形の左端の値だから 6 点。

(2) m，n を除いた 6 人のデータを小さい順に並べると，12，14，15，17，17，19 (点)　箱ひげ図より，B 班の最小値は 3 点だから，$m = 3$　また，第 2 四分位数は 16 点だから，8 人のデータの中央の 2 人の平均値が 16 点となる。したがって，$n \geqq 17$　さらに，第 3 四分位数が 17 点だから，$n \leqq 17$　よって，$n = 17$

(3) 第 2 四分位数が 6 点だから，小さい方から 5 番目と 6 番目のデータの平均値が 6 点となる。また，第 1 四分位数が 4 点だから，5 番目と 6 番目のデータの組み合わせは，(5 番目，6 番目) = (4，8)，(5，7)，(6，6)の 3 通りとなる。

(4) ① A 班の範囲は，$18 - 2 = 16$ (点)　B 班の範囲は，$19 - 3 = 16$ (点)　よって，A 班と B 班の範囲は等しい。② 図 2 より，B 班に 14 点の人がいることはわかる。C 班の第 3 四分位数は 14 点で，これは小さい方から 8 番目の値だから，C 班にも 14 点の人はいる。A 班の中央値は 13 点，第 3 四分位数は 14 点なので，小さい方から4番目が13点以下，5番目が13点以上，6番目が14点以下，7番目が14点以上。よって，A班は，小さい方から4番目が13点，5番目が13点，6番目が14点，7番目が14点の場合や，小さい方から4番目が13点，5番目が13点，6番目が13点，7番目が15点の場合などが考えられるので，A班に14点の人がいるかどうかは分からない。

【答】(1) 6（点）　(2)（m =）3　（n =）17　(3) 6，7，8　(4) ① ア　② ウ

3 **【解き方】**(1) 陸上競技大会に参加した人数の合計より，$x + y = 120$……(i)　100m 走に参加した人数の合計より，$\frac{35}{100}x + \frac{20}{100}y = 30$……(ii)が成り立つ。

(2) (i)，(ii)を連立方程式として解く。(ii)× 100 より，$35x + 20y = 3000$……(iii)　(iii)－(i)× 20 より，$15x = 600$　よって，$x = 40$　これを(i)に代入して，$40 + y = 120$ より，$y = 80$

【答】(1) ① $x + y$　② $\frac{35}{100}x + \frac{20}{100}y$　(2)（陸上競技大会に参加した小学生）40（人，中学生）80（人）

4 **【解き方】**(1) グー，チョキ，パーをそれぞれグ，チ，パとし，のぞみさんの2枚のグーのカードをグ1，グ2，けいたさんの2枚のチョキのカードをチ1，チ2とする。このとき，けいたさんが勝つカードの出し方は，(のぞみ，けいた)＝(グ1，パ)，(グ2，パ)，(チ，グ)，(パ，チ1)，(パ，チ2)の5通り。2人とも4枚ずつカードを持っているから，2人のカードの出し方は，$4 \times 4 = 16$（通り）　したがって，求める確率は $\frac{5}{16}$。

(2) けいたさんの3枚目のチョキのカードをチ3とする。けいたさんが，パー以外のカードで負けるのは，(のぞみ，けいた)＝(パ，グ)，(グ1，チ1)，(グ1，チ2)，(グ1，チ3)，(グ2，チ1)，(グ2，チ2)，(グ2，チ3)の7通り。パーのカードで負けるのは a 通りだから，けいたさんが負けるのは全部で，$(7 + a)$通り。一方，けいたさんがパー以外のカードで勝つのは，(のぞみ，けいた)＝(チ，グ)，(パ，チ1)，(パ，チ2)，(パ，チ3)の4通り。パーのカードで勝つのは $2a$ 通りだから，けいたさんが勝つのは全部で，$(4 + 2a)$通り。したがって，2人の勝つ確率が等しいとき，$7 + a = 4 + 2a$ だから，$a = 3$

【答】(1) $\frac{5}{16}$　(2) 3

5 **【解き方】**(1) 点Bは $y = \frac{1}{4}x^2$ 上の点だから，$y = \frac{1}{4} \times 2^2 = 1$ より，B (2，1)

(2) $y = \frac{1}{4} \times (-6)^2 = 9$ より，A (－6，9)　2点A，Bの座標より，$a = \frac{1-9}{2-(-6)} = \frac{-8}{8} = -1$　$y = -x + b$ に点Bの座標を代入して，$1 = -2 + b$ より，$b = 3$

(3) 直線ABと y 軸との交点をFとすると，F (0，3)　また，C (4，4)より，D (0，4)　よって，DF = 4 － 3 = 1 (cm)　$\triangle ABD = \triangle AFD + \triangle BFD = \frac{1}{2} \times 1 \times 6 + \frac{1}{2} \times 1 \times 2 = 3 + 1 = 4$ (cm^2)

(4) E (t，$-t + 3$)とすると，CE = CD = 4 だから，$CE^2 = 4^2 = 16$ となる。2点C，Eの座標より，三平方の定理を使って，$CE^2 = (4 - t)^2 + \{4 - (-t + 3)\}^2 = (4 - t)^2 + (1 + t)^2 = 16 - 8t + t^2 + 1 + 2t + t^2 = 2t^2 - 6t + 17$　よって，$2t^2 - 6t + 17 = 16$ より，$2t^2 - 6t + 1 = 0$　解の公式より，$t = \frac{-(-6) \pm \sqrt{(-6)^2 - 4 \times 2 \times 1}}{2 \times 2} = \frac{6 \pm \sqrt{28}}{4} = \frac{6 \pm 2\sqrt{7}}{4} = \frac{3 \pm \sqrt{7}}{2}$

【答】(1) (2，1)　(2)（a =）－1　（b =）3　(3) 4 (cm^2)　(4) $\frac{3 - \sqrt{7}}{2}$，$\frac{3 + \sqrt{7}}{2}$

6 **【解き方】**(2) ① $\triangle ABD \backsim \triangle DAF$ より，AB：DA = AD：DF となるから，AB：6 = 6：3 より，3AB = 36　よって，AB = 12 (cm)　② △ABCについて，BDは∠ABCの二等分線だから，AD：CD = BA：BC = 12：10 = 6：5で，AD = 6 cm なので，CD = 5 cm　DG∥ABより，DG：AB = CD：CA とな

るから，DG：12 = 5：(5 + 6)より，11DG = 60　よって，DG = $\frac{60}{11}$ (cm)

【答】(1) △ABDと△DAFにおいて，AB∥FGより，錯角は等しいから，∠BAD = ∠ADF……(i)　BEは∠ABCの二等分線だから，∠ABD = ∠CBE……(ii)　$\overset{\frown}{\mathrm{CE}}$に対する円周角だから，∠CBE = ∠DAF……(iii)　(ii)，(iii)より，∠ABD = ∠DAF……(iv)　(i)，(iv)より，2組の角がそれぞれ等しいから，△ABD ∽△DAF

(2) ① 12 (cm)　② $\frac{60}{11}$ (cm)

7 **【解き方】**(1) 点AからBCに垂線AHを下ろす。点HはBCの中点で，BH = 4 cmだから，△ABHにおいて，三平方の定理より，AH = $\sqrt{12^2 - 4^2} = \sqrt{128} = 8\sqrt{2}$ (cm)　よって，円すいPの体積は，$\frac{1}{3} \times \pi \times 4^2 \times 8\sqrt{2} = \frac{128\sqrt{2}}{3}\pi$ (cm^3)

(2) 円すいPの側面の展開図となるおうぎ形の中心角をx°とする。おうぎ形の弧の長さと底面の円周は等しいから，$2 \times \pi \times 12 \times \frac{x}{360} = 2 \times \pi \times 4$　これを解いて，$x = 120$　よって，このおうぎ形は，右図のようになり，点Bと重なる点をB′とすると，点Cは，$\overset{\frown}{\mathrm{BB'}}$の中点で，最短となるひもは，この図で線分MB′として表される。点B′から直線BA上に垂線B′Iを下ろすと，△B′AIは，30°，60°の直角三角形で，AI = $\frac{1}{2}$AB′ = 6 (cm)，B′I = $\sqrt{3}$AI = $6\sqrt{3}$ (cm)となる。よって，△B′MIにおいて，MB′ = $\sqrt{(6 + 6)^2 + (6\sqrt{3})^2} = \sqrt{144 + 108} = \sqrt{252} = 6\sqrt{7}$ (cm)

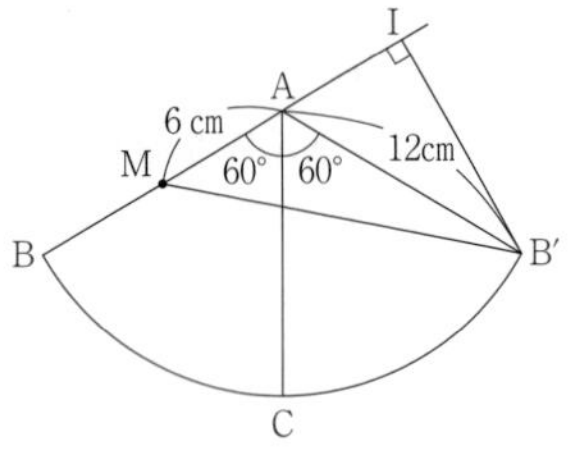

【答】(1) $\frac{128\sqrt{2}}{3}\pi$ (cm^3)　(2) $6\sqrt{7}$ (cm)

英　語

1 【解き方】(1) この前の水曜日にバスケットボールを練習したのは，カナである。

(2) No.1. マイクは昨夜カレーを食べたと言っている。No.2. ハンナは週末，友達と映画を見るのを楽しんだと言っている。No.3. ジョンは最初にサラダを作ると言っている。

(3) No.1. 店員と客の会話。客は大きめの帽子を勧められている。It's perfect.＝「それはピッタリです」。No.2. 腹痛がいつ始まったか答える文を選ぶ。No.3. 電話での会話。外出中のジャックがいつ戻ってくるか答える文を選ぶ。No.4. どのように絵を描くことを学んだか答える文を選ぶ。

(4) No.1. エミは，チカがイベントに初めて参加すると言っている。No.2. マークは，エミとチカに英語の花の名前を教えると約束している。No.3. 電車はミドリ公園駅に8時10分に到着。公園まで10分かかり，イベントが始まるまでまだ10分あるとエミが言っていることから，イベントは8時30分に始まることがわかる。

【答】(1) ア　(2) No.1. イ　No.2. エ　No.3. ウ　(3) No.1. ウ　No.2. ア　No.3. イ　No.4. ウ

(4) No.1. イ　No.2. エ　No.3. エ

◀全訳▶　(1) 誰がこの前の水曜日にバスケットボールを練習しましたか？

(2)

No.1.

A：こんにちは，マイク。私はお腹が減ったわ。昼食を食べない？

B：いいよ，ユミ。ぼくもお腹が減ったよ。

A：ここの近くにはレストランが2つあるわ。あなたはどっちが食べたい，ハンバーガー，それともカレー？

B：そうだな…。僕は昨夜カレーを食べたんだ。だから，昼食にはハンバーガーがほしいな。

質問：マイクは昨夜ハンバーガーを食べましたか？

No.2.

A：こんにちは，ポール。週末はどうだった？

B：よかったよ！　僕は姉と山に登ったんだ。君はどう，ハンナ？

A：私は友達と映画を見るのを楽しんだわ。ストーリーがとても素敵だったのよ。私はそれをまた見たいわ！

B：へえ，それはいいね。

質問：ハンナは週末に何をしましたか？

No.3.

A：私が夕食を作るのを手伝ってくれる，ジョン？

B：いいよ，お母さん。今日，僕たちは夕食に何を食べるの？

A：サラダ，オムレツ，スープそしてパンを食べるわ。私はスープを作っていて，お父さんに夕食用のパンを買うよう頼んだわ。

B：わかった。それなら，僕は最初にサラダを作るよ。次に，僕はオムレツも作るね。

A：ありがとう。あなたはいつもとてもおいしい料理を作ってくれるわ。

B：僕は将来，料理人になりたいんだ。

質問：ジョンは最初に何をしますか？

(3)

No.1.

A：お手伝いしましょうか？

B：はい，私は帽子を探しています。私はこの帽子が好きですが，それは私には少し小さいです。

A：わかりました。こちらの，より大きいのはどうですか？

No.2.

A：おはよう，ボブ。あら，どうしたの？

B：僕は気分が悪くて，腹痛がするんだ。

A：あら，まあ。腹痛はいつ始まったの？

No.3.

A：もしもし，ハリーです。ジャックと話をすることはできますか？

B：ごめんなさい，彼は今，家にいないの。何かメッセージはある？

A：いいえ，結構です。彼はいつ戻ってきますか？

No.4.

A：ニック，あなたは何をしているの？

B：僕はコンピュータで絵を描いているんだ。

A：わあ，それはきれいね。あなたはコンピュータで絵を描くことについてどのように学んだの？

(4)

エミ　：マーク，あなたは今週末何か予定がある？

マーク：うん，僕はこの日曜日にミドリ公園でハイキングを楽しむためのイベントに参加するつもりだよ。

エミ　：あら，私も妹のチカと一緒にそれに参加するつもりよ。私たちと一緒に来ない？

マーク：よさそうだね。ありがとう。君は以前にそのイベントに参加したことがある？

エミ　：ええ。母と私は毎年それに参加しているわ。今年，彼女はそれに参加できないけど，チカが私と一緒に来るの。彼女はそれに初めて参加するわ。

マーク：僕もだよ。僕は公園でおもしろい花と木を見つけたいな。見て。僕は自分の国でこれらの花の写真を撮ったんだよ。

エミ　：何て美しいの！　あなたはこれらの花の名前を知っているの？

マーク：うん。僕は花に関する本でそれらを学んだよ。

エミ　：チカと私もよく花に関する本を読むわ。イベントで，私たちは本で見た花を見つけたいの。

マーク：何て素敵なんだ！　僕にイベントで日本語の花の名前を教えてくれる？

エミ　：いいわ。それなら，私たちに英語の花の名前を教えてくれる？

マーク：うん，もちろんだよ。僕たちは日曜日にどこで会うべきかな？

エミ　：7時30分にヤマナカ駅で会いましょう。私たちは7時40分に駅を出発する電車に乗ることができるわ。

マーク：わかった。僕たちはその電車でイベントより前に公園に着くことができる？

エミ　：心配しないで。電車はミドリ公園駅に8時10分に着くわ，そしてそれから公園まで10分かかるの。そうすると公園で私たちはイベントが始まるまで，まだ10分あることになるわ。

マーク：なるほど。僕はそのイベントを楽しみにしているよ。

No.1.　チカは以前，ミドリ公園でハイキングを楽しむためのイベントに参加したことがありますか？

No.2.　マークはエミと彼女の妹に何を教えますか？

No.3.　何時にミドリ公園でハイキングを楽しむためのイベントは始まりますか？

[2]【解き方】(1) No.1.　① 直後でリサが「1週間」と答えていることから，マナは滞在期間をたずねた。How long =「どれくらい(の期間)」。② 去年は雨で花火が見られず残念だったと言ったあとのせりふ。I hope the weather will be good this year.＝「私は今年，天気が良くなることを願います」。No.2.　ア．リサの2つ目のせりふを見る。リサは10年間ではなく，この4月以来おじに会っていない。イ．マナの3つ目のせりふを見る。マナはリサと一緒に中国に行けるといいのにと言っており，一緒に行く予定があるとは述べられていない。ウ．「リサは家族との中国への旅行後，8月にマナにプレゼントをあげるつもりだ」。リサは3つ目のせりふで，マナに旅行後の次に会うときにプレゼントをあげると言っており，マナとリサの5つ目のせりふ

で，2人は次に8月5日に会うと言っている。正しい。エ．会話の後半を見る。マナ，マナのいとこ，リサが祭りに行くのは8月。

(2) ア．「開館」を見る。図書館は水曜日の午後4時には閉まっている。イ．「図書館のルール」を見る。図書館では飲食禁止である。ウ．「アンナは夏休み中に生徒が読んだ本を自分に教えてほしいと思っている」という記述はない。エ．「メモは自分のお気に入りの本を他の生徒たちに教えたいと思う生徒たちによって使われる」。「あなたのお気に入りの本は何ですか？」を見る。正しい。

【答】 (1) No.1. ① イ ② ア No.2. ウ (2) エ

◀全訳▶ (1)

マナ：あなたは夏休み中に何をするつもりなの，リサ？

リサ：私は家族と中国にいるおじを訪問するつもりよ。

マナ：それはすごいわ。あなたは今までにそこへ行ったことがあるの？

リサ：いいえ，そこへは初めてになるわ。私はおじがこの4月に中国へ引っ越して以来，彼に会っていないのよ。彼は私の家族をいくつかの博物館や大きな寺へ連れて行ってくれる予定よ。

マナ：素晴らしそうね。私はあなたと一緒に中国に行けるといいのに。あなたが日本に戻ってきたとき，旅行について私に教えてくれる？

リサ：もちろんよ。私は中国であなたに何か素敵なものを買うわ。旅行後，次に私たちが会うとき私はあなたにそれを持ってくるわね。

マナ：ありがとう。あなたはどれくらいそこに滞在する予定なの？

リサ：1週間よ。私は7月27日に日本を出発するつもりよ。

マナ：それなら，あなたは8月の街の祭り前にはこの街に戻っているのね。

リサ：その通り。あなたの両親は8月5日に私たちを街の祭りに連れて行ってくれるのよね？

マナ：そうよ。私は祭りの花火を楽しみにしているの。

リサ：私も。雨だったから私たちは昨年それらを見ることができなかったわ，だから私は今年それらを見たいの。

マナ：私たちは昨年，祭りでとても悲しかったわね。私は今年，天気が良くなることを願うわ。ところで，私のいとこの一人がその日，私の家族のところに滞在しに来るのよ。

リサ：それは東京の大学で勉強しているいとこなの？

マナ：そうよ。彼が祭りで私たちに加わってもいい？

リサ：もちろんよ。楽しくなるわね。

(2)

図書館ニュース～9月～

セントエドワード高校図書館へようこそ!!

開館

月曜日，火曜日，木曜日，金曜日

午前9時—午後5時

水曜日

午前9時—午後3時30分

私はアンナ，図書館のスタッフメンバーです。

私はこの図書館があなたたちみんなにとってよい場所になることを願います。

この図書館では…
・あなたは１週間３冊の本を借りることができます。
・あなたは夏休みと冬休み中，10冊の本を借りることができます。
（もしあなたが読みたい本を見つけられなければ，私があなたをお手伝いします。）

図書館のルール
・静かにしてください。他人を尊重してください。
・食べないでください。飲まないでください。

あなたのお気に入りの本は何ですか？
もしあなたが好きな本を他の生徒たちに教えたければ，I LOVE THIS BOOK のメモを使い，それを Library Box に入れてください。
私が10月と11月の図書館ニュースでそのメモを他の生徒たちに紹介します。

（あなたの名前）
I LOVE THIS BOOK
その本の名前：
作者：
理由：

3 【解き方】(1) ①「あなたはどんなスポーツが得意ですか？」，「あなたが上手にすることができるスポーツを教えてください」などが考えられる。「～が得意である」= be good at ～。「A に B を教える」= tell A B。「あなたが上手にすることができるスポーツ」= the sport you are able to play well。sport の後ろに目的格の関係代名詞が省略されている。②「私たちの野球チームが昨日初めて試合に勝って（勝ったので），私はうれしい」などが考えられる。「～してうれしい」= be glad that ～。「試合に勝つ」= win a game。「初めて」= for the first time。③「次の土曜日，私たちの練習に参加してくれませんか（参加しませんか）？」などが考えられる。「～に参加する」= join ～，take part in ～。「～しませんか？」= Why don't you～?。

(2) ①「～に…を与える」= give … to ～。「誕生日のプレゼントとして」= as a birthday present。②「～の仕方，～する方法」= how to ～，the way to ～。③「夕食を食べる前に」= before we had dinner，before eating dinner。

【答】(1) ①（例1）What sport are you good at?（例2）What sports can you play well?（例3）Tell me the sport you are able to play well. ②（例1）I'm glad that our baseball team won a game for the first time yesterday.（例2）I'm happy because my baseball team won for the first time yesterday.（例3）Our team won the baseball game for the first time yesterday, so I'm pleased. ③（例1）Can you join our practice next Saturday?（例2）Why don't you take part in our practice this Saturday?（例3）Let's practice on Saturday.

(2) ①（例1）My grandmother gave it to me for my birthday.（例2）I got this violin from my grandmother as a birthday present.（例3）It's a birthday present from my grandma. ②（例1）She teaches me how to play the violin.（例2）I'm learning the way to play it from my grandmother.（例3）She's my violin teacher. ③（例1）I played the violin for my family before we had dinner yesterday.（例2）I played it in front of my family before eating dinner yesterday.（例3）Before dinner yesterday, I played it for my family.

4 【解き方】(1) ① メアリーが英語でヒカリ市についてのビデオを作ることを提案したあとの，英語部のメンバーたちのせりふ。That’s a good idea.＝「それはいい考えです」。② ビデオをヒカリ市役所の職員たちに見せたあとの，部長のせりふ。We’ll be happy if you are interested in our video.＝「あなたたちが僕たちのビデオに興味があれば，僕たちはうれしいです」。

(2) A．第3段落を見る。リョウタとメアリーは新鮮なジュースやかばんなど，いくつかのおもしろい地元の「商品」を見つけた。B．第4段落の後半を見る。彼らは市場で会った人々と「話をすること」でもっと多くの情報を得た。「～することによって」＝ by ～ing。

(3) 下線部は「私たち（リョウタとメアリー）が10年前にビデオで紹介した屋台がいくつかまだある」という意味。そのビデオとは，イの「ヒカリ市のいくつかの場所を紹介したビデオ」である。that は主格の関係代名詞。

(4) ア．第2段落の中ほどを見る。ビデオはリョウタが作るよう頼んだのではなく，メアリーが提案した。イ．第2段落の中ほどを見る。部長はウェブサイトではなくビデオを作ろうと言った。ウ．「クラスメートの一人がメアリーにヒカリ日曜市場について教えたので，彼女はそれについて知っていた」。第2段落の後半を見る。内容に合っている。エ．第3段落の前半を見る。メアリーは，リョウタとヒカリ日曜市場に行く前の週にニンジンクッキーを買った。オ．第4段落を見る。リョウタはヒカリ日曜市場に行ったあと，メアリーが市場が好きな理由がわかったと言っている。カ．「メアリーがケイトと一緒にヒカリ日曜市場に行ったとき，そこで多くの外国人観光客を見つけた」。最終段落の中ほどを見る。内容に合っている。

【答】(1) ① ア　② エ　(2) A. products　B. talking　(3) イ　(4) ウ・カ

◀全訳▶　リョウタは16歳で，ヒカリ高校の英語部のメンバーです。

7月のある日の放課後，リョウタと英語部の他のメンバーたちは彼らの次の活動で何をすべきか決めようとしていました。リョウタは「僕はヒカリ市が好きだけど，ほんの少ししか外国人観光客が街に来ない。僕たちは外国人観光客にもっと僕たちの街に興味を持ってもらうため何かできるかな？」と言いました。オーストラリア出身のメンバーの一人のメアリーは「英語でヒカリ市についてのビデオを作らない？」と言いました。メンバー全員が「それはいい考えだ」と言いました。部長は「わかった。素晴らしいビデオを作って，ヒカリ市役所の職員たちに彼らのウェブサイトでそれを使うように頼もう」と言いました。それから，3人のメンバーは情報を得るためにヒカリ城に行き，2人のメンバーはヒカリフラワーパークについてもっと知るためにそこを訪れました。リョウタとメアリーはヒカリ日曜市場について話していました。メアリーは「私たちは毎週日曜日にヒカリ駅前で市場を見ることができるわ。私が昨年オーストラリアからこの街に来たとき，クラスメートの一人が私にそれについて教えてくれたの。私はそこで地元の人々と話をすることが好きよ。私たちは地元の食べ物を食べることができるわ」と言いました。リョウタは「それは素晴らしい。僕たちはそこでビデオのために何かおもしろいものを見つけることができるね。今度の日曜日に僕とそこに行ってくれる？」と言いました。彼女は「もちろんよ」と言いました。

日曜日の朝，リョウタとメアリーはヒカリ日曜市場に行きました。約15の屋台があり，何人かの人々はそこで商品を買っていました。メアリーは「見て，あれは私のお気に入りの屋台よ」と言いました。その屋台の女性はジュースとクッキーを売っていました。メアリーは彼女に「タナカさん，私が先週買ったニンジンクッキーはとてもおいしかったです。あなたは今日，何をお勧めしていますか？」と言いました。その女性は微笑んで「ありがとう，メアリー。新鮮なトマトジュースはどうかしら？」と言いました。リョウタとメアリーはそのトマトジュースを飲み，リョウタは「わあ，おいしい。あなたはどうやってこのおいしいジュースを作ったのですか？」と言いました。タナカさんは「ええと，私は母の新鮮なトマトを使っているの。彼女はこの街の農家で，毎日朝早くそれらをとるわ」と言いました。リョウタはタナカさんに「僕はこのジュースが本当に大好きです」と言いました。タナカさんにさようならを言ったあと，メアリーは新しい屋台を見つけました。彼女は「かばんを売っている屋台を見て。それらはとてもかわいいわ」と言いました。リョウタは同意し，屋台のイトウさんという男性に「あなたがそれらをデザインしたのですか？」と言いました。イトウさんは「そうです。僕がそれらをデザインし，かばんの布はヒカリ市で作られています」と言いました。リョウタは「おもしろそうですね」と言いました。リョウタとメアリーは市場を歩き回り，そこで時間を過ごすことを楽しみました。

リョウタとメアリーが帰宅しているとき，彼は「僕は最初，市場について知らなかったな。でも，僕がそこで会った人々は市場とヒカリ市について僕に教えてくれた。僕はなぜ君が市場が好きなのかわかったよ」と言いました。彼らは来週そこに再び行って，もっと多くの情報を得るために人々と話をすることを決めました。

4か月後，英語部のメンバーたちはビデオを作り終え，それをヒカリ市役所の職員たちに見せました。ビデオでは，部のメンバーたちが城の古い壁，公園の美しい花，そして市場の地元の商品の写真を何枚か見せ，英語でそれらを説明しました。部の部長は職員たちに「あなたたちが僕たちのビデオに興味があれば，僕たちはうれしいです」と言いました。職員の一人のサトウさんは「私たちは本当にそれを気に入りました。私たちは私たちの街の外国人観光客のためのウェブサイトでそれを使います」と言いました。部長は「ありがとうございます」と言いました。リョウタは「僕はもっと多くの外国人観光客が来て，僕たちの街を楽しんでくれたらいいなと思います」と言いました。

(10年後)

リョウタは今ヒカリ市役所の職員で，観光客が街を楽しむ手伝いをしています。メアリーは今オーストラリアにいますが，彼らは今でもよい友達です。

6月のある晩に，リョウタとメアリーはオンラインで話をしていました。メアリーは「私は友達のケイトと来月，日本を訪れるつもりよ。その月の第2日曜日にヒカリ市で会える？」と言いました。彼は「いいよ。ヒカリ駅で会おう」と言いました。

その日曜日の朝，メアリーとケイトは駅の前で待っていて，ヒカリ日曜市場を見つけました。それから，リョウタが市場から来て，彼女たちに「ようこそ。メアリー，君はこの市場を覚えている？」と言いました。メアリーは「こんにちは！　私は多くの外国人観光客がここで地元の商品を買っていることに驚いているわ。10年前には，少しの外国人観光客しかいなかったのにね」と言いました。彼は「僕は市役所の他の職員たちと一緒にこの市場を外国人観光客の間でもっと人気にしようとしているんだよ」と言いました。メアリーはリョウタに「何て素敵なの！　私たちが10年前にビデオで紹介した屋台がいくつかまだあるのね」と言いました。彼は「そうさ，君は今でもタナカさんの新鮮なトマトジュースを飲むことができるよ」と言いました。

社　会

1 【解き方】(1)(a) 流域で栄えた古代文明とは，エジプト文明のこと。(b) 民族の分布を無視して国境線が引かれたため，独立後も国内での民族紛争や国境付近での紛争が絶えない原因となっている。(c)「聖地」とはサウジアラビアのメッカ。いはキリスト教で，A の説明があてはまる。

(2)(b) a は，暖流と偏西風の影響で，高緯度のわりには冬でも温暖な西岸海洋性気候に属している。b は夏に乾燥し，冬は雨が降る地中海性気候，c と d は亜寒帯（冷帯）に属している。

(3)(a) オーストラリアでは東部で石炭が，北西部で鉄鉱石が多く産出する。(b) 日本が冬の時期に夏を迎えるのは，地球上のどこに位置する国々かを考えるとよい。

【答】(1)(a) ア　(b) ヨーロッパ諸国が植民地にした際の境界線を，国境線として使っているから。(同意可)　(c) ウ

(2)(a) フィヨルド　(b) イ　(3)(a) エ　(b) 赤道より南(または，南半球)(同意可)

2 【解き方】(1) アは奈良県中南部，イは鹿児島県の屋久島，ウは長野県を中心とした中部地方。

(2)(a) 政府によって指定を受けた人口 50 万人以上の都市のこと。札幌市や横浜市，神戸市など，全国で 20 の都市が指定されている。(b) 実際の距離は，(地図上の長さ)×(縮尺の分母)で求められるので，4 × 25000 から 100000cm = 1000m となる。また地形図は，特に断りがない限り，地図の上が北の方位を示す。

(3) 福岡県は北九州工業地域を中心に工業出荷額が多い。宮崎県は鶏，牛，豚などの全国有数の生産地。

(4)「夏でもすずしい気候を生かして，茨城県産のレタスの出荷量が少ない時期に多く出荷している。」などでも可。長野県は標高が高い地域が多く，夏でも冷涼な気候であるという特徴がある。

(5) 静岡県は東海工業地域の中心地。イは新潟県，ウは愛知県，エは福井県について述べた文。

(6)「第一次産業」（農林水産業）の割合の高さに注目。観光業などの第三次産業がさかんな沖縄県はア。阪神工業地帯の一角を占め，人口も多い兵庫県はイ。北部地域が中京工業地帯に含まれる三重県はエ。

【答】(1) エ　(2)(a) 政令指定(都市)　(b) イ　(3) オ

(4) 6 月から 9 月に，レタスの生育に適した気温となり，出荷量が多くなっているという特徴。(同意可)

(5) ア　(6) ウ

3 【解き方】(1)「磨製石器」が使用された時代は新石器時代に分類される。

(2) 息子の藤原頼通とともに摂関政治の全盛期を築き上げた。

(3) 荘園や公領ごとに置かれ，土地の管理や年貢の徴収，治安維持の仕事を担った。

(4)(a) エは江戸時代の村役人。(b)「楽市令の内容」とは，商工業者の同業者組合である座を廃止したこと。座は，貴族や寺社に税を納める代わりに，営業の独占を認めてもらう特権を得ていた。

(5) X．皇族や華族の代表や，天皇から任命された者などで構成された議院。日本国憲法の施行により廃止された。Y．内閣制度は 1885 年に創設された。

(6) アは 1912 年のできごと。政治が一部の人々によって抑圧されていたことから起こった。イは 1918 年，ウは 1925 年，エは 1938 年。

【答】(1) イ　(2) ウ　(3) 地頭　(4)(a) エ　(b) 座が廃止されたことにより，税が入らなくなったから。(同意可)

(5) エ　(6) ア

4 【解き方】(1) 音楽を奏でるために使われたと考えられる。

(2) 7 世紀の中ごろに，唐と新羅の連合軍の攻撃により滅亡した国。

(3)(a) そのほか，松前藩はアイヌ民族との交易の窓口となった。(b) 朝鮮通信使を派遣した国。「日本との国交が回復し」がポイント。

(4) ⓐの「産業革命」は 18 世紀中頃から始まった。ⓒの「東インド会社」は 1600 年に設立。ⓑの「インド大反乱」は 1857 年に発生。これを鎮圧したイギリスが，それ以降インドを直接統治するようになった。

(6) 資料 4 からは，日本がエネルギー資源の多くを石油に頼っていたこと，資料 5 からはその原油の国際価格が

1973年に急上昇したことを読み取るとよい。なお，このできごとを第一次石油危機という。

【答】(1) イ　(2) ア　(3) (a) ウ　(b) イ　(4) ウ　(5) ベルサイユ(条約)

(6) 日本のエネルギー資源の大半を占める石油の価格が上昇したから。(同意可)

5 【解き方】(1) 法の支配についての考え方が生かされている。

(2)「国庫支出金」は使い道が指定されている。また「民生費」とは，高齢者や障がい者，子どもなどの支援を含む福祉などのために地方公共団体が支出する費用のこと。

(3) (a) 資料5から，有権者の年代が高いほど選挙関心度が高くなっていること，資料6から，年代が高いほど投票率が高いことを読み取るとよい。(b) 地方の政治が住民投票の結果に拘束される義務はないが，その政策の推進には大きく影響することもある。

(4) X は需要曲線で，Y が供給曲線。需要曲線は，需要が増加すると右側に移動する。

(5) (b) Y と Z には，アとエが当てはまる。ウは国民が国会議員を選び，その議員の中から国会の議決により指名された内閣総理大臣が内閣を組織するしくみ。内閣は国会に対して連帯責任を負う。

(6)「フェアトレード」は公正な取引という意味。発展途上国は，先進国との取引において，不当に安い価格で生産物を売らざるを得ない立場に置かれやすく，そのため発展途上国の貧困問題や環境問題がさらに悪化するという不公平や不公正を是正するための取り組み。

(7)「政府開発援助額は上位(または，第四位)だが，国民総所得の0.7％に達していない。」などの解答も可。

【答】(1) ウ　(2) エ

(3) (a) (他の年代と比べて，)選挙に関心がない人が多く，投票率が低い。(同意可)　(b) 住民投票　(4) イ

(5) (a) ウ　(b) イ　(6) 発展途上国の生産者を支援する (同意可)

(7) 政府開発援助額は上位(または，第四位)だが，国際連合の目標額より少ない。(同意可)

理　科

1 【解き方】(3) 唾液以外は同じ条件にする必要があるので，0.5 ％デンプン溶液 10cm^3 に水だけを 2 cm^3 加えたものを使用する。このとき，デンプンは変化せず，糖はできていない。

【答】(1) 消化酵素　(2) 加熱する。（同意可）　(3)（試験管に入れる液）ウ　（結果）オ

2 【解き方】(2) 空気の温度は 100m 上昇するごとに 1 ℃下がるので，800m 上昇したときの温度は，20（℃）－ 1（℃）× $\frac{800\ (\mathrm{m})}{100\ (\mathrm{m})}$ ＝ 12（℃）　雲ができ始めるのは空気が露点に達したときなので，表より，空気にふくまれている水蒸気量は 10.7g/m^3，高さ 0 m の空気の温度が 20 ℃なので，飽和水蒸気量は 17.3g/m^3。よって，$\frac{10.7\ (\mathrm{g/m^3})}{17.3\ (\mathrm{g/m^3})}$ × 100 ≒ 62（％）

【答】(1) XY．イ　あ．気圧　(2) 62（％）

3 【解き方】(1) (b) 音の高低は振動数で決まり，振動数が多いと高い音，振動数が少ないと低い音になる。弦の長さが長くなると振動数が減るので，2 回目の音は 1 回目に比べて低くなる。

(2) (a) 図 3 では横軸 4 目盛りで 1 回振動しているので，0.001（秒）× 4（目盛り）＝ 0.004（秒）で 1 回振動している。よって，1 秒間では，$\frac{1\ (秒)}{0.004\ (秒)}$ ＝ 250（回）振動しているので 250Hz。(b) 音の大きさは振幅によって決まり，振幅が小さいほど小さな音になる。音の高さは変わらないので，振動数が同じで振幅が小さい波形を選ぶ。

【答】(1) (a) 鼓膜　(b) エ　(2) (a) 250（Hz）　(b) ウ

4 【解き方】(1) エタノールは燃え，水は燃えないので，表より，よく燃えた試験管 A に集めた液体はエタノールの割合が最も高く，燃えなかった試験管 C に集めた液体は水の割合が最も高い。

(2) エタノールの沸点は約 80 ℃，水の沸点は 100 ℃なので，エタノールと水の混合物を加熱すると，加熱とともに混合物の温度が上昇し，エタノールが沸騰する約 80 ℃付近で温度上昇が鈍くなり，その後 100 ℃で温度が一定になる。

【答】(1)（水の割合が最も高い）C　（エタノールの割合が最も高い）A　(2) エ

(3) あ．蒸留　い．沸点（または，沸騰する温度）（同意可）

5 【解き方】(1) (b) 1 年かかって 360° 移動するので，1 か月では，$\frac{360°}{12\ (か月)}$ ＝ 30° 東から西に移動して見える。

(c) 2 か月前の午後 8 時のやぎ座の位置は，30° × 2（か月）＝ 60° 東に移動したところなので，図 3 のアの位置にある。星は 1 時間に 15° 東から西に日周運動をするので，午後 10 時－午後 8 時＝ 2（時間）に，15° × 2（時間）＝ 30° 移動する。よって，アの位置から西に 30° 移動したイの位置になる。

(2) (b) 図 2 より，午前 0 時に南の空にてんびん座が観測できる地球の位置は A と B の間になり，地球の公転の向きから考えると，その後の午前 0 時に南の空に観察できる星座は，さそり座→いて座→やぎ座の順になる。(d) 図 2 の地球の位置で，A は 3 月 1 日，B は 6 月 1 日，C は 9 月 1 日，D は 12 月 1 日になる。3 月 1 日の午前 2 時におうし座は地平線の下にあるので見えず，6 月 1 日の午前 2 時におとめ座が見えるのは西の空，9 月 1 日の午前 2 時にてんびん座は地平線の下にあるので見えない。

【答】(1) (a) 恒星　(b) あい．エ　う．年周運動　(c) イ

(2) (a) 黄道　(b) ウ　(c)（さそり座は）太陽と同じ方向にあるから。（同意可）　(d) エ

6 【解き方】(2) (b) 吸収された水が通る管は道管で，茎の維管束にある道管は茎の内側にあり，葉の維管束（葉脈）にある道管は葉の表側にある。(c) 表より，A の水の減少量は 4.8g，B の水の減少量は 4.1g，C の水の減少量は 1.2g なので，C に比べて A や B の水の減少量は多い。C は葉の裏側にワセリンをぬって，葉の裏側

から蒸散しないようにしているので，葉の裏側からの蒸散量が多いと考えられる。(d) A は葉の表・葉の裏・茎からの蒸散量，B は葉の裏・茎からの蒸散量，C は葉の表・茎からの蒸散量を表しているので，A と C の水の減少量の差が葉の裏からの蒸散量になる。よって，4.8 (g) − 1.2 (g) = 3.6 (g) (e) 葉の両側にワセリンをぬったものが D なので，D は茎からの蒸散量を表す。(d)より，B の減少量は，葉の裏・茎からの蒸散量を表し，葉の裏側からの蒸散量は 3.6g なので，茎からの蒸散量は，4.1 (g) − 3.6 (g) = 0.5 (g)

【答】 (1) (a) エ (b) 気孔

(2) (a) 水が水面から蒸発するのを防ぐため。(同意可) (b) (記号) ウ (名称) 道管 (c) イ (d) 3.6 (g) (e) ア

7 **【解き方】** (1) (b) 表より，1.40g の銅がすべて酸化銅になったときの質量は 1.75g なので，1.40g の銅と結びつく酸素の質量は，1.75 (g) − 1.40 (g) = 0.35 (g) よって，銅：酸素 = 1.40 (g)：0.35 (g) = 4：1 (c) 2 回目のときに銅と結びついた酸素の質量は，1.67 (g) − 1.40 (g) = 0.27 (g) (b)より，銅と酸素が結びつくときの質量の比は 4：1 なので，0.27g の酸素と結びつく銅の質量は，0.27 (g) × $\frac{4}{1}$ = 1.08 (g) よって，酸素と結びつかなかった銅の質量は，1.40 (g) − 1.08 (g) = 0.32 (g)

(2) (c) 酸化銅＋炭素→銅＋二酸化炭素という反応が起こる。酸化銅の化学式は CuO，炭素は C，銅は Cu，二酸化炭素は CO_2 で，化学反応式では化学変化の前後で原子の種類と数が変化しないように分子の数を合わせる。

【答】 (1) (a) ウ (b) (銅：酸素＝) 4：1 (c) 0.32 (g)

(2) (a) (試験管 a に) 空気が吸い込まれるのを防ぐため。(同意可)

(b) (i) 還元 (ii) 酸素と結びつきやすい(または，酸化しやすい) (同意可) (c) $2CuO + C \rightarrow 2Cu + CO_2$

8 **【解き方】** (1) (a) F_1 と F_2 の力の大きさが同じであれば，物体が動く速さは一定となる。(b) 20cm = 0.2m より，2.4 (N) × 0.2 (m) = 0.48 (J) (c) X・Y．動滑車を使うと引く力の大きさはそのまま引き上げるときの $\frac{1}{2}$ になり，引く距離は 2 倍になるので，力の大きさは，2.4 (N) × $\frac{1}{2}$ = 1.2 (N) 糸を引いた距離は，20 (cm) × 2 = 40 (cm) Z．仕事の原理より，そのまま引き上げるときと斜面を使うときの仕事の大きさは等しいので，30cm = 0.3m より，$\frac{0.48\ (\mathrm{J})}{0.3\ (\mathrm{m})}$ = 1.6 (N) (d) 斜面の傾きの角度を大きくすると，20cm の高さまで引く距離は短くなるので，仕事の原理より，引く力は大きくなる。

(2) (a) 重さ 0.8N のおもりを 20cm 引き上げるときの仕事の量は，20cm = 0.2m より，0.8 (N) × 0.2 (m) = 0.16 (J) おもりを引き上げるのに 4.0 秒かかったので，$\frac{0.16\ (\mathrm{J})}{4.0\ (\text{秒})}$ = 0.04 (W) (b) 斜面の傾きが 30° のとき，おもりが移動する距離とおもりの高さの比は 2：1 になるので，高さ 20cm まで引き上げるときにおもりが移動する距離は，20 (cm) × $\frac{2}{1}$ = 40 (cm) モーターの仕事率とおもりにする仕事の量は同じなので，おもりを引き上げる時間は 4.0 秒になる。よって，$\frac{40\ (\mathrm{cm})}{4.0\ (\text{秒})}$ = 10 (cm/s)

【答】 (1) (a) エ (b) 0.48 (J) (c) X．1.2 Y．40 Z．1.6 (d) ア (2) (a) 0.04 (W) (b) 10 (cm/s)

国　語

1 **【答】** ① かがや(く)　② と(げる)　③ げきれい　④ はんも　⑤ 告(げる)　⑥ 敬(う)　⑦ 責任　⑧ 散策

2 **【解き方】** (一) 助動詞「う」に接続するので,「行こ」は未然形。②は,助動詞「た」に接続するので連用形。③は,接続助詞「ば」に接続するので仮定形。④は,文末なので終止形。

(二)「壮太は本当に帰ったんだな,もう遊ぶことはないんだな」と気づいたときの気持ちを,「ようだ」というたとえを表す語句を用いて表現している。

(三)「午後は」「部屋で」「漫画を」は,すべて「読んだ」という述語を修飾している。

(四)「ぼくが夜にプレイルームでおもちゃ箱をひっくり返していたこと」や,「壮太がいなくなった後,ぼくがどう過ごせばいいかわからなくなること」を知っていた壮太が紙飛行機を作ってくれていたことで,ぼくは「明日から,一つ一つ飛ばそう…少しは時間を忘れることができそうだ」という気持ちになっている。

(五) お母さんに「お別れはあっさりしているんだね」と言われたときの「ぼく」の気持ちを,「お母さんは何もわかっていない…泣きそうだったからだ」と表現していることや,「あと一週間か二週間で退院できそうかな」と「ビッグニュースのように」言う先生に対し,「一,二週間。ひとくくりにしてもらっては困る…大人の感覚で計算するのはやめてほしい」と「ぼく」が思っていることから考える。

【答】 (一) ①　(二) ぽっかり心に穴が空いていくようだった (18字)　(三) ウ

(四) 壮太はぼくがどう過ごせばいいかわからなくなると思っていて,壮太が作ってくれた紙飛行機を飛ばしている間,少しは時間を忘れることができそうだ(と考えるようになった。)(68字)(同意可)

(五) エ

3 **【解き方】** (一) 文節とは,文を,発音や意味のうえで不自然にならないように,できるだけ小さくくぎったときのまとまりのこと。「それを／行動に／移さない／人は／多いです」に分けられる。

(二) 活用のない自立語で,用言を修飾する語。ここでは,「変わる」という動詞を修飾している。

(三) 跳び箱の具体例を挙げて,五段を跳べるという「快適領域」から,六段の「学習領域」,八段の「危険領域」へと挑戦するときの気持ちを説明したあとで,まず「ちょい難」のことに挑戦することをすすめている。このことから,「学習領域」や「危険領域」に挑戦するときの気持ちを説明した文章のあとに入ること,「ちょい難」の目標をクリアしていくことについて述べた文章があとに続くことをおさえる。

(四) a.「あなたの居心地のいい領域」であり,「居心地がいいので出たくない」と思わせる場所である。b.「快適領域」のすぐ外にあり,「恐怖や不安,危険」までは感じず,「新しい体験に…意欲的に挑戦してみようという気持ち」になる領域である。c.「難易度が高すぎて,ワクワク感よりも恐怖や不安の方が強く」なり,「『できればやりたくない』『逃げ出したい』気持ち」になる領域である。

(五)「『新しいことを学習する』のをサポートする物質」でもあるドーパミンの具体的な効果について,「集中力,やる気,記憶力,学習機能など」が高まり,その結果「効率的な学習が行われ,自己成長が引き起こされる」と述べている。

【答】 (一) イ　(二) ア　(三) C　(四) a.　イ　b.　ア・エ　c.　ウ・オ

(五) 集中力や記憶力,学習機能などが高まるので,結果として,自己成長が引き起こされ,(39字)(同意可)

4 **【解き方】** (一) 語頭以外の「は・ひ・ふ・へ・ほ」は「わ・い・う・え・お」にする。

(二) 一字戻って読む場合には「レ点」を,二字以上戻って読む場合には「一・二点」を用いる。

(三)「一銭」をためると,「貧しき人」でも「富める人」になれることを受けて,商人の話を取り上げている。

(四)「寸陰」や「刹那」の大切さを示し,最後に,「遠く日月」を惜しむべきではなく,「ただ今の一念」が無駄に過ぎてしまうことを惜しむべきだと述べている。

【答】 (一) いわば　(二) イ　(三) 商人の一銭を惜しむ心,切なり (14字)　(四) ウ

◀口語訳▶　わずかな時間を惜しむ人はいない。これは,わずかな時間を惜しむ必要がないと,よく分かっている

ためなのか，それとも愚かであるためなのか。愚かであって怠けている人のために言うならば，一銭はわずかではあるが，これを積み重ねると，貧乏な人を富裕な人にする。そのため，商人が一銭を惜しむ気持ちは，切実である。一瞬間は意識されないでも，これをずっと積み上げていけば，命を終える時期を，突然迎えてしまう。

したがって，仏道の修行者は，遠い将来にわたる歳月を惜しむべきではない。現在の一瞬が，無駄に過ぎてしまうことを惜しむべきである。

5 **【解き方】** ㈠「メディアの視聴」と関連させているので，**【資料 2】** で，あおいさんと同じ理由の「情報機器…で時間がとられる」以外で，「メディア」に関係する理由を選ぶ。

㈡ ようこさんが「毎日，寝る前に」「一日が終わって一番リラックスしている時間」と答えているので，読書をする時間を質問していることをおさえる。

【答】 ㈠ イ　㈡ ウ　㈢ (例)

私は，読書の良いところは，想像力を養えるところだと思います。なぜなら，想像力を養うことはよい人間関係を築くことにつながると考えるからです。私は読書をする時，読み取った表現から登場人物の姿や表情を想像したり，登場人物の発する言葉や態度から，その人物の気持ちを推測したりします。このようにして養われた想像力は，現実の人間関係においても，相手の気持ちを大切に考えて接することにつながっていると思います。(199 字)

三重県公立高等学校
（後期選抜）

2022年度
入学試験問題

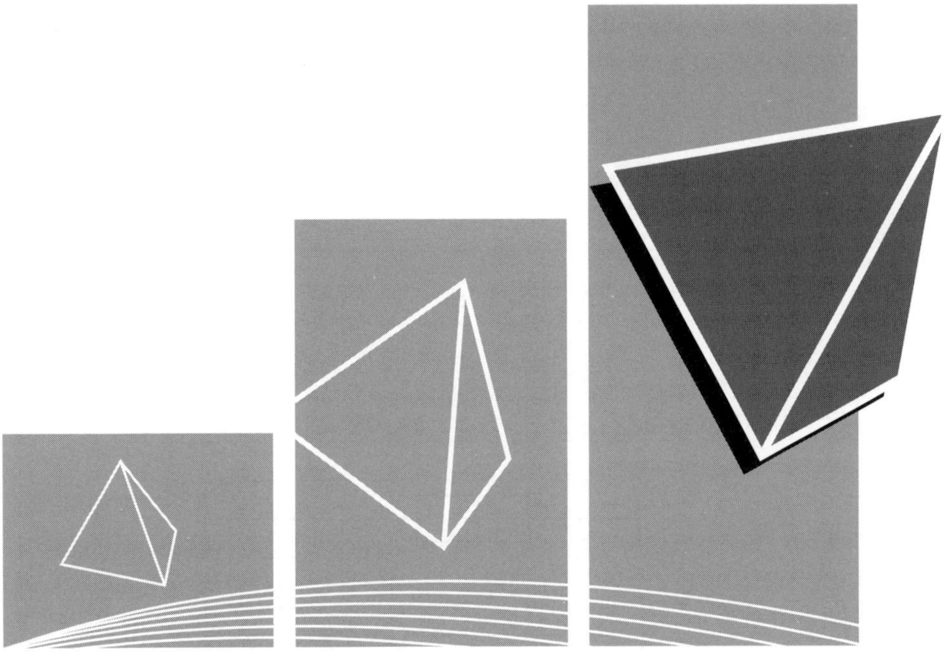

数学

時間　45分　　　満点　50点

1　あとの各問いに答えなさい。

(1)　$8 \times (-7)$ を計算しなさい。(　　　)

(2)　$\frac{4}{5}x - \frac{2}{3}x$ を計算しなさい。(　　　)

(3)　$15xy \div 5x$ を計算しなさい。(　　　)

(4)　$5(2a+b)-2(3a+4b)$ を計算しなさい。(　　　)

(5)　$(\sqrt{3}+2\sqrt{7})(2\sqrt{3}-\sqrt{7})$ を計算しなさい。(　　　)

(6)　y は x に反比例し，グラフが点$(-2,\ 8)$を通る。y を x の式で表しなさい。(　　　)

(7)　二次方程式 $2x^2+5x-2=0$ を解きなさい。(　　　)

(8)　右の表は，あるクラス20人の通学時間をまとめたものである。(ウ) にあてはまる数が0.80以下のとき，(ア) にあてはまる数をすべて求めなさい。(　　　)

通学時間(分)	度数(人)	相対度数	累積《るいせき》相対度数
以上　未満 0 ～ 5	2	0.10	0.10
5 ～ 10	4	0.20	0.30
10 ～ 15	7	0.35	0.65
15 ～ 20	(ア)	(イ)	(ウ)
20 ～ 25	(エ)	(オ)	(カ)
25 ～ 30	1	0.05	1.00
計	20	1.00	――

2　あとの各問いに答えなさい。

(1)　まなぶさんは，A組19人とB組18人のハンドボール投げの記録について，ノートにまとめている。下の〈まなぶさんがまとめたノートの一部〉の図1は，B組全員のハンドボール投げの記録を記録が小さい方から順に並べたもの，図2は，A組全員のハンドボール投げの記録を箱ひげ図にまとめたものである。

このとき，次の各問いに答えなさい。

〈まなぶさんがまとめたノートの一部〉

図1

B組全員のハンドボール投げの記録(m)	8，9，13，14，15，16，16，18，18， 20，21，22，23，23，25，27，30，35

図2

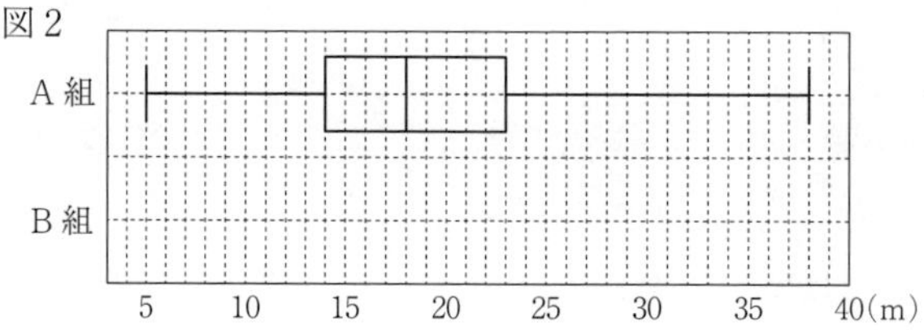

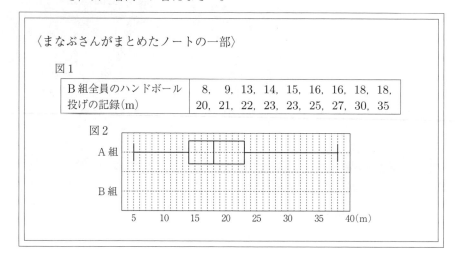

① B組全員のハンドボール投げの記録の中央値を求めなさい。(　　　m)

② 図1をもとにして，B組全員のハンドボール投げの記録について，箱ひげ図をかき入れなさい。

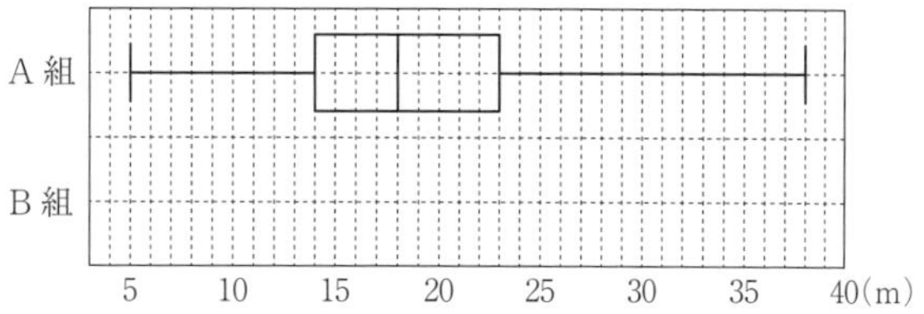

③ 図1，図2から読みとれることとして，次の(i)，(ii)は，「正しい」，「正しくない」，「図1，図2からはわからない」のどれか，下のア～ウから最も適切なものをそれぞれ1つ選び，その記号を書きなさい。(i)(　　　)　(ii)(　　　)

(i) ハンドボール投げの記録の第1四分位数は，A組とB組では同じである。

ア．正しい　　イ．正しくない　　ウ．図1，図2からはわからない

(ii) ハンドボール投げの記録が27m以上の人数は，A組のほうがB組より多い。

ア．正しい　　イ．正しくない　　ウ．図1，図2からはわからない

(2) 下の〈問題〉について，次の各問いに答えなさい。

〈問題〉

Pさんは家から1200m離《はな》れた駅まで行くのに，はじめ分速50mで歩いていたが，途中《とちゅう》から駅まで分速90mで走ったところ，家から出発してちょうど20分後に駅に着いた。Pさんが家から駅まで行くのに，歩いた道のりと，走った道のりを求めなさい。

下の□は，まどかさんとかずとさんが，〈問題〉を解くために，それぞれの考え方で連立方程式に表したものである。

〈まどかさんの考え方〉

[(A)] とすると，

$$\begin{cases} x + y = 1200 \\ \boxed{\text{(B)}} = 20 \end{cases}$$

と表すことができる。

〈かずとさんの考え方〉

[(C)] とすると，

$$\begin{cases} \boxed{\text{(D)}} = 20 \\ 50x + 90y = 1200 \end{cases}$$

と表すことができる。

① 上の [(A)] ～ [(D)] に，それぞれあてはまることがらはどれか，次のア～コから最も適切なものを1つずつ選び，その記号を書きなさい。

(A)(　　　)　(B)(　　　)　(C)(　　　)　(D)(　　　)

ア．歩いた道のりを x m，走った道のりを y m　　イ．歩いた時間を x 分，走った時間を y 分

ウ．$x + y$　　エ．$x - y$　　オ．$50x + 90y$　　カ．$90x + 50y$　　キ．$\frac{50}{x} + \frac{90}{y}$

ク．$\frac{90}{x} + \frac{50}{y}$　　ケ．$\frac{x}{50} + \frac{y}{90}$　　コ．$\frac{x}{90} + \frac{y}{50}$

② Pさんが家から駅まで行くのに，歩いた道のりと走った道のりを，それぞれ求めなさい。

歩いた道のり(　　　m)　走った道のり(　　　m)

(3)　右の図のように，1から n までの自然数が順に1つずつ書かれた n 枚のカードがある。このカードをよくきって1枚取り出すとき，取り出したカードに書かれた自然数を a とする。

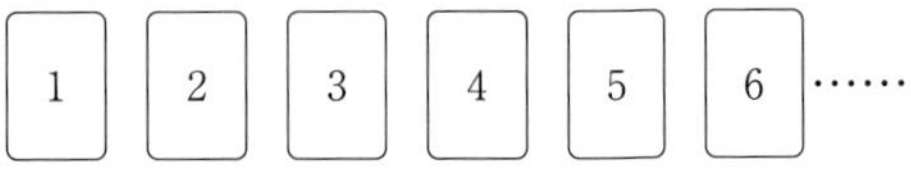

このとき，次の各問いに答えなさい。

①　$n = 10$ のとき，$\sqrt{a}$ が自然数となる確率を求めなさい。(　　　)

②　$\dfrac{12}{a}$ が自然数となる確率が $\dfrac{1}{2}$ になるとき，n の値をすべて求めなさい。(　　　)

3　右の図のように，関数 $y = \dfrac{1}{4}x^2$……㋐ のグラフ上に2点A，Bがあり，点Aの x 座標が－2，点Bの x 座標が4である。3点O，A，Bを結び△OABをつくる。

このとき，あとの各問いに答えなさい。

ただし，原点をOとする。

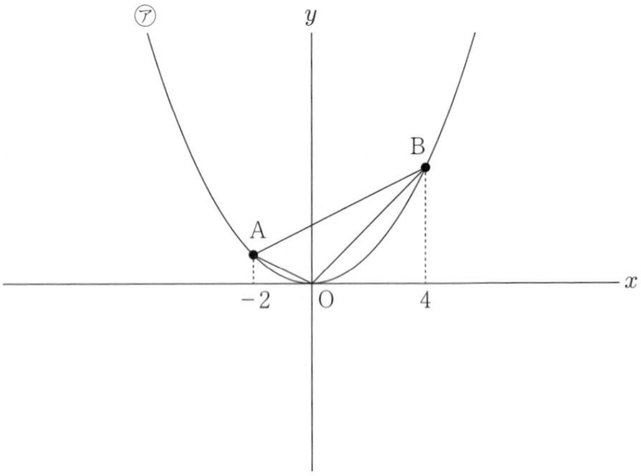

(1)　点Aの座標を求めなさい。(　　　)

(2)　2点A，Bを通る直線の式を求めなさい。(　　　)

(3)　x 軸《じく》上の $x > 0$ の範《はん》囲《い》に2点C，Dをとり，△ABCと△ABDをつくる。

このとき，次の各問いに答えなさい。

なお，各問いにおいて，答えに $\sqrt{\ }$ がふくまれるときは，$\sqrt{\ }$ の中をできるだけ小さい自然数にしなさい。

①　△OABの面積と△ABCの面積の比が1：3となるとき，点Cの座標を求めなさい。

(　　　)

②　△ABDが∠ADB = 90°の直角三角形となるとき，点Dの座標を求めなさい。(　　　)

4　あとの各問いに答えなさい。

(1)　右の図のように，点A，B，C，D，E，F，G，Hを頂点とし，AE = 6 cm，EF = 9 cm，FG = 3 cmの直方体Pがある。直方体Pの対角線DF上に点Iをとり，4点E，F，H，Iを結んで三角すいQをつくる。

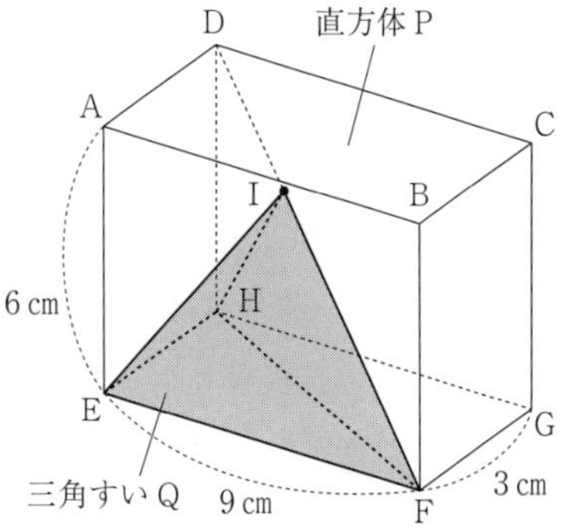

三角すいQの体積が直方体Pの体積の $\frac{1}{9}$ のとき，次の各問いに答えなさい。

なお，各問いにおいて，答えの分母に $\sqrt{\quad}$ がふくまれるときは，分母を有理化しなさい。また，$\sqrt{\quad}$ の中をできるだけ小さい自然数にしなさい。

①　△EFHを底面としたときの三角すいQの高さを求めなさい。(　　　　cm)

②　線分EIの長さを求めなさい。(　　　　cm)

(2)　次の図で，線分ABを直径とする半円の弧《こ》AB上に点Cがあり，線分ABの中点をOとするとき，∠OBD = 90°，∠DOB = ∠CAOとなる直角三角形DOBを1つ，定規とコンパスを用いて作図しなさい。

なお，作図に用いた線は消さずに残しておきなさい。

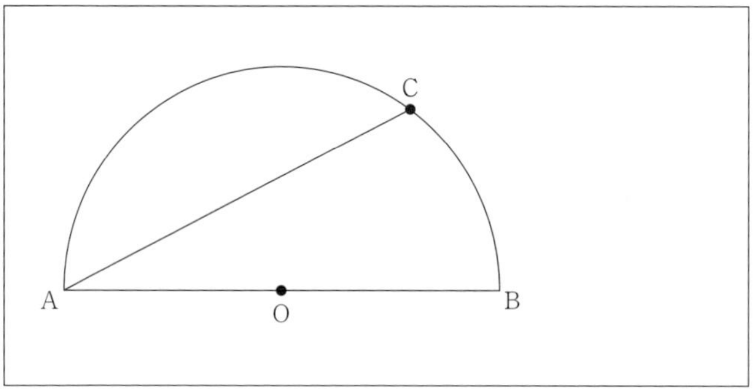

5　右の図のように，円 O の円周上に 3 点 A，B，C をとり，△ABC をつくる。∠BAC の二等分線と線分 BC，円 O との交点をそれぞれ D，E とし，線分 EC をひく。線分 AE 上に EC = AF となる点 F をとり，点 F を通り線分 EC と平行な直線と線分 AC，点 B をふくまない弧 AC との交点をそれぞれ G，H とし，線分 AH と線分 CH をひく。また，線分 EH と線分 AC との交点を I とする。

このとき，あとの各問いに答えなさい。

ただし，点 E は点 A と異なる点とする。

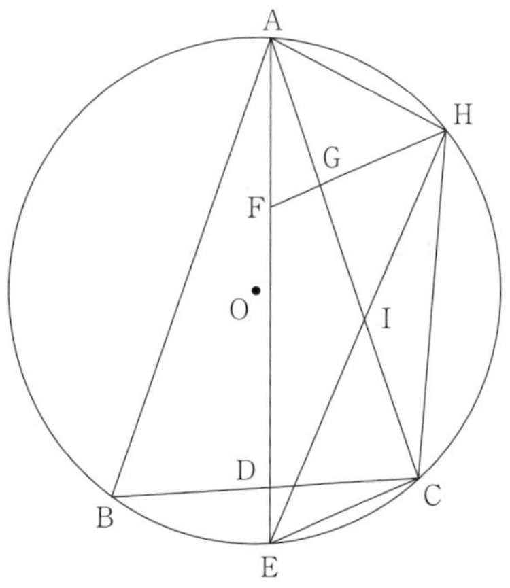

(1)　次の［　　］は，△AIH ∽△HIG であることを証明したものである。

［(ア)］～［(ウ)］に，それぞれあてはまる適切なことがらを書き入れなさい。

(ア)(　　　)　(イ)(　　　)　(ウ)(　　　)

〈証明〉　△AIH と△HIG において，

共通な角だから，［(ア)］……①

弧 AE に対する円周角は等しいから，∠AHI = ［(イ)］……②

FH ∥ EC より，平行線の錯角《さっかく》は等しいから，［(イ)］ = ∠HGI……③

②，③より，∠AHI = ∠HGI……④

①，④より，［(ウ)］がそれぞれ等しいので，

△AIH ∽△HIG

(2)　△AFG ≡△CED であることを証明しなさい。

(　　　　)

(3)　AF = 6 cm，FG = 2 cm，GH = 5 cm のとき，次の各問いに答えなさい。

①　線分 FE の長さを求めなさい。(　　　cm)

②　△IEC と△AGH の面積の比を，最も簡単な整数の比で表しなさい。(　　　)

英語

時間 45分　　　満点 50点

（編集部注） 放送問題の放送原稿は英語の末尾に掲載しています。
音声の再生についてはもくじをご覧ください。

1 放送を聞いて，あとの各問いに答えなさい。

(1) 下の表についての英語による質問を聞いて，その質問に対する答えとして，ア〜エから最も適当なものを1つ選び，その記号を書きなさい。(　　　)

名前	昨日したスピーチのテーマ	そのスピーチをした場所
Takashi	絶滅《ぜつめつ》のおそれがある動物	教室
Hiroko	大気汚染《おせん》	教室
Masato	絶滅のおそれがある動物	体育館
Rika	大気汚染	体育館

ア．Takashi did.　イ．Hiroko did.　ウ．Masato did.　エ．Rika did.

(2) 英語による対話を聞いて，それぞれの質問に対する答えとして，ア〜エから最も適当なものを1つ選び，その記号を書きなさい。No.1 (　　　) No.2 (　　　) No.3 (　　　)

No.1 ア．Yes, she does.　イ．No, she doesn't.　ウ．Yes, she did.　エ．No, she didn't.

No.2 ア．Miyuki did.
イ．Miyuki and her uncle did.
ウ．Miyuki and Mr. Smith did.
エ．Mr. Smith and John did.

No.3 ア．She is going to help Tom with his math homework.
イ．She is going to help her mother cook dinner.
ウ．She is going to ask Mr. Tanaka to help Tom.
エ．She is going to ask Satoshi to help Tom.

(3) 英語による対話を聞いて，それぞれの対話の最後の英文に対する受け答えとして，ア〜ウから最も適当なものを1つ選び，その記号を書きなさい。

No.1 (　　　) No.2 (　　　) No.3 (　　　) No.4 (　　　)

No.1 ア．About five minutes.　イ．Two hours ago.　ウ．Three times.

No.2 ア．The train stopped suddenly.
イ．I'll take you to the hospital.
ウ．The bus usually stops at the station.

No.3 ア．I'd like to help you.　イ．Here you are.　ウ．Orange juice, please.

No.4 ア．I have been there twice.　イ．My brother liked it, but I didn't.
ウ．We went there by bus.

(4)　高校生で放送部員のMakiが，カナダからの留学生のJackにインタビューしているときの英語による対話を聞いて，それぞれの質問に対する答えとして，ア～エから最も適当なものを1つ選び，その記号を書きなさい。No.1 (　　　)　No.2 (　　　)　No.3 (　　　)

No.1　ア．At 7:10.　イ．At 7:40.　ウ．At 8:10.　エ．At 8:30.

No.2　ア．Because Yoshie taught him a Japanese song after dinner.
イ．Because his father's experiences in Japan were interesting for him.
ウ．Because his father sometimes read Japanese books.
エ．Because his classmates had a chance to talk with him.

No.3　ア．He came to school by bicycle.
イ．He talked with Hiroshi's family.
ウ．He practiced calligraphy.
エ．He made a poster about it.

2 あとの各問いに答えなさい。

(1) 次の対話文は，高校生のChikaと，Chikaの家でホームステイを始めた，アメリカからの留学生のKateが，話をしているときのものです。対話文を読んで，次の各問いに答えなさい。

Kate ： Do you have any plans for this weekend, Chika?

Chika： Actually, I want to take you to some places in this town. Where do you want to go, Kate?

Kate ： I want to see some traditional Japanese buildings.

Chika： Oh, why do you want to see them?

Kate ： I love Japanese anime and I watched many Japanese anime movies before I came to Japan. I saw a beautiful Japanese castle in one of my favorite movies. Since then, I've wanted to see some traditional Japanese buildings.

Chika： There isn't a castle in this town, but there is a shrine near here. It's a traditional Japanese building, too. I will take you there on Saturday. (　①　)

Kate ： I'm so excited!

Chika： Is there anything else you want to do?

Kate ： I want to eat some Japanese food I've never eaten before.

Chika： I see. Do you know *okonomiyaki*?

Kate ： Yes. One of my classmates told me about it before, but I've never eaten it.

Chika： Let's make and eat it together on Sunday.

Kate ： Sounds good!

Chika： I've never made it before, but my father often makes it for me. He will help us make it if he is free on Sunday. I'll ask him later.

Kate ： Wow! It'll be a lot of fun!

Chika： We need to go to the supermarket to buy the ingredients before Sunday.

Kate ： (　②　)

Chika： That's a good idea.

(注) anime アニメ　ingredients 材料

No.1 (①), (②) に入るそれぞれの文として，ア～エから最も適当なものを1つ選び，その記号を書きなさい。①(　　) ②(　　)

① ア. I hope you'll like it.　イ. I know you did it.　ウ. I don't think you can do it.
エ. I understand it's too difficult.

② ア. How about going there after school on Friday?
イ. How are we going to get there after school on Friday?
ウ. What are we going to buy there after school on Friday?
エ. What time are we going to go there after school on Friday?

No.2 対話文の内容に合う文として，ア～エから最も適当なものを1つ選び，その記号を書きなさい。(　　)

ア. Chika is going to take Kate to the beautiful castle in Chika's town on Saturday.

イ. Kate wants to go to the shrine because she saw it in one of her favorite movies.

ウ. Kate didn't understand what *okonomiyaki* was when Chika talked about it.

エ. Chika has never made *okonomiyaki* before, but her father knows how to make it.

(2) 下に示すのは，Kevin といとこの Alice の携帯《けいたい》電話でのメッセージのやり取りです。このメッセージのやり取りから読み取れることを正しく表している文として，ア～エから最も適当なものを１つ選び，その記号を書きなさい。(　　　)

Can you help me make a cake if you have some time next Saturday? I found a recipe on the Internet and tried to make it, but it was too difficult.
Kevin
OK. I'll show you how to make it. Why do you want to make it?
Alice
My mother's birthday will come soon. I want to do something that makes her surprised, so I decided to make a cake for her.
Kevin
That's a good idea. I will have a dance lesson in the morning, and then I will be home by noon. Can you come to my house at 1:30 p.m.?
Alice
Sure. Thank you.
Kevin

ア. Alice is going to make a cake for Kevin's birthday next Saturday afternoon.

イ. Kevin was surprised when Alice told him about the recipe she found on the Internet.

ウ. Alice wanted Kevin to go to a dance lesson with her next Saturday, but he couldn't.

エ. Kevin will go to Alice's house at 1:30 p.m. next Saturday to learn how to make a cake.

3　あとの各問いに答えなさい。

(1)　次のような状況《じょうきょう》において，あとの①～③のとき，あなたならどのように英語で表しますか。それぞれ6語以上の英文を書きなさい。

ただし，I'm などの短縮形は1語として数え，コンマ（,），ピリオド（.）などは語数に入れません。

【状況】　あなたは，オーストラリアから来た外国語指導助手（ALT）の Mr. Green と，学校の廊下《ろうか》で話をしているところです。

①　日本の文化に興味があるか尋《たず》ねるとき。

(　　　　　　　　　　　　　　　　　　　　)

②　日本には訪れる場所がたくさんあると伝えるとき。

(　　　　　　　　　　　　　　　　　　　　)

③　オーストラリアで撮《と》った写真を見せてほしいと伝えるとき。

(　　　　　　　　　　　　　　　　　　　　)

(2)　Ryota は，英語の授業で，自分が住むあおぞら町（Aozora Town）について紹介《しょうかい》することになり，下の原稿《げんこう》を準備しました。

あなたが Ryota なら，①～③の内容をどのように英語で表しますか。それぞれ4語以上の英文を書き，下の原稿を完成させなさい。

ただし，I'm などの短縮形は1語として数え，コンマ（,），ピリオド（.）などは語数に入れません。

①(　　　　　　　　　　　　　　　　　　　　)

②(　　　　　　　　　　　　　　　　　　　　)

③(　　　　　　　　　　　　　　　　　　　　)

【原稿】

Hello, everyone. I am going to tell you about Aozora Town.

①　あおぞら町はひかり山（Mt. Hikari）で有名だということ。

②　春にひかり山に登ったら，多くの美しい花を見ることができるということ。

③　ひかり山の近くのレストランはあおぞら町で一番人気があるということ。

Thank you.

4　次の文章を読んで，あとの各問いに答えなさい。

Kenta is sixteen. He is a high school student. He is a member of the music club and plays the guitar in a band. His band is going to perform at the school festival in September.

One day in August, when Kenta's band members were practicing for the festival, one of the members, Erika, said to other members, "I'm looking forward to the festival. It'll be exciting." She is the leader of the music club and plays the drums. She has performed on the stage many times. Kenta didn't say anything. Erika said to him, "(　　①　　)" He said, "I'm a little nervous because I have never performed on the stage. I don't want to make mistakes in front of many people." She said, "Don't be afraid of making mistakes. The important thing is to do your best." She tried to encourage him, but he didn't look happy.

One Sunday in September, Kenta went to his favorite band's concert with Erika. They were very excited to see the great performance by the band. After the concert, they saw their ALT, Ms. Brown. Erika said to Ms. Brown, "Hello, Ms. Brown. I didn't know you were here. Did you enjoy the concert?" Ms. Brown said, "Hi, Erika. The concert was great. I really enjoyed it. I love music." When they were walking to the station together, all of them were excited and enjoyed talking about the concert.

The next day, when Kenta was looking for some magazines about guitars in the school library, he saw Ms. Brown again. She was reading a magazine. He asked her, "What are you reading, Ms. Brown?" She said, "Hi, Kenta. I'm reading a magazine about guitars. I like playing the guitar." He said, "Really? Me, too!" He was glad that she also played the guitar. He asked, "When did you start playing the guitar?" She said, "When I was sixteen, I started playing it. That year, I played it in front of many people for the first time." He asked, "Did you play it well?" She said, "I made some mistakes, but I did my best. I felt happy when I saw my friends' smiling faces from the stage." After he listened to her experience, Kenta wanted the people coming to the festival to enjoy his band's performance. She said, "I want to listen to your performance." He said, "My band is going to perform at the school festival soon. (　　②　　)" She said, "Sure."

After talking with Ms. Brown, Kenta called Erika. He said, "Now I understand your words." Erika asked, "What do you mean?" He said, "I'll try hard at the festival to make people happy."

On the day of the festival, Kenta's band performed on the stage. Kenta made some mistakes, but he was happy to see many smiling faces from the stage. After the performance, Ms. Brown came to see him. She said, "Your performance was really good." He said, "Thank you. I enjoyed playing the guitar on the stage."

(Two years later)

Kenta is the leader of the music club now. This year, he is going to perform at the school festival with his new band members who are going to perform on the stage for the first time.

One day before the festival, one of Kenta's band members, Manami, said to Kenta, "I'm so nervous. What should I do if I make a mistake?" He said to her with a smile, "When I performed on the stage for the first time, I made some mistakes. So you don't have to be afraid of making mistakes. Let's do our best!"

(注) leader　部長　stage　舞台《ぶたい》　encourage ～　～を励《はげ》ます　ALT　外国語指導助手

(1) (①), (②) に入るそれぞれの文として，ア～エから最も適当なものを1つ選び，その記号を書きなさい。①(　　) ②(　　)

① ア．Who is that student?　イ．What's wrong?　ウ．When is the festival?
エ．Whose guitar is this?

② ア．Did you listen to it?　イ．Was it very exciting?　ウ．Would you like to come?
エ．Were they at the festival?

(2) 本文の内容に合うように，下の英文の (A), (B) のそれぞれに入る最も適当な1語を，本文中から抜《ぬ》き出して書きなさい。A (　　) B (　　)

Kenta and Erika saw Ms. Brown after his favorite band's concert on Sunday. All of them enjoyed (A) about it when they were walking to the station. The next day, he saw Ms. Brown in the school library. She was reading a (B) about guitars there.

(3) 下線部に He said, "Now I understand your words." とあるが，Erika が Kenta に言った内容として，ア～エから最も適当なものを1つ選び，その記号を書きなさい。(　　)

ア．It is important for Kenta to do his best.

イ．Kenta has to go to his favorite band's concert.

ウ．It is necessary for Kenta to talk with Ms. Brown.

エ．Kenta should be the leader of the music club.

(4) 本文の内容に合う文として，ア～カから適当なものを2つ選び，その記号を書きなさい。

(　　)(　　)

ア．All students of Kenta's high school were going to perform at the school festival in September.

イ．Kenta tried to encourage Erika when they were practicing for the festival, but she didn't look happy.

ウ．Ms. Brown started playing the guitar when she was sixteen, and two years later, she played it in front of many people for the first time.

エ．Ms. Brown felt happy to see her friends' smiling faces when she played the guitar on the stage.

オ．Kenta didn't make any mistakes when he played the guitar on the stage for the first time at the school festival.

カ．When Manami was very nervous, Kenta told her that she didn't have to be afraid of making mistakes.

〈放送原稿〉

ただいまから，2022 年度三重県公立高等学校入学試験英語のリスニング検査を行います。問題は，(1)，(2)，(3)，(4)の 4 つです。問題用紙の各問いの指示に従って答えなさい。聞いている間にメモを取ってもかまいません。

それでは，(1)の問題から始めます。(1)の問題は，表を見て答える問題です。次の表についての英語による質問を聞いて，その質問に対する答えとして，ア～エから最も適当なものを 1 つ選び，その記号を書きなさい。質問は 2 回繰り返します。

では，始めます。

Who made a speech about endangered animals in the gym yesterday?（繰り返す）

これで(1)の問題を終わり，(2)の問題に移ります。

(2)の問題は，英語による対話を聞いて，質問に答える問題です。それぞれの質問に対する答えとして，ア～エから最も適当なものを 1 つ選び，その記号を書きなさい。対話は，No.1，No.2，No.3 の 3 つです。対話と質問は 2 回繰り返します。

では，始めます。

No.1　A： Is that a new T-shirt, Saori?

B： Yes, Bob. I bought it on the Internet.

A： It looks nice. Do you often buy clothes on the Internet?

B： No. I usually buy them at the department store.

質問します。

Did Saori buy her new T-shirt at the department store?

（No.1 を繰り返す）

No.2　A： Hi, Miyuki. How was your winter vacation?

B： I went to Osaka to see my uncle. How about you, Mr. Smith?

A： My friend, John, visited me from New Zealand. We went to Kyoto to see a lot of temples.

B： Oh, that's good.

質問します。

Who visited Kyoto during the winter vacation?

（No.2 を繰り返す）

No.3　A： Hi, Naomi. Can you help me with my math homework after school?

B： Sorry, Tom, but I have to help my mother cook dinner after school today. Can you ask Mr. Tanaka to help you?

A： He isn't at school today.

B： Oh, how about Satoshi? He is good at math.

A： He is going to practice basketball after school.

B： OK. I will help you tomorrow morning before the first class.

質問します。

What is Naomi going to do after school today?

(No.3 を繰り返す)

これで(2)の問題を終わり，(3)の問題に移ります。

(3)の問題は，英語による対話を聞いて，答える問題です。それぞれの対話の最後の英文に対する受け答えとして，ア～ウから最も適当なものを1つ選び，その記号を書きなさい。対話は，No.1，No.2，No.3，No.4 の4つです。対話は2回繰り返します。

では，始めます。

No.1　A：　Excuse me. How can I get to the library?

B：　Go along this street and you'll see a large brown building. It's the library.

A：　Thank you. How long does it take?

(繰り返す)

No.2　A：　I didn't see you in the first class this morning.

B：　I was late for school today.

A：　What happened?

(繰り返す)

No.3　A：　Hi. Can I help you?

B：　Can I have a hamburger and a salad, please?

A：　Sure. What would you like to drink?

(繰り返す)

No.4　A：　How did you spend your weekend?

B：　I went to see a movie with my brother.

A：　Oh, how was it?

(繰り返す)

これで(3)の問題を終わり，(4)の問題に移ります。

(4)の問題は，高校生で放送部員の Maki が，カナダからの留学生の Jack にインタビューしているときの英語による対話を聞いて，質問に答える問題です。それぞれの質問に対する答えとして，ア～エから最も適当なものを1つ選び，その記号を書きなさい。対話と質問は2回繰り返します。

では，始めます。

Maki：　Hello, Jack. Today I will ask you some questions. When did you come to Japan?

Jack：　I came to Japan two weeks ago. I will stay in Japan for three more weeks.

Maki：　How do you come to school?

Jack：　I come to school by bicycle. I usually leave home at 7:40. It takes thirty minutes to school. I am surprised to see many cars every day.

Maki：　I see. How is your stay here?

Jack：　Great. I am staying with Hiroshi's family. I enjoy talking with his family after dinner. His sister, Yoshie, is a music teacher and she often teaches me Japanese songs. I can learn Japanese from them, too.

Maki：　Sounds good. Why did you want to study in Japan?

Jack ：　My father came to Japan to study Japanese when he was a college student. He told me about his experiences in Japan. They were interesting, so I decided to study in Japan someday.

Maki：　I see. Does your father still study Japanese?

Jack ：　Yes, he does. He sometimes reads Japanese books.

Maki：　That's wonderful. Do you enjoy your school life here?

Jack ：　Yes. I have a good time. My classmates often try to talk to me. I am happy to have a chance to communicate with them.

Maki：　That's good. What do you like to do during your free time?

Jack ：　I like to practice calligraphy. A friend of mine teaches it to me. I want to be good at it.

Maki：　Do you have anything to tell the students of this school?

Jack ：　I want to tell them about my country. So I made a poster about Canada three days ago. You can see it on the wall.

Maki：　Thank you very much. I really enjoyed talking with you.

質問します。

No.1　What time does Jack usually arrive at school?

No.2　Why did Jack decide to come to Japan?

No.3　What did Jack do to tell the students about Canada?

(対話と質問を繰り返す)

これでリスニング検査の放送を終わります。

社会

時間　45分　　　　満点　50点

1　次の各問いに答えなさい。

(1)　資料1は，緯線《いせん》と経線が直角に交わった地図の一部であり，緯線，経線ともに30度間隔《かんかく》で示している。資料1について，次の(a)，(b)の各問いに答えなさい。

〈資料1〉

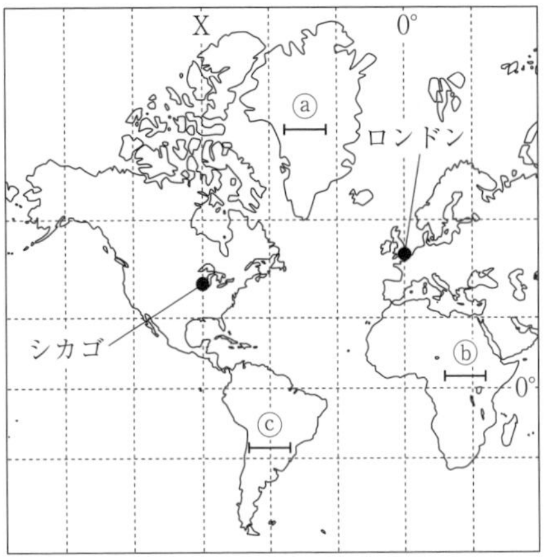

(a)　ロンドンが現地時間で3月9日午前0時のとき，Xで示した経線に合わせた時刻を標準時としているシカゴは，現地時間で何月何日何時か，次のア〜エから最も適当なものを1つ選び，その記号を書きなさい。

(　　　)

ア．3月8日午後6時　　イ．3月8日午後9時

ウ．3月9日午前3時　　エ．3月9日午前6時

(b)　資料1にⓐ〜ⓒで示した |—| は，地図上では同じ長さであるが，実際の地球上での距離《きょり》は異なっている。ⓐ〜ⓒで示した |—| を，実際の地球上での距離が長い順に並べると，どのようになるか，次のア〜カから最も適当なものを1つ選び，その記号を書きなさい。(　　　)

ア．ⓐ→ⓑ→ⓒ　　イ．ⓐ→ⓒ→ⓑ　　ウ．ⓑ→ⓐ→ⓒ　　エ．ⓑ→ⓒ→ⓐ　　オ．ⓒ→ⓐ→ⓑ

カ．ⓒ→ⓑ→ⓐ

(2)　略地図1に示したアジア州について，あとの(a)，(b)の各問いに答えなさい。

〈略地図1〉

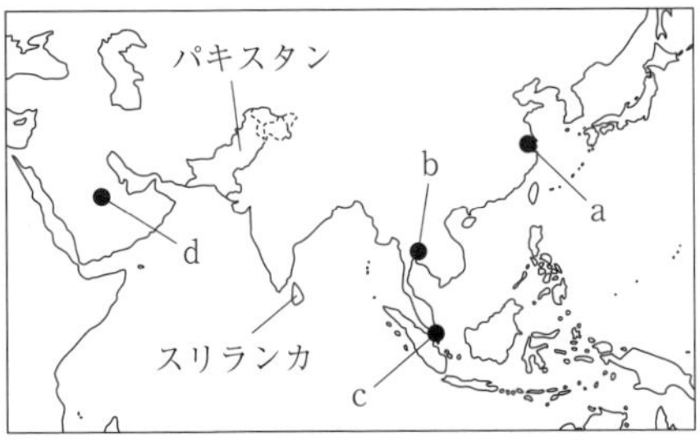

〔注：国境は一部省略。国境については，確定していないところもある〕

〈資料2〉

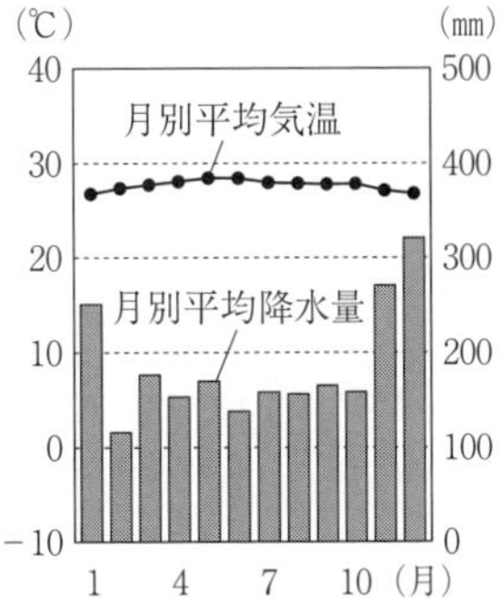

(『理科年表 2021』から作成)

(a)　資料2は，略地図1に示したa〜dのいずれかの都市における雨温図である。資料2はいずれの都市の雨温図か，略地図1のa〜dから最も適当なものを1つ選び，その記号を書きなさい。

(　　　)

(b)　略地図1に示したパキスタン，スリランカについて，資料3のⅠ，Ⅱは，いずれかの国の宗教別人口の割合を示したもの，資料4のⅢ，Ⅳは，いずれかの国の日本への輸出品目別割合を

示したものである。スリランカの宗教別人口の割合にあてはまるものは，資料３のⅠ，Ⅱのどちらか，また，スリランカの日本への輸出品目別割合にあてはまるものは，資料４のⅢ，Ⅳのどちらか，あとのア～エから最も適当な組み合わせを１つ選び，その記号を書きなさい。

(　　　)

〈資料 3〉　宗教別人口の割合

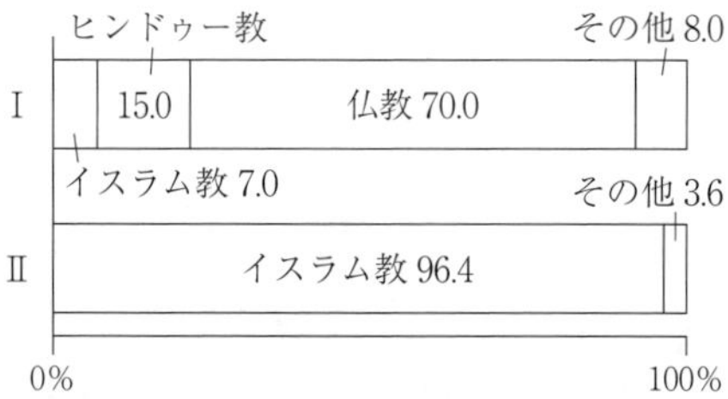

〈資料 4〉　日本への輸出品目別割合

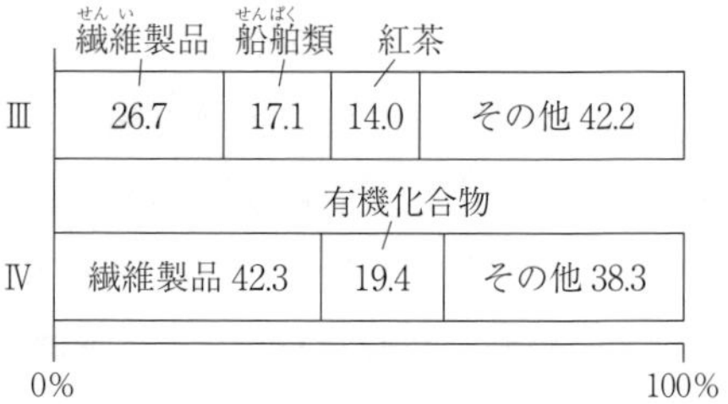

(資料 3，資料 4 は，『データブック　オブ・ザ・ワールド 2021』から作成)

ア．資料３―Ⅰ　　資料４―Ⅲ　　イ．資料３―Ⅰ　　資料４―Ⅳ

ウ．資料３―Ⅱ　　資料４―Ⅲ　　エ．資料３―Ⅱ　　資料４―Ⅳ

(3)　略地図２に示したアフリカ州について，次の(a)，(b)の各問いに答えなさい。

〈略地図 2〉

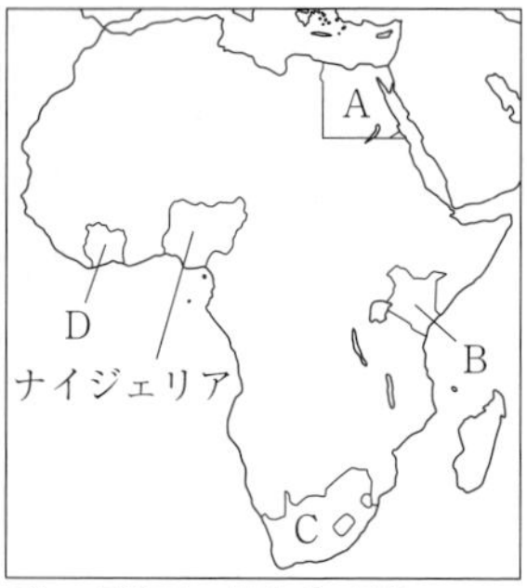

〔注：国境は一部省略。国境については，確定していないところもある〕

(a)　資料５は，略地図２に示したＡ～Ｄのいずれかの国の特徴《とくちょう》についてまとめたものの一部である。資料５は，どの国の特徴についてまとめたものか，略地図２のＡ～Ｄから最も適当なものを１つ選び，その記号を書きなさい。(　　　)

〈資料 5〉

> 標高が 5,000m を超《こ》える高い山や，標高が 2,000m 以上ある高原が広がり，高山気候に属するすずしい気候であることを利用して，茶や切り花が栽培《さいばい》され，多くが輸出されている。

(b)　資料６は，略地図２に示したナイジェリアにおける輸出総額に占《し》める原油の輸出額の割合，資料７は，原油の国際価格の推移を示したものである。また，資料８は，ナイジェリアの輸出総額の推移を示したものである。資料８に示した，ナイジェリアの輸出総額の推移には，どのような特徴があるか，その１つとして考えられることを，資料６，資料７から読み取り，「原油」という言葉を用いて，書きなさい。

(　　　　　　　　　　　　　　　　　　　　　　　　　　　　　　　　　　)

〈資料 6〉

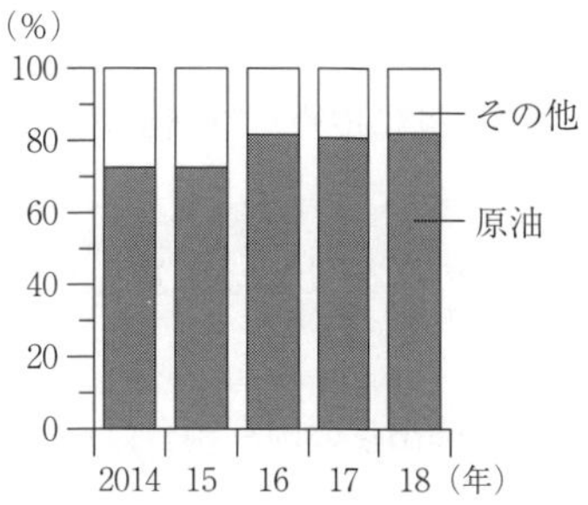

(『世界国勢図会《ずえ》 2020／21』ほかから作成)

〈資料 7〉

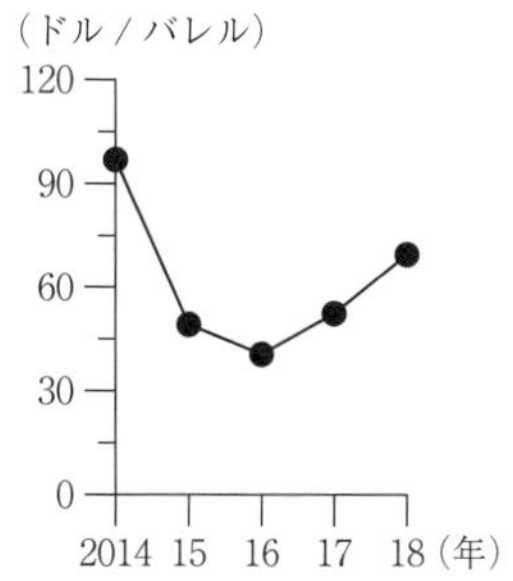

(OPEC Web ページから作成)
〔注：1 バレル＝約 159 リットル〕

〈資料 8〉

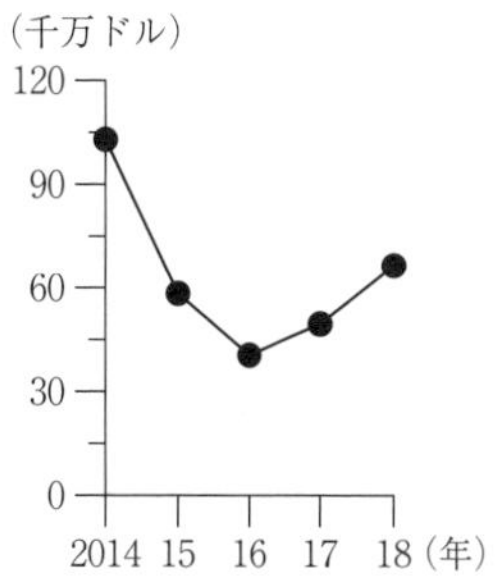

(『世界国勢図会 2020／21』ほかから作成)

(4) 略地図 3 に示した南アメリカ州について，次の(a)，(b)の各問いに答えなさい。

〈略地図 3〉

〔注：国境は一部省略〕

(a) 資料 9 は，略地図 3 に e で示した場所にあるマチュピチュの遺跡《いせき》を示したものである。マチュピチュをつくった先住民の国の名称《めいしょう》は何か，あとのア～エから最も適当なものを 1 つ選び，その記号を書きなさい。
(　　　)

〈資料 9〉

ア．モンゴル帝国《ていこく》　イ．インカ帝国　ウ．ムガル帝国　エ．オスマン帝国

(b) 資料 10 は，略地図 3 に示した，ブラジルとアルゼンチンの，2000 年と 2017 年における，大豆の生産量と輸出量を示したものである。また，資料 11 は，2000 年と 2017 年における，世界の大豆の生産量と輸出量の国別割合を示したものである。資料 10，資料 11 から読み取れることとして，誤っているものはどれか，あとのア～エから 1 つ選び，その記号を書きなさい。(　　　)

〈資料 10〉 大豆の生産量（単位：百万トン）

国名	2000 年	2017 年
ブラジル	32.7	114.7
アルゼンチン	20.2	55.0

大豆の輸出量（単位：百万トン）

国名	2000 年	2017 年
ブラジル	11.5	68.2
アルゼンチン	4.1	7.4

〈資料 11〉 大豆の生産量の国別割合

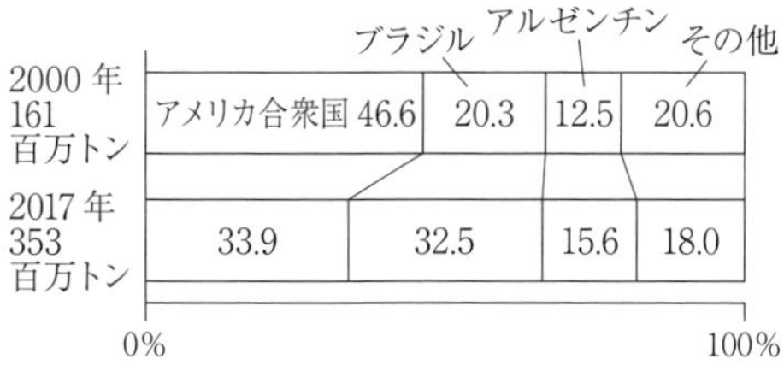

大豆の輸出量の国別割合

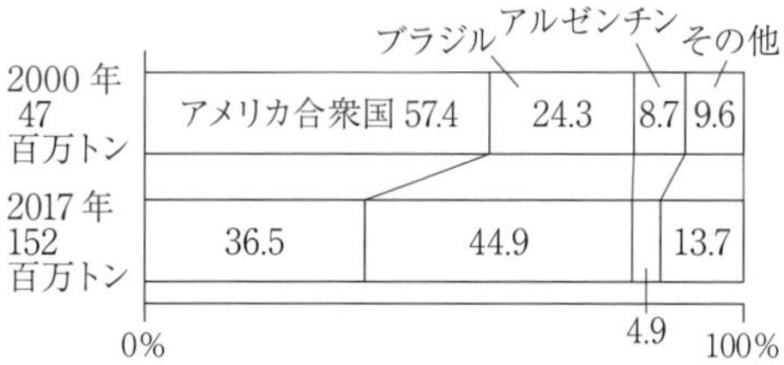

(資料 10，資料 11 は，『世界国勢図会 2020／21』ほかから作成)

ア．ブラジルでは，2017 年は 2000 年と比べると，大豆の生産量も生産量の国別割合も増加した。

イ．ブラジルでは，2017 年は 2000 年と比べると，大豆の生産量に占める輸出量の割合は増加した。

ウ．アルゼンチンでは，2017 年は 2000 年と比べると，大豆の生産量も輸出量も 2 倍以上になった。

エ．アルゼンチンでは，2017 年は 2000 年と比べると，大豆の輸出量の国別割合は減少したが，輸出量は増加した。

2 次の各問いに答えなさい。

(1) 略地図に示した岩手県について述べた文はどれか，あとのア～エから最も適当なものを１つ選び，その記号を書きなさい。(　　　)

〈略地図〉

ア．ねぶた祭が開催《かいさい》され，津軽塗《つがるぬり》が伝統的工芸品に指定されている。

イ．中尊《ちゅうそん》寺《じ》金色堂《こんじきどう》が国宝に，南部鉄器が伝統的工芸品にそれぞれ指定されている。

ウ．国宝・重要文化財の指定件数が全国１位で，西陣織《にしじんおり》が伝統的工芸品に指定されている。

エ．花笠《はながさ》まつりが開催され，天童《てんどう》将《しょう》棋《ぎ》駒《こま》が伝統的工芸品に指定されている。

(2) 略地図に示した千葉県にある，貿易額が全国１位の国際空港を何というか，その名称を書きなさい。(　　　　国際空港)

(3) 資料１は，略地図に⬭で示したあたりに広がる瀬戸内工業地域と，全国の，2017年における工業別の製造品出《しゅっ》荷《か》額《がく》の割合を示したものであり，資料１のA～Dは，機械工業，化学工業，食料品工業，繊維工業のいずれかである。資料１のBにあてはまる工業として最も適当なものはどれか，あとのア～エから１つ選び，その記号を書きなさい。(　　　)

〈資料１〉

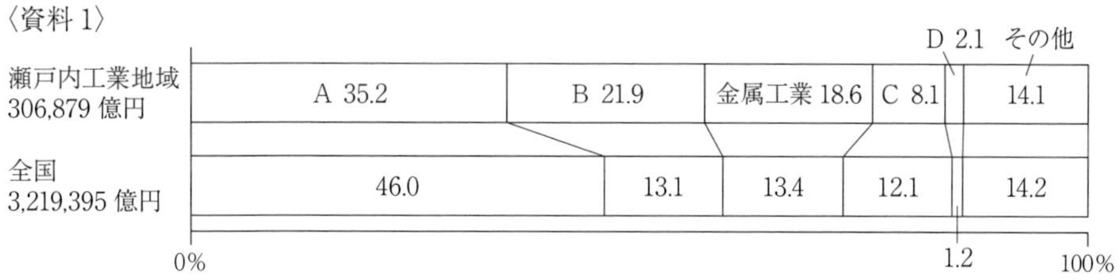

(『日本国勢図会 2020／21』から作成)

ア．機械工業　　イ．化学工業　　ウ．食料品工業　　エ．繊維工業

(4) 略地図に示した北海道の農業について述べた文はどれか，次のア～エから最も適当なものを１つ選び，その記号を書きなさい。(　　　)

ア．泥炭《でいたん》地《ち》に農業に適した土を運び入れて土地を改良し，全国有数の米の生産地になっている。

イ．日本最大級の砂《さ》丘《きゅう》が広がり，なしやらっきょうの栽培がさかんである。

ウ．夜間に照明を当てて生育を遅《おく》らせる方法で，菊《きく》の生産量は全国１位となっている。

エ．みかんや梅の栽培がさかんで，生産量は，ともに全国１位である。

(5)　資料2は，略地図に示した岩手県，千葉県，鹿児島県における農業産出額の割合を示したものであり，資料2のX〜Zは，米，野菜，畜産《ちくさん》のいずれかである。資料2のX〜Zにあてはまる項目《こうもく》の組み合わせはどれか，次のア〜カから最も適当なものを1つ選び，その記号を書きなさい。

(　　　)

ア．X−米　　Y−野菜　　Z−畜産

イ．X−米　　Y−畜産　　Z−野菜

ウ．X−野菜　　Y−米　　Z−畜産

エ．X−野菜　　Y−畜産　　Z−米

オ．X−畜産　　Y−米　　Z−野菜

カ．X−畜産　　Y−野菜　　Z−米

〈資料2〉

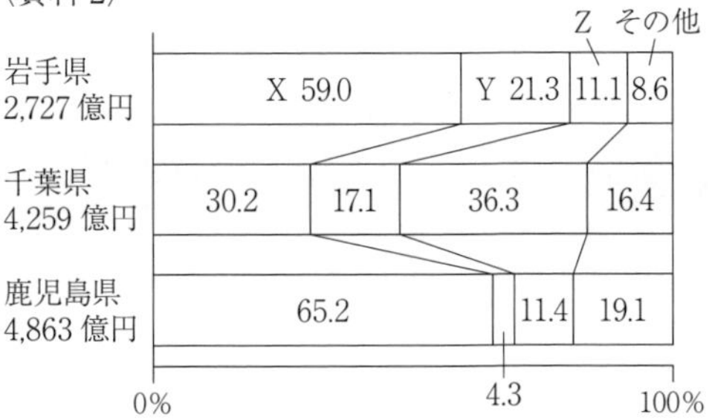

〔注：数値は2018年のもの〕

(『データでみる県勢2021』から作成)

(6)　資料3は，茶の生産量の県別割合を示したもの，資料4は，茶の生産額の県別割合を示したものである。資料3，資料4の［ a ］は，略地図に示したいずれかの道県である。［ a ］にあてはまる道県の名称は何か，次のア〜エから最も適当なものを1つ選び，その記号を書きなさい。(　　　)

ア．北海道　　イ．岩手県　　ウ．千葉県

エ．鹿児島県

〈資料3〉

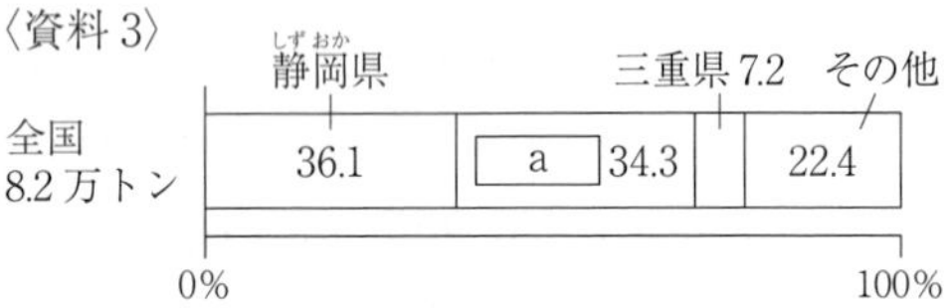

〈資料4〉

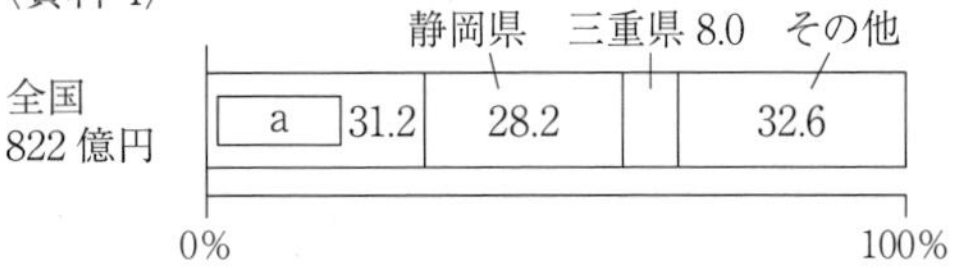

〔注：数値は2019年のもの〕

(資料3，資料4は，農林水産省Webページから作成)

(7)　まゆみさんは，日本の農業について調べるために，いくつかの資料を集めた。資料5は，日本の農業就業人口の推移を示したもの，資料6は，日本の年齢《ねんれい》別の農業就業人口の割合の推移を示したものである。日本の農業には，どのような課題がみられるか，その1つとして考えられることを，資料5，資料6から読み取り，書きなさい。

(　　　　　　　　　　　　　　　　　　　　　　　　　　　)

〈資料5〉

	農業就業人口（千人）
1994年	4,296
1999年	3,845
2004年	3,622
2009年	2,895
2014年	2,266
2019年	1,681

〈資料6〉

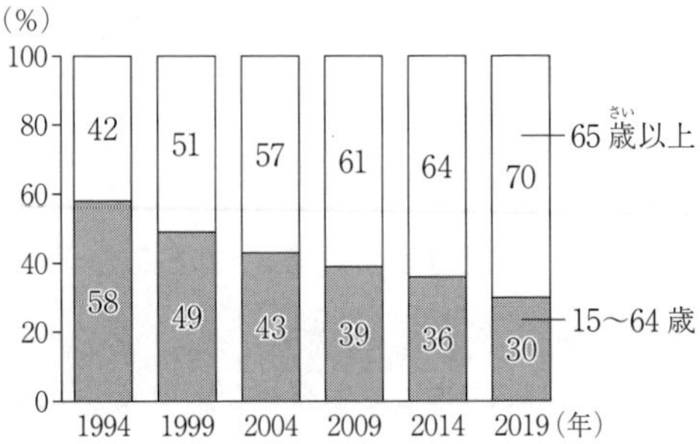

(資料5，資料6は，農林水産省Webページから作成)

3　次の表は，まさきさんの学級で歴史的分野を学習したときの内容をまとめたものの一部である。これを見て，あとの各問いに答えなさい。

稲作《いなさく》が始まり，弥生《やよい》土器や金属器を使うようになった時代を①弥生時代という。
源氏《げんじ》の将軍が3代で絶えると，幕府を倒《たお》そうとする②承久《じょうきゅう》の乱が起こった。
室町《むろまち》時代になると，③商業がますます発展し，各地の特産物も増えた。
1886年に，④ノルマントン号事件が起こった。
大正時代になると，都市化や教育の普及《ふきゅう》が進むなかで，⑤人々は大衆と呼ばれるようになった。
連合国軍総司令部（GHQ）の指令に従って，⑥戦後改革が行われた。
1980年代には，日本は世界のなかの⑦経済大国となった。

(1)　下線部①について，資料1は，弥生時代のようすについて，まさきさんがまとめたものの一部である。資料1の Ⅰ ， Ⅱ にあてはまる言葉の組み合わせはどれか，次のア～エから最も適当なものを1つ選び，その記号を書きなさい。(　　　)

〈資料1〉

稲作が本格的に始まり，収穫《しゅうかく》した米を Ⅰ におさめて貯蔵した。代表的な遺跡として佐賀《さが》県の Ⅱ がある。

ア．Ⅰ—高床倉庫《たかゆかそうこ》　Ⅱ—岩宿《いわじゅく》遺跡

イ．Ⅰ—高床倉庫　Ⅱ—吉野ヶ里《よしのがり》遺跡

ウ．Ⅰ—竪穴《たてあな》住居　Ⅱ—岩宿遺跡

エ．Ⅰ—竪穴住居　Ⅱ—吉野ヶ里遺跡

(2)　下線部②について，鎌倉《かまくら》幕府が承久の乱後に，京都に置いた役所の名称は何か，次のア～エから最も適当なものを1つ選び，その記号を書きなさい。(　　　)

ア．六波羅探題《ろくはらたんだい》　イ．遠国奉行《おんごくぶぎょう》　ウ．問注所《もんちゅうじょ》　エ．京都所司代《きょうとしょしだい》

(3)　下線部③について，室町時代における商業のようすについて述べた文はどれか，次のア～エから最も適当なものを1つ選び，その記号を書きなさい。(　　　)

ア．商人や手工業者は，座と呼ばれる同業者の組合をつくり，生産や販売《はんばい》を独占《どくせん》した。

イ．平城京《へいじょうきょう》には市がおかれ，全国から運びこまれた商品が取り引きされた。

ウ．蔵屋敷《くらやしき》が置かれた大阪《おおさか》は，全国の商業の中心地で「天下の台所」と呼ばれた。

エ．朱印船貿易《しゅいんせんぼうえき》が行われ，日本の商人が東南アジア各地に進出した。

(4)　下線部④について，資料2は，ノルマントン号事件について示したものである。裁判において，資料2の下線部のような判決となったのはなぜか，当時，日本とイギリスとの間で結ばれていた条約において，イギリスに認められていた権利にふれて，書きなさい。

(　　　　　　　　　　　　　　　　　　　　　　　　　　)

〈資料2〉

1886年，イギリス船のノルマントン号が，和歌山県沖で沈没《ちんぼつ》し，イギリス人船長と船員はボートで脱出したが，日本人乗客25人が全員溺《おぼ》れて亡くなった事件が起こった。しかし，裁判では，イギリス人船長に，軽い刑罰《けいばつ》が与えられただけだった。

(5)　下線部⑤について，大正時代の大衆の文化について述べた文のうち，誤っているものはどれか，次のア～エから1つ選び，その記号を書きなさい。(　　　)

ア．労働者の生活をえがいた，プロレタリア文学が登場した。

イ．ラジオ放送が全国に普及し，新聞と並ぶ情報源になった。

ウ．1冊1円の円本が刊行された。

エ．話し言葉のままで文章を書く，言文一致《いっち》体が確立された。

(6)　下線部⑥について，資料3は，日本の民主化に向けた動きについてまとめたものの一部である。資料3の［A］，［B］にあてはまる言葉の組み合わせはどれか，次のア～エから最も適当なものを1つ選び，その記号を書きなさい。(　　　)

〈資料3〉

> 経済の面では，これまで日本の経済を支配してきた［A］が解体された。また，農村では農地改革が行われ，その結果，多くの［B］が生まれた。

ア．A―労働組合　　B―自作農家

イ．A―財閥《ざいばつ》　　B―自作農家

ウ．A―労働組合　　B―小作農家

エ．A―財閥　　B―小作農家

(7)　下線部⑦について，資料4は，1985年度から1989年度，1995年度から1999年度の，それぞれ5年間の，日本の経済成長率の平均を示したものである。また，資料5のX，Yは，1989年度と1999年度のいずれかの年度における，国の一般《いっぱん》会計の歳入《さいにゅう》内訳を示したグラフである。1989年度の歳入内訳を表しているグラフは，資料5のX，Yのどちらか，その記号を書きなさい。また，そのように判断した理由を，資料4から読み取れる景気のようすをもとにして，資料5の項目の言葉を用いて，書きなさい。

記号(　　　)

理由(　　　　　　　　　　　　　　　　　　　　　　　　　　　　　　　　　　　)

〈資料4〉

期間	日本の経済成長率の平均
1985年度～1989年度	5.1%
1995年度～1999年度	1.2%

〈資料5〉

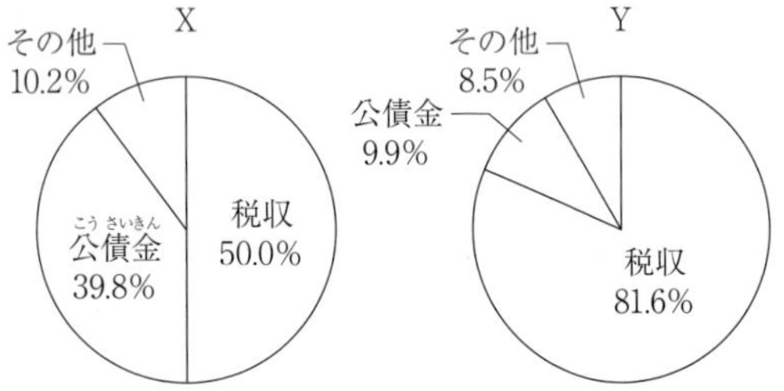

(資料4，資料5は，『数字でみる日本の100年』から作成)

4 右の表は，ひできさんの学級で歴史的分野の学習を行ったときに設定されたテーマを示したものである。これを見て，次の各問いに答えなさい。

テーマ1	国風文化
テーマ2	武士の世の始まり
テーマ3	江戸《えど》幕府の大名支配
テーマ4	宗教改革
テーマ5	開国の経済的影響《えいきょう》
テーマ6	産業革命の進展

(1) テーマ1について，紀貫之《きのつらゆき》たちによってまとめられた作品は何か，次のア～エから最も適当なものを1つ選び，その記号を書きなさい。(　　　)

ア．万葉集《まんようしゅう》　イ．古今和歌集《こきんわかしゅう》　ウ．日本書紀《にほんしょき》

エ．古事記《こじき》

(2) テーマ2について，次のⓐ～ⓓのカードは，武士が登場し，政治の実権を握《にぎ》るまでのできごとを示したものである。ⓐ～ⓓのカードを，書かれた内容の古いものから順に並べると，どのようになるか，あとのア～エから最も適当なものを1つ選び，その記号を書きなさい。(　　　)

ⓐ	源義家《みなもとのよしいえ》が，東北地方で起こった武士の戦乱をしずめた。
ⓑ	平清盛《たいらのきよもり》は，平治の乱に勝利し，太政大臣《だいじょうだいじん》になった。
ⓒ	平将門《たいらのまさかど》が，朝廷の政治に不満を感じ，反乱を起こした。
ⓓ	源頼朝《みなもとのよりとも》は，武士の総大将として征夷大《せいいたい》将軍《しょうぐん》に任じられた。

ア．ⓐ→ⓒ→ⓑ→ⓓ　イ．ⓐ→ⓓ→ⓒ→ⓑ　ウ．ⓒ→ⓐ→ⓑ→ⓓ　エ．ⓒ→ⓑ→ⓐ→ⓓ

(3) テーマ3について，資料1は，1797年の松江《まつえ》藩《はん》における支出の内訳を示したものである。資料1にあるように，江戸での費用や道中での費用が必要なのは，江戸幕府が武家諸法度《ぶけしょはっと》で定めた何という制度のためか，その名称を**漢字**で書きなさい。(　　　)

〈資料1〉

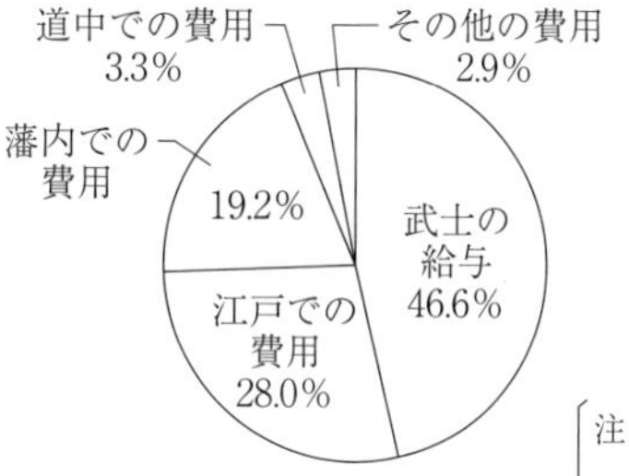

(『松江藩出入捷覧《しょうらん》』から作成)

注：道中での費用とは松江藩と江戸間の費用

(4) テーマ4について，ルターが始めた宗教改革の後に起こったできごとについて述べた文のうち，誤っているものはどれか，次のア～エから1つ選び，その記号を書きなさい。(　　　)

ア．九州のキリシタン大名が，天正少年使節《てんしょうしょうねんしせつ》をローマ教皇のもとに派遣《はけん》した。

イ．フランシスコ＝ザビエルが，鹿児島に来てキリスト教を布教した。

ウ．マルコ＝ポーロが「東方見聞録《とうほうけんぶんろく》」の中で，日本をヨーロッパに紹介《しょうかい》した。

エ．スペイン，ポルトガルの商人たちが，九州各地に来航し，南蛮貿易《なんばんぼうえき》を行った。

(5) テーマ5について，資料2は，日本が開国した当初の欧米《おうべい》と日本における，金と銀の交換《こうかん》比率をそれぞれ示したもの，資料3は，幕末の物価の変化を示したもの，資料4は，開国後の経済への影響について資料2，資料3をもとに，ひできさんがまとめたものの一部である。資料4の X ～ Z にあてはまる言葉の組み合わせはどれか，あとのア～エから最も適当なものを1つ選び，その記号を書きなさい。(　　　)

〈資料 2〉

欧米の交換比率
金 1：銀 15

日本の交換比率
金 1：銀 5

〈資料 3〉

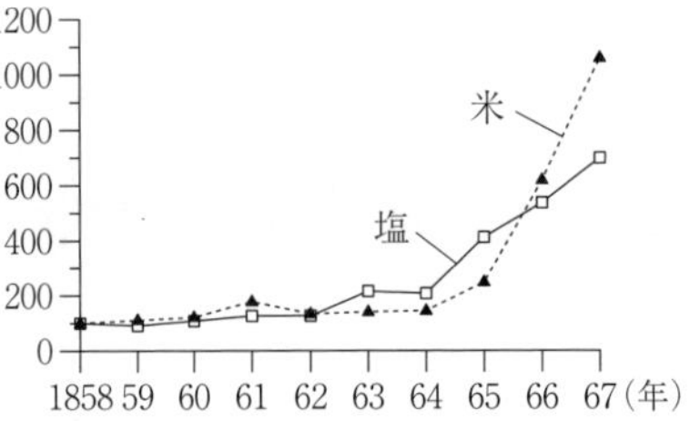

〔注：1858 年の値段を 100 としたときの数値〕
(『近世後期における主要物価の動態』から作成)

〈資料 4〉

欧米諸国は，日本との金と銀の交換比率の違《ちが》いを利用して，自国の［ X ］を日本に持ち込み，日本の［ Y ］を大量に購《こう》入《にゅう》し国外に持ち出した。幕府は，［ Y ］の含有量《がんゆうりょう》を減らした小判をつくって対応したが，貨幣《かへい》の価値が［ Z ］，物価が上昇した。

ア．X—金　Y—銀　Z—上がり　　イ．X—銀　Y—金　Z—上がり
ウ．X—金　Y—銀　Z—下がり　　エ．X—銀　Y—金　Z—下がり

(6) テーマ 6 について，資料 5 は，日本の 1882 年と 1899 年における貿易品とその割合を示したものである。また，資料 6 は，資料 5 を見たひできさんが，綿産業に着目し，産業革命の進展による貿易の変化についてまとめたものの一部である。資料 6 の［ I ］にあてはまる，1899 年における，綿産業に関わる貿易に見られる特徴は何か，「原料」と「製品」という 2 つの言葉を用いて，書きなさい。

(　　　　　　　　　　　　　　　　　　　　　　　　　　　　)

〈資料 5〉

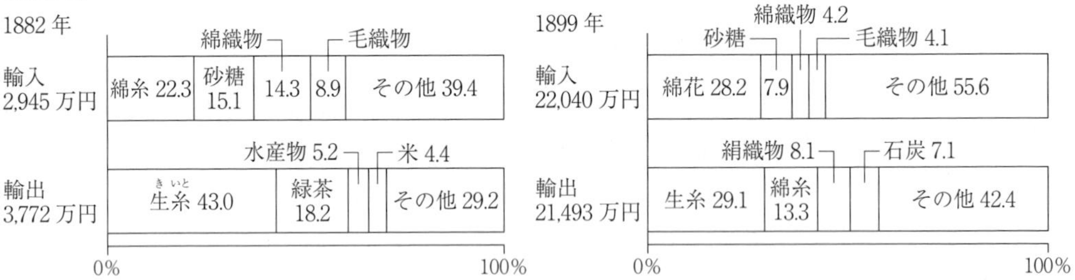

(『日本貿易精覧《せいらん》』ほかから作成)

〈資料 6〉

綿産業に関わる貿易において，1882 年は，綿糸の輸入割合が最も高かったが，1899 年は，綿花の輸入割合が最も高くなり，綿糸が主要な輸出品になった。

これは，1899 年の綿産業に関わる貿易には，産業革命の進展により，［ I ］という特徴があったことを表している。

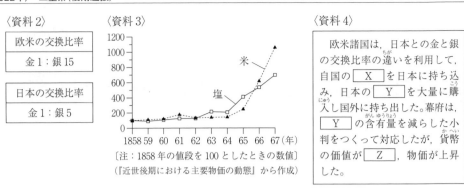

5 右の表は，すぐるさんの学級で行った公民的分野の調べ学習について，班ごとのテーマをまとめたものである。これを見て，次の各問いに答えなさい。

A 班	社会の変化と新しい人権
B 班	消費生活を支える流通
C 班	民主政治と選挙
D 班	国民の福祉《ふくし》と財政
E 班	メディアリテラシー
F 班	決まりの評価と見直し
G 班	地方自治のしくみ
H 班	地球規模の環境問題

(1) A 班のテーマについて，資料 1 は，新しい人権についてまとめたものの一部である。資料 1 の［ A ］にあてはまる言葉はどれか，あとのア～エから最も適当なものを 1 つ選び，その記号を書きなさい。(　　　)

〈資料 1〉

国や地方公共団体に集まっている情報を手に入れる権利として，［ A ］が認められている。

ア．請求権《せいきゅうけん》　イ．請願権《せいがんけん》　ウ．知る権利　エ．勤労の権利

(2) B 班のテーマについて，資料 2 は，ある大規模な小売業者が，製造業者から商品を直接仕入れることで，流通の合理化を図《はか》ったときの流通のしくみの変化について，模式的に示したものである。小売業者が，流通の合理化を図ったのは，どのような目的があったからか，その 1 つとして考えられることを，「費用」という言葉を用いて，書きなさい。

(　　　　　　　　　　　　　　　　　　　　　　　　　)

〈資料 2〉

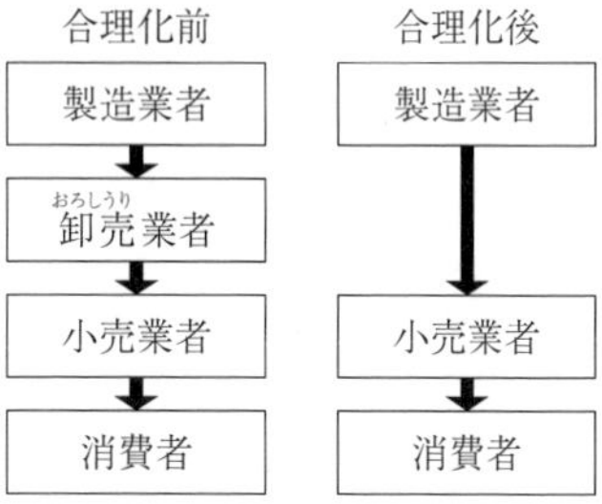

(3) C 班のテーマについて，次の(a)，(b)の各問いに答えなさい。

(a) 資料 3 は，国政選挙が始まった当初と現在の投票用紙を，それぞれ模式的に示したものである。資料 3 から読み取れる，投票用紙の変化に反映されている選挙の基本原則は何か，次のア～エから最も適当なものを 1 つ選び，その記号を書きなさい。(　　　)

ア．普通《ふつう》選挙　イ．秘密選挙　ウ．直接選挙
エ．平等選挙

〈資料 3〉

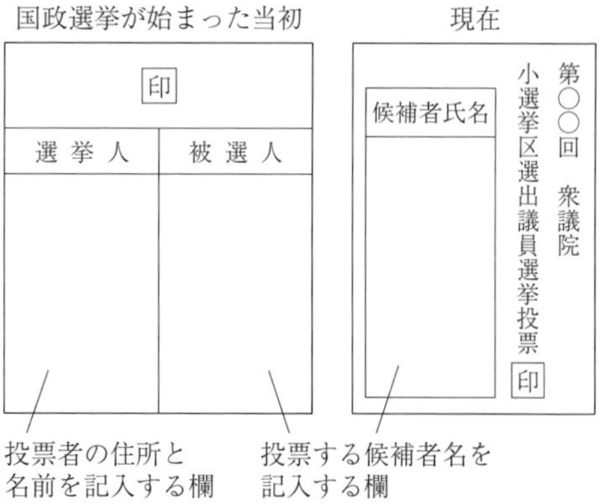

(b) 資料 4 は，三重県における※選挙人名簿《めいぼ》登録者の人数の推移を示したものである。2015 年に比べ，2016 年に選挙人名簿登録者の人数が大きく増加したのはなぜか，その理由の 1 つとして考えられることを，書きなさい。

※ 市町村の選挙管理委員会が管理する名簿に登録されている，選挙権を持っている人。

(　　　　　　　　　　　　　　　　　　　　　　　　　)

〈資料 4〉

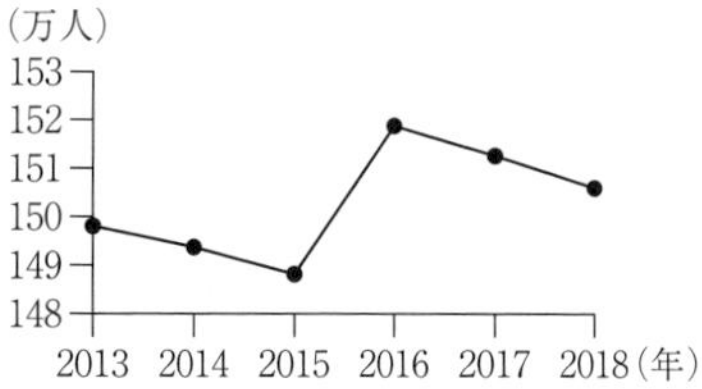

(総務省 Web ページから作成)

(4)　D班のテーマについて，次の(a)，(b)の各問いに答えなさい。

(a)　資料5は，ある社会保険の保険料を支払《しはら》っている人が，生活に介助《かいじょ》が必要となった時に利用できるサービスについてまとめたものの一部である。資料5に示したサービスを利用できる社会保険の制度は何か，次のア～エから最も適当なものを1つ選び，その記号を書きなさい。(　　　)

〈資料5〉

・施設《しせつ》サービス
・居宅サービス
・地域密着型サービス

ア．介護《かいご》保険　　イ．医療《いりょう》保険　　ウ．雇用《こよう》保険　　エ．年金保険

(b)　資料6は，すぐるさんとひろみさんが，2種類の同じ資料を見て，所得税と消費税についてそれぞれの考えをまとめたものの一部である。すぐるさんとひろみさんが見た2種類の資料は何か，あとのア～オから適当なものを2つ選び，その記号を書きなさい。(　　　)(　　　)

〈資料6〉

すぐる：2種類の資料を読み取ると，消費税は，所得の少ない人ほど負担感が大きいので，公正ではないと思います。一方，所得税は，所得の多い人が多く税を納めることになるので，公正だと思います。

ひろみ：2種類の資料を読み取ると，所得税は，所得が多い人ほど多く納税しなければならないので，公正ではないと思います。一方，消費税は，所得の少ない人ほど負担感が大きいものの，所得に関係なく同じ税率で課税されるので，公正だと思います。

ア．毎年の日本の，消費税と所得税の税収の推移を示した資料。
イ．毎年の日本の，直接税と間接税の割合の推移を示した資料。
ウ．課税対象となる所得別の，それぞれの額に適用される税率を示した資料。
エ．家族構成別の，消費支出と貯蓄《ちょちく》の平均額を示した資料。
オ．所得別の，消費税負担額と消費税が所得に占める割合を示した資料。

(5)　E班のテーマについて，資料7は，生徒会役員会が，ある企画《きかく》について，全校生徒に対して行ったアンケート結果である。また，資料8は，E班が，メディアリテラシーについて学習するため，資料7をもとに，編集したものである。資料8を資料7と比べたとき，受ける印象の違いは何か，「実際のアンケート結果と比べて」で始めて，「賛成」という言葉を用いて，書きなさい。

〈資料7〉

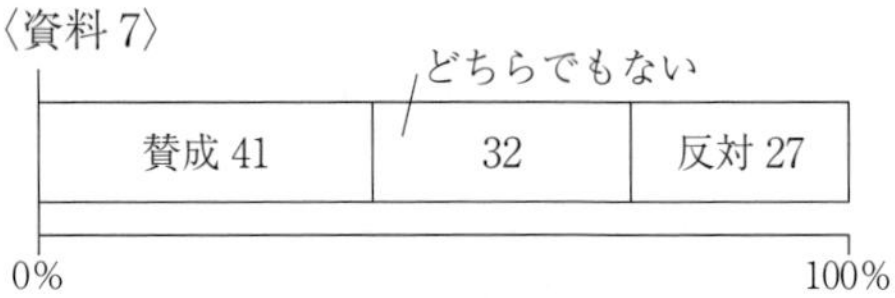

〈資料8〉

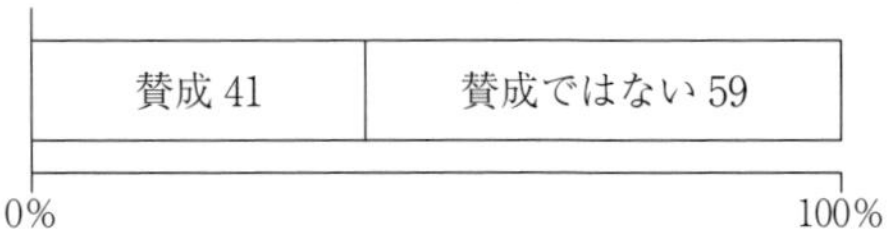

(実際のアンケート結果と比べて，　　　　　　　　　　　　　　　　　　　　　　　　　)

(6)　F班のテーマについて，資料9は，決まりを評価し見直す際の5つの項目を示している。資料9に示した5つの項目のうち，効率の観点から評価する項目はどれか，資料9のア～オから最も適当なものを1つ選び，その記号を書きなさい。(　　　)

〈資料 9〉

ア	目的を実現するための適切な手段となっているか。
イ	誰《だれ》にでも同じように理解できるものになっているか。
ウ	立場を変えても受け入れられるものになっているか。
エ	決まりを作る過程にみんなが参加しているか。
オ	労力や時間，お金やものが無駄《むだ》なく使われているか。

(7) G 班のテーマについて，資料 10 は，地方公共団体の政治のしくみを模式的に示したものの一部である。資料 10 の X にあてはまるものとして，誤っているものはどれか，あとのア～エから 1 つ選び，その記号を書きなさい。(　　　)

〈資料 10〉

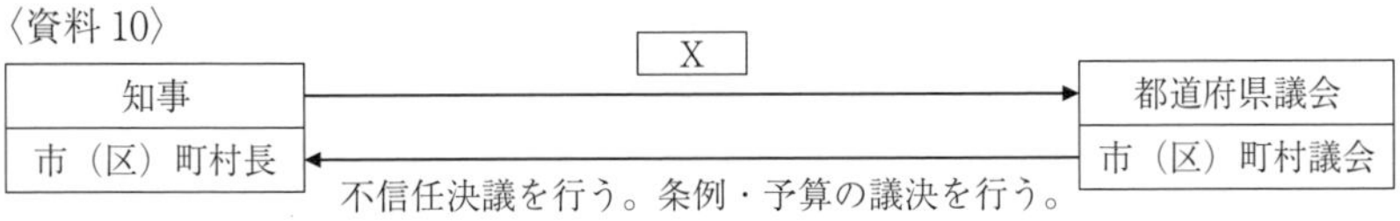

ア．予算案を提出する。　イ．議決の再検討を求める。　ウ．議会を解散する。
エ．議会に対して連帯して責任を負う。

(8) H 班のテーマについて，ひろみさんは，地球温暖化に関する資料を集めた。資料 11，資料 12，資料 13 はその一部である。また，資料 14 は，資料 11，資料 12，資料 13 をもとに，ひろみさんが，パリ協定が採択《さいたく》された意義についてまとめたものの一部である。資料 14 の下線部の課題とは何か，二酸化炭素のこれまでの排出《はいしゅつ》に関わって見られる，先進国，途上国《とじょうこく》それぞれの状況《じょうきょう》を資料 12，資料 13 から読み取り，書きなさい。

(　　　　　　　　　　　　　　　　　　　　　　　　　　　　　　　)

〈資料 11〉 パリ協定についてまとめたもの

採択年	2015 年
対象の時期	2020 年以降
対象国	すべての国
温室効果ガスの削減《さくげん》義務内容	目標の提出

〈資料 12〉 1850 年～2005 年の間の，先進国，途上国別の二酸化炭素の排出割合

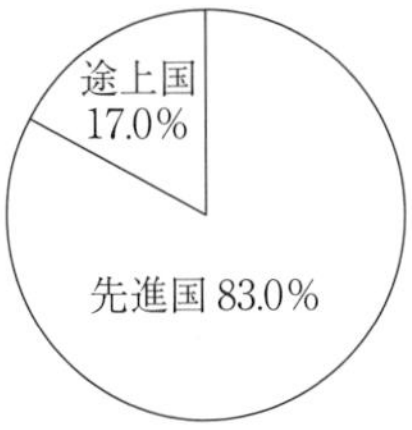

(JICA Web ページから作成)

〈資料 13〉 1997 年，2007 年，2017 年の，先進国，途上国別の二酸化炭素の排出割合

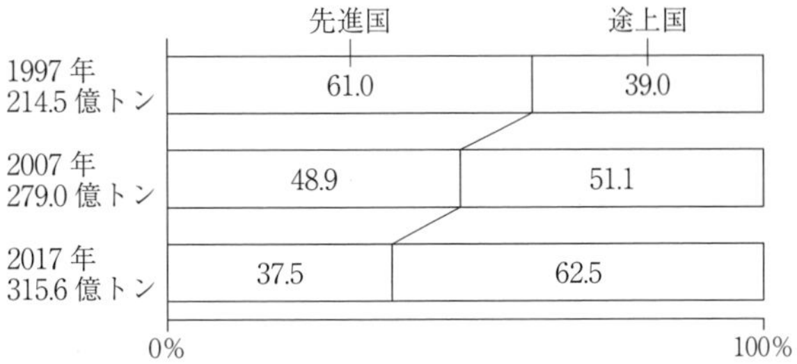

(IEA「World Energy Balances」から作成)

〈資料 14〉

> 温室効果ガスの 1 つである二酸化炭素のこれまでの排出について，課題が見られる中，地球温暖化の解決に向けて，すべての国が取り組むことを明記された点である。

理科

時間　45分　　　　満点　50点

1　次の実験について，あとの各問いに答えなさい。

〈実験〉　光の進み方を調べるため，光源装置，スリット台，半円形レンズ，全円分度器（360°の目盛りが示されている円形の分度器）を用いて，水平な机の上で，次の①～③の実験を行った。

①　図1のように，スリット台の上に，全円分度器，半円形レンズを置き，光源装置から半円形レンズの中心に向かって光を当て，光の進み方を調べた。ただし，半円形レンズの中心は，全円分度器の中心に重ね合わせて置いてある。図の点線-----は，半円形レンズの平らな側面に垂直な直線を半円形レンズの中心を通るように引いたものであり，この点線と光の道すじがなす角を角A，角Bとした。角Aの大きさを変化させて，角Bの大きさを調べ，その結果を表にまとめた。

図1

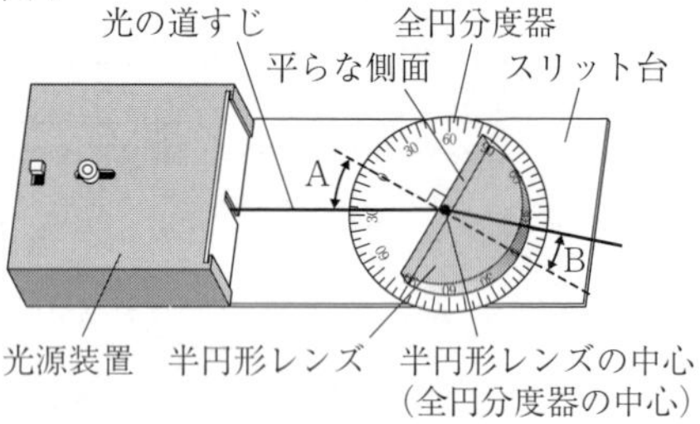

表

角A（°）	0	10	20	30	40	50	60
角B（°）	0	7	13	19	25	30	35

図2は，図1の半円形レンズと全円分度器と光の道すじを真上から見たようすを模式的に示したものである。ただし，全円分度器には，10°間隔《かんかく》に目盛りが示してある。

図2

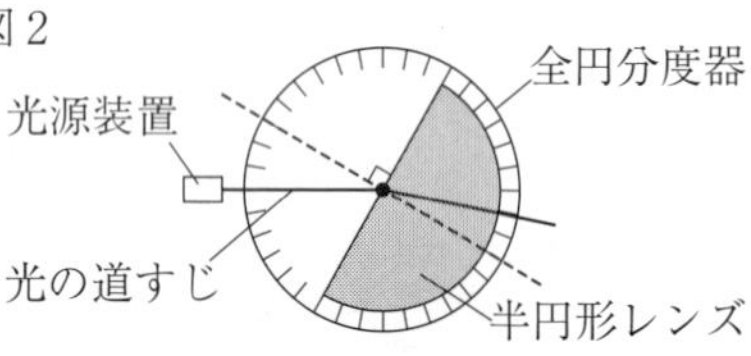

②　次に，半円形レンズの曲面側からレンズの中心に向かって光を当てた。図3は，そのときの半円形レンズと全円分度器とレンズの中心までの光の道すじを真上から見たようすを模式的に示したものである。

図3

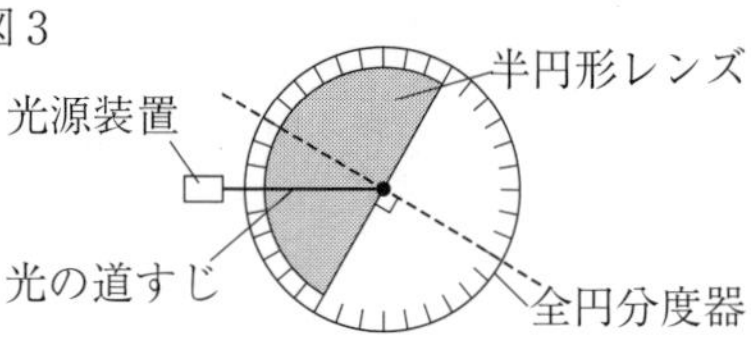

③　図3の状態から，半円形レンズを時計回りに10°ずつ回転させ，光の道すじを調べたところ，図4のように時計回りに30°回転させたとき，光はレンズの中心で全反射し，レンズの中心から空気中へ進む光の道すじを見ることができなかった。

図4

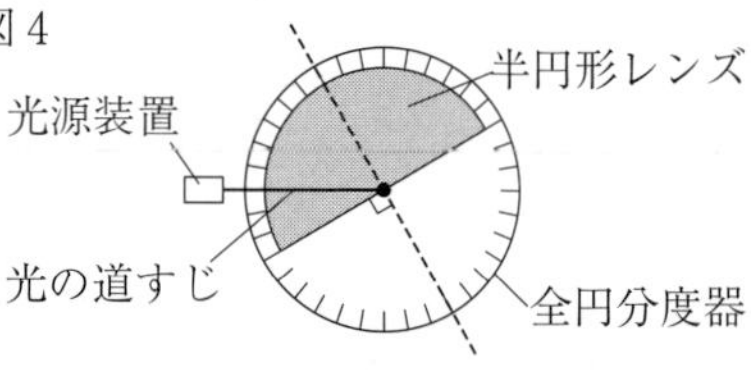

(1)　①について，次の(a)，(b)の各問いに答えなさい。

(a)　角Bのことを何というか，その名称《めいしょう》を書きなさい。(　　　角)

(b)　図5のように光を当てたとき，角Bは何度になるか，その角度を書きなさい。ただし，図5は，そのときの半円形レンズと全円分度器とレンズの中心までの光の道すじを真上から見たようすを模式的に示したものである。

(　　　度)

図5

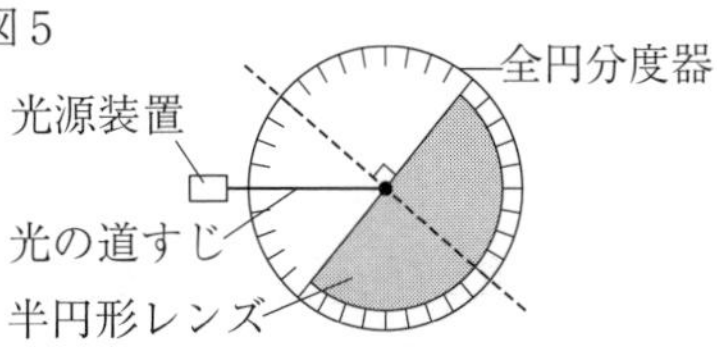

(2)　②について，図3のように光を当てたとき，半円形レンズの中心から空気中へ進む光はどのように進むか，光の道すじを，解答欄に――を使って表しなさい。

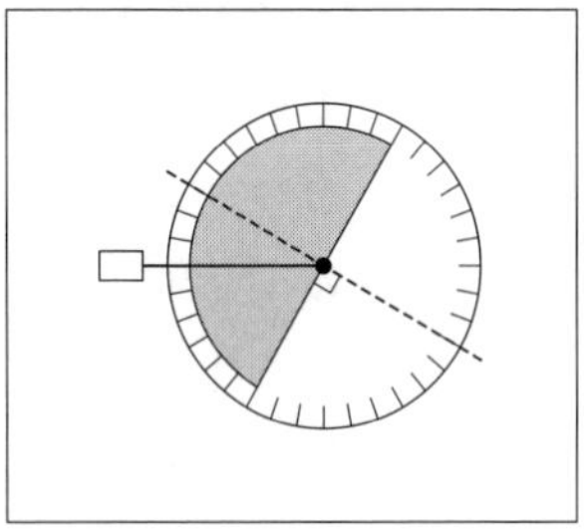

(3)　③について，図4のように光を当てたとき，入射した光の道すじと，反射した光の道すじのなす角は何度になるか，その角度を書きなさい。ただし，この角度は180°以下とする。(　　　度)

2　三重県のある場所で，3月1日のある時刻に，天体望遠鏡で金星の観測を行ったところ，ある方位の空に金星が見えた。図は，このときの，太陽，金星，地球の位置関係を模式的に示したものである。このことについて，あとの各問いに答えなさい。

図

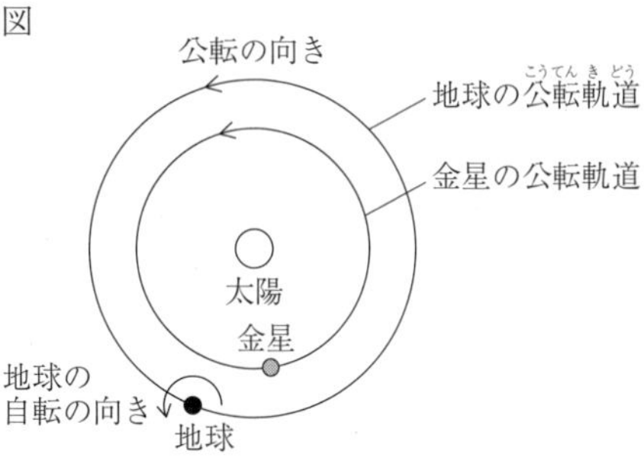

(1)　金星や地球のように，太陽などの恒星《こうせい》のまわりを公転する天体を何というか，その名称を書きなさい。

(　　　)

(2)　3月1日に観測した金星は，いつ頃《ごろ》どの方位の空に見えたか，次のア～エから最も適当なものを1つ選び，その記号を書きなさい。(　　　)

ア．明け方，東の空　　イ．明け方，西の空　　ウ．夕方，東の空　　エ．夕方，西の空

(3)　3月1日から4か月間，地球から金星を2週間ごとに観測し続けると，金星の見える形と見かけの大きさは，どのように変化していくか，右のア～カから最も適当なものを1つ選び，その記号を書きなさい。ただし，金星の公転周期は約0.62年であり，観測には同じ天体望遠鏡の同じ倍率を使用するものとする。(　　　)

	見える形	見かけの大きさ
ア	満ちていく	大きくなる
イ	満ちていく	変化しない
ウ	満ちていく	小さくなる
エ	欠けていく	大きくなる
オ	欠けていく	変化しない
カ	欠けていく	小さくなる

(4)　地球から金星は真夜中には見えない。地球から金星が真夜中には見えないのはなぜか，その理由を「金星は」に続けて，「公転」という言葉を使って，簡単に書きなさい。

(金星は　　　　　　　　　　　　　　　　　　　　　　　　　　　　　　)

3　次の実験について，あとの各問いに答えなさい。

〈実験〉　遺伝の規則性を調べるために，メダカの黒色と黄色の体色について，次の①～③の実験を行った。ただし，メダカの黒色と黄色の体色の遺伝は，一組の遺伝子により決まるものとする。また，体色を黒色にする遺伝子をB，黄色にする遺伝子をbとする。

①　図1のように，黒色の純系のメダカ（雌《めす》）と黄色の純系のメダカ（雄《おす》）を親としてかけ合わせて，できた受精卵《じゅせいらん》を採取し体色がわかるまで育てると，子はすべて黒色だった。

　また，黄色の純系のメダカ（雌）と黒色の純系のメダカ（雄）を親としてかけ合わせても，子はすべて黒色になった。

②　図2のように，①で生まれた子を育てて子どうしをかけ合わせると，孫には黒色のメダカと黄色のメダカが，3：1の割合で生まれた。

③　遺伝子の組み合わせのわからない黒色のメダカに黄色のメダカをかけ合わせると，黒色のメダカと黄色のメダカがそれぞれ6匹《ぴき》ずつ生まれた。

図1

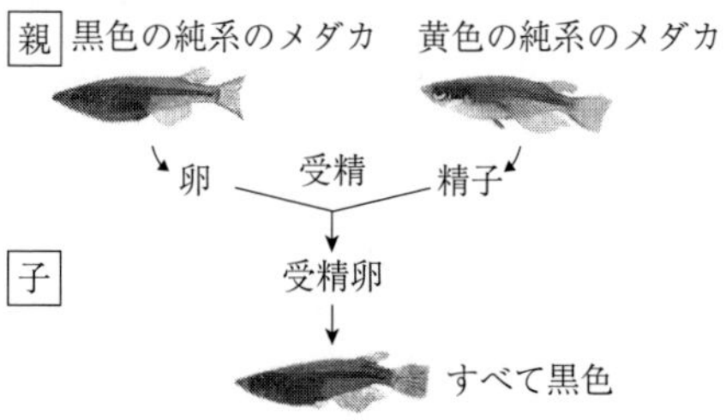

図2

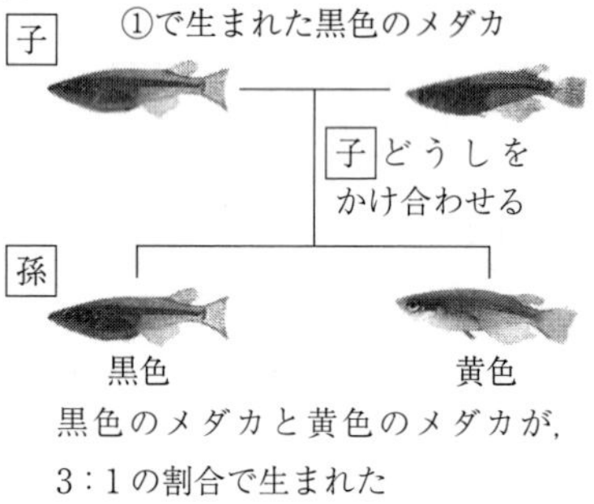

(1)　①について，対立形質をもつ純系の親どうしをかけ合わせたときに，子に現れる形質を何というか，その名称を書きなさい。(　　　形質)

(2)　②について，子の生殖細胞《せいしょくさいぼう》の遺伝子はどのように表せるか，次のア～オから適当なものをすべて選び，その記号を書きなさい。(　　　)

ア．B　　イ．b　　ウ．BB　　エ．Bb　　オ．bb

(3)　③について，かけ合わせた黒色のメダカと黄色のメダカそれぞれの遺伝子の組み合わせとして推測されるものはどれか，次のア～オから最も適当なものを1つずつ選び，その記号を書きなさい。黒色(　　　)　黄色(　　　)

ア．B　　イ．b　　ウ．BB　　エ．Bb　　オ．bb

4 次の実験について，あとの各問いに答えなさい。

〈実験〉 塩化ナトリウム，硝酸《しょうさん》カリウム，ミョウバンについて，水の温度によるとけ方のちがいを調べるために，次の①～③の実験を行った。

① 室温 20℃で，ビーカー A，B，C に 20℃の水を 50g ずつ入れ，図 1 のようにビーカー A に塩化ナトリウム 15g を，ビーカー B に硝酸カリウム 15g を，ビーカー C にミョウバン 15g をそれぞれ入れてじゅうぶんにかき混ぜ，ビーカーの中のようすを観察した。

図 1

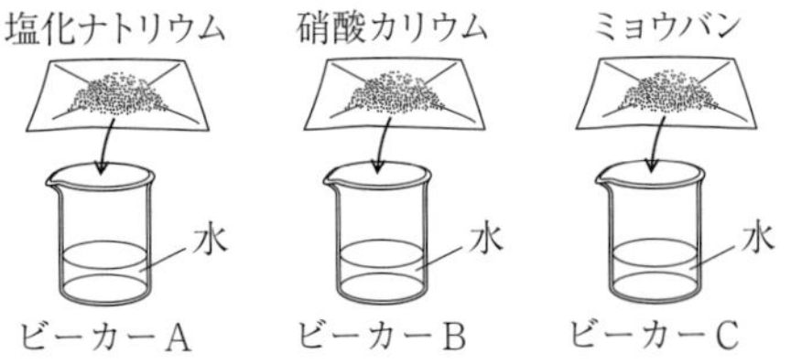

② ①でできたビーカー A，B，C を加熱し，水溶液《すいようえき》の温度を 60℃まで上げてじゅうぶんにかき混ぜ，ビーカーの中のようすを観察した。

③ ②でできたビーカー A，B，C を冷やし，水溶液の温度を 10℃まで下げ，ビーカーの中のようすを観察した。

(1) ①，②について，次の(a)，(b)の各問いに答えなさい。ただし，図 2 は，それぞれの物質についての，100g の水にとける物質の質量と水の温度との関係を表したものである。

図 2

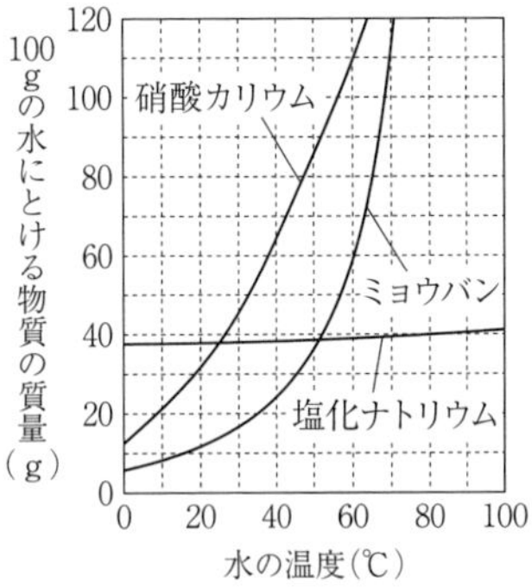

(a) ①について，ビーカー A，B，C それぞれで，物質が水にすべてとけている場合には○を，とけ残っている場合には×を書きなさい。

ビーカー A (　　) ビーカー B (　　)

ビーカー C (　　)

(b) ②について，ビーカー B に硝酸カリウムはあと約何 g とかすことができるか，次のア～オから最も適当なものを 1 つ選び，その記号を書きなさい。ただし，実験をとおして，溶媒《ようばい》の水の蒸発は考えないものとする。(　　)

ア．15g　イ．40g　ウ．55g　エ．80g　オ．95g

(2) ③について，下の表は，図 2 のグラフから，10℃の 100g の水にとける塩化ナトリウム，硝酸カリウム，ミョウバンの質量を読みとったものである。次の(a)，(b)の各問いに答えなさい。

表

物質	塩化ナトリウム	硝酸カリウム	ミョウバン
10℃の 100g の水にとける物質の質量(g)	37.7	22.0	7.6

(a) 固体として出てきた物質の質量が最も多いのは，ビーカー A，B，C のうちどれか，最も適当なものを 1 つ選び，A，B，C の記号で書きなさい。(　　)

(b) ビーカー B の硝酸カリウム水溶液の質量パーセント濃度《のうど》は何%か，求めなさい。ただし，答えは小数第 1 位を四捨五入し，整数で求めなさい。(　　%)

5　次の文を読んで，あとの各問いに答えなさい。

はるかさんは，学校とその周辺の植物を観察した。また，観察した植物について，その特徴《とくちょう》をもとに，分類を行った。そして，観察したことや分類した結果を，次の①～③のようにノートにまとめた。

【はるかさんのノートの一部】

①　学校の周辺で，マツ，アブラナ，ツツジを観察した。図1は，マツの雌花《めばな》と雄花《おばな》のりん片《べん》を，図2，図3は，それぞれアブラナの花と葉をスケッチしたものである。

図1

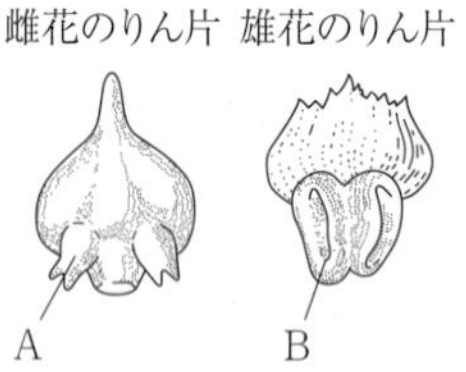

図2

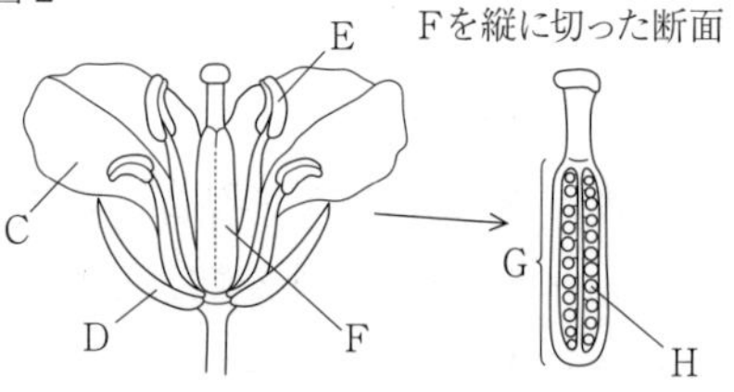

図3

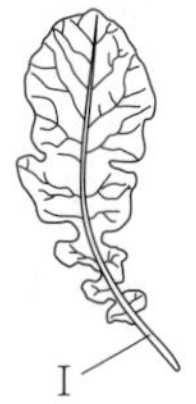

②　学校で，イヌワラビとスギゴケを観察した。図4，図5は，それぞれ観察したイヌワラビとスギゴケをスケッチしたものである。

図4

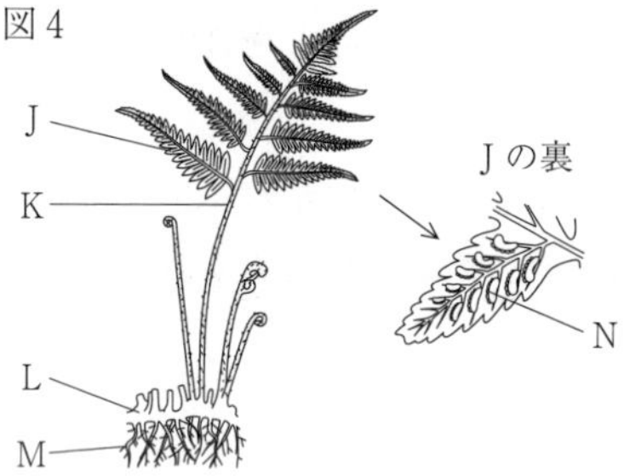

図5

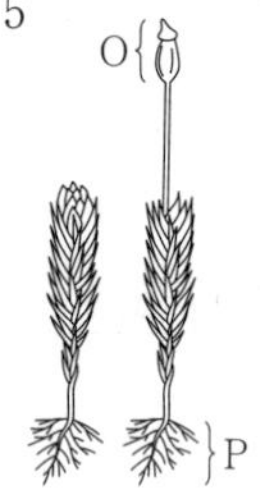

③　図6は，観察した5種類の植物を，さまざまな特徴によって分類した結果である。

図6

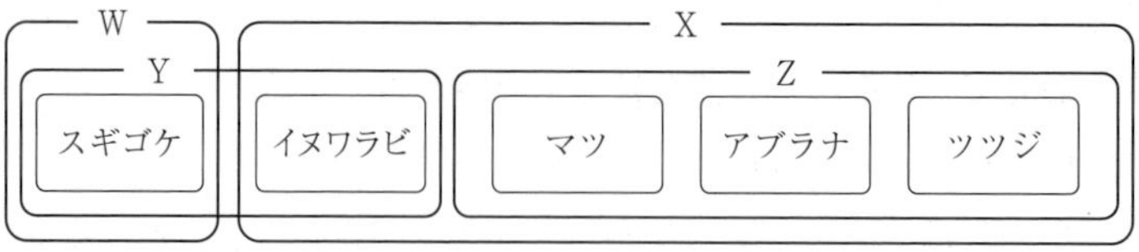

(1)　①について，次の(a)～(e)の各問いに答えなさい。

(a)　次の文は，生物を観察しスケッチするときの，理科における適切なスケッチのしかたについて説明したものである。文中の（ あ ），（ い ）に入る言葉はそれぞれ何か，下のア～オから最も適当なものを1つずつ選び，その記号を書きなさい。あ(　　　)　い(　　　)

スケッチは，（ あ ）線と点で（ い ）かく。

ア．細い　　イ．太い　　ウ．ぼやかして　　エ．はっきりと　　オ．二重がきして

(b)　図1のAを何というか，その名称を書きなさい。また，図2のC，D，E，G，Hのうち図1のAと同じはたらきをする部分はどれか，C，D，E，G，Hから最も適当なものを1つ選び，

その記号を書きなさい。名称(　　　) 記号(　　　)

(c) アブラナのように，図２のＨがＧで包まれている植物を何というか，その名称を書きなさい。(　　　植物)

(d) 図３のアブラナの葉のつくりから予想される，アブラナの子葉の枚数と茎《くき》の横断面の特徴を模式的に表したものはどれか，次のア～エから最も適当なものを１つ選び，その記号を書きなさい。(　　　)

	ア	イ	ウ	エ
子葉の枚数	１枚	１枚	２枚	２枚
茎の横断面	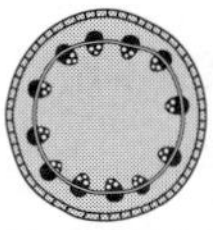	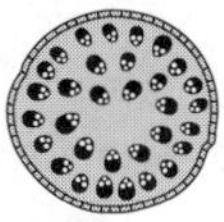	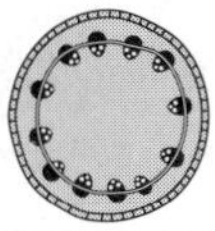	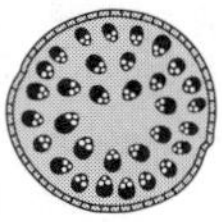

(e) アブラナとツツジの花弁を比較《ひかく》したところ，アブラナは花弁が１枚１枚離《はな》れており，ツツジは花弁が１つにくっついていた。花弁に注目したとき，アブラナのように花弁が１枚１枚離れている植物を何類というか，その名称を書きなさい。(　　　類)

(2) ①，②について，観察した植物のからだのつくりとはたらきの説明として正しいものはどれか，次のア～エから最も適当なものを１つ選び，その記号を書きなさい。(　　　)

ア．図１のＢと図５のＯの中には，どちらも胞子《ほうし》が入っている。

イ．図２のＥと図４のＮは，どちらも花粉をつくるところである。

ウ．図３のＩと図４のＫの中には，どちらも維管束《いかんそく》がある。

エ．図４のＭと図５のＰは根で，どちらもからだ全体に運ぶための水を吸収する。

(3) ③について，ＷとＸのグループを比較したとき，Ｘのグループのみにみられる特徴はどれか，また，ＹとＺのグループを比較したとき，Ｚのグループのみにみられる特徴はどれか，次のア～エから最も適当なものを１つずつ選び，その記号を書きなさい。

Ｘのグループ(　　　) Ｚのグループ(　　　)

ア．葉・茎・根の区別がある。　イ．根がひげ根である。　ウ．種子をつくる。

エ．葉緑体がある。

6　次の実験について，あとの各問いに答えなさい。

〈実験〉　金属のイオンへのなりやすさのちがいと電池のしくみについて調べるために，次の①，②の実験を行った。

①〈目的〉　銅，亜鉛《あえん》，マグネシウムのイオンへのなりやすさのちがいを調べる。

〈方法〉

1．図1のように，マイクロプレートの穴の大きさに合わせて，台紙に表をかき，銅片《どうへん》，亜鉛片，マグネシウム片の3種類の金属片と，硫酸《りゅうさん》銅水溶液，硫酸亜鉛水溶液，硫酸マグネシウム水溶液の3種類の水溶液を入れる場所を決めた。ただし，図1の金属A，金属Bは銅，亜鉛のいずれかである。また，水溶液A，水溶液Bは硫酸銅水溶液，硫酸亜鉛水溶液のいずれかであり，それぞれ金属A，金属Bがイオンとしてふくまれている。

図1

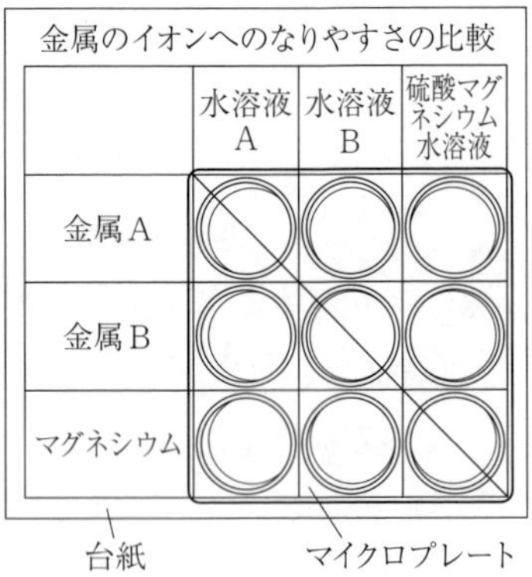

2．マイクロプレートを，台紙の表の位置に合わせて置いた。

3．プラスチックのピンセットを用いて，マイクロプレートのそれぞれの穴に金属片を入れた。

4．それぞれの穴に，金属片がひたる程度に水溶液を加え，変化のようすを観察した。

〈結果〉　実験結果をまとめると，表1のようになった。

表1

	水溶液A	水溶液B	硫酸マグネシウム水溶液
金属A	――	変化が起こらなかった。	変化が起こらなかった。
金属B	金属Bが変化し，赤色の固体が現れた。水溶液Aの青色がうすくなった。	――	変化が起こらなかった。
マグネシウム	マグネシウム片が変化し，赤色の固体が現れた。水溶液Aの青色がうすくなった。	マグネシウム片が変化し，灰色の固体が現れた。	――

②〈目的〉　金属と電解質の水溶液を用いてダニエル電池をつくり，電気エネルギーをとり出せるかどうかを調べる。

〈方法〉

1．図2のように，素焼《すや》きの容器をビーカーに入れ，素焼きの容器の中に14％硫酸銅水溶液を入れた。

2．ビーカーの素焼きの容器が入っていないほうに，5％硫酸亜鉛水溶液を入れた。

3．それぞれの水溶液に銅板，亜鉛板をさしこみ，ダニエル電池を組み立てた。

4．ダニエル電池に光電池用のプロペラつきモーターをつなぎ，電気エネルギーをとり出せるかを調べた。電池にプロペラつきモーターをしばらくつないだままにした後，金属板のようすを観察した。

〈結果〉 ダニエル電池に光電池用のプロペラつきモーターをつなぐと，プロペラつきモーターが回転した。電池にプロペラつきモーターをしばらくつないだままにした後の金属板のようすは，表2のようになった。

図2

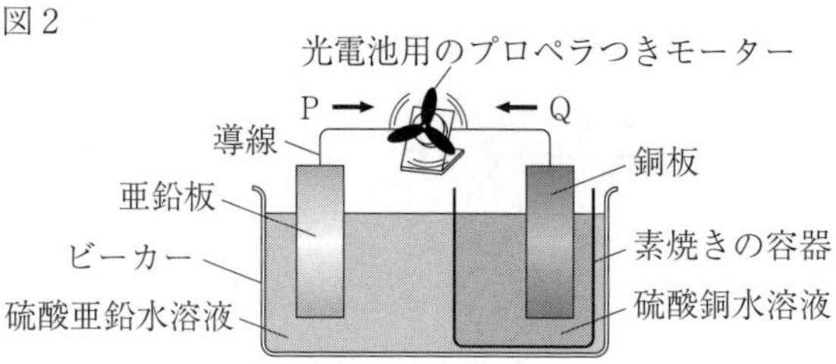

表2

	金属板のようす
亜鉛板	X
銅板	表面に新たな銅が付着していた。

(1) ①について，次の(a)，(b)の各問いに答えなさい。

(a) 金属Bに水溶液Aを加えたときの，次の(i)，(ii)の化学変化を化学反応式で表すとどうなるか，それぞれ金属原子とイオンの化学反応式で書きなさい。ただし，電子は e^- で表しなさい。

(i) 金属Bが変化した。（　　　　→　　　　）

(ii) 赤色の固体が現れ，水溶液Aの青色がうすくなった。（　　　　→　　　　）

(b) 実験結果より，金属A，金属B，マグネシウムを，イオンになりやすい順に並べるとどうなるか，次のア～カから最も適当なものを1つ選び，その記号を書きなさい。（　　）

ア．金属A→金属B→マグネシウム　　イ．金属A→マグネシウム→金属B

ウ．金属B→金属A→マグネシウム　　エ．金属B→マグネシウム→金属A

オ．マグネシウム→金属A→金属B　　カ．マグネシウム→金属B→金属A

(2) ②について，次の(a)～(d)の各問いに答えなさい。

(a) ②の実験では，物質がもっているエネルギーを電気エネルギーに変換《へんかん》してとり出すことで，モーターが回転している。②の実験で，電気エネルギーに変換された，物質がもっているエネルギーを何エネルギーというか，**漢字**で書きなさい。（　　　エネルギー）

(b) 図2において，電子の移動の向きはP，Qのどちらか，また，＋極は亜鉛板，銅板のどちらか，次のア～エから最も適当なものを1つ選び，その記号を書きなさい。（　　）

	ア	イ	ウ	エ
電子の移動の向き	P	P	Q	Q
＋極	亜鉛板	銅板	亜鉛板	銅板

(c) 表2の中の X に入ることがらは何か，次のア～エから最も適当なものを1つ選び，その記号を書きなさい。（　　）

ア．表面に新たな亜鉛が付着していた。　　イ．表面に銅が付着していた。

ウ．表面がぼろぼろになり，細くなっていた。　　エ．表面から気体が発生していた。

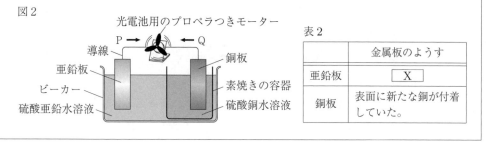

(d)　②の実験において，素焼きの容器を使用する理由について，次の(i)，(ii)の各問いに答えなさい。

(i)　素焼きの容器を使用することで，水溶液中の陽イオンと陰《いん》イオンが素焼きの容器を通って移動し，陽イオンと陰イオンによる電気的なかたよりができないようにしている。電気的なかたよりができないようにする水溶液中のイオンの移動について，正しく述べたものはどれか，次のア～エから最も適当なものを1つ選び，その記号を書きなさい。(　　　)

ア．硫酸亜鉛水溶液中の亜鉛イオンと硫酸イオンが硫酸銅水溶液側に移動する。

イ．硫酸銅水溶液中の銅イオンと硫酸イオンが硫酸亜鉛水溶液側に移動する。

ウ．硫酸亜鉛水溶液中の亜鉛イオンが硫酸銅水溶液側に，硫酸銅水溶液中の硫酸イオンが硫酸亜鉛水溶液側に移動する。

エ．硫酸銅水溶液中の銅イオンが硫酸亜鉛水溶液側に，硫酸亜鉛水溶液中の硫酸イオンが硫酸銅水溶液側に移動する。

(ii)　次の文は，素焼きの容器がないと，電池のはたらきをしなくなる理由について説明したものである。文中の(あ)～(え)に入る言葉はそれぞれ何か，下のア～エから最も適当な組み合わせを1つ選び，その記号を書きなさい。(　　　)

素焼きの容器がないと，2つの電解質水溶液がはじめから混じり合い，(あ)イオンが(い)原子から直接電子を受けとり，(う)板に(え)が現れ，導線では電子の移動がなくなるから。

ア．あ―銅　　い―亜鉛　　う―銅　　え―亜鉛

イ．あ―銅　　い―亜鉛　　う―亜鉛　　え―銅

ウ．あ―亜鉛　　い―銅　　う―銅　　え―亜鉛

エ．あ―亜鉛　　い―銅　　う―亜鉛　　え―銅

7 次の文を読んで，あとの各問いに答えなさい。

とおるさんは，前線の通過と天気の変化，日本の天気の特徴と大気の動きについて，インターネットで調べ，次の①，②のようにノートにまとめた。

【とおるさんのノートの一部】

① 前線の通過と天気の変化

図1は三重県のある地点Aで3月21日に測定された気温，天気，風向，風力のデータを集め，まとめたものである。また，図2は3月21日3時の，図3は3月21日21時の天気図である。図2，図3の★は，気象要素のデータを測定した三重県のある地点Aの位置を表している。

図1

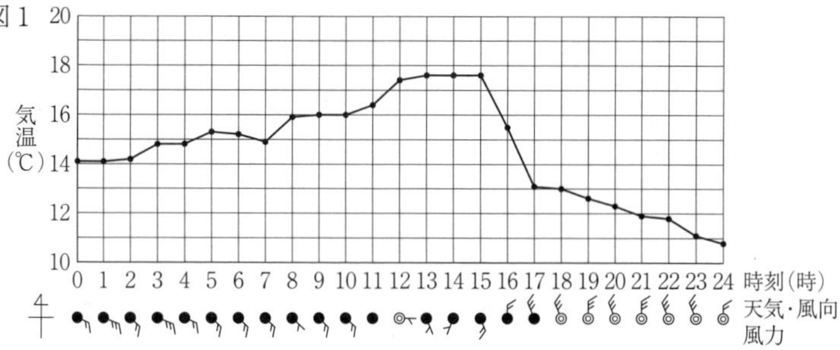

図2

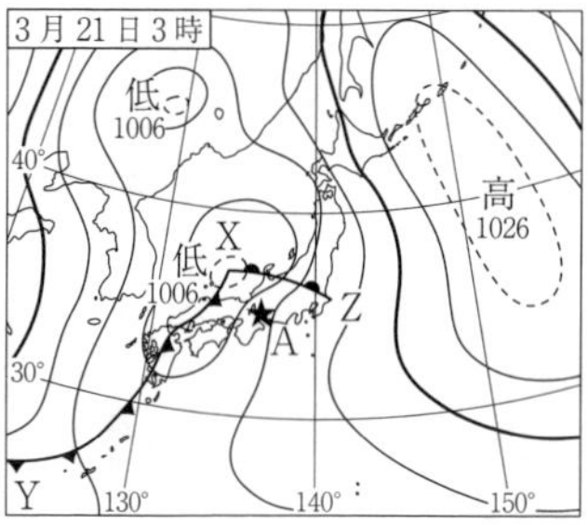

図3

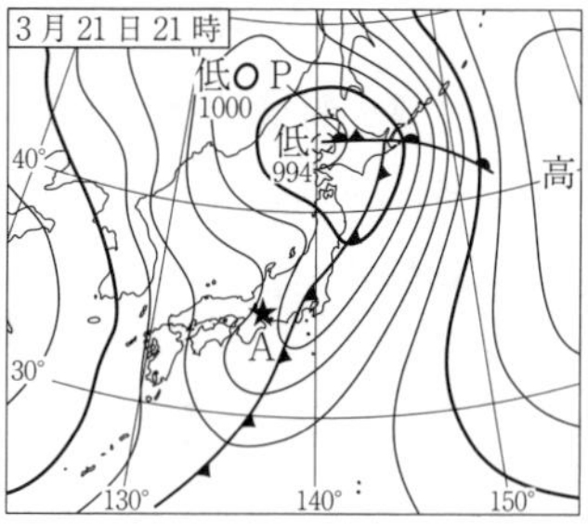

② 日本の天気の特徴と大気の動き

図4は夏の，図5は冬の特徴的な天気図である。

図4

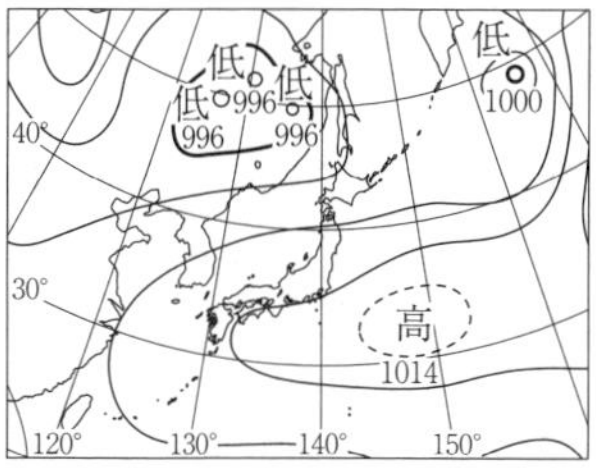

図5

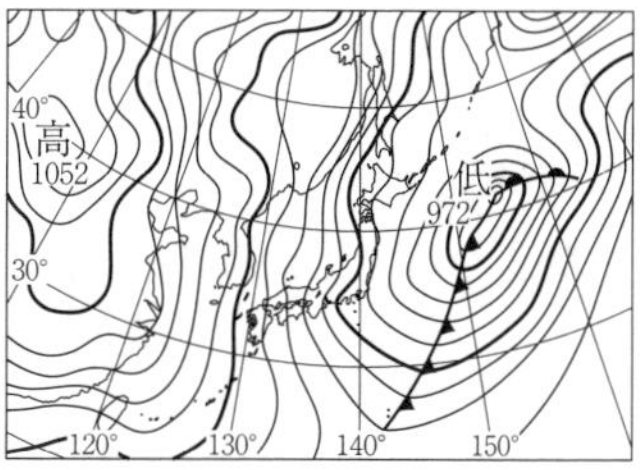

(1) ①について，次の(a)〜(d)の各問いに答えなさい。

(a) 図3のある地点Aにおける3月21日21時の気圧はおよそ何hPaか，次のア〜エから最も適当なものを1つ選び，その記号を書きなさい。(　　　)

ア．994hPa　　イ．997hPa　　ウ．1003hPa　　エ．1007hPa

(b)　図3ので示された前線Pは，図2に示した前線XYが前線XZに追いついてできた前線である。この前線Pを何というか，その名称を書きなさい。(　　　前線)

(c)　次の文は，図3の前線Pができると，低気圧が消滅《しょうめつ》するしくみについて説明したものである。文中の（ あ ），（ い ）に入る言葉はそれぞれ何か，下のア～エから最も適当な組み合わせを1つ選び，その記号を書きなさい。(　　　)

前線Pができると地上付近は（ あ ）でおおわれ，（ い ）気流が発生しなくなるため，低気圧が消滅することが多い。

ア．あ―寒気　い―上昇《じょうしょう》　イ．あ―寒気　い―下降　ウ．あ―暖気　い―上昇
エ．あ―暖気　い―下降

(d)　図1の気象観測の結果から，前線XY通過後の特徴的な気温と風向の変化を根拠《こんきょ》として，前線XYが3月21日の何時から何時の間に三重県のある地点Aを通過したと判断できるか，次のア～エから最も適当なものを1つ選び，その記号を書きなさい。また，判断の根拠とした，気温と風向の変化とはどのような変化か，「気温」，「風向」という言葉を使って，簡単に書きなさい。

記号(　　　)
変化(　　　　　　　　　　　　　　　　　　　　　　　　　　)

ア．10時から12時の間　イ．12時から14時の間　ウ．15時から17時の間
エ．17時から19時の間

(2)　②について，次の(a)，(b)の各問いに答えなさい。

(a)　図4のような，夏の特徴的な気圧配置のときにふく季節風の向きと，高気圧と低気圧の中心付近での風のふき方を模式的に示しているものはどれか，次のア～エから最も適当なものを1つ選び，その記号を書きなさい。(　　　)

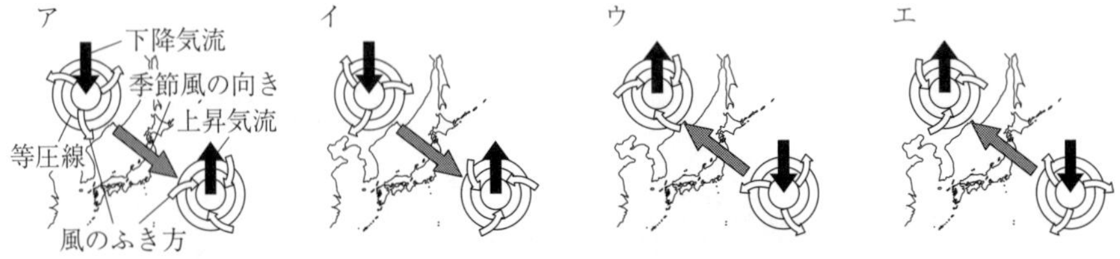

(b)　日本の冬の天気の特徴について，正しく述べたものはどれか，次のア～エから最も適当なものを1つ選び，その記号を書きなさい。(　　　)

ア．偏西風《へんせいふう》の影響《えいきょう》を受けて，日本付近を移動性高気圧と低気圧が交互《こうご》に通過し，4～7日の周期で天気が変わることが多い。

イ．日本の北側の冷たく湿《しめ》った気団と南のあたたかく湿った気団が日本付近でぶつかり合い，東西に長くのびた前線ができ，ほぼ同じ場所にしばらくとどまる。

ウ．日本の西の大陸上にあるシベリア高気圧が勢力を増し，大陸に比べてあたたかい太平洋上には低気圧が発生し，西高東低の気圧配置となる。

エ．日本の南東にある太平洋高気圧が発達し，小笠原《おがさわら》気団におおわれ，太平洋側の各地では晴れる日が多い。

8 次の文を読んで，あとの各問いに答えなさい。

次の文は，モーターについて興味をもっただいちさんと，先生の会話文である。

【だいちさんと先生の会話】

だいち：モーターはどのように動いているのか，その中のようすや回転するしくみについて詳《くわ》しく知りたいです。

先　生：モーターは，その中に磁石とコイルが入っています。そして，電流と磁石のはたらきを利用して，そのコイルを動かすことができます。コイル，U字形磁石，電流計，電圧計，抵抗器《ていこうき》X（5.0 Ω），抵抗器Y（10.0 Ω），直流電源装置を準備し，回路をつくって，コイルが動くようすを実験により確かめてみましょう。そうすることで，モーターが回転するようすやしくみを理解することにつながります。実験をする際，電源装置のあつかいにじゅうぶん注意して，コイルの動きを調べましょう。

① だいちさんは，先生と一緒《いっしょ》に実験を行い，次のようにノートにまとめた。

【だいちさんのノートの一部】

〈目的〉

磁界の中でコイルに電流を流したときのコイルの動きを調べる。

〈方法・結果〉

抵抗器X，Yのそれぞれについて，図1のように回路をつくり，直流電源装置により電圧を変化させて，コイルに電流を流し，コイルの動きを調べ，その結果を表にまとめた。

図1

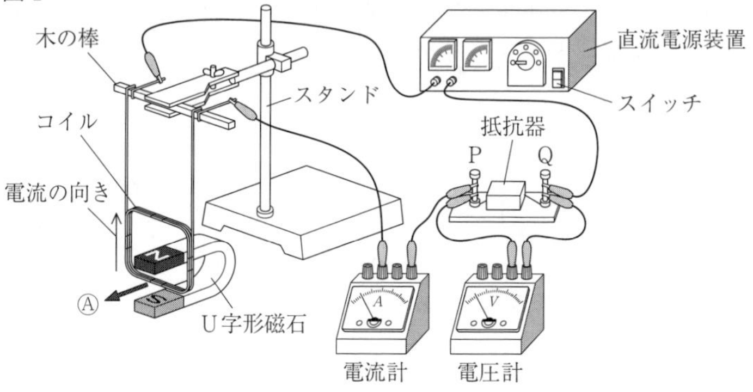

表

コイルが動いた向き	図1のⒶの方向へ動いた。
コイルの動き方	電圧が大きいほど，大きく動いた。
	抵抗器Xのときのほうが，抵抗器Yのときより大きく動いた。

(1) ①について，次の(a)～(c)の各問いに答えなさい。

(a) 次の文は，実験を安全に進めるために，実験を行う際の注意点を説明したものである。文中の（ あ ）に入る最も適当な言葉は何か，書きなさい。(　　　)

電源装置の電源を入れたままにしておくと，コイルや抵抗器が（ あ ）ため，こまめに電源を切り，観察をするときだけ電流を流すようにする。

(b) 次の文は，表にまとめたコイルの動き方について考察したものである。文中の（ い ）に入る最も適当な言葉は何か，**漢字**で書きなさい。（　　　）

コイルに流れる電流は，電圧が大きいほど，また，抵抗器の抵抗が小さいほど大きい。つまり，コイルに流れる電流が大きいほど，コイルは（ い ）から受ける力が強くなり，大きく動くと考えられる。

(c) 抵抗器X，Yを用いて，図1のPQ間が次のア～エのつなぎ方になる回路をつくった。それぞれの回路に電流を流すと，コイルの動き方にちがいが見られた。コイルの動き方が大きいものから並べるとどうなるか，コイルの動き方の大きいものから順にア～エの記号を左から並べて書きなさい。ただし，PQ間の電圧は，すべて等しいものとする。

（　　→　　→　　→　　）

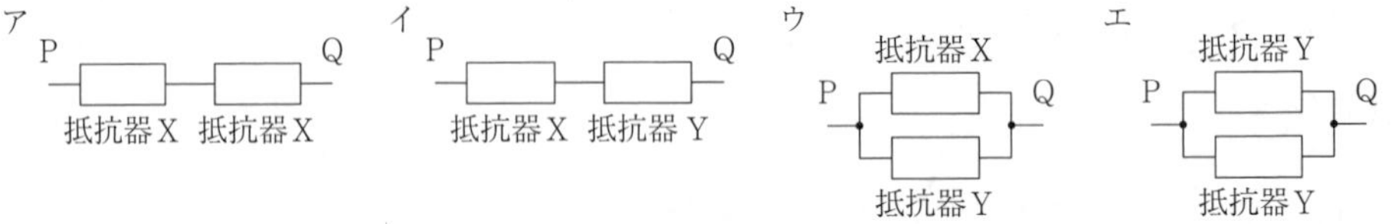

② 次の文と図は，①の実験の後の，モーターについてのだいちさんと先生の会話文と，先生が説明に使用した図である。

【だいちさんと先生の会話と，先生が説明に使用した図】

先　生：モーターを分解すると，内部は図2のようになっていることがわかります。これを模式的に示すと図3のようになります。このコイルに流れる電流と磁石のはたらきについて考えてみましょう。図4のように電流を流したとします。この場合，磁界の向きとコイルが受ける力の向きはどうなると思いますか。

だいち：①の実験の結果を参考に図4に書き加えてみます。コイルが力を受けて回転することが理解できました。

先　生：正しく理解できていますね。では次に，コイルの回転を速くするにはどうしたらよいと思いますか。

だいち：［　Ⅰ　］によって，コイルが速く回転すると思います。

先　生：よくわかりましたね。最後に，整流子はどのようなはたらきをしているでしょうか。

図2

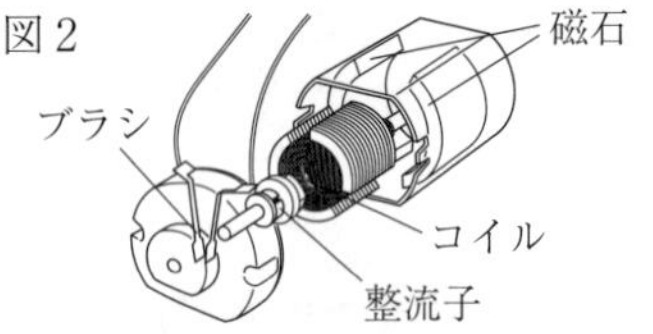

図3

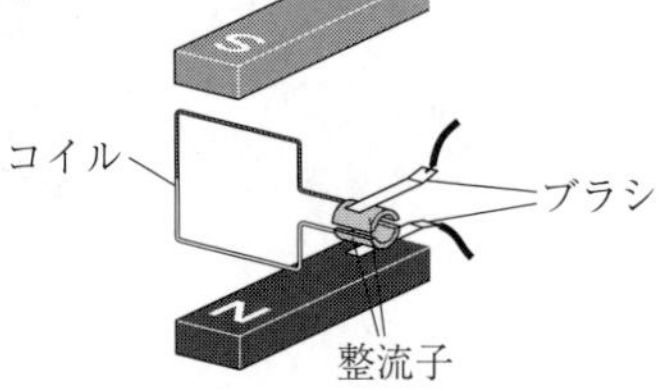

図4

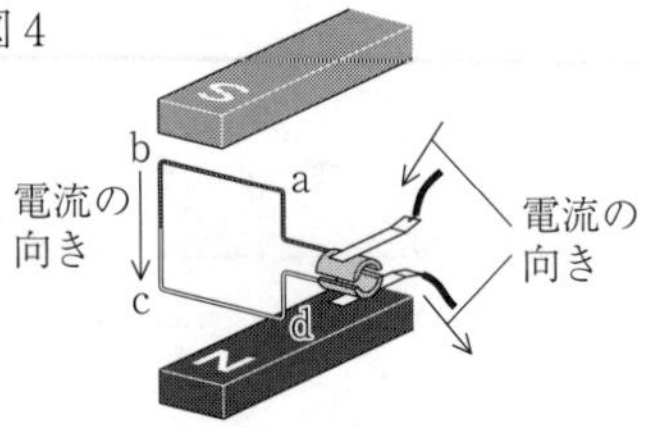

だいち：整流子には，図5のように電気を流さない部分がありますよね。

先　生：そうですね。コイルが図4の状態では，a→b→c→dの向きに電流が流れていますが，90°回転し図5の状態になると，コイルに電流が流れず力を受けなくなります。しかし，コイルは勢いで回転し，図6のようになります。このとき，電流の流れはどうなっていると思いますか。

だいち：電流の流れる向きを考えると，整流子のはたらきも理解できますね。整流子は，コイルが180°回転するごとに，［　Ⅱ　］はたらきをしているのだと思います。図4と図6を見比べて考えるとわかりやすいです。

先　生：そのとおりです。このようにして，コイルは同じ向きに回転し続けます。

図5

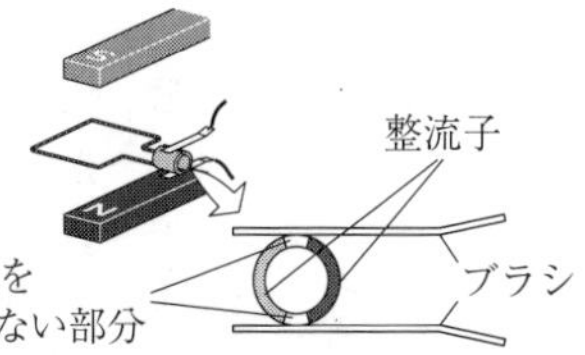

図6

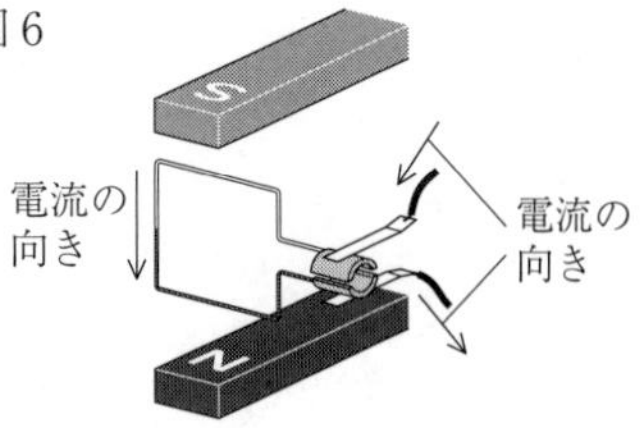

(2) ②について，次の(a)～(d)の各問いに答えなさい。

(a) コイルに流れる電流について，電流がつくる磁界を模式的に示した図はどれか，右のア～エから最も適当なものを1つ選び，その記号を書きなさい。(　　　)

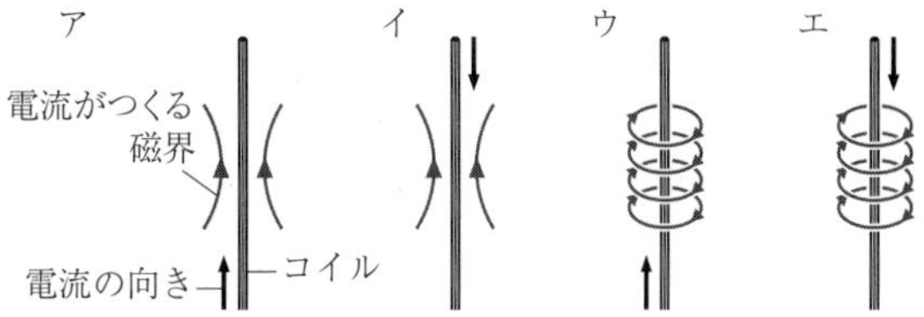

(b) だいちさんが図4に書き加えた，磁界の向きとコイルが受ける力の向きを表したものはどれか，次のア～エから最も適当なものを1つ選び，その記号を書きなさい。(　　　)

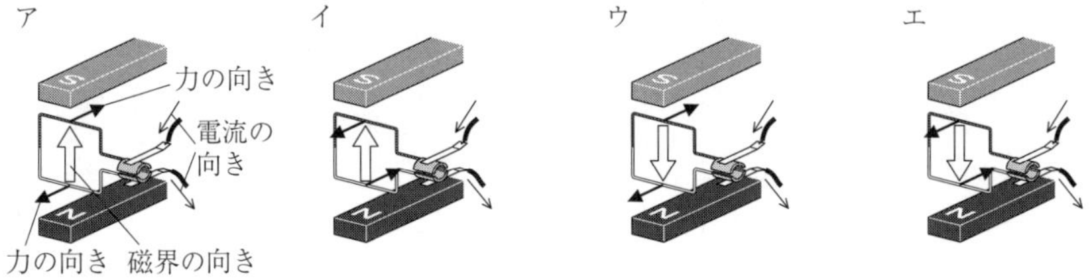

(c) 次の文は，［　Ⅰ　］に入る，モーターのコイルの回転を速くするために必要なことについて説明したものである。(う)，(え)に入る言葉はそれぞれ何か，下のア～エから最も適当な組み合わせを1つ選び，その記号を書きなさい。(　　　)

コイルに流れる電流を(う)することや，磁力の(え)磁石を使用すること

ア．う―大きく　　え―強い　　イ．う―大きく　　え―弱い　　ウ．う―小さく　　え―強い
エ．う―小さく　　え―弱い

(d) ［　Ⅱ　］に入る，整流子のはたらきは何か，「コイルが180°回転するごとに，」に続けて，「コイル」，「電流」という言葉を使って，簡単に書きなさい。

(コイルが180°回転するごとに，　　　　　　　　　　　　　　　　はたらき)

えた人の割合と「寄付やチャリティーなどを通じて社会に貢献していきたい」と答えた人の割合は、十五～十九歳が最も大きい。

ウ、「寄付やチャリティーなどを通じて社会に貢献していきたい」と答えた人の割合は、すべての年代において二割以下であり、年代別に見ると、十三～十四歳の割合が最も小さい。

エ、「考えてはいるが、具体的にどのようにすべきかわからない」と答えた人の割合は、十三～十四歳が最も大きく、年代が上がるにつれて小さくなっている。

(二)　**【資料2】**から読み取れることを、次の文にまとめた。①～③に入る言葉の組み合わせとして最も適当なものを、あとのア～エから一つ選び、その記号を書きなさい。（　　）

「社会のために役立つことをしたいと思いますか」についての回答では、「そう思う」と答えた人と、「どちらかといえばそう思う」と答えた人とを合計した割合は、年代が上がるにつれて小さくなっている。また、「どちらかといえばそう思わない」と答えた人と、「そう思わない」と答えた人とを合計した割合は、二十～二十四歳、二十五～二十九歳で三割を超えている。

年代別に見ると、①は、②に比べて③と答えた人の割合が小さく、また、「そう思わない」と答えた人の割合は他の年代と比べて最も小さい。

ア、①　十三～十四歳　②　十五～十九歳
　③　「そう思う」

イ、①　十三～十四歳　②　二十～二十四歳
　③　「どちらかといえばそう思う」

ウ、①　十五～十九歳　②　十三～十四歳
　③　「どちらかといえばそう思わない」

エ、①　十五～十九歳　②　二十～二十四歳
　③　「そう思う」

(三)　**【資料3】**から、具体的な活動を通じて社会のために役立ちたいと考えている人がいることがわかる。あなたはどのようにして社会のために役立ちたいと考えるか。あなたの考えを、次の〔作文の注意〕にしたがって書きなさい。

〔作文の注意〕

①　題名は書かずに本文から書き出しなさい。

②　あなたが考える理由を明らかにして、具体的に書きなさい。なお、**【資料3】**の項目は、参考にしてもしなくてもよい。

③　あなたの考えが的確に伝わるように書きなさい。

④　原稿《げんこう》用紙の使い方にしたがい、全体を百六十字以上二百字以内にまとめなさい。

20　40　60　80　100　120　140　160　180　200

5　次の【資料1】、【資料2】、【資料3】は、内閣府が十三歳《さい》以上二十九歳以下の人を対象に実施《じっし》した「子供・若者の意識に関する調査（令和元年度）」についての結果をまとめたものである。これらを見て、あとの各問いに答えなさい。

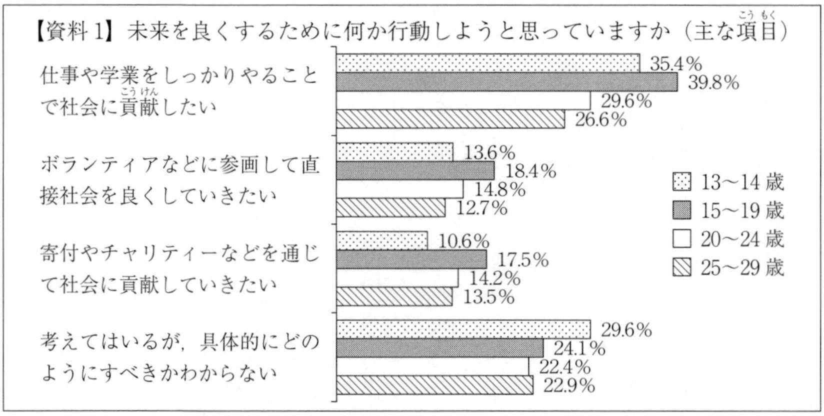

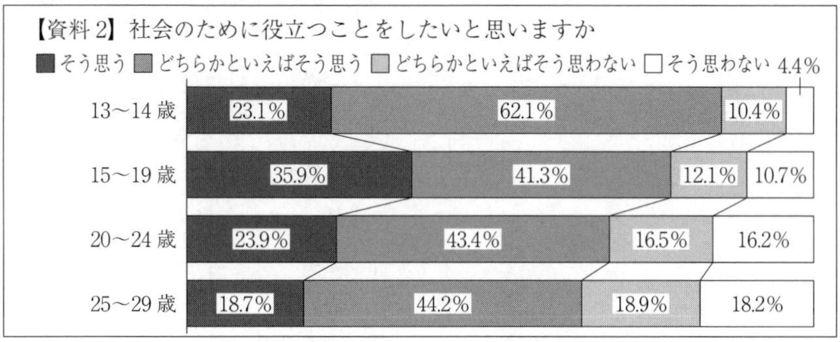

〔内閣府「子供・若者の意識に関する調査（令和元年度）」から作成〕

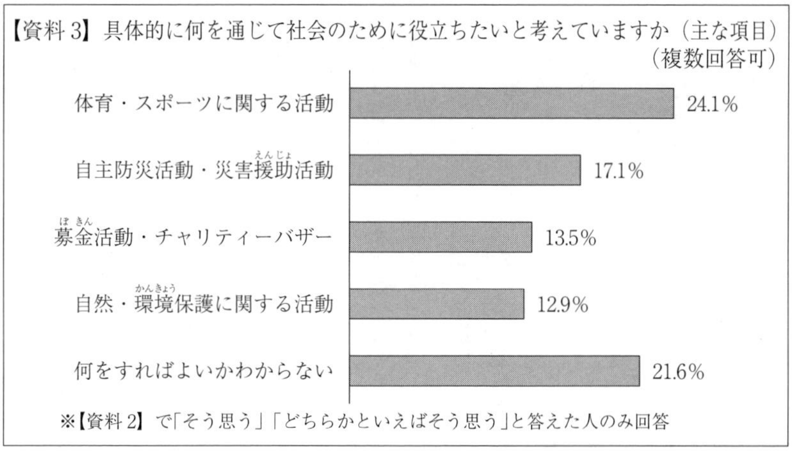

〔内閣府「子供・若者の意識に関する調査（令和元年度）」から作成〕

㈠　【資料1】から読み取れることについて、あてはまらないものを次のア～エから一つ選び、その記号を書きなさい。（　　）

ア、「仕事や学業をしっかりやることで社会に貢献したい」と答えた人の割合は、すべての年代で他の項目より大きく、十三～十四歳、十五～十九歳では三割を超《こ》えている。

イ、「ボランティアなどに参画して直接社会を良くしていきたい」と答

4　次の文章を読んで、あとの各問いに答えなさい。

今はむかし、八月十五日夜は、名におふ（その名のとおり）月の満てる時分なり。この夜は、日と月とさし望む事の正しければ（太陽と月とが真正面に向き合うので）、月の光もことさらに明らかなる故《ゆゑ》に(注1)望月《もちづき》とも云《い》ふなり。又、まんまるに満つる故に餅月《もちづき》といふとも申し伝へし。(注2)詩《し》作り・哥詠《うたよ》みども、日ごろより含《ふく》み句《く》をこしらへて（常日頃《つねひごろ》よりあらかじめ詩歌《しいか》や句を作っておいて）、只今《ただいま》①作《つく》りしやうにもてなし（ふりをして）、うめきすめきて（はあはあ息遣《いきづか》いをして）(1)詠《よ》み出《い》だす。さるままに（ところがさて）日暮より雲うずまきて雨ふり出でしかば、かねて作りける詩歌相違《しいかさうゐ》して（前もって作っておいた詩や歌が現場の情景にあわなくなって）、夜《よ》ふくれども一首《しゅ》も出でず。(注3)「浮世房《うきよぼう》、いかにいかに」と仰《おお》せられしかば（主君がおっしゃるので）、仰《あを》のきうつぶき（上を向いたり下を向いたり）、麦穂《むぎほ》の風にふかるるやうにして案じける折節、鴈《がん》のわたる声聞こえければ、「②雲外《うんぐはい》に鴈《かり》を聞きて夜声《よるこゑ》を」ととなへさまに、不図《ふと》思ひよりてかくぞ(2)詠みける。

雨ふれば三五夜中の真の闇《やみ》二千里《じせんり》わたるくらかりの声（雨が降ったのでこの十五夜も真っ暗闇になってしまったが、その暗がりの中に、二千里渡《わた》って行くという鴈の声が聞こえてくる）

（「新編　日本古典文学全集　浮世物語《うきよものがたり》」より）

＊一部表記を改めたところがある。

(注1)　望月――陰暦《いんれき》十五夜の月の異称《いしょう》。

(注2)　詩作り・哥詠みども――漢詩を作る人や和歌を詠む人。

(注3)　浮世房――浮世物語の主人公。出家して浮世房と名乗った。

(一)　傍線部分①「作りしやうに」を現代仮名遣《かなづか》いに改め、すべてひらがなで書きなさい。(　　　)

(二)　傍線部分②「雲外に鴈を聞きて夜声を」とあるが、次の漢文には傍線部分②と同じ言葉が含まれている。漢文の二重傍線部分「雲　外　聞　鴻　夜　射　声」を「雲外《うんぐはい》に鴻《かり》を聞いて夜声《よるこゑ》を射《い》る」と読むことができるように返り点をつけたものは、あとのア～エのうちどれか。最も適当なものを一つ選び、その記号を書きなさい。(　　　)

雪　中　放　馬　朝　尋　跡　（雪中《せっちう》に馬を放《はな》つて朝《あした》に跡《あと》を尋《たづ》ぬ）

雲　外　聞　鴻　夜　射　声　（雲外に鴻を聞いて（雁《かり》の声を聞いて）夜声を射る）

（「新編　日本古典文学全集　和漢朗詠集《わかんろうえいしゅう》」より）

＊一部表記を改めたところがある。

ア、雲　外　聞㆓鴻　夜㆒射㆑声

イ、雲　外㆓聞　鴻　夜㆒射㆑声

ウ、雲　外㆑聞　鴻　夜　射㆑声

エ、雲　外　聞㆑鴻　夜　射㆑声

(三)　波線部分(1)「詠み出だす」と波線部分(2)「詠みける」について、これらの主語の組み合わせとして最も適当なものを、次のア～エから一つ選び、その記号を書きなさい。(　　　)

ア、(1)　浮世房　(2)　浮世房

イ、(1)　浮世房　(2)　詩作り・哥詠みども

ウ、(1)　詩作り・哥詠みども　(2)　浮世房

エ、(1)　詩作り・哥詠みども　(2)　詩作り・哥詠みども

(四)　浮世房が、詩歌を作れずに上を向いたり下を向いたりしている様子を、比喩《ひゆ》を用いてどのようにあらわしているか。文章中の古文から十二字以内で抜《ぬ》き出して書きなさい。（句読点も一字に数える。）

イ、「文明」―①　④　「文化」―②　③
ウ、「文明」―②　③　「文化」―①　④
エ、「文明」―②　④　「文化」―①　③

(三)　文中の［　］に入る言葉として最も適当なものを、次のア～エから一つ選び、その記号を書きなさい。（　）
ア、つまり　イ、ところで　ウ、しかし　エ、なぜなら

(四)　次の【話し合いの様子】は、Aさんの班でこの文章について話し合ったときのものである。これを読んで、【話し合いの様子】の［I］、［II］に入る言葉として最も適当なものを、［I］は【話し合いの様子】の中の二重傍線部分Ⓐ、Ⓑのいずれかを一つ選んでその記号を書き、［II］は本文中から二十五字以上三十五字以内で抜《ぬ》き出《だ》して書きなさい。（句読点も一字に数える。）

I（　）
II

【話し合いの様子】

Aさん　知りたいという気持ちには、二種類の動機があると筆者は言っているね。筆者の言う二種類の動機って何だろう。

Bさん　ひとつは、世界がどうなっているかが分かるような、Ⓐ一種の見取り図のようなもの、あるいは地図のようなものがほしいという願望のことだね。

Cさん　もうひとつは、Ⓑ何かができるようになりたいという気持ちのことだね。

Aさん　そうだね。筆者は、「ある行為《こうい》ができるようになりたい」という気持ちや「何かを達成して、自分が世界のなかで効力を持てる存在になりたいという気持ち」とも言っているね。

Bさん　［I］は、先人たちの残してくれた知識や先人の築いた知識とも言っているよ。

Aさん　筆者は、何かをできるようになりたい、それで苦しみを取り除いたり、楽しみを増やしたりしたい、そういう気持ちがなければ、知識を求める意欲が湧《わ》かないから、いくら先人の築いた知識があっても、自分の行動の役に立ってくれなければ意味がないと言っているね。

Bさん　何かができるようになりたいと思う気持ちは、何かをやってみたり、あるいは、だれかが何かをやっているのを見たりして、それが苦しみを取り除き、楽しみを与《あた》えてくれているのを知る経験から生まれると言っているよ。

Cさん　そのことについては、筆者がレストランを経営する例をあげて説明しているね。とてもよいレストランを作ろうと思ったら、たくさん学ぶべきことがあることに気づくと言っているよ。

Aさん　そうだね。筆者は、何かができるようになりたいという意欲は、［II］気持ちにつながると言っているね。

になりたいというのが人間の学びへの動機になります。ごく単純に言えば、楽しいこと、面白《おもしろ》いことをやりたい、そして嫌《いや》なことを避《さ》けたいという気持ちに素直《すなお》になり、そのために何かがやりたいと思うことが動機づけとなるのです。

　何かをうまく達成するためには、先人たちの残してくれた知識が役に立ちます。ひとつ目の「見取り図や地図のようなもの」がそれにあたります。逆に言えば、何かをできるようになりたい。それで苦しみを取り除いたり、楽しみを増やしたりしたい、そういう気持ちがなければ、知識を求める意欲が湧《わ》かないのです。いくら先人の築いた知識があっても、自分の行動の役に立ってくれなければ意味がありません。

　では、どうすれば、何かができるようになりたいと思うでしょうか。それは、まさに何かをやってみたり、あるいは、だれかが何かをやっているのを見たりして、それが苦しみを取り除き、楽しみを与えてくれているのを知る経験から生まれます。

　たとえば、近所のレストランがとても素敵な料理を出してくれます。家族や友人と楽しく食事をすると、みんな仲がよくなります。そうなれば、こんな店をやってみたいと思うことでしょう。自分なりにやってみたい。ここをこうしたい。もっとうまくやってみたい。こういう気持ちが、私たちの中に生じてくるのは不思議ではありません。

　自分の好きな料理を出そうとして、レストランを経営するには、どのような技術と知識が必要でしょうか。調理の技術だけで済むわけがありません。栄養学、公衆衛生、関連する法規、食品と流通の知識。これだけでもまだ全然足りません。オリジナルな商品がないと他店との競争に負けそうです。店の外見も内装も、清潔で、オシャレにしないといけません。そして、店舗《てんぽ》を経営するには、経営学の知識が必要です。化学から美術、保険から人間関係の心理学まで、何でも関係してきます。一見すると、自分と縁遠《えんどお》いと思った知識も、お店を経営しようとすると全部関係してくることがわかります。とてもよいレストランを作ろうと思ったら、たくさん学ぶべきことがあることに気づくでしょう。

　このように具体的に何かができるようになりたいという意欲が、知識とスキルの必要性を理解させ、さらにそれを改良しようとする気持ちにつながります。

(河野哲也《こうのてつや》「問う方法・考える方法　『探究型の学習』のために」より)

＊一部表記を改めたところがある。

(注1)　調度――日常使用する道具、家具など。

(注2)　初等中等教育――高等学校までの教育。

(注3)　蔑ろ――大事にしなければならないものを軽く考えて粗末《そまつ》に扱《あつか》っているさま。

(一)　傍線部分(1)「いかなければならない」の「なけれ」と「ない」の品詞の組み合わせとして最も適当なものを、次のア～エから一つ選び、その記号を書きなさい。(　　)

ア、「なけれ」―動詞　　「ない」―形容詞

イ、「なけれ」―形容詞　　「ない」―助動詞

ウ、「なけれ」―形容動詞　　「ない」―形容詞

エ、「なけれ」―助動詞　　「ない」―助動詞

(二)　波線部分①～④は、スポーツまたは家屋が持つ「文明」、「文化」のいずれかの面をあらわしている。本文中の筆者の主張に合う「文明」、「文化」の組み合わせとして最も適当なものを、次のア～エから一つ選び、その記号を書きなさい。(　　)

ア、「文明」―①　③　　「文化」―②　④

3　次の文章を読んで、あとの各問いに答えなさい。

人間の行う知的活動には二つの種類があるといってよいでしょう。ひとつは苦しみを減らす活動で、これを「文明」と呼ぶことにします。もうひとつは喜びをもたらす活動で、これを「文化」と呼びましょう。

医療《いりょう》は、ケガや病気を治療《ちりょう》し、予防しようとするのですが、それは苦しみを減らそうとする努力です。水道事業も、渇《かわ》きの苦しみや汚《よご》れた水を飲むことの危険性、遠くまで水を汲《く》みに(1)いかなければならない不便さをなくそうとするものです。交通ルールは、事故を防ぎ、安全でスムーズな道路の運行を作り出そうとしています。これらはなくてはならない必要なものを生み出すという意味で、文明だと言えるでしょう。

他方で、素敵《すてき》な音楽を演奏する。美味《おい》しい料理を作る。楽しいお祭りやイベントを運営する。脚本《きゃくほん》を書いて、お芝居《しばい》を興行する。これらは人々に喜びを与《あた》えるものですから、文化と言えるでしょう。文化は、命の維《い》持《じ》を超《こ》えた価値を作り出し、人間らしい生活を提供してくれます。

もちろん、全てのものが二つにかっちりと分類できるわけではありません。スポーツは①やって楽しいものですが、同時に②健康づくりや病気の予防にもなるでしょう。家屋（注1）は、③人が雨露《あめつゆ》をしのいで休息と睡眠《すいみん》をとる場所ですが、④外見や調度が美しく、心のゆとりを与えてくれるものにもなります。これらは、文化と文明の両面を持っていると言えます。

しかし、文化は不必要な贅沢《ぜいたく》品だと言うことはできません。私が、東日本大震災《だいしんさい》が起こった三カ月後くらいに被災地《ひさいち》にお見舞《みま》いに行ったときのことです。まだ公共施設《しせつ》で寝泊《ねとま》りしている人たちが、お子さんから高《こう》齢者《れいしゃ》の方まで、小説や勉強になる本が読みたいと訴《うった》えていました。被災した人々は、まだまだ生活が厳しい中でも、必要な情報を知りたいからというだけでなく、文化としての楽しみを得ようとして書物を探していたのです。小さな仮設図書館が開かれると、ひっきりなしにいろいろな年代の方が本を借りにきました。このときほど、人間は根源的に文化を必要としているのだと実感したことはありません。文化を求めるのは人間であることの証《あかし》です。

今、文化と文明という大きな枠組《わくぐ》みを述べましたが、探究型の授業のテーマとなるのは、このどちらか、あるいは両方に関わっているはずです。□、苦しいことを減らそうとするのか、楽しいことを増やそうとするのか、あるいは、その両方を兼《か》ねたものかです。

探究型の授業を行うのに、一番大切なのは、学ぶ側が学ぼうとする意欲を持っているかどうかです。初等中等教育（注2）で行うべき最も大切な教育は、生徒に一生学ぼうとする動機づけを与えることです。これが蔑《ないがし》（注3）ろにされては学習が成り立たず、学習のないところには教育は存立しえません。

では、人はどういうことに学ぼうとする意欲を持つでしょうか。「知りたい」という気持ちには、大きく言って二種類の動機があると思います。ひとつは、世界がどうなっているかが分かるような、一種の見取り図のようなもの、あるいは地図のようなものがほしいという願望です。これは子どもの頃《ころ》からの好奇心《こうきしん》に近いものです。

もうひとつは、何かができるようになりたいという気持ちです。これは、「ケーキの作り方が知りたい」「自動車の運転ができるようになりたい」「うまくダンスが踊《おど》れるようになりたい」といったように、「ある行《こう》為《い》ができるようになりたい」という気持ちのことです。

そしてこの何かができるようになりたいという気持ちは、「何かを達成して、自分が世界のなかで効力を持てる存在になりたいという気持ち」でもあります。自分を含《ふく》めただれかの苦しみを取り除きたいとか、だれかに楽しさを与えたいといった目的を持ち、そのために何かができるよう信司はプールサイドを「やった、やった」と、飛びはねた。

海人は薄《うす》いくちびるの端《はし》をスッと上げた。

「きっと、向井くんは、また来るよ。そして、まだまだ速くなる」

「……なんでおまえにわかるんだよ」

海人はくすっと笑った。

「となりで泳いだから、わかる」

……となりで泳いだから……だって？

(5)なんで、同じこと、考えてんだよ。

窓の外に目を向けると、オレンジ色の大きな太陽が、海に溶《と》けるように沈んでいく途中《とちゅう》だった。

プールもその光を受けて、うすい橙色《だいだいいろ》にそまっていた。

（高田由紀子《たかだゆきこ》「スイマー」より）

＊一部表記を改めたところがある。

(一)　傍線部分(1)「龍之介《りゅうのすけ》は赤くなって信司《しんじ》の口を押《お》さえた」とあるが、この部分は、いくつの文節に分けられるか。次のア～エから最も適当なものを一つ選び、その記号を書きなさい。（　　）

ア、五　　イ、六　　ウ、七　　エ、八

(二)　傍線部分(2)「はずし」は動詞であるが、その活用形として最も適当なものを、次のア～エから一つ選び、その記号を書きなさい。

ア、未然形　　イ、連用形　　ウ、連体形　　エ、仮定形　　（　　）

(三)　傍線部分(3)「おれは……もう、これ以上泳げないと思っていた」とあるが、次は、「おれ」が海人《かいと》と泳いだことでどのような気持ちに変わったかについてまとめたものである。□に入る言葉を、本文中の言葉を使って三十字以上四十字以内で書きなさい。（句読点も一字に数える。）

「海人と泳げば、□」という前向きな気持ちに変わった。

(四)　傍線部分(4)「海人がニヤリとした」とあるが、このときの海人の心情を説明したものとして最も適当なものを、次のア～エから一つ選び、その記号を書きなさい。（　　）

ア、海人は、「……でも、とりあえず、また来るかも」と言った「おれ」の言葉や表情によって「おれ」の迷いにはじめて気づき、「おれ」のことを支えようと心に決めている。

イ、海人は、「……でも、とりあえず、また来るかも」と言った「おれ」の言葉を聞き、「おれ」が東京のスイミングクラブで再び水泳を始める気持ちになったことをうれしく思っている。

ウ、海人は、「……でも、とりあえず、また来るかも」と言った「おれ」の言葉を聞く前から、「おれ」がまた来るだろうと予想をしていたので、やはり自分の思ったとおりだと感じている。

エ、海人は、「……でも、とりあえず、また来るかも」と言った「おれ」の言葉が、「おれ」の本心だと龍之介や信司が気づいていたことをおもしろがっている。

(五)　傍線部分(5)「なんで、同じこと、考えてんだよ」とあるが、「おれ」と海人が考えた「同じこと」とはどのようなことか、「……ということ。」につながるように、本文中の言葉を使って、二十字以上三十字以内で書きなさい。（句読点も一字に数える。）

□ということ。

でもサボっていたら、その大切な三秒はかんたんにおれのものじゃなくなってしまうんだな。

「向井くん……どこのスイミングに通ってたの？」

海人がゴーグルを(2)はずし、澄《す》んだ目をおれに向けた。

口をつぐんでいると、海人がブツブツ言い始める。

「有名っていえば……サンライズとか……スプラッシュとか、あ、もちろん岬《みさき》選手の所属しているビクトリーとか……」

ビクトリー、と聞いて思わず目をそらしたおれを、海人は見逃《みのが》さなかった。

「えっ……ビクトリーなのっ⁉」

「ええっ」

信司も高い声をあげる。

おれは目をつぶるように軽くうなずくと、ため息をついた。

「す……すごい！　あの岬選手のビクトリーで泳いでたんだ……そっか……だから速いんだな」

海人の目が輝《かがや》きだしたのを見て、またカチンときた。

ビクトリーに通ってたからじゃない。おれが努力したからだっ。

叫《さけ》びたくなるのを、ぐっとこらえる。

海人はすっかり息が整って、涼《すず》しそうな顔をしている。

こいつ、何者なんだ？

体は細いのに、スケールの大きさを感じるのはどうしてなんだ？

しかもこいつは、きっとまだまだ速くなる。

なぜかそう確信させる力が、海人からみなぎっている。

じゃあ、おれは？

(3)おれは……もう、これ以上泳げないと思っていた。

でも、海人と泳いでいた時、何かが違《ちが》った。

となりで泳いだ全身の感覚が、そう言っている。

「……向井くん、やっぱり、水泳一緒《いっしょ》にやらない？」

信司がおずおずと聞いてきた。

海人が大きくうなずき、龍之介は関心なさそうに首を回している。

海人と泳げば……何かが変わるかもしれない。

今までとは違う世界が、見えてくるのかもしれない。

でも、久しぶりの泳ぎはビクトリーでのくやしさや、みじめな感情も一緒に呼びさました。

「……わかんない」

「えっ」

信司の目がくるんと回る。

「そんなかんたんに決められないよ」

信司の顔から笑《え》みが消えた。海人は表情を変えない。

おれは耳に入った水を、頭をふって追い出した。そして、やっとひとこと、吐《は》き出した。

「……でも、とりあえず、また来るかも」

「マジかよ？」

龍之介の声が裏返る。

「向井くん……本当？」

信司が口をぽかんと開けてたずねる。

(4)海人がニヤリとした。

「いや、まだ入るってわけじゃ……」

言葉とはうらはらに、あの時からずっと沈《しず》んでいた心が、ほんの少しだけ軽くなる気がした。

国語

時間　四五分
満点　五〇点

1 次の①～⑧の文の傍線部分について、漢字は読みをひらがなで書き、ひらがなは漢字に直しなさい。

① 川が緩やかに流れる。（　　やか）
② 窓から夜景を眺める。（　　める）
③ 余暇にダンスを習う。（　　　）
④ 生命の神秘を探《さぐ》る。（　　　）
⑤ 知人の家をおとずれる。□れる
⑥ 判断を専門家にゆだねる。□ねる
⑦ 部分から全体をすいそくする。□□
⑧ 家と駅との間をおうふくする。□□

2 次の文章を読んで、あとの各問いに答えなさい。

東京のスイミングクラブに通っていた「おれ」（向井航《むかいこう》）は、ある日を境に挫折《ざせつ》し、水泳をやめた。佐渡《さど》に引《ひ》っ越《こ》した「おれ」は、近くのプールで練習していた海人《かいと》・龍之介《りゅうのすけ》・信司《しんじ》に出会う。スイミングクラブに通っていたことを知られた「おれ」は海人と泳ぐことになり、わずかな差で負けた。

あれっ……おれ、ショック受けてる？　もう水泳なんて、こりごりだと思ってたのに？

海人をちらっと見ると、顔をくしゃくしゃにしてはずんだ声をあげた。

「向井くん、これで久しぶりなの？　やっぱり速いな」

……こいつのせいだ。

せっかく、忘れていたのに。

忘れようと思っていたのに。

「東京のスイミングクラブってたいしたことねえな」

龍之介が信司にこそっと言う。

「龍《りゅう》ちゃんてば！　『二人ともすげえな～』って言ってたじゃん！」

「うるせえ、だまれ」

(1)龍之介は赤くなって信司の口を押《お》さえた。

今度ははっきりと、腹の底からくやしさがわき上がってくるのがわかった。

なんで……佐渡に来てまで、こんな気もちにならなきゃいけないんだよ。

三秒を縮めるのに、どれだけビクトリーでがんばったか。

2022年度／解答

数学

1 【解き方】(1) 与式 $= -8\times7=-56$

(2) 与式 $=\dfrac{12-10}{15}x=\dfrac{2}{15}x$

(3) 与式 $=\dfrac{15xy}{5x}=3y$

(4) 与式 $=10a+5b-6a-8b=4a-3b$

(5) 与式 $=6-\sqrt{21}+4\sqrt{21}-14=-8+3\sqrt{21}$

(6) y は x に反比例するから，$y=\dfrac{a}{x}$ と表せる。この式に，$x=-2$，$y=8$ を代入して，$8=\dfrac{a}{-2}$ より，$a=-16$　よって，$y=-\dfrac{16}{x}$

(7) 解の公式より，$x=\dfrac{-5\pm\sqrt{5^2-4\times2\times(-2)}}{2\times2}=\dfrac{-5\pm\sqrt{41}}{4}$

(8) 累計相対度数より，15分以上20分未満の階級の相対度数は，$0.8-0.65=0.15$ 以下となる。$20\times0.15=3$ (人)より，(ア)にあてはまる数は，0，1，2，3のいずれかとなる。

【答】(1) -56　(2) $\dfrac{2}{15}x$　(3) $3y$　(4) $4a-3b$　(5) $-8+3\sqrt{21}$　(6) $y=-\dfrac{16}{x}$　(7) $x=\dfrac{-5\pm\sqrt{41}}{4}$

(8) 0，1，2，3

2 【解き方】(1) ① $18\div2=9$ より，B組の中央値は，記録の小さい方から9番目と10番目の記録の平均値となるから，$\dfrac{18+20}{2}=19$ (m)　② B組において，最小値は8m，最大値は35m　また，第2四分位数は19m，第1四分位数は小さい方から5番目の15m，第3四分位数は大きい方から5番目の23mとなるから，次図のようになる。③ (i) A組の第1四分位数は14mだから，正しくない。(ii) A組の箱ひげ図から，記録が27m以上の人数はわからない。

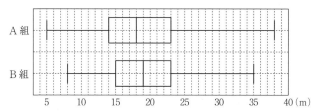

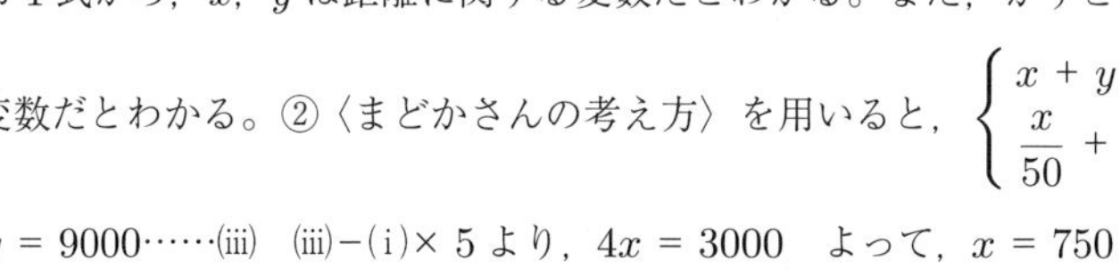

(2) ① まどかさんの第1式から，x，y は距離に関する変数だとわかる。また，かずとさんの第2式から，x，y は時間に関する変数だとわかる。② 〈まどかさんの考え方〉を用いると，$\begin{cases}x+y=1200\cdots\cdots(\mathrm{i})\\ \dfrac{x}{50}+\dfrac{y}{90}=20\cdots\cdots(\mathrm{ii})\end{cases}$　(ii)×450より，$9x+5y=9000\cdots\cdots$(iii)　(iii)−(i)× 5より，$4x=3000$　よって，$x=750$　これを(i)に代入して，$750+y=1200$ より，$y=450$

(3) ① 10以下の自然数 a で，$\sqrt{a}$ が自然数となるのは，$a=1$，4，9の3通り。よって，求める確率は $\dfrac{3}{10}$。

② $\dfrac{12}{a}$ が自然数となる a は，1，2，3，4，6，12の6個ある。$\dfrac{12}{a}$ が自然数となる確率は，$n\leqq4$ のとき1だ

から，条件を満たすのは，$n \geqq 5$ の場合となる。$n = 10$ のとき，$\dfrac{5}{10} = \dfrac{1}{2}$　$n = 12$ のとき，$\dfrac{6}{12} = \dfrac{1}{2}$ だから，求める n は10と12。

【答】 (1) ① 19 (m)　② (前図)　③ (i) イ　(ii) ウ

(2) ① (A) ア　(B) ケ　(C) イ　(D) ウ　② (歩いた道のり) 750 (m)　(走った道のり) 450 (m)

(3) ① $\dfrac{3}{10}$　② 10，12

3 **【解き方】** (1) $y = \dfrac{1}{4}x^2$ に，$x = -2$ を代入して，$y = \dfrac{1}{4} \times (-2)^2 = 1$　よって，A $(-2,\ 1)$

(2) $y = \dfrac{1}{4}x^2$ に，$x = 4$ を代入して，$y = \dfrac{1}{4} \times 4^2 = 4$ より，B $(4,\ 4)$　したがって，直線 AB は傾きが，$\dfrac{4-1}{4-(-2)} = \dfrac{1}{2}$ だから，直線の式を $y = \dfrac{1}{2}x + b$ とおいて，点 A の座標を代入すると，$1 = \dfrac{1}{2} \times (-2) + b$ より，$b = 2$　よって，求める式は，$y = \dfrac{1}{2}x + 2$

(3) ① 直線 AB と y 軸との交点を P とすると，P $(0,\ 2)$　y 軸上の $y < 0$ の範囲に，PQ = 3PO となる点 Q をとると，Q $(0,\ -4)$ で，△QAB = 3△OAB だから，点 Q を通り AB に平行な直線と x 軸との交点を C とすると，△ABC = △QAB = 3△OAB となる。この直線の式は，$y = \dfrac{1}{2}x - 4$ だから，$y = 0$ を代入して，$x = 8$ より，C $(8,\ 0)$　② 点 A から x 軸に平行な直線を，点 B から y 軸に平行な直線をそれぞれ引き，それらの交点を E とすると，AE $= 4-(-2) = 6$，BE $= 4 - 1 = 3$ だから，直角三角形 ABE において三平方の定理より，$\text{AB}^2 = 6^2 + 3^2 = 45$　また，点 A，点 B から x 軸にそれぞれ垂線 AH，BI を引き，D $(t,\ 0)$ とおくと，DH $= t-(-2) = t + 2$，AH $= 1$，DI $= 4 - t$，BI $= 4$ だから，直角三角形 AHD において，$\text{AD}^2 = (t+2)^2 + 1^2 = t^2 + 4t + 5$，直角三角形 BID において，$\text{BD}^2 = (4-t)^2 + 4^2 = t^2 - 8t + 32$　よって，△ABD について，$(t^2 + 4t + 5) + (t^2 - 8t + 32) = 45$ より，$t^2 - 2t - 4 = 0$　解の公式より，$t = \dfrac{-(-2) \pm \sqrt{(-2)^2 - 4 \times 1 \times (-4)}}{2 \times 1} = \dfrac{2 \pm \sqrt{20}}{2} = \dfrac{2 \pm 2\sqrt{5}}{2} = 1 \pm \sqrt{5}$　$t > 0$ だから，$t = 1 + \sqrt{5}$

【答】 (1) $(-2,\ 1)$　(2) $y = \dfrac{1}{2}x + 2$　(3) ① $(8,\ 0)$　② $(1 + \sqrt{5},\ 0)$

4 **【解き方】** (1) ① 直方体 P の体積は，$3 \times 9 \times 6 = 162$ (cm^3) より，三角すい Q の体積は，$162 \times \dfrac{1}{9} = 18$ (cm^3)　よって，求める高さは，$18 \times 3 \div \left(\dfrac{1}{2} \times 3 \times 9\right) = 4$ (cm)　② 右図のように，I から HF に垂線 IJ を下ろすと，IJ = 4 cm　J から EF に平行な直線を引き，HE との交点を K とすると，KJ : EF = HJ : HF　ここで，DH : IJ = 6 : 4 = 3 : 2 より，HJ : HF = (3 − 2) : 3 = 1 : 3　よって，KJ : EF = 1 : 3 より，KJ $= \dfrac{1}{3}$EF $= 3$ (cm)　また，HK : HE = 1 : 3 より，KE $= \dfrac{2}{3}$HE $= 2$ (cm)　よって，△EKJ について，EJ $= \sqrt{3^2 + 2^2} = \sqrt{13}$ (cm) だから，△EIJ について，EI $= \sqrt{4^2 + 13} = \sqrt{29}$ (cm)

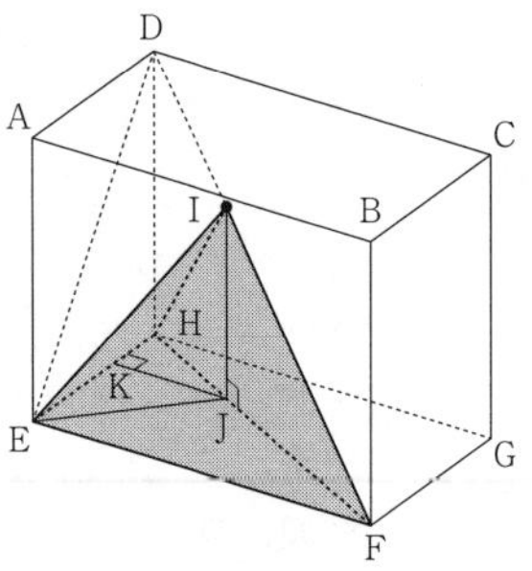

(2) ∠OBD = 90° より，点Dは点Bを通るABの垂線上にある。また，OとCを結ぶと，△OACは二等辺三角形だから，∠BOC = 2∠CAO　よって，点Dは∠BOCの二等分線上にある。

【答】 (1) ① 4 (cm)　② $\sqrt{29}$ (cm)　(2) (右図)

(例)

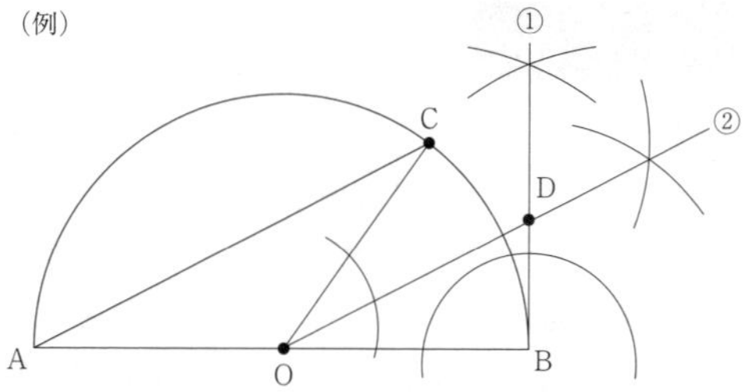

5 **【解き方】** (3) ① FH∥ECより，△AFG∽△AECがいえるから，AF : AE = FG : EC　△AFG≡△CEDより，EC = 6cmだから，6 : AE = 2 : 6より，2AE = 36だから，AE = 18cm　よって，FE = 18 − 6 = 12 (cm)　② FH∥ECより，AG : AC = FG : EC = 2 : 6 = 1 : 3だから，AG : GC = 1 : (3 − 1) = 1 : 2より，AG = $\frac{1}{2}$GC　また，GI : IC = GH : EC = 5 : 6だから，GI : GC = 5 : (5 + 6) = 5 : 11より，GI = $\frac{5}{11}$GC　よって，AG : GI = $\frac{1}{2}$GC : $\frac{5}{11}$GC = 11 : 10だから，△IHG = 10Sとすると，△AGH = 11Sと表せる。△IHG∽△IECで，相似比は5 : 6だから，面積比は，$5^2 : 6^2$ = 25 : 36より，△IEC = 10S × $\frac{36}{25}$ = $\frac{72}{5}$S　よって，△IEC : △AGH = $\frac{72}{5}$S : 11S = 72 : 55

【答】 (1)(ア) ∠AIH = ∠HIG　(イ) ∠ACE　(ウ) 2組の角

(2) △AFGと△CEDにおいて，仮定より，AF = CE……①　FH∥ECより，同位角は等しいから，∠AFG = ∠CED……②　AEは∠BACの二等分線だから，∠FAG = ∠EAB……③　$\overset{\frown}{BE}$に対する円周角だから，∠EAB = ∠ECD……④　③，④より，∠FAG = ∠ECD……⑤　①，②，⑤より，1組の辺とその両端の角がそれぞれ等しいから，△AFG≡△CED

(3) ① 12 (cm)　② 72 : 55

英　語

1 **【解き方】** (1)「体育館」で「絶滅のおそれがある動物」についてスピーチをしたのは，マサトである。

(2) No.1. サオリは新しいTシャツをインターネットで買ったと言っている。過去形で聞かれていることに注意。No.2. スミス先生が友人のジョンと京都に行ったと言っている。No.3. ナオミは今日の放課後，母親が料理するのを手伝わなければならないと言っている。

(3) No.1. How long does it take?は所要時間を尋ねる疑問文。No.2. 学校に遅刻した相手に原因を聞いている。No.3. 店員と客の会話。店員に何を飲みたいか聞かれている。No.4. 映画がどうだったか聞かれている。

(4) No.1. ジャックは7時40分に家を出て，学校まで30分かかると言っている。No.2. 父親が話してくれた日本での経験が興味深かったので，ジャックは日本で勉強しようと決心したと言っている。No.3. ジャックは自分の国について知ってほしいのでポスターを作ったと言っている。

【答】 (1) ウ　(2) No.1. エ　No.2. エ　No.3. イ　(3) No.1. ア　No.2. ア　No.3. ウ　No.4. イ

(4) No.1. ウ　No.2. イ　No.3. エ

◀全訳▶ (1) 昨日，体育館で絶滅のおそれがある動物についてスピーチをしたのは誰ですか？

(2)

No.1.

A：それは新しいTシャツかい，サオリ？

B：そうよ，ボブ。インターネットで買ったの。

A：素敵だね。よくインターネットで服を買うの？

B：いいえ。私はたいていデパートで服を買うわ。

サオリは新しいTシャツをデパートで買いましたか？

No.2.

A：こんにちは，ミユキ。冬休みはどうでしたか？

B：おじに会うために大阪に行きました。あなたはどうでしたか，スミス先生？

A：友人のジョンがニュージーランドから私を訪ねてくれました。私たちはたくさんのお寺を見るために京都へ行きました。

B：まあ，それはいいですね。

冬休み中に京都を訪れたのは誰ですか？

No.3.

A：やあ，ナオミ。放課後に数学の宿題を手伝ってくれない？

B：ごめんなさい，トム，今日の放課後は，母が夕食を作るのを手伝わなければならないの。タナカ先生に手助けを頼んでくれない？

A：彼は今日，学校にいないんだ。

B：あら，サトシはどう？　彼は数学が得意よ。

A：彼は放課後，バスケットボールの練習をする予定なんだ。

B：わかった。明日の朝，私が最初の授業の前に手助けするわ。

今日の放課後，ナオミは何をする予定ですか？

(3)

No.1.

A：すみません。図書館へはどうやって行けばいいですか？

B：この通りに沿って行くと，大きな茶色の建物が見えます。それが図書館です。

A：ありがとう。どれくらい時間がかかりますか？

No.2.

A：今朝の1時間目に君を見かけなかったね。

B：今日は学校に遅刻したの。

A：何があったの？

No.3.

A：こんにちは。お決まりですか？

B：ハンバーガーとサラダをいただけますか？

A：かしこまりました。お飲み物は何になさいますか？

No.4.

A：週末はどのように過ごしたの？

B：兄と一緒に映画を見にいったわ。

A：へえ，どうだった？

(4)

マキ　　：こんにちは，ジャック。今日はあなたにいくつか質問をします。あなたはいつ日本に来たのですか？

ジャック：僕は2週間前に日本に来ました。あと3週間日本に滞在する予定です。

マキ　　：学校にはどうやって通っていますか？

ジャック：自転車で通っています。僕はたいてい7時40分に家を出ます。学校まで30分かかります。毎日たくさんの車を見て僕は驚いています。

マキ　　：そうですか。こちらでの滞在はどうですか？

ジャック：素晴らしいです。僕はヒロシの家に滞在しています。僕は夕食後，彼の家族との会話を楽しんでいます。彼の姉のヨシエは音楽の先生で，よく僕に日本の歌を教えてくれます。僕はそれらから日本語を学ぶこともできます。

マキ　　：いいですね。あなたはなぜ日本で勉強したいと思ったのですか？

ジャック：父が大学生の頃，彼は日本語を勉強するために日本に来ました。彼は日本での経験について僕に話してくれました。それらが興味深かったので，僕もいつか日本で勉強しようと決心しました。

マキ　　：なるほど。あなたのお父さんは今も日本語を勉強しているのですか？

ジャック：はい，しています。彼は時々日本語の本を読んでいます。

マキ　　：それは素晴らしいですね。あなたはここでの学校生活を楽しんでいますか？

ジャック：はい。楽しく過ごしています。僕のクラスメートたちは，よく僕と話そうとしてくれます。彼らとコミュニケーションをとる機会を持つことができて，僕はうれしいです。

マキ　　：それはよかったです。自由時間にはどんなことをするのが好きですか？

ジャック：僕は習字を練習するのが好きです。友人の1人がそれを僕に教えてくれます。僕は習字が得意になりたいです。

マキ　　：この学校の生徒たちに伝えたいことは何かありますか？

ジャック：僕は彼らに僕の国について伝えたいです。それで僕は3日前にカナダについてのポスターを作りました。みなさんは壁にそれがあるのを見ることができます。

マキ　　：どうもありがとうございました。あなたとお話ししてとても楽しかったです。

No.1. ジャックはたいてい何時に学校に到着しますか？

No.2. ジャックはなぜ日本に来ることを決心したのですか？

No.3. ジャックはカナダについて生徒たちに伝えるため，何をしましたか？

2 **【解き方】**(1) No.1. ① チカが土曜日にケイトを神社に連れていくことを提案したあとのせりふ。I hope you'll like it.＝「あなたがそれを気に入ってくれるといいな」。②「私たちは日曜日までに材料を買いにスーパーマーケットに行く必要がある」というせりふに対する返答。How about ～ing?＝「～するのはどうですか？」。No.2. ア．チカの3番目のせりふを見る。チカの町にはお城がないので，チカはケイトを神社に連れていこうとしている。イ．ケイトの3番目のせりふを見る。ケイトが映画の中で見たのは神社ではなくお城だった。ウ．チカの5番目のせりふと，直後のケイトの返答を見る。「あなたはお好み焼きを知っている？」というチカの質問に対して，ケイトが「知っている」と答えている。エ．「チカは一度もお好み焼きを作ったことがないが，彼女の父親はその作り方を知っている」。チカの7番目のせりふを見る。正しい。

(2) ア．ケビンとアリスの最初のせりふを見る。ケビンが母親のためにケーキを作ろうとしており，アリスは作り方を教えてあげようとしている。イ．ケビンの最初のせりふを見る。インターネットでレシピを見つけたのは，アリスではなくケビン。ウ．アリスがケビンにダンスのレッスンに行くよう求めている場面はない。エ．「ケーキの作り方を学ぶため，ケビンは次の土曜日の午後1時30分にアリスの家に行く予定だ」。アリスとケビンの最後のせりふを見る。正しい。

【答】(1) No.1. ① ア　② ア　No.2. エ　(2) エ

◀全訳▶　(1)

ケイト：今週末は何か予定があるの，チカ？

チカ　：実は，この町のいくつかの場所にあなたを連れていきたいと思っているの。あなたはどこに行きたいの，ケイト？

ケイト：私は伝統的な日本の建築物が見たいわ。

チカ　：あら，どうしてそれらが見たいの？

ケイト：私は日本のアニメが大好きで，日本に来る前にたくさん日本のアニメ映画を見たの。私の大好きな映画の1つの中で，私は美しい日本のお城を見たわ。それ以来，私は伝統的な日本の建築物を見たいと思っているの。

チカ　：この町にお城はないけれど，この近くに神社があるわ。それも伝統的な日本の建築物よ。土曜日にあなたをそこへ連れていってあげましょう。あなたがそこを気に入ってくれるといいけれど。

ケイト：とてもわくわくするわ！

チカ　：何か他にやりたいことはある？

ケイト：私はこれまでに食べたことがない日本の食べ物が食べたいわ。

チカ　：わかったわ。あなたはお好み焼きを知っている？

ケイト：ええ。クラスメートの1人が以前それについて話してくれたけれど，一度も食べたことがないの。

チカ　：日曜日に一緒に作って食べましょう。

ケイト：いいわね！

チカ　：私はそれを一度も作ったことがないけれど，父がよく私のために作ってくれるの。もし日曜日が暇ならば，彼は私たちが作るのを手伝ってくれるわ。あとでお父さんに頼んでみる。

ケイト：わあ！　とても楽しくなりそうね！

チカ　：私たちは日曜日までに材料を買いにスーパーマーケットに行く必要があるわ。

ケイト：金曜日の放課後に行くのはどう？

チカ　：それはいい考えね。

(2)

ケビン：今度の土曜日に時間があったら，僕がケーキを作るのを手伝ってくれない？　インターネットでレシピを見つけて作ろうとしたけれど，難しすぎたんだ。

アリス：わかった。作り方を教えてあげるわ。どうしてケーキを作りたいの？

ケビン：もうすぐ母の誕生日なんだ。何か母を驚かせることをしたいから，母のためにケーキを作ることにした。

アリス：それはいいアイデアね。午前中にダンスのレッスンがあって，そのあと正午までには帰宅する予定よ。

午後1時30分に私の家に来てくれる？

ケビン：うん。ありがとう。

3【解き方】(1) ①「～に興味がある」= be interested in ～。②「訪れる場所」= places to visit。「～がたくさんある」= There are a lot of ～。③ 相手への要望は，Will you ～?などの依頼の文か，want A to ～（Aに～してほしい）の形で表す。「～で撮った写真」は，過去分詞を用いて the pictures taken in ～とするか，接触節を用いて the pictures you took in ～と表す。

(2) ①「～で有名だ」= be famous for ～。②「～したら」は接続詞の if か when を使って表す。「～に登る」= climb ～。③「～の近くのレストラン」= the restaurant near ～。「～で一番人気がある」= the most popular in ～。

【答】(1) ①（例1）Are you interested in Japanese culture?（例2）Is Japanese culture interesting for you?（例3）Do you have an interest in the culture of Japan? ②（例1）There are a lot of places to visit in Japan.（例2）My country has many spots you should visit.（例3）In our country, we have lots of good places to see. ③（例1）Will you show me the pictures you took in Australia?（例2）Can I see some photos taken in Australia?（例3）I want you to show me a picture which was taken in your country.

(2) ①（例1）It's famous for Mt. Hikari.（例2）Aozora Town has a famous mountain called Mt. Hikari.（例3）Many people know Mt. Hikari in my town. ②（例1）If you climb it in spring, you can see many beautiful flowers.（例2）You will find a lot of pretty flowers when you go up Mt. Hikari in the spring.（例3）In spring, people can look at lots of lovely flowers on the mountain. ③（例1）The restaurant near Mt. Hikari is the most popular in Aozora Town.（例2）The restaurant by the mountain is the most popular of all restaurants in the town.（例3）The restaurant near Mt. Hikari is more popular than any other restaurant in my town.

4【解き方】(1) ① エリカの前向きな言葉に対して何も言わなかったケンタへのせりふ。What's wrong?=「どうしたの？」。②「僕のバンドはもうすぐ学園祭で演奏する予定です」という言葉に続くもの。Would you like to ～?=「～しませんか？」。

(2) A. 第3段落の最終文を見る。コンサートのあとで駅へ歩いていたとき，ケンタとエリカとブラウン先生は楽しく「話をした」。「楽しく～する」= enjoy ～ing。B. 第4段落の前半を見る。ブラウン先生は学校の図書館でギターの「雑誌」を読んでいた。

(3) 第2段落の後半でエリカは「大切なのは最善を尽くすことだ」と言っている。

(4) ア. 第1段落の最終文を見る。9月の学園祭で演奏する予定だったのはケンタのバンド。全校生徒がパフォーマンスするという記述はない。イ. 第2段落の後半を見る。ケンタがエリカを励まそうとしたのではなく，エリカがケンタを励まそうとした。ウ. 第4段落の中ほどにあるブラウン先生の言葉を見る。ブラウン先生は16歳のときにギターの演奏を始め，その年に初めて大勢の人の前で演奏した。エ.「舞台の上でギターの演奏をしたとき，ブラウン先生は友人たちの笑顔を見てうれしく思った」。第4段落の後半にあるブラウン先生の言葉を見る。正しい。オ. 第6段落の1・2文目を見る。学園祭で初めて舞台上で演奏したとき，ケンタは何度か間違えた。カ.「マナミがとても緊張していたとき，ケンタは彼女に失敗するのを恐れる必要はないと伝えた」。最終段落を見る。正しい。

【答】(1) ① イ ② ウ (2) A. talking B. magazine (3) ア (4) エ・カ

◀全訳▶ ケンタは16歳です。彼は高校生です。彼は音楽部の部員で，バンドでギターを演奏しています。彼のバンドは9月の学園祭で演奏する予定です。

8月のある日，ケンタのバンドのメンバーが学園祭のために練習していたとき，メンバーの1人であるエリカが他のメンバーに「私は学園祭が楽しみだわ。楽しいでしょうね」と言いました。彼女は音楽部の部長で，ドラムを演奏しています。彼女は何度も舞台の上で演奏したことがあります。ケンタは何も言いませんでした。エリカは彼に「どうしたの？」と言いました。彼は「僕は一度も舞台の上で演奏をしたことがないから，少し緊張しているんだ。大勢の人の前で失敗したくないよ」と言いました。彼女は「失敗することを恐れないで。大切なことは最善を尽くすことよ」と言いました。彼女は彼を励まそうとしましたが，彼は楽しそうには見えませんでした。

9月のある日曜日，ケンタはエリカと一緒に彼の大好きなバンドのコンサートに行きました。彼らはそのバンドによる素晴らしい演奏を見てとても興奮しました。コンサートのあと，彼らは外国語指導助手のブラウン先生に会いました。エリカはブラウン先生に「こんにちは，ブラウン先生。先生がここにいらっしゃったとは知りませんでした。コンサートを楽しみましたか？」と言いました。ブラウン先生は「こんにちは，エリカ。コンサートは素晴らしかったです。とても楽しみました。私は音楽が大好きです」と言いました。一緒に駅へ歩いているとき，彼らはみんな興奮し，コンサートについて楽しく話しました。

その翌日，ケンタが学校の図書館でギターの雑誌を探していたとき，再びブラウン先生に会いました。彼女は雑誌を読んでいました。彼は彼女に「何を読んでいるのですか，ブラウン先生？」と尋ねました。彼女は「こんにちは，ケンタ。私はギターの雑誌を読んでいます。ギターを演奏することが好きなのです」と言いました。彼は「本当ですか？　僕もです！」と言いました。彼女もギターを演奏することを彼はうれしく思いました。彼は「先生はいつギターの演奏を始めたのですか？」と尋ねました。彼女は「16歳のときに演奏を始めました。その年に，私は初めて大勢の人の前で演奏しました」と言いました。彼は「上手に演奏できましたか？」と尋ねました。彼女は「何度か間違えましたが，最善を尽くしました。舞台の上から友人たちの笑顔を見たとき，私はうれしく思いました」と言いました。彼女の経験について聞いたあと，ケンタは学園祭に来ている人たちに彼のバンドの演奏を楽しんでもらいたいと思いました。彼女は「私はあなたたちの演奏が聞きたいです」と言いました。彼は「僕のバンドはもうすぐ学園祭で演奏する予定です。先生も来ませんか？」と言いました。彼女は「もちろんです」と言いました。

ブラウン先生と話したあと，ケンタはエリカに電話をかけました。彼は「やっと君の言葉が理解できたよ」と言いました。エリカは「どういう意味？」と尋ねました。彼は「人々を幸せにするために僕は学園祭で一生懸命頑張るよ」と言いました。

学園祭の当日，ケンタのバンドが舞台の上で演奏しました。ケンタは何度か間違えましたが，舞台からたくさんの笑顔を見ることができて幸せでした。演奏のあとで，ブラウン先生が彼に会いにきました。彼女は「あなたたちの演奏は本当によかったです」と言いました。彼は「ありがとうございます。舞台の上でギターを演奏して楽しかったです」と言いました。

(2年後)

ケンタは今，音楽部の部長をしています。彼は今年，舞台の上で初めて演奏する新しいバンドのメンバーたちと一緒に，学園祭で演奏する予定です。

学園祭の前のある日，ケンタのバンドのメンバーの1人であるマナミが「私はとても緊張しています。失敗したらどうすればいいのでしょう？」とケンタに言いました。彼は笑顔で「初めて舞台で演奏したとき，僕は何度か間違えたよ。だから失敗することを恐れなくていいんだ。全力を尽くそう！」と彼女に言いました。

社　会

1 【解き方】(1)(a) ロンドンとシカゴの経度差は地図から90度とわかる。経度差15度で1時間の時差が生じるので90 ÷ 15から時差は6時間。ロンドンの時間から6時間もどすとシカゴの日時になる。(b) メルカトル図法では，緯線の長さは赤道上が正しく描かれ，赤道から離れるほど実際よりも長く描かれている。

(2)(a) 一年を通して高温多雨の熱帯雨林気候は，赤道付近で見られる。マレー半島の先端付近を赤道が通っている。(b) 仏教徒の割合の多さに注目。スリランカの気候は夏に高温となり雨が多く，土壌は水はけがよいため，茶の栽培がさかん。

(3)(a) Bのケニアは赤道直下に位置しているが，国土の大部分が高原となっており，気温が低い。イギリスの植民地であった影響で，現在も茶の栽培がさかん。(b) ナイジェリアのように特定の一次産品（農作物や鉱物）の輸出に依存する経済をモノカルチャー経済という。輸出品の価格が国際市場によって変動すると，経済が安定しないという問題点がある。

(4)(b) アルゼンチンの大豆の輸出量は，2017年と2000年を比べると，1.8倍ほどで，「2倍以上」ではない。

【答】(1)(a) ア　(b) エ　(2)(a) c　(b) ア

(3)(a) B　(b) 輸出の多くを原油が占めるため，輸出総額が原油価格の変動の影響を受けるという特徴。(同意可)

(4)(a) イ　(b) ウ

2 【解き方】(1) アは青森県，ウは京都府，エは山形県について述べた文。

(3) 瀬戸内工業地域は臨海部の岡山県倉敷市や山口県周南市に大規模な石油化学コンビナートがあり，全国平均よりも化学工業の割合が高い。Aは機械工業，Cは食料品工業，Dは繊維工業。

(4) イは鳥取県，ウは愛知県，エは和歌山県の農業について述べた文。

(5) 豚やにわとりの飼育頭数が全国上位の鹿児島県はシラス台地における畜産業がさかん。一方で，水もちの悪さから稲作はさかんではない。千葉県は大都市に近く，近郊農業がさかんで野菜の産出額の割合が高い。

(6) 鹿児島県では大隅半島の笠野原台地を中心に茶の栽培がさかん。

(7) 資料5からは農業就業人口が年々減少していること，資料6からは農業就業人口に占める65歳以上の高齢者の割合が年々増加していることを読み取る。日本では農業だけではなく，林業・水産業などでも就業者の高齢化が進み，若い後継者が不足している。

【答】(1) イ　(2) 成田(国際空港)　(3) イ　(4) ア　(5) オ　(6) エ

(7) 農業就業人口の減少と高齢化が進んでいる。(または，農業就業人口が減少している上に，15～64歳の農業就業人口の割合も減少している。)(同意可)

3 【解き方】(1) 収穫した米は湿気を防ぐために床が高く，ねずみを防ぐためのねずみ返しのついた高床倉庫に保存された。「岩宿遺跡」は群馬県にある旧石器時代の遺跡。

(3) イは奈良時代，ウは江戸時代，エは安土桃山～江戸時代のようす。

(4) ノルマントン号事件によって，日本国内で領事裁判権の撤廃を求める声が高まった。1894年に外務大臣の陸奥宗光がイギリスと交渉し，領事裁判権の撤廃に成功した。

(5) 二《ふた》葉《ば》亭《てい》四《し》迷《めい》が言文一致体で『浮雲』を発表したのは明治時代。

(6) 財閥が戦争を主導したとみなされた。農地改革では，地主の土地を政府が強制的に買い上げ，小作農に安く売り渡した。

(7) 経済成長率の高い1985年度～1989年度はバブル景気の状態にあったため，所得税や法人税をはじめとする税収も多かった。また，税収が少ない不景気の時は，歳入の不足分を借金である公債金でまかなうため，公債金の割合が高いグラフが1995年度～1999年度となる。

【答】(1) イ　(2) ア　(3) ア

(4) イギリス領事が裁判を行うことを認めていたため。(または，治外法権が認められていたため。)(同意可)

(5) エ　(6) イ

(7) (記号) Y　(理由) 好景気のため，歳入に占める税収の割合が高いから。(または，好景気のため，歳入に占める公債金の割合が低いから。) (同意可)

4 **【解き方】** (1) 国風文化は平安時代中期以降の文化。ア・ウ・エは奈良時代の作品。

(2) ⓐは 11 世紀，ⓑは 12 世紀中ごろ，ⓒは 10 世紀，ⓓは 12 世紀末のできごと。

(3) 参勤交代により，大名は 1 年おきに領地と江戸に交替で住むことを義務づけられていた。

(4) ルターが宗教改革を始めたのは 16 世紀で，日本では室町時代にあたる。ウは鎌倉時代のできごと。

(5) 日本では海外と比べて，3 分の 1 の銀で金との交換ができたため，短期間に日本から金が海外へ大量に流出した。金の不足におちいった日本では物価が上昇し，民衆の生活は苦しくなり，各地で百姓一揆や打ちこわしが起こった。

(6) 日清戦争前後の日本では，蒸気を動力として紡績や製糸などを行う軽工業が発達した。

【答】 (1) イ　(2) ウ　(3) 参勤交代　(4) ウ　(5) エ　(6) 原料を輸入し，　製品を輸出する (同意可)

5 **【解き方】** (2) 仲介する業者が減れば，流通にかかる費用を安く抑えることができる。

(3) (a) 秘密選挙は有権者がどの候補者に投票したかを秘密にする選挙方法。国政選挙が始まった当初は「投票者の住所と名前を記入する欄」があったが，現在はない。(b) 若い世代に政治への関心を持ってもらうために，公職選挙法が改正され，有権者の年齢が引き下げられた。

(4) (a)「介助が必要となった時に利用できる」がポイント。(b) ウからは累進課税制度について，オからは消費税の逆進性についての情報が得られる。

(5) 資料 8 では，資料 7 の「どちらでもない」という中立の意見を「反対」とひとくくりにして「賛成ではない」と言いかえていることがポイント。

(6) 効率とは時間や労力を無駄なく使うこと。公正とは手続きの公平さと機会や結果の公平さのこと。

(7) 地方自治においては，首長と地方議会議員が別の選挙で選ばれるため，国会と内閣の関係である議院内閣制のような関係はみられない。

(8) このままであれば，21 世紀末には平均気温が 4 度上昇し，水不足や農作物の減少，海面の上昇などの深刻な影響が出ると予測されており，世界のすべての国が協力して課題の解消を図らなければならない状態となっている。

【答】 (1) ウ　(2) 費用を抑える目的。(同意可)

(3) (a) イ　(b) 選挙権年齢が 18 歳〔以上〕に引き下げられたから。(同意可)　(4) (a) ア　(b) ウ・オ

(5) (実際のアンケート結果と比べて，) 賛成が少ない印象を受けること。(同意可)　(6) オ　(7) エ

(8) 先進国は，長年二酸化炭素を大量に排出しており，途上国は，近年二酸化炭素の排出割合が増加し続けていること。(同意可)

理　科

1 【解き方】(1)(b) 図5のとき，角Aは40°なので，表より，角Bは25°。

(2) 光がレンズから空気へ進むときは，屈折角は入射角より大きくなり，表の角Aと角Bの関係は逆になる。図3のとき，角Aは30°なので，表より，角Bが50°になるように光の道すじを書く。

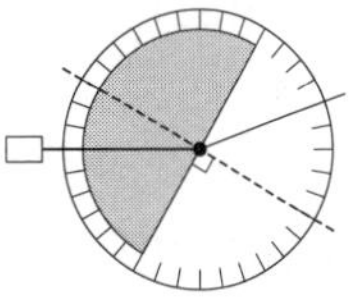

(3) 図4のとき，入射角は60°。入射角と反射角は等しいので，反射角も60°。よって，入射した光の道すじと，反射した光の道すじのなす角は，60° + 60° = 120°

【答】(1)(a) 屈折(角)　(b) 25(度)　(2)(前図)　(3) 120(度)

2 【解き方】(2) 図の位置関係のとき，日没時には金星はすでに沈んでおり，観察できない。明け方には，太陽と同じ方角に，太陽より先に金星がのぼるので，明け方，東の空に見える。

(3) 金星は太陽に照らされた側だけが反射して輝き，地球からの距離によって見かけの大きさも変化する。金星の公転周期は約0.62年で，地球より短いため，図の位置関係の3月1日から日がたつにつれて，地球とだんだん離れていくので，見かけの大きさは小さくなる。また，太陽に照らされる部分は大きくなっていくので，だんだん満ちていく。

【答】(1) 惑星　(2) ア　(3) ウ　(4)(金星は)地球より内側を公転しているから。(同意可)

3 【解き方】(2) 子の生殖細胞は，減数分裂しているので，染色体の数がもとの細胞の半分になる。

(3) 黄色は潜性形質なので，黄色のメダカがもつ遺伝子の組み合わせはbb。黒色のメダカがもつ遺伝子の組み合わせは，BBとBbの場合が考えられる。BBの遺伝子をもつ黒色のメダカと，bbの遺伝子をもつ黄色のメダカをかけ合わせると，子のもつ遺伝子の組み合わせはすべてBbになり，子はすべて黒色のメダカになる。Bbの遺伝子をもつ黒色のメダカと，bbの遺伝子をもつ黄色のメダカをかけ合わせると，子のもつ遺伝子の組み合わせは，Bb：bb = 1：1になり，黒色のメダカと黄色のメダカが同数生まれる。

【答】(1) 顕性(または，優性)(形質)　(2) ア・イ　(3)(黒色) エ　(黄色) オ

4 【解き方】(1)(a) 図2より，20℃の水100gにとける塩化ナトリウムの質量は約38gなので，20℃の水50gにとける塩化ナトリウムの質量は，$38\,(\mathrm{g}) \times \frac{50\,(\mathrm{g})}{100\,(\mathrm{g})} = 19\,(\mathrm{g})$　同様に，20℃の水100gにとける硝酸カリウムの質量は約31gなので，20℃の水50gにとける硝酸カリウムの質量は，$31\,(\mathrm{g}) \times \frac{50\,(\mathrm{g})}{100\,(\mathrm{g})} = 15.5\,(\mathrm{g})$　20℃の水100gにとけるミョウバンの質量は約11gなので，20℃の水50gにとけるミョウバンの質量は，$11\,(\mathrm{g}) \times \frac{50\,(\mathrm{g})}{100\,(\mathrm{g})} = 5.5\,(\mathrm{g})$　よって，20℃の水50gにそれぞれの物質を15gずつ入れたとき，塩化ナトリウムと硝酸カリウムはすべてとけ，ミョウバンはとけ残る。(b) 60℃の水50gにとける硝酸カリウムの質量は，$110\,(\mathrm{g}) \times \frac{50\,(\mathrm{g})}{100\,(\mathrm{g})} = 55\,(\mathrm{g})$　水溶液中にとけている硝酸カリウムの質量は15gなので，さらにとかすことができる硝酸カリウムの質量は，$55\,(\mathrm{g}) - 15\,(\mathrm{g}) = 40\,(\mathrm{g})$

(2)(a) ビーカーA，B，Cにはそれぞれ物質が15gずつとけているので，表より，10℃での溶解度が一番小さいミョウバンが固体として出てくる量が最も多い。(b) ビーカーBの硝酸カリウム水溶液は飽和水溶液なので，表より，10℃の水50gには，$22.0\,(\mathrm{g}) \times \frac{50\,(\mathrm{g})}{100\,(\mathrm{g})} = 11.0\,(\mathrm{g})$の硝酸カリウムがとけている。このとき，ビーカーBの硝酸カリウム水溶液の質量は，$50\,(\mathrm{g}) + 11.0\,(\mathrm{g}) = 61.0\,(\mathrm{g})$　よって，このときの硝酸カリウム水溶液の質量パーセント濃度は，$\frac{11.0\,(\mathrm{g})}{61.0\,(\mathrm{g})} \times 100 \fallingdotseq 18\,(\%)$

【答】(1)(a)(ビーカーA)○　(ビーカーB)○　(ビーカーC)×　(b)イ　(2)(a)C　(b)18(%)

5 【解き方】(1)(d)図3より，葉のつくりが網状脈なので，アブラナは双子葉類と予想される。

(2)ア．図1のBには花粉が入っている。イ．図4のNでは胞子がつくられる。エ．図5のPは仮根で，主に体を地面などに固定する役割をしている。

【答】(1)(a)あ．ア　い．エ　(b)(名称)胚珠　(記号)H　(c)被子(植物)　(d)ウ　(e)離弁花(類)

(2)ウ　(3)(Xのグループ)ア　(Zのグループ)ウ

6 【解き方】(1)表1より，水溶液Aが青色なので，水溶液Aは硫酸銅水溶液。金属Bは水溶液Aと反応し，硫酸マグネシウム水溶液とは反応しなかったので，金属Bは亜鉛。水溶液Aには金属Aが，水溶液Bには金属Bがイオンとして含まれているので，金属Aは銅，水溶液Bは硫酸亜鉛水溶液。(a)(i)亜鉛を硫酸銅水溶液に入れると，亜鉛が電子を失い，亜鉛イオンとなってとけだす。(ii)硫酸銅水溶液中の銅イオンが電子をうけとり，銅となって現れる。(b)表1より，金属Bと水溶液Aの反応から，金属Bは金属Aよりイオンになりやすく，マグネシウムと水溶液Aの反応から，マグネシウムは金属Aよりイオンになりやすいことがわかる。また，マグネシウムと水溶液Bの反応から，マグネシウムは金属Bよりイオンになりやすいことがわかる。よって，イオンになりやすい順に並べると，マグネシウム→金属B→金属A。

(2)(b)図2では，亜鉛板から亜鉛原子が電子を失って亜鉛イオンとなり，水溶液中にとけだす。このときに生じた電子は，導線中を銅板に向かってPの向きに移動する。電流の流れる向きは電子の移動の向きと反対なので，電流は銅板から亜鉛板に向かって流れる。よって，銅板が＋極。(c)亜鉛板は，亜鉛イオンになって水溶液中にとけだしていくので，表面がぼろぼろになり，質量が減少する。(d)(i)硫酸亜鉛水溶液中には，陽イオンである亜鉛イオンがとけだしてくるので，水溶液は電気的に＋になる。また，硫酸銅水溶液からは，陽イオンである銅イオンが，電子をうけとって銅となり減っていくので，硫酸銅水溶液は電気的に−になる。よって，電気的なかたよりをなくすためには，硫酸亜鉛水溶液中の陽イオンである亜鉛イオンが硫酸銅水溶液側に移動し，硫酸銅水溶液中の陰イオンである硫酸イオンが硫酸亜鉛水溶液側に移動すればよい。(ii)素焼きの容器がない場合，硫酸銅水溶液中の銅イオンが亜鉛板に近づくことができ，亜鉛と銅イオンの間で直接電子のやり取りが起きる。よって，亜鉛板の表面に銅が現れ，電子が導線に流れなくなり，電池のはたらきをしなくなる。

【答】(1)(a)(i)$Zn\ (\rightarrow)\ Zn^{2+} + 2e^-$　(ii)$Cu^{2+} + 2e^-\ (\rightarrow)\ Cu$　(b)カ

(2)(a)化学(エネルギー)　(b)イ　(c)ウ　(d)(i)ウ　(ii)イ

7 【解き方】(1)(a)等圧線は1000hPaを基準に，4hPaごとに引かれている。

(2)(a)夏の特徴的な気圧配置では，太平洋上に大きな高気圧が現れ，高気圧から風が時計回りにふき出し，大陸にむかってあたたかい風がふく。(b)アは春，イは梅雨，エは夏の天気の特徴。

【答】(1)(a)エ　(b)閉そく(前線)　(c)ア

(d)(記号)ウ　(変化)気温が急激に低下したことと，風向が北よりに変わったこと。(同意可)

(2)(a)エ　(b)ウ

8 【解き方】(1)(c)回路に流れる電流が大きくなると，コイルの動き方も大きくなるので，回路の抵抗が小さい順に並べればよい。アは抵抗器X2つの直列回路なので，合成抵抗は，$5.0(\Omega) + 5.0(\Omega) = 10.0(\Omega)$　イは抵抗器Xと抵抗器Yの直列回路なので，合成抵抗は，$5.0(\Omega) + 10.0(\Omega) = 15.0(\Omega)$　ウは抵抗器Xと抵抗器Yの並列回路なので，合成抵抗は$R_ウ$は，$\dfrac{1}{R_ウ} = \dfrac{1}{5.0(\Omega)} + \dfrac{1}{10.0(\Omega)}$より，$R_ウ \fallingdotseq 3.3\,\Omega$　エは抵抗器Y2つの並列回路なので，合成抵抗は$R_エ$は，$\dfrac{1}{R_エ} = \dfrac{1}{10.0(\Omega)} + \dfrac{1}{10.0(\Omega)}$より，$R_エ = 5.0\,\Omega$　よって，抵抗の小さい順に並べると，ウ→エ→ア→イ。

(2)(a)右ねじが進む向きに電流を流すと，右ねじを回す向きに磁界ができる。(b)磁石による磁界の向きはN極からS極なので，フレミングの左手の法則より，左手の人さし指を磁界の向きに，中指を電流の向きに合わせて，親指，人さし指，中指をたがいに直角になるようにすると，親指のさす向きが力の向きとなる。(c) 電流を大きくしたり，磁界を強くしたりすると，電流が磁界から受ける力は大きくなるので，コイルの回転が速くなる。

【答】 (1) (a) 発熱する（同意可） (b) 磁界 (c) ウ→エ→ア→イ

(2) (a) エ (b) ア (c) ア (d)（コイルが180°回転するごとに，）コイルに流れる電流の向きを切りかえる（または，コイルに流れる電流の向きを逆にする）（はたらき）（同意可）

国　語

1 【答】 ① ゆる(やか)　② なが(める)　③ よか　④ しんぴ　⑤ 訪(れる)　⑥ 委(ねる)　⑦ 推測　⑧ 往復

2 【解き方】 ㈠「龍之介は／赤く／なって／信司の／口を／押さえた」と分けられる。

㈡「た」「て」「ます」に続く形は連用形。連用形には，文を途中で止めて後に続ける用法もある。

㈢ 海人と泳いで「何かが違った」と感じた「おれ」は，「海人と泳げば……何かが変わるかもしれない…見えてくるのかもしれない」と，新たな希望を抱いている。

㈣ 水泳を一緒にやらないかと誘われた「おれ」が「わかんない」と答えても「表情を変えない」でいた海人だが，「また来るかも」と言うと，「ニヤリと」して「きっと，向井くんは，また来るよ」と言っていることから考える。

㈤ 直前に海人が，「向井くんは…まだまだ速くなる」ことを「となりで泳いだから，わかる」と言っていることに注目。前に「おれ」も海人のことを，「こいつは，きっとまだまだ速くなる」と「となりで泳いだ全身の感覚」から確信している。

【答】 ㈠ イ　㈡ イ

㈢ 何かが変わったり，今までとは違う世界が見えてきたりするのかもしれない (34字) (同意可)　㈣ ウ

㈤ となりで泳いだから，相手がまだまだ速くなることがわかった(ということ。) (28字) (同意可)

3 【解き方】 ㈠「なけれ」は動詞の「いく」を打ち消している助動詞「ない」の仮定形，「ない」は動詞の「なる」を打ち消している助動詞「ない」の連体形。

㈡ 筆者は，「文明」は「苦しみを減らす活動」で，「なくてはならない必要なものを生み出す」ものだと述べている。一方で，「文化」は「喜びをもたらす活動」で，「命の維持を超えた価値を作り出し，人間らしい生活を提供」するものだと述べている。

㈢「苦しいことを減らそうとする」は「文明」を，「楽しいことを増やそうとする」は「文化」を言いかえた表現であることをおさえる。

㈣ Ⅰ.「何かをうまく達成するためには，先人たちの残してくれた知識が役に立ちます」と述べた後で，「『見取り図や地図のようなもの』がそれにあたります」としている。Ⅱ．筆者はレストラン経営の例をあげた後で，「このように具体的に何かができるようになりたいという意欲が…気持ちにつながります」とまとめている。

【答】 ㈠ エ　㈡ ウ　㈢ ア

㈣ Ⅰ．Ⓐ　Ⅱ．知識とスキルの必要性を理解させ，さらにそれを改良しようとする (30字)

4 【解き方】 ㈠「au」は「ô」と発音するので，「やう」は「よう」にする。

㈡ 一字戻って読む場合には「レ点」を，二字以上戻って読む場合には「一・二点」を用いる。

㈢ (1) 十五夜のために「日ごろより含み句をこしらへて，只今作りしやうにもてなし，うめきすめきて」詩歌や句を詠む人たち。(2) 主君に「いかにいかに」と促され，「仰のきうつぶき」した後で，「鴈のわたる声」を聞いて歌を詠んだ人物。

㈣「仰のきうつぶき」に続く表現に着目する。「やうに」は比喩を表す。

【答】 ㈠ つくりしように　㈡ エ　㈢ ウ　㈣ 麦穂の風にふかるるやうに (12字)

◀口語訳▶　今ではもう昔のことだが，八月十五夜は，その名のとおり満月になる時だ。この夜は，太陽と月とが真正面に向き合うので，月の光もとりわけ明るくなるために望月ともいうのである。また，まんまるに満ちているから餅月というのだとも言い伝えられてきた。漢詩を作る人や和歌を詠む人は，常日頃よりあらかじめ詩歌や句を作っておいて，それをさも今作ったようなふりをして，はあはあ息遣いをして詠み始める。ところがさて，夕方から雲がうずを巻いて雨が降り出したので，前もって作っておいた詩や歌が現場の情景にあわなくなって，夜が更けても誰からも一首も出てこない。「浮世房，どうしたのか」と主君がおっしゃるので，浮世房は上を向いたり下を向いたり，麦の穂が風に吹かれるようにあれこれ考えていた時，鴈が飛んで行く声が聞

こえたので,「雲外に雁を聞きて夜声を」と声に出すや,ふと思いついてこのように詠んだ。

雨が降ったのでこの十五夜も真っ暗闇になってしまったが,その暗がりの中に,二千里渡って行くという雁の声が聞こえてくる

5 **【解き方】** ㈠「考えてはいるが,具体的にどのようにすべきかわからない」と答えた人の割合は,「13～14歳」が最も大きいが,最も小さいのは「25～29歳」ではなく「20～24歳」である。

㈡「『そう思わない』と答えた人の割合は他の年代と比べて最も小さい」とあることから,「13～14歳」について述べた文。「そう思う」と答えた人の割合は,「15～19歳」が最も大きいことをおさえる。

【答】 ㈠ エ ㈡ ア

㈢ (例)

私はスポーツ少年団で小学生にスポーツを教えることで,社会のために役立ちたいと考えています。なぜなら私自身がスポーツをしてきて成長したと感じることがあったからです。試合や練習を通じてできた友人たちと,競い合ったり励まし合ったりすることで努力を重ねることができました。中学校でも,部活動で同じスポーツを続け,結果を残し自信を持つことができました。このような経験を子どもたちにもしてほしいと考えています。(200字)

~MEMO~

三重県公立高等学校
（後期選抜）

2021年度
入学試験問題

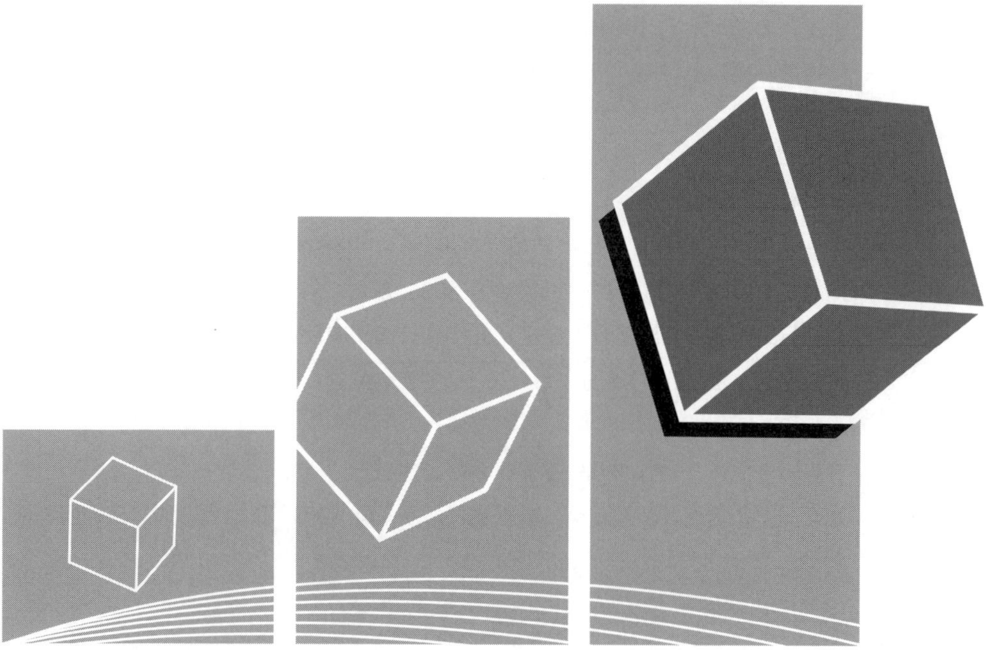

数学

時間　45分　　　　満点　50点

1　あとの各問いに答えなさい。

(1)　$8+(-13)$ を計算しなさい。(　　　)

(2)　$-\dfrac{6}{7}a \div \dfrac{3}{5}$ を計算しなさい。(　　　)

(3)　$2(x+3y)-3(2x-3y)$ を計算しなさい。(　　　)

(4)　$(3\sqrt{2}-\sqrt{5})(\sqrt{2}+\sqrt{5})$ を計算しなさい。(　　　)

(5)　x^2-x-12 を因数分解しなさい。(　　　)

(6)　二次方程式 $3x^2-7x+1=0$ を解きなさい。(　　　)

(7)　Aの畑で収穫《しゅうかく》したジャガイモ50個とBの畑で収穫したジャガイモ80個について，1個ずつの重さを調べ，その結果を右の度数分布表に整理した。

次の［　　］は，「150g以上250g未満」の階級の相対度数について，述べたものである。［①］，［②］に，それぞれあてはまる適切なことがらを書き入れなさい。①(　　　)　②(　　　)

階級(g)	度数(個)	
	Aの畑で収穫したジャガイモ	Bの畑で収穫したジャガイモ
以上　未満 50 ～ 150	14	24
150 ～ 250	18	28
250 ～ 350	11	17
350 ～	7	11
計	50	80

> AとBを比較《ひかく》して「150g以上250g未満」の階級について，相対度数が大きいのは［①］の畑で収穫したジャガイモであり，その相対度数は［②］である。

2　あとの各問いに答えなさい。

(1)　Aさんは，10時ちょうどにP地点を出発し，分速 a mでP地点から1800m離《はな》れている図書館に向かった。10時20分にP地点から800m離れているQ地点に到着《とうちゃく》し，止まって休んだ。10時30分にQ地点を出発し，分速 a mで図書館に向かい，10時55分に図書館に到着した。

次のグラフは，10時 x 分におけるP地点とAさんの距離《きょり》を y mとして，x と y の関係を表したものである。

このとき，あとの各問いに答えなさい。

ただし，P地点と図書館は一直線上にあり，Q地点はP地点と図書館の間にあるものとする。

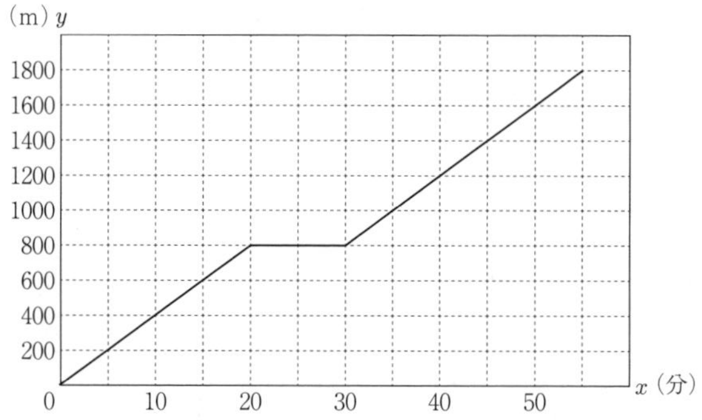

① a の値《あたい》を求めなさい。(　　　)

② Bさんは，AさんがP地点を出発してから10分後に図書館を出発し，止まらずに一定の速さでP地点に向かい，10時55分にP地点に到着した。AさんとBさんが出会ったあと，AさんとBさんの距離が1000mであるときの時刻を求めなさい。10時（　　　）分

③ Cさんは，AさんがP地点を出発してから20分後にP地点を出発し，止まらずに分速100mで図書館に向かった。CさんがAさんに追いついた時刻を求めなさい。10時（　　　）分

(2) ある動物園の入園料は，大人1人500円，子ども1人300円である。昨日の入園者数は，大人と子どもを合わせて140人であった。今日の大人と子どもの入園者数は，昨日のそれぞれの入園者数と比べて，大人の入園者数が10％減り，子どもの入園者数が5％増えた。また，今日の大人と子どもの入園料の合計は52200円となった。

次の［　　］は，今日の大人の入園者数と，今日の子どもの入園者数を連立方程式を使って求めたものである。［①］～［⑥］に，それぞれあてはまる適切なことがらを書き入れなさい。

①(　　　)　②(　　　)　③(　　　)　④(　　　)　⑤(　　　)　⑥(　　　)

> 昨日の大人の入園者数を x 人，昨日の子どもの入園者数を y 人とすると，
>
> $\begin{cases} \boxed{\quad ① \quad} = 140 \\ \boxed{\quad ② \quad} = 52200 \end{cases}$
>
> これを解くと，x = ［③］，y = ［④］
>
> このことから，今日の大人の入園者数は［⑤］人，今日の子どもの入園者数は［⑥］人となる。

(3) 右の図のように，袋《ふくろ》の中に1，2，3，4，5の数字がそれぞれ書かれた同じ大きさの玉が1個ずつ入っている。この袋から玉を1個取り出すとき，取り出した玉に書かれた数を a とし，その玉を袋にもどしてかき混ぜ，また1個取り出すとき，取り出した玉に書かれた数を b とする。

このとき，次の各問いに答えなさい。

① a と b の積が12以上になる確率を求めなさい。(　　　)

② a と b のうち，少なくとも一方は奇数《きすう》である確率を求めなさい。(　　　)

③　右の図のように，関数 $y = \dfrac{1}{2}x^2$……㋐のグラフ上に2点A，Bがあり，x 軸《じく》上に2点C，Dがある。2点A，Cの x 座標はともに -2 であり，2点B，Dの x 座標はともに4である。

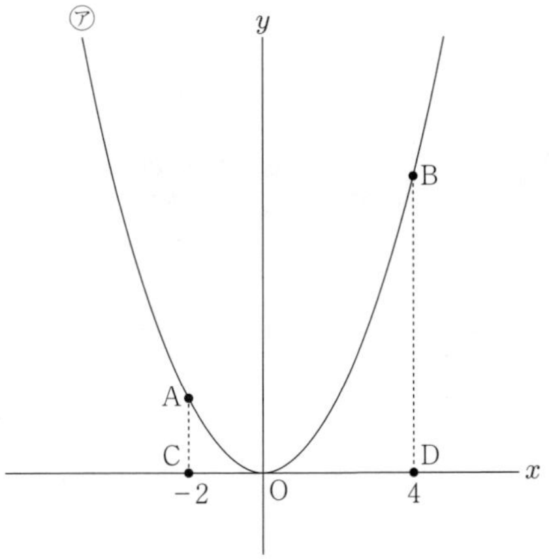

このとき，次の各問いに答えなさい。

(1)　点Aの座標を求めなさい。(　　　　)

(2)　㋐について，x の変域が $-3 \leqq x \leqq 2$ のときの y の変域を求めなさい。(　　　$\leqq y \leqq$　　　)

(3)　線分AB上に点Eをとり，四角形ACDEと△BDEをつくる。四角形ACDEの面積と△BDEの面積の比が2：1となるとき，点Eの座標を求めなさい。(　　　　)

(4)　直線ABと y 軸の交点をFとし，四角形ACDFをつくる。四角形ACDFを，x 軸を軸として1回転させてできる立体の体積を求めなさい。

ただし，円周率は π とする。(　　　　)

④　あとの各問いに答えなさい。

(1)　右の図のように，点A，B，C，D，E，Fを頂点とし，AD = DE = EF = 4cm，∠DEF = 90° の三角柱がある。辺AB，ACの中点をそれぞれM，Nとする。

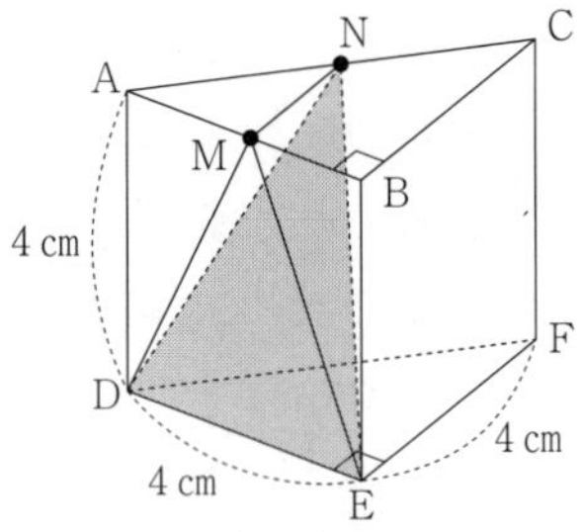

このとき，次の各問いに答えなさい。

なお，各問いにおいて，答えの分母に $\sqrt{}$ がふくまれるときは，分母を有理化しなさい。また，$\sqrt{}$ の中をできるだけ小さい自然数にしなさい。

①　線分DMの長さを求めなさい。(　　　　cm)

②　点Mから△NDEをふくむ平面にひいた垂線と△NDEとの交点をHとする。このとき，線分MHの長さを求めなさい。(　　　　cm)

(2)　右の図で，点Aを通り，直線 ℓ に接する円のうち，半径が最も短い円を，定規とコンパスを用いて作図しなさい。

なお，作図に用いた線は消さずに残しておきなさい。

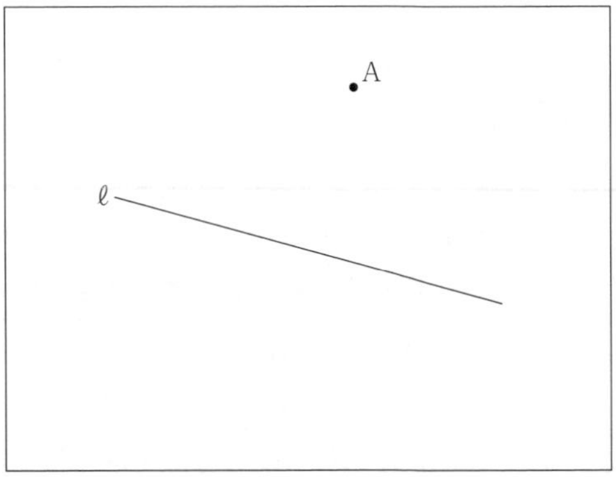

5 右の図のように，線分 AB を直径とする円 O の円周上に点 C をとり，△ABC をつくる。線分 AC 上に BC = AD となる点 D をとり，点 D を通り線分 BC に平行な直線と線分 AB との交点を E とする。直線 DE と円 O の交点のうち，点 C をふくまない側の弧《こ》AB 上にある点を F，点 C をふくむ側の弧 AB 上にある点を G とする。また，線分 BG と線分 AC の交点を H とする。

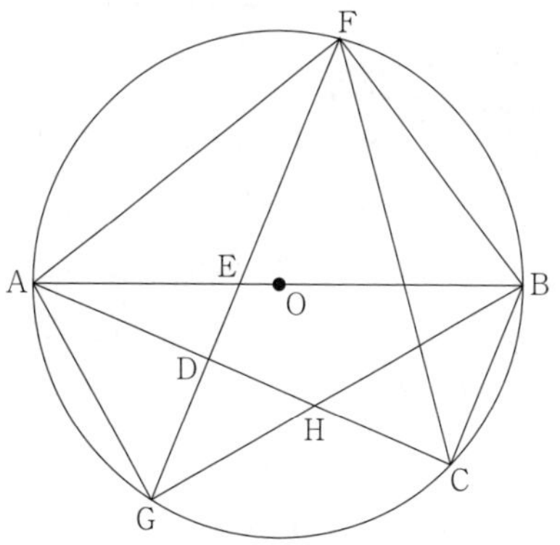

このとき，次の各問いに答えなさい。

ただし，AC ＞ BC とする。

(1) 次の［　　］は，△AGE ∽ △ACF であることを証明したものである。［(ア)］〜［(ウ)］に，それぞれあてはまる適切なことがらを書き入れなさい。(ア)(　　　) (イ)(　　　) (ウ)(　　　)

〈証明〉 △AGE と△ACF において，

弧 AF に対する円周角は等しいから，［(ア)］ = ∠ACF……①

BC ∥ FG より，平行線の同位角は等しいから，∠AEG = ［(イ)］……②

弧 AC に対する円周角は等しいから，［(イ)］ = ∠AFC……③

②，③より，∠AEG = ∠AFC……④

①，④より，［(ウ)］がそれぞれ等しいので，

△AGE ∽ △ACF

(2) △ADG ≡ △BCH であることを証明しなさい。

(3) AB = 13cm，BC = 5 cm のとき，次の各問いに答えなさい。

① 線分 DE の長さを求めなさい。(　　　cm)

② △BFG の面積と△OFG の面積の比を，最も簡単な整数の比で表しなさい。(　　　)

英語

時間　45分　　　　満点　50点

(編集部注)　放送問題の放送原稿は英語の末尾に掲載しています。
音声の再生についてはもくじをご覧ください。

1　放送を聞いて，あとの各問いに答えなさい。

(1)　下の表についての英語による質問を聞いて，その質問に対する答えとして，ア～エから最も適当なものを1つ選び，その記号を書きなさい。(　　　)

名前	週末に行く予定の場所	一緒《いっしょ》に行く予定の人
Tomoka	書店	父
Keiko	図書館	父
Alice	書店	母
Lucy	図書館	母

ア．Tomoka will.　　イ．Keiko will.　　ウ．Alice will.　　エ．Lucy will.

(2)　英語による対話を聞いて，それぞれの質問に対する答えとして，ア～エから最も適当なものを1つ選び，その記号を書きなさい。No.1 (　　　)　No.2 (　　　)　No.3 (　　　)

No.1　ア．For a day.　　イ．For two days.　　ウ．For three days.　　エ．For five days.

No.2　ア．About the woman wearing a red sweater.
イ．About the woman walking with a boy.
ウ．About the woman wearing glasses.
エ．About the woman eating at the restaurant.

No.3　ア．He wants to take a bath.　　イ．He wants to ask some questions.
ウ．He wants to have dinner.　　エ．He wants to know Sam's phone number.

(3)　英語による対話を聞いて，それぞれの対話の最後の英文に対する受け答えとして，ア～ウから最も適当なものを1つ選び，その記号を書きなさい。

No.1 (　　　)　No.2 (　　　)　No.3 (　　　)　No.4 (　　　)

No.1　ア．It's my umbrella.　　イ．I haven't found it yet.　　ウ．It was in the car.

No.2　ア．Three days ago.　　イ．For three weeks.　　ウ．It took seven hours.

No.3　ア．I want to take care of you.　　イ．I'll take you to the nurse's office.
ウ．I have a stomachache.

No.4　ア．It was too difficult, so I closed it.　　イ．It's not because it's for students.
ウ．I'm glad that you like it very much.

(4)　シドニーにホームステイ中のKazuyaと，語学学校講師のMs. Hillとの英語による対話を聞いて，それぞれの質問に対する答えとして，ア～エから最も適当なものを1つ選び，その記号を書きなさい。No.1 (　　　)　No.2 (　　　)　No.3 (　　　)

No.1 ア．The zoo and the aquarium. イ．The zoo and the museum.
ウ．The aquarium and the museum. エ．The zoo, the aquarium, and the museum.

No.2 ア．Ms. Hill will. イ．Kazuya will. ウ．Kazuya and Ms. Hill will.
エ．Ms. Hill and her friends will.

No.3 ア．At 10:30. イ．At 11:15. ウ．At 11:30. エ．At 12:15.

2 あとの各問いに答えなさい。

(1) 次の対話文は，高校生のKojiと，友人のNozomiが，昼休みに話をしているときのものです。対話文を読んで，次の各問いに答えなさい。

Koji : Hello, Nozomi.

Nozomi : Hi, Koji. Ms. Baker, our English teacher, will go back to America next month.

Koji : I know. I have been sad since I heard about the news last week.

Nozomi : (①) I liked her English classes very much.

Koji : Me, too.

Nozomi : When she had time, she took part in the activities in the cooking club. The members of the club enjoyed cooking with her. We taught her how to make Japanese food, and she gave us her recipe for a cake.

Koji : She was a great teacher.

Nozomi : I want to do something that makes her happy.

Koji : That's good. Do you have any good ideas, Nozomi?

Nozomi : Well, I want to write an English letter to her to say thank you. I'm going to ask our classmates to write letters to her, too.

Koji : That sounds good.

Nozomi : Is there anything else we can do for her, Koji?

Koji : What do you think of making a photo album? I have some pictures I took with Ms. Baker. I think our classmates also have pictures that they took with her.

Nozomi : Great. Ms. Baker and the members of the cooking club took many pictures together. I'll bring them tomorrow.

Koji : Thank you. (②)

Nozomi : I hope so.

Koji : Let's give her the letters and the photo album after her last class.

Nozomi : That's a good idea.

（注） the cooking club 調理部 photo album 写真帳

No.1 （ ① ），（ ② ）に入るそれぞれの文として，ア～エから最も適当なものを１つ選び，その記号を書きなさい。①（ ） ②（ ）

① ア．I have to tell her about her classes. イ．I understand how you feel.
ウ．I was glad to hear the news. エ．I didn't know when she went home.

②　ア．I hope Ms. Baker will take a lot of pictures with us during her stay in Japan.

イ．We know what Ms. Baker will say when we meet her in her class.

ウ．Ms. Baker doesn't remember where she took pictures with her students.

エ．It will be nice if Ms. Baker sometimes looks at the photo album and thinks about us.

No.2　対話文の内容に合う文として，ア～エから最も適当なものを１つ選び，その記号を書きなさい。(　　　)

ア．When Nozomi heard the news about her English teacher from Koji, she felt sad.

イ．Koji wants Ms. Baker to write a letter to him after she goes back to her country.

ウ．Koji will make a photo album by using pictures the students took with Ms. Baker.

エ．Nozomi didn't know what to do for Ms. Baker though she wanted to do something.

(2)　下に示すのは，電話の伝言メモです。この伝言メモから読み取れることを正しく表している文として，ア～エから最も適当なものを１つ選び，その記号を書きなさい。(　　　)

PHONE MESSAGE *⟨November 13, 11:45 a.m.⟩*	
While you were out	
Message for:	*Mary Smith*
Message from:	*Mr. Ogawa*
Message:	*Mr. Ogawa has some questions about the event which will be held next month, and he wants to talk with you on the phone.* *He wants you to call him tomorrow because he will not be at the office this afternoon. If you are busy then, please send an email to him and tell him when you will be able to call him.*
This message was taken by:	*Jane White*

ア．Jane took a message from Mary in the afternoon on November 13.

イ．When Mr. Ogawa called Mary to ask some questions about the event, she was out.

ウ．Mary asked Jane about the event because she couldn't talk with Mr. Ogawa.

エ．Mr. Ogawa will tell Mary later what time he will be able to talk with her.

3　あとの各問いに答えなさい。

(1)　次のような状況《じょうきょう》において，あとの①～③のとき，あなたならどのように英語で表しますか。それぞれ4語以上の英文を書きなさい。

　ただし，I'm などの短縮形は1語として数え，コンマ（,），ピリオド（.）などは語数に入れません。

【状況】　あなたは，カナダから来た留学生の David と，週明けに学校で話をしています。

①　昨日は，雨が降っていたので，家で過ごしたと伝えるとき。

（　　　　　　　　　　　　　　　　　　　　　　　　　　　　　　）

②　父にもらった本を読み終えたと伝えるとき。

（　　　　　　　　　　　　　　　　　　　　　　　　　　　　　　）

③　好きな小説家（author）は誰《だれ》かと尋《たず》ねるとき。

（　　　　　　　　　　　　　　　　　　　　　　　　　　　　　　）

(2)　Saori は，オーストラリアに1年間留学していました。帰国後すぐに，オーストラリアにいる友人の Ellen に E メールを書いています。

　あなたが Saori なら，①～③の内容をどのように英語で表しますか。それぞれ5語以上の英文を書き，下の E メールを完成させなさい。

　ただし，I'm などの短縮形は1語として数え，コンマ（,），ピリオド（.）などは語数に入れません。

①（　　　　　　　　　　　　　　　　　　　　　　　　　　　　　）

②（　　　　　　　　　　　　　　　　　　　　　　　　　　　　　）

③（　　　　　　　　　　　　　　　　　　　　　　　　　　　　　）

【E メール】

Hello Ellen,

Thank you very much for everything you did for me when I was in Australia.

①　昨日の夜，自宅に到着《とうちゃく》したということ。

②　留学を通じて多くのことを学んだということ。

③　異文化を理解することは大切だと思うということ。

Your friend,

Saori

4 次の文章を読んで，あとの各問いに答えなさい。

Osamu is a high school student who lives in Wakaba Town. Students of his school must have workplace experience for five days, and he decided to do it at a tourist information center.

On the first day of his workplace experience, Ms. Morimoto, a woman working at the tourist information center, told Osamu what people working there usually do. He thought they had a lot of things to do. She showed him the local crafts sold there, and said, "These local crafts are made by people living in Wakaba Town. I want many tourists to learn about the town by selling them." He said, "(　①　) I hope Wakaba Town will be popular among tourists."

The next day, a foreign woman who came to Wakaba Town on business visited the tourist information center. She saw some local crafts sold there. She bought one of them because she thought it was beautiful. Then she asked, "I want to buy some food for my parents in London. Can you tell me a good shop?" Osamu said, "Sure." He told her about his favorite shop. He drew a map to show her where it was. He said to her, "You can walk there. It takes only 5 minutes." He wanted to give her an English leaflet which had information about the shop, but there were not any.

On the last day, Osamu said to Ms. Morimoto, "It was very interesting for me to work with you. I've been in this town since I was born. But I didn't know about the tourist information center." He wanted to make an English leaflet about his favorite places in Wakaba Town for foreign tourists, and he told her about his idea. She said, "That's good. (　②　)" He said, "Of course. I'll do my best to make a leaflet that is useful for foreign people when they travel in this town."

One week later, Osamu talked about his experience at the tourist information center in his class. He told his classmates about making an English leaflet which tells foreign people about places to visit. He asked some of his friends to help him. When they finished making it, they went to see Ms. Morimoto and showed it to her. She liked the leaflet they made. She said, "We will give it to people who need information in English." They were very happy to hear that.

(Ten years later)

Osamu works in a company with many foreign people.

One day in August, Osamu visited the tourist information center in his town with Ms. Lee. She is from China, and started working in his company last week. She looked at the leaflets written in different languages. She took a Chinese leaflet and said, "I think they are useful for people from other countries." He told her about the leaflet he made with his friends when he was a high school student. He said, "I'm happy if foreign people can enjoy traveling in this town with these leaflets."

(注) workplace experience 職場体験　tourist information center 観光案内所

local crafts　地元の工芸品　　sold　sell の過去分詞形　　on business　仕事で

leaflet(s)　ちらし

(1)　(①), (②) に入るそれぞれの文として，ア～エから最も適当なものを１つ選び，その記号を書きなさい。①(　　　) ②(　　　)

① ア．Excuse me.　　イ．Oh, did you?　　ウ．I agree.　　エ．What's up?

② ア．Please show me when you finish making it.

イ．I'm going to tell him what to write in it.

ウ．I want to know why you made the leaflet.

エ．I hope they will help me with the leaflet.

(2)　本文の内容に合うように，下の英文の (A)，(B) のそれぞれに入る最も適当な１語を，本文中から抜《ぬ》き出して書きなさい。A (　　　)　B (　　　)

Osamu met a woman from a foreign country during his workplace experience at the tourist information center. When she asked him where to get some (A) for her parents, he told her how to get to the shop he (B).

(3)　下線部に He told her about the leaflet he made with his friends when he was a high school student. とあるが，the leaflet の内容として，ア～エから最も適当なものを１つ選び，その記号を書きなさい。(　　　)

ア．The leaflet about the local crafts which are made by people living in Wakaba Town.

イ．The leaflet for people who want to sell local crafts to foreign people in Wakaba Town.

ウ．The leaflet to tell foreign tourists where they should visit in Wakaba Town.

エ．The leaflet that tells people from foreign countries about the tourist information center.

(4)　本文の内容に合う文として，ア～カから適当なものを2つ選び，その記号を書きなさい。

(　　　)(　　　)

ア．Students of Osamu's school were told to have workplace experience for five days at the tourist information center.

イ．Ms. Morimoto started to sell the local crafts at the tourist information center because Wakaba Town wasn't popular among tourists.

ウ．Osamu and a woman from a foreign country talked about the local crafts made by people in Wakaba Town.

エ．Osamu couldn't give an English leaflet to a foreign woman who visited the tourist information center when he was a high school student.

オ．After the workplace experience, Osamu's classmates told Osamu to make an English leaflet at the tourist information center.

カ．When Ms. Lee looked at the leaflets written in foreign languages, she thought they would be useful for foreign people.

〈放送原稿〉

ただいまから，2021 年度三重県公立高等学校入学試験英語のリスニング検査を行います。問題は，(1)，(2)，(3)，(4)の 4 つです。問題用紙の各問いの指示に従って答えなさい。聞いている間にメモを取ってもかまいません。

それでは，(1)の問題から始めます。(1)の問題は，表を見て答える問題です。次の表についての英語による質問を聞いて，その質問に対する答えとして，ア～エから最も適当なものを 1 つ選び，その記号を書きなさい。質問は 2 回繰り返します。

では，始めます。

Who will go to a bookstore with her father on the weekend?（繰り返す）

これで(1)の問題を終わり，(2)の問題に移ります。

(2)の問題は，英語による対話を聞いて，質問に答える問題です。それぞれの質問に対する答えとして，ア～エから最も適当なものを 1 つ選び，その記号を書きなさい。対話は，No.1，No.2，No.3 の 3 つです。対話と質問は 2 回繰り返します。

では，始めます。

No.1　A： Hi, Sophia. How was your spring vacation?

B： It was great. I spent three days in Okinawa with my family. On the first day, I swam in the sea, and I enjoyed shopping for the next two days.

A： That sounds good.

B： We wanted to stay there for five days, but we couldn't. My father was too busy.

質問します。

How long did Sophia stay in Okinawa?

（No.1 を繰り返す）

No.2　A： Look at that woman. I think I have seen her before, but I can't remember who she is.

B： Are you talking about the woman wearing a red sweater, Nancy?

A： No, Steve. I'm talking about the woman who is walking with a boy wearing glasses.

B： Oh, we saw her at our favorite restaurant when we ate dinner there last week. She sometimes works there.

質問します。

Who are Nancy and Steve talking about?

（No.2 を繰り返す）

No.3　A： Hey, Sam. When you were taking a bath, Jack called you.

B： Oh, did he? What did he say, Mom?

A： He has some questions to ask you about his homework.

B： OK. I will call him after dinner.

A： Here is his phone number.

B： Thank you.

質問します。

What does Jack want to do?

(No.3を繰り返す)

これで(2)の問題を終わり，(3)の問題に移ります。

(3)の問題は，英語による対話を聞いて，答える問題です。それぞれの対話の最後の英文に対する受け答えとして，ア～ウから最も適当なものを1つ選び，その記号を書きなさい。対話は，No.1，No.2，No.3，No.4の4つです。対話は2回繰り返します。

では，始めます。

No.1 A： Did you find your umbrella, Naomi?

B： Yes, I did. I'm glad that I found it.

A： That's good. Where was it?

(繰り返す)

No.2 A： How was your summer vacation, Bob?

B： I had a great time with my family in London.

A： Oh, when did you come home?

(繰り返す)

No.3 A： How are you, Paul?

B： I don't feel well.

A： What's wrong?

(繰り返す)

No.4 A： What are you reading, Tom?

B： I'm reading a book I borrowed from the library yesterday, Saki.

A： Oh, it's written in English. Is it difficult?

(繰り返す)

これで(3)の問題を終わり，(4)の問題に移ります。

(4)の問題は，シドニーにホームステイ中のKazuyaと，語学学校講師のMs. Hillとの英語による対話を聞いて，質問に答える問題です。それぞれの質問に対する答えとして，ア～エから最も適当なものを1つ選び，その記号を書きなさい。対話と質問は2回繰り返します。

では，始めます。

Kazuya： Hi, Ms. Hill.

Ms. Hill： Hi, Kazuya. How was your weekend?

Kazuya： It was great. I went to the zoo, and I liked it very much.

Ms. Hill： It's very popular among tourists.

Kazuya： It was interesting to learn about animals that are only in Australia. I also went to the aquarium and enjoyed the dolphin show.

Ms. Hill： That's nice.

Kazuya： I wanted to go to the museum, but I didn't have time for that.

Ms. Hill：　You can go there next weekend.

Kazuya　：　No, I can't. I will leave Sydney tomorrow afternoon. Today's English lesson was the last lesson for me. It was fun to learn English from you.

Ms. Hill：　I'm glad you had a good time in my class.

Kazuya　：　I stayed here for two weeks, but I think it was too short.

Ms. Hill：　What time are you going to leave here tomorrow?

Kazuya　：　At 2:30. I want to eat a nice fish for lunch before that. Do you know a good restaurant?

Ms. Hill：　Yes. How about a restaurant in the airport? I often enjoy eating there with my friends when we travel. If you go to the airport early, you will have time to enjoy eating some delicious fish.

Kazuya　：　That's a good idea. It takes 45 minutes from the station to the airport by bus, so I will take a bus at 10:30 or 11:30.

Ms. Hill：　You should take a bus at 10:30 in the morning because there will be less people.

Kazuya　：　OK. I will.

質問します。

No.1　Where did Kazuya visit on the weekend?

No.2　Who will have lunch at the airport tomorrow?

No.3　What time will Kazuya arrive at the airport tomorrow?

(対話と質問を繰り返す)

これでリスニング検査の放送を終わります。

社会

時間　45分　　　　満点　50点

1　次の各問いに答えなさい。

(1)　資料1は，東京を中心とした，中心からの距離《きょり》と方位が正しい地図である。資料1から読み取れることを正しく述べたものはどれか，次のア～エから最も適当なものを1つ選び，その記号を書きなさい。
（　　　）

〈資料1〉

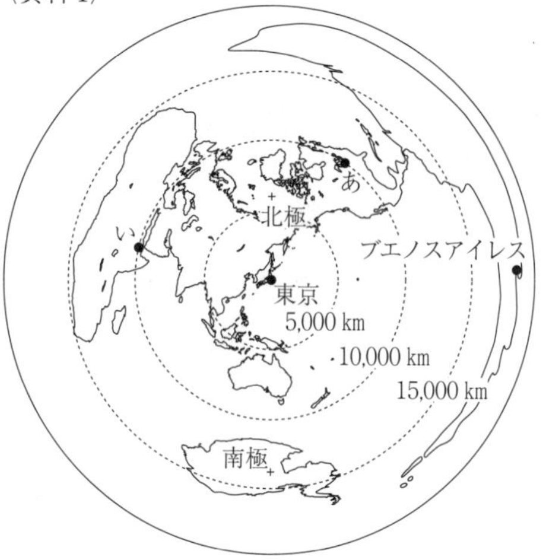

ア．あ の都市と い の都市は，同じ緯度《いど》に位置している。

イ．赤道から離《はな》れるほど，実際の面積より大きくなっている。

ウ．北極から南極までの距離は，約 25,000km ある。

エ．東京から東へ向かうと，最短距離でブエノスアイレスに着く。

(2)　略地図1に示したヨーロッパ州について，次の(a)～(c)の各問いに答えなさい。

〈略地図1〉

(a)　デンマークでよく見られる，乳牛を飼い，バターやチーズを生産する農業を何というか，次のア～エから最も適当なものを1つ選び，その記号を書きなさい。（　　　）

ア．遊牧　　イ．混合農業　　ウ．酪農《らくのう》

エ．地《ち》中《ちゅう》海《かい》式農業

(b)　略地図1に示したX—Y間の断面図はどれか，次のア～エから最も適当なものを1つ選び，その記号を書きなさい。（　　　）

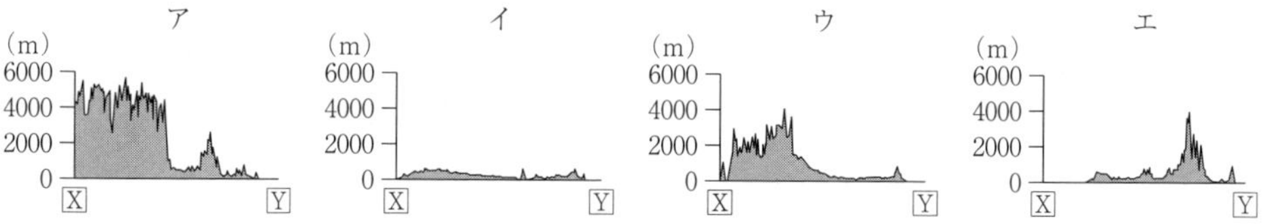

(c)　資料2は，略地図1にA～Dで示したそれぞれの国からドイツへの移住者数を示したもの，また，資料3は，各国の1人あたりの工業出《しゅっ》荷《か》額を示したものである。資料2に示した国からドイツへ移住するのはなぜか，その理由の1つとして考えられることを，資料3から読み取れることにふれて，「仕事」という言葉を用いて，書きなさい。

（　　　　　　　　　　　　　　　　　　　　　　　　　　　　　　　　　　）

〈資料 2〉

	ドイツへの移住者数（万人）
A	25.2
B	14.4
C	8.6
D	5.8

〔注：数値は 2018 年のもの〕
(International Migration Outlook から作成)

〈資料 3〉

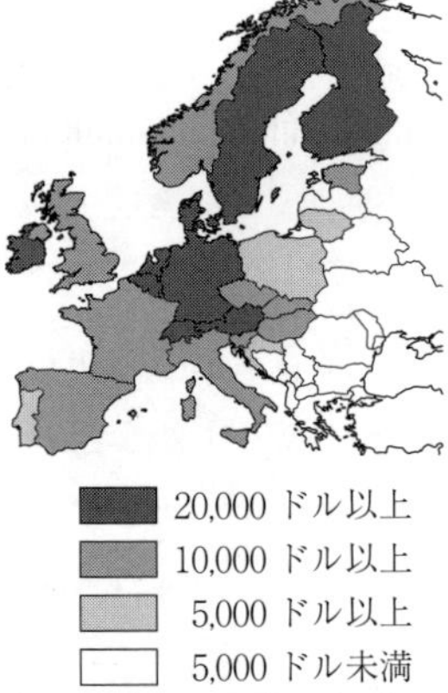

〔注：数値は 2017 年のもの〕
(『世界国勢図《ず》会《え》 2019／20』ほかから作成)

(3)　略地図 2 に示したアジア州について，次の(a)，(b)の各問いに答えなさい。

〈略地図 2〉

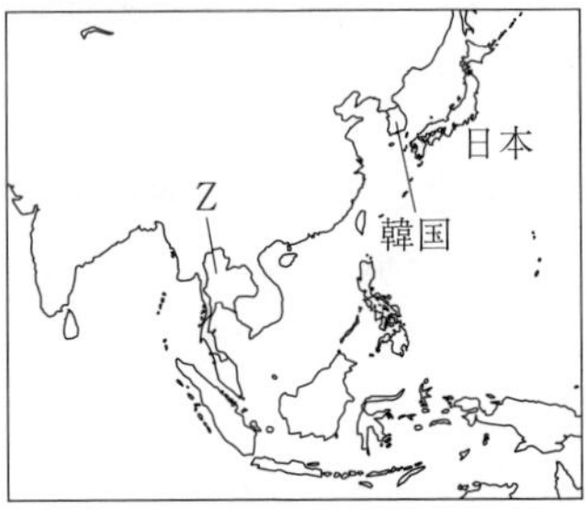

(a)　資料 4 は，世界の宗教別人口の割合を示したものである。Z の国名と，Z の国で最も信仰《しんこう》されている宗教の組み合わせはどれか，あとのア～カから最も適当なものを 1 つ選び，その記号を書きなさい。(　　　)

〈資料 4〉

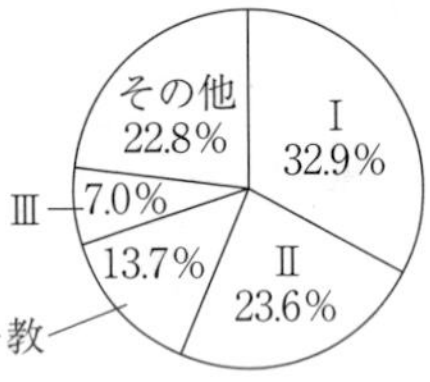

(World Almanac 2018 から作成)

ア．国名―インドネシア　　宗教―Ⅰ　　イ．国名―インドネシア　　宗教―Ⅲ
ウ．国名―タイ　　宗教―Ⅱ　　エ．国名―タイ　　宗教―Ⅲ
オ．国名―フィリピン　　宗教―Ⅰ　　カ．国名―フィリピン　　宗教―Ⅱ

(b)　資料 5 は，世界のおもな自動車生産国における生産台数を示したものであり，ⓐ～ⓓは，日本，中国，韓国《かんこく》，ドイツのいずれかである。日本と韓国の組み合わせはどれか，次のア～エから最も適当なものを 1 つ選び，その記号を書きなさい。(　　　)

ア．日本―ⓑ　　韓国―ⓐ　　イ．日本―ⓑ　　韓国―ⓓ
ウ．日本―ⓒ　　韓国―ⓐ　　エ．日本―ⓒ　　韓国―ⓓ

〈資料 5〉

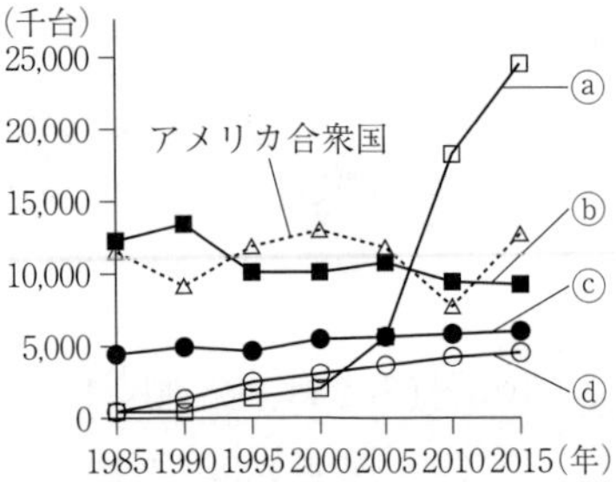

(『世界自動車統計年報 2019』から作成)

2　次の各問いに答えなさい。

(1)　資料1は，地場産業として眼鏡《めがね》関連の工業が盛んな鯖江《さばえ》市における眼鏡の組み立て作業の写真である。鯖江市について，次の(a)～(c)の各問いに答えなさい。

〈資料1〉

(a)　略地図1は，中部地方と近畿《きんき》地方の一部を示したものである。鯖江市が属する府県はどれか，略地図1のア～エから最も適当なものを1つ選び，その記号を書きなさい。(　　　)

〈略地図1〉

(b)　資料2は，1975年と2018年における，鯖江市内の長泉寺《ちょうせんじ》山付近の一部を示した2万5千分の1地形図である。1975年と2018年の地形図を比べて，変化したことは何か，資料2から読み取れる内容としてあてはまるものを，あとのア～カから2つ選び，その記号を書きなさい。

(　　　)(　　　)

〈資料2〉

(1975年)

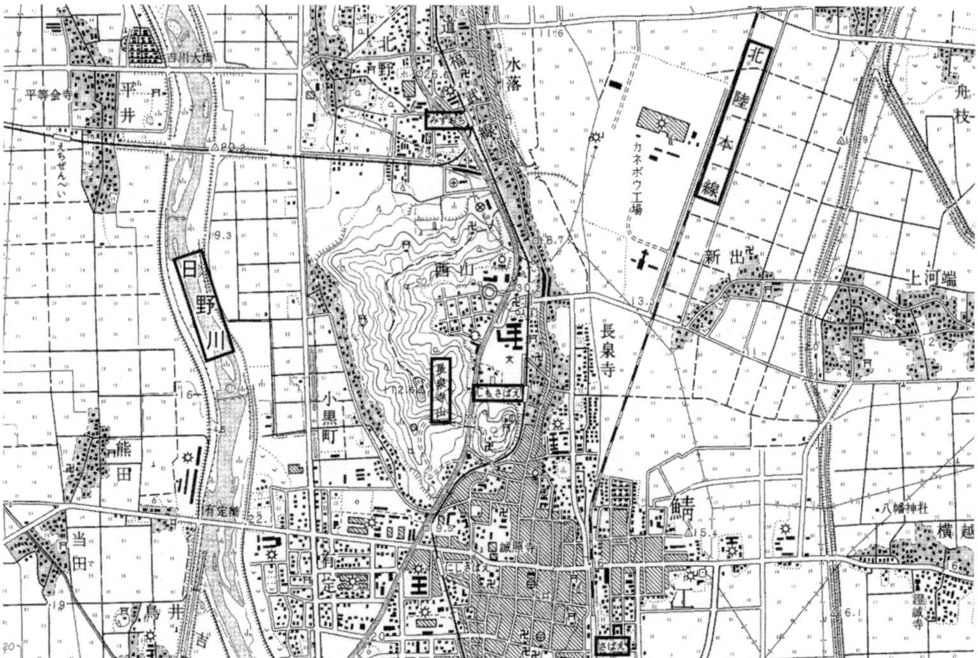

(2018年)

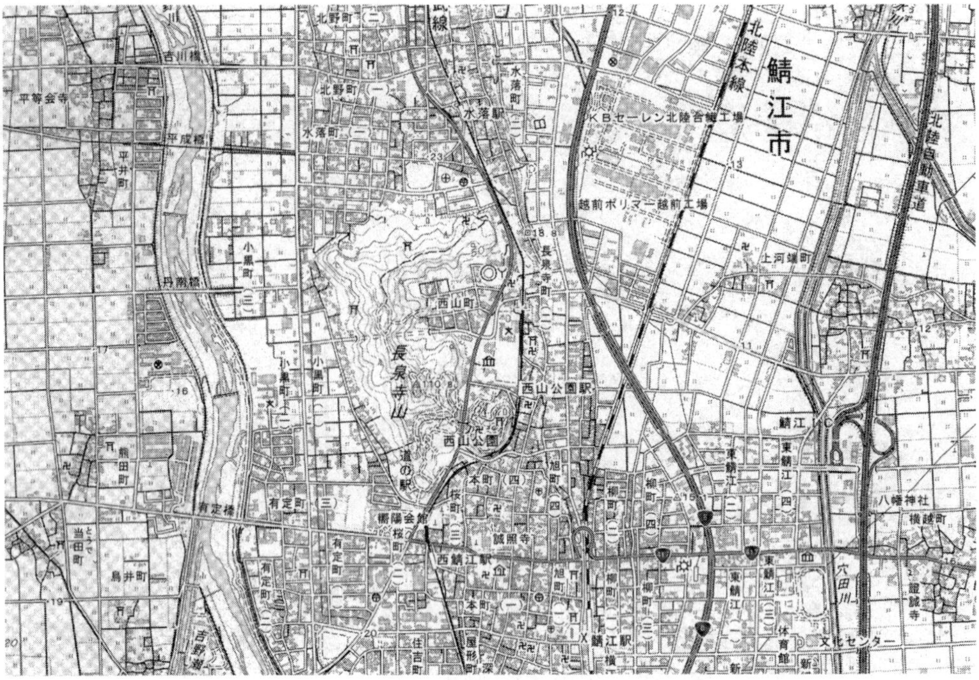

(国土地理院2万5千分の1地形図「鯖江」(昭和50年，平成30年発行) から作成)
(編集部注：原図を縮小しています。)

ア．みずおち (水落) 駅から分岐《ぶんき》する鉄道路線がなくなった。

イ．長泉寺山の山頂の標高《ひょうこう》が約2m高くなった。

ウ．北陸《ほくりく》本線をまたぐ形で，北陸自動車道が建設された。

エ．日野《ひの》川にかかっていた有定《ありさだ》橋がなくなり，平成《へいせい》橋と丹南《たんなん》橋がかけられた。

オ．しもさばえ駅は西山公園《にしやまこうえん》駅に名前が変わり，駅の近くにあった博物館がなくなった。

カ．さばえ (鯖江) 駅の東側に広がっていた水田が，住宅地になった。

(c)　資料3は，鯖江市と全国における工業出荷額の割合，資料4は，鯖江市と全国における工業出荷額の総額をそれぞれ示したものである。資料3，資料4から読み取れることとして誤っているものはどれか，次のア～エから1つ選び，その記号を書きなさい。(　　　)

ア．鯖江市では，2016年は1960年と比べて，金属工業の割合が5倍以上になり，繊維工業の割合が半分以下になった。

イ．全国では，2016年は1960年と比べて，機械工業の出荷額は15倍以上になった。

ウ．全国では，2016年は1960年と比べて，金属工業や繊維工業の割合は低下し，化学工業や食料品工業の割合は増加した。

エ．1960年から2016年までの工業出荷額の伸び率において，鯖江市が全国を上回ったおもな要因は，眼鏡関連の工業が伸びたからである。

〈資料 3〉 工業出荷額の割合

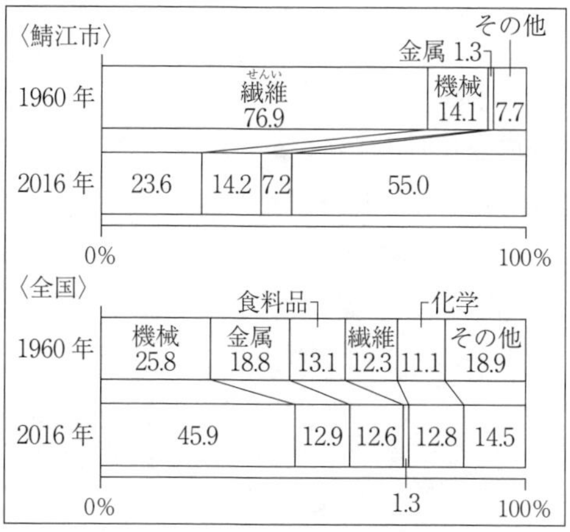

〈資料 4〉 工業出荷額の総額

	1960 年	2016 年	1960 年から 2016 年までの伸《の》び率
鯖江市 (眼鏡関連)	70 億円 (9 億円)	1808 億円 (606 億円)	25.8 倍
全国	15.6 兆円	302 兆円	19.4 倍

(資料 3, 資料 4 は,「工業統計調査」ほかから作成)

(2) 略地図 2 に示した青森県, 福島県, 三重県, 愛媛《えひめ》県について, 次の(a), (b)の各問いに答えなさい。

〈略地図 2〉

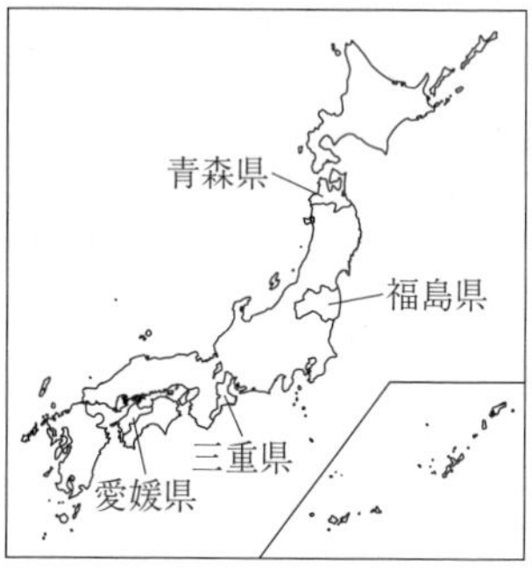

(a) 資料 5 のア～エは, それぞれの県庁所在地における雨温図を示したものである。三重県にあてはまるものはどれか, 最も適当なものを 1 つ選び, その記号を書きなさい。(　　　)

〈資料 5〉

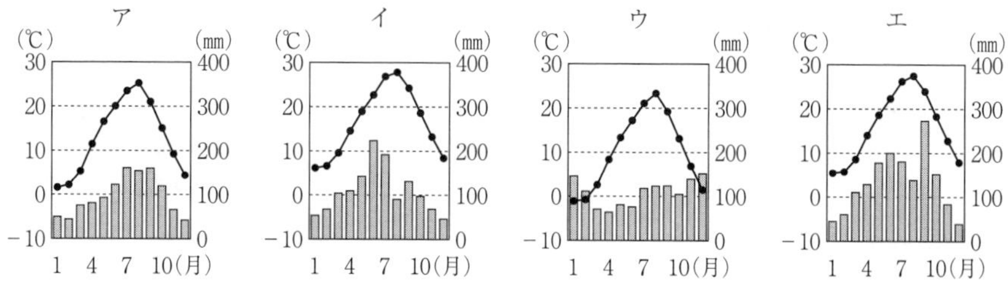

(『理科年表 2020』から作成)

(b) 資料 6 は, それぞれの県における, 米, 野菜, 果実の産出額を示したものである。資料 6 の A と C にあてはまる県名の組み合わせはどれか, 次のア～カから最も適当なものを 1 つ選び, その記号を書きなさい。(　　　)

ア. A―青森県　　C―三重県
イ. A―青森県　　C―愛媛県
ウ. A―福島県　　C―青森県
エ. A―福島県　　C―愛媛県

〈資料 6〉

	米 (億円)	野菜 (億円)	果実 (億円)
A	513	780	790
B	747	458	250
C	164	206	537
D	275	141	67

〔注：数値は 2017 年のもの〕

(『データでみる県勢 2020』から作成)

オ．A—愛媛県　　C—青森県

カ．A—愛媛県　　C—三重県

(3)　資料7は，名古屋《なごや》市中央卸売《おろしうり》市場における，かぼちゃの取扱《とりあつかい》量上位3産地からの入荷時期と入荷量を示したものであり，資料8は，かぼちゃの取り引き価格を示したものである。メキシコ産のかぼちゃは，ニュージーランド産，北海道産と比べて，どのような時期に入荷し，どのような価格で取り引きされているか，資料7，資料8から読み取り，書きなさい。

(　　　　　　　　　　　　　　　　　　　　　　　　　　　　　　)

〈資料7〉

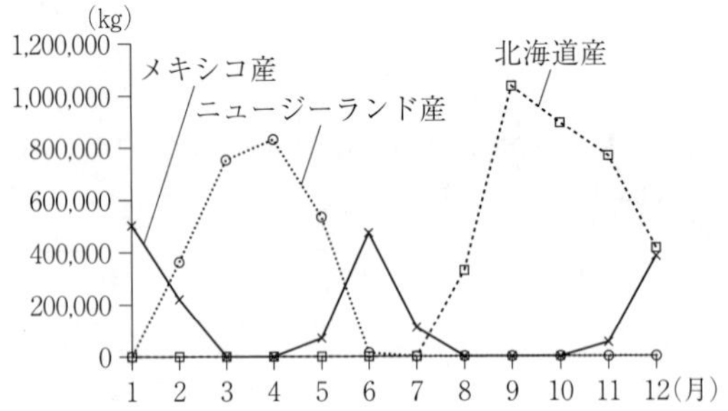

〔注：数値は2019年のもの〕

〈資料8〉

	取り引き価格 (1 kgあたり)
メキシコ産	1月…164円，6月…147円
ニュージーランド産	3月…108円，4月…126円
北海道産	9月…138円，10月…141円

〔注：数値は2019年のもの〕

(資料7，資料8は，名古屋市Webページから作成)

③ 右の表は，たくやさんの学級で歴史的分野の学習を行ったときに設定されたテーマを示したものである。これを見て，次の各問いに答えなさい。

テーマ１	唐《とう》の誕生《たんじょう》と緊迫《きんぱく》する東アジア
テーマ２	戦国大名の登場
テーマ３	元禄《げんろく》文化
テーマ４	田沼意次《たぬまおきつぐ》の政治
テーマ５	立憲制国家の成立
テーマ６	第一次世界大戦と日本
テーマ７	戦後の日本経済

(1) テーマ１について，百済《くだら》《ベクチェ》を復興するため大軍を送った日本が，朝鮮《ちょうせん》半島で唐と新羅《しらぎ》《シルラ》の連合軍に敗れた戦いを何というか，次のア～エから最も適当なものを１つ選び，その記号を書きなさい。（　　　）

ア．白村江《はくそんこう》《はくすきのえ》の戦い　　イ．壇ノ浦《だんのうら》の戦い

ウ．桶狭間《おけはざま》の戦い　　エ．長篠《ながしの》の戦い

(2) テーマ２について，資料１は，戦国大名の朝倉《あさくら》氏が定めた「朝倉孝景条々《たかかげじょうじょう》」を要約したものの一部である。資料１に示したような，戦国大名が定めた，領国支配のための法律を何というか，**漢字**で書きなさい。（　　　）

〈資料１〉

> 本拠《ほんきょ》である朝倉館《やかた》のほかには，国内に城を構えてはならない。全ての有力な家臣は，一乗谷《いちじょうだに》に引っ越《こ》し，村には代官を置くようにしなさい。

(3) テーマ３について，大阪《おおさか》の町人で，武士や町人の生活をもとにした浮世草子《うきよぞうし》と呼ばれる小説を書いた人物は誰《だれ》か，次のア～エから最も適当なものを１つ選び，その記号を書きなさい。（　　　）

ア．近松門左衛門《ちかまつもんざえもん》　　イ．井原西鶴《いはらさいかく》　　ウ．尾形光琳《おがたこうりん》　　エ．菱川師宣《ひしかわもろのぶ》

(4) テーマ４について，田沼意次が行った政治の内容について述べた文はどれか，次のア～エから最も適当なものを１つ選び，その記号を書きなさい。（　　　）

ア．生類憐《しょうるいあわれ》みの令を出し，極端《きょくたん》な動物保護を行った。

イ．財政難を切りぬけるために，金貨・銀貨の質を落としてその数量を増やした。

ウ．株仲間を認め，営業を独占《どくせん》させる代わりに税をとった。

エ．公事方御定書《くじかたおさだめがき》をつくり，裁判の基準とした。

(5) テーマ５について，大日本帝国《ていこく》憲法で定められたことがらについて述べた文はどれか，次のア～エから最も適当なものを１つ選び，その記号を書きなさい。（　　　）

ア．天皇は，日本国・日本国民統合の象徴《しょうちょう》とされた。

イ．予算や法律の成立には，議会の同意が必要とされた。

ウ．基本的人権は，永久の権利として保障された。

エ．首長と議員は，住民の選挙によって選ばれるとされた。

(6) テーマ６について，資料２は，1911年から1915年の日本の国別輸出額を示したものであり，ア～ウはイギリス，ドイツ，ロシアのいずれかである。ドイツにあてはまるものはどれか，最も適当なものを１つ選び，その記号を書きなさい。また，そのように判断した理由を，「第一次世界大戦」という言葉を用いて，書きなさい。

（　　　）（　　　　　　　　　　　　　　　　　　　　　　　　　　）

〈資料 2〉

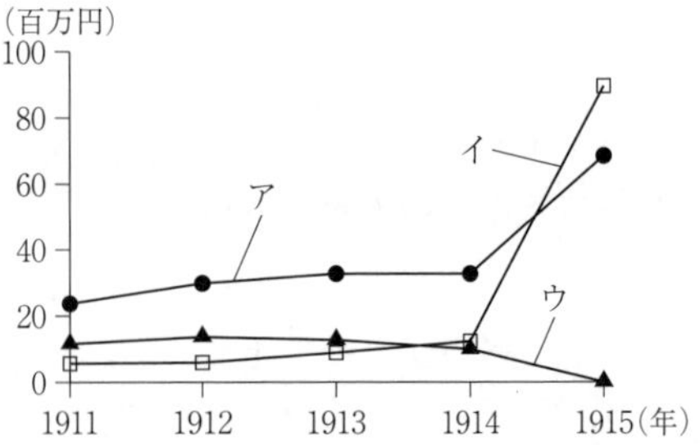

(『日本貿易精覧』から作成)

(7)　テーマ 7 について，たくやさんは，1956 年から 2011 年までの日本の経済成長率の推移を資料 3 にまとめた。資料 3 から読み取れる，日本の経済成長率について述べた文として正しいものはどれか，あとのア～エから最も適当なものを 1 つ選び，その記号を書きなさい。(　　　)

〈資料 3〉

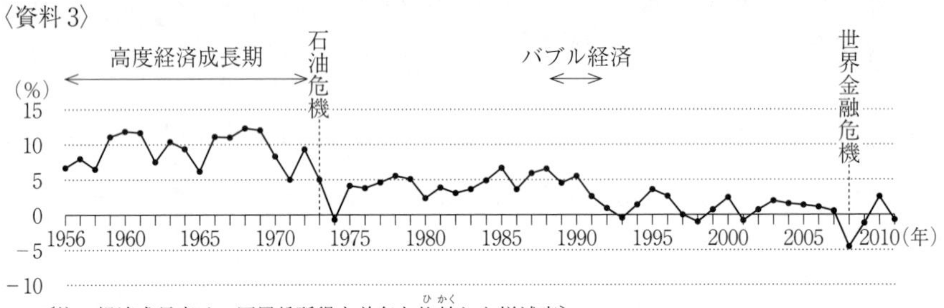

〔注：経済成長率は，国民総所得を前年と比較《ひかく》した増減率〕

(『数字でみる日本の 100 年』から作成)

ア．高度経済成長期には，経済成長率が毎年 4 %以上あった。

イ．石油危機から世界金融《きんゆう》危機まで，経済成長率が 0 %を下回る年はなかった。

ウ．バブル経済時には，1956 年以降で最高の経済成長率を示した年があった。

エ．2001 年から 2010 年までの間に，経済成長率が－ 5 %を下回る年があった。

④　次の表は，さおりさんの学級で，歴史的分野を学習したときの内容をまとめたものである。これを見て，あとの各問いに答えなさい。

ヤマト王権（大和《やまと》政権）は，①中国に小野妹子《おののいもこ》らを派遣《はけん》し，対等の立場で国交を結ぼうとした。
桓武天皇《かんむてんのう》は，寺院勢力の強い平城京《へいじょうきょう》から，山城国《やましろのくに》の②平安京《へいあんきょう》に都を移した。
源《みなもとの》　頼朝《よりとも》は，鎌倉《かまくら》を本拠《ほんきょ》として指揮をとり，③集まってきた武士と主従関係を結んで御家人《ごけにん》とし，武家《ぶけ》の政治の仕組みを整えた。
1858年にアメリカやイギリスなどと通商条約が結ばれ，自由貿易が開始されると，④国内の綿織物の生産地は大きな打撃《だげき》を受けた。
江戸《えど》や大阪で世が変わることへの期待と不安から，⑤「ええじゃないか」と群衆が熱狂《ねっきょう》し，歌い踊《おど》るさわぎが起こった。
連合国の代表は，1945年にサンフランシスコに集まり，国際連合憲章に調印し，⑥国際連合を成立させた。

(1)　下線部①について，ヤマト王権（大和政権）が小野妹子らを派遣した時の中国の王朝を何というか，次のア～エから最も適当なものを１つ選び，その記号を書きなさい。(　　　)

ア．秦《しん》　　イ．漢　　ウ．魏《ぎ》　　エ．隋《ずい》

(2)　下線部②について，平安京が都とされてから鎌倉幕府が成立するまでの，平安時代のできごとについて述べた文はどれか，次のア～エから最も適当なものを１つ選び，その記号を書きなさい。

(　　　)

ア．奥州藤原《おうしゅうふじわら》氏によって，平泉《ひらいずみ》に中尊寺《ちゅうそんじ》金色堂《こんじきどう》が建設された。

イ．聖武天皇《しょうむてんのう》によって，東大寺《とうだいじ》が建てられ，大仏がつくられた。

ウ．運慶《うんけい》らによって，東大寺南大門《なんだいもん》の金剛力士《こんごうりきし》像が制作された。

エ．観阿弥《かんあみ》・世阿弥《ぜあみ》によって，能が大成された。

(3)　下線部③について，資料１は，鎌倉幕府の将軍と御家人との主従関係を模式的に表したものである。資料１の御恩《ごおん》にあたるものについて述べた文はどれか，次のア～エから最も適当なものを１つ選び，その記号を書きなさい。(　　　)

ア．口分田《くぶんでん》を与《あた》えられること。

イ．国司《こくし》に任命されること。

ウ．領地を保護されること。

エ．管領《かんれい》に任命されること。

〈資料１〉

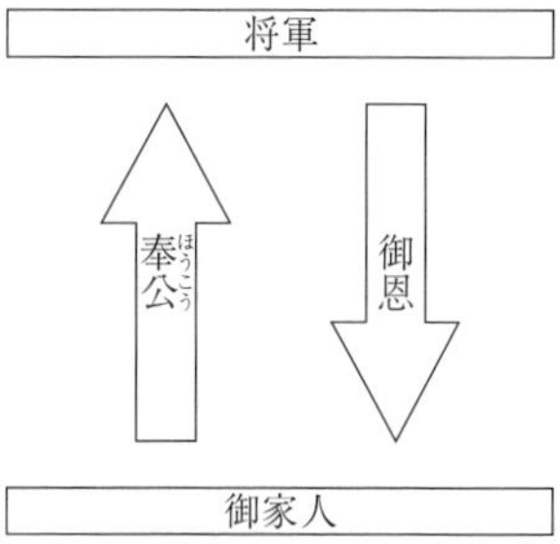

(4)　下線部④について，資料２は，1860年と1865年における日本の輸入総額とおもな輸入品を示したもの，資料３は，1865年における日本の輸入総額に占《し》める国別割合を示したものである。通商条約が結ばれ，自由貿易が開始されると，国内の綿織物の生産地が大きな打撃を受けたのはなぜか，資料２，資料３から読み取れることをもとにして，書きなさい。

(　　　　　　　　　　　　　　　　　　　　　　　　　　　　)

〈資料 2〉

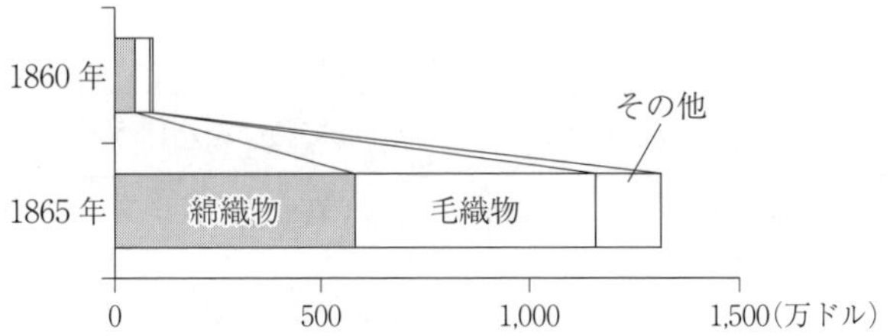

〔注：綿織物には綿糸も含む〕

〈資料 3〉

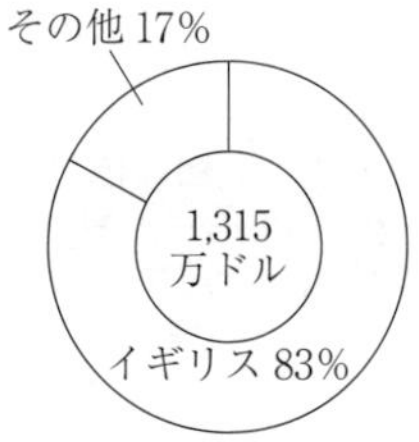

(資料 2，資料 3 は，『横浜市史』から作成)

(5)　下線部⑤について，次のⓐ～ⓓのカードはそれぞれ，「ええじゃないか」というさわぎが発生したころの，日本国内で起きたできごとを示したものである。ⓐ～ⓓのカードを，書かれた内容の古いものから順に並べると，どのようになるか，あとのア～エから最も適当なものを 1 つ選び，その記号を書きなさい。(　　　)

ⓐ	徳川慶喜《とくがわよしのぶ》は，政権を朝廷《ちょうてい》に返上することを申し出た。	ⓑ	新政府は，五箇条《ごかじょう》の御誓文《ごせいもん》を出した。
ⓒ	新政府は，諸大名に土地と人民を政府に返させた。	ⓓ	坂本龍馬《さかもとりょうま》は，薩摩藩《さつまはん》と長州藩《ちょうしゅうはん》の間を仲介し，薩長同盟《さっちょうどうめい》を結ばせた。

ア．ⓐ→ⓓ→ⓒ→ⓑ　　イ．ⓓ→ⓐ→ⓑ→ⓒ　　ウ．ⓐ→ⓓ→ⓑ→ⓒ　　エ．ⓓ→ⓐ→ⓒ→ⓑ

(6)　下線部⑥について，資料 4 は，国際連合加盟国数の推移を州別に示したものであり，A～F には，世界の 6 つの州のいずれかがあてはまる。資料 5 は，たくやさんが，B がどの州であるかを考え，その理由をまとめたものである。資料 5 の［ I ］にあてはまる言葉は何か，書きなさい。

(　　　)

〈資料 4〉

	A	B	C	D	E	F	合計
1945 年の加盟国数	2	4	9	10	12	14	51
1955 年の加盟国数	2	5	21	10	12	26	76
1965 年の加盟国数	2	37	28	10	14	27	118

(国際連合広報センター Web ページから作成)

〈資料 5〉

B は，［ I ］州だと考えられる。なぜなら，「［ I ］の年」と呼ばれた 1960 年に，多くの独立国が誕生し，国連への加盟国数が大幅に増加したからである。

5 右の表は，せいやさんの学級で行った公民的分野の調べ学習について，班ごとのテーマをまとめたものである。これを見て，次の各問いに答えなさい。

A班	人権思想の成立
B班	行政改革
C班	多様化する家族
D班	国会の運営
E班	政治参加と選挙
F班	日本企業《きぎょう》の海外進出
G班	日本の財政
H班	持続可能な社会

(1) A班のテーマについて，資料1は，フランス人権宣言を記した版画であり，資料2は，資料1を説明したものの一部である。資料2の［A］にあてはまる言葉はどれか，あとのア～エから最も適当なものを1つ選び，その記号を書きなさい。(　　　)

〈資料1〉

〈資料2〉

> 版画には，前文と17か条が記載《きさい》されています。左上には，［A］のくさりを断ち切る自由を表す女神が描《えが》かれ，中央上部には，理性の光を照らすという意味を表した絵が描かれています。

ア．議院内閣制　　イ．絶対王政　　ウ．普通《ふつう》選挙制　　エ．立憲主義

(2) B班のテーマについて，行政改革の1つとして，経済活動に対する規制緩和《かんわ》がある。経済活動に対する規制緩和の具体例にあてはまるものはどれか，次のア～エから最も適当なものを1つ選び，その記号を書きなさい。(　　　)

ア．かぜ薬がコンビニエンスストアで販売《はんばい》されること。

イ．タクシー運賃の変更《へんこう》が政府に認可《にんか》されること。

ウ．産業が寡占《かせん》や独占に近づき，独占価格が設定されること。

エ．同じ旅行先でも出発日によって異なる旅行代金が設定されること。

(3) C班のテーマについて，なるみさんは，日本の家族構成に関する資料を集めた。資料3，資料4は，その一部であり，資料5は，資料3，資料4をもとに，なるみさんが，考えたことをまとめたものである。資料5の［a］にあてはまる理由は何か，あとのア～エから最も適当なものを1つ選び，その記号を書きなさい。(　　　)

〈資料3〉

年	1世帯あたり人員(人)
1980	3.22
2000	2.67

〈資料4〉

年	全世帯にしめる核家族世帯の割合(%)
1980	60.3
2000	59.1

(資料3，資料4は，総務省Webページから作成)

〈資料5〉

> 1980年と2000年を比べて，1世帯あたり人員は減少しているのに，全世帯にしめる核家族世帯の割合が増加していないのは［a］だと考えられる。

ア．日本の総人口が減少したから

イ．単独（一人）世帯の数が増加したから

ウ．夫婦《ふうふ》と子どものいる世帯の数が増加したから

エ．祖父母と親と子どもで構成される世帯の数が増加したから

(4) D班のテーマについて，国会において，両院協議会が開かれることがある。両院協議会はどのような時に開かれるか，両院とは何かを明らかにして，書きなさい。

(　　　　　　　　　　　　　　　　　　　　　　　　　　　　)

(5) E班のテーマについて，次の(a)，(b)の各問いに答えなさい。

(a) 資料6は，れいじさんが，参議院議員の任期と選挙についてまとめたものの一部である。資料6の［　あ　］にあてはまる，参議院議員選挙が3年ごとに行われる理由は何か，「改選」という言葉を用いて，書きなさい。

(　　　　　　　　　　　　　　　　　　　　　　　　　　から)

〈資料6〉

参議院議員の任期は6年です。参議院議員の選挙は，2000年以降では，2001年，2004年，2007年，2010年，2013年，2016年，2019年に行われました。このように3年ごとに選挙が行われるのは，［　あ　］です。

(b) 資料7は，2019年に行われた参議院議員選挙における政策課題に対する有権者へのアンケート結果であり，Ⅰ～Ⅳは，医療《いりょう》・介護《かいご》，消費税，子育て・教育，景気対策のいずれかである。また，資料8は，資料7の結果についてまとめたものである。資料7のⅠにあてはまるものはどれか，あとのア～エから最も適当なものを1つ選び，その記号を書きなさい。(　　　)

〈資料7〉

政策課題	18～29歳《さい》	30～49歳	50～69歳	70歳以上
Ⅰ	37.8	46.7	47.5	44.9
Ⅱ	36.2	48.0	27.9	25.2
Ⅲ	29.7	29.2	30.0	31.7
年金	27.6	38.0	60.6	63.7
Ⅳ	26.5	40.8	58.8	69.7

(注：「今回の参院選では，どのような政策課題を考慮《こうりょ》しましたか」という質問に対する回答であり，単位は%)

〈資料8〉

いずれの年代においても，景気対策は消費税よりも上位に位置している。また，年代ごとの特色として，年金や医療・介護については，高齢《こうれい》者層ほど考慮する順位が高まり，子育て・教育は，若年者層ほど上位に位置している。

(資料7，資料8は，明るい選挙推進協会資料から作成)

ア．医療・介護　　イ．消費税　　ウ．子育て・教育　　エ．景気対策

(6) F班のテーマについて，資料9は，1999年，2009年，2019年の，ベトナムにおける日本の現地法人数を示したものであり，資料10は，つばきさんが，資料9をもとに立てた仮説である。資料10に示したつばきさんの仮説が正しいかどうかを確かめる場合，どのような資料が必要か，次のア～エから最も適当なものを1つ選び，その記号を書きなさい。(　　　)

ア．ベトナムにおける就職率の推移を示す資料。

イ．日本の労働者とベトナムの労働者の平均賃金を比較した資料。

ウ．日本の労働力人口とベトナムの労働力人口の平均年齢を比較した資料。

エ．ベトナムにおける日本の現地法人のベトナム人従業員数の推移を示す資料。

〈資料 9〉

	1999 年	2009 年	2019 年
ベトナムにおける日本の現地法人数	184	404	1278

(『海外進出企業総覧 2020』ほかから作成)

〈資料 10〉

ベトナムで日本の現地法人数が増えているのは，ベトナムには安い労働力があるからだと考えられる。

(7) G 班のテーマについて，次の(a)，(b)の各問いに答えなさい。

(a) 資料 11 のⓅ～Ⓡは，1979 年度，1999 年度，2019 年度のいずれかの年度の，日本の一般会計における歳出《さいしゅつ》の内訳を示したものである。Ⓟ，Ⓠ，Ⓡを古いものから順に並べると，どのようになるか，あとのア～カから最も適当なものを１つ選び，その記号を書きなさい。(　　　)

〈資料 11〉

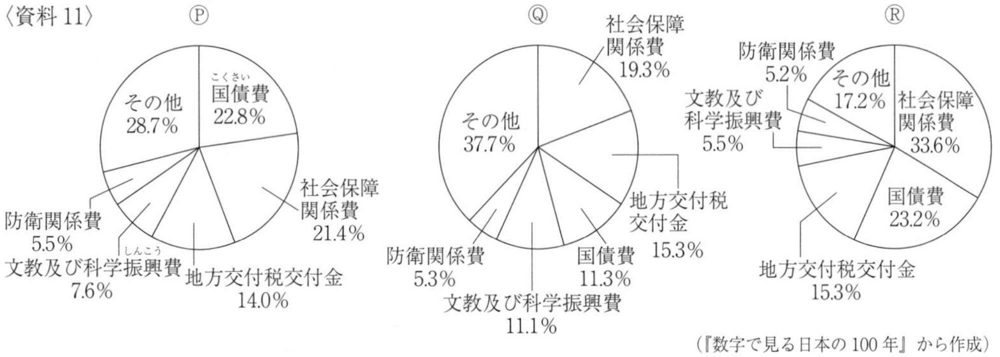

(『数字で見る日本の 100 年』から作成)

ア．Ⓟ→Ⓠ→Ⓡ　イ．Ⓟ→Ⓡ→Ⓠ　ウ．Ⓠ→Ⓟ→Ⓡ　エ．Ⓠ→Ⓡ→Ⓟ

オ．Ⓡ→Ⓟ→Ⓠ　カ．Ⓡ→Ⓠ→Ⓟ

(b) 資料 12 は，税の１つである所得税についてまとめたものの一部である。資料 12 の［X］，［Y］にあてはまる言葉の組み合わせはどれか，次のア～エから最も適当なものを１つ選び，その記号を書きなさい。

(　　　)

〈資料 12〉

所得税は，実際に税を負担する人と納税者とが［X］税金であり，［Y］。

ア．X―一致《いっち》する　Y―所得が多いほど，高い税率が適用される

イ．X―一致する　Y―所得に関係なく，同じ税率が適用される

ウ．X―一致しない　Y―所得が多いほど，高い税率が適用される

エ．X―一致しない　Y―所得に関係なく，同じ税率が適用される

(8) H 班のテーマについて，せいやさんは，日本の廃《はい》プラスチックの処理状況《じょうきょう》に関する資料を集めた。資料 13，資料 14，資料 15 は，その一部である。廃プラスチックについて，持続可能な社会を実現するために解決すべき日本の課題は何か，その１つとして考えられることを，資料 13，資料 14，資料 15 から読み取れることをもとにして，「輸出」と「国内」という２つの言葉を用いて，書きなさい。

(　　　　　　　　　　　　　　　　　　　　　　　　　　)

〈資料 13〉　2017 年における日本の廃プラスチックの処理状況

〔注：数値は，処理前と同様な用途の原料として再生利用するものの内訳〕

（プラスチック循環《じゅんかん》利用協会資料ほかから作成）

〈資料 14〉　2017 年 7 月における日本の廃プラスチックの主な輸出先

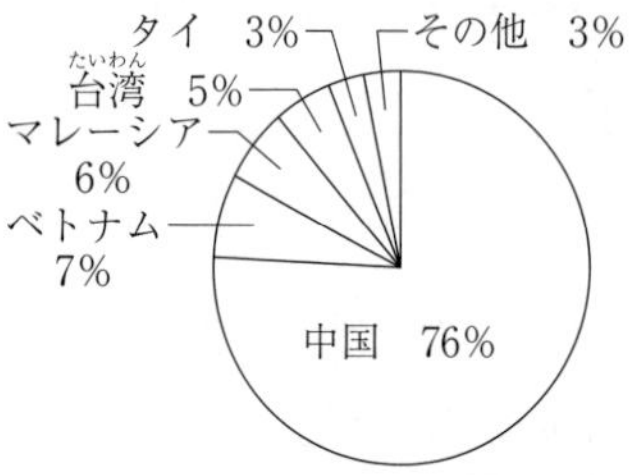

（「財務省貿易統計」から作成）

〈資料 15〉　海外における廃プラスチックの輸入規制の動向

・中国	
2017 年 12 月末	非工業由来廃プラスチックの輸入を禁止
2018 年 12 月末	工業由来の廃プラスチック輸入を停止
・ベトナム	
2018 年 6 月	輸入基準を厳格化
・マレーシア	
2018 年 7 月	実質的に輸入禁止
・台湾	
2018 年 10 月	輸入規制の厳格化
・タイ	
2021 年	全面輸入禁止の方針

（経済産業省 Web ページほかから作成）

理科

時間　45分　　　　満点　50点

[1]　次の観察について，あとの各問いに答えなさい。

〈観察〉　細胞分裂《さいぼうぶんれつ》のようすについて調べるために，観察物として，種子から発芽したタマネギの根を用いて，次の①，②の順序で観察を行った。

①　次の方法でプレパラートをつくった。

1．タマネギの根を先端《せんたん》部分から5mm切り取り，スライドガラスにのせ，えつき針でくずす。

2．観察物に溶液《ようえき》Xを1滴《てき》落として，3分間待ち，ろ紙で溶液Xをじゅうぶんに吸いとる。

3．観察物に酢酸《さくさん》オルセイン溶液を1滴落として，5分間待つ。

4．観察物にカバーガラスをかけてろ紙をのせ，根を押《お》しつぶす。

②　①でつくったプレパラートを顕微鏡《けんびきょう》で観察した。図は，観察した細胞の一部をスケッチしたものである。

図

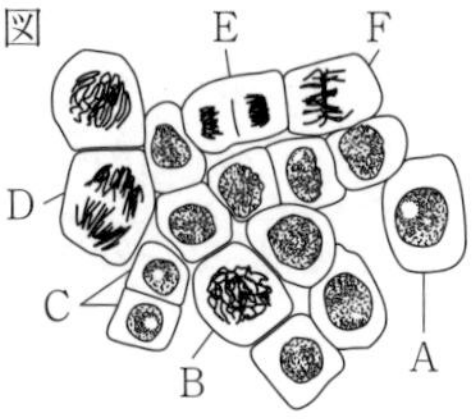

(1)　①について，次の(a)，(b)の各問いに答えなさい。

(a)　溶液Xは，細胞を1つ1つ離《はな》れやすくするために用いる溶液である。この溶液Xは何か，次のア～エから最も適当なものを1つ選び，その記号を書きなさい。(　　　)

ア．ヨウ素溶液　　イ．ベネジクト溶液　　ウ．うすい塩酸　　エ．アンモニア水

(b)　下線部の操作を行う目的は何か，次のア～エから最も適当なものを1つ選び，その記号を書きなさい。(　　　)

ア．細胞の分裂を早めるため。　　イ．細胞の核《かく》や染色体《せんしょくたい》を染めるため。

ウ．細胞を柔《やわ》らかくするため。　　エ．細胞に栄養を与《あた》えるため。

(2)　②について，図のA～Fは，細胞分裂の過程で見られる異なった段階の細胞を示している。図のA～Fを細胞分裂の進む順に並べるとどうなるか，Aを最初として，B～Fの記号を左から並べて書きなさい。(A →　　→　　→　　→　　→　　)

[2]　図は，月，地球の位置関係および太陽の光の向きを模式的に示したものである。このことについて，あとの各問いに答えなさい。

図

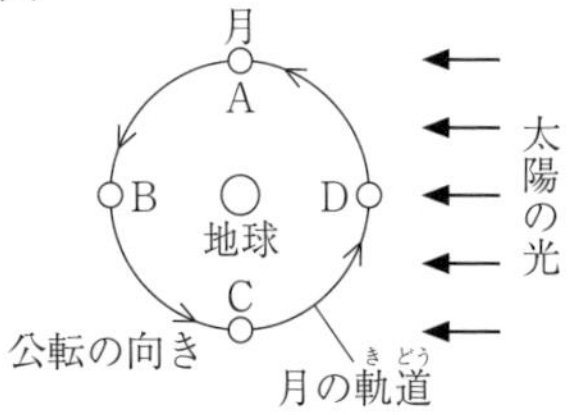

(1)　月のように，惑星《わくせい》のまわりを公転している天体を何というか，その名称《めいしょう》を**漢字**で書きなさい。(　　　)

(2)　日食が起こるのは，月がどの位置にあるときか，図のA～Dから最も適当なものを1つ選び，その記号を書きなさい。(　　　)

(3)　月食とはどのような現象か，「太陽」，「月」，「地球」の位置関係にふれて，「かげ」という言葉を使って，簡単に書きなさい。(　　　　　　　　　　　　　　　　　　　　　　　　　　)

3 次の実験について，あとの各問いに答えなさい。

〈実験〉 エタノールの性質について調べるために，次の①～③の実験を行った。

① 室温20℃で，エタノールの質量を電子てんびんで測定したところ，27.3gであった。

② ポリエチレンの袋《ふくろ》に①のエタノールを入れ，空気をぬいて袋の口を閉じた。図1のように，この袋に熱湯をかけたところ，袋は大きくふくらんだ。

③ 室温20℃で，水とエタノールを混合した溶液が入ったビーカーに，図2のように，ポリプロピレン，ポリエチレン，ポリスチレンの3種類のプラスチックの小片《しょうへん》を入れて，浮《う》いたか沈《しず》んだかを観察した。表は，その結果をまとめたものである。

図1

図2

表

物質	ポリプロピレン	ポリエチレン	ポリスチレン
結果	浮いた	沈んだ	沈んだ

(1) ①について，エタノールの体積は何cm^3か，求めなさい。ただし，20℃でのエタノールの密度を$0.79g/cm^3$とし，答えは小数第2位を四捨五入し，小数第1位まで求めなさい。(　　　cm^3)

(2) ②について，熱湯をかけるとポリエチレンの袋がふくらんだのは，エタノールの状態が変化したからである。右のA～Cの粒子《りゅうし》のモデルはエタノールの固体，液体，気体のいずれかの状態を模式的に示したものである。熱湯をかける前の粒子のモデルと熱湯をかけた後の粒子のモデルはそれぞれどれか，次のア～カから最も適当なものを1つ選び，その記号を書きなさい。(　　　)

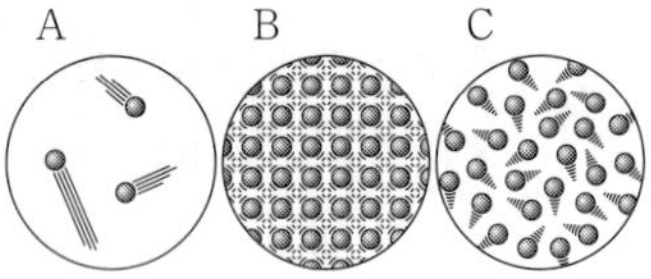

	ア	イ	ウ	エ	オ	カ
熱湯をかける前の粒子のモデル	A	A	B	B	C	C
熱湯をかけた後の粒子のモデル	B	C	A	C	A	B

(3) ③について，表から考えられる水とエタノールを混合した溶液の密度はいくらか，次のア～エから最も適当なものを1つ選び，その記号を書きなさい。ただし，20℃でのポリプロピレンの密度を$0.90g/cm^3$，ポリエチレンの密度を$0.95g/cm^3$，ポリスチレンの密度を$1.05g/cm^3$とする。(　　　)

ア．$0.80g/cm^3$　イ．$0.92g/cm^3$　ウ．$0.98g/cm^3$　エ．$1.10g/cm^3$

4　図１のように，立方体の物体Ａと直方体の物体Ｂを水平な床《ゆか》に置いた。表は，それぞれの物体の質量と図１のように物体を床に置いたときの底面積を示したものである。このとき，あとの各問いに答えなさい。ただし，100g の物体にはたらく重力の大きさを１N とし，それぞれの物体が床を押す力は，床に均等にはたらくものとする。

図１

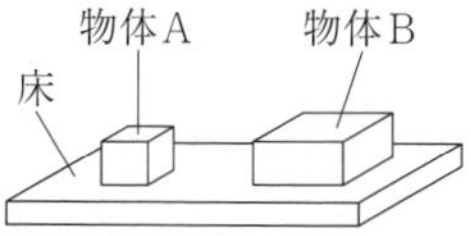

表

	物体A	物体B
質量(g)	40	120
底面積(cm^2)	4	16

(1)　床の上に物体Ａがあるとき，床が物体Ａを押し返す力を何というか，その名称を書きなさい。

(　　　)

(2)　図１のように，それぞれの物体を１個ずつ水平な床に置いたとき，物体が床を押す力の大きさと物体が床におよぼす圧力が大きいのは，それぞれ物体Ａと物体Ｂのどちらか，次のア～エから最も適当なものを１つ選び，その記号を書きなさい。(　　　)

	ア	イ	ウ	エ
床を押す力の大きさ	物体A	物体A	物体B	物体B
床におよぼす圧力	物体A	物体B	物体A	物体B

(3)　図２のように，物体Ａを３個積み上げて置いた。このことについて，次の(a)，(b)の各問いに答えなさい。

図２

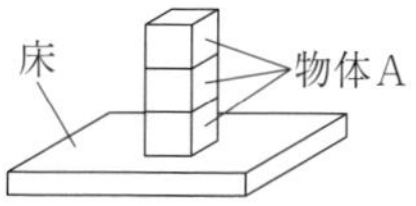

(a)　積み上げて置いた物体Ａ３個が，床を押す力の大きさは何Nか，求めなさい。(　　　N)

(b)　積み上げて置いた物体Ａ３個が床におよぼす圧力と等しくなるのは，物体Ｂをどのように積み上げて置いたときか，次のア～エから最も適当なものを１つ選び，その記号を書きなさい。

(　　　)

ア

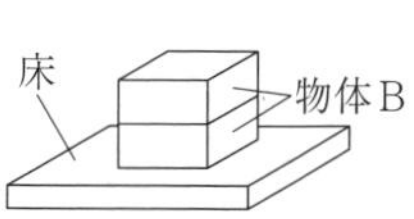

イ

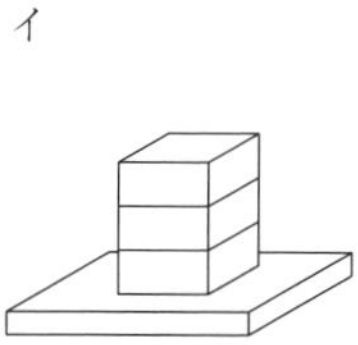

ウ

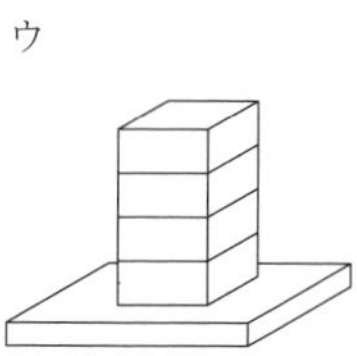

エ

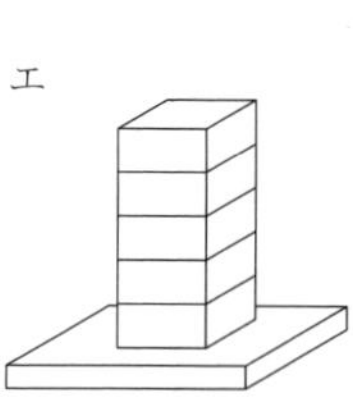

5　次の文を読んで，あとの各問いに答えなさい。

まさとさんは，動物に興味をもち，せきつい動物や，無せきつい動物である軟体《なんたい》動物について，教科書や資料集で調べたことを①，②のようにノートにまとめた。

【まさとさんのノートの一部】

①　せきつい動物について

せきつい動物であるメダカ，イモリ，トカゲ，ハト，ウサギの特徴《とくちょう》やなかま分けは，表のように表すことができる。

表

	メダカ	イモリ	トカゲ	ハト	ウサギ
子のふやし方	卵生《らんせい》				X
体温	まわりの温度の変化にともなって体温が変化する。			まわりの温度が変化しても体温がほぼ一定である。	
なかま分け	魚類	両生類	は虫類	鳥類	ほ乳類

②　無せきつい動物である軟体動物について

図

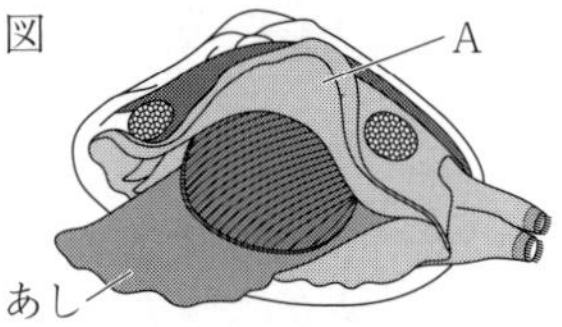

軟体動物であるアサリのからだのつくりは，図のように模式的に表すことができる。

(1)　①について，次の(a)～(d)の各問いに答えなさい。

(a)　ウサギの子は，母親の体内で，ある程度育ってから親と同じような姿でうまれる。このような，表の X に入る，子のふやし方を何というか，その名称を書きなさい。(　　　)

(b)　卵生のメダカ，イモリ，トカゲ，ハトの中で，陸上に殻《から》のある卵をうむ動物はどれか，メダカ，イモリ，トカゲ，ハトから適当なものをすべて選び，書きなさい。(　　　)

(c)　まわりの温度が変化しても体温がほぼ一定に保たれる動物を何というか，その名称を書きなさい。(　　　動物)

(d)　次の文は，イモリの呼吸のしかたについて説明したものである。文中の（ あ ），（ い ）に入る最も適当な言葉は何か，それぞれ書きなさい。あ(　　　)　い(　　　)

子は（ あ ）という器官で呼吸する。子とはちがい，親は（ い ）という器官と，皮膚《ひふ》で呼吸する。

(2)　②について，次の(a)～(c)の各問いに答えなさい。

(a)　図で示したAは，内臓をおおう膜《まく》である。Aを何というか，その名称を書きなさい。

(　　　膜)

(b)　次の文は，アサリのあしについて説明したものである。文中の（ う ）に入る最も適当な言葉は何か，**漢字**で書きなさい。(　　　)

アサリのあしは筋肉でできており，昆虫類《こんちゅうるい》や甲殻類《こうかくるい》のあしにみられる特徴である，骨格や（ う ）がない。

(c)　アサリのように，軟体動物になかま分けすることができる動物はどれか，次のア～オから最も適当なものを1つ選び，その記号を書きなさい。(　　　)

ア．クラゲ　　イ．ミジンコ　　ウ．イソギンチャク　　エ．イカ　　オ．ミミズ

6　次の文を読んで，あとの各問いに答えなさい。

次の文は，物質の性質について興味をもったあきらさんと，先生の会話文である。

【あきらさんと先生の会話】

あきら：見た目が同じように見える物質でも，水にとけるものもあれば，とけないものもあるなんて，面白《おもしろ》いです。物質を見分ける実験をしてみたいです。

先　生：わかりました。では，見た目では区別できない白い粉末を4種類準備しますので，4種類の物質が，それぞれ何かを，実験で見分けてみませんか。

あきら：ぜひ，やってみたいです。

先　生：実験をする際，安全めがねを着用しましょう。物質をむやみに手でさわったり，なめたりすることは，たいへん危険なので，行ってはいけませんよ。

あきらさんは，4種類の物質を実験で見分け，次のようにノートにまとめた。

【あきらさんのノートの一部】

〈目的〉

見た目では区別できない，砂糖，塩化ナトリウム，デンプン，水酸化ナトリウムの4種類の物質が，それぞれ何かを，実験で見分ける。

〈方法・結果〉

図1のように，砂糖，塩化ナトリウム，デンプン，水酸化ナトリウム4gずつを薬包紙にとり，物質A～Dのいずれかとした。

図1

①　図1の物質A～Dを2gずつとり，ヨウ素溶液を2，3滴加えて色の変化を調べ，その結果を表1にまとめた。

表1

	物質A	物質B	物質C	物質D
結果	青紫色に変化した	変化しなかった	変化しなかった	変化しなかった

②　図2のように，室温20℃で，蒸留水20gを入れたビーカーa～dに物質A～D2gずつを加えてよくかきまぜたときのようすを調べ，その結果を表2にまとめた。

図2

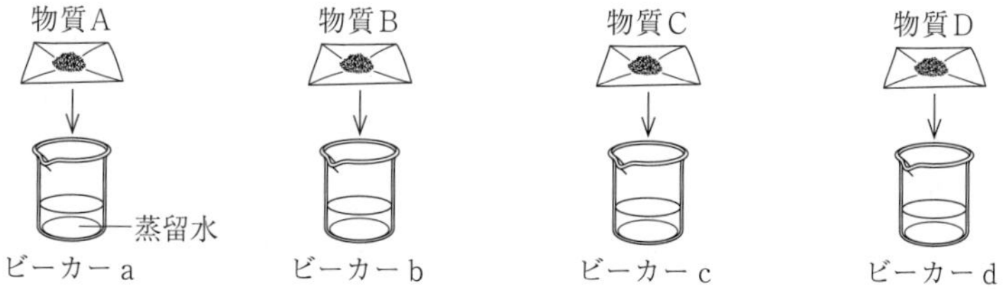

表2

	物質A	物質B	物質C	物質D
結果	ほとんどとけなかった	とけた	とけた	とけた

③　②でできたビーカーa～dの液が電流を通すかどうかを調べ，その結果を表3にまとめた。

表3

	ビーカーaの液	ビーカーbの液	ビーカーcの液	ビーカーdの液
結果	通さなかった	通さなかった	通した	通した

④　③で用いたビーカーa～dの液に，フェノールフタレイン溶液を加えて色の変化を調べ，その結果を表4にまとめた。

表4

	ビーカーaの液	ビーカーbの液	ビーカーcの液	ビーカーdの液
結果	変化しなかった	変化しなかった	赤色に変化した	変化しなかった

次の文は，実験結果を振り返ったときの，あきらさんと先生の会話文である。

【あきらさんと先生の会話】

あきら：①～④の実験結果から，物質A～Dを見分けることができました。

先　生：いいですね。ほかに調べてみたいことはありますか。

あきら：④の実験結果から，ビーカーcの液がフェノールフタレイン溶液を赤色に変化させたので，ビーカーcの液はアルカリ性です。ビーカーcの液に酸性の溶液を加えたときのようすを実験で調べてみたいです。

あきらさんは，新たに調べてみたいことを実験で確かめ，次のようにノートにまとめた。

【あきらさんのノートの一部】

〈目的〉

④でできたビーカーcの液に，うすい塩酸を加えたときのようすを調べる。

〈方法・結果〉

⑤　図3のように，④でできたビーカーcの液に，こまごめピペットでうすい塩酸を5cm^{3}ずつ加えて色の変化を調べたところ，うすい塩酸を10cm^{3}加えたときに無色に変化した。これらの結果を表5にまとめた。

図3

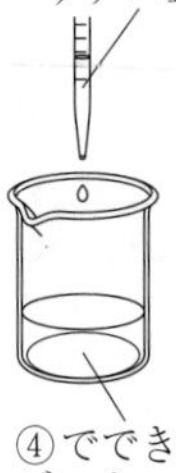

表5

加えたうすい塩酸の体積(cm^3)	5	10	15	20
ビーカーcの液の色	赤色	無色	無色	無色

(1)　①～④について，次の(a)～(d)の各問いに答えなさい。

(a)　物質Aは何か，次のア～エから最も適当なものを1つ選び，その記号を書きなさい。

(　　)

ア，砂糖　　イ．塩化ナトリウム　　ウ．デンプン　　エ．水酸化ナトリウム

(b)　次の文は，ビーカーbの液が電流を通さなかったことについて説明したものである。文中の（ あ ）に入る最も適当な言葉は何か，**漢字**で書きなさい。(　　)

ビーカーbの液が電流を通さなかったのは，物質Bが水にとけても電離《でんり》しないからである。物質Bのように，水にとけても電離せず，水溶液が電流を通さない物質を（ あ ）という。

(c)　物質Cは何か，次のア～エから最も適当なものを1つ選び，その記号を書きなさい。

(　　)

ア．砂糖　　イ．塩化ナトリウム　　ウ．デンプン　　エ．水酸化ナトリウム

(d)　物質Dが水にとけて電離した陽イオンと陰イオンは何か，それぞれイオン式で書きなさい。

陽イオン(　　)　陰イオン(　　)

(2)　⑤について，次の(a)，(b)の各問いに答えなさい。

(a)　加えたうすい塩酸の体積と水溶液中の水素イオンの量との関係，加えたうすい塩酸の体積と水溶液中の塩化物イオンの量との関係を模式的に表しているグラフはそれぞれどれか，次のア～エから最も適当なものを1つずつ選び，その記号を書きなさい。

加えたうすい塩酸の体積と水素イオンの量との関係(　　)

加えたうすい塩酸の体積と塩化物イオンの量との関係(　　)

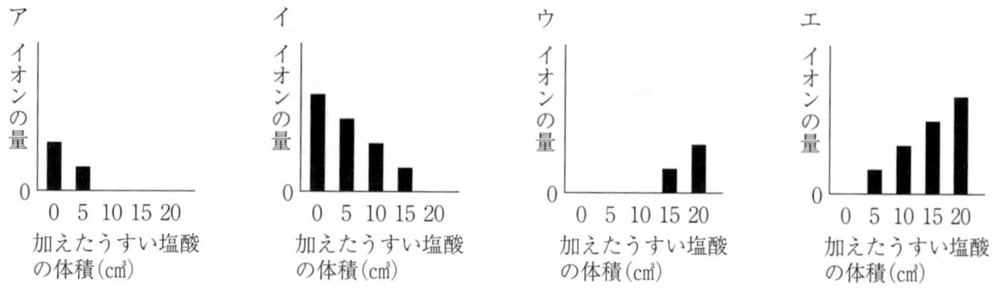

(b)　うすい塩酸を $10cm^3$ 加えるまでに起きた反応を，化学反応式で表すとどうなるか，書きなさい。(　　　→　　　)

7　次の文を読んで，あとの各問いに答えなさい。

はるなさんは，火山の活動に興味をもち，火山と火山噴出物《ふんしゅつぶつ》のもとになるマグマの性質との関係について，理科室にある標本や資料集で調べたことを①～③のようにノートにまとめた。

【はるなさんのノートの一部】

①　火山とマグマのねばりけについて

図１は，火山の形を模式的に表したものである。火山の形や噴火《ふんか》のようすは，マグマのねばりけの程度によって異なり，マグマのねばりけの程度は，マグマにふくまれる成分によって異なる。

図１

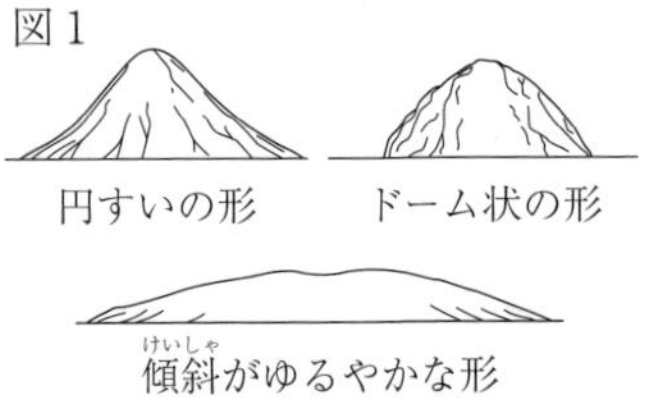

②　火山噴出物の火山灰について

標本の火山灰を双眼《そうがん》実体顕微鏡を用いて観察したものを，図２のように表した。

図２

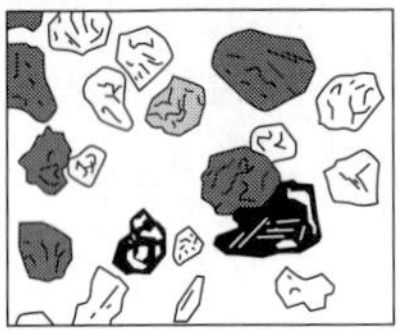

③　火成岩の色とつくりについて

火成岩はマグマが冷え固まってできた岩石である。標本の火成岩A～Dを観察しスケッチしたところ，図３のようになった。また，観察してわかったことを，表にまとめた。

図３

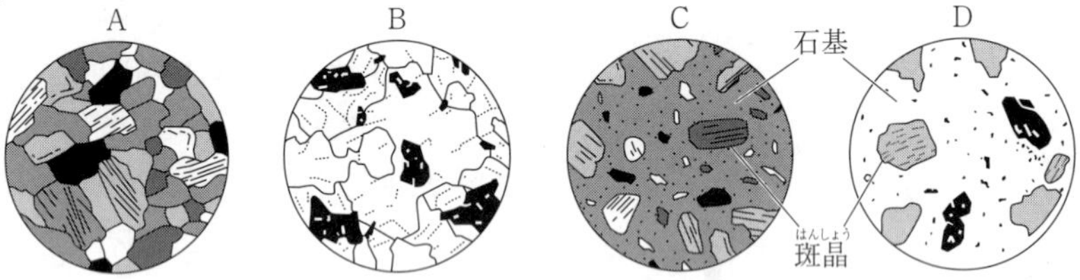

表

<table>
<tr><th>火成岩</th><th>岩石の色</th><th>岩石のつくり</th></tr>
<tr><td>A</td><td>黒っぽい</td><td rowspan="2">肉眼でも見分けられるぐらいの大きさの鉱物のみが組み合わさってできている。</td></tr>
<tr><td>B</td><td>白っぽい</td></tr>
<tr><td>C</td><td>黒っぽい</td><td rowspan="2">肉眼でも見える比較的大きな鉱物である斑晶が，肉眼では形がわからないような細かい粒《つぶ》などでできた石基に囲まれてできている。</td></tr>
<tr><td>D</td><td>白っぽい</td></tr>
</table>

(1)　①について，次の文は，マグマのねばりけの程度と火山の形や噴火のようすについて説明したものである。文中の（ X ）～（ Z ）に入る言葉はそれぞれ何か，後のア～カから最も適当なものを１つ選び，その記号を書きなさい。(　　　)

いっぱんに，ねばりけが（ X ）マグマをふき出す火山ほど，（ Y ）になり，火山噴出物の色は白っぽい。また，噴火のようすは（ Z ）であることが多い。

	X	Y	Z
ア	弱い（小さい）	円すいの形	激しく爆発的
イ	弱い（小さい）	ドーム状の形	比較的おだやか
ウ	弱い（小さい）	傾斜がゆるやかな形	比較的おだやか
エ	強い（大きい）	円すいの形	比較的おだやか
オ	強い（大きい）	ドーム状の形	激しく爆発的
カ	強い（大きい）	傾斜がゆるやかな形	激しく爆発的

(2)　②について，図4のような双眼実体顕微鏡を用いて観察するとき，双眼実体顕微鏡はどのような順序で使うか，次のア～エを正しい順に左から並べて記号で書きなさい。(　　→　　→　　→　　)

図4

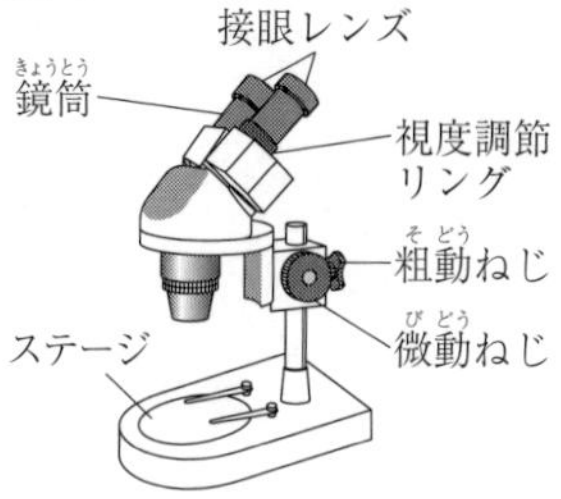

ア．鏡筒を支えながら，粗動ねじを回して観察物の大きさに合わせて鏡筒を固定する。

イ．左目でのぞきながら，視度調節リングを回して像のピントを合わせる。

ウ．左右の鏡筒を調節し，接眼レンズの幅《はば》を目の幅に合わせる。

エ．右目でのぞきながら，微動ねじを回して像のピントを合わせる。

(3)　③について，次の(a)～(e)の各問いに答えなさい。ただし，火成岩A～Dは，花こう岩，玄武岩《げんぶがん》，斑《はん》れい岩《がん》，流紋岩《りゅうもんがん》のいずれかである。

(a)　火成岩Aについて，火成岩Bよりもふくむ割合が大きい鉱物は何か，次のア～エから適当なものをすべて選び，その記号を書きなさい。(　　　)

ア．カンラン石　　イ．キ石　　ウ．クロウンモ　　エ．セキエイ

(b)　火成岩A，Bのように，肉眼でも見分けられるぐらいの大きさの鉱物のみが組み合わさってできている岩石のつくりを何というか，その名称を書きなさい。(　　　組織)

(c)　火成岩C，Dのように，石基と斑晶でできている火成岩を何というか，その名称を書きなさい。(　　　岩)

(d)　火成岩C，Dについて，斑晶が肉眼でも見える比較的大きな鉱物になったのは，マグマがどのように冷やされたからか，鉱物が大きくなったときの「地表からの深さ」と「時間の長さ」にふれて，簡単に書きなさい。

(マグマが　　　　　　　　　　　　　　　　　　　　　　　冷やされたから。)

(e)　火成岩Dは何か，次のア～エから最も適当なものを1つ選び，その記号を書きなさい。

(　　　)

ア．花こう岩　　イ．玄武岩　　ウ．斑れい岩　　エ．流紋岩

8　次の実験について，あとの各問いに答えなさい。

〈実験〉　抵抗《ていこう》の大きさが，それぞれ 2.0 Ω，8.0 Ω の電熱線 X，Y を用いて，次の①～③の実験を行った。ただし，電熱線 X，Y の抵抗の大きさは，電熱線の発熱によって変化しないものとする。

①　図 1 のように，電熱線 X，Y を用いて回路をつくり，電源装置の電圧を変化させて，電熱線 X，Y それぞれに加わる電圧を調べた。図 2 は，その結果をグラフに表したものである。

図 1

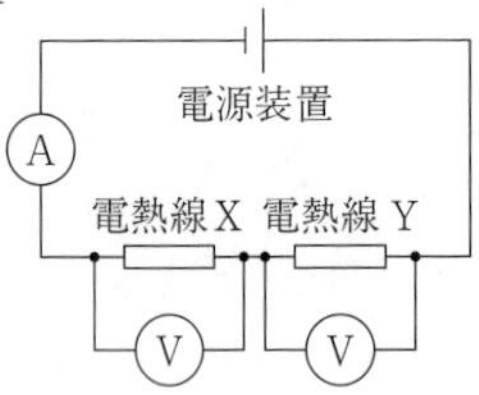

図 2

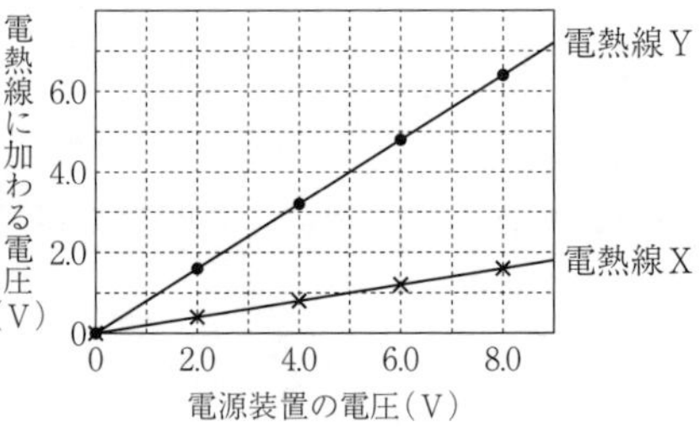

②　図 3 のように，電熱線 X を用いて装置をつくり，室温と同じ 20 ℃の水 100g をポリエチレンの容器に入れ，電源装置の電圧を 6.0V にして回路に電流を流し，ときどき水をかき混ぜながら水の温度を測定した。表 1 は，電流を流しはじめてからの時間と水の上昇《じょうしょう》温度の関係をまとめたものである。

図 3

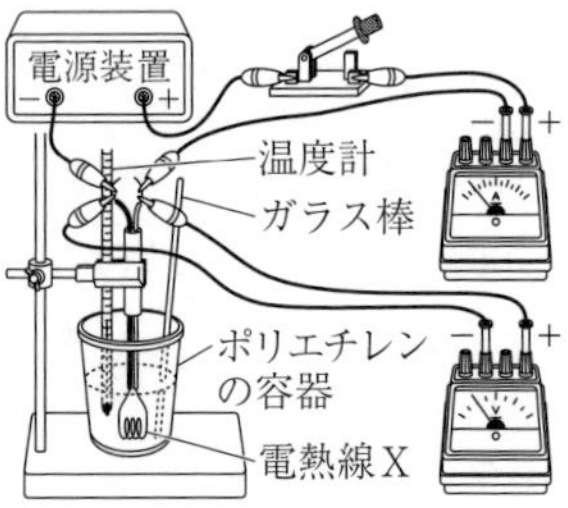

表 1

電流を流しはじめてからの時間(分)	0	2	4	6	8
水の上昇温度(℃)	0	3.2	6.5	9.7	13.0

③　図 4，図 5 のように，それぞれのポリエチレンの容器に電熱線 X，Y の直列回路，並列回路，室温と同じ 20 ℃の水 200g を入れ，電源装置の電圧を 6.0V にして回路に電流を流し，ときどき水をかき混ぜながら水の温度を測定した。

図 4

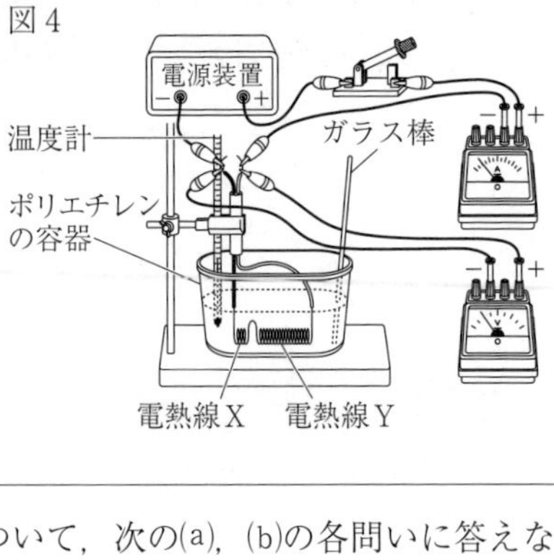

図 5

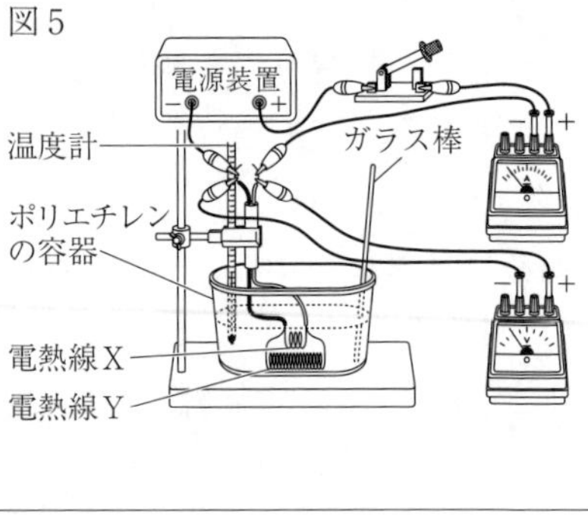

(1)　①について，次の(a)，(b)の各問いに答えなさい。

(a)　電源装置の電圧を 6.0V にしたとき，回路に流れた電流の大きさは何 A か，求めなさい。

(　　　A)

(b) 電源装置の電圧を変化させると，電熱線Xに加わる電圧も変化した。電熱線Xに加わる電圧が1.5Vになったとき，電源装置の電圧の大きさは何Vか，求めなさい。(　　　V)

(2) ②について，次の(a)，(b)の各問いに答えなさい。ただし，水1gの温度を1℃上昇させるのに必要な熱量は4.2Jとする。

(a) 電流を流しはじめてから6分で，容器の中の水100gの温度を上昇させた熱量は何Jか，求めなさい。(　　　J)

(b) 電流を流しはじめてから6分で，電流によって電熱線Xに発生した熱量のうち，容器の中の水の温度を上昇させた熱量がしめる割合は，約62.9％であった。容器の中の水の温度を上昇させた熱量が，電流によって電熱線Xに発生した熱量よりも小さくなったのはなぜか，その理由の1つとして考えられることを，水が受け取った熱がどうなったかにふれて，簡単に書きなさい。

(　　　　　　　　　　　　　　　　　　　　　　　　　　　　)

(3) ③について，次の(a)，(b)の各問いに答えなさい。

(a) 電流を流しはじめてからの時間と水の上昇温度の測定値の関係をまとめると，表2のようになった。また，図6は，図4の直列回路に電流を流しはじめてからの時間と水の上昇温度の測定値を×で記入し，その関係をグラフで表したものである。図5の並列回路に電流を流しはじめてからの時間と水の上昇温度の関係を図6にグラフで表しなさい。ただし，測定値を•でわかるように記入しなさい。

表2

電流を流しはじめてからの時間(分)		0	2	4	6	8
水の上昇温度(℃)	直列回路	0	0.7	1.3	1.9	2.6
	並列回路	0	3.5	7.0	10.5	14.0

図6

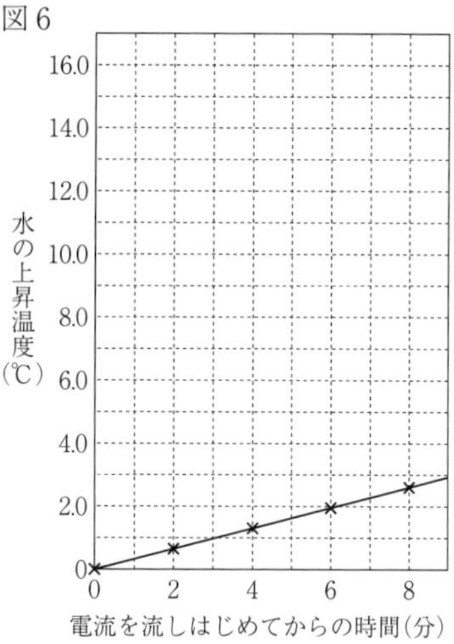

(b) 図4の直列回路の電熱線X，Yを，6.0Vで使用したときに消費電力が20Wになる1本の電熱線に交換し，電源装置の電圧を6.0Vにして回路に電流を流した。このとき，電流を流しはじめてから消費した電力量が，図5の並列回路の電熱線X，Yに電流を流しはじめてから6分で消費した電力量と等しくなるのは，電流を流しはじめてから何分何秒後か，求めなさい。

(　　分　　秒後)

ウ、今後、「商店街」をユニバーサルデザインとしていく必要性が高いと考える人の割合は三番目に大きく、また、「商店街」のユニバーサルデザインが進んだと考える人の割合も三番目に大きくなっている。

エ、今後、「公共の駐車場《ちゅうしゃじょう》」のユニバーサルデザインの必要性が高いと考える人の割合は、年齢《ねんれい》が上がるにつれ大きくなっており、同じように、ユニバーサルデザインの必要性が高いと考える人の割合が、年齢が上がるほど大きくなる傾向は、「歩行空間」にも当てはまる。

(三)　中学生のひかりさんは、【資料3】を見て、困っている人に対して手助けをする人の割合を増やすためにどのようにしたらよいかを考えた。「困っている人に対して、積極的に手助けをする人を増やすための方法」について、あなたの考えを、あとの〔作文の注意〕にしたがって書きなさい。

〔作文の注意〕

①　題名は書かずに本文から書き出しなさい。

②　【資料3】の「手助けをしないのはなぜか」のグラフも参考にして、あなたが考える理由を明らかにし、具体的に書きなさい。

③　原稿《げんこう》用紙の使い方にしたがい、全体を百六十字以上二百字以内にまとめなさい。

20　40　60　80　100　120　140　160　180　200

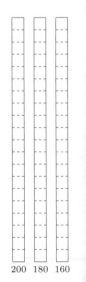

【資料3】　困っている人に対する手助けについて（2020年）

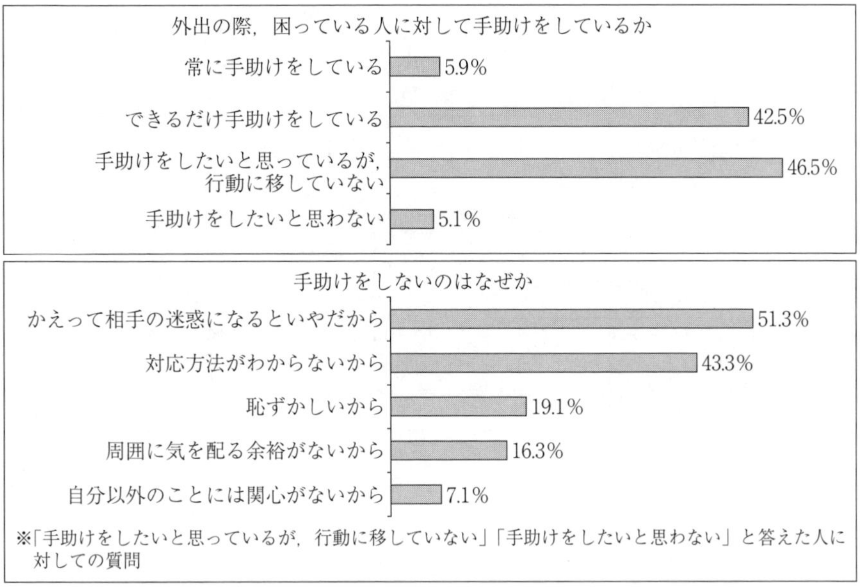

〔内閣府「ユニバーサルデザインに関する意識調査」から作成〕

(一)　【資料1】から読み取れることを、次の文にまとめた。[①]～[③]に入る言葉の組み合わせとして最も適当なものを、あとのア～エから一つ選び、その記号を書きなさい。（　　）

「バリアフリーという言葉とその意味を知っているか」についての回答は、「知っている／どちらかといえば知っている」と答えた人の割合が、調査したどの年も九割を超《こ》えており、多くの人に認知《にんち》されていることが分かる。

一方で、「ユニバーサルデザインという言葉とその意味を知っているか」の回答においては「知っている／どちらかといえば知っている」と答えた人の割合は、二〇二〇年が最も大きくなっているものの、バリアフリーという言葉と意味を知っていると答えた人の割合と比較《ひかく》すると、その割合は大きくはない。

また、[①]に見ると、[②]よりも[③]の方が、ユニバーサルデザインという言葉とその意味を知っている人の割合が大きい傾向《けいこう》にある。

ア、①　年別　②　二十代以下　③　三十代以上
イ、①　年別　②　三十代以上　③　二十代以下
ウ、①　年代別　②　二十代以下　③　三十代以上
エ、①　年代別　②　三十代以上　③　二十代以下

(二)　【資料2】から読み取れることについて、最も適当なものを次のア～エから一つ選び、その記号を書きなさい。（　　）

ア、「公衆トイレ」のユニバーサルデザインが最も進んだと考えられており、各年代ごとにみても、今後、ユニバーサルデザインの必要性が高いと考える公共空間として、「公衆トイレ」を挙げる人の割合が最も大きい。

イ、今後、「水辺・海辺の空間」のユニバーサルデザインの必要性が高いと考える人の割合は、全体では一桁《けた》台であるが、各年代ごとに比較してみると、二十歳《さい》未満では、「水辺・海辺の空間」のユニバーサルデザインの必要性が高いと考える人の割合は二桁《けた》台となっている。

5　次の【資料1】、【資料2】、【資料3】は、内閣府が実施《じっし》した「ユニバーサルデザインに関する意識調査」についての結果をまとめたものである。これらを見て、あとの各問いに答えなさい。

【資料1】　ユニバーサルデザインの認知度《にんちど》

バリアフリーという言葉とその意味を知っているか

		知っている／どちらかといえば知っている	あまり知らない／知らない	どちらともいえない
年別	2018年	95.7%	3.0%	1.3%
	2019年	95.8%	3.2%	1.0%
	2020年	94.9%	3.7%	1.4%

ユニバーサルデザインという言葉とその意味を知っているか

		知っている／どちらかといえば知っている	あまり知らない／知らない	どちらともいえない
年別	2018年	58.9%	39.3%	1.8%
	2019年	58.4%	39.7%	1.9%
	2020年	60.1%	37.8%	2.1%
年代別	15～19歳	87.4%	10.0%	2.6%
	20代	77.9%	19.6%	2.5%
	30代	57.5%	39.3%	3.2%
	40代	55.8%	41.2%	3.0%
	50代	54.8%	43.4%	1.8%
	60代	56.2%	42.8%	1.0%
	70代	52.0%	46.9%	1.1%

※　「年代別」のデータは2020年のもの

〔内閣府「ユニバーサルデザインに関する意識調査」から作成〕

【資料2】　公共空間におけるユニバーサルデザインの普及度《ふきゅうど》と必要性（2020年）

公共空間を利用する際に，どの程度ユニバーサルデザインが進んだと思うか

	十分進んだ／まあまあ進んだ	あまり進んでいない／ほとんど進んでいない	どちらともいえない
歩行空間	21.9%	65.1%	13.0%
公衆トイレ	33.6%	54.2%	12.2%
商店街	9.1%	77.8%	13.1%
都市公園	24.5%	60.7%	14.8%
水辺・海辺の空間	11.8%	72.1%	16.1%
公共の駐車場	19.3%	65.4%	15.3%

今後，特にどの公共空間を重点的にユニバーサルデザインとしていくことが必要だと思うか

		歩行空間	公衆トイレ	商店街	都市公園	水辺・海辺の空間	公共の駐車場
2020年		65.8%	63.3%	26.2%	13.2%	8.8%	22.8%
年代別	15～19歳	54.7%	56.7%	26.0%	20.0%	20.0%	22.7%
	20代	58.7%	60.3%	28.5%	16.7%	9.6%	26.3%
	30代	63.1%	63.4%	26.5%	14.7%	8.6%	23.8%
	40代	65.2%	65.8%	23.4%	11.5%	9.6%	24.6%
	50代	67.1%	63.0%	26.5%	12.0%	6.4%	25.0%
	60代	67.1%	63.7%	27.2%	12.2%	7.9%	21.8%
	70代	76.9%	65.3%	26.1%	10.6%	6.1%	15.0%

〔内閣府「ユニバーサルデザインに関する意識調査」から作成〕

4　次の文章を読んで、あとの各問いに答えなさい。

後三条院《ごさんでうゐん》、東宮《とうぐう》(注1)にて①おはしましける時、学士実政朝臣《さねまさのあそん》、任国に赴《おもむ》きけるに、(注2)餞別《せんべつ》の名残《なごり》、②惜しませ給《たま》ひて、
（後三条院＝御三条院が／学士実政朝臣＝藤原実政朝臣が）

州《しう》民《みん》縦《たと》ヒ③作《な》ストモ㆓甘《かん》棠《たう》ノ詠ヲ㆒
（州民＝国の民が）

莫《なか》レ㆑忘ルルコト多年風《ふ》月《げつ》ノ遊《あそび》
（風月遊＝宮中で開かれた、楽しかった詩歌の会のことを）

この意《こころ》は、(注3)毛詩《まうし》にいはく、

孔《こう》子《し》曰《いは》ク、甘棠莫《なか》レ㆑伐《き》ルコト、召《せう》(注4)伯《はく》之所㆑宿リシ

也《なり》

といへることなり。

また御歌、

忘れずは同じ空とも月を見よ
（忘れなかったならば、同じ空の下にいると思って、月を見てくれ。）

ほどは雲居《くもゐ》にめぐりあふまで
（遠く離れていて雲居の空まで隔っていても再び雲居の宮中でめぐり会う時まで。）

君なれども、臣なれども、たがひに志の深く、隔つる思ひのなきは、朋《ほう》(注5)友《いう》にひとしとといへり。　（「新編　日本古典文学全集　十訓抄《じっきんしょう》」より）

＊一部表記を改めたところがある。

（注1）東宮――皇太子。
（注2）餞別――送別。
（注3）毛詩――中国最古の詩集である『詩経《しきょう》』のこと。
（注4）召伯――善政を行い慕《した》われた周の時代の人。召伯の善政を慕い、そのゆかりの甘棠（やまなし）の木を人民が歌に作ったという逸話《いつわ》がある。
（注5）朋友――友人。

㈠　傍線部分①「おはしましける」を現代仮名遣《かなづか》いに改め、すべてひらがなで書きなさい。（　　）

㈡　傍線部分②「惜しませ給ひて」の主語はどれか。次のア～エから一つ選び、その記号を書きなさい。（　　）

ア、後三条院　　イ、実政朝臣　　ウ、州民　　エ、孔子

㈢　傍線部分③「作㆓甘棠詠㆒」を書き下し文にするとどのようになるか。次のア～エから最も適当なものを一つ選び、その記号を書きなさい。（　　）

ア、詠を甘棠の作すとも　　イ、詠を作すとも甘棠の
ウ、甘棠の詠を作すとも　　エ、甘棠の作すとも詠を

㈣　次は、後三条院と実政朝臣の関係に対する筆者の感想である。□に入る言葉を、五字以上十字以内の現代語で書きなさい。

主君と臣下の関係にあっても、お互いに思い合う心は深く、心の隔たりがないのは、□といえる。

□□□□□□□□□□

エ、終わってしまうとその困難を忘れること。

(三)　傍線部分(2)「この問題」とあるが、筆者の述べる「この問題」とは具体的にはどのような問題か。次のア～エから最も適当なものを一つ選び、その記号を書きなさい。（　　）

ア、若オスが工夫《くふう》をしてピーナッツ取りに成功すると、すぐにおとなメスに見つかって大騒《おおさわ》ぎをされてしまうこと。

イ、おとなメスが執拗《しつよう》に丸太の反対側に座《すわ》り込《こ》んでピーナッツが落ちてくるのを待っているために、若オスはピーナッツを食べられないこと。

ウ、おとなメスが穴に口をつけてピーナッツを吸い込む方法を編み出したために、若オスは穴からピーナッツを取ることができないこと。

エ、若オスに追《お》い払《はら》われたおとなメスは、穴に細い枝を差《さ》し込んでピーナッツを取る経験を重ねることができないこと。

(四)　二重傍線部分「子ども同士は、おとなとは違《ちが》ってそれほど時間がかからずに技術の伝承が行われていくようです」とあるが、子どもが技術の伝承に時間がかからないのは、おとなと比べて子どもはどのような性質を持っていると筆者は考えているからか。次の文の□に入る言葉を、本文中から二十字以上三十字以内で抜き出して書きなさい。（句読点も一字に数える。）

おとなと比べて子どもは、□と考えているから。

(五)　この文章の内容に合うものとして、次のア～エから最も適当なものを一つ選び、その記号を書きなさい。（　　）

ア、チンパンジーの子どもは、群れの中で、親の様子を見てまねをしたり自分で考えたりして、食べ物を取ることができるようになる。

イ、チンパンジーの世界では、親は自分が工夫して取った食べ物を、我《わ》が子《こ》や我が子と同じくらいの年頃《としごろ》の子どもに食べさせてやる。

ウ、チンパンジーの食べ物を取る方法は、子どもから一部のおとなのオスへと広がり、その後、ほかのおとなたちに広がる。

エ、チンパンジーの食べ物を取る能力は、親から子どもへの手取り足取りの教育で知識と技術を身に付けたときに、確実に発揮される。

ということは、アフリカで暮らしていた六歳までのあいだに、アリ釣りを経験し特技を身に付けていたと考えられます。ミコにとってアリ釣りは「(1)昔取った杵柄《きねづか》」だったのです。

このような経験をいくつか重ねていくと、チンパンジーたちはどのような局面でも工夫《くふう》して問題を解決するようになります。あるとき、飼育係が直径五十センチメートルほどの丸太を垂直に立てて固定し、丸太の真ん中に直径二センチメートルほどの穴を水平にあけ、その中央にピーナッツをいくつか入れておきました。それに気付いた若オスがなんとか取ろうとするのですが指では届きませんので、細い枝を差し込んでピーナッツを丸太の向こう側に落として食べることを思いつきました。

数日後、その様子を見ていたおとなメスの一頭が、彼《かれ》が枝を持って丸太に近づくとすぐに反対側に座《すわ》り込んで、穴からピーナッツが落ちてくるのを待つようになったのです。彼は、いくら落としても彼女《かのじょ》に食べられてしまい、大騒ぎをして追《お》い払《はら》おうとするのですが、彼女は知らん顔で、彼が枝を持って丸太に近づくときを待っていました。若オスは彼女に見つからないようにピーナッツ取りをしたいのですが、穴に枝を差し込むとすぐにやってきて反対側に座り込むのです。力ずくで追い払おうとしても、彼女は相手が若オスなので、喧嘩《けんか》になっても負ける心配はなく、執拗《しつよう》にその場所をキープして、目的を達成していました。

彼もいろいろと対策を練っていました。枝を差し込みながら、反対側の穴に手を当ててピーナッツを受け取ろうと試みたのですが、彼女に邪《じゃ》魔《ま》されて上手《うま》く取れないのです。その後何日かしてチンパンジー舎に様子を見に行くと、ついに彼は(2)この問題を解決していました。彼は、穴に口をつけて一気にピーナッツを吸い込む方法を編み出したのです。これで確実に食べられるようになり、それは彼の得意技《とくいわざ》となりました。おとなメスは、もうピーナッツが落ちてこないことを知ると、丸太の近くで待つことをやめてしまいましたが、自分から丸太の中のピーナッツを取ろうとはしませんでした。努力をせずに甘い汁《しる》を吸おうというおとなのいやらしさをチンパンジーも持っていることがよく分かりました。

やはり、子どもの方が好奇心《こうきしん》が強く、何事にもチャレンジする意欲を持っているのだと思います。お尻《しり》の白い毛がなくなってからは、群れの中でさまざまな工夫をしながら、ひとりでより多くの食べ物を獲得《かくとく》していかなくてはなりません。それも若いころのことで、年齢《ねんれい》を重ねていくうちに食べ物を取る順位も高くなり、それほど工夫をしなくても、これまでの知識と経験があれば優位に食べ物を手に入れることができるからでしょう。

若いうちに何かを渇望《かつぼう》することがあり、それを成し遂《と》げるために考え、努力することの重要性はチンパンジーでも人間でも変わりはないと思います。

（小菅正夫《こすげまさお》「動物が教えてくれた人生で大切なこと。」より）

＊一部表記を改めたところがある。

（注1）蟻塚《ありづか》――土や、枯《か》れ葉《は》を積み上げて作ったアリの巣。

（注2）αオス――群れの中で序列が一番上のオス。

(一)　波線部分①～④の中には、動詞の活用の種類が他と異なるものが一つある。その番号を書きなさい。（　　）

(二)　傍線部分(1)「昔取った杵柄《きねづか》」とあるが、「昔取った杵柄」は、本文中ではどのような意味を表しているか。次のア～エから最も適当なものを一つ選び、その記号を書きなさい。（　　）

ア、他人の物を利用して自分に役立てること。

イ、若いころに世間にもまれて辛《つら》い経験を積むこと。

ウ、かつて習得した技《わざ》はのちまで使えること。

3　次の文章を読んで、あとの各問いに答えなさい。

旭山《あさひやま》動物園では、チンパンジーが何もすることがなく極《きわ》めて退屈《たいくつ》な時間を少なくするために、放飼《ほうし》場に①いるあいだに、さまざまな給餌器《きゅうじき》を用意してチンパンジーの活動時間を長くすることを考え試行してきました。実はこれが行動展示の始まりだったわけです。

野生のチンパンジーは、(注1)蟻塚《ありづか》に枝を差《さ》し込《こ》み、②付いてきたシロアリを食べる「アリ釣《つ》り」という特技《とくぎ》を③持っています。この能力を発揮させようと、チンパンジーには手の届かない所へ蜂蜜《はちみつ》を入れたコップを④置き、放飼場の中には木の枝を数本入れておきました。

最初はコップを見て大騒《おおさわ》ぎをしていたチンパンジーたちですが、すぐにミコというメスが木の枝を持ち出してきて、檻《おり》の隙間《すきま》から差し込んで先をうまくコップの中に入れて蜂蜜をからめて、そっと引《ひ》き抜《ぬ》いて先に付いた蜂蜜をなめ始めました。ミコがそうやって蜜をなめているのを見つけた子どもが近くにやってきて、その様子をただただ見つめています。やはりミコは我《わ》が子《こ》であっても、決して枝を渡《わた》して「やってみなさい」と教えることはありません。どんなに美味《おい》しい蜜であっても、食べさせてやることはしないのです。

でも、じきにミコの子どもがまねをして蜂蜜をなめ始めると、それが子どもたちを中心にあっという間に広まっていきました。広まる順番は母親から子どもへ、その子どもから同じくらいの年頃《としごろ》の子どもたち、それから一部のおとなのメスへと広がり、(注2)αオスのキーボは横目で見ているだけでした。

甘《あま》い蜂蜜をたくさん与《あた》えるのは良くないと考えた飼育係は、蜂蜜からオレンジジュースに中身を変えました。すると子どもの枝先はぬれる程度でほとんどジュースが付いてきませんが、ミコの使う枝先にはジュースがたれるほどに付いてきて、ミコはそれをチューチューと音をたてて吸っているのです。どうして自分の枝先には何も付いてこないのか、不思議で仕方がなくても、ミコは決して枝を貸してくれませんし教えてもくれません。

あるとき、ミコの置き忘れた枝を見つけて、子どもがそれを使ってやってみると、枝先がぼそぼそになっていて、そこにジュースが染《し》み込んでいて、たくさんのジュースを飲めることが分かりました。子どもにマイスティックを取られたミコは、改めて枝の先を奥歯《おくば》で噛《か》んでぼそぼそにしてジュースを飲み始めましたが、そのときにでも「こうやって作るんだよ」とは教えませんでした。

しばらくして、チンパンジー舎へ行ってみると、子どもが自分で枝先をガシガシと噛んでから、ジュースを飲んでいました。とうとう自分で考えて、効率よくジュースを飲める枝作りに成功したのです。

チンパンジーの世界では、あらゆる技術がこのような形で伝承されていきます。手取り足取りの教育はせず、子は親のやることをただ見ているだけです。ただ、親子では技術の伝承は割と早く行われるのですが、おとな同士では、なかなか伝わらないようです。枝先をぼそぼそにすることは、すぐに伝わりそうなものですが、ほかのおとなたちは、うらやましそうに見ているだけでした。そして子ども同士は、おとなとは違《ちが》ってそれほど時間がかからずに技術の伝承が行われていくようです。

では、どうしてミコはすぐに枝先を噛んでぼそぼそにする方法を知っていたのでしょう。ミコはアフリカのシエラレオネ出身で、六歳《さい》のときに日本の施設《しせつ》へやってきて、二十一歳になって旭山動物園へ入園しました。ミコは旭山へ移籍《いせき》する前の十五年間はアリ釣りをやっていません。

い。すべてのものを「無理」と遠ざける姉にこそ。きらめくもの。揺らめくもの。どうせ触れられないのだから、なんてあきらめる必要などない。無理なんかじゃないから、ぜったい。

どんな布を、どんなかたちに裁断して、どんな装飾《そうしょく》をほどこせばいいのか。それを考えはじめたら、いてもたってもいられなくなる。

それから、明日。(4)明日、学校に行ったら、宮多に例のにゃんこなんとかというゲームのことを、教えてもらおう。好きじゃないものを好きなふりをする必要はない。でも僕はまだ宮多たちのことをよく知らない。知ろうともしていなかった。

靴紐をきつく締《し》め直して、歩く速度をはやめる。

（寺地《てらち》はるな「水を縫《ぬ》う」より）

（注1）既読――すでに読み終えていること。

㈠　傍線部分(1)「まさか道端《みちばた》の石を拾っているとは思わなかった」とあるが、この部分は、いくつの文節に分けられるか。次のア～エから最も適当なものを一つ選び、その記号を書きなさい。（　　）

ア、四　　イ、五　　ウ、六　　エ、七

㈡　傍線部分(2)「課」の偏《へん》を行書で書いたものはどれか。次のア～エから最も適当なものを一つ選び、その記号を書きなさい。（　　）

ア、　　イ、　　ウ、　　エ、

㈢　傍線部分(3)「かすかに」の品詞として、次のア～エから最も適当なものを一つ選び、その記号を書きなさい。（　　）

ア、形容詞　　イ、形容動詞　　ウ、連体詞　　エ、副詞

㈣　次は、僕《ぼく》がくるみとの会話から気づいたことをまとめたものである。□に入る言葉を、本文中から十六字で抜《ぬ》き出して書きなさい。（句読点も一字に数える。）

くるみとの会話から、□は楽しいと気づいた。

㈤　傍線部分(4)「明日、学校に行ったら、宮多《みやた》に例のにゃんこなんとかというゲームのことを、教えてもらおう」とあるが、僕がこのように考えるようになったのはなぜか。宮多からのメッセージを読んで僕が気づいたことにふれて、本文中の言葉を使って、五十五字以上六十五字以内で書きなさい。（句読点も一字に数える。）

てこの石が言うてる」

石には石の意思がある。駄洒落《だじゃれ》のようなことを真顔で言うが、意味がわからない。

「石の意思、わかんの？」

「わかりたい、といつも思ってる。それに、ぴかぴかしてないときれいやないってわけでもないやんか。ごつごつのざらざらの石のきれいさってあるから。そこは尊重してやらんとな」

じゃあね。その挨拶《あいさつ》があまりに唐突《とうとつ》でそっけなかったので、怒《おこ》ったのかと一瞬《いっしゅん》焦《あせ》った。

「キヨくん、まっすぐやろ。私、こっちやから」

川沿いの道を一歩踏《ふ》み出《だ》してから振《ふ》り返《かえ》った。ずんずんと前進していくくるみの後ろ姿は、巨大《きょだい》なリュックが移動しているように見えた。

石を磨くのが楽しいという話も、石の意思という話も、よくわからなかった。わからなくて、おもしろい。わからないことに触《ふ》れるということ。似たもの同士で「わかるわかる」と言い合うより、そのほうが楽しい。

ポケットの中でスマートフォンが鳴って、宮多《みやた》からのメッセージが表示された。

「昼、なんか怒ってた？　もしや俺《おれ》あかんこと言うた？」

違《ちが》う。声に出して言いそうになる。宮多はなにも悪いことをしていない。ただ僕があの時、気づいてしまっただけだ。自分が楽しいふりをしていることに。

いつも、ひとりだった。

教科書を忘れた時に気軽に借りる相手がいないのは、心もとない。ひとりでぽつんと弁当を食べるのは、わびしい。でもさびしさをごまかすために、自分の好きなことを好きではないふりをするのは、好きではないことを好きなふりをするのは、もっともっとさびしい。

好きなものを追い求めることは、楽しいと同時にとても苦しい。その苦しさに耐《た》える覚悟《かくご》が、僕にはあるのか。

文字を入力する指がひどく震《ふる》える。

「ちゃうねん。ほんまに本読みたかっただけ。刺繍《ししゅう》の本」

ポケットからハンカチを取り出した。祖母に褒《ほ》められた猫《ねこ》の刺繍を撮《さつ》影《えい》して送った。すぐに(注1)既読《きどく》の通知がつく。

「こうやって刺繍するのが趣味《しゅみ》で、ゲームとかほんまはぜんぜん興味なくて、自分の席に戻《もど》りたかった。ごめん」

ポケットにスマートフォンをつっこんだ。数歩歩いたところで、またスマートフォンが鳴った。

「え、めっちゃうまいやん。松岡《まつおか》くんすごいな」

そのメッセージを、何度も繰《く》り返《かえ》し読んだ。

わかってもらえるわけがない。どうして勝手にそう思いこんでいたのだろう。

今まで出会ってきた人間が、みんなそうだったから。だとしても、宮多は彼《かれ》らではないのに。

いつのまにか、また靴紐《くつひも》がほどけていた。しゃがんだ瞬間《しゅんかん》、川で魚がぱしゃんと跳《は》ねた。波紋《はもん》が幾重《いくえ》にも広がる。太陽の光を受けた川の水面《みなも》が風で波打つ。まぶしさに目の奥《おく》が痛くなって、じんわりと涙が滲《にじ》む。

きらめくもの。揺《ゆ》らめくもの。目に見えていても、かたちのないものには触れられない。すくいとって保管することはできない。太陽が翳《かげ》ればたちまち消え失《う》せる。だからこそ美しいのだとわかっていても、願う。布の上で、あれを再現できたらいい。そうすれば指で触れてたしかめられる。身にまとうことだって。そういうドレスをつくりたい。着てほし

国語

時間　四五分
満点　五〇点

1　次の①～⑧の文の傍線部分について、漢字は読みをひらがなで書き、ひらがなは漢字に直しなさい。

① 約束の期日が迫る。（　　る）
② 高い理想を掲げる。（　　げる）
③ 皆《みな》の前で宣誓する。（　　）
④ 腕前《うでまえ》を披露する。（　　）
⑤ 説明を図解でおぎなう。□う
⑥ よい習慣をやしなう。□う
⑦ たんじゅんな作業をくり返す。□
⑧ ひょうじゅんの記録を上まわる。□

2　次の文章を読んで、あとの各問いに答えなさい。

手芸が好きな高校生のキヨ（僕《ぼく》・松岡《まつおか》）は、結婚《けっこん》する姉のためにドレスを製作している。友達《ともだち》の宮多《みやた》との会話に上手《うま》く入れなかったキヨは、帰り道、同じクラスのくるみから「気にすることはない」と声をかけられた。お礼を言おうと横を向くと、くるみは後ろでしゃがみこんでいた。

「なにしてんの？」
「うん、石」
うん、石。ぜんぜん答えになってない。入学式の日に「石が好き」だと言っていたことはもちろんちゃんと覚えていたが、(1)まさか道端《みちばた》の石を拾っているとは思わなかった。
「いつも石拾ってんの？　帰る時に」
「いつもではないよ。だいたい土日にさがしにいく。河原とか、山に」
「土日に？　わざわざ？」
「やすりで磨《みが》くの。つるつるのぴかぴかになるまで」
放(2)課後の時間はすべて石の研磨《けんま》にあてているという。ほんまにきれいになんねんで、と言う頬《ほお》が(3)かすかに上気している。
ポケットから取り出して見せられた石は三角のおにぎりのような形状だった。たしかによく磨かれている。触《さわ》ってもええよ、と言われて、手を伸《の》ばした。指先で、しばらくすべすべとした感触《かんしょく》を楽しむ。
「さっき拾った石も磨くの？」
くるみはすこし考えて、これはたぶん磨かへん、と答えた。
「磨かれたくない石もあるから。つるつるのぴかぴかになりたくないいっ

2021年度／解答

数　学

1 **【解き方】** (1) 与式$= 8 - 13 = -5$

(2) 与式$= -\dfrac{6}{7}a \times \dfrac{5}{3} = -\dfrac{10}{7}a$

(3) 与式$= 2x + 6y - 6x + 9y = -4x + 15y$

(4) 与式$= 6 + 3\sqrt{10} - \sqrt{10} - 5 = 1 + 2\sqrt{10}$

(5) 和が-1，積が-12の2数は，3と-4だから，与式$= (x + 3)(x - 4)$

(6) 解の公式より，$x = \dfrac{-(-7) \pm \sqrt{(-7)^2 - 4 \times 3 \times 1}}{2 \times 3} = \dfrac{7 \pm \sqrt{37}}{6}$

(7) 150g以上250g未満の階級の相対度数は，Aの畑が，$18 \div 50 = 0.36$　Bの畑が，$28 \div 80 = 0.35$　したがって，Aの畑の方が大きい。

【答】 (1) -5　(2) $-\dfrac{10}{7}a$　(3) $-4x + 15y$　(4) $1 + 2\sqrt{10}$　(5) $(x + 3)(x - 4)$　(6) $x = \dfrac{7 \pm \sqrt{37}}{6}$

(7) ① A　② 0.36

2 **【解き方】** (1) ① グラフより，10時から20分間で800m進んでいるから，$a = 800 \div 20 = 40$　② Bさんが進むようすは，右図のようになる。2点(10，1800)，(55，0)を通るから，傾きは，$\dfrac{0 - 1800}{55 - 10} = -\dfrac{1800}{45} = -40$　式を$y = -40x + b$とおいて，$x = 55$，$y = 0$を代入すると，$0 = -40 \times 55 + b$より，$b = 2200$　よって，$y = -40x + 2200$　また，AさんとBさんが出会うのは，

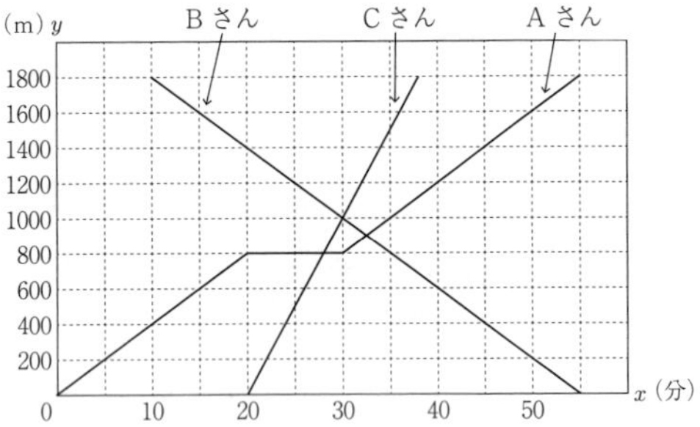

図より，$x \geqq 30$のときで，このときのAさんが進むようすを表すグラフの式を$y = 40x + c$とおくと，$x = 30$，$y = 800$を代入して，$800 = 40 \times 30 + c$より，$c = -400$　よって，$y = 40x - 400$　10時t分に，AさんとBさんの距離が1000mになったとすると，$40t - 400 - (-40t + 2200) = 1000$が成り立つ。これを解いて，$t = 45$　③ Cさんが進むようすは，前図のようになる。このグラフの式を$y = 100x + d$とおくと，点(20，0)を通ることから，$0 = 100 \times 20 + d$より，$d = -2000$　よって，$y = 100x - 2000$　Cさんは，AさんがQ地点で休んでいるときに追いついているから，$100x - 2000 = 800$より，$x = 28$　したがって，10時28分。

(2) 昨日の入園者数の合計について，$x + y = 140$……(i)　今日の入園者数は，大人が$\dfrac{90}{100}x$人，子どもが$\dfrac{105}{100}y$人と表せるから，今日の入園料の合計について，$\dfrac{90}{100}x \times 500 + \dfrac{105}{100}y \times 300 = 52200$……(ii)　(ii)を整理して，$450x + 315y = 52200$……(iii)　(i)$\times 450 -$(iii)より，$135y = 10800$　よって，$y = 80$　これを(i)に代入して，$x + 80 = 140$より，$x = 60$　したがって，今日の大人の入園者数は，$60 \times \dfrac{90}{100} = 54$(人)，子どもの入園者数は，$80 \times \dfrac{105}{100} = 84$(人)

(3) ① $a \times b \geqq 12$となるのは，$(a,\ b) = (3,\ 4)$，$(3,\ 5)$，$(4,\ 3)$，$(4,\ 4)$，$(4,\ 5)$，$(5,\ 3)$，$(5,\ 4)$，$(5,\ 5)$

の8通り。a, bの組み合わせは全部で，$5 \times 5 = 25$(通り)だから，確率は$\dfrac{8}{25}$。② aもbも偶数となるのは，$(a,\ b) = (2,\ 2)$, $(2,\ 4)$, $(4,\ 2)$, $(4,\ 4)$の4通りだから，少なくとも一方が奇数になるのは，$25 - 4 = 21$(通り)　よって，確率は$\dfrac{21}{25}$。

【答】 (1) ① 40　② (10時) 45(分)　③ (10時) 28(分)

(2) ① $x + y$　② $\dfrac{90}{100}x \times 500 + \dfrac{105}{100}y \times 300$　③ 60　④ 80　⑤ 54　⑥ 84　(3) ① $\dfrac{8}{25}$　② $\dfrac{21}{25}$

③ **【解き方】** (1) $y = \dfrac{1}{2}x^2$に，$x = -2$を代入して，$y = \dfrac{1}{2} \times (-2)^2 = 2$　よって，A $(-2,\ 2)$

(2) $x = 0$で最小値$y = 0$をとり，$x = -3$で最大値，$y = \dfrac{1}{2} \times (-3)^2 = \dfrac{9}{2}$をとる。よって，$0 \leqq y \leqq \dfrac{9}{2}$

(3) $y = \dfrac{1}{2} \times 4^2 = 8$より，B $(4,\ 8)$となるから，台形ACDBの面積は，$\dfrac{1}{2} \times (2 + 8) \times 6 = 30$　よって，$\triangle\mathrm{BDE} = 30 \times \dfrac{1}{2 + 1} = 30 \times \dfrac{1}{3} = 10$となる。点Eの$x$座標を$t$とし，△BDEの面積をBDを底辺として表すと，$\triangle\mathrm{BDE} = \dfrac{1}{2} \times 8 \times (4 - t) = 16 - 4t$　よって，$16 - 4t = 10$より，$t = \dfrac{3}{2}$　直線ABの傾きは，$\dfrac{8 - 2}{4 - (-2)} = 1$だから，$y = x + b$とおき，Aの座標の値を代入すると，$2 = -2 + b$より，$b = 4$　よって，直線ABの式は，$y = x + 4$だから，点Eのy座標は，$y = \dfrac{3}{2} + 4 = \dfrac{11}{2}$で，$\mathrm{E}\left(\dfrac{3}{2},\ \dfrac{11}{2}\right)$

(4) 右図のように，直線ABとx軸との交点をGとする。四角形ACDFをx軸を軸として1回転させてできる立体は，底面が半径FOの円で高さがDO，GOの2つの円すいを合わせた立体から，底面が半径ACの円で高さがGCの円すいを除いた立体となる。(3)より，F $(0,\ 4)$　また，$0 = x + 4$より，$x = -4$だから，G $(-4,\ 0)$　よって，求める体積は，$\left(\dfrac{1}{3} \times \pi \times 4^2 \times 4\right) \times 2 - \dfrac{1}{3} \times \pi \times 2^2 \times 2 = \dfrac{128}{3}\pi - \dfrac{8}{3}\pi = 40\pi$

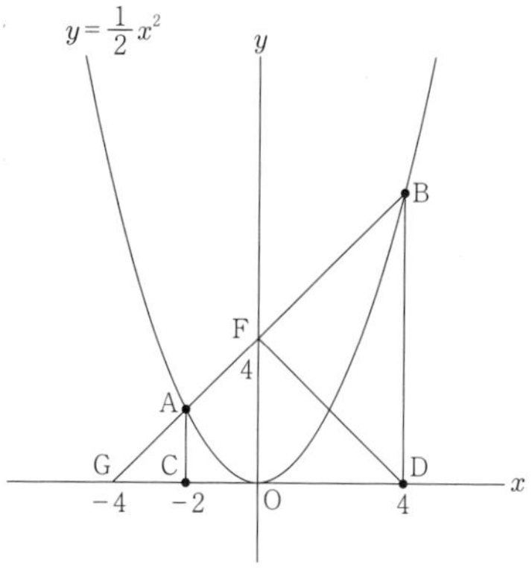

【答】 (1) $(-2,\ 2)$　(2) $0\ (\leqq y \leqq)\ \dfrac{9}{2}$　(3) $\left(\dfrac{3}{2},\ \dfrac{11}{2}\right)$　(4) 40π

④ **【解き方】** (1) ① $\mathrm{AM} = \dfrac{1}{2}\mathrm{AB} = 2$ (cm)　△ADMについて，三平方の定理より，$\mathrm{DM} = \sqrt{4^2 + 2^2} = \sqrt{20} = 2\sqrt{5}$ (cm)　② 中点連結定理より，MN ∥ BC，$\mathrm{MN} = \dfrac{1}{2}\mathrm{BC} = 2$ (cm)　MN ⊥ 面ADEBだから，三角すいNMDEの体積を，△MDEを底面として求めると，$\dfrac{1}{3} \times \left(\dfrac{1}{2} \times 4 \times 4\right) \times 2 = \dfrac{16}{3}$ (cm^3)　また，△NDEは，ND = NEの二等辺三角形。△NDMについて，$\mathrm{ND}^2 = 2^2 + (2\sqrt{5})^2 = 24$　NからDEに垂線NHを引くと，$\mathrm{DH} = \dfrac{1}{2}\mathrm{DE} = 2$ (cm)で，△NDHについて，$\mathrm{NH} = \sqrt{24 - 2^2} = \sqrt{20} = 2\sqrt{5}$ (cm)　よって，$\triangle\mathrm{NDE} = \dfrac{1}{2} \times 4 \times 2\sqrt{5} = 4\sqrt{5}$ (cm^2)だから，三角すいNMDEの体積について，$\dfrac{1}{3} \times 4\sqrt{5} \times \mathrm{MH} = \dfrac{16}{3}$が成り立つ。これを解いて，$\mathrm{MH} = \dfrac{4}{\sqrt{5}} = \dfrac{4\sqrt{5}}{5}$ (cm)

(2) 点 A を通り ℓ に垂直な直線をひくと，ℓ との交点と点 A を結ぶ線分を直径とする円が，求める円となる。直径となる線分の垂直二等分線を作図して円の中心をとり，円をかけばよい。

(例)

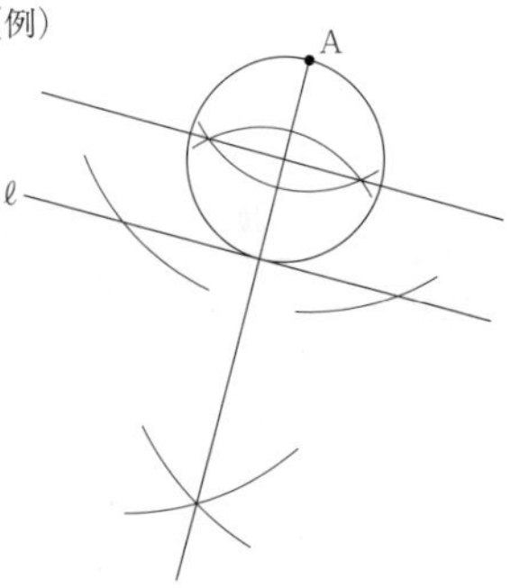

【答】 (1) ① $2\sqrt{5}$ (cm) ② $\dfrac{4\sqrt{5}}{5}$ (cm) (2) (右図)

5 **【解き方】** (3) ① △ABC について，三平方の定理より，AC $= \sqrt{13^2 - 5^2} = 12$ (cm) ED∥BC より，DE : CB = AD : AC AD = BC = 5 cm だから，DE : 5 = 5 : 12 よって，DE $= \dfrac{5 \times 5}{12} = \dfrac{25}{12}$ (cm) ② AE : AB = AD : AC = 5 : 12 より，AE $= 13 \times \dfrac{5}{12} = \dfrac{65}{12}$ (cm) だから，EO = AO − AE $= \dfrac{13}{2} - \dfrac{65}{12} = \dfrac{13}{12}$ (cm)，EB = EO + OB $= \dfrac{13}{12} + \dfrac{13}{2} = \dfrac{91}{12}$ (cm) 右図のように，O，B から FG にそれぞれ垂線 OI，BJ をひくと，BJ : OI = EB : EO $= \dfrac{91}{12} : \dfrac{13}{12} = 7 : 1$ △BFG，△OFG は FG を共通な底辺とすると，面積比は高さの比に等しいので，△BFG : △OFG = BJ : OI = 7 : 1

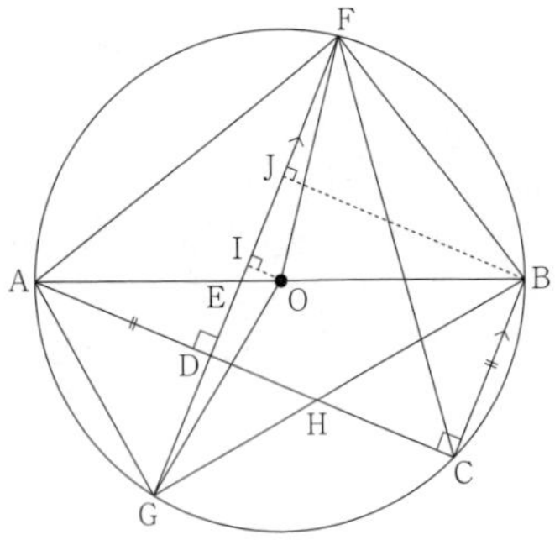

【答】 (1) (ア) ∠AGE (イ) ∠ABC (ウ) 2 組の角

(2) △ADG と△BCH において，仮定より，AD = BC……(i) $\overset{\frown}{CG}$ に対する円周角だから，∠DAG = ∠CBH……(ii) AB は直径だから，∠BCH = 90° BC∥FG より，平行線の同位角は等しいから，∠FDA = ∠BCH = 90° よって，∠ADG = 90° だから，∠ADG = ∠BCH……(iii) (i)，(ii)，(iii)より，1 組の辺とその両端の角がそれぞれ等しいから，△ADG ≡ △BCH

(3) ① $\dfrac{25}{12}$ (cm) ② 7 : 1

英　語

1 【解き方】(1) 表より，週末に父と書店に行くのは「トモカ」。bookstore =「書店，本屋」。

(2) No.1.「家族と沖縄で3日間過ごした」と言っている。No.2.「赤いセーターを着ている女性ではなく，眼鏡をかけた男の子と歩いている女性のことよ」とナンシーは述べている。No.3. ジャックは「宿題について質問がある」とサムの母に言った。

(3) No.1. 最後に「傘はどこにあったの？」と尋ねている。「それは車にあったわ」と答える文が適当。No.2. 最後に「いつ帰宅したの？」と尋ねている。「3日前」と答える文が適当。No.3. 最後に「どこか悪いの？」と尋ねている。「僕は胃が痛いんだ」と答える文が適当。No.4. 最後に「図書館で借りた英語の本は難しかったの？」と尋ねている。「学生向けなので難しくないよ」と答える文が適当。

(4) No.1. カズヤは「動物園に行って，そのあと，水族館にも行った」と言っている。また，「博物館には時間がなくて行けなかった」と言っている。No.2. ヒル先生に「空港のレストランで昼食を食べるのはどう？」と勧められ，それに「いい考えですね」と答えているのはカズヤである。No.3. カズヤは「バスで駅から空港まで45分かかる」と言っている。さらにヒル先生のアドバイスに応じて「10時30分のバスに乗る」とカズヤは言っているので，11時15分に空港に着くことがわかる。

【答】(1) ア　(2) No.1. ウ　No.2. イ　No.3. イ　(3) No.1. ウ　No.2. ア　No.3. ウ　No.4. イ
(4) No.1. ア　No.2. イ　No.3. イ

◀全訳▶ (1) 週末に父と書店に行く予定の人は誰ですか？

(2)

No.1.

A：こんにちは，ソフィア。春休みはどうだった？

B：楽しかったわ。私は家族と沖縄で3日間過ごしたの。初日は，私は海で泳いで，次の2日間は買い物を楽しんだわ。

A：おもしろそうだね。

B：私たちは5日間そこに滞在したかったんだけれど，できなかったの。私の父がとても忙しかったから。

ソフィアは沖縄でどのくらい滞在したのですか？

No.2.

A：あの女性を見て。私は彼女に以前に会ったことがあると思うんだけど，彼女が誰だか思い出せないわ。

B：ナンシー，赤いセーターを着ている女性のことを言っているのかい？

A：ちがうわ，スティーブ。私は眼鏡をかけた男の子と歩いている女性のことを言っているのよ。

B：ああ，私たちが先週夕食を食べたとき，私たちのお気に入りのレストランで彼女を見たよ。彼女はときどきそこで働いているよ。

ナンシーとスティーブは誰について話していますか？

No.3.

A：ねえ，サム。あなたがお風呂に入っていたとき，ジャックが電話してきたわよ。

B：ああ，そうなの？　お母さん，彼は何と言ったの？

A：彼は宿題について尋ねたい質問がいくつかあるみたいよ。

B：わかった。僕は夕食後に彼に電話するよ。

A：ここに彼の電話番号があるわよ。

B：ありがとう。

ジャックは何をしたいのですか？

(3)

No.1.

A：ナオミ，傘は見つかったかい？

B：うん。それが見つかってうれしいわ。

A：よかったね。それはどこにあったの？

No.2.

A：ボブ，夏休みはどうだった？

B：僕はロンドンで家族ととても楽しい時間を過ごしたよ。

A：へえ，いつ家に帰って来たの？

No.3.

A：ポール，元気？

B：気分がよくないよ。

A：どこか悪いの？

No.4.

A：トム，何を読んでいるの？

B：サキ，僕は昨日図書館から借りた本を読んでいるんだ。

A：ああ，それは英語で書かれているわね。それは難しいの？

(4)

カズヤ　：こんにちは，ヒル先生。

ヒル先生：こんにちは，カズヤ。週末はどうだった？

カズヤ　：楽しかったです。僕は動物園に行って，そこがとても気に入りました。

ヒル先生：そこは旅行者の間でとても人気があるわよね。

カズヤ　：オーストラリアにしかいない動物について学ぶことはおもしろかったです。僕は水族館にも行って，イルカショーを楽しみました。

ヒル先生：それはいいわね。

カズヤ　：僕は博物館に行きたかったのですが，その時間はありませんでした。

ヒル先生：来週の週末にそこに行くことができるわよ。

カズヤ　：いいえ，行けないんです。僕は明日の午後，シドニーを出発する予定です。今日の英語の授業は僕にとって最後の授業なのです。先生から英語が習えて楽しかったです。

ヒル先生：あなたが私の授業で楽しい時間を過ごしてくれてうれしいわ。

カズヤ　：僕はここに2週間いましたが，短過ぎたと思います。

ヒル先生：明日，ここを何時に出発する予定なの？

カズヤ　：2時30分です。僕はその前に昼食においしい魚を食べたいと思っています。よいレストランを知っていますか？

ヒル先生：ええ。空港にあるレストランはどうかしら？　旅行するときに，私は友達とそこでよく食事を楽しむの。もしあなたが早く空港に行けば，おいしい魚を食べる時間があるわよ。

カズヤ　：いい考えですね。バスで駅から空港まで45分かかるので，10時30分か11時30分のバスに乗るつもりです。

ヒル先生：人があまりいないから，朝の10時30分のバスに乗るべきよ。

カズヤ　：わかりました。そうします。

No.1.　カズヤは週末，どこを訪れましたか？

No.2.　明日，空港で昼食を食べるのは誰ですか？

No.3.　カズヤは明日，何時に空港に到着する予定ですか？

2 【解き方】(1) No.1. ① 直前のコウジのせりふの中の「その知らせ」とはベーカー先生が来週，アメリカに帰るという内容を表す。空所の直後で，ノゾミが「私は彼女の英語の授業がとても好きだったわ」と述べていることから，共感する内容が空所に入る。② ノゾミが「私たちが彼女のためにできることは他にあるかしら？」と述べたあとのコウジのせりふを見る。コウジは「アルバムを作ろう」と提案している。これを受けて，ベーカー先生がそのアルバムを見たときにどう思うかを表す文が空所に入る。No.2. ア．ノゾミの1つ目のせりふで「ベーカー先生が来月，アメリカに帰るつもりみたいなの」とコウジに述べていることから，コウジからその内容を聞いたわけではないとわかるので誤り。イ．ベーカー先生がアメリカに帰ったあと，コウジは彼女に手紙を書いてほしいという内容は述べられていないので誤り。ウ．「コウジは生徒たちがベーカー先生と撮った写真を使ってアルバムを作るつもりです」。コウジの7つ目のせりふに合う。エ．ノゾミの5つ目のせりふを見る。ノゾミは「お礼を言うために英語で手紙を書きたい」と言っているので誤り。

(2) ア．ジェーンはメアリーからではなく，オガワ様から伝言を受け取ったので誤り。イ．「オガワ様がそのイベントについていくつかの質問をするためにメアリーに電話したとき，彼女は出かけていました」。伝言内容に合う。ウ．メアリーがジェーンにイベントについてたずねたという内容は書かれていない。エ．伝言内容より，オガワ様は「明日電話をしてほしい」，できなければ「メアリーにいつ電話で話すことができるのか教えてほしい」と言っているので，誤り。

【答】(1) No.1. ① イ　② エ　No.2. ウ　(2) イ

◀全訳▶ (1)

コウジ：こんにちは，ノゾミ。

ノゾミ：こんにちは，コウジ。私たちの英語の先生，ベーカー先生が来月，アメリカに帰るつもりみたいなの。

コウジ：知っているよ。先週その知らせを聞いて以来，残念に思っているよ。

ノゾミ：私はあなたがどう感じているのかわかるわ。私は彼女の英語の授業がとても好きだったわ。

コウジ：僕もだよ。

ノゾミ：彼女は時間があるとき，調理部の活動に参加してくれたの。部員たちは彼女と料理をして楽しんだわ。私たちは彼女に日本食の作り方を教え，彼女は私たちにケーキのレシピをくれたの。

コウジ：彼女はすばらしい先生だったね。

ノゾミ：私は彼女を喜ばせることを何かしたいの。

コウジ：それはいいね。ノゾミ，何かいい考えがあるの？

ノゾミ：ええっと，私は彼女にお礼を言うために，英語で手紙を書きたいの。私は私たちのクラスメートにも英語で手紙を書いてもらうようにお願いするつもりなの。

コウジ：よさそうね。

ノゾミ：コウジ，私たちが彼女のためにできることは他にあるかしら？

コウジ：アルバムを作るというのはどう思う？　僕はベーカー先生と取った写真を何枚か持っているよ。僕は，私たちのクラスメートも彼女と撮った写真を持っていると思うよ。

ノゾミ：いいわね。ベーカー先生と調理部の部員は一緒にたくさんの写真を撮ったの。私は明日，それらを持ってくるわ。

コウジ：ありがとう。ベーカー先生がときどき，そのアルバムを見て僕たちのことを思い出してくれたらすばらしいよね。

ノゾミ：そうなればいいわね。

コウジ：彼女の最後の授業のあとに，彼女に手紙とアルバムをあげよう。

ノゾミ：いい考えね。

(2)

<table>
<tr><td colspan="2">電話の伝言メモ
〈11 月 13 日，午前 11 時 45 分〉</td></tr>
<tr><td colspan="2">外出中</td></tr>
<tr><td>伝言の宛先</td><td>メアリー・スミス</td></tr>
<tr><td>伝言の発信元</td><td>オガワ様</td></tr>
<tr><td>伝言内容</td><td>オガワ様は来月開かれるイベントについていくつかの質問があり，彼はあなたと電話で話したがっています。
彼は今日の午後は事務所にいない予定なので，明日あなたに電話をかけてきてほしいと思っています。もしあなたがそのとき忙しい場合は，彼にメールを送っていつ電話をすることができるのかを知らせてください。</td></tr>
<tr><td>この伝言の受付</td><td>ジェーン・ホワイト</td></tr>
</table>

3 【解き方】(1) ① 天候を表す文は it から始める。「～ので」は理由を表す接続詞 because を用いる。②「～し終える」= finish ～ing。「父にもらった」が「本」を後ろから修飾するように，目的格の関係代名詞か過去分詞を用いる。③ 疑問詞 who は文頭に置き，そのあとの文は疑問文の語順になる。「好きな」= favorite。

(2) ①「昨日の夜」とあるので，過去形の文にする。「～に到着する」= arrive at ～。「自宅に到着する」を「ここに戻って来る」と考えて come back here と書くこともできる。②「留学」は「海外で勉強する」と考えて，study abroad と表す。「～を通じて」は through ～，または「～することによって」と考えて by ～と表すこともできるが，前置詞なので直後に動詞が来る場合は動名詞の形にする。「～を学ぶ」= learn ～。③「～することは…である」= it is … to ～。「異文化」は「異なる文化」，「たくさんの文化」と考えて英語に直す。

【答】(1) ①（例 1）It rained yesterday, so I stayed home.（例 2）I was at home because it was rainy yesterday.（例 3）I stayed at home yesterday because of the rain. ②（例 1）I finished reading the book my father gave me.（例 2）I finished reading a book given by my father.（例 3）I've finished the books my father gave to me. ③（例 1）Who's your favorite author?（例 2）Can you tell me who your favorite author is?（例 3）Which authors do you like?

(2) ①（例 1）I arrived at my house last night.（例 2）I came back here yesterday at night.（例 3）Last night, I got home. ②（例 1）I learned many things through studying in Australia.（例 2）I could learn a lot of things by studying abroad.（例 3）I was able to learn a lot through studying in your country. ③（例 1）I think it's important to understand other cultures.（例 2）It's important for me to understand different cultures.（例 3）In my opinion, understanding another culture is important.

4 【解き方】(1) ① 直前でモリモトさんが「多くの観光客に地元の工芸品を売ることによってこの町について学んでほしい」と言っていることを受けて，オサムが「僕もそう思います」と答える。agree =「同意する」。② オサムの「外国人観光客のためにワカバ町の中の彼の好きな場所についての英語のちらしを作りたい」という提案に対して，モリモトさんは賛成している。直後でオサムは「もちろんです」と言っていることから，「それ（英語のちらし）を作り終えたら私に見せてください」とお願いする文が入る。

(2) A. 第 3 段落の中ごろを見る。オサムが観光案内所で出会った外国の女性は両親のために「食べ物」を買いたいと言った。B. 第 3 段落の中ごろを見る。オサムが観光案内所で出会った外国の女性に，彼の「好きな」お店を紹介した。文中の his favorite shop は the shop he liked と言い換えることができる。shop と he の間には目的格の関係代名詞 that（または，which）が省略されている。

(3) オサムが高校生のときに作ったちらしについて，第 5 段落の前半を見る。オサムは外国の人に訪れるべき場所について教える英語のちらしを，クラスメートと作った。

(4) ア．第 1 段落より，オサムが通う高校の生徒は 5 日間の職場体験をしなければならないが，その場所が観光案内所でなければならないとは書かれていないので誤り。イ．第 2 段落の後半を見る。モリモトさんが地元の工芸品を売り始めた理由は，ワカバ町が観光客の間で人気がなかったからではなく，多くの観光客にそれらを売ることによってワカバ町について知ってほしかったからなので誤り。ウ．オサムと外国の女性がワカバ町の人々によって作られた地元の工芸品について話したという内容は書かれていないので誤り。エ．「オサムは高校生のとき，観光案内所を訪れた外国の女性に英語のちらしをあげることができなかった」。第3段落の最終文に合う。オ．職場体験のあと，観光案内所に置く英語のちらしを作るように依頼したのはオサムのクラスメートではなく，オサムなので誤り。カ．「リーさんが外国語で書かれたちらしを見たとき，彼女はそれらが外国の人にとって役に立つと思った」。最終段落の後半に合う。

【答】(1) ① ウ　② ア　(2) A. food　B. liked　(3) ウ　(4) エ・カ

◀全訳▶　オサムはワカバ町に住む高校生です。彼の学校の生徒は5日間，職場体験をしなければならず，彼は観光案内所でそれをすることに決めました。

彼の職場体験の初日，その観光案内所で働く女性であるモリモトさんがオサムにそこで働く人たちが普段何をしているのかを教えました。彼は，彼女らにはすべきことがたくさんあると思いました。彼女はそこで販売されている地元の工芸品を彼に見せ，「これらの地元の工芸品はワカバ町に住む人々によって作られました。私は多くの観光客にそれらを売ることによって，この町について学んでほしいと思っています」と言いました。彼は「僕もそう思います。私はワカバ町が観光客の間で人気になればいいなと思います」と言いました。

次の日，仕事でワカバ町にやって来た外国の女性がその観光案内所を訪れました。彼女はそこで売られているいくつかの地元の工芸品を見ました。彼女はそれがきれいだと思ったので，それらのうちの1つを買いました。そのとき，彼女は「私はロンドンにいる両親のためにいくつか食べ物を買いたいと思っています。よい店を教えていただけませんか？」と尋ねました。オサムは「もちろんです」と言いました。彼は彼女に彼の好きな店について教えました。彼はそれがどこにあるのかを教えるために，地図を描きました。彼は「そこまで歩いていくことができます。たった5分しかかかりません」と彼女に言いました。彼は彼女にその店についての情報が載っている英語のちらしを渡したかったのですが，ありませんでした。

最終日，オサムは「あなたと仕事をすることは僕にとってとてもおもしろかったです。僕は生まれてからずっとこの町にいます。でも僕はこの観光案内所のことは知りませんでした」とモリモトさんに言いました。彼は外国人観光客のためにワカバ町の彼の好きな場所についての英語のちらしを作りたいと思い，彼は彼女に彼の考えを伝えました。彼女は「それはいいですね。それを作り終えたら私に見せてください」と言いました。彼は「もちろんです。僕は，この町で外国人観光客が旅行するとき，彼らにとって役に立つちらしを作るために，ベストを尽くすつもりです」と言いました。

1週間後，オサムは彼のクラスで観光案内所での経験について話しました。彼は訪れるべき場所について外国の人に教える英語のちらしを作ることについて，彼のクラスメートに話しました。彼は彼の友達の何人かに彼を手伝ってくれるようにお願いしました。それを作り終えると，彼らはモリモトさんに会いに行き，それを彼女に見せました。彼女は彼らが作ったちらしを気に入りました。彼女は「私たちは英語で情報を必要とする人々にそれをあげるつもりです」と言いました。彼らはそれを聞いてとてもうれしくなりました。

（10年後）

オサムは多くの外国人と会社で働いています。

8月のある日，オサムはリーさんと一緒に彼の町にある観光案内所を訪れました。彼女は中国出身で，先週から彼の会社で働き始めました。彼女は様々な言語で書かれているちらしを見ました。彼女は中国語のちらしを手に取り，「私はそれらが他の国の人にとって役に立つと思います」と言いました。彼は高校生のときに友達と一緒に作ったちらしについて彼女に話しました。彼は「外国の人がこれらのちらしを持ってこの町での旅行を楽しんでくれたら，私はうれしいです」と言いました。

社　会

1 **【解き方】**(1) 資料 1 の地図は正距方位図法という。「東へ向かう」とあるので，東京から地図上を右に進むことになる。

(2) (a) 乳牛の飼育には冷涼な気候が適している。日本では北海道などでよく見られる。(b) スイス付近にはアルプス山脈がそびえている。(c) A～D は，いずれも冷戦の時代に東側の社会主義陣営に属していた国々で，現在も経済的に困窮している国がある。

(3) (a) Ⅰはキリスト教，Ⅱはイスラム教，Ⅲは仏教を示している。(b) 1980 年代に日米間で貿易摩擦が起こり，日本は自動車の輸出規制をし，海外生産を増やしてきた。ⓐは中国，ⓒはドイツ。

【答】(1) エ　(2) (a) ウ　(b) エ　(c) 工業が発達しているドイツに仕事を求めるから。(同意可)　(3) (a) エ　(b) イ

2 **【解き方】**(1) (a) 鯖江市は福井県の都市。(b) イ．長泉寺山の標高は低くなっている。ウ．北陸本線をまたいでいるのは国道。エ．「有定橋」はなくなってはいない。オ．駅の近くに新しく博物館ができている。(c) 全国の化学工業の割合は増加したが，食料品工業の割合は減少した。

(2) (a) 三重県は梅雨や台風の影響を受けやすい太平洋側の気候に属している。(b) 青森県，愛媛県はともに果実の栽培がさかんだが，米の産出額は青森県の方が多い。B は福島県，D は三重県。

(3) 1 月，6 月，7 月の入荷先の様子を比べてみるとわかる。

【答】(1) (a) イ　(b) ア・カ　(c) ウ　(2) (a) エ　(b) イ

(3) ニュージランド産，北海道産が入荷しない時期に入荷し，それらよりも高い価格で取り引きされている。(同意可)

3 **【解き方】**(1) 663 年の戦い。敗戦後，唐と新羅による日本への侵攻を恐れ，都は難波宮から大津宮へとうつされた。

(2) 今川氏は「今川仮名目録」，武田氏は「甲州法度《はっと》之《の》次第《しだい》」を制定するなどした。

(3) 元禄文化は 5 代将軍徳川綱吉のころに栄えた。アは歌舞伎・人形浄瑠璃の脚本家，ウは芸術家，エは浮世絵の創始者。

(4) アとイは徳川綱吉，エは徳川吉宗が行った政治。

(6) 第一次世界大戦が 1914 年に始まったことを考える。

(7) イ．1990 年代，2000 年代にも 0 %を下回る年があった。ウ．バブル経済時においても，高度経済成長期の最高の成長率を上回ることはなかった。エ．－ 5 %を下回る年は一度もなかった。

【答】(1) ア　(2) 分国法　(3) イ　(4) ウ　(5) イ

(6) ウ，ドイツは，第一次世界大戦で日本と戦ったので，貿易を行わなくなったと考えられるから。(同意可)

(7) ア

4 **【解き方】**(2) イは奈良時代，ウは鎌倉時代，エは室町時代のできごと。

(3) 土地を仲立ちとする主従関係（封建制度）が成立していた。

(4) 日本には関税自主権がなかったため，安価な綿織物が大量に輸入され，国内産業は保護されなかった。

(5) ⓐは 1867 年，ⓑは 1868 年，ⓒは 1869 年，ⓓは 1866 年のできごと。

(6) アフリカの国々の多くはヨーロッパ諸国の植民地だったが，1960 年代に相次いで独立国となった点に注目。

【答】(1) エ　(2) ア　(3) ウ

(4) 大量の(または，安価な)綿織物がイギリスから輸入されるようになったから。(同意可)　(5) イ　(6) アフリカ

5 **【解き方】**(1) フランス革命は，国王による独占的な支配体制を倒し，市民階級中心の近代国家へと移行した社会改革。

(2) 規制緩和以前は，かぜ薬は薬局でしか販売できなかった。

(3) 結婚年齢が高くなってきたこと，高齢者の一人暮らしが増えたことなどから単独世帯が増加してきている。

(4) 法律案の内容などについて「両院」の意見を調整している。

(5) (b) Ⅱはウ，Ⅲはイ，Ⅳはアがあてはまる。

(6) 日本と比べてベトナムのほうが「安い労働力がある」かどうかを確かめる資料を選択。

(7) (a) 少子高齢化に伴い，社会保障関係費の割合が徐々に増加している点に注目。(b) X は直接税，Y は累進課税制度の説明。消費税など，実際に税を負担する人と納税者が異なる税は間接税という。

(8) 日本からの廃プラスチックを輸入してきた国々が，輸入制限または輸入禁止を打ち出していることを読み取る。

【答】 (1) イ　(2) ア　(3) イ　(4) 衆議院と参議院の議決が異なる時。(同意可)

(5) (a) 半数ずつ改選する(から)(同意可)　(b) エ　(6) イ　(7) (a) ウ　(b) ア

(8) 輸出できなくなってきているので，国内で排出される量を減らすこと。(または，輸出するのではなく，国内における再生利用を進めること。)(同意可)

理　科

1 【解き方】(2) 分裂前に核の中の染色体が複製されて2倍になり（A），染色体が現れ（B），中央に並び，それぞれが縦に分かれる（F）。分かれた染色体が細胞の両端に移動し（D），染色体が見えなくなり，細胞の間にしきりができ（E），2個の細胞になる（C）。

【答】(1)(a) ウ　(b) イ　(2) (A →) B → F → D → E → C

2 【解き方】(2) 日食が起こるのは，太陽，月，地球が一直線に並ぶ新月のときで，太陽が月にかくされるので，太陽が欠けて見える。

【答】(1) 衛星　(2) D　(3) 太陽，地球，月が一直線に並び，月が地球のかげに入る現象。(同意可)

3 【解き方】(1) $\dfrac{27.3\ (\mathrm{g})}{0.79\ (\mathrm{g/cm^3})} \fallingdotseq 34.6\ (\mathrm{cm^3})$

(2) Aは気体，Bは固体，Cは液体の粒子のモデル。熱湯をかける前のエタノールは液体なのでC，熱湯をかけた後のエタノールは気体なのでA。

(3) 液体の密度よりも固体の密度が大きいと沈み，小さいと浮く。表より，水とエタノールを混合した溶液の密度は，ポリプロピレンの密度よりも大きく，ポリエチレン，ポリスチレンの密度よりも小さい。よって，水とエタノールを混合した溶液の密度は，$0.90\mathrm{g/cm^3}$よりも大きく$0.95\mathrm{g/cm^3}$よりも小さい。

【答】(1) 34.6 ($\mathrm{cm^3}$)　(2) オ　(3) イ

4 【解き方】(2) 物体Aが床を押す力の大きさは，$1\ (\mathrm{N}) \times \dfrac{40\ (\mathrm{g})}{100\ (\mathrm{g})} = 0.4\ (\mathrm{N})$　物体Bが床を押す力の大きさは，$1\ (\mathrm{N}) \times \dfrac{120\ (\mathrm{g})}{100\ (\mathrm{g})} = 1.2\ (\mathrm{N})$　また，物体Aの底面積は，$4\,\mathrm{cm^2} = 0.0004\mathrm{m^2}$なので，物体Aが床におよぼす圧力の大きさは，$\dfrac{0.4\ (\mathrm{N})}{0.0004\ (\mathrm{m^2})} = 1000\ (\mathrm{Pa})$　物体Bの底面積は，$16\mathrm{cm^2} = 0.0016\mathrm{m^2}$なので，物体Bが床におよぼす圧力の大きさは，$\dfrac{1.2\ (\mathrm{N})}{0.0016\ (\mathrm{m^2})} = 750\ (\mathrm{Pa})$

(3)(a) (2)より，物体A1個が床を押す力の大きさは0.4Nなので，物体A3個が床を押す力の大きさは，$0.4\ (\mathrm{N}) \times 3\ (個) = 1.2\ (\mathrm{N})$　(b) 物体A3個が床におよぼす圧力の大きさは，$\dfrac{1.2\ (\mathrm{N})}{0.0004\ (\mathrm{m^2})} = 3000\ (\mathrm{Pa})$　積み上げた物体Bが床を押す力の大きさは，$3000\ (\mathrm{Pa}) \times 0.0016\ (\mathrm{m^2}) = 4.8\ (\mathrm{N})$　よって，積み上げた物体Bの数は，$\dfrac{4.8\ (\mathrm{N})}{1.2\ (\mathrm{N})} = 4\ (個)$

【答】(1)〔垂直〕抗力　(2) ウ　(3)(a) 1.2 (N)　(b) ウ

5 【解き方】(1)(b) ハチュウ類のトカゲ，鳥類のハトは，陸上に殻のある卵をうみ，魚類のメダカ，両生類のイモリは，水中に殻のない卵をうむ。

(2)(c) クラゲ・イソギンチャクは刺胞《しほう》動物，ミジンコは節足動物，ミミズは環形《かんけい》動物。

【答】(1)(a) 胎生　(b) トカゲ・ハト　(c) 恒温(または，定温)(動物)　(d) あ．えら　い．肺

(2)(a) 外とう(膜)　(b) 節(または，関節)　(c) エ

6 【解き方】(1)(a) デンプンにヨウ素液を加えると青紫色に変化する。(c) 表4より，物質Cの水溶液はアルカリ性であることがわかる。水酸化ナトリウム水溶液はアルカリ性なので，物質Cは水酸化ナトリウム。(d) 表3・表4より，ビーカーdの液は，電流を通し，フェノールフタレイン溶液を加えても色が変化しなかったので，物質Dは塩化ナトリウムNaCl。塩化ナトリウムが電離すると，ナトリウムイオン$\mathrm{Na^+}$と塩化物イオン$\mathrm{Cl^-}$に電離する。

(2) (a) 加えたうすい塩酸の体積が $5\,cm^3$ のときは，水酸化ナトリウム水溶液との中和によって，塩酸が完全になくなるので，水溶液中に水素イオンは存在しない。うすい塩酸を $10cm^3$ 加えたとき，完全に中和しているので，加えたうすい塩酸の体積が $10cm^3$ より多くなると，水溶液中に存在する水素イオンは増加していく。また，塩酸中には塩化物イオンがふくまれており，加えた塩酸の分だけ，水溶液中の塩化物イオンは増加していく。(b) 塩酸と水酸化ナトリウム水溶液が中和して，塩化ナトリウムと水が生じる。

【答】 (1) (a) ウ　(b) 非電解質　(c) エ　(d) (陽イオン) Na^+　(陰イオン) Cl^-

(2) (a) (加えたうすい塩酸の体積と水素イオンの量との関係) ウ　(加えたうすい塩酸の体積と塩化物イオンの量との関係) エ　(b) $HCl + NaOH \rightarrow NaCl + H_2O$

7 **【解き方】** (3) (a) A，B は等粒状組織をもつ深成岩。A は黒っぽい深成岩なので斑れい岩，B は白っぽい深成岩なので花こう岩。斑れい岩にはカンラン石やキ石が含まれており，花こう岩にはセキエイやクロウンモが含まれている。(e) C は黒っぽい火山岩なので玄武岩，D は白っぽい火山岩なので流紋岩。

【答】 (1) オ　(2) ウ→ア→エ→イ

(3) (a) ア・イ　(b) 等粒状(組織)　(c) 火山(岩)

(d) (マグマが)地下深くで長い時間をかけて(冷やされたから。)(同意可)　(e) エ

8 **【解き方】** (1) (a) 電熱線 X・Y を直列につないだ部分の抵抗の大きさは，$2.0\,(\Omega) + 8.0\,(\Omega) = 10.0\,(\Omega)$　オームの法則より，回路に流れた電流の大きさは，$\dfrac{6.0\,(V)}{10.0\,(\Omega)} = 0.6\,(A)$　(b) 電熱線 X に加わる電圧が 1.5V のとき，電熱線 X に流れた電流の大きさは，$\dfrac{1.5\,(V)}{2.0\,(\Omega)} = 0.75\,(A)$　電熱線 X と直列につながっている電熱線 Y にも 0.75A の電流が流れているので，電熱線 Y にかかる電圧の大きさは，$8.0\,(\Omega) \times 0.75\,(A) = 6.0\,(V)$　よって，電源装置の電圧の大きさは，$1.5\,(V) + 6.0\,(V) = 7.5\,(V)$

(2) (a) 表 1 より，電流を流しはじめてから 6 分で上昇した水の温度は 9.7 ℃。このときに水 100g が得た熱量は，$4.2\,(J) \times \dfrac{100\,(g)}{1\,(g)} \times \dfrac{9.7\,(℃)}{1\,(℃)} = 4074\,(J)$

(3) (b) 図 5 の電熱線 X・Y にはそれぞれ 6.0V の電圧がかかっている。電熱線 X に流れる電流の大きさは，$\dfrac{6.0\,(V)}{2.0\,(\Omega)} = 3.0\,(A)$　電熱線 X の消費電力は，$6.0\,(V) \times 3.0\,(A) = 18\,(W)$　電熱線 Y に流れる電流の大きさは，$\dfrac{6.0\,(V)}{8.0\,(\Omega)} = 0.75\,(A)$　電熱線 Y の消費電力は，$6.0\,(V) \times 0.75\,(A) = 4.5\,(W)$　電熱線 X・Y に電流を流しはじめてから，6 分 = 360 秒で消費した電力量は，$(18 + 4.5)\,(W) \times 360\,(秒) = 8100\,(J)$　よって，6.0V で使用したときに消費電力が 20W になる電熱線に電流を流したとき，消費した電力量が 8100J になるのは，$\dfrac{8100\,(J)}{20\,(W)} = 405\,(秒)$ より，6 分 45 秒後。

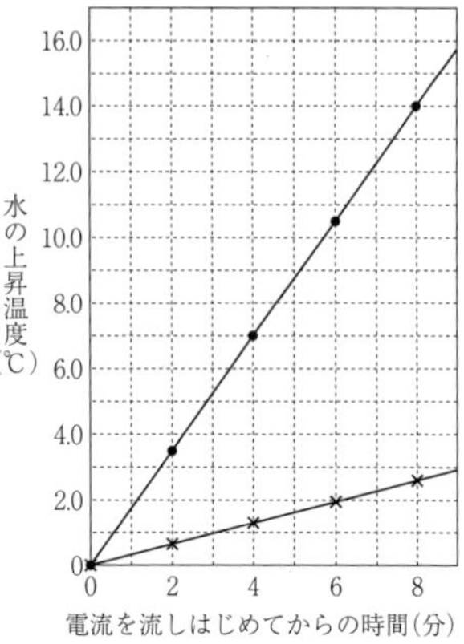

【答】 (1) (a) 0.6 (A)　(b) 7.5 (V)

(2) (a) 4074 (J)　(b) 熱が，放射したから。(または，熱が，他の物体に伝導したから。・水が蒸発して，熱がうばわれたから。)(同意可)

(3) (a) (前図)　(b) 6 (分) 45 (秒後)

国　語

1 【答】① せま(る)　② かか(げる)　③ せんせい　④ ひろう　⑤ 補(う)　⑥ 養(う)　⑦ 単純　⑧ 標準

2 【解き方】㈠「まさか／道端の／石を／拾って／いるとは／思わなかった」と分けられる。

㈡「課」の偏は「言」。アは「糸」，イは「弓」，ウは「氵」の行書。

㈢ 活用のある自立語で，言い切りの形が「～だ」となる語。

㈣ くるみの「石を磨くのが楽しいという話」や「石の意思という話」を聞いて，「よくわからなかった」と感じた「僕」だったが，同時に「わからなくて，おもしろい…似たもの同士で『わかるわかる』と言い合うより，そのほうが「楽しい」とも思っている。

㈤ 自分の猫の刺繍に対して，「めっちゃうまいやん…すごいな」というメッセージを宮多から受け取った「僕」が，「わかってもらえるわけがない。どうして勝手にそう思いこんでいたのだろう」と気づいたことをおさえる。そして，「でも僕はまだ宮多たちのことを…知ろうともしていなかった」と思っていることにも着目する。

【答】㈠ ウ　㈡ エ　㈢ イ　㈣ わからないことに触れるということ

㈤ 自分の好きなものをわかってもらえるわけがないと勝手に思いこんでいたことに気づき，自分も宮多たちのことを知ろうと思ったから。(61字)(同意可)

3 【解き方】㈠「ない」をつけると，直前の音が「イ段」の音になる上一段活用。他は，「ない」をつけると，直前の音が「ア段」の音になる五段活用。

㈢ 前で，若オスが「ピーナッツを丸太の向こう側に落として食べること」を思いついたが，丸太の「反対側に座り込んで，穴からピーナッツが落ちてくるのを待つようになった」おとなメスが現れ，「いくら落としても彼女に食べられて」いたと述べている。

㈣ ある「若オス」が「工夫して問題を解決」した例もふまえて，「やはり，子どもの方が…持っているのだと思います」と述べている。

㈤ ミコというメスが「木の枝」を利用して蜂蜜やジュースを食べていたところ，ミコの子どもは初めは「その様子をただただ見つめて」いるだけだったが，やがて「まね」をしてはちみつをなめ始めたり，「自分で考えて…ジュースを飲める枝作りに成功」したりするようになったと述べている。

【答】㈠ ①　㈡ ウ　㈢ イ　㈣ 好奇心が強く，何事にもチャレンジする意欲を持っている（26字）㈤ ア

4 【解き方】㈠ 語頭以外の「は・ひ・ふ・へ・ほ」は「わ・い・う・え・お」にする。

㈡ 藤原実政朝臣が任国に赴く時に，彼との別れを惜しんだ人物を考える。「せ給ひ」という高い尊敬を表す言葉にも注目。

㈢「一・二点」は，「一」のついている字から「二」のついている字へと戻って読む。

㈣ 最後に，君主である後三条院と臣下である実政との間に「隔つる思ひのなき」ことを，「朋友にひとし」と述べている。

【答】㈠ おわしましける　㈡ ア　㈢ ウ　㈣ 友人に等しい（同意可）

◀口語訳▶　後三条院が，皇太子でいらっしゃった時，学士であった藤原実政朝臣が，（国司となって）任国に赴く時に，送別の名残を，惜しまれて，

　国の民がたとえ甘棠の詠を作ったとしても

　忘れてはいけない，長年，宮中で開かれた，楽しかった詩歌の会のことを

（という詩を送られた）この詩の心は，『毛詩』の中で，

　孔子が言うには，甘棠の木を伐ってはならない，これは召伯が休まれた記念の場所であるので

と書かれていたことをふまえたものである。

またその際の歌として，

　忘れなかったならば，同じ空の下にいると思って，月を見てくれ。

遠く離れていて雲居の空まで隔っていても再び雲居の宮中でめぐり会う時まで。

(後三条院は)君主であるけれども,(実政は)臣下であるけれども,お互いに思い合う心は深く,心の隔りがないのは,友人に等しいといえる。

5 【解き方】㈠ ユニバーサルデザインという言葉を「知っている／どちらかといえば知っている」と答えた人の割合は,「15〜19 歳」が 87.4 %,「20 代」が 77.9 %であるのに対して,「30 代」以上は 50 %台にとどまっている。

㈡「今後,特にどの公共空間を重点的にユニバーサルデザインとしていくことが必要だと思うか」という質問に対して,「水辺・海辺の空間」と回答した人は,全体では 8.8 %にとどまっているが,「15〜19 歳」では 20.0 %となっている。

【答】㈠ エ　㈡ イ

㈢ (例 1)

手助けをしないのは,「かえって相手の迷惑になるといやだから」と「対応方法がわからないから」の二つの理由が大きいことがわかる。私は,相手の迷惑にならない対応方法が分かれば,手助けをする人が増えると考えた。そこで,地域で開かれるボランティアによる学習会等の案内を SNS で友達に知らせて,一緒に学ぶ人を少しずつ増やしていこうと思う。このような私の行動が,手助けをする人が増えるきっかけになれば,うれしい。(200 字)

(例 2)

私は,恥ずかしいから手助けをしないという理由に注目しました。私も,恥ずかしいからという理由で,困っている人に声をかけることができなかった経験があります。困っている人に声をかけることは,勇気がいることです。しかし,私が,勇気を出して声をかける行動を取れば,それを見た人も,困っている人に声をかけることができるようになるかもしれません。私自身が行動で示すことで,手助けをする人が増えるようにしたいです。(200 字)

~MEMO~

三重県公立高等学校
（後期選抜）

2020年度
入学試験問題

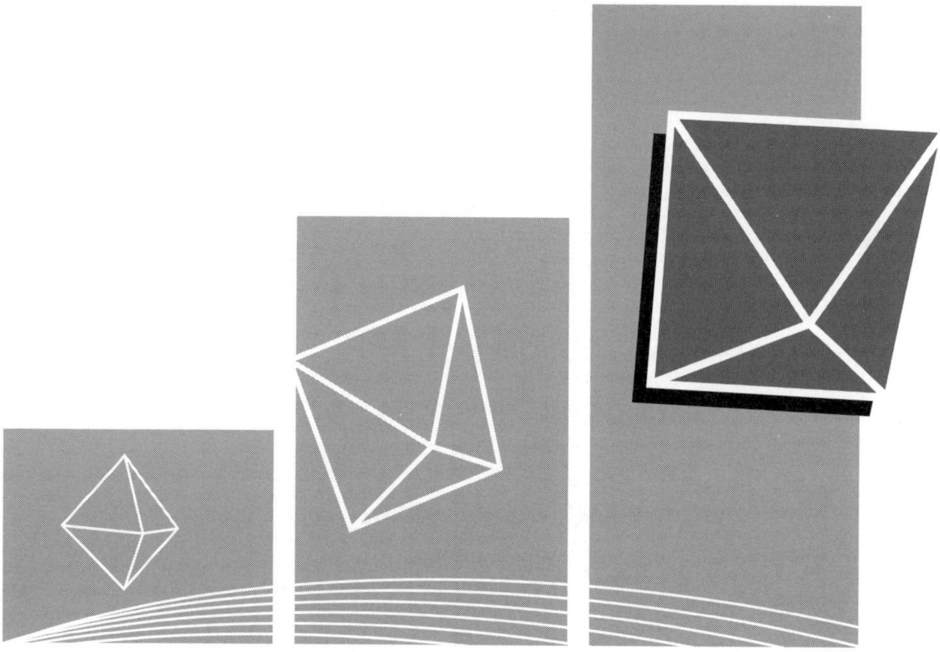

数学

時間　45分　　　　満点　50点

1　あとの各問いに答えなさい。

(1)　$(-9)\times 7$ を計算しなさい。(　　　)

(2)　$\dfrac{4}{5}x - \dfrac{3}{4}x$ を計算しなさい。(　　　)

(3)　$7(a-b)-4(2a-8b)$ を計算しなさい。(　　　)

(4)　$(\sqrt{5}-\sqrt{2})^2$ を計算しなさい。(　　　)

(5)　x^2-36 を因数分解しなさい。(　　　)

(6)　二次方程式 $x^2+5x-1=0$ を解きなさい。$x=$(　　　)

(7)　次の表は，A さんが 4 月から 9 月まで，図書館で借りた本の冊数を表したものである。A さんが 4 月から 9 月まで，図書館で借りた本の冊数の 1 か月あたりの平均が 5.5 冊のとき，n の値を求めなさい。$n=$(　　　)

月	4月	5月	6月	7月	8月	9月
図書館で借りた本の冊数(冊)	5	4	3	7	n	5

2　あとの各問いに答えなさい。

(1)　P 中学校で，文集をつくることにした。注文する会社を決めるために，P 中学校の近くにある A 社と B 社それぞれの作成料金を下の表にまとめた。

このとき，次の各問いに答えなさい。

	作成料金
A 社	文集 1 冊あたりの費用は，1250 円 ただし，作成冊数に関わらず，初期費用は，無料
B 社	文集 1 冊あたりの費用は，600 円 ただし，作成冊数に関わらず，初期費用は，18000 円

A 社と B 社で文集を作成するとき，総費用は，次の式で求められる。

(総費用)＝(初期費用)＋(文集 1 冊あたりの費用)×(作成する冊数)

①　B 社で文集を 15 冊作成するとき，総費用はいくらになるか，求めなさい。(　　　円)

②　B 社で文集を x 冊作成するときの総費用を y 円として，x と y の関係を，次のような一次関数のグラフに表した。

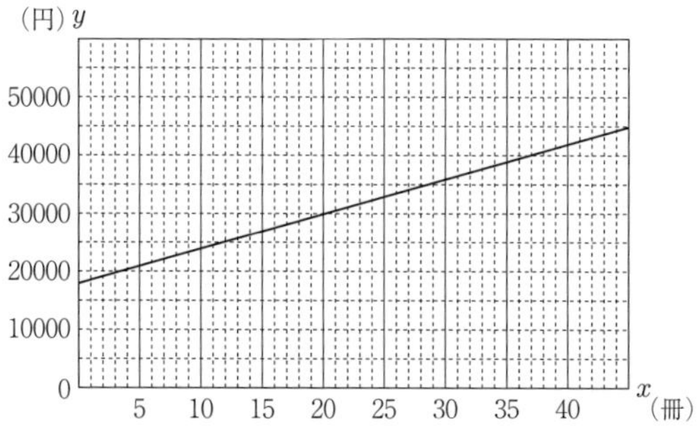

㋐　B社で文集を総費用4万円以内で作成するとき，最大何冊作成することができるか，求めなさい。（　　　冊）

㋑　A社で文集を x 冊作成するときの総費用を y 円として，x と y の関係を，グラフに表しなさい。

㋒　B社で文集を作成する総費用が，A社で文集を作成する総費用より安くなるのは，文集を何冊以上作成したときか，求めなさい。（　　　冊以上）

(2)　Aさんは家から1800m離れた駅まで行くのに，はじめ分速60mで歩いていたが，途中から駅まで分速160mで走ったところ，家から出発してちょうど20分後に駅に着いた。

次の［　　］は，Aさんが家から駅まで行くのに，歩いた道のりと，走った道のりを，連立方程式を使って求めたものである。［①］～［④］に，それぞれあてはまる適切なことがらを書き入れなさい。①（　　）　②（　　）　③（　　）　④（　　）

> 歩いた道のりを x m，走った道のりを y m とすると，
>
> ［①］ = 1800
> ［②］ = 20
>
> これを解くと，x = ［③］，y = ［④］
>
> 歩いた道のりは［③］m，走った道のりは［④］m となる。

(3)　大小2つのさいころを同時に1回投げ，大きいさいころの出た目の数を十の位の数，小さいさいころの出た目の数を一の位の数としてできる2けたの数を m としたとき，次の各問いに答えなさい。

ただし，さいころの目の出方は，1，2，3，4，5，6の6通りであり，どの目が出ることも同様に確からしいものとする。

①　m が素数となる確率を求めなさい。（　　　）

②　$\sqrt{m}$ が自然数となる確率を求めなさい。（　　　）

3　右の図のように，関数 $y = ax^2$……㋐のグラフと関数 $y = 3x + 7$……㋑のグラフとの交点Aがあり，点Aの x 座標が -2 である。

このとき，あとの各問いに答えなさい。

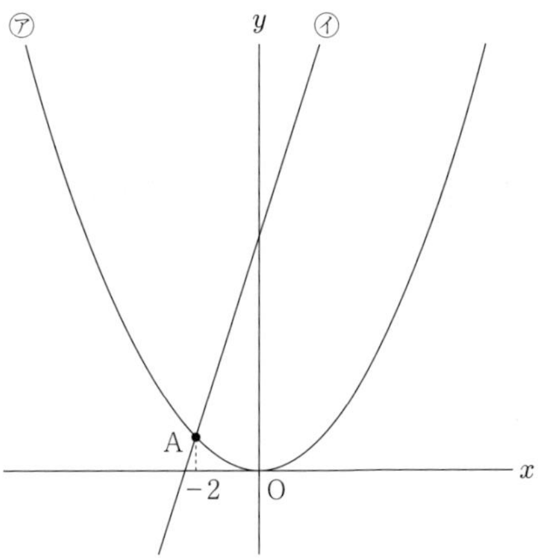

(1)　a の値を求めなさい。a =(　　　)

(2)　㋐について，x の変域が $-2 \leqq x \leqq 3$ のときの y の変域を求めなさい。(　　$\leqq y \leqq$　　)

(3)　㋑のグラフと y 軸との交点をBとし，㋐のグラフ上に x 座標が6となる点Cをとり，四角形ADCBが平行四辺形になるように点Dをとる。

このとき，次の各問いに答えなさい。

①　点Dの座標を求めなさい。D(　　,　　)

②　点Oを通り，四角形ADCBの面積を2等分する直線の式を求めなさい。ただし，原点をOとする。y =(　　　)

4　あとの各問いに答えなさい。

(1)　右の図のような，点A, B, C, Dを頂点とする正四面体ABCDがある。辺ABを1：2に分ける点E，辺CDの中点Fをとり，3点B，E，Fを結んで△BEFをつくる。

辺ABの長さが6cmのとき，次の各問いに答えなさい。

なお，各問いにおいて，答えに$\sqrt{}$がふくまれるときは，$\sqrt{}$の中をできるだけ小さい自然数にしなさい。

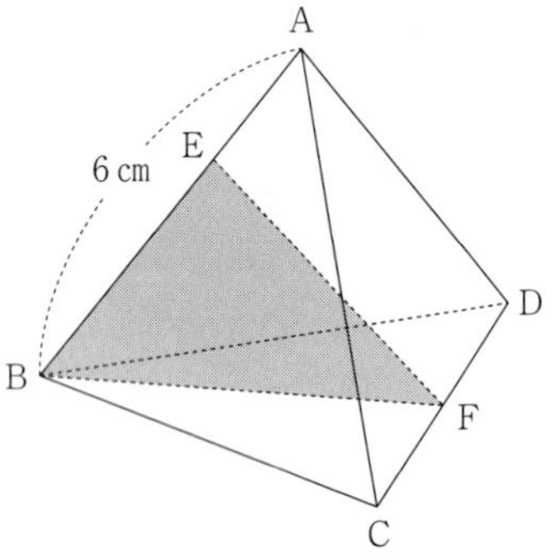

①　辺BFの長さを求めなさい。(　　　cm)

②　辺BFを底辺としたときの△BEFの高さを求めなさい。

(　　　cm)

(2)　次の図で，中心が四角形ABCDの辺AB上にあり，辺BCと辺ADに接する円と辺BCの接点Pを，定規とコンパスを用いて作図しなさい。

なお，作図に用いた線は消さずに残しておきなさい。

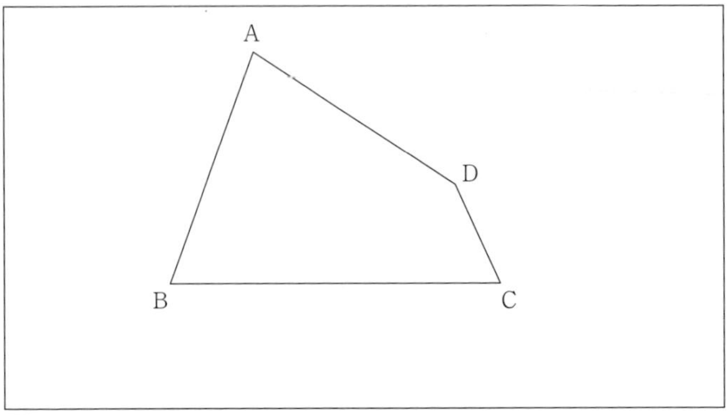

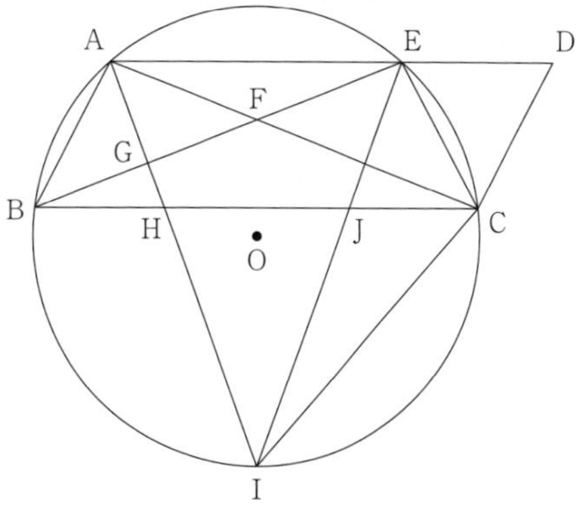

5　右の図のように，∠BAD ＞∠ADC となる平行四辺形 ABCD があり，3 点 A，B，C を通る円 O がある。辺 AD と円 O の交点を E，線分 AC と線分 BE の交点を F，∠BAC の二等分線と線分 BE，辺 BC，円 O との交点をそれぞれ G，H，I とする。また，線分 EI と辺 BC の交点を J とする。

このとき，あとの各問いに答えなさい。

ただし，点 I は点 A と異なる点とする。

(1)　次の［　　］は，△AHC ∽△CJI であることを証明したものである。［(ア)］～［(ウ)］に，それぞれあてはまる適切なことがらを書き入れなさい。

(ア)(　　　)　(イ)(　　　)　(ウ)(　　　)

〈証明〉　△AHC と△CJI において，

線分 AI は∠BAC の二等分線だから，∠HAC ＝［(ア)］……①

弧 BI に対する円周角は等しいから，［(ア)］＝∠JCI……②

①，②より，∠HAC ＝∠JCI……③

平行四辺形の向かい合う辺は平行だから，AD ∥ BC となり，錯角は等しいから，

∠ACH ＝［(イ)］……④

弧 CE に対する円周角は等しいから，［(イ)］＝∠CIJ……⑤

④，⑤より，∠ACH ＝∠CIJ……⑥

③，⑥より，［(ウ)］がそれぞれ等しいので，

△AHC ∽△CJI

(2)　△ADC ≡△BCE であることを証明しなさい。

(　　　　　　　　　　)

(3)　AB ＝ 5 cm，AE ＝ 8 cm，BC ＝ 12cm のとき，次の各問いに答えなさい。

①　平行四辺形 ABCD の面積を求めなさい。

なお，答えに $\sqrt{\ }$ がふくまれるときは，$\sqrt{\ }$ の中をできるだけ小さい自然数にしなさい。

(　　　　cm^2)

②　線分 BG と線分 FE の長さの比を，最も簡単な整数の比で表しなさい。

BG：FE ＝(　　：　　)

英語

時間　45分　　　　満点　50点

（編集部注）放送問題の放送原稿は英語の末尾に掲載しています。
音声の再生についてはもくじをご覧ください。

1 放送を聞いて，あとの各問いに答えなさい。

(1) 右の表についての英語による質問を聞いて，その質問に対する答えとして，ア～エから最も適当なものを１つ選び，その記号を書きなさい。(　　)

名前	留学した国	留学した期間
Miki	フランス	6か月間
Kenta	ドイツ	6か月間
Paul	ドイツ	3か月間
Kate	フランス	3か月間

ア．Miki did.　イ．Kenta did.　ウ．Paul did.
エ．Kate did.

(2) 英語による対話を聞いて，それぞれの質問に対する答えとして，ア～エから最も適当なものを１つ選び，その記号を書きなさい。No.1 (　　)　No.2 (　　)　No.3 (　　)

No.1　ア．An omelet and some coffee.　イ．An omelet and some milk.
ウ．A hamburger and some coffee.　エ．A hamburger and some milk.

No.2　ア．Ken did.　イ．Saki did.　ウ．Saki's father did.　エ．Saki's brother did.

No.3　ア．One book.　イ．Two books.　ウ．Three books.　エ．Four books.

(3) 英語による対話を聞いて，それぞれの対話の最後の英文に対する受け答えとして，ア～ウから最も適当なものを１つ選び，その記号を書きなさい。

No.1 (　　)　No.2 (　　)　No.3 (　　)　No.4 (　　)

No.1　ア．With my family.　イ．For six days.　ウ．By plane.

No.2　ア．Sorry, I'm busy then.　イ．Nice to meet you.
ウ．I hope the weather will be nice.

No.3　ア．It's too expensive for me.　イ．I'm just looking.　ウ．Here you are.

No.4　ア．Can you ask him to call me?　イ．Can I take a message?
ウ．Could you tell me your phone number?

(4) 大学生のMakotoと同じ大学に通う留学生のHelenとの英語による対話を聞いて，それぞれの質問に対する答えとして，ア～エから最も適当なものを１つ選び，その記号を書きなさい。

No.1 (　　)　No.2 (　　)　No.3 (　　)

No.1　ア．Helen will.　イ．John will.　ウ．John's parents will.　エ．Emily will.

No.2　ア．Yes, she does.　イ．No, she doesn't.　ウ．Yes, she has.
エ．No, she hasn't.

No.3　ア．She likes to send e-mails.　イ．She likes to go shopping.
ウ．She likes to go to the zoo.　エ．She likes to take pictures.

2 あとの各問いに答えなさい。

(1) 次の対話文は，高校生のKenが，外国語指導助手（ALT）のJones先生と，放課後に話をしているときのものです。対話文を読んで，次の各問いに答えなさい。

Ken : Hello, Ms. Jones.

Ms. Jones : Hi, Ken. What are you doing here?

Ken : I'm drawing a comic for the student from Canada, Tim.

Ms. Jones : Oh, really? (①)

Ken : 15 students came from Canada to my city for seven days last month, and Tim was one of them. He stayed in my house during his stay in Japan.

Ms. Jones : I see. What did you do with him?

Ken : We did lots of things together. I felt happy because he loved reading the comics I drew.

Ms. Jones : (②)

Ken : Now I'm drawing a new comic for him because his birthday is next month. I promised to send it to him for his birthday when he left Japan.

Ms. Jones : I'm sure he'll like it.

Ken : I hope so. When I met him for the first time, I didn't know what to say. But I got to know him very quickly. He was very friendly. I want to go and see him in Canada.

Ms. Jones : That's a good idea. Can I read the comic you are drawing for him when you finish drawing it?

Ken : Of course.

(注) promised ～ ～を約束した　for the first time 初めて
got to know ～ ～と親しくなった

No.1 （ ① ），（ ② ）に入るそれぞれの文として，ア～エから最も適当なものを1つ選び，その記号を書きなさい。①(　　) ②(　　)

① ア. What was that?　イ. When will he come?　ウ. Where was Tim?
エ. Who is Tim?

② ア. You didn't have to spend your time with him in Japan.
イ. I'm glad that you had a good time with him.
ウ. It was exciting for me to help a foreign student.
エ. He wants to see you again during his stay in Japan.

No.2 対話文の内容に合う文として，ア～エから最も適当なものを1つ選び，その記号を書きなさい。(　　)

ア. It was fun for Tim to read the comics drawn by Ken while he stayed in Ken's city.
イ. Ms. Jones was happy because Ken was drawing comics for her birthday.
ウ. Tim was a student from Canada who stayed in Ken's city for a month last year.

エ．Ken asked Ms. Jones to talk about Canada because he was going to visit Canada.

(2)　下のグラフは，先週，中学生のMarikoがピアノの練習をした時間を表しています。このグラフから読み取れることを正しく表している文として，ア～エから最も適当なものを1つ選び，その記号を書きなさい。(　　　)

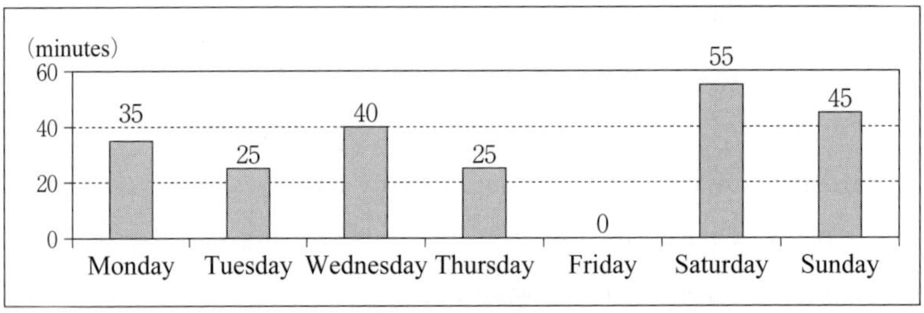

ア．Last Sunday, Mariko practiced playing the piano the longest.

イ．Mariko practiced playing the piano every day last week.

ウ．Mariko played the piano longer on Monday than on Saturday.

エ．Mariko played the piano on Tuesday as long as on Thursday.

3 あとの各問いに答えなさい。

(1) 次のような状況において，あとの①～③のとき，あなたならどのように英語で表しますか。それぞれ5語以上の英文を書きなさい。

ただし，I'm などの短縮形は1語として数え，コンマ（,），ピリオド（.）などは語数に入れません。

【状況】 あなたは，カナダから来た外国語指導助手（ALT）の David 先生と，廊下で話をしているところです。

① 放課後に時間があるか尋ねるとき。

（　　　　　　　　　　　　　　　　　　　　　　　　　　　　）

② 昨夜書いたレポートを読んでほしいと伝えるとき。

（　　　　　　　　　　　　　　　　　　　　　　　　　　　　）

③ 日本の伝統文化についてのレポートだと伝えるとき。

（　　　　　　　　　　　　　　　　　　　　　　　　　　　　）

(2) Reina は，留学先のロンドンでホストファミリーが開いてくれる歓迎パーティーに出席することになりました。そこで挨拶することになり，下の原稿を準備しました。

あなたが Reina なら，①～③の内容をどのように英語で表しますか。それぞれ4語以上の英文を書き，下の原稿を完成させなさい。

ただし，I'm などの短縮形は1語として数え，コンマ（,），ピリオド（.）などは語数に入れません。

①（　　　　　　　　　　　　　　　　　　　　　　　　　　　　）

②（　　　　　　　　　　　　　　　　　　　　　　　　　　　　）

③（　　　　　　　　　　　　　　　　　　　　　　　　　　　　）

【原稿】

Hello, everyone. My name is Reina. Nice to meet you.

① 5人家族だということ。

② テニスが得意だということ。

③ 英語を勉強するためにロンドンに来たということ。

Thank you.

4　次の文章を読んで，あとの各問いに答えなさい。

Haruka is sixteen. She has just become a student at Hikari High School.

One day after school in April, Haruka was talking with her friend, Masato. She asked him, "What club are you going to join?" He said, "I'll join the basketball club. (　①　)" She said, "Well, I'm interested in the broadcasting club." When she was a junior high school student, she visited Hikari High School with her friends. She saw a short movie about Hikari High School made by the members of the broadcasting club. Because of the movie, she could learn a lot about the high school. She thought she wanted to make a movie like that as a member of the club. She said to Masato, "I want to give a message to people through short movies."

A few weeks later, Haruka became a member of the broadcasting club. One day in July, Mr. Kawamoto, a famous journalist from Haruka's city, was invited to Hikari High School for a lecture about his career. After the lecture, the members of the club had a chance to talk with him. He asked the members, "What do you do in your club?" One of the members explained their activities. Another member asked him what to do to be a journalist. They were excited to talk with him, but Haruka could not join their conversation. She was too shy. Then, he said to her, "Don't be shy. I like to meet new people because I can learn different ways of thinking from them. You should enjoy talking with people you don't know." She agreed.

In September, Haruka and the other members were talking about the movie shown at the school festival in October. She said, "Mr. Kawamoto taught me an important thing when I talked with him in July." She wanted to tell people about that through a movie she would make. She talked about her idea to the other members, and they agreed. Then they made a movie about a high school student who learned many things by meeting a lot of people.

On the day of the school festival, many people enjoyed watching the movie. When Haruka was going home with Masato after the school festival, he said, "(　②　) It was great." She told him what she learned from Mr. Kawamoto when she talked with him three months ago. She said to him, "I've tried to enjoy talking with new people since I met Mr. Kawamoto."

(Ten years later)

Haruka works at a city hall now. One Sunday, she had lunch with Masato. She said to him, "I'm very busy, but it's interesting to learn different ideas from different people. I changed myself after I talked with Mr. Kawamoto." He said, "Are you talking about your conversation with him after that lecture ten years ago?" She said, "Yes. I was lucky to meet him when I was a high school student."

(注)　the broadcasting club　放送部　　lecture　講演　　career　職業
explained ～　～を説明した　　conversation　会話　　thinking　考え

(1)　(①)，(②) に入るそれぞれの文として，ア～エから最も適当なものを１つ選び，その記号を書きなさい。①(　　　)　②(　　　)

① ア．What is it about?　イ．What was it?　ウ．How are you?
エ．How about you?

② ア．I enjoyed watching the movie you made.
イ．It was interesting to listen to Mr. Kawamoto.
ウ．I told him about your movie when I saw him.
エ．You should make another movie for him.

(2) 本文の内容に合うように，下の英文の（ A ），（ B ）のそれぞれに入る最も適当な1語を，本文中から抜き出して書きなさい。A（　　　）B（　　　）

Haruka learned an important thing from the（ A ）who came to her school in July. Then, she told people about that on the day of the school festival through the（ B ）she made with the other members of the broadcasting club.

(3) 下線部に Are you talking about your conversation with him after that lecture ten years ago?とあるが，10年前に Mr. Kawamoto が Haruka に話した内容として適切な英文となるように，下の英文の（　　）に入る最も適当なものをア～エから1つ選び，その記号を書きなさい。
（　　）

Mr. Kawamoto told Haruka（　　）.

ア．why he came to Hikari High School　イ．how to make good movies
ウ．to enjoy talking with new people　エ．to invite him to her high school

(4) 本文の内容に合う文として，ア～カから適当なものを2つ選び，その記号を書きなさい。
（　　）（　　）

ア．Masato asked Haruka to join the basketball club with him though she was interested in the broadcasting club.

イ．Haruka made a short movie about Hikari High School with her friends, and showed it to the junior high school students.

ウ．One of the members in the broadcasting club told Mr. Kawamoto about the activities in the club.

エ．Mr. Kawamoto visited Hikari High School to talk about his career to the high school students when Haruka was a high school student.

オ．Mr. Kawamoto didn't like to learn different ways of thinking from other people because he was shy.

カ．Masato told Haruka what he learned about Mr. Kawamoto after he saw the movie made by the members of the broadcasting club.

〈放送原稿〉

ただいまから，2020 年度三重県公立高等学校入学試験英語のリスニング検査を行います。問題は，(1)，(2)，(3)，(4)の 4 つです。問題用紙の各問いの指示に従って答えなさい。聞いている間にメモを取ってもかまいません。

それでは，(1)の問題から始めます。(1)の問題は，表を見て答える問題です。次の表についての英語による質問を聞いて，その質問に対する答えとして，ア～エから最も適当なものを 1 つ選び，その記号を書きなさい。質問は 2 回繰り返します。

では，始めます。

Who studied in Germany for three months?（繰り返す）

これで(1)の問題を終わり，(2)の問題に移ります。

(2)の問題は，英語による対話を聞いて，質問に答える問題です。それぞれの質問に対する答えとして，ア～エから最も適当なものを 1 つ選び，その記号を書きなさい。対話は，No.1，No.2，No.3 の 3 つです。対話と質問は 2 回繰り返します。

では，始めます。

No.1　A：　What do you want to eat for lunch?

B：　Well... I'd like to have an omelet and some coffee. How about you, Tomoya?

A：　I'm very hungry. So I'd like to have a hamburger and some milk.

B：　Then, shall we eat at a cafeteria near the station?

質問します。

What is Tomoya going to have for lunch?

（No.1 を繰り返す）

No.2　A：　Is this your new computer, Ken?

B：　Yes, Saki. I bought it on the Internet last week. You should buy one because computers are very useful.

A：　I already have a computer. My father gave it to me.

B：　How long have you used it?

A：　For two years. My brother also uses it to send e-mails to his friends.

質問します。

Who bought a new computer on the Internet last week?

（No.2 を繰り返す）

No.3　A：　Excuse me. I want to read these two books. Can I borrow them until Monday?

B：　Of course. Actually, students can borrow four books during the summer vacation.

A：　Really? I didn't know that. There is another book I want to read, so can I go and get it?

B：　Sure.

A：　Thank you. I'll come back here soon.

質問します。

How many books is the student going to borrow today?

(No.3 を繰り返す)

これで(2)の問題を終わり，(3)の問題に移ります。

(3)の問題は，英語による対話を聞いて，答える問題です。それぞれの対話の最後の英文に対する受け答えとして，ア～ウから最も適当なものを1つ選び，その記号を書きなさい。対話は，No.1，No.2，No.3，No.4の4つです。対話は2回繰り返します。

では，始めます。

No.1　A：　Have you ever been to a foreign country?

　　　B：　Yes. I went to Russia last year.

　　　A：　Oh, I see. How long did you stay there?

(繰り返す)

No.2　A：　What are you going to do this weekend?

　　　B：　I'm going to go fishing in the sea with my father if it's sunny.

　　　A：　Really? That will be fun.

(繰り返す)

No.3　A：　May I help you?

　　　B：　Yes, I'm looking for a blue jacket.

　　　A：　How about this one?

(繰り返す)

No.4　A：　Hello?

　　　B：　This is Yoko. May I speak to Jim, please?

　　　A：　I'm sorry, but he isn't at home now.

(繰り返す)

これで(3)の問題を終わり，(4)の問題に移ります。

(4)の問題は，大学生のMakotoと同じ大学に通う留学生のHelenとの英語による対話を聞いて，質問に答える問題です。それぞれの質問に対する答えとして，ア～エから最も適当なものを1つ選び，その記号を書きなさい。対話と質問は2回繰り返します。

では，始めます。

Helen　：　Hi, Makoto. What will you do during the spring vacation?

Makoto：　My family will spend five days in Tokyo with my friend, John. He is a high school student from Sydney. I met him there.

Helen　：　I see. Did you live in Sydney?

Makoto：　Yes. My father worked there when I was small. John's parents asked my father to take care of John in Japan. He will come to my house next week.

Helen　：　Has he ever visited Japan?

Makoto：　No, he hasn't. I haven't seen him for a long time, but we often send e-mails to each other.

Helen　:　How long will he stay in Japan?

Makoto :　For ten days. Have you ever been to Tokyo, Helen?

Helen　:　No, but I'll visit there this May with my friend, Emily. Do you often go there?

Makoto :　Yes. My grandmother lives there. We will visit the zoo and the museum with her. We will also go shopping together.

Helen　:　That sounds good. John will be very glad.

Makoto :　I hope so. Well, I sent him a book about Tokyo which has a lot of beautiful pictures.

Helen　:　Cool. I also want to give a book like that to Emily because she likes taking pictures of beautiful places. Actually, she has been to many foreign countries to take pictures.

Makoto :　That's interesting. I like taking pictures, too. So I want to see the pictures she took in other countries.

Helen　:　OK. I'll tell her about that.

Makoto :　Thank you.

質問します。

No.1　Who will come to Makoto's house next week?

No.2　Has Helen visited Tokyo before?

No.3　What does Emily like to do?

(対話と質問を繰り返す)

これでリスニング検査の放送を終わります。

社会

時間　45分　　満点　50点

1　次の略地図を見て，あとの各問いに答えなさい。

〈略地図〉

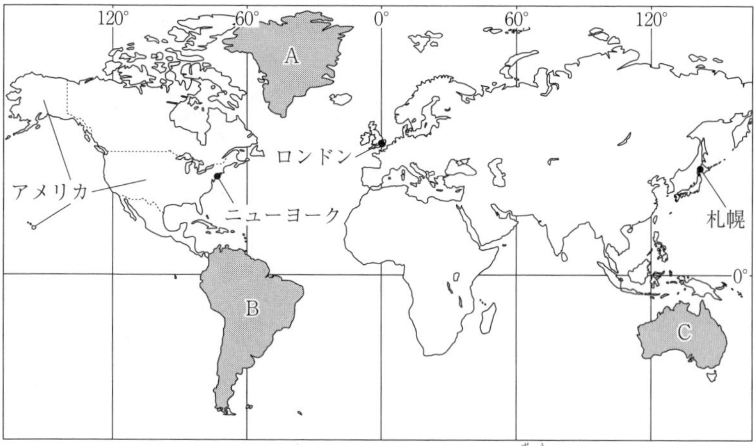

(『世界国勢図会《ずえ》 2018／19』ほかから作成)

(1)　略地図に示した札幌《さっぽろ》，ロンドン，ニューヨークについて，資料1は，都市の位置，資料2は，月別平均気温を示したものである。これらを見て，あとの(a)，(b)の各問いに答えなさい。

〈資料1〉

	都市の位置	
	緯《い》度	経度
札幌	北緯 43°	東経 141°
ロンドン	北緯 51°	0°
ニューヨーク	北緯 41°	西経 74°

〈資料2〉

	1月	2月	3月	4月	5月	6月	7月	8月	9月	10月	11月	12月
札幌	− 3.6	− 3.1	0.6	7.1	12.4	16.7	20.5	22.3	18.1	11.8	4.9	− 0.9
ロンドン	5.8	6.2	8.0	10.5	13.9	17.0	18.7	18.5	16.2	12.4	8.5	5.7
ニューヨーク	1.0	2.0	5.9	11.6	17.1	22.4	25.3	24.8	20.8	14.7	9.2	3.7

〔注：単位は℃〕

(資料1，資料2は，『理科年表』ほかから作成)

(a)　札幌とニューヨークの時差を正しく述べた文はどれか，次のア～エから最も適当なものを1つ選び，その記号を書きなさい。(　　　)

ア．札幌の時刻は，ニューヨークの時刻よりも7時間早い。

イ．札幌の時刻は，ニューヨークの時刻よりも7時間遅い。

ウ．札幌の時刻は，ニューヨークの時刻よりも14時間早い。

エ．札幌の時刻は，ニューヨークの時刻よりも 14 時間遅い。

(b)　12 月から 3 月において，ロンドンが，札幌やニューヨークと比べて温暖なのはなぜか，その理由を，海流と風に着目して，「ロンドンは，」に続けて書きなさい。

(ロンドンは，　　　　　　　　　　　　　　　　　　　　　　　　　　　　　　　　　　　)

(2)　略地図に示したアメリカについて，次の(a)，(b)の各問いに答えなさい。

(a)　資料 3 のア～エは，アメリカ，日本，カナダ，フランスのいずれかの国における発電量の内訳を示したものである。アメリカにあてはまるものはどれか，最も適当なものを 1 つ選び，その記号を書きなさい。(　　　)

〈資料 3〉

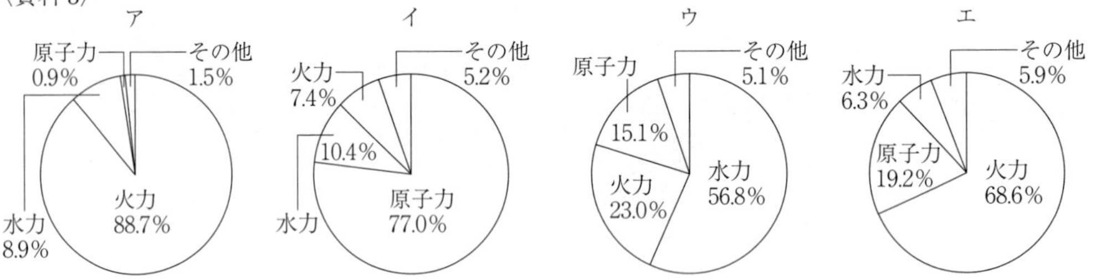

〔注：数値は 2015 年のもの〕

(『世界国勢図会 2018／19』から作成)

(b)　けんたさんは，アメリカが農産物の世界有数の生産国であることを知り，穀物の生産について調べ，資料 4 にまとめた。資料 4 の あ，い は，小麦ととうもろこしのいずれかを示しており，X，Y は，世界における，生産量の国別割合と輸出量の国別割合のいずれかを示している。小麦にあてはまるのは あ，い のどちらか，また，生産量の国別割合にあてはまるのは X，Y のどちらか，あとのア～エから最も適当な組み合わせを 1 つ選び，その記号を書きなさい。(　　　)

〈資料 4〉

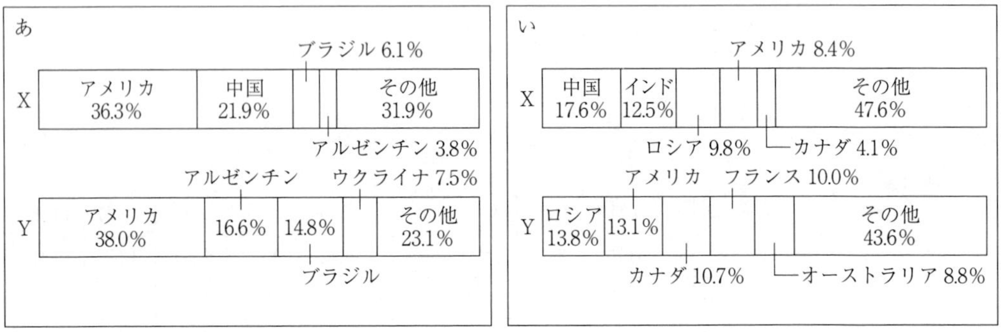

〔注：数値は 2016 年のもの〕

(『世界国勢図会 2018／19』から作成)

ア．小麦―あ　　生産量―X　　イ．小麦―あ　　生産量―Y

ウ．小麦―い　　生産量―X　　エ．小麦―い　　生産量―Y

(3)　略地図に ▒ で示した A，B，C の陸地を面積の大きい順に並べると，略地図上では B → A → C の順に見えるが，実際には B → C → A の順になる。なるみさんは，その理由を資料 5 にまとめた。資料 5 の［ Ⅰ ］，［ Ⅱ ］にあてはまる言葉は何か，［ Ⅰ ］についてはあとのア～ウから，［ Ⅱ ］についてはあとのエ～カから，最も適当なものをそれぞれ 1 つずつ選び，その記号を書きなさい。Ⅰ(　　　)　Ⅱ(　　　)

〈資料 5〉

略地図は，［ Ⅰ ］地図で，［ Ⅱ ］ほど実際の面積より大きく表されるから。

Ⅰ　ア．面積が正しい　　イ．緯線と経線が直角に交わる　　ウ．中心からの距離《きょり》と方位が正しい

Ⅱ　エ．本初子午線から離れる　　オ．低緯度になる　　カ．高緯度になる

2　次の各問いに答えなさい。

(1)　資料1は，世界遺産に登録されている「日光《にっこう》の社寺」がある日光市の一部を示した2万5千分の1地形図である。また，資料2は，5cmの長さを示したものさしである。この地形図について，あとの(a)，(b)の各問いに答えなさい。

〈資料1〉

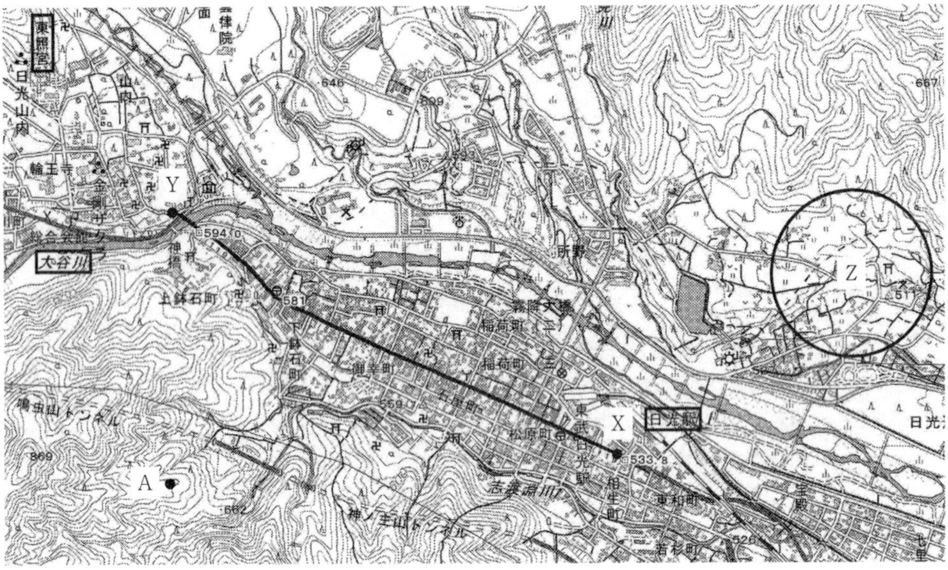

(国土地理院　電子地形図25000から作成)

〈資料2〉

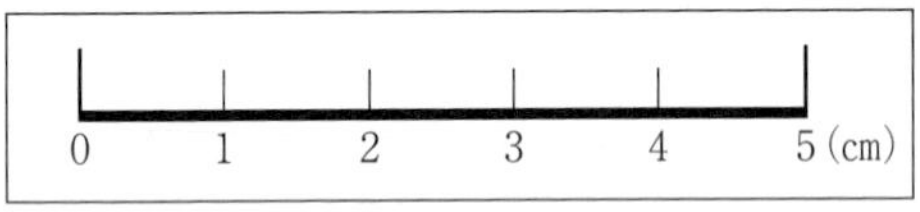

(a)　略地図1は，関東地方を示したものであり，日光市は，略地図1にで示した県に属している。日光市の属する県の名称《めいしょう》は何か，次のア～エから最も適当なものを1つ選び，その記号を書きなさい。(　　　)

ア．茨城《いばらき》県　　イ．群馬《ぐんま》県　　ウ．埼玉《さいたま》県　　エ．栃木《とちぎ》県

〈略地図1〉

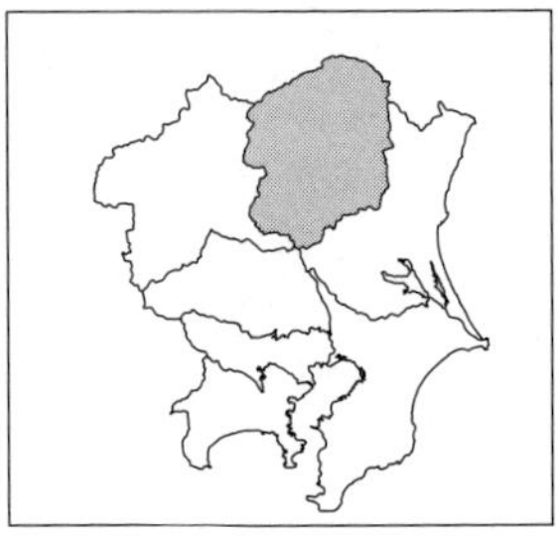

(b)　資料1から読み取れることを述べた文はどれか，次のア～カから適当なものを2つ選び，その記号を書きなさい。

(　　　)(　　　)

ア．日光駅から見て，東照宮《とうしょうぐう》は北東の方角にある。

イ．A地点の標高は，600mである。

ウ．X地点から━━に沿ってY地点へ向かう途中《とちゅう》に，郵便局が2か所，病院が1か所ある。

エ．〇で囲まれたZ地域に，水田や畑がある。

オ．大谷《だいや》川は，西側が上流である。

カ．日光駅から東照宮までの実際の直線距離は，5km以上ある。

(2)　日本の川と，川がつくる地形について，次の(a)，(b)の各問いに答えなさい。

(a) 資料3は，日本と世界のおもな川の，河口からの距離と標高を示した模式図である。日本の川には，世界のおもな川と比べて，どのような特徴《とくちょう》があるか，資料3から読み取り，書きなさい。(　　　　　　　　　　　　　　　　)

〈資料3〉

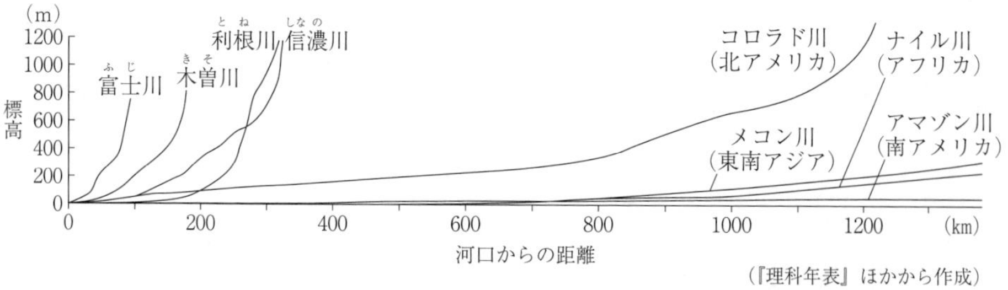

(『理科年表』ほかから作成)

(b) 資料4は，川が山間部から平野や盆地《ぼんち》に出たところに，土砂《どしゃ》がたまってつくられた地形の写真である。資料4に示した地形における，土砂のつぶの大きさと土地利用について正しく述べた文はどれか，次のア～エから最も適当なものを1つ選び，その記号を書きなさい。(　　　)

〈資料4〉

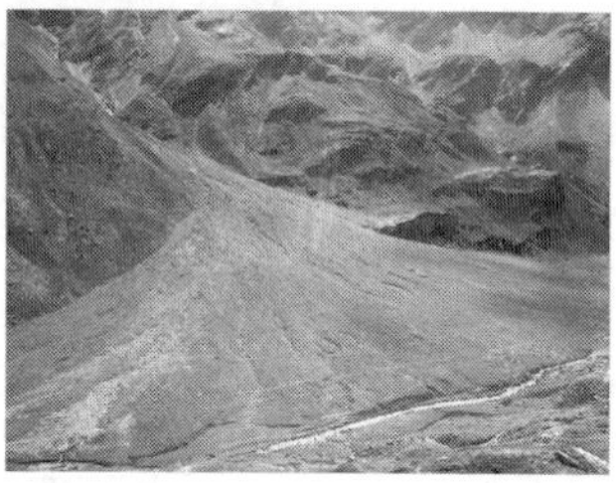

ア．つぶの大きい砂や石からできており，おもに水田として利用される。

イ．つぶの大きい砂や石からできており，おもに畑や果樹園として利用される。

ウ．つぶの小さい砂や泥《どろ》からできており，おもに水田として利用される。

エ．つぶの小さい砂や泥からできており，おもに畑や果樹園として利用される。

(3) 略地図2に示した秋田県，三重県，広島県，宮崎《みやざき》県について，次の(a)，(b)の各問いに答えなさい。

〈略地図2〉

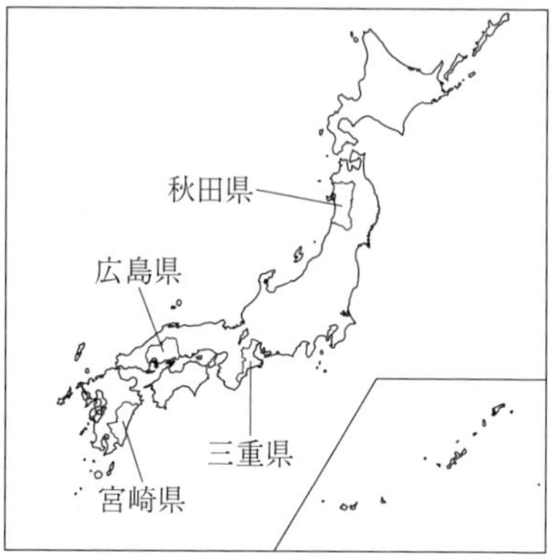

(a) 資料5は，それぞれの県庁所在地における月別平均降水量を示したものである。資料5のBとCにあてはまる県庁所在地名の組み合わせはどれか，あとのア～カから最も適当なものを1つ選び，その記号を書きなさい。

(　　　)

〈資料5〉

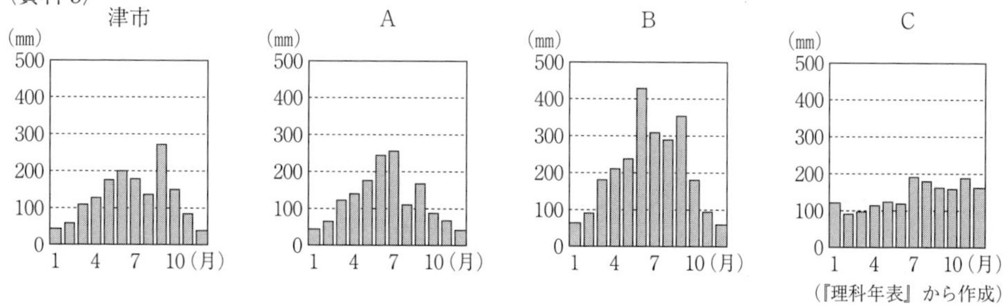

(『理科年表』から作成)

ア．B—秋田市　　C—広島市　　イ．B—秋田市　　C—宮崎市
ウ．B—広島市　　C—秋田市　　エ．B—広島市　　C—宮崎市
オ．B—宮崎市　　C—秋田市　　カ．B—宮崎市　　C—広島市

(b)　資料6は，それぞれの県における製造品出《しゅっ》荷《か》額等割合を示したものであり，ⓐ，ⓑは，電子部品，輸送用機械のいずれかである。資料6のZにあてはまる県名とⓑにあてはまる製造品の組み合わせはどれか，あとのア～カから最も適当なものを1つ選び，その記号を書きなさい。

(　　　)

〈資料6〉

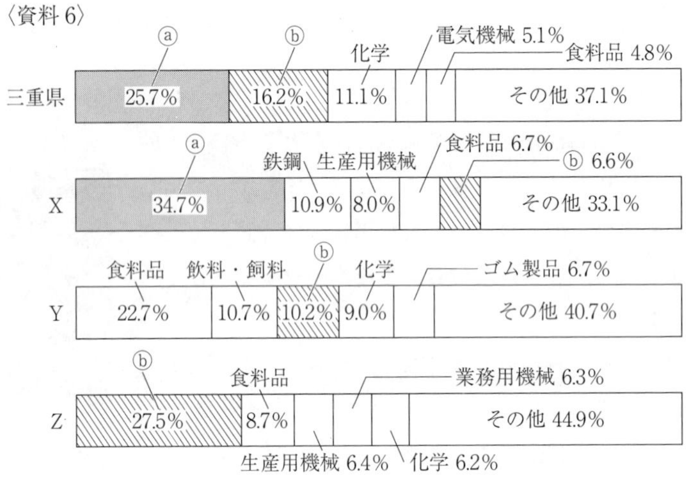

〔注：数値は2016年のもの〕

(『データでみる県勢　2019』ほかから作成)

ア．Z—秋田県　　ⓑ—電子部品　　イ．Z—秋田県　　ⓑ—輸送用機械
ウ．Z—広島県　　ⓑ—電子部品　　エ．Z—広島県　　ⓑ—輸送用機械
オ．Z—宮崎県　　ⓑ—電子部品　　カ．Z—宮崎県　　ⓑ—輸送用機械

3 次の表のA～Fは，こはるさんが，歴史的分野を学習したときの内容をまとめたものの一部である。これを見て，あとの各問いに答えなさい。

A	大和《やまと》政権（ヤマト王権）の勢力が広がるにつれて，各地に古墳《こふん》がつくられるようになった。
B	奈良《なら》時代には，和歌が盛《さか》んになり，歌集がつくられた。
C	室町《むろまち》時代には，明《みん》との間で貿易が行われた。
D	江戸《えど》時代には，将軍に任命された老中《ろうじゅう》が政治を行った。
E	明治時代には，政府は近代国家をめざして政治や外交を行った。
F	戦後の高度経済成長によって，国民の所得は増え，生活も大きく変わった。

(1) Aについて，資料1は，日本最大の古墳である大仙《だいせん》古墳（仁徳陵《にんとくりょう》古墳）の写真である。大仙古墳を示した場所はどれか，略地図に示したア～エから最も適当なものを1つ選び，その記号を書きなさい。(　　)

〈資料1〉

〈略地図〉

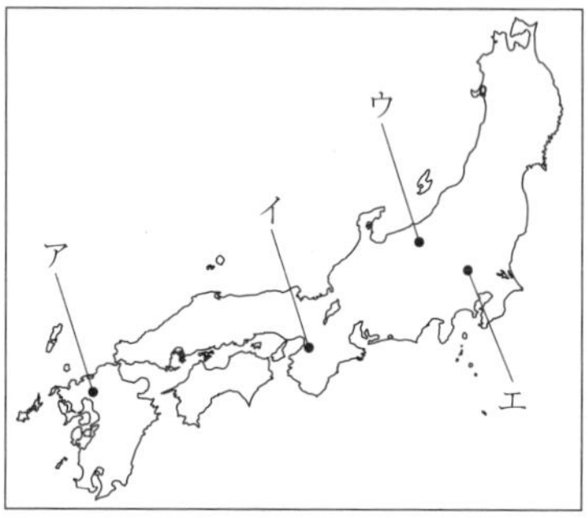

(2) Bについて，資料2は，天皇や貴族，民衆の和歌を4500首ほど集めた歌集に収められている一首である。資料2の和歌が収められている歌集を何というか，その名称を**漢字**で書きなさい。

(　　)

〈資料2〉

可《か》良《ら》己《こ》呂《ろ》武《む》
須《す》宗《そ》尓《に》等《と》里《り》都《つ》伎《き》
奈《な》苦《く》古《こ》良《ら》乎《を》
意《お》伎《き》弖《て》曽《そ》伎《き》怒《ぬ》也《や》
意《お》母《も》奈《な》之《し》尓《に》志《し》弖《て》

(訳) すそに取りついて泣く子どもたちを置いたまま来てしまった。その子の母もいないのに。

(3) Cについて，資料3は，こはるさんがまとめたものの一部である。資料3の[Ⅰ]，[Ⅱ]にあてはまる言葉の組み合わせはどれか，あとのア～エから最も適当なものを1つ選び，その記号を書きなさい。(　　)

〈資料3〉

足利義満《あしかがよしみつ》は，明に朝貢《ちょうこう》する形をとって貿易を始め，民間貿易船と区別するために[Ⅰ]という証明書を持たせた。日本からは，銅や[Ⅱ]などを輸出した。

ア．Ⅰ―勘合《かんごう》　Ⅱ―刀剣《とうけん》　イ．Ⅰ―勘合　Ⅱ―生糸《きいと》　ウ．Ⅰ―朱印《しゅいん》状　Ⅱ―刀剣
エ．Ⅰ―朱印状　Ⅱ―生糸

(4) Dについて，資料4は，老中の水野忠邦《みずのただくに》が行った政治についてまとめたものの一部である。資料4に示したように，水野忠邦が，株仲間に解散を命じたのはどのような目的があったからか，その1つとして考えられることを，「物価」という言葉を用いて，書きなさい。

(　　　　　　　　　　　　　　　　　　　　　)

〈資料4〉

水野忠邦は，営業を独《どく》占《せん》している株仲間に解散を命じた。

(5) Eについて，明治時代における，政府の外交について正しく述べた文はどれか，次のア～エから最も適当なものを1つ選び，その記号を書きなさい。(　　　)

ア．岩倉《いわくら》使節団を朝鮮《ちょうせん》に派遣《はけん》して日朝《にっちょう》修好条規を結び，朝鮮を開国させた。

イ．ロシアと樺太《からふと》・千島交換《ちしまこうかん》条約を結び，樺太をロシアに譲《ゆず》る一方，千島列島のすべてを日本領とした。

ウ．陸奥宗光外相《むつむねみつがいしょう》のもとで，日清《にっしん》戦争の直前に関税自主権の回復に成功した。

エ．ロシア，ドイツ，フランスから，下関《しものせき》条約で日本が獲得《かくとく》した台湾《たいわん》を清に返還《へんかん》するよう勧告《かんこく》され，これを受け入れた。

(6) Fについて，資料5は，家庭電化製品の普及率《ふきゅうりつ》を示したものであり，ア～エは，エアコン，白黒テレビ，電気洗濯《せんたく》機，電気冷蔵庫のいずれかである。白黒テレビにあてはまるものはどれか，最も適当なものを1つ選び，その記号を書きなさい。また，そのように判断した理由を，「カラーテレビ」という言葉を用いて，書きなさい。

記号(　　　)

理由(　　　　　　　　　　　　　　　　　　　　　　　　　　　　)

〈資料5〉

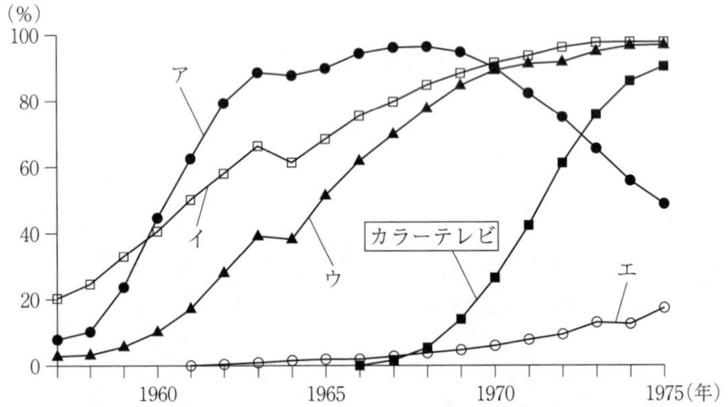

〔注：普及率は全世帯に対する保有世帯の比率〕

(内閣府 Webページから作成)

4 次のカードは，たろうさんが歴史的分野の学習を行ったときに設定したテーマを示したものである。これらを見て，あとの各問いに答えなさい。

テーマ1	中国文明のおこり

テーマ2	大航海時代と日本

テーマ3	アメリカ合衆国の発展

テーマ4	二度の世界大戦

(1) テーマ1について，資料1は，漢字のもととなった甲骨《こうこつ》文字が刻まれた牛の骨の写真である。黄河《こうが》流域におこり，甲骨文字がつくられた国の名称は何か，次のア～エから最も適当なものを1つ選び，その記号を書きなさい。(　　　)

ア．殷《いん》　イ．秦《しん》　ウ．漢　エ．隋《ずい》

〈資料1〉

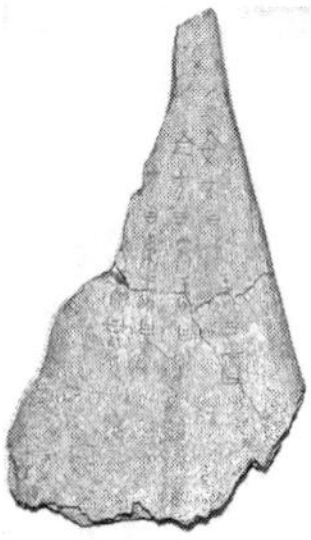

(2) テーマ2について，ポルトガルやスペインなどヨーロッパの人たちが，海路によって世界に進出した大航海時代のころに，日本で起こったできごとを述べた文はどれか，次のア～エから最も適当なものを1つ選び，その記号を書きなさい。(　　　)

ア．平清盛《たいらのきよもり》が，日宋《にっそう》貿易を進めるために，兵庫《ひょうご》に港を整え，瀬戸内海《せとないかい》の航路を整備した。

イ．北条時宗《ほうじょうときむね》が，元寇《げんこう》に備えて，博多湾《はかたわん》沿いに石の防壁《ぼうへき》を築かせた。

ウ．織田信長《おだのぶなが》が，長篠《ながしの》の戦いで，足軽《あしがる》の鉄砲《てっぽう》隊を活用して武田《たけだ》氏の騎馬《きば》隊に勝利した。

エ．伊能忠敬《いのうただたか》が，全国の海岸線を測量し，正確な日本地図をつくった。

(3) テーマ3について，資料2は，19世紀に起こったアメリカでの南北戦争について，たろうさんがまとめたものの一部である。資料2の X ～ Z にあてはまる言葉の組み合わせはどれか，あとのア～エから最も適当なものを1つ選び，その記号を書きなさい。(　　　)

〈資料2〉

> X を主張して，奴隷《どれい》制度に反対する北部と， Y を主張して，奴隷制度に賛成する南部の対立により起こった南北戦争は，北部，南部ともに多大な被害《ひがい》を出した後， Z の勝利で終わった。

ア．X―自由貿易　Y―保護貿易　Z―南部

イ．X―自由貿易　Y―保護貿易　Z―北部

ウ．X―保護貿易　Y―自由貿易　Z―南部

エ．X―保護貿易　Y―自由貿易　Z―北部

(4) テーマ4について，資料3は，たろうさんが，二度の世界大戦の間に起こったできごとをまとめたものの一部である。これを見て，次の(a)～(c)の各問いに答えなさい。

〈資料3〉

西暦《せいれき》	おもなできごと
1914年	第一次世界大戦が始まる
1920年	あ が発足《ほっそく》する
1929年	①世界恐慌《きょうこう》が起こる
1933年	日本が あ を脱退《だったい》する
1945年	第二次世界大戦が終わる

(a) 資料3の あ にあてはまる，アメリカのウィルソン大統領の提案により，平和と国際協調を目的として設立された機構を何というか，その名称を**漢字**で書きなさい。

(　　　)

(b) 次のア～エのカードは，資料3の二度の世界大戦の間における，日本で起こったできごとを示したものである。ア～エのカードを，書かれた内容の古いものから順に並べると，どのよう

になるか，その記号を書きなさい。(　　→　　→　　→　　)

ア	ほとんどの政党や政治団体が解散して，大政翼賛会《たいせいよくさんかい》という組織にまとめられた。		イ	満州《まんしゅう》に配置されていた関東軍は，清の最後の皇帝《こうてい》であった溥儀《ふぎ》《プイ》を元首とする満州国の建国を宣言した。
ウ	陸軍の青年将校が，大臣などを殺害し，東京の中心部を占拠《せんきょ》する二《に》・二六《にろく》事件が起こった。		エ	立憲政友会総裁《りっけんせいゆうかいそうさい》の原敬《はらたかし》は，立憲政友会の党員が閣僚《かくりょう》のほとんどを占《し》める本格的な政党内閣を組織した。

(c)　資料3の下線部①について，アメリカのルーズベルト大統領は，世界恐慌への対策として，1933年からニューディール（新規まき直し）政策を行った。資料4は，ニューディール政策によって建設されているダムの写真，資料5は，アメリカの失業率の推移を示したものである。資料4に示したように，ニューディール政策によって，ダムが建設されたのは，どのような目的があったからか，その1つとして考えられることを，資料5から読み取れることにふれて，「公共事業」という言葉を用いて，書きなさい。

(　　　　　　　　　　　　　　　　　　　　　　　　　　　　　　　　　　　)

〈資料4〉

〈資料5〉　アメリカの失業率の推移

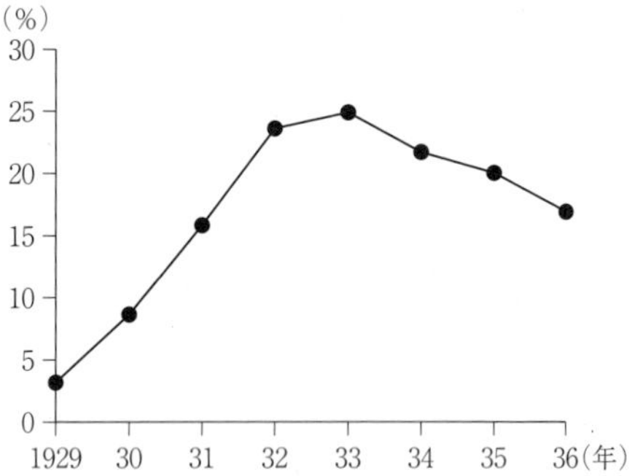

(『南北アメリカ歴史統計』から作成)

5 右の表は，こずえさんの学級で行った公民的分野のレポート作成について，班ごとのテーマをまとめたものである。これを見て，次の各問いに答えなさい。

テーマ1	国民主権と憲法改正
テーマ2	国会の仕事
テーマ3	労働者の権利
テーマ4	地球環境問題
テーマ5	生活と財政
テーマ6	行政のしくみ
テーマ7	社会権

(1) テーマ1について，資料1は，憲法改正の手続きについて模式的に示したものである。資料1の あ ～ う にあてはまる言葉の組み合わせはどれか，あとのア～エから最も適当なものを1つ選び，その記号を書きなさい。(　　　)

〈資料1〉

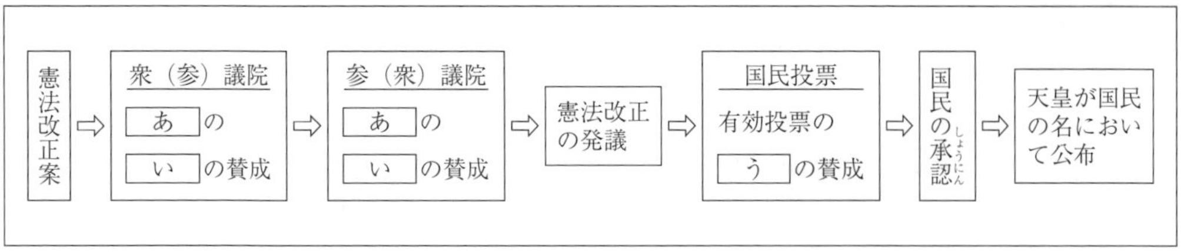

ア．あ―出席議員　　い―過半数　　う―3分の2以上

イ．あ―出席議員　　い―3分の2以上　　う―過半数

ウ．あ―総議員　　い―過半数　　う―3分の2以上

エ．あ―総議員　　い―3分の2以上　　う―過半数

(2) テーマ2について，次の(a)，(b)の各問いに答えなさい。

(a) 資料2は，2017年の国会の動きをまとめたものの一部であり，X～Zは国会の種類を示している。資料2のZにあてはまるものはどれか，あとのア～エから最も適当なものを1つ選び，その記号を書きなさい。(　　　)

〈資料2〉

1月	2月	3月	4月	5月	6月	7月	8月	9月	10月	11月	12月
20日 開会		27日 予算可決		26日 改正民法成立	18日 閉会			28日 閉会 衆議院の解散 開会	22日 衆議院総選挙	1日 内閣総理大臣の指名 開会	9日 閉会
←			X		→			Y		←Z	→

(衆議院 Webページほかから作成)

ア．通常国会　　イ．臨時国会　　ウ．特別国会　　エ．参議院の緊急《きんきゅう》集会

(b) 裁判官としての職務を果たさなかったり，裁判官としてふさわしくない行為《こうい》をしたりした裁判官を辞《や》めさせるかどうかを，国会が判断する裁判を何というか，その名称を書きなさい。

(　　　)

(3) テーマ3について，資料3は，労働者の権利を保障するための法律の内容をまとめたものの一部である。資料3にまとめた法律を何というか，その名称を**漢字**で書きなさい。(　　　)

〈資料 3〉

・労働者が使用者との交渉《こうしょう》において対等な立場に立つことを促進《そくしん》することにより，労働者の地位を向上させる。
・労働者がその労働条件について交渉するために自ら代表者を選出する。

(4)　テーマ 4 について，資料 4 は，日本で行われた国際会議についてまとめたものの一部である。資料 4 と関わりが深い資料はどれか，次のア～エから最も適当なものを 1 つ選び，その記号を書きなさい。(　　　)

〈資料 4〉

1997 年 12 月，京都市で環境問題に関する国際会議が開催《かいさい》された。この会議では，京都議定書が採択《さいたく》された。

ア

特に水鳥の生息地として国際的に重要な湿地《しっち》に関する条約
○条約締約《ていやく》国：168 か国
○日本の登録地数：50 か所
○日本の主な登録地
釧路湿原《くしろしつげん》，藤前干潟《ふじまえひがた》，琵琶《びわ》湖，宍道《しんじ》湖，串本《くしもと》沿岸海域など
(2015 年 6 月 26 日現在)

イ

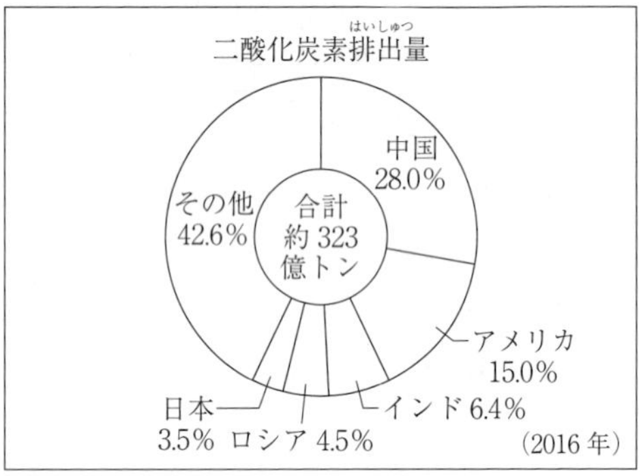

ウ

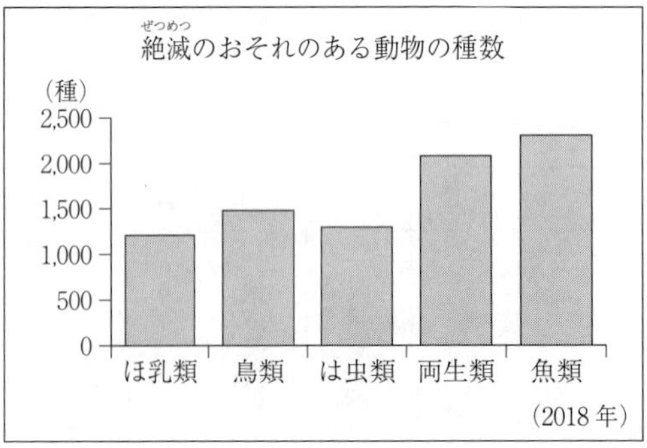

エ

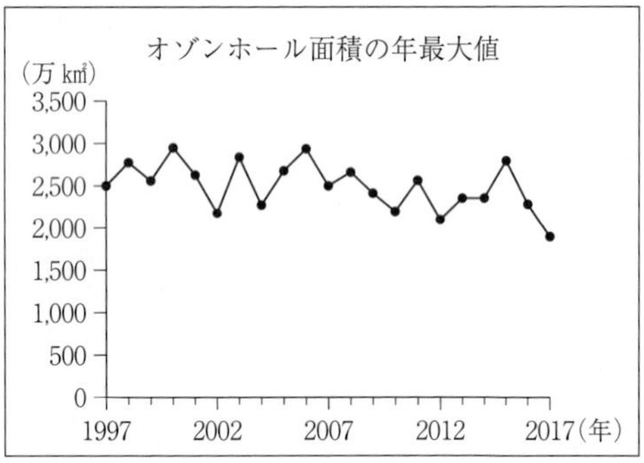

(環境省 Web ページほかから作成)

(5)　テーマ 5 について，資料 5 は，おもな税金の種類をまとめたものの一部である。資料 5 の A～D は，あとのア～エの税金のいずれかがあてはまる。資料 5 の D にあてはまる税金はどれか，ア～エから最も適当なものを 1 つ選び，その記号を書きなさい。(　　　)

〈資料 5〉

	国税	道府県税	市町村税
直接税	A	B	D
間接税	揮発油税など	C	入湯税など

ア．固定資産税　　イ．地方消費税　　ウ．自動車税　　エ．所得税

(6)　テーマ６について，資料６は，政府の方針を決定する会議についてまとめたものの一部である。資料６にまとめた会議を何というか，その名称を**漢字**で書きなさい。(　　　　)

〈資料６〉

・首相が主催
・国務大臣が全員出席
・全会一致《いっち》を原則

(7)　テーマ７について，ゆうたさんは社会権についてのレポートを作成するために，資料７，資料８，資料９，資料10を準備した。これらを見て，あとの(a)，(b)の各問いに答えなさい。

〈資料７〉　日本国憲法　第25条

①　すべて国民は，健康で文化的な最低限度の生活を営む権利を有する。
②　国は，すべての生活部面について，社会福祉，社会保障及び公衆衛生の向上及び増進に努めなければならない。

〈資料８〉　国民年金（基礎《きそ》年金）のしくみ

・日本に住んでいる20歳《さい》以上60歳未満のすべての人が加入する。
・国民年金（基礎年金）の支給開始年齢《ねんれい》は65歳で，保険料を納付した期間に応じて給付額が決定される。
・20歳から60歳の40年間保険料を納付していれば，満額を受給することができる。
・納めた保険料は，その年に年金を必要とする人たちに給付される。(世代間扶養《ふよう》方式)

(厚生労働省 Webページほかから作成)

〈資料９〉　一人あたりの国民年金保険料の推移

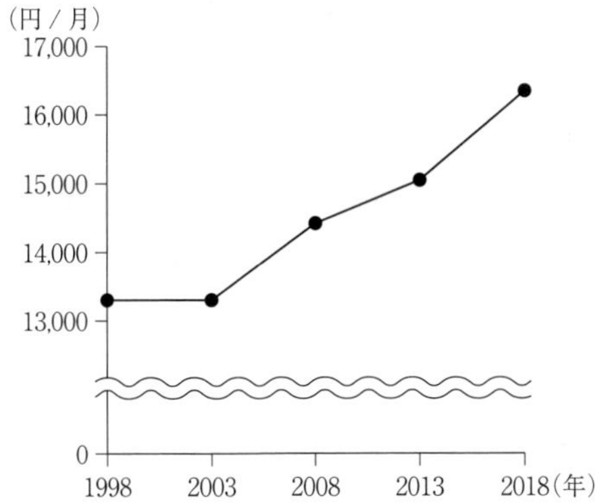

(日本年金機構 Webページから作成)

〈資料10〉　日本の世代別人口の推移

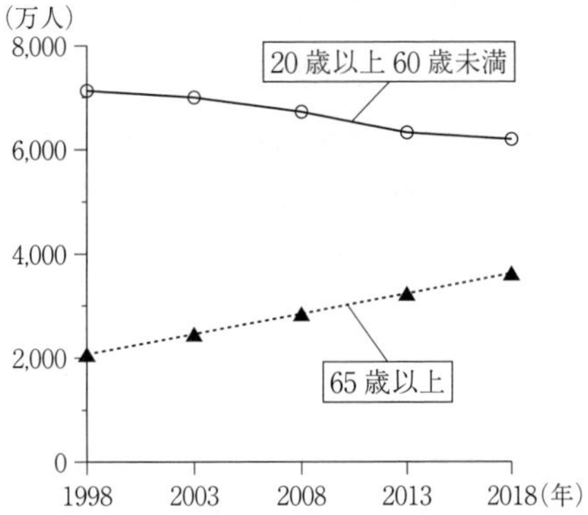

(『日本国勢図会　2019／20』ほかから作成)

(a)　資料７の①に示されている，社会権の中で基本となる権利を何というか，その名称を**漢字**で書きなさい。(　　　　権)

(b)　資料８に示した国民年金のしくみのもと，資料９に示したように，日本の一人あたりの国民年金保険料が増加しているのはなぜか，その理由の１つとして考えられることを，資料10から読み取り，「負担者」と「受給者」という２つの言葉を用いて，書きなさい。

(　　　　　　　　　　　　　　　　　　　　　　　　　　　　　　　　)

理科

時間　45分　　　満点　50点

1　図1は，ヒトの体の細胞《さいぼう》と毛細血管を模式的に示したものである。図2は，ヒトの血液の循環《じゅんかん》を模式的に示したものであり，a～hは血管を表し，矢印──→は血液が流れる向きを表している。また，W～Zは，肝臓《かんぞう》，小腸，じん臓，肺のいずれかの器官を表している。このことについて，あとの各問いに答えなさい。

図1

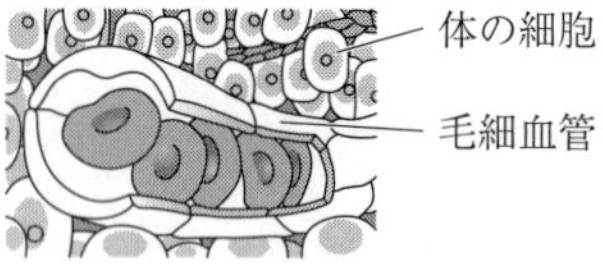

図2

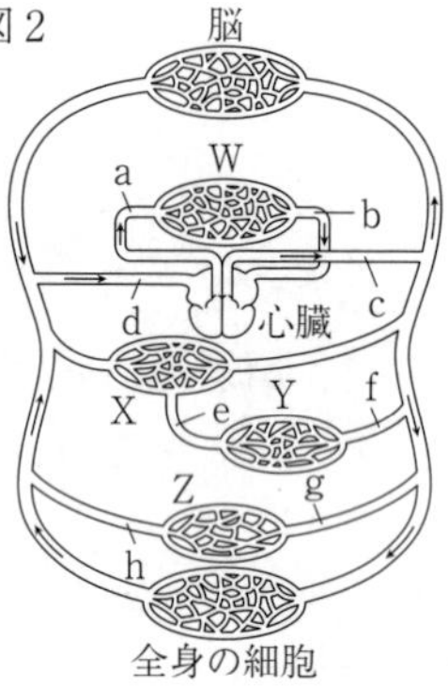

(1)　次の文は，図1に示した体の細胞と毛細血管の間で行われている物質のやりとりについて説明したものである。文中の（ あ ）に入る最も適当な言葉は何か，**漢字**で書きなさい。(　　　)

血しょうの一部は毛細血管からしみ出して（ あ ）となり，細胞のまわりを満たす。血液によって運ばれてきた養分や酸素は，（ あ ）を通して細胞に届けられる。

(2)　図2で，ブドウ糖やアミノ酸などは器官Yで吸収されて毛細血管に入り，血管eを通って器官Xに運ばれる。器官Xは何か，次のア～エから最も適当なものを1つ選び，その記号を書きなさい。(　　　)

ア．肝臓　　イ．小腸　　ウ．じん臓　　エ．肺

(3)　尿素《にょうそ》の割合が最も低い血液が流れている血管はどれか，図2のa～hから最も適当なものを1つ選び，その記号を書きなさい。(　　　)

(4)　動脈血が流れている血管はどれか，図2のa～dから適当なものをすべて選び，その記号を書きなさい。(　　　)

2　まさみさんの部屋には水温を管理できる，水の入った水そうがある。まさみさんは，水そうの表面に水滴《すいてき》がついているときと，ついていないときがあることに気づき，室温，湿度《しつど》，水そうの水温を測定し，水そうの表面の水滴がついているか，ついていないかを調べた。結果は表1のとおりであった。また，表2は，温度と飽和《ほうわ》水蒸気量の関係を示したものである。このことについて，あとの各問いに答えなさい。ただし，水そうの表面付近の空気の温度は水温と等しいものとする。

表1

測定	室温(℃)	湿度(%)	水温(℃)	水そうの表面の水滴
測定1	28	54	20	(B)
測定2	26	62	20	ついていない
測定3	X	62	20	ついている
測定4	26	Y	20	ついている
測定5	26	62	Z	ついている

表2

温度(℃)	飽和水蒸気量(g/m^3)	温度(℃)	飽和水蒸気量(g/m^3)
0	4.8	16	13.6
2	5.6	18	15.4
4	6.4	20	17.3
6	7.3	22	19.4
8	8.3	24	21.8
10	9.4	26	24.4
12	10.7	28	27.2
14	12.1	30	30.4

(1)　水そうの表面に水滴がついたのは，空気中の水蒸気が冷やされて水滴に変わったためである。空気中の水蒸気が冷やされて水滴に変わりはじめるときの温度を何というか，その名称《めいしょう》を書きなさい。(　　　)

(2)　次の文は，測定1の結果について，まさみさんが考えたことをまとめたものである。文中の(A)に入る最も適当な数を書きなさい。また，(B)に入る言葉は何か，下のア，イから最も適当なものを1つ選び，その記号を書きなさい。ただし，(A)は小数第2位を四捨五入し，小数第1位まで求めなさい。A(　　　)　B(　　　)

測定1のとき，この部屋の空気1m^3にふくまれる水蒸気量は(A)gであるので，20℃のときの飽和水蒸気量から考えると，水そうの表面に水滴は(B)。

(B)の語群

ア．ついている　　イ．ついていない

(3)　表1の測定3～測定5では，水そうの表面に水滴がついていた。測定3の室温X，測定4の湿度Y，測定5の水温Zは，測定2の室温，湿度，水温と比べて高いか，低いか，次のア～クから最も適当なものを1つ選び，その記号を書きなさい。(　　　)

	ア	イ	ウ	エ	オ	カ	キ	ク
測定3の室温　X	高い	高い	高い	高い	低い	低い	低い	低い
測定4の湿度　Y	高い	高い	低い	低い	高い	高い	低い	低い
測定5の水温　Z	高い	低い	高い	低い	高い	低い	高い	低い

3　たろうさんは，家から花火大会の花火を見ていて，次の①，②のことに気づいた。このことについて，あとの各問いに答えなさい。

①　花火が開くときの光が見えてから，その花火が開くときの音が聞こえるまでに，少し時間がかかる。

②　花火が開くときの音が聞こえるたびに，家の窓ガラスが揺《ゆ》れる。

(1)　たろうさんが，家で，花火が開くときの光が見えてから，その花火が開くときの音が聞こえるまでの時間を，図のようにストップウォッチで計測した結果，3.5 秒であった。家から移動し，花火が開く場所に近づくと，その時間が 2 秒になった。このとき，花火が開く場所とたろうさんとの距離《きょり》は何 m 短くなったか，求めなさい。ただし，音が空気中を伝わる速さは 340m/秒とする。(　　　m)

図

(2)　①について，花火が開くときの光が見えてから，その花火が開くときの音が聞こえるまでに，少し時間がかかるのはなぜか，その理由を「光の速さ」という言葉を使って，簡単に書きなさい。

(　　　　　　　　　　　　　　　　　　　　　　　　　　　　　　　　　　)

(3)　②について，次の文は，たろうさんが，花火が開くときの音が聞こえるときに，家の窓ガラスが揺れる理由をまとめたものである。文中の（ X ），（ Y ）に入る最も適当な言葉は何か，それぞれ書きなさい。X(　　　)　Y(　　　)

音は，音源となる物体が（ X ）することによって生じる。音が伝わるのは，（ X ）が次々と伝わるためであり，このように（ X ）が次々と伝わる現象を（ Y ）という。

花火が開くときの音で窓ガラスが揺れたのは，花火が開くときに空気が（ X ）し，（ Y ）として伝わったためである。

4　次の実験について，あとの各問いに答えなさい。

〈実験〉　気体の性質を調べるために，次の①，②の実験を行った。

①　図１の実験装置を用いて，三角フラスコに入れた石灰石《せっかいせき》に，うすい塩酸を加え，発生した気体Ａを水上置換《ちかん》法で集気びんに集めた。

②　図２の実験装置を用いて，試験管ａに塩化アンモニウムと水酸化カルシウムを入れて加熱し，発生した気体Ｂを上方置換法で乾《かわ》いた試験管ｂに集めた。気体Ｂがじゅうぶんに集まったことを確認《かくにん》するために，試験管ｂの口に水でぬらしたリトマス紙をあらかじめ近づけておいた。

図１

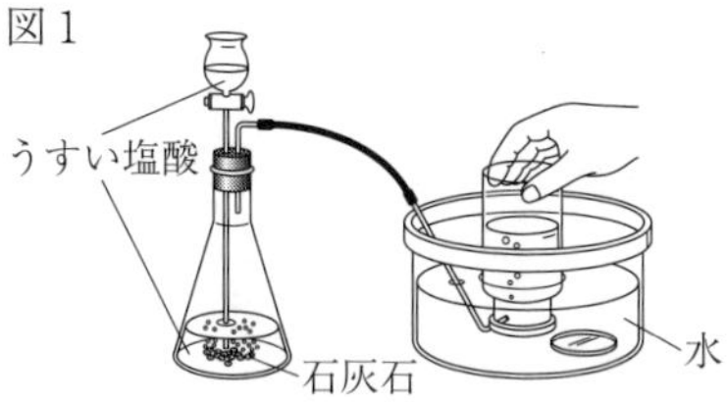

図２

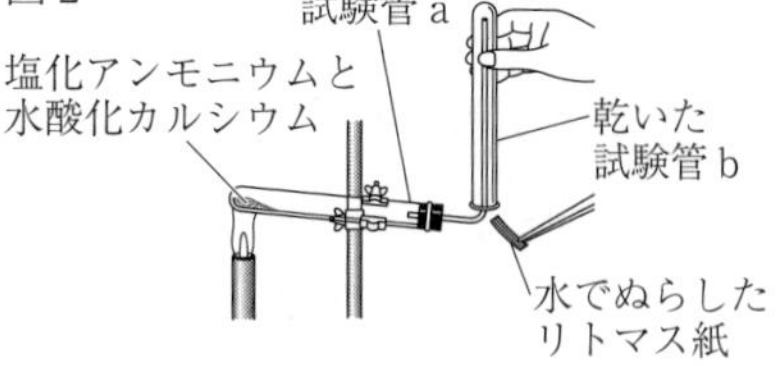

(1)　①，②について，気体Ａ，Ｂはそれぞれ何か，化学式で書きなさい。Ａ(　　　)　Ｂ(　　　)

(2)　②について，次の(a)，(b)の各問いに答えなさい。

(a)　気体Ｂを上方置換法で集めたのは，気体Ｂには，水に溶《と》けやすいという性質以外にどのような性質があるからか，「密度」という言葉を使って，簡単に書きなさい。

(　　　　　　　　　　　　　　　　　　　　　　　　　　　　　　)

(b)　次の文は，気体Ｂがじゅうぶんに集まったことを確認するために，試験管ｂの口に水でぬらしたリトマス紙を近づけておいた理由をまとめたものである。文中の(Ⓧ)～(Ⓩ)に入る言葉はそれぞれ何か，下のア～エから最も適当な組み合わせを１つ選び，その記号を書きなさい。

(　　)

気体Ｂは水に溶けると(Ⓧ)性を示すので，水でぬらしたリトマス紙に気体Ｂがふれると，(Ⓨ)色のリトマス紙が(Ⓩ)色に変化する。試験管ｂの口に近づけておいたリトマス紙の色の変化を観察することで，試験管ｂの口まで気体Ｂが集まったことを確認することができるため。

ア．Ⓧ―酸　Ⓨ―青　Ⓩ―赤　イ．Ⓧ―アルカリ　Ⓨ―青　Ⓩ―赤

ウ．Ⓧ―酸　Ⓨ―赤　Ⓩ―青　エ．Ⓧ―アルカリ　Ⓨ―赤　Ⓩ―青

5　次の文を読んで，あとの各問いに答えなさい。

図は，天球上の黄道を模式的に示したものである。図のように，黄道を12等分した位置を点A～Lで示したところ，天の北極Yに最も近い黄道上の位置が点Dになった。この図を見て，三重県に住んでいるみずきさんは，太陽や星座を1年を通して観測したことや，資料集やインターネットで調べたことを，次の①～③のようにノートにまとめた。ただし，みずきさんが観測をした地点は北緯《ほくい》34.0°とする。

図

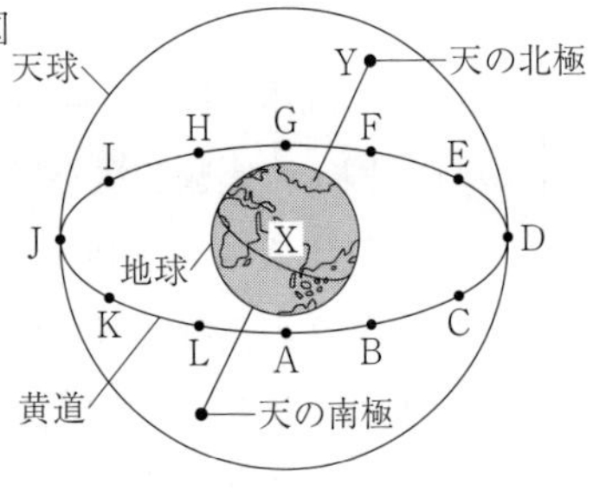

【みずきさんのノートの一部】

① 太陽と星の見かけの動きについて

太陽と星座の星を1年を通して観測したとき，太陽は，星座の星の位置を基準にすると，天球上の星座の間を少しずつ移動するように見える。

② 季節ごとの太陽と黄道上の星の位置について

黄道は天の赤道から23.4°傾《かたむ》いている。このことと，観測をする地点の緯度から，天の北極の位置Yと太陽の位置との間の角度や，季節ごとに観測できる黄道上の星，および，太陽の南中高度がわかる。

③ 太陽の見かけの動きと「うるう年」の関係について

暦《こよみ》の上では，1年は365日である。これに対して，見かけの太陽の位置が，点Aから黄道上を1周して，次に点Aの位置になるまでの時間はおよそ（ あ ）日である。このことから，太陽の位置と毎年の暦が大きくずれないようにするために，暦の上で1年を366日にする「うるう年」が定められていることが説明できる。

(1) ①について，太陽と星座の星を1年を通して観測したとき，次の(a)～(c)の各問いに答えなさい。

(a) 黄道上を太陽が1周する見かけの動きはどちらからどちらの向きか，その向きを東，西，南，北を使って書きなさい。(　　　から　　　の向き)

(b) 黄道上を太陽が1周する見かけの動きは地球の何という動きによるものか，その名称を**漢字**で書きなさい。(地球の　　　)

(c) 太陽の見かけの動きが星座の星の見かけの動きとちがうのはなぜか，その理由を「地球」，「距離」という2つの言葉を使って，簡単に書きなさい。

(　　　　　　　　　　　　　　　　　　　　)

(2) ②について，次の(a)～(d)の各問いに答えなさい。

(a) 夏至《げし》の日の太陽の位置を点Zとするとき，地球の中心X，天の北極Yについて∠ZXYは何度か，求めなさい。ただし，∠ZXYは180°より小さい角とする。(　　　度)

(b) 太陽の位置が黄道上の点Gの位置になる日，点Bの位置にある星が南中するのは日の入りから何時間後か，整数で求めなさい。(　　　時間後)

(c) 春分の日の午前0時に，地平線からのぼりはじめる黄道上の星はどの位置にあるか，点A～

Lから最も適当なものを1つ選び，その記号を書きなさい。(　　　)

(d) 点Fの位置にある星が南中してから2時間後に日の出を迎《むか》えた。この日の太陽の南中高度は何度か，求めなさい。(　　　　度)

(3) ③について，文中の（ あ ）に入る数は何か，次のア〜エから最も適当なものを1つ選び，その記号を書きなさい。(　　　)

ア．364.76　　イ．365.24　　ウ．365.76　　エ．366.24

6　次の文は，マグネシウムをガスバーナーで加熱した実験を振《ふ》り返ったときの，やすおさんと先生の会話文と，その後，やすおさんが疑問に思ったことを別の実験で確かめ，ノートにまとめたものである。これらを読んで，あとの各問いに答えなさい。

①　【やすおさんと先生の会話】

先　生：マグネシウムをガスバーナーで加熱すると，どのような化学変化が起きましたか。

やすお：加熱した部分から燃焼《ねんしょう》が始まり，加熱をやめても燃焼し続けました。マグネシウムがあんなに激しく反応するとは予想していなかったので驚《おどろ》きました。

先　生：そうでしたね。では，燃焼した後の物質のようすはどうでしたか。

やすお：燃焼後は，マグネシウムが白い物質になりました。マグネシウムが空気中の酸素と結びついたと考えると，白い物質は酸化マグネシウムだと思います。

先　生：そのとおりです。ほかに調べてみたいことはありますか。

やすお：マグネシウムが空気中の酸素と結びついたということから，燃焼前のマグネシウムと燃焼後の酸化マグネシウムの質量を比べると，結びついた酸素の分だけ質量が増加していると思います。マグネシウムが酸化マグネシウムに化学変化するときの，マグネシウムと酸素の質量の比について，実験で調べてみたいです。

　また，マグネシウムは空気中で燃焼し続けましたが，二酸化炭素で満たした集気びんに，燃焼しているマグネシウムを入れるとどのようになるのか，実験で調べてみたいです。

②　やすおさんは，マグネシウムが酸化マグネシウムに化学変化するときの，マグネシウムと酸素の質量の比について調べる実験を行い，次のようにノートにまとめた。

【やすおさんのノートの一部】

〈課題〉　マグネシウムが酸化マグネシウムに化学変化するときの，マグネシウムと酸素の質量の比はどのようになるのだろうか。

〈方法〉　図1のように，細かくけずったマグネシウム0.60gをステンレス皿全体にうすく広げ，加熱したときにマグネシウムが飛び散るのを防ぐために，ステンレス皿に金あみでふたをして，ガスバーナーで一定時間加熱した。加熱後，ステンレス皿全体をよく冷ましてから，加熱後の物質の質量を測定した。

図1

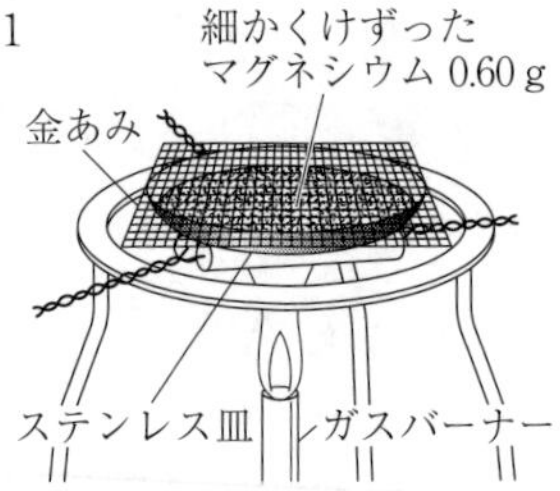

　測定後，ステンレス皿の中の物質をよくかき混ぜてからふたたび加熱し，冷ましてから質量を測定する操作を，質量が増えることなく一定になるまでくり返した。加熱後の物質の質量は，加熱後の金あみをふくめた皿全体の質量から，金あみと皿の質量を引いて求めた。

〈結果〉　加熱回数ごとの加熱後の物質の質量は，次の表のようになった。

表

加熱回数	1回目	2回目	3回目	4回目	5回目	6回目	7回目
加熱後の物質の質量(g)	0.86	0.88	0.94	0.98	1.00	1.00	1.00

③ やすおさんは，二酸化炭素で満たした集気びんの中に燃焼しているマグネシウムを入れるとどのようになるのか実験で調べ，次のようにノートにまとめた。

【やすおさんのノートの一部】

〈課題〉 二酸化炭素で満たした集気びんの中でもマグネシウムは燃焼し続けるのだろうか。

〈方法〉 空気中でマグネシウムをガスバーナーで加熱し，燃焼しているマグネシウムを，図2のように，二酸化炭素で満たした集気びんに入れた。

図2

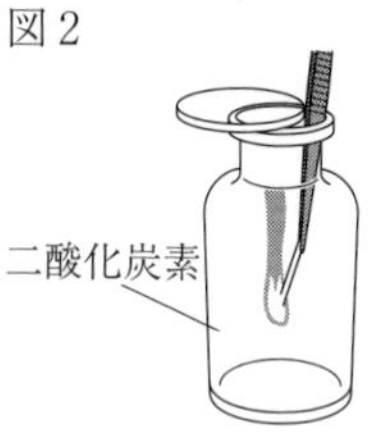

〈結果〉 二酸化炭素で満たした集気びんの中でも，マグネシウムは燃焼し続けた。燃焼後，集気びんの中には，酸化マグネシウムと同じような白い物質のほかに，黒い物質もできていた。

(1) ①について，次の(a)，(b)の各問いに答えなさい。

(a) マグネシウムを空気中で加熱したときに起きた化学変化を，化学反応式で表すとどうなるか，書きなさい。ただし，できた酸化マグネシウムは，マグネシウムと酸素の原子が1：1の割合で結びついたものとする。(　　　　　　　　　　　)

(b) 次の文は，燃焼について説明したものである。文中の（ A ），（ B ）に入る最も適当な言葉は何か，それぞれ**漢字**で書きなさい。A (　　　　) B (　　　　)

燃焼とは，（ A ）や（ B ）を出して，激しく酸化する化学変化のことである。

(2) ②について，次の(a)，(b)の各問いに答えなさい。

(a) マグネシウムと酸素が結びついて酸化マグネシウムができるとき，マグネシウムと酸素の質量の比はどうなるか，最も簡単な整数の比で表しなさい。マグネシウム：酸素＝(　　：　　)

(b) マグネシウムの加熱回数が1回目のとき，加熱後の物質にふくまれる酸化マグネシウムは何gか，求めなさい。(　　　　g)

(3) ③について，次の(a)，(b)の各問いに答えなさい。

(a) 二酸化炭素で満たした集気びんの中で，マグネシウムが燃焼したときにできる黒い物質は何か，その名称を**漢字**で書きなさい。(　　　　)

(b) 二酸化炭素で満たした集気びんの中で，マグネシウムが燃焼したときに，二酸化炭素に起きる化学変化を何というか，書きなさい。(　　　　)

7　次の観察や実験について，あとの各問いに答えなさい。

植物の葉のはたらきを調べるために，オオカナダモを使って，次の観察や実験を行った。

〈観察〉

図1のように，明るいところに置いたオオカナダモLと，1日暗いところに置いたオオカナダモMから，それぞれ先端《せんたん》近くの葉をとり，次の①，②の観察を行った。

① L，Mそれぞれの葉のプレパラートをつくり，図2の顕微鏡《けんびきょう》で観察した。図3は，顕微鏡で観察したオオカナダモの葉の細胞をスケッチしたものである。

② L，Mそれぞれの葉を熱湯に入れた後，あたためたエタノールの中に入れ，エタノールからとり出して水でよくゆすいだ。この葉をスライドガラスにのせて，うすめたヨウ素液をたらし，カバーガラスをかけて，顕微鏡で観察した。表1は，ヨウ素液による色の変化をまとめたものである。

図1

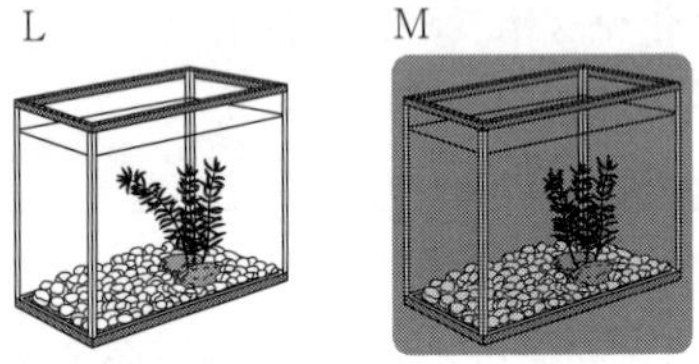

図2

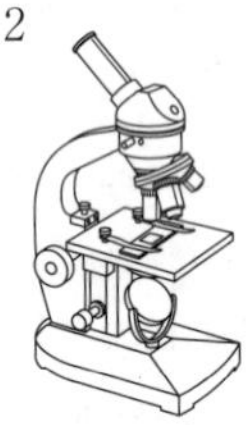

図3

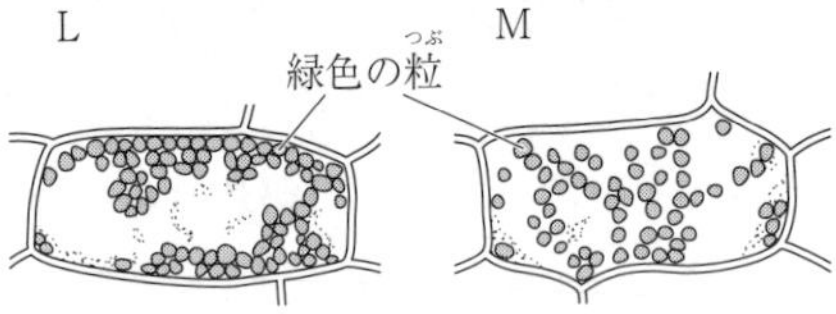

表1

	ヨウ素液による色の変化
オオカナダモLの葉	青紫色《あおむらさきいろ》になった
オオカナダモMの葉	変化しなかった

〈実験〉

青色のBTB溶液《ようえき》に二酸化炭素をふきこんで緑色にした後，これを4本の試験管A，B，C，Dに入れた。図4のように，試験管AとCにオオカナダモを入れ，試験管BとDにはオオカナダモを入れなかった。また，試験管CとDにはアルミニウムはくを巻き，光が当たらないようにした。4本の試験管A，B，C，Dにしばらく光を当てた後，BTB溶液の色の変化を調べた。表2は，4本の試験管A，B，C，Dにおける，BTB溶液の色の変化をまとめたものである。ただし，BTB溶液の温度は変化しないものとする。

図4

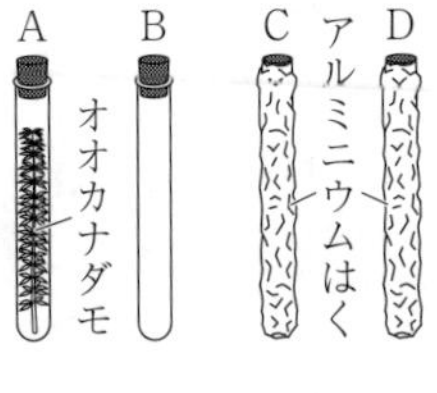

表2

試験管	BTB溶液の色の変化
A	青色になった
B	変化しなかった
C	黄色になった
D	変化しなかった

(1) 観察について，次の(a)～(d)の各問いに答えなさい。

(a) 顕微鏡を用いて観察するときの，顕微鏡の使い方や説明として正しいものはどれか，次のア～エから最も適当なものを1つ選び，その記号を書きなさい。(　　　)

ア．ピントを合わせるときは，対物レンズとプレパラートを遠ざけておいて，接眼レンズをのぞきながら調節ねじをゆっくり回し，対物レンズとプレパラートを近づける。

イ．高倍率で観察するときは，低倍率の対物レンズでピントを合わせた後，レボルバーを回して高倍率の対物レンズにし，しぼりなどで明るさを調節する。

ウ．観察倍率は，接眼レンズの倍率と対物レンズの倍率の和で求められる。

エ．対物レンズの倍率が高くなると，ピントを合わせたとき，対物レンズの先端とプレパラートの間隔《かんかく》は，対物レンズの倍率が低いときと比べて広くなる。

(b)　①では，細胞の中に多くの緑色の粒が観察できた。図3に示した，緑色の粒のことを何というか，その名称を**漢字**で書きなさい。(　　　)

(c)　②で，あたためたエタノールの中に葉を入れたのは何のためか，その目的を簡単に書きなさい。(　　　　　　　)

(d)　②で，明るいところに置いたオオカナダモLの葉の細胞の中にある粒の色が，ヨウ素液で青紫色に変化したことから，緑色の粒の中で，ある物質ができていたと考えられる。緑色の粒の中でできていたと考えられる物質は何か，その名称を書きなさい。(　　　)

(2)　実験について，次の(a)～(c)の各問いに答えなさい。

(a)　試験管Bを用意して実験を行ったのはなぜか，その理由を「試験管Aで見られたBTB溶液の色の変化は」に続けて，簡単に書きなさい。

(試験管Aで見られたBTB溶液の色の変化は　　　　　　　　　　　　　　)

(b)　次の文は，表2にまとめたBTB溶液の色の変化について考察したものである。文中の(　あ　)～(　え　)に入る言葉は何か，次のア～オから最も適当なものを1つずつ選び，その記号を書きなさい。あ(　　)　い(　　)　う(　　)　え(　　)

試験管Aでは，BTB溶液に溶けている二酸化炭素が(　あ　)なり，(　い　)性に変化したと考えられる。また，試験管Cでは，BTB溶液に溶けている二酸化炭素が(　う　)なり，(　え　)性に変化したと考えられる。

ア．多く　　イ．少なく　　ウ．酸　　エ．中　　オ．アルカリ

(c)　表2にまとめたBTB溶液の色の変化には，オオカナダモの光合成と呼吸が関係している。試験管Aで出入りする気体の量について正しく述べたものはどれか，次のア～ウから最も適当なものを1つ選び，その記号を書きなさい。(　　)

ア．光合成によって出入りする気体の量は，呼吸によって出入りする気体の量より多い。

イ．光合成によって出入りする気体の量は，呼吸によって出入りする気体の量より少ない。

ウ．光合成によって出入りする気体の量と，呼吸によって出入りする気体の量は等しい。

8　次の実験について，あとの各問いに答えなさい。

〈実験〉　物体の運動について調べるため，台車，斜面《しゃめん》Ⅰに固定した1秒間に60回打点する記録タイマーを用いて，次の①～③の実験を行った。①，②では，いずれの台車も斜面Ⅰを下り，水平面をまっすぐに進み，斜面Ⅱを上り，斜面Ⅱ上で一瞬《いっしゅん》静止してふたたび斜面Ⅱを逆向きに下りはじめた。斜面Ⅱを下りはじめてから台車を手で停止させた。③では，木片《もくへん》を水平面に置いて実験を行った。ただし，斜面Ⅰおよび斜面Ⅱのそれぞれと水平面はなめらかにつながっており，台車の運動にかかわる摩擦《まさつ》や空気の抵抗《ていこう》，記録タイマーと紙テープの間の摩擦はないものとする。また，③では，台車のもっているエネルギーはすべて木片に伝わるものとする。

① 図1のように，台車の後ろに紙テープをつけ，台車の先端部をAの位置に合わせて静かに手をはなした。

図1

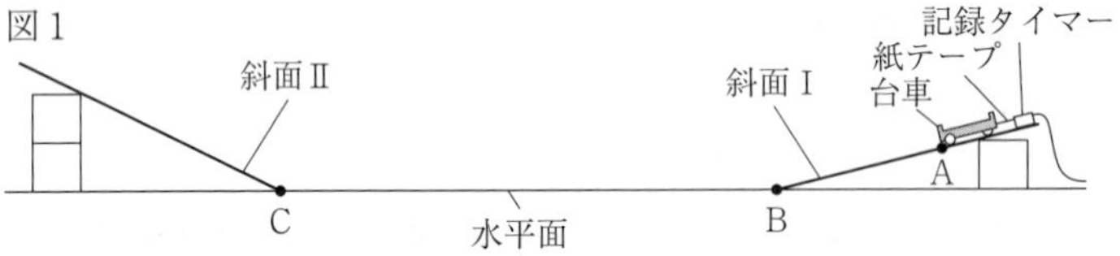

② 図2のように，①と同じ装置を用いて，水平面からのDの高さが，図1における水平面からのAの高さの2倍になるように斜面Ⅰの傾きを大きくした。次に台車の先端部をDの位置に合わせて静かに手をはなした。

図2

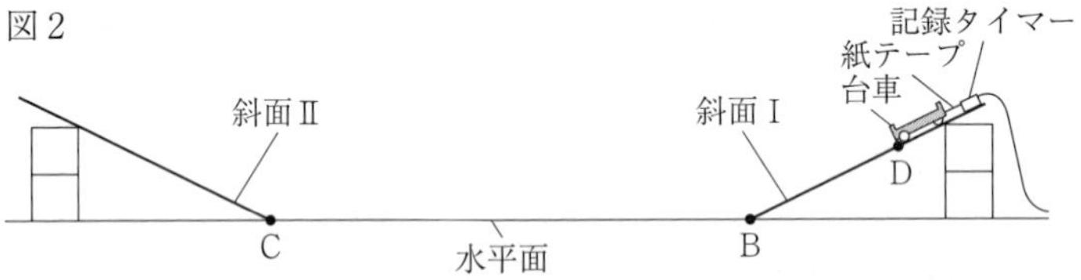

③ 図3のように，②と同じ装置の水平面に木片を置き，台車の先端部をDの位置に合わせて静かに手をはなして，台車を木片に当てた。

図3

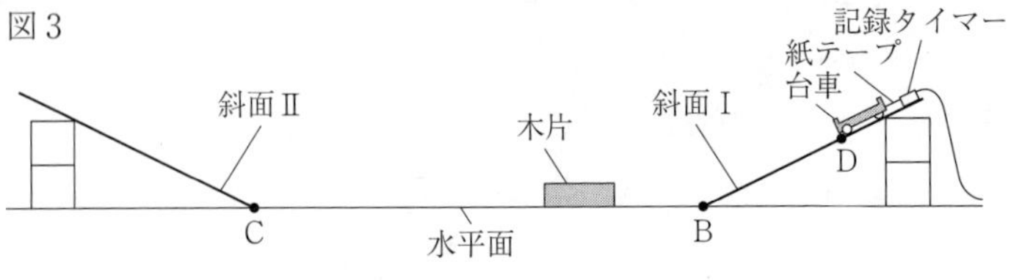

(1) ①について，図4は，①で台車が斜面Ⅰを下りるときに記録された紙テープの一部を示したものである。また，図4の打点(あ)～(え)は，(あ)，(い)，(う)，(え)の順に記録されたもので，打点(あ)～(い)間の距離は0.9cm，打点(い)～(う)間の距離は1.8cm，打点(う)～(え)間の距離は2.7cmであった。次の(a)～(d)の各問いに答えなさい。

図4

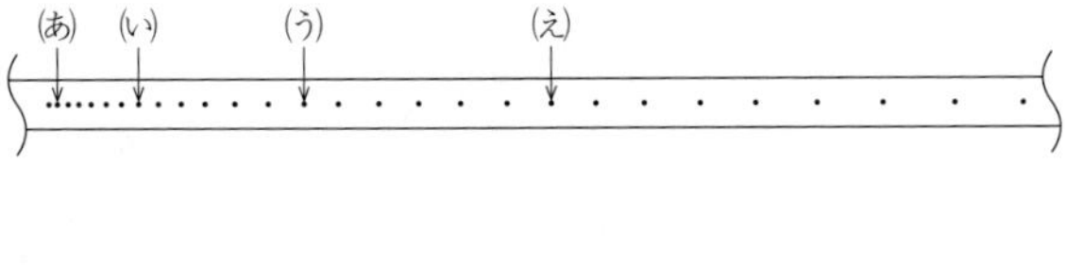

(a) 台車が斜面Ⅰを下りるとき，台車にはたらく力のうち，斜面に平行で下向きの力の大きさについて正しく述べたものはどれか，次のア～エから最も適当なものを1つ選び，その記号を書きなさい。(　　　)

ア．力の大きさは，しだいに小さくなる。　　イ．力の大きさは，しだいに大きくなる。

ウ．力の大きさは，常に一定である。　　エ．力は，はたらいていない。

(b) 台車が斜面Ⅰを下りるとき，図4の打点(あ)～(え)間の台車の平均の速さは何cm/秒か，求めなさい。(　　　cm/秒)

(c) 台車が斜面Ⅰを下りるとき，台車がもつ位置エネルギーと運動エネルギーは，それぞれどのように変化するか，簡単に書きなさい。

位置エネルギー(　　　　　)　運動エネルギー(　　　　　)

(d) 台車がBを通過した後から，水平面をまっすぐに進むとき，水平面上での台車の運動を何というか，その名称を**漢字**で書きなさい。(　　　運動)

(2) ①，②について，それぞれの台車が運動をはじめてから斜面Ⅱで一瞬静止するまでの速さと時間の関係を模式的に示しているグラフはどれか，次のア～エから最も適当なものを1つ選び，その記号を書きなさい。ただし，①，②において，斜面Ⅰ上のAB間の距離とDB間の距離は等しく，BC間の距離と，斜面Ⅱの傾きはそれぞれ等しいものとする。(　　　)

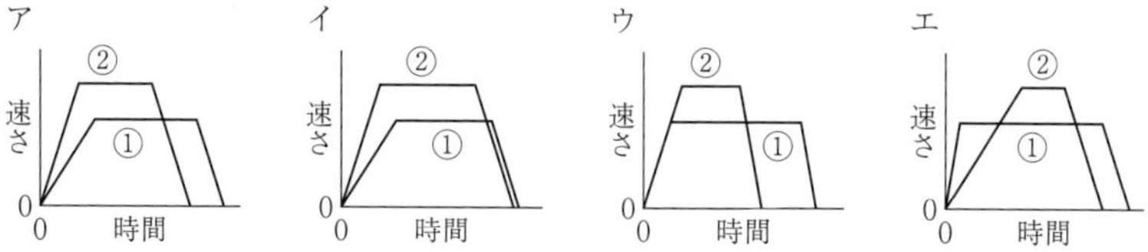

(3) ③について，台車が木片に当たり，木片はCに向かって移動し水平面上で静止した。移動している木片が静止するまでの間に，木片がもつエネルギーはどのように変わるか，次のア～エから最も適当なものを1つ選び，その記号を書きなさい。(　　　)

ア．運動エネルギーが位置エネルギーに変わる。

イ．位置エネルギーが運動エネルギーに変わる。

ウ．運動エネルギーが音，熱のエネルギーに変わる。

エ．音，熱のエネルギーが運動エネルギーに変わる。

ア、身近なこと　　イ、楽しいこと

ウ、特別なこと　　エ、簡単なこと

(三) 【話し合いの様子】の中の、そうたさんの発言は、話し合いの中でどのような役割を果たしているか。次のア～エから最も適当なものを一つ選び、その記号を書きなさい。（　　）

ア、アンケート結果をもとに、全員で話し合うテーマを提示している。

イ、自分の考えを述べ、アンケート結果を分析し理由を推測している。

ウ、全員で出し合った意見について、共通点や相違点を整理している。

エ、他の人の意見をふり返り、自分の考えが正しいかを確認している。

(四) 【話し合いの様子】の中の二重傍線部分「ボランティア活動の参加者を増やすための工夫」について、あなたの考えを、次の〔注意〕にしたがって書きなさい。

〔注意〕

① 題名は書かずに本文から書き出しなさい。

② 具体的なボランティア活動を一つ取り上げ、【資料2】または【資料3】をふまえて、そのボランティア活動の参加者を増やすための工夫を明確にして書きなさい。

③ あなたの考えが的確に伝わるように書きなさい。

④ 原稿用紙の使い方にしたがい、全体を百六十字以上二百字以内にまとめなさい。

160

200

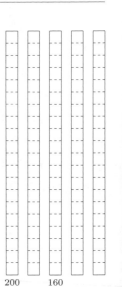

のように、現地に行って、困っている人を支援するような活動を想像するよ。全校生徒の多くの人がそういうイメージをもっていることによって、【資料1】のような結果になったのではないかな。

さつきさん　そうかもしれないね。ボランティア活動はやっぱり[②]なのかな。

はるとさん　そんなことはないと思うよ。私たちにも参加できて、今まで参加したことがない人も「やってみよう」と思えるようなボランティア活動があるのではないかな。

あやかさん　そうだね。ボランティア活動の参加者を増やすための工夫を考えたいね。

【資料1】

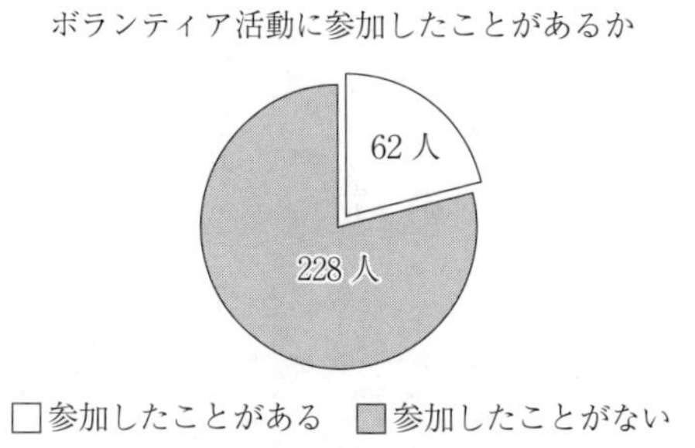

(全校生徒290人が回答)

【資料2】

ボランティア活動に参加した理由	
社会の役に立ちたいから	19
自分の成長につながると考えたから	16
知人に誘われたから	13
楽しそうだと思ったから	11
その他	3

単位：人

(「ボランティア活動に参加したことがある」と回答した62人が回答)

【資料3】

ボランティア活動に参加しない理由	
参加する時間がないから	94
何をすればよいのかわからないから	69
自分にできるかどうか自信がないから	48
1人で参加するのは不安だから	12
その他	5

単位：人

(「ボランティア活動に参加したことがない」と回答した228人が回答)

【資料4】

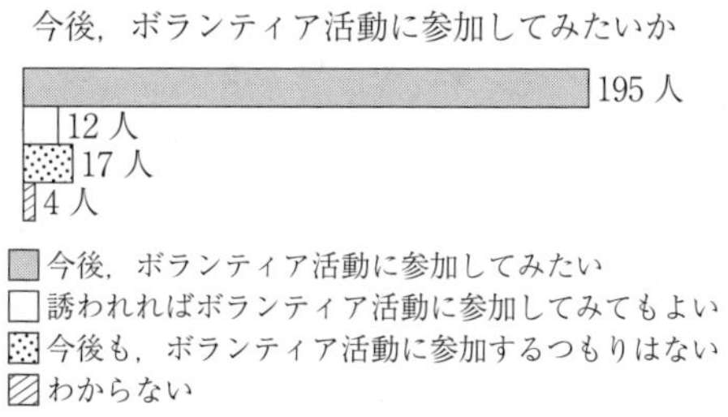

(「ボランティア活動に参加したことがない」と回答した228人が回答)

(一)　【話し合いの様子】の中の[①]に入る言葉として最も適当なものを、次のア～エから一つ選び、その記号を書きなさい。（　）

ア、ボランティア活動に参加したことのある人の数は、全校生徒の大部分にまで増加しているということ

イ、ボランティア活動に参加したことのある人の数は、参加したことのない人の数とほぼ同数ということ

ウ、ボランティア活動に参加したことのない人の数は、参加したことのある人の数より少ないということ

エ、ボランティア活動に参加したことのない人の数は、全校生徒のうち半数以上を占めているということ

(二)　【話し合いの様子】の中の[②]に入る言葉として最も適当なものを、次のア～エから一つ選び、その記号を書きなさい。（　）

(注4)　紅梅殿――都にあった菅原道真の邸宅。

(注5)　籬――柴や竹で間を広くあけて造った垣根。

(一)　傍線部分①「にほひおこせよ」を現代仮名遣いに改め、すべてひらがなで書きなさい。(　　　)

(二)　傍線部分②「春な忘れそ」の、現代語訳として最も適当なものを、次のア～エから一つ選び、その記号を書きなさい。(　　)

ア、春を忘れてはいけない　　イ、春を忘れないだろう

ウ、春を忘れてしまってもよい　　エ、春を忘れてしまいそうだ

(三)　傍線部分③「先人於故宅」を、「先人故宅に於て」と読むことができるように返り点をつけたものは、次のア～エのうちどれか。最も適当なものを一つ選び、その記号を書きなさい。(　　)

ア、先人二於故宅一　　イ、先人レ於レ故宅

ウ、先人於レ故宅　　エ、先人於二故宅一

(四)　傍線部分④「あさましともあはれとも、心も及ばれね」は、筆者の感想である。これはどのようなことに対しての筆者の感想か。次の文の[　]に入る言葉を、十字以上十五字以内の現代語で書きなさい。

梅の木が、主人の移った土地まで飛んで行き、生えついたうえに、[　　　]こと。

5　次の【話し合いの様子】は、中学校の生徒会長のあやかさんが他の生徒会役員とボランティア活動について話し合ったときの様子の一部であり、【資料1】、【資料2】、【資料3】、【資料4】は、全校生徒に実施したアンケートの結果をまとめたものである。これらを読んで、あとの各問いに答えなさい。

【話し合いの様子】

あやかさん　はじめに、全校生徒に実施したアンケートの結果を見てみよう。まず【資料1】で、[①]がわかるよね。

はるとさん　【資料2】を見ると、ボランティア活動に参加した理由は、「社会の役に立ちたいから」がいちばん多く、次いで、「自分の成長につながると考えたから」、「知人に誘われたから」の順になっているね。

あやかさん　【資料3】を見ると、ボランティア活動に参加しない理由は、「参加する時間がないから」、「何をすればよいのかわからないから」、「自分にできるかどうか自信がないから」が多いことがわかるね。

さつきさん　でも、ボランティア活動に参加したことがない人で「今後、ボランティア活動に参加してみたい」と答えた人が一九五人もいることが【資料4】でわかるよ。ボランティア活動に参加したことがない人のほとんどが、参加する意思はあるということだよね。

そうたさん　これらの結果から考えると、もしかして、ボランティア活動は[②]と捉えられているのかも。私も、「ボランティア活動」と聞くと、災害救助や被災地の復興支援

ア、植物を擬人化した表現を用いることによって、読者に親しみを持たせている。

イ、文体を常体で統一することによって、研究論文のような印象を持たせている。

ウ、植物に関する実験の結果を示すことで、自分の意見に説得力を持たせている。

エ、前半と後半とで相反する考え方を示すことで、主張に広がりを持たせている。

4　次の文章を読んで、あとの各問いに答えなさい。

菅家《菅原道真が》、（注1）大宰府《だざいふ》におぼしめしたちける《旅立つことを決心された》ころ、

（注2）東風《こち》吹かば①にほひおこせよ梅の花主《あるじ》なしとて②春な忘れそ

とよみおきて、都を出でて、（注3）筑紫《つくし》に移り給ひてのち、かの（注4）紅梅殿、梅の片《一本》枝《の枝が》、飛び参りて、生《お》ひ付きにけり《生えついた》。

ある時、この梅に向《むか》ひて、

ふるさとの花のものいふ世なりせば《世であったなら》いかに昔のことをとはまし《どうにかして昔のことを尋ねただろうに》

とながめ給ひければ《お詠みになった時》、この木、

③先人於故宅　（先人故宅《先人の旧宅》に於《おい》て）
籬廃ル二於旧年ニ一　（（注5）籬《まがき》、旧年に廃る《昨年から荒れはて》）
麋鹿猶棲ム所　（麋鹿《びろく》、猶《なお》棲《す》む所《鹿たちの住み家と化し》）
無レ主クシテ独リ碧天　（主無くして独り碧天《へきてん》《青空のみが澄みわたる》）

と申したりける《返事をした》こそ、④あさましとも《驚くほどで》あはれとも、心も及ばれね《想像もつかないことではないか》。

（「新編　日本古典文学全集　十訓抄《じっきんしょう》」より。一部表記を改めたところがある。）

（注1）大宰府――筑前《ちくぜん》の国（今の福岡県）に置かれた官庁。
（注2）東風――東方から吹いてくる風。春風。
（注3）筑紫――九州北部を中心とする地域の古い呼び名。

ら、夜は冷えます。しかも、山の斜面の下には、川が流れており、朝には霧がかかるほど、湿度が高くなります。高い山の斜面には、美しく紅葉する条件がよくそろっているのです。

「何のために、カエデやナナカマドなどが紅色になるのか」と不思議がられます。紅色の色素はアントシアニンです。これは、黄葉の色素である黄色のカロテノイドと同じように、太陽の光に含まれる紫外線の害を防ぐ物質です。ですから、(2)この色素には、イチョウの黄葉と同じ役割が考えられます。

(田中《たなか》　修《おさむ》「植物のひみつ」より。一部表記を改めたところがある。)

(注1)　ナナカマド――バラ科の落葉高木。秋に紅葉して赤い実をつける。

(一)　波線部分①「隠れ」と波線部分②「隠し」について、これらの動詞の活用の種類の組み合わせとして最も適当なものを、次のア～エから一つ選び、その記号を書きなさい。(　　)

ア、①—五段活用　②—下一段活用
イ、①—下一段活用　②—上一段活用
ウ、①—下一段活用　②—五段活用
エ、①—上一段活用　②—下一段活用

(二)　傍線部分(1)「紅葉の名所といわれるところ」とあるが、次の文は、美しく紅葉する条件について、本文の内容をまとめたものである。□に入る最も適当な言葉を、本文中の言葉を使って、五字で書きなさい。

美しく紅葉する条件として、昼が暖かいこと、夜に冷えること、紫外線を多く含む太陽の光が強く当たることに加え、□ことがあり、紅葉の名所といわれるところは、これらの条件がよくそろっている、高い山の斜面が多くなる。

(三)　傍線部分(2)「この色素には、イチョウの黄葉と同じ役割が考えられます」とあるが、赤い色素であるアントシアニンと黄色の色素であるカロテノイドに共通する役割とはどのようなことか。本文中の言葉を使って、「……こと。」につながるように、二十字以上三十字以内で書きなさい。(句読点も一字に数える。)

こと。

(四)　次の表は、本文に述べられている黄葉と紅葉との違いについてまとめたものである。表の中のA～Cに入る言葉の組み合わせとして最も適当なものを、あとのア～エから一つ選び、その記号を書きなさい。(　　)

	黄葉(例　イチョウ)	紅葉(例　カエデ、ナナカマド)
色素	カロテノイド	アントシアニン
色づくしくみ	緑色の色素が消えていくと、隠れていた黄色の色素がだんだん目立ってくる。	緑色の色素がなくなるにつれて、赤い色素がA。
色づきの状態	年や場所によってB。	年や場所によってC。

ア、A—だんだん消えていく　B—あまり変化がない　C—異なる
イ、A—新たにつくられる　B—あまり変化がない　C—異なる
ウ、A—だんだん消えていく　B—異なる　C—あまり変化がない
エ、A—新たにつくられる　B—異なる　C—あまり変化がない

(五)　この文章の表現や構成の特徴として最も適当なものを、次のア～エから一つ選び、その記号を書きなさい。(　　)

ごとに、あまり変化がないということです。

このしくみは、イチョウの葉っぱは、自分の生涯の終わりに際し、春から夏にかけて主役を務めてきた緑の色素に代わり、ずっと陰でその色素の働きを支えてきた黄色の色素に主役を譲るというものです。イチョウの葉っぱが、このように洒落《しゃれ》た気配りの「ひみつ」をもっていることに「すごい」と感服せざるを得ません。

「何のために、イチョウの葉っぱが黄色になるのか」と不思議がられます。残念ながら、明確な理由はわかっていません。でも、黄色い色素はカロテノイドです。これには、太陽の光に含まれる紫外線の害を防ぐ働きがあります。ですから、この色素に考えられる役割があります。

イチョウの木のあちこちに、小さな芽があります。これらは、翌年の春には、葉っぱを展開するものです。イチョウの木にとっては、次の世代を背負っていく大切なものです。秋の日差しにはまだ多くの紫外線が含まれていますから、これらの芽は、紫外線から守られなければなりません。黄葉の葉っぱの色素は、日差しが弱くなる冬までの一時期、紫外線を吸収して、次の年の春に活躍する芽が傷つけられることから守っているのです。冬が近づき、日差しが弱くなると、黄葉は役目を終えて散るのです。

イチョウの黄葉に対して、葉っぱが赤く色づく紅葉は、同じ季節の現象ですが、そのしくみは異なります。紅葉する植物の代表は、カエデやナナカマド(注1)などです。これらの紅葉は、「今年の色づきはきれい」とか「昨年は色づきがよくなかった」など、例年と比較されます。年によって、紅葉の色づきが異なるからです。

あるいは、「あそこのカエデがきれい」とか「あそこのカエデは、色づきがよくない」のように、場所による色づきの違いがいわれます。(1)紅葉の名所といわれるところも、場所によって、色づきに違いがあります。紅葉は、黄葉とは異なり、年によっても、場所によっても、色づきが異なるのです。「なぜ、そんなに異なっているのだろうか」とのふしぎが感じられます。それは、紅葉には、黄葉とは異なる、色づくための「ひみつ」があるからです。

カエデやナナカマドの葉っぱは、緑色のときに、赤い色素をもっていません。ですから、赤色になるためには、葉っぱの緑色の色素であるクロロフィルがなくなるにつれて、「アントシアニン」という赤い色素が新たにつくられなければなりません。

アントシアニンがきれいにつくられるためには、三つの大切な条件があります。一つ目は、昼が暖かいことです。二つ目は、夜に冷えることです。三つ目は、紫外線を多く含む太陽の光が強く当たることです。これらの三つの条件がそろったとき、赤い色素であるアントシアニンが葉っぱの中で多くつくられます。

年によって、昼の暖かさと夜の冷えこみ具合は異なります。そのため、年ごとに、色づきが「よい」とか「よくない」ということがおこります。また、場所によっても、昼と夜の寒暖の差は異なります。太陽の光の当たり方は、場所によって異なります。そのため、紫外線の当たり具合も、場所によって違うのです。

さらに、赤い色素をつくりだす反応は、葉っぱがカラカラに乾燥した状態では進みません。水分が保持されていなければなりません。ですから、紅葉には、湿度の高い場所が適しています。また、紅葉したあとも、湿度の高いほうが、美しい状態が長く保たれます。

そのため、紅葉の名所というと、高い山の中腹の、太陽の光がよく当たる斜面が多くなります。高い山では、空気が澄んでおり、紫外線が多く当たります。斜面には、昼間は太陽の光がよく当たり、高い山ですかきな気持ちになっている。

エ、川野さんに悩みごとを聞いてもらったため、今後は川野さんを大切にしようと決めている。

3　次の文章を読んで、あとの各問いに答えなさい。

秋に葉っぱが黄色くなるのは、黄色い色素が新しくつくられるのではなく、すでにつくられて①隠れていたものが姿を見せるためです。それを知ると、「黄色い色素は、どこに隠れていたのか」との疑問がおこります。

それは、葉っぱの緑色の下にまぎれていたのです。夏に葉っぱが緑色のときにすでに黄色い色素がつくられており、この色素の黄色は葉っぱの緑色の色素で隠されているのです。葉っぱの緑色の色素は「クロロフィル」、黄色の色素は「カロテノイド」という名前です。緑色のクロロフィルは、光合成に必要な光を吸収する主な色素です。カロテノイドも光を吸収し、その光も光合成に使われます。

クロロフィルは、春からずっと緑色の葉っぱの中で、主役を務めます。葉っぱの緑色が濃いときには、黄色い色素は緑色の陰に隠されて目立ちません。濃い緑色が黄色の色素の色を②隠しているというのが、「ひみつ」のしくみの前半部分なのです。

「ひみつ」のしくみの後半部分は、隠れていた黄色の色素が秋に目立ってくることです。温度がだんだん低くなると、緑色の色素が分解されて葉っぱから消えていきます。そのため、隠れていた黄色い色素がだんだん目立ってきて、葉っぱは黄色くなります。

年によって、温度が低くなる具合は違います。秋の温度の低下が早かったり遅かったりすれば、緑の色素の減り方も早かったり遅かったりします。そのため、イチョウの黄葉は、年ごとに早かったり遅かったりするのです。

しかし、冬が近づき温度が下がれば、緑色の色素は完全になくなります。ですから、隠れていた黄色の色素が目立ってきて、必ず同じような黄色になります。ということは、イチョウの黄葉には、年ごとに、場所

「うん……わかる……」

虹が光る。すごい。メガネは虹をつくることもできる。これで外に出て歩くと危なそうだけど。

なっちゃんはメガネをはずし、店員さんの差し出すティッシュで濡《ぬ》れたレンズを拭いた。

じゃあ行こうか、と川野さんが目で誘う。その誘いも、メガネをかけると、くっきり見える。

「行こう」「うん、行こう」「わたし、宿題まだ終わってないし」「えー、ヤバいじゃん、それ」……。

不思議だ。(5)メガネは目をよくしてくれるだけなのに、しゃべる声までくっきりと聞こえてくる。

自動ドアが開く。外に出る。夏休み最後のまぶしい陽射《ひざ》しが、クリーナーをちょっとだけ拭き残していたレンズの隅に、小さな、小さな、虹をつくった。

（重松《しげまつ》　清《きよし》「虹色メガネ」〈「季節風　夏」所収〉より）

(一)　次の漢字は、傍線部分(1)「無」を行書で書いたものである。この行書で書かれた漢字の◯で囲まれた部分に見られる特徴として最も適当なものを、あとのア～エから一つ選び、その記号を書きなさい。（　　）

ア、楷書と比べ、筆順が異なっている。

イ、楷書と比べ、点画が省略されている。

ウ、楷書ではらう部分を、はねている。

エ、楷書ではねる部分を、とめている。

(二)　傍線部分(2)「ドライブの前にお父さんが車を洗ったり点検したりするのと同じ」とあるが、川野《かわの》さんは、メガネのクリーニングや調整を行う目的は何であると言っているか。本文中から六字で抜き出して書きなさい。

(三)　傍線部分(3)「メガネをかけて帰ってくる」とあるが、この部分は、いくつの単語に分けられるか。次のア～エから最も適当なものを一つ選び、その記号を書きなさい。（　　）

ア、四　イ、五　ウ、六　エ、七

(四)　傍線部分(4)「急に照れくさくなって、もじもじしてしまって、でも、なんとなく、胸がふわっと温《ぬく》もった」とあるが、なっちゃんが、このように感じたのはなぜか。その理由を、なっちゃんが嫌だったことにふれて、本文中の言葉を使って、「……から。」につながるように、三十字以上四十字以内で書きなさい。（句読点も一字に数える。）

から。

(五)　傍線部分(5)「メガネは目をよくしてくれるだけなのに、しゃべる声までくっきりと聞こえてくる」とあるが、この文で表現されている、なっちゃんの心情の説明として最も適当なものを、次のア～エから一つ選び、その記号を書きなさい。（　　）

ア、川野さんが学校以外でもおしゃべりだということを知って、もっと話したいと思っている。

イ、川野さんのメガネを使ってきれいな虹ができたので、親しくなってよかったと感じている。

ウ、川野さんとメガネについての話をしたことにより、明るくて前向たり点検したりするのと同じ」

あ、そうか、となっちゃんはうなずいた。べつに「メガネはすごいんだ」と言われたわけではないけど、そういうのって、なんかカッコいいな、と思った。

クリーニングや調整が終わるのを待つ川野さんに付き合って、なっちゃんもお店に残ることにした。お母さんは「いい？だいじょうぶ？ちゃんと(3)メガネをかけて帰ってくるのよ」と何度も念を押して、先に帰った。

最初はメガネ姿を川野さんに見られることも嫌だった。とっさにはずそうとして、メガネに手も伸びた。

でも、川野さんは「似合うよ、なっちゃん」と言ってくれた。「いいフレーム選んだんだね」とも言ってくれた。お母さんや店員さんにほめられたときとは違って、「ほんと？そうかなあ、自分だとよくわかんないけど……」と(4)急に照れくさくなって、もじもじしてしまって、でも、なんとなく、胸がふわっと温《ぬく》もった。

二人でいても、べつに盛り上がったりはしない。顔がくっきり見えたからといって、無口な川野さんが急におしゃべりになるわけではない。

でも、「今度はどんなのにしようかなあ」と、目をしょぼしょぼさせたまま、ほとんど手探りで商品棚のメガネをかける川野さんは、とても楽しそうだった。この子、メガネが好きなんだな、と思う。自分のたいせつなものだから、好きなんだな。

「こういうの、どう？」

川野さんがかけたのは、レンズの部分がまるっこいメガネだった。いつもの四角いメガネより、そっちのほうが似合う。「すごくかわいい」と、なっちゃんは言った。川野さんは「じゃあ、クリスマスプレゼント、これにしてもらおうかな」と笑った。ずいぶん気の早い話だけど、クリスマスプレゼントにかわいいメガネを買ってもらうのっていいな、と思った。ゲームを買ってもらうより、ずっといいな。

クリーニングと調整が終わったメガネを受け取ると、川野さんはまたメガネちゃん1号に戻った。

「これで二学期の準備完了」と言って、旅に出かける前のゲームの主人公みたいに、よし、とうなずいた。なっちゃんも「わたしも準備完了」と笑い返す。メガネちゃん1号と2号、二学期に向かって出発――。

川野さんはカウンターの上の記念品を見つけて、「なっちゃん、なに選んだの？」と訊いてきた。「まだ決めてない」と答えると、「これがいいよ」と液体クリーナーを勧めてくれた。「汚れもよく落ちるし、あと、遊べるの」

「遊べる、って？」

「ちょっと貸して」

川野さんはなっちゃんからメガネを受け取り、レンズの隅のほうに一滴垂らした。店員さんもよく知っているのだろう、あとで拭き取るためのティッシュペーパーを用意してくれている。

「このまま、かけてみて」

「拭かなくていいの？」

「いいのいいの、このままかけて、照明を見て」

言われたとおりにした。クリーナーが垂れて、視界がにじんだ。天井の照明を見つめると、クリーナーのしずくに光があたって、キラキラと虹のように光った。

「きれいでしょ？」

「うん……すごく、きれい……」

「わたし、ときどき、そうやって遊んでるの。メガネって面白いんだよ」

国語

時間　四五分
満点　五〇点

1　次の①～⑧の文の傍線部分について、漢字は読みをひらがなで書き、ひらがなは漢字に直しなさい。

① 本を大切に扱う。（　　う）
② みかんを搾る。（　　る）
③ 愉快な一日を過ごす。（　　）
④ 文章の体裁を整える。（　　）
⑤ ひたいに汗する。□
⑥ おさない妹と遊ぶ。□い
⑦ こんざつを避ける。□□
⑧ えんじゅくした演技を観る。□□

2　次の文章を読んで、あとの各問いに答えなさい。

> 小学校三年生のなっちゃんと川野《かわの》さんは同じクラスである。なっちゃんは、視力検査で近視であることがわかり、夏休みの最終日、母親と一緒にメガネ屋に来た。

「明日から学校だから」

背中に、声が聞こえた。女の子の声だった。小学生ぐらいの、学年で言えば三年生ぐらいの、どこかで聞いたことのある……。

あれっ？と振り向くと、川野さんがいた。

川野さんも、あれっ？という顔をしていた。メガネのおかげではっきりと見える。くっきりと見える。視力は四月のクラス替えの頃から落ちていたのだろうか。顔をしかめ、目を(1)無理に細めて見ていたから、川野さんのメガネ姿がヘンに見えたのだろうか。いま向き合った川野さんは、メガネがとてもよく似合っていて、かわいらしい。「なっちゃん、メガネつくったの？」と笑って訊《き》いてきた。教室ではおとなしくてクライ印象しかなかったのに、いまの川野さんは、元気で、明るくて、友だちになれそうな気もした。メガネちゃん1号とメガネちゃん2号だから、というわけではなくて。

メガネをはずした川野さんは、目をしょぼしょぼさせて、「なっちゃんの顔も、あんまり見えない」と苦笑いを浮かべた。

川野さんのメガネは、いま、超音波をつかった洗浄器でクリーニングされている。洗い終わると、鼻当てのパッドを交換したりネジを締め直したりという調整をしてもらうのだという。

「明日から二学期だから、ほら、(2)ドライブの前にお父さんが車を洗っ

2020年度／解答

数　学

1 【解き方】(1) 与式 $= -(9 \times 7) = -63$

(2) 与式 $= \dfrac{16}{20}x - \dfrac{15}{20}x = \dfrac{1}{20}x$

(3) 与式 $= 7a - 7b - 8a + 32b = -a + 25b$

(4) 与式 $= 5 - 2\sqrt{10} + 2 = 7 - 2\sqrt{10}$

(5) 与式 $= x^2 - 6^2 = (x + 6)(x - 6)$

(6) 解の公式より，$x = \dfrac{-5 \pm \sqrt{5^2 - 4 \times 1 \times (-1)}}{2 \times 1} = \dfrac{-5 \pm \sqrt{29}}{2}$

(7) $n = 5.5 \times 6 - (5 + 4 + 3 + 7 + 5) = 33 - 24 = 9$

【答】(1) -63　(2) $\dfrac{1}{20}x$　(3) $-a + 25b$　(4) $7 - 2\sqrt{10}$　(5) $(x + 6)(x - 6)$　(6) $(x =)\ \dfrac{-5 \pm \sqrt{29}}{2}$

(7) $(n =)\ 9$

2 【解き方】(1) ① $18000 + 600 \times 15 = 27000$ (円)　② ㋐ $y = 600x + 18000$ に $y = 40000$ を代入して，$40000 = 600x + 18000$ から，$x = 36.6\cdots$　よって，最大 36 冊作成することができる。㋑ A 社は $y = 1250x$ と表すことができる。$x = 40$ のとき，$y = 1250 \times 40 = 50000$ だから，$(0,\ 0)$，$(40,\ 50000)$ を通る直線をかけばよい。㋒ $y = 1250x$ を $y = 600x + 18000$ に代入して，$1250x = 600x + 18000$ より，$x = 27.6\cdots$　よって，28 冊以上作成したとき。

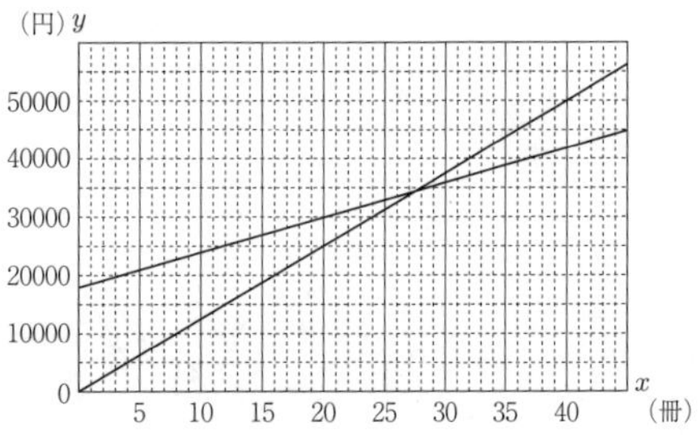

(2) 道のりの合計より，$x + y = 1800$……(あ)　かかった時間の合計より，$\dfrac{x}{60} + \dfrac{y}{160} = 20$……(い)　(い) $\times 480$ より，$8x + 3y = 9600$……(う)　(う) $-$ (あ) $\times 3$ より，$5x = 4200$　よって，$x = 840$　これを(あ)に代入して，$840 + y = 1800$ より，$y = 960$

(3) ① 大小 2 つのさいころの目の出方は，$6 \times 6 = 36$ (通り)　m が素数になるのは，(大，小) $= (1,\ 1)$，$(1,\ 3)$，$(2,\ 3)$，$(3,\ 1)$，$(4,\ 1)$，$(4,\ 3)$，$(5,\ 3)$，$(6,\ 1)$ の 8 通りだから，求める確率は，$\dfrac{8}{36} = \dfrac{2}{9}$　② m が自然数を 2 乗した数になるときだから，(大，小) $= (1,\ 6)$，$(2,\ 5)$，$(3,\ 6)$，$(6,\ 4)$ の 4 通り。よって，求める確率は，$\dfrac{4}{36} = \dfrac{1}{9}$

【答】(1) ① 27000 (円)　② ㋐ 36 (冊)　㋑ (前図)　㋒ 28 (冊以上)

(2) ① $x + y$　② $\dfrac{x}{60} + \dfrac{y}{160}$　③ 840　④ 960　(3) ① $\dfrac{2}{9}$　② $\dfrac{1}{9}$

3 【解き方】(1) $y = 3x + 7$ に $x = -2$ を代入して，$y = 3 \times (-2) + 7 = 1$ より，A $(-2,\ 1)$　$y = ax^2$ に $x = -2$，$y = 1$ を代入して，$1 = a \times (-2)^2$ より，$a = \dfrac{1}{4}$

(2) $x = 0$ のとき y は最小で，$y = 0$　$x = 3$ のとき y は最大で，$y = \dfrac{1}{4} \times 3^2 = \dfrac{9}{4}$　よって，$0 \leqq y \leqq \dfrac{9}{4}$

(3) ① B $(0,\ 7)$，C $(6,\ 9)$ となるから，点 D は点 A より x 軸の正の方向に，$6 - 0 = 6$，y 軸の正の方向に，

9 − 7 = 2 進んだ位置にある。よって，D (4, 3) ② 求める直線は，四角形 ADCB の対角線の交点 M を通る。点 M は対角線 AC の中点で，$\mathrm{M}\left(\dfrac{-2+6}{2},\ \dfrac{1+9}{2}\right)$ より，M (2, 5) よって，求める直線の傾きは $\dfrac{5}{2}$ だから，式は，$y = \dfrac{5}{2}x$

【答】 (1) $(a =)\ \dfrac{1}{4}$ (2) $0\ (\leqq y \leqq)\ \dfrac{9}{4}$ (3) ① D (4, 3) ② $(y =)\ \dfrac{5}{2}x$

4 **【解き方】** (1) ① △BCD は正三角形だから，△BCF は 30°，60° の直角三角形。よって，$\mathrm{BF} = \dfrac{\sqrt{3}}{2}\mathrm{BC} = \dfrac{\sqrt{3}}{2} \times 6 = 3\sqrt{3}$ (cm) ② $\mathrm{BE} = 6 \times \dfrac{2}{3} = 4$ (cm) 右図のように，F から AB に垂線をひいて交点を H とおく。$\mathrm{BH} = \dfrac{1}{2}\mathrm{AB} = 3$ (cm)だから，△HBF において三平方の定理より，$\mathrm{FH} = \sqrt{(3\sqrt{3})^2 - 3^2} = 3\sqrt{2}$ (cm) よって，求める高さを h cm とおいて，△EBF の面積について 2 通りに表すと，$\dfrac{1}{2} \times 3\sqrt{3} \times h = \dfrac{1}{2} \times 4 \times 3\sqrt{2}$ が成り立つ。これを解いて，$h = \dfrac{12\sqrt{2}}{3\sqrt{3}} = \dfrac{4\sqrt{6}}{3}$ (cm)

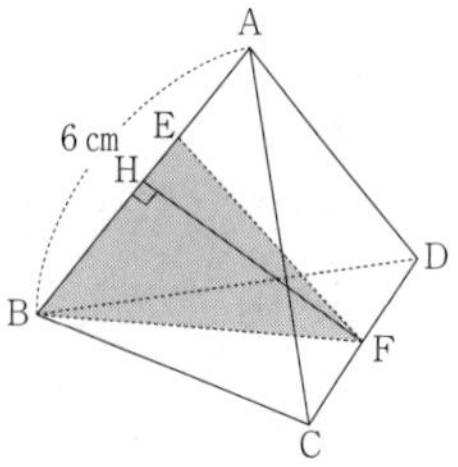

(2) 直線 AD と直線 BC の交点を E とおき，∠AEB の二等分線と AB の交点を F とおく。点 F を通る辺 BC の垂線と辺 BC との交点を点 P とする。

【答】 (1) ① $3\sqrt{3}$ (cm) ② $\dfrac{4\sqrt{6}}{3}$ (cm) (2) (右図)

(例)

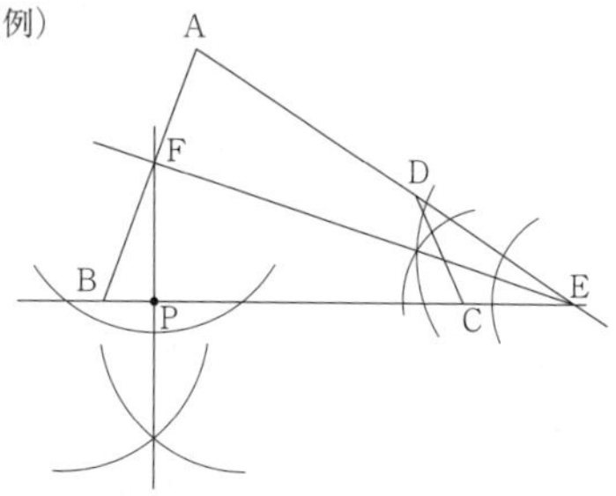

5 **【解き方】** (3) ① △ADC ≡ △BCE より，DC = CE これと AB = DC より，四角形 ABCE は AB = EC の台形とわかる。よって，A から BC に垂線をひき交点を K とおくと，$\mathrm{BK} = (12 - 8) \times \dfrac{1}{2} = 2$ (cm) △ABK で，三平方の定理より，$\mathrm{AK} = \sqrt{5^2 - 2^2} = \sqrt{21}$ (cm) よって，平行四辺形 $\mathrm{ABCD} = 12 \times \sqrt{21} = 12\sqrt{21}$ (cm^2) ② CK = 12 − 2 = 10 (cm)だから，△ACK で，$\mathrm{AC} = \sqrt{10^2 + (\sqrt{21})^2} = 11$ (cm) よって，BE = AC = 11cm △FAE ∽ △FCB より，BF : FE = BC : EA = 12 : 8 = 3 : 2 だから，$\mathrm{FA} = \mathrm{FE} = 11 \times \dfrac{2}{3+2} = \dfrac{22}{5}$ (cm)，$\mathrm{BF} = \mathrm{BE} - \mathrm{FE} = 11 - \dfrac{22}{5} = \dfrac{33}{5}$ (cm) また，△ABF で，角の二等分線の性質より，$\mathrm{BG} : \mathrm{FG} = \mathrm{AB} : \mathrm{AF} = 5 : \dfrac{22}{5} = 25 : 22$ よって，BG : BF = 25 : 47 だから，$\mathrm{BG} = \dfrac{33}{5} \times \dfrac{25}{47} = \dfrac{165}{47}$ したがって，$\mathrm{BG} : \mathrm{FE} = \dfrac{165}{47} : \dfrac{22}{5} = 75 : 94$

【答】 (1) (ア) ∠HAB (イ) ∠CAE (ウ) 2 組の角

(2) △ADC と△BCE において，平行四辺形の対辺はそれぞれ等しいから，AD = BC……① $\overset{\frown}{\mathrm{EC}}$に対する円周角は等しいから，∠CAD = ∠EBC……② AB ∥ DC より，錯角は等しいから，∠ACD = ∠BAC……③ $\overset{\frown}{\mathrm{BC}}$に対する円周角は等しいから，∠BAC = ∠BEC……④ ③，④より，∠ACD = ∠BEC……⑤ 三角形の内角の和が 180° であることと，②，⑤から，∠ADC = ∠BCE……⑥ ①，②，⑥より，1 組の辺とその両端の角がそれぞれ等しいので，△ADC ≡ △BCE

(3) ① $12\sqrt{21}$ (cm^2) ② (BG : FE =) 75 : 94

英　語

1 【解き方】(1) Germany =「ドイツ」。for three months =「3 か月間」。

(2) No.1.　トモヤはハンバーガーと牛乳がいいと言っている。No.2.　ケンが先週インターネットで新しいコンピューターを買ったとサキに話している。No.3.　本を 2 冊借りる予定だった生徒は，4 冊まで借りることができると聞いてもう 1 冊借りることにした。

(3) No.1.　How long ～?=「どれくらいの間～？」。期間を尋ねているので，「6 日間」が適当。No.2.　晴れたら釣りに行くと言っているので，「天気が良くなることを望みます」が適当。No.3.　店であるジャケットをすすめられた客の返答。「それは私には高価すぎます」が適当。No.4.　ヨウコはジムに電話をかけたが，彼は不在だった。「私に電話をするよう彼に頼んでくれませんか？」が適当。

(4) No.1.　マコトはシドニーから友達のジョンが来ると言っている。No.2.　ヘレンは東京に行ったことがあるかマコトに聞かれ，No と答えている。質問が現在完了〈have ＋過去分詞〉の文であることに注意。No.3.　エミリーは美しい場所の写真を撮ることが好きだとヘレンが説明している。

【答】(1) ウ　(2) No.1.　エ　No.2.　ア　No.3.　ウ　(3) No.1.　イ　No.2.　ウ　No.3.　ア　No.4.　ア

(4) No.1.　イ　No.2.　エ　No.3.　エ

◀全訳▶　(1) 誰が 3 か月間ドイツで勉強しましたか？

(2)

No.1.

A：昼食に何を食べたい？

B：そうね…オムレツとコーヒーがいいわ。あなたはどう，トモヤ？

A：ぼくはとてもお腹がすいているんだ。だから，ハンバーガーと牛乳がいいな。

B：それなら，駅の近くのカフェテリアで食べない？

トモヤは昼食に何を食べるつもりですか？

No.2.

A：これはあなたの新しいコンピューターなの，ケン？

B：そうだよ，サキ。ぼくは先週インターネットでそれを買ったんだ。コンピューターはとても役に立つから，君も買うべきだよ。

A：私はもうコンピューターを持っているわ。父が私にそれをくれたの。

B：君はどれくらいそれを使っているの？

A：2 年間よ。私の兄（弟）も友達にメールを送るためにそれを使っているわ。

誰が先週インターネットで新しいコンピューターを買いましたか？

No.3.

A：すみません。私はこれら 2 冊の本を読みたいのです。月曜日までそれらを借りることができますか？

B：もちろんです。実は，生徒は夏休みの間 4 冊の本を借りることができます。

A：本当ですか？　それは知りませんでした。読みたい本がもう 1 冊あるので取りに行ってもいいですか？

B：いいですよ。

A：ありがとうございます。すぐにここに戻ってきます。

生徒は今日何冊の本を借りるつもりですか？

(3)

No.1.

A：あなたは外国に行ったことがありますか？

B：はい。私は去年ロシアに行きました。

A：ああ，そうですか。あなたはそこにどれくらい滞在しましたか？

No.2.

A：あなたは今週末何をする予定ですか？

B：もし晴れたら，私は父と海に釣りに行く予定です。

A：本当ですか？　それは楽しいでしょうね。

No.3.

A：何かお手伝いしましょうか？

B：はい，私は青いジャケットを探しています。

A：このジャケットはどうですか？

No.4.

A：もしもし？

B：こちらはヨウコです。ジムと話をしたいので，お願いできますか？

A：すみませんが，彼は今家にいません。

(4)

ヘレン：こんにちは，マコト。春休みの間に何をする予定なの？

マコト：ぼくの家族は，東京でぼくの友達のジョンと5日間過ごすつもりだよ。彼はシドニー出身の高校生なんだ。ぼくはそこで彼に会ったんだ。

ヘレン：なるほどね。あなたはシドニーに住んでいたの？

マコト：うん。ぼくが小さいとき，父がそこで働いていたんだ。ジョンの両親がぼくの父に，日本でジョンの世話をするよう頼んだのさ。彼は来週ぼくの家に来るよ。

ヘレン：彼は今までに日本を訪れたことはあるの？

マコト：いや，ないよ。ぼくは彼に長い間会っていないけど，ぼくたちはよくお互いにメールを送っているよ。

ヘレン：彼はどれくらい日本に滞在するの？

マコト：10日間だよ。君は今までに東京に行ったことがあるの，ヘレン？

ヘレン：いいえ，だけどこの5月に友達のエミリーと一緒にそこを訪れるわ。あなたはよくそこへ行くの？

マコト：うん。ぼくの祖母がそこに住んでいるんだ。ぼくたちは彼女と一緒に動物園や博物館を訪れるつもりだ。一緒に買い物にも行くよ。

ヘレン：それはいいわね。ジョンはとても喜ぶでしょうね。

マコト：そうだといいな。それでね，ぼくは彼に美しい写真がたくさん載っている東京に関する本を送ったんだ。

ヘレン：すてきね。エミリーは美しい場所の写真を撮ることが好きだから，私もそんな本を彼女に送りたいわ。実は，彼女は写真を撮るためにたくさんの海外の国々に行ったことがあるのよ。

マコト：それはおもしろいね。ぼくも写真を撮ることが好きなんだ。だから彼女が他の国々で撮った写真をぼくも見てみたい。

ヘレン：わかった。そのことを彼女に話してみるわ。

マコト：ありがとう。

No.1.　誰が来週マコトの家に来ますか？

No.2.　ヘレンは以前東京を訪れたことがありますか？

No.3.　エミリーは何をすることが好きですか？

2 **【解き方】**(1) No.1.　① 直後でケンがティムのことを説明している。ジョーンズ先生はティムが誰かを尋ねた。② ジョーンズ先生は，ケンとティムが一緒に楽しい時間を過ごしたことがうれしかった。No.2.　ア.「ティムがケンの市に滞在している間，ケンによって描かれたマンガを読むことはティムにとって楽しみだった」。ケンの4つ目のせりふを見る。正しい。イ．ケンの5つ目のせりふを見る。彼はティムの誕生日のためにマンガを描いている。ウ．ケンの3つ目のせりふを見る。ティムが滞在したのは先月の7日間。エ．「ケンはカナダを訪問する予定なので，ジョーンズ先生にカナダについて話をするよう頼んだ」という内容は述べられていない。

(2) マリコは火曜日と木曜日に25分間ピアノの練習をしている。as long as ～=「～と同じくらい長く」。

【答】 (1) No.1. ① エ　② イ　No.2. ア　(2) エ

◀全訳▶ (1)

ケン　　　　　：こんにちは，ジョーンズ先生。

ジョーンズ先生：こんにちは，ケン。ここで何をしているの？

ケン　　　　　：カナダ出身の生徒，ティムのためにマンガを描いているのです。

ジョーンズ先生：あら，本当？　ティムとは誰かしら？

ケン　　　　　：先月の7日間，カナダから15人の生徒がぼくたちの市に来て，ティムは彼らのうちの1人でした。彼は日本での滞在中，ぼくの家に泊まりました。

ジョーンズ先生：なるほど。あなたは彼と何をしたの？

ケン　　　　　：ぼくたちは一緒にたくさんのことをしました。彼はぼくが描いたマンガをとても気に入ってくれたので，ぼくはうれしく思いました。

ジョーンズ先生：あなたが彼と楽しい時間を過ごして私はうれしいわ。

ケン　　　　　：彼の誕生日が来月なので，今ぼくは彼のために新しいマンガを描いているのです。彼が日本を離れるとき，ぼくはそれを誕生日に彼に送ると約束しました。

ジョーンズ先生：きっと彼はそれを気に入ると思うわ。

ケン　　　　　：そうだといいなと思います。ぼくは彼に初めて会ったとき，彼に何と言っていいのかわかりませんでした。しかしぼくはとても早く彼と親しくなりました。彼はとてもやさしかったのです。ぼくはカナダにいる彼に会いに行きたいです。

ジョーンズ先生：それはいい考えね。描き終えたら，あなたが彼のために描いているマンガを私が読んでもいいかしら？

ケン　　　　　：もちろんです。

3 **【解き方】** (1) ① Do you have time?と時間があるかを聞く文か，Are you free?とひまかどうかを聞く文にする。「放課後」= after school。②「昨夜(私が)書いた」が「レポート」を後ろから修飾するように，目的格の関係代名詞か過去分詞を用いる。また相手に何かしてほしいときはCould you ～？やWill you ～？と依頼する文にするか，〈want 人 to ～〉=「人に～してほしい」といった表現を用いる。③「日本の伝統文化」= traditional Japanese culture (または，traditional culture of Japan)。「～について」= about ～。

(2) ①「～人家族」はThere is/are ～かhave/hasを用いて表せる。② 何かが得意であることは，can ～ wellやbe good at ～で表せる。③「～するために」は不定詞の副詞的用法で表せる。

【答】 (1) ① (例1) Do you have time after school?　(例2) Are you free after school?　(例3) Will you have some free time after school?　② (例1) Could you read a report that I wrote last night?　(例2) Will you read the report I wrote last night?　(例3) I want you to read my report written last night.　③ (例1) My report is about traditional Japanese culture.　(例2) It's about the traditional cultures of Japan.　(例3) I wrote about traditional Japanese culture in my report.

(2) ① (例1) There are five people in my family.　(例2) My family has 5 people.　(例3) We are a family of five.　② (例1) I can play tennis well.　(例2) I'm a good tennis player.　(例3) I'm good at tennis.　③ (例1) I came to London to study English.　(例2) I'm in London because I want to study English.　(例3) My purpose of staying here is to study English.

4 **【解き方】** (1) ① 何部に入るか聞かれたマサトが，ハルカに同じ質問を返している。② マサトはハルカが作った映画を学園祭で見て，その感想を述べている。

(2) A．第３段落を見る。ハルカは７月に彼女の学校に来た「ジャーナリスト」から大切なことを学んだ。B．第４段落を見る。彼女は放送部の他のメンバーたちと作った「映画」を通して，学園祭の日にそのことについて人々に伝えた。

(3) 第３段落の後半を見る。カワモトさんはハルカに，知らない人々と話すのを楽しむように助言している。

(4) ア．「ハルカは放送部に興味があったが，マサトは彼女にバスケットボール部に入るよう頼んだ」という内容は述べられていない。イ．第２段落を見る。ハルカはヒカリ高校についての短い映画を中学生のときに見た。ウ．「放送部のメンバーの１人が部の活動についてカワモトさんに話した」。第３段落の中ほどを見る。正しい。エ．「ハルカが高校生のとき，カワモトさんが高校生に彼の職業について話すためにヒカリ高校を訪れた」。第３段落の前半を見る。正しい。オ．第３段落の後半を見る。カワモトさんは他人から異なる考え方を学ぶのが好きだと言っている。カ．第５段落の後半を見る。ハルカがマサトにカワモトさんから学んだことを話した。

【答】 (1) ① エ　② ア　(2) A. journalist　B. movie　(3) ウ　(4) ウ・エ

◀全訳▶　ハルカは16歳です。彼女はちょうどヒカリ高校の生徒になったところです。

４月のある日の放課後，ハルカは友人のマサトと話をしていました。彼女は彼に「あなたは何部に入る予定なの？」と尋ねました。彼は「バスケットボール部に入るよ。君はどう？」と言いました。彼女は「そうね，私は放送部に興味があるわ」と言いました。彼女は中学生だったとき，友人たちとヒカリ高校を訪れました。彼女は放送部のメンバーによって作られたヒカリ高校についての短い映画を見ました。その映画のおかげで，彼女はその高校についてたくさん知ることができました。彼女はその部のメンバーとして，そのような映画を作りたいと思いました。彼女はマサトに「私は短い映画を通して人々にメッセージを送りたいの」と言いました。

数週間後，ハルカは放送部のメンバーになりました。7月のある日，ハルカの市の出身で有名なジャーナリストであるカワモトさんが，彼の職業についての講演のためにヒカリ高校に招待されました。講演後，部のメンバーたちには彼と話をする機会がありました。彼はメンバーたちに「君たちは部で何をしているの？」と尋ねました。メンバーの１人が彼らの活動を説明しました。別のメンバーが彼に，ジャーナリストになるために何をすべきかを尋ねました。彼らは彼と話して興奮していましたが，ハルカは彼らの会話に加わることができませんでした。彼女は内気すぎたのです。そのとき彼が彼女に「恥ずかしがらないで。異なる考え方を学ぶことができるから，ぼくは新しい人々に出会うのが好きだよ。君も知らない人々と話すのを楽しむべきだね」と言いました。彼女は同意しました。

９月に，ハルカと他のメンバーたちは，10月に学園祭で上映される映画について話をしていました。彼女は「私がカワモトさんと７月に話をしたとき，彼は私に大切なことを教えてくれました」と言いました。彼女は自分が作る映画を通してそのことについて人々に伝えたいと思いました。彼女は自分の考えについて他のメンバーに話し，彼らは同意しました。それから彼らは，たくさんの人々に会うことで多くのことを学んだある高校生についての映画を作りました。

学園祭の日には，たくさんの人々がその映画を見て楽しみました。学園祭のあと，ハルカがマサトと帰宅しているとき，彼は「ぼくは君が作った映画を見て楽しんだよ。すばらしかったね」と言いました。彼女は彼に自分が３か月前にカワモトさんと話したときに彼から学んだことを話しました。彼女は「私はカワモトさんに出会ってから，新しい人々と話すことを楽しもうとしてきたの」と彼に言いました。

(10年後)

ハルカは今市役所で働いています。ある日曜日，彼女はマサトと昼食を食べました。彼女は彼に「私はとても忙しいけれど，いろいろな人々からいろいろな考えを学ぶことはおもしろいわ。私はカワモトさんと話したあと，自分自身を変えたのよ」と言いました。彼は「君は10年前の講演後の彼との会話のことを話しているのかい？」と言いました。彼女は「ええ。私は高校生のとき彼に出会って幸運だったわ」と言いました。

社　会

1 【解き方】(1)(a) 地図より札幌とニューヨークとの経度差は約 210 度。経度差 15 度で 1 時間の時差が生じるため，時差は 14 時間。本初子午線をはさんで東にある札幌の方が時刻は早い。(b) イギリスは，西岸海洋性気候に属する。イギリスの西側には，暖流の北大西洋海流が流れており，その上を吹く偏西風が温かい空気を陸地に運んでいる。

(2)(a) フランスは原子力の割合が高いことからイ。カナダは水力資源が豊富であることからウ。日本は 2011 年の東日本大震災に伴う原子力発電所の事故以降，火力への依存度が高まっているためア。(b) 小麦の栽培には，冷涼で乾燥した土地が適している。また，とうもろこしは南米でもさかんに生産されている。中国は小麦の生産量が世界一だが，人口が多く，自国での消費量が多いために輸出量は少ない。

(3) 略地図はメルカトル図法で描かれている。アはモルワイデ図法など，ウは正距方位図法の特徴。

【答】(1)(a) ウ　(b)(ロンドンは,)暖流と偏西風の影響を受けるから。(同意可)　(2)(a) エ　(b) ウ
(3) Ⅰ. イ　Ⅱ. カ

2 【解き方】(1)(b) ア.「北東」ではなく，北西が正しい。地形図は，方位記号などがない限り，地図の上が北，左が西を示す。イ.「600m」ではなく，700m が正しい。2 万 5 千分の 1 の縮尺の地形図では，主曲線は 10m おきに引かれている。ウ．郵便局は 2 か所あるが，病院はない。カ．5 km は，2 万 5 千分の 1 の縮尺の地図上では，500000 (cm) ÷ 25000 から 20cm の長さで表されるが，日光駅から東照宮までの地図上の長さはその半分程しかない。

(2)(a) 日本列島は，標高の高い山脈が国土の中央付近に連なっており，それらの山脈から海までの距離が短い。そのために川の長さが短く，流れは急になる。(b) このような地形を扇状地という。ウは川が平地から海へ流れ出るところにつくられる三角州の説明。

(3)(a) B は梅雨時の降水量が多いので九州地方，C は冬の降水量が多いので日本海側の地域のものとわかる。(b) 東北自動車道は，沿道に半導体製造工場や電子機器の工場が集中しているため，「シリコンロード」と呼ばれている。X は瀬戸内工業地域に属する広島県。Y は農業や畜産業がさかんな宮崎県。

【答】(1)(a) エ　(b) エ・オ　(2)(a) 長さが短く，急流であるという特徴。(同意可)　(b) イ　(3)(a) オ　(b) ア

3 【解き方】(1) 大仙古墳は，大阪府堺市にある。

(3) 勘合は，倭寇と正式な使節を区別するために用いられた。この貿易では，生糸や銅銭が輸入品であった。

(4) 実際には，株仲間を解散させても物価は下がらず，他の政策も含めて天保の改革は失敗に終わった。

(5) ア．岩倉使節団は欧米に派遣された。ウ．陸奥宗光は，領事裁判権の撤廃に成功した。エ.「台湾」ではなく，遼東半島が正しい。

(6) 白黒テレビ・電気洗濯機・電気冷蔵庫は，高度経済成長期が始まった 1950 年代後半に「三種の神器」として家庭に普及した電化製品。1960 年代半ば以降になると，カラーテレビ・クーラー・自動車が「新・三種の神器」(「3C」) と呼ばれ，普及が進んだ。

【答】(1) イ　(2) 万葉集　(3) ア　(4) 物価の引き下げを図る目的。(または，物価の上昇を抑える目的。)(同意可)
(5) イ
(6)(記号) ア　(理由) カラーテレビの普及率が上がるにつれて，白黒テレビの普及率は下がるから。(同意可)

4 【解き方】(1) 紀元前 16 世紀ごろに成立した。

(2) 大航海時代は 15 世紀から 17 世紀の中頃ぐらいまで続いた。アは 12 世紀，イは 13 世紀，ウは 16 世紀，エは 19 世紀のできごと。

(3) アメリカ南部では黒人奴隷を使った綿花栽培などがさかんであったが，奴隷解放を主張していたリンカンが大統領に就任したことで，北部との争いが激化した。

(4)(b) アは 1940 年，イは 1932 年，ウは 1936 年，エは 1918 年のできごと。(c) 他に農業生産を調整する一方,

あまった農産物を政府の資金で買い上げ，農民を救済するなどした。

【答】 (1) ア (2) ウ (3) エ

(4) (a) 国際連盟 (b) エ→イ→ウ→ア (c) 高くなってきた失業率を公共事業によって下げようとする目的。(同意可)

5 **【解き方】** (1) 国民投票の具体的な手続きは，国民投票法に定められている。

(2) (a) 衆議院議員総選挙の後，30 日以内に召集される国会を選ぶ。X はア，Y はイがあてはまる。(b) 衆・参両議院からそれぞれ 7 名の議員が選ばれ，裁判官の役割を果たす。

(3) 労働三法の一つ。労働者には団結権が認められている。

(4)「国際会議」とは，気候変動枠組条約第 3 回締約国会議（COP3）のこと。「京都議定書」では，先進国に対し，温室効果ガスの排出削減が義務付けられた。

(5) A にはエ，B にはウ，C にはイがあてはまる。

(7) (a) 社会権は，1919 年にドイツで出されたワイマール憲法において初めて保障された権利。(b)「負担者」には 20 歳以上 60 歳未満の人が，「受給者」には 65 歳以上の人がそれぞれあてはまることから考える。

【答】 (1) エ (2) (a) ウ (b) 弾劾裁判《だんがいさいばん》 (3) 労働組合法 (4) イ (5) ア (6) 閣議

(7) (a) 生存(権) (b) 国民年金保険料の負担者が減少し，受給者が増加しているから。(同意可)

理　科

1 【解き方】(2) ブドウ糖やアミノ酸は小腸の柔毛で吸収されて毛細血管に入り，門脈（血管 e）を通って肝臓に運ばれるので，器官 Y は小腸，器官 X は肝臓。

(3) 血液中の尿素はじん臓（図 2 の Z）でこし取られて尿として排出されるので，じん臓から出てくる血液中の尿素が最も少なくなる。

(4) 動脈血は酸素を多く含む血液なので，肺（図 2 の W）から出て全身に送られる血液が動脈血になる。

【答】(1) 組織液　(2) ア　(3) h　(4) b・c

2 【解き方】(2) A. 表 1・2 より，測定 1 のときの室温が 28 ℃，湿度が 54 ％で，温度が 28 ℃のときの飽和水蒸気量が 27.2g/m^3 なので，27.2 (g/m^3) × $\frac{54}{100}$ ≒ 14.7 (g/m^3)　B. 温度が 20 ℃のときの飽和水蒸気量が 17.3g/m^3 で，この部屋に含まれる水蒸気量が 14.7g/m^3 なので，水そうの表面に水滴はついていない。

(3) X・Y. 水滴がついていることから，露点は 20 ℃以上とわかる。仮に露点が 20 ℃とすると，測定 3 の空気に含まれる水蒸気量は，17.3 (g/m^3) ÷ $\frac{62}{100}$ ≒ 27.9 (g/m^3)　表 2 より，室温は 28 ℃よりも高いとわかる。また，測定 4 の空気の湿度は，$\frac{17.3\ (\mathrm{g/m^3})}{24.4\ (\mathrm{g/m^3})}$ × 100 ≒ 71 (％)　実際の露点が 20 ℃より高い場合，室温や湿度もより高くなる。Z. 測定 5 の空気に含まれる水蒸気量は，24.4 (g/m^3) × $\frac{62}{100}$ ≒ 15.1 (g/m^3)　表 2 より，露点は 18 ℃より低いことがわかるので，水温も 18 ℃より低い。

【答】(1) 露点　(2) A. 14.7　B. イ　(3) イ

3 【解き方】(1) 花火が開く場所からたろうさんの家までの距離は，340 (m/秒) × 3.5 (秒) = 1190 (m)　花火が開く場所からたろうさんが近づいたところまでの距離は，340 (m/秒) × 2 (秒) = 680 (m)　よって，短くなった距離は，1190 (m) − 680 (m) = 510 (m)

【答】(1) 510 (m)　(2) 音が伝わる速さは，光の速さより遅いから。(同意可)　(3) X. 振動　Y. 波

4 【解き方】(1) 気体 A は二酸化炭素，気体 B はアンモニア。

(2) (b) 酸性の物質は青色リトマス紙を赤色に変え，アルカリ性の物質は赤色リトマス紙を青色に変える。

【答】(1) A. CO_2　B. NH_3　(2) (a) 空気より密度が小さいという性質があるから。(同意可)　(b) エ

5 【解き方】(1) (b) 黄道上を太陽が 1 周する動きは，地球が太陽の周りを公転することによる見かけの動き。

(2) (a) 夏至の日の太陽の位置は図の D の位置になり，黄道は天の赤道から 23.4° 傾いているので，90° − 23.4° = 66.6°　(b) 太陽の位置が点 G のとき，地球を挟んで反対の位置の点 A にある星が南中するのは午前 0 時になる。点 A～L は黄道を 12 等分した点なので，点 A にある星が南中してから点 B にある星が南中するまでにかかる時間は，$\frac{24\ (\text{時間})}{12}$ = 2 (時間)　よって，点 B にある星が南中する時刻は午前 2 時となり，日の入りを午後 6 時とすると，点 B の位置にある星が南中するのは日の入りから 8 時間後になる。(c) 春分の日の太陽の位置は点 A で，午前 0 時に東の地平線からのぼりはじめる星の位置は点 J，南の空に南中する星の位置は点 G，西の地平線に沈む星の位置は点 D になる。(d) 点 F の位置にある星が南中してから 2 時間後に日の出を迎えているので，日の出のとき，南の空は点 G の方向になり，東の地平線にある太陽は点 J の位置にある。太陽が点 J の位置にあるときは冬至の日になるので，北緯 34.0° の地点の太陽の南中高度は，90° − 34.0° − 23.4° = 32.6°

(3) うるう年は 4 年に 1 度なので，365 (日) × 4 + 1 (日) = 1461 (日) で地球は 4 回公転していることになる。よって，1 回公転するのにかかる日数は，$\frac{1461\ (\text{日})}{4\ (\text{回})}$ = 365.25 (日) なので，選択肢の中ではイが適当。

【答】(1)(a) 西(から)東(の向き) (b)(地球の)公転

(c) 地球から星座の星までの距離と比べて，地球から太陽までの距離が短いから。(同意可)

(2)(a) 66.6(度) (b) 8(時間後) (c) J (d) 32.6(度) (3) イ

6 【解き方】(1)(a) 酸化マグネシウムはマグネシウムと酸素の原子が1：1の割合で結びついているので，酸化マグネシウムの化学式はMgOとなり，化学反応式は化学変化の前後で原子の種類と数を合わせる。

(2)(a) 表より，加熱回数が5回目からは加熱後の物質の質量に変化がないので，0.60gのマグネシウムがすべて酸化されると，1.00gの酸化マグネシウムになることがわかる。よって，0.60gのマグネシウムと結びつく酸素の質量は，1.00(g)－0.60(g)＝0.40(g)なので，マグネシウム：酸素＝0.60(g)：0.40(g)＝3：2 (b) マグネシウムの加熱回数が1回目のとき，マグネシウムと結びついた酸素の質量は，0.86(g)－0.60(g)＝0.26(g)なので，(a)より，酸素0.26gと結びつくマグネシウムの質量は，$0.26\,(\mathrm{g}) \times \frac{3}{2} = 0.39\,(\mathrm{g})$ よって，酸化マグネシウムの質量は，0.39(g)＋0.26(g)＝0.65(g)

(3)(a) マグネシウムが二酸化炭素の酸素を奪って酸化マグネシウムになるので，黒い物質は二酸化炭素が酸素を奪われて残った炭素。(b) 二酸化炭素は酸素を奪われるので還元。

【答】(1)(a) $2Mg + O_2 \rightarrow 2MgO$ (b) A．熱 B．光(順不同)

(2)(a)(マグネシウム：酸素＝) 3：2 (b) 0.65(g) (3)(a) 炭素 (b) 還元

7 【解き方】(1)(a) ア．ピントを合わせるときは，対物レンズとプレパラートがぶつからないように，対物レンズとプレパラートを遠ざけるように調節ねじを回す。ウ．観察倍率は，接眼レンズの倍率と対物レンズの倍率の積で求められる。エ．対物レンズの倍率が高くなると，ピントを合わせたときの対物レンズの先端とプレパラートの間隔はせまくなる。(c) ヨウ素液の反応を見やすくするために，葉の緑色を脱色する。

(2)(b) 試験管Aはオオカナダモの光合成によって，BTB溶液に溶けている二酸化炭素が吸収されるので，アルカリ性に変化する。試験管Cはオオカナダモの呼吸によって，BTB溶液に溶けている二酸化炭素の量が増えるので，酸性に変化する。(c) BTB溶液に溶けている二酸化炭素の量が減少しているので，呼吸によって放出される二酸化炭素の量より，光合成によって吸収される二酸化炭素の量の方が多いことがわかる。

【答】(1)(a) イ (b) 葉緑体 (c) 脱色するため。(同意可) (d) デンプン

(2)(a)(試験管Aで見られたBTB溶液の色の変化は)オオカナダモのはたらきによるものであることを明らかにするため。(同意可) (b) あ．イ い．オ う．ア え．ウ (c) ア

8 【解き方】(1)(a) 斜面の傾斜が一定なので，斜面に平行で下向きの力の大きさも一定になる。(b) 図4の(あ)〜(い)，(い)〜(う)，(う)〜(え)は6打点ごとに区切った長さなので，各区間の時間は，$1\,(\text{秒}) \times \frac{6\,(\text{打点})}{60\,(\text{打点})} = 0.1\,(\text{秒})$ (あ)〜(え)までの時間は，0.1(秒)×3＝0.3(秒) (あ)〜(え)の長さは，0.9(cm)＋1.8(cm)＋2.7(cm)＝5.4(cm) よって，$\frac{5.4\,(\mathrm{cm})}{0.3\,(\text{秒})} = 18\,(\mathrm{cm}/\text{秒})$ (c) 台車の高さはしだいに低くなるので，台車がもつ位置エネルギーは小さくなり，台車の速さはしだいに速くなるので，台車がもつ運動エネルギーは大きくなる。

(2) ①のAB間の距離と②のDB間の距離は等しく，Aの位置よりDの位置の方が高いことから，②の台車の速さの変化は①の台車の速さの変化より大きくなり，水平面に到達したときの台車の速さも速くなる。よって，水平面まで到達する時間，台車が水平面をCの位置まで進むのにかかる時間は，ともに②の方が短くなる。

(3) 木片が水平面上で静止したことから，木片と水平面との間には摩擦がはたらいていると考えられる。

【答】(1)(a) ウ (b) 18(cm/秒)

(c)(位置エネルギー) 小さくなる。(運動エネルギー) 大きくなる。(それぞれ同意可) (d) 等速直線(運動)

(2) ア (3) ウ

国　語

1【答】① あつか(う)　② しぼ(る)　③ ゆかい　④ ていさい　⑤ 額　⑥ 幼(い)　⑦ 混雑　⑧ 円熟

2【解き方】㈠ 一・二画目や「⺍」が，つなげて書かれている。

㈡「明日から二学期だから」に注目。また，調整が終わったメガネを受け取ったとき「完了」と言っている。

㈢「メガネ／を／かけ／て／帰っ／て／くる」と分けられる。

㈣「最初はメガネ姿を川野さんに見られることも嫌だった」が，川野さんが「似合うよ」「いいフレーム選んだんだね」と言ってくれたことに着目する。

㈤「しゃべる声までくっきりと聞こえてくる」に注目。最初はメガネ姿を見られることも「嫌」だったが，次に欲しいメガネや，メガネの遊び方の話をしてからは，「行こう」「うん，行こう」と会話がはずむようになり，川野さんといることが楽しくなっていることから考える。

【答】㈠ イ　㈡ 二学期の準備　㈢ エ

㈣ メガネ姿を川野さんに見られることも嫌だったが，川野さんが似合うと言ってくれた(から。)（38字）（同意可）

㈤ ウ

3【解き方】㈠ ①は，「隠れ」に「ない」をつけると，直前の音が「エ段」の音になる。②は，「隠し」に「ない」をつけると，直前の音が「ア段」の音になる。

㈡「紅葉」は「アントシアニン」がつくられることによって起き，そのための「三つの大切な条件」が挙げられている。さらに，「赤い色素をつくりだす反応は…湿度の高い場所が適しています」とつけ加えている。

㈢ 赤い色素も黄色の色素も，「太陽の光に含まれる紫外線の害を防ぐ物質」である。「イチョウの黄色と同じ役割」とあるので，「何のために，イチョウの葉っぱが黄色になるのか」という疑問について，「黄葉の葉っぱの色素は…守っているのです」という考察に着目する。

㈣ Aは「葉っぱの緑色の色素である…新たにつくられなければなりません」，Bは「イチョウの黄葉には，年ごとに，場所ごとに，あまり変化がない」，Cは「紅葉は，黄葉とは異なり…色づきが異なる」に着目する。

㈤「イチョウの葉っぱは，自分の生涯の終わりに際し…主役を譲る」「黄葉の葉っぱの色素は…芽が傷つけられることから守っている」など，植物を擬人化して表現している。

【答】㈠ ウ　㈡ 湿度が高い（同意可）

㈢ 紫外線を吸収して，次の年の芽が傷つけられることから守る(こと。)（27字）（同意可）　㈣ イ　㈤ ア

4【解き方】㈠ 語頭以外の「は・ひ・ふ・へ・ほ」は「わ・い・う・え・お」にする。

㈡「な～そ」で，「～してくれるな」という意味になる。

㈢ 二字以上戻って読む場合には「一・二点」を用いる。

㈣ 都から飛んできて生えついた梅の木に向かって主人が歌を詠むと，「この木…と申したりけるこそ」ということが起こって驚いている。

【答】㈠ においおこせよ　㈡ ア　㈢ エ　㈣ 主人の詠んだ歌に返事をした（13字）（同意可）

◀口語訳▶　菅原道真が，大宰府に旅立つことを決心されたころ，

東から春風が吹いたなら，その香りを送っておくれ，梅の花よ，主人がいなくても春を忘れてはいけない

と詠み置き，都を出て筑紫にお移りになったあとに，あの菅原道真の都の邸宅の梅の一本の枝が，飛んで来て，生えついた。

ある時，この梅に向かって，

故郷の花がものを言う世であったなら，どうにかして昔のことを尋ねただろうに

とお詠みになった時，この木が，

先人の旧宅において

垣根は昨年から荒れはて

鹿たちの住み家と化し

主人がいなくなって青空のみが澄みわたる

と返事をしたので，驚くほど不思議なことで，想像もつかないことではないか。

5 **【解き方】**㈠【資料1】からわかることを考える。

㈡ ボランティア活動と聞いて，「災害救助や被災地の復興支援のように…支援するような活動」をよく想像することに着目する。

㈢ そうたさんは「もしかして…」「私も…想像するよ」と自分の意見を述べ，アンケート結果から考えられることを述べている。

【答】㈠ エ　㈡ ウ　㈢ イ

㈣ (例1)

私は，学校の近くにある山や森，海岸などでごみ拾いをするボランティア活動を学校で企画すればよいと思います。

ボランティア活動に参加した理由として「社会の役に立ちたいから」が最も多く挙げられています。だから，参加者を増やすためには，ごみ拾いをするボランティア活動が地域の環境を守ることにつながるということをポスターに書いて掲示したり，校内放送で呼びかけたりすればよいと考えます。(195字)

(例2)

学校や地域で花を植えて，見る人の心がいやされるような，美しい花壇をつくる活動をすればよいのではないだろうか。

資料3では，ボランティア活動に参加したことがない理由として，「時間がないから」「何をすればよいのかわからないから」が挙げられている。だから，昼休みや放課後に，校門の周りや地域の公園へ短時間で少しずつ花を植えていく活動の案内チラシをつくり，配布すれば参加者が増えると考える。(197字)

~MEMO~

2025年度 受験用
公立高校入試対策シリーズ（赤本）ラインナップ

入試データ	前年度の各高校の募集定員，倍率，志願者数等の入試データを詳しく掲載しています。
募集要項	公立高校の受験に役立つ募集要項のポイントを掲載してあります。ただし，2023年度受験生対象のものを参考として掲載している場合がありますので，2024年度募集要項は必ず確認してください。
傾向と対策	過去の出題内容を各教科ごとに分析して，来年度の受験について，その出題予想と受験対策を掲載してあります。予想を出題範囲として限定するのではなく，あくまで受験勉強に対する一つの指針として，そこから学習の範囲を広げて幅広い学力を身につけるように努力してください。
くわしい解き方	模範解答を載せるだけでなく，詳細な解き方・考え方を小問ごとに付けてあります。解き方・考え方をじっくり研究することで応用力が身に付くはずです。また，英語長文には全訳，古文には口語訳を付けてあります。
解答用紙と配点	解答用紙は巻末に別冊として付けてあります。 解答用紙の中に問題ごとの配点を掲載しています（配点非公表の場合を除く）。合格ラインの判断の資料にしてください。

府県一覧表

3021 岐阜県公立高
3022 静岡県公立高
3023 愛知県公立高
3024 三重県公立高【後期選抜】
3025 滋賀県公立高
3026-1 京都府公立高【中期選抜】
3026-2 京都府公立高【前期選抜 共通学力検査】
3027-1 大阪府公立高【一般選抜】
3027-2 大阪府公立高【特別選抜】
3028 兵庫県公立高
3029-1 奈良県公立高【一般選抜】
3029-2 奈良県公立高【特色選抜】
3030 和歌山県公立高
3033-1 岡山県公立高【一般選抜】
3033-2 岡山県公立高【特別選抜】
3034 広島県公立高
3035 山口県公立高
3036 徳島県公立高
3037 香川県公立高
3038 愛媛県公立高
3040 福岡県公立高
3042 長崎県公立高
3043 熊本県公立高
3044 大分県公立高
3046 鹿児島県公立高

滋賀県特色選抜・学校独自問題

2001 滋賀県立石山高
2002 滋賀県立八日市高
2003 滋賀県立草津東高
2004 滋賀県立膳所高
2005 滋賀県立東大津高
2006 滋賀県立彦根東高
2007 滋賀県立守山高
2008 滋賀県立虎姫高
2020 滋賀県立大津高

京都府前期選抜・学校独自問題

2009 京都市立堀川高·探究学科群
2010 京都市立西京高·エンタープライジング科
2011 京都府立嵯峨野高·京都こすもす科
2012 京都府立桃山高·自然科学科

2025 年度
受験用

公立高校入試対策シリーズ 3024

三重県公立高等学校
(後期選抜)

別冊

解答用紙

- この冊子は本体から取りはずしてご使用いただけます。
- 解答用紙(本書掲載分)をダウンロードする場合はこちら↓
https://book.eisyun.jp/

※なお,予告なくダウンロードを終了することがあります。

英俊社

●解答用紙の四隅にあるガイドに合わせて指定の倍率で拡大すると，実物とほぼ同じ大きさでご使用いただけます(一部例外がございます)。

受検番号
番

得点

1

(1)		(2)		(3)	
(4)	$x=$　　　，$y=$	(5)			
(6)	$x=$	(7)	$n=$	(8)	$\leqq y \leqq$
(9)	点	(10)	°	(11)	°

(12)

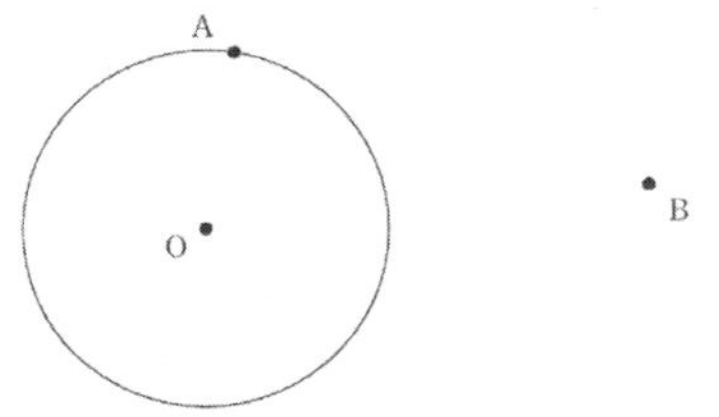

2

(1)	人	(2)	人

3

(1)		(2)	

4

(1)	①		②	
	③		④	
(2)	A組の生徒　　　人，りんご　　　個，みかん　　　個			

5

(1)	A（　　，　　）	(2)	cm^2
(3)		(4)	$x=$

6

(1)〈証　明〉

(2)	①	cm
	②	線分DE：線分EG：線分GC＝　　：　　：

7

(1)	cm^2	(2)	正四角錐P：三角錐Q＝　　：
(3)	cm		

※実物の大きさ：173% 拡大（B4 用紙）

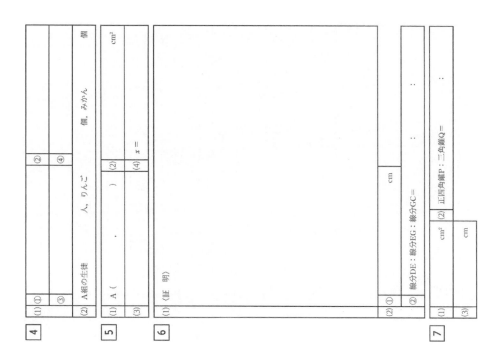

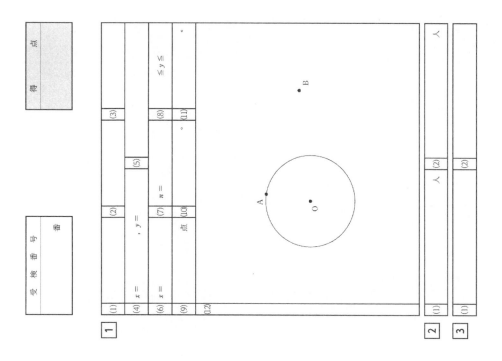

受検番号
番

得点

1

(1)						
(2)	No. 1		No. 2		No. 3	
(3)	No. 1		No. 2			
	No. 3		No. 4			
(4)	No. 1		No. 2		No. 3	

2

(1)	No. 1	①		②	
	No. 2				
(2)					

3

(1)	①	
	②	
	③	
(2)	①	
	②	
	③	

4

(1)	①		②	
(2)	A		B	
(3)				
(4)				

※実物の大きさ：173% 拡大（B4 用紙）

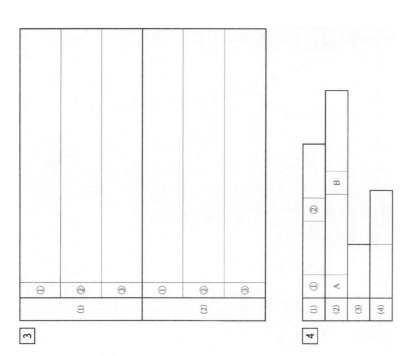

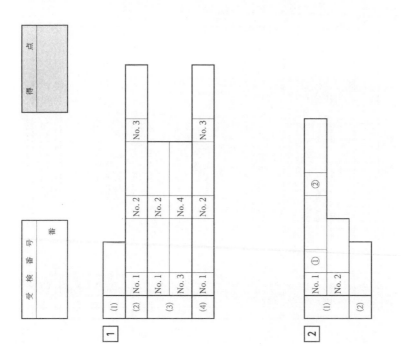

受検番号	得点
番	

1

(1)		(2)		(3)	
(4)					
(5)					
(6)		(7)			

2

(1)		(2)	
(3)			
(4)		(5)	
(6)			
(7)			

3

(1)		(2)		(3)	
(4)	異国船打払令をやめ，				
(5)					
(6)					
(7)					

4

(1)	
(2)	
(3)	
(4)	
(5)	アメリカとの貿易において，
(6)	

5

(1)				
(2)	(a)		(b)	
(3)	(a)		(b)	
(4)				
(5)				
(6)		(7)		
(8)				

※実物の大きさ：173% 拡大（B4 用紙）

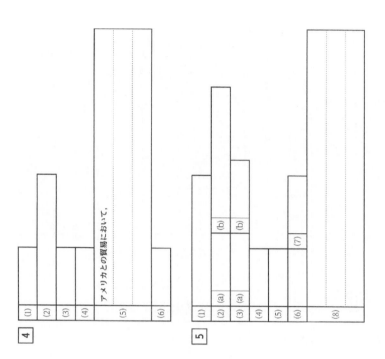

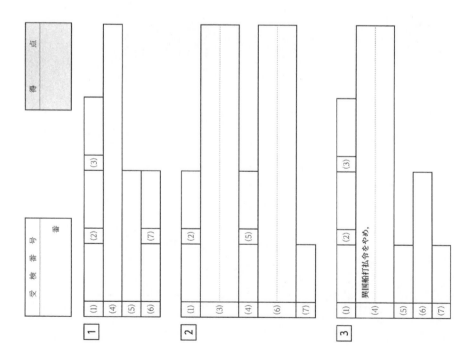

受検番号	得点
番	

1
(1)　(2) C　D
(3)

2
(1)　(2) (a)　(b)　N

3
(1)　(2)　cm
(3)
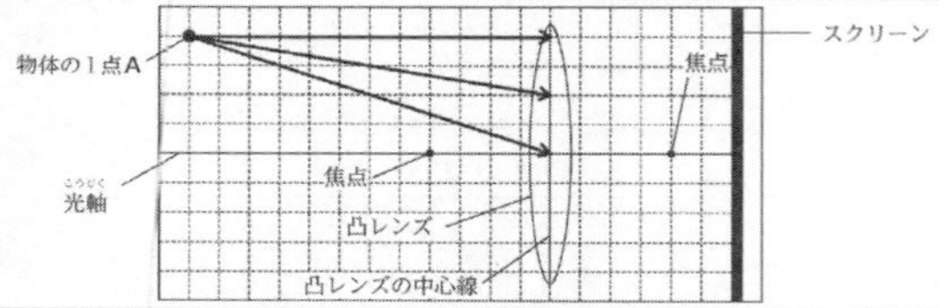

(4)

4
(1) (a)　(b)　(c)　の法則
(2)

5
(1) (a)　(b)
(c) マグマが
(d)
(2) (a)　(b)　(3)

6
(1)
(2) (a)　(b)
(c) A →　→　→　→　→
(d) あ　い
(3)

7
(1) (a)　→
(b)　(c)
(d) 加えたうすい水酸化ナトリウム水溶液の体積と水溶液中のナトリウムイオンの数の関係
加えたうすい水酸化ナトリウム水溶液の体積と水溶液中の水酸化物イオンの数の関係
(2)
(3) あ　い
うえ

8
(1) (a)　A　(b)
(c)　倍　(d)　W
(2) (a)　A
(b) $I_1 : I_2 =$ 　：　(c)

※実物の大きさ：173% 拡大（B4 用紙）

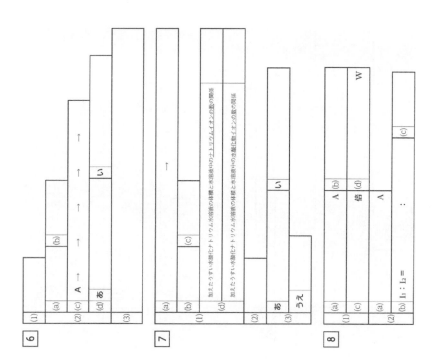

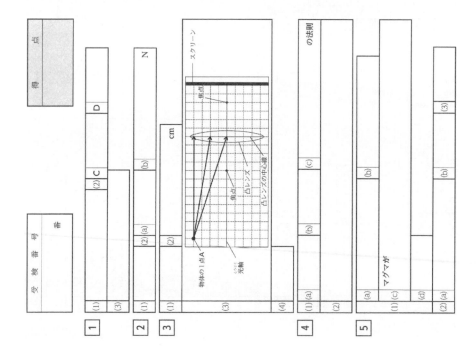

2024 年度　三重県公立高等学校（後期選抜）　国語（1）

受検番号　　番

得点

1

① む　② す　③　④

⑤ みじか　い　⑥ な　らす　⑦ かん　ぱん　⑧ じゃっ　かん

2

(一)　(二)　(三)

(四) 25　35　45　ことに気づいたから。

(五)

3

(一)　(二)

(三) 5　10

(四)

(五) 25　35

4

(一)　(二)

(三)　(四)

（裏面へ続く）

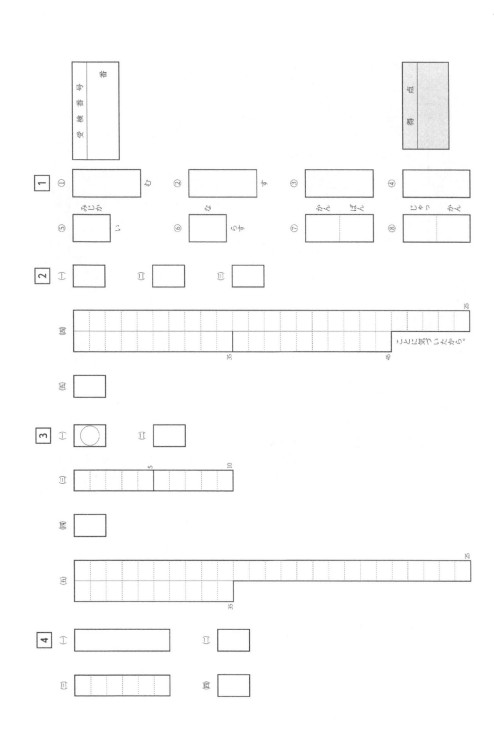

5

(一)

(二)

20 40 60 80 100 120 140 160 180 200

(三)

―おわり―

※実物の大きさ：122% 拡大（B5 用紙）

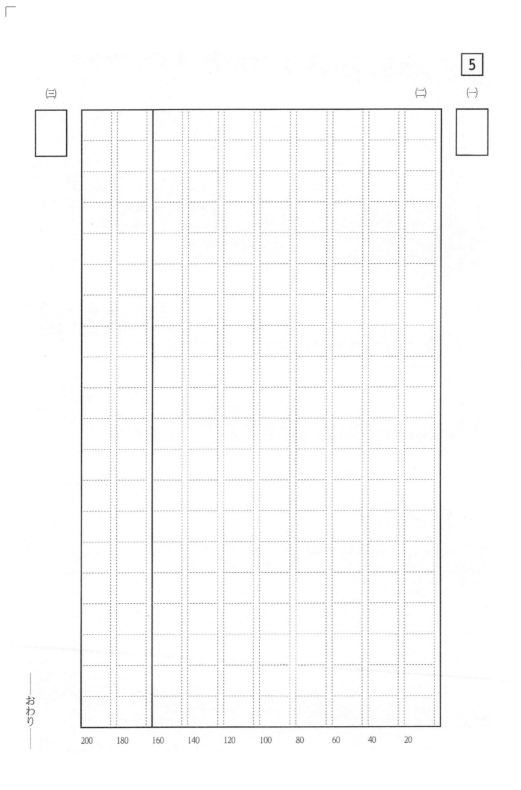

【数　　学】

[1] (1)～(5) 1 点×5　(6)～(12) 2 点×7　　[2] 2 点×2　　[3] 2 点×2

[4] (1) ①・② 1 点（完答）　③・④ 1 点（完答）　(2) 2 点（完答）　　[5] (1) 1 点　(2)～(4) 2 点×3

[6] (1) 3 点　(2) 2 点×2　　[7] (1) 1 点　(2) 2 点　(3) 2 点

【英　　語】

[1] (1) 1 点　(2) 1 点×3　(3) 2 点×4　(4) 2 点×3　　[2] 2 点×4　　[3] 2 点×6

[4] (1) 2 点×2　(2) 1 点×2　(3) 2 点　(4) 2 点×2

【社　　会】

[1] (1)～(3) 1 点×3　(4) 2 点　(5) 2 点　(6) 1 点　(7) 1 点

[2] (1) 1 点　(2) 1 点　(3) 2 点　(4) 1 点　(5) 1 点　(6) 2 点　(7) 1 点

[3] (1)～(3) 1 点×3　(4) 2 点　(5) 1 点　(6) 2 点　(7) 1 点

[4] (1) 1 点　(2) 2 点　(3) 2 点　(4) 1 点　(5) 2 点　(6) 1 点

[5] (1) 2 点　(2) (a) 1 点　(b) 2 点　(3) 1 点×2　(4) 1 点　(5) 2 点　(6) 1 点　(7) 1 点　(8) 2 点

【理　　科】

[1] 1 点×4（(3)は完答）　[2] (1) 1 点　(2) (a) 1 点　(b) 2 点　　[3] (1) 1 点　(2) 1 点　(3) 2 点　(4) 1 点

[4] 1 点×4　　[5] (1) (a) 1 点　(b) 1 点　(c) 2 点　(d) 1 点　(2) 1 点×2　(3) 1 点

[6] (1) 1 点　(2) (a) 1 点　(b) 1 点　(c) 2 点　(d) 1 点×2　(3) 1 点　　[7] 1 点×9

[8] (1) 1 点×4　(2) (a) 1 点　(b) 2 点　(c) 1 点

【国　　語】

[1] 1 点×8　　[2] (一)～(三) 2 点×3　(四) 3 点　(五) 3 点　　[3] (一) 2 点　(二) 2 点　(三) 3 点　(四) 2 点　(五) 3 点

[4] 2 点×4　　[5] (一) 2 点　(二) 6 点　(三) 2 点

受検番号	得点
番	

1

(1)		(2)		(3)	
(4)		(5)	$x=$	(6)	$n=$
(7)	$x=$	(8)	$\angle x=$ °		
(9)				(10)	秒

(11)

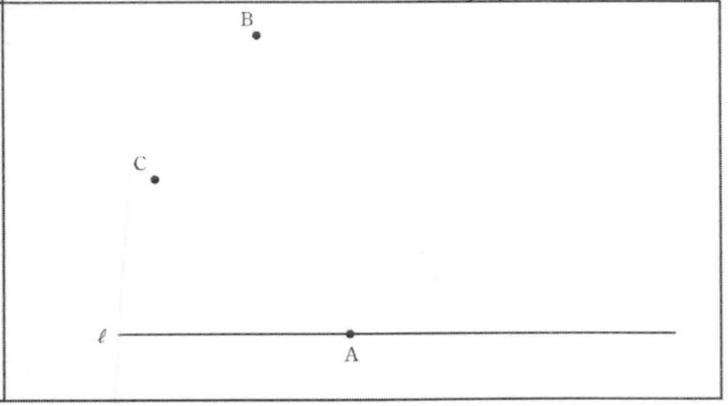

2

(1)	点	(2)	$m=$, $n=$
(3)		(4)	① ②

3

(1) ①	②
(2)	陸上競技大会に参加した小学生　人，中学生　人

4

(1)		(2)	$a=$

5

(1)	B（　,　）	(2)	$a=$, $b=$
(3)	cm^2	(4)	$x=$

6

(1)	〈証　明〉
(2)	① cm　② cm

7

(1)	cm^3	(2)	cm

※実物の大きさ：173% 拡大（B4 用紙）

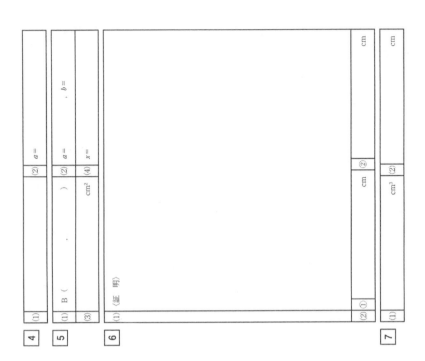

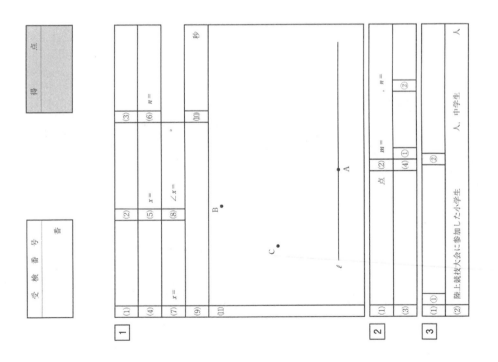

受検番号	番

得点	

1

(1)			
(2)	No. 1	No. 2	No. 3
(3)	No. 1	No. 2	
	No. 3	No. 4	
(4)	No. 1	No. 2	No. 3

2

(1)	No. 1	①	②
	No. 2		
(2)			

3

(1)	①
	②
	③
(2)	①
	②
	③

4

(1)	①	②
(2)	A	B
(3)		
(4)		

※実物の大きさ：173% 拡大（B4 用紙）

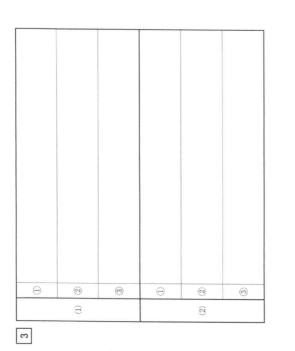

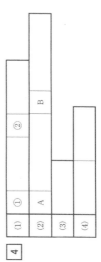

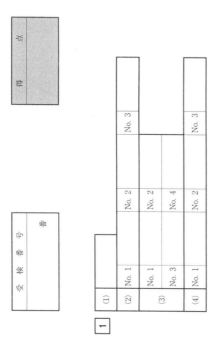

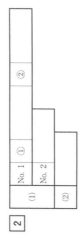

受検番号　　番

得点

1
(1) (a) (b) (c)
(2) (a) (b)
(3) (a) (b)

2
(1)
(2) (a) 都市 (b)
(3)
(4)
(5)
(6)

3
(1)
(2)
(3)
(4) (a) (b)
(5)
(6)

4
(1)
(2)
(3) (a) (b)
(4)
(5) 条約
(6)

5
(1)
(2)
(3) (a) 他の年代と比べて、 (b)
(4)
(5) (a) (b)
(6)
(7)

※実物の大きさ：173% 拡大（B4用紙）

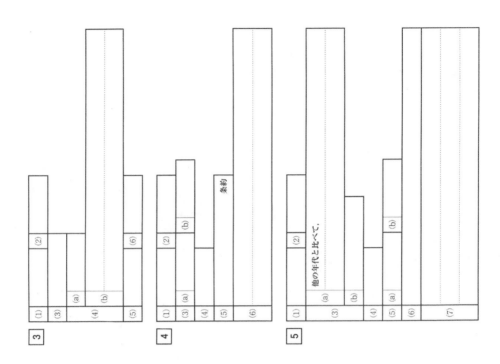

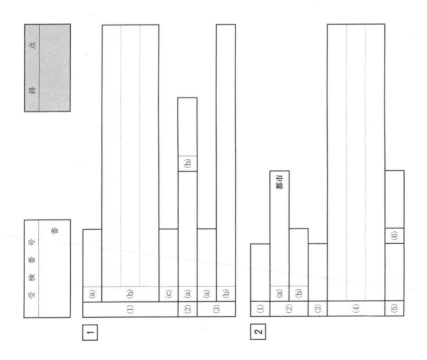

受検番号	得点
番	

1

(1)

(2)

(3) 試験管に入れる液　　結果

2

(1) X Y　　あ

(2) %

3

(1) (a)　　(b)

(2) (a) Hz　　(b)

4

(1) 水の割合が最も高い　　エタノールの割合が最も高い

(2)

(3) あ　　い

5

(1) (a)

(1) (b) あい　　う　　(c)

(2) (a)　　(b)

(2) (c) さそり座は

(2) (d)

6

(1) (a)　　(b)

(2) (a)

(2) (b) 記号　　名称

(2) (c)　　(d) g

(2) (e)

7

(1) (a)　　(b) 銅：酸素 = :

(1) (c) g

(2) (a) 試験管 a に

(2) (b) (i)

(2) (b) (ii)

(2) (c) →

8

(1) (a)　　(b) J

(1) (c) X　　Y　　Z

(1) (d)

(2) (a) W　　(b) cm/s

※実物の大きさ：173% 拡大（B4 用紙）

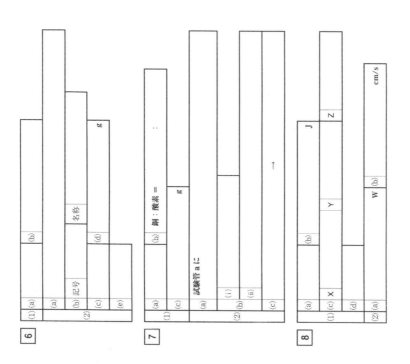

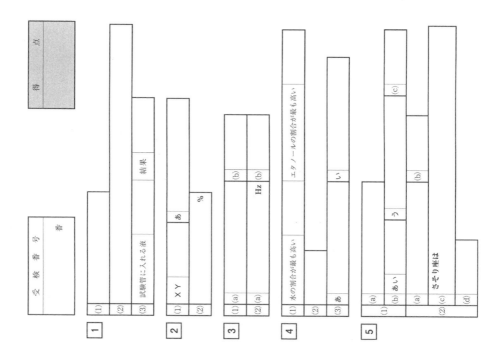

受検番号　　番

得点

1
① 　く
② 　げる
③
④
⑤ つ　げる
⑥ うやま　う
⑦ せき　にん
⑧ さん　さく

2
㈠
㈡ （10）（20）
㈢
㈣ （25）（60）（75）（80）と考えるようになった。
㈤

3
㈠　㈡　㈢
㈣ a　b　c
㈤ （25）（35）（50）（55）

4
㈠　㈡
㈢ （15）
㈣

（裏面へ続く）

※実物の大きさ：173% 拡大（B4用紙）

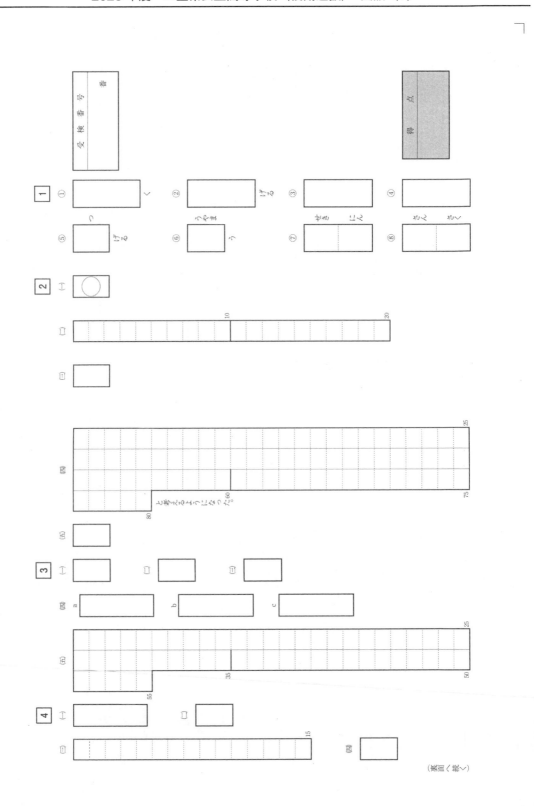

5

(一)

(二)

(三)

20　40　60　80　100　120　140　160　180　200

―おわり―

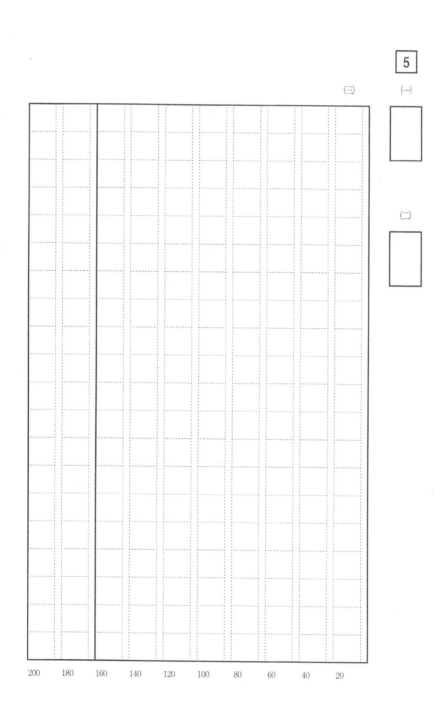

2023 年度　三重県公立高等学校（後期選抜）［配点］

【数　　学】

1 (1)〜(4) 1 点×4　(5)〜(11) 2 点×7　2 (1) 1 点　(2) 2 点　(3) 2 点　(4) 1 点×2　3 1 点×3　4 2 点×2
5 (1) 1 点　(2)〜(4) 2 点×3　6 (1) 3 点　(2) 2 点×2　7 2 点×2

【英　　語】

1 (1) 1 点　(2) 1 点×3　(3) 2 点×4　(4) 2 点×3　2 2 点×4　3 2 点×6
4 (1) 2 点×2　(2) 1 点×2　(3) 2 点　(4) 2 点×2

【社　　会】

1 (1)(a) 1 点　(b) 2 点　(c) 1 点　(2) 1 点×2　(3)(a) 1 点　(b) 2 点
2 (1) 1 点　(2)(a) 2 点　(b) 1 点　(3) 1 点　(4) 2 点　(5) 1 点　(6) 1 点
3 (1) 1 点　(2) 1 点　(3) 2 点　(4)(a) 1 点　(b) 2 点　(5) 1 点　(6) 1 点　4 (1)〜(4) 1 点×5　(5) 2 点　(6) 2 点
5 (1) 1 点　(2) 1 点　(3) 2 点×2　(4) 2 点　(5) 1 点×2　(6) 2 点　(7) 2 点

【理　　科】

1 (1) 1 点　(2) 1 点　(3) 2 点　2 (1) 1 点×2　(2) 2 点　3 (1) 1 点×2　(2)(a) 2 点　(b) 1 点
4 1 点×4（(1)は完答）　5 1 点×8　6 1 点×8
7 (1)(a) 1 点　(b) 1 点　(c) 2 点　(2)(a) 1 点　(b) 1 点×2　(c) 2 点
8 (1) 1 点×5（(c) X・Y は完答）　(2)(a) 1 点　(b) 2 点

【国　　語】

1 1 点×8　2 ㈠〜㈢ 2 点×3　㈣ 3 点　㈤ 3 点　3 ㈠〜㈢ 2 点×3　㈣ 1 点×3　㈤ 3 点
4 2 点×4　5 ㈠ 2 点　㈡ 2 点　㈢ 6 点

受検番号	得点
番	

1

(1)		(2)		(3)	
(4)		(5)		(6)	$y =$
(7)	$x =$	(8)			

2

(1)	①	m						
	②	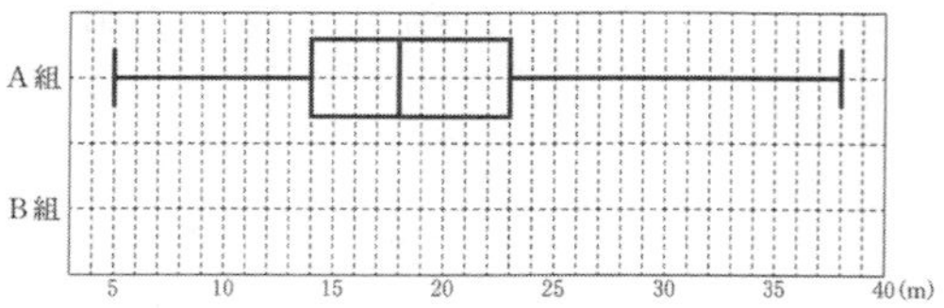						
	③	(i)		(ii)				
(2)	①	(A)		(B)		(C)		(D)
	②	歩いた道のり	m	走った道のり	m			
(3)	①		②	$n =$				

3

(1)		A（　　.　　）	(2)	$y =$
(3)	①	C（　　.　　）	②	D（　　.　　）

4

(1)	①	cm	②	cm

(2)	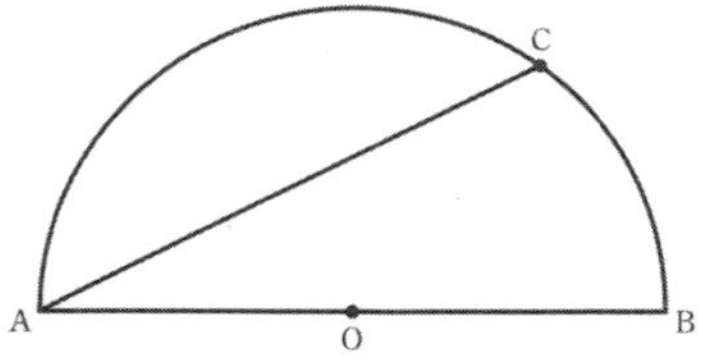

5

(1)	(ア)		(イ)	
	(ウ)			
(2)	〈証　明〉			
(3)	①	cm		
	②	△IEC : △AGH = 　　:		

◇K8(501—4)

※実物の大きさ：173% 拡大（B4 用紙）

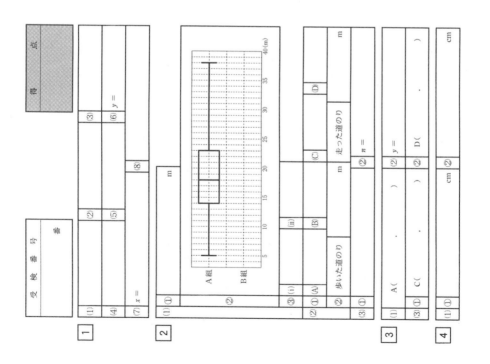

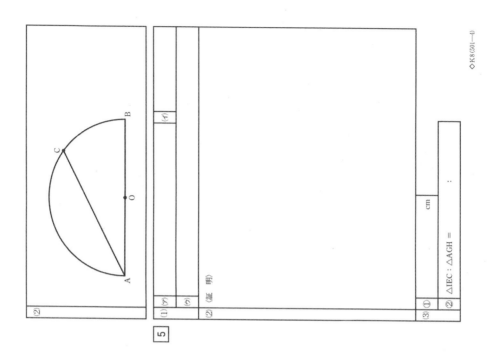

受検番号	
	番

得点

1

(1)				
(2)	No. 1	No. 2	No. 3	
(3)	No. 1	No. 2		
	No. 3	No. 4		
(4)	No. 1	No. 2	No. 3	

2

(1)	No. 1	①	②
	No. 2		
(2)			

3

(1)	①
	②
	③
(2)	①
	②
	③

4

(1)	①	②
(2)	A	B
(3)		
(4)		

◇K10(501—8)

※実物の大きさ：173% 拡大（B4 用紙）

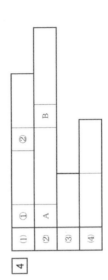

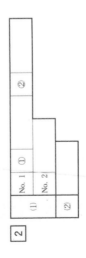

◇K9(501—6)

受検番号　　番

得点

1

(1)	(a)		(b)	
(2)	(a)		(b)	
(3)	(a)		(b)	
(4)	(a)		(b)	

2

(1)			
(2)	国際空港		
(3)		(4)	
(5)		(6)	
(7)			

3

(1)		(2)	
(3)			
(4)			
(5)		(6)	
(7)	記号		
	理由		

4

(1)		(2)	
(3)			
(4)			
(5)			
(6)			

5

(1)				
(2)				
(3)	(a)			
	(b)			
(4)	(a)		(b)	
(5)	実際のアンケート結果と比べて、			
(6)			(7)	
(8)				

※実物の大きさ：173% 拡大（B4 用紙）

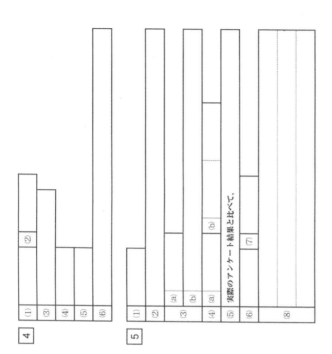

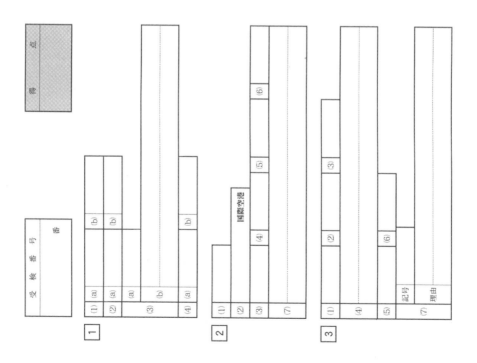

受検番号	得点
番	

1

(1)	(a) 角	(b)	度
(2)	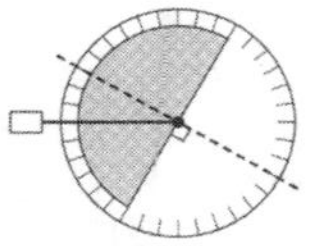		
(3)	度		

2

(1)		(2)		(3)	
(4)	金星は				

3

(1)	形質	(2)	
(3)	黒色	黄色	

4

(1)	(a)	ビーカー A		ビーカー B		ビーカー C	
	(b)						
(2)	(a)		(b)	%			

5

(1)	(a)	あ		い	
	(b)	名称		記号	
	(c)	植物		(d)	
	(e)	類		(2)	
(3)	X のグループ		Z のグループ		

6

(1)	(a)	(i) →				
		(ii) →				
	(b)					
(2)	(a)	エネルギー	(b)			
	(c)		(d) (i)		(ii)	

7

(1)	(a)		(b)	前線	(c)
	(d)	記号			
		変化			
(2)	(a)		(b)		

8

(1)	(a)		(b)			
	(c)	→ → →				
(2)	(a)		(b)		(c)	
	(d)	コイルが 180° 回転することに, はたらき				

◇K11(501—10)

※実物の大きさ：173% 拡大（B4 用紙）

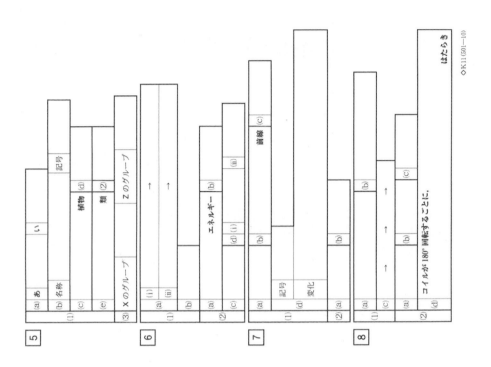

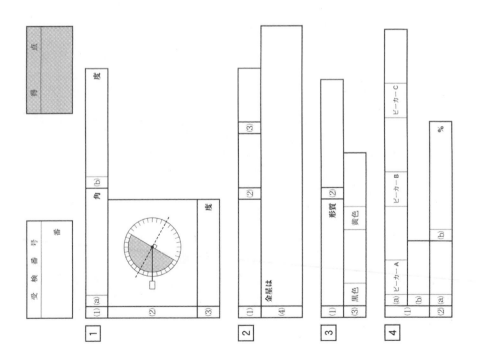

受検番号　番

得点

1
① やか
② める
③
④
⑤ おとず れる
⑥ ゆだ ねる
⑦ すい そく
⑧ おう ふく

2
(一)
(二)
(三) 25 30 40
(四)
(五) 20 30 ということ。

3
(一)
(二)
(三)
I(四)
II(四) 25 35

4
(一)
(二)
(三)
(四) 12

（裏面へ続く）

◇K7(501—2)

※実物の大きさ：173% 拡大（B4 用紙）

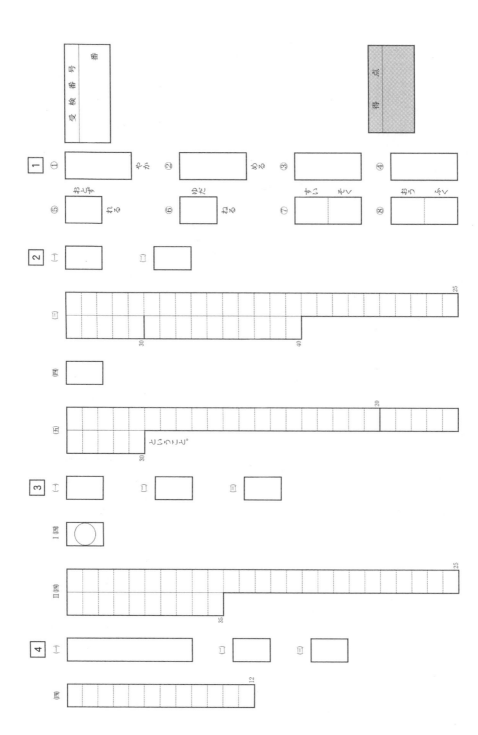

5

㈠

㈡

㈢

200　180　160　140　120　100　80　60　40　20

おわり

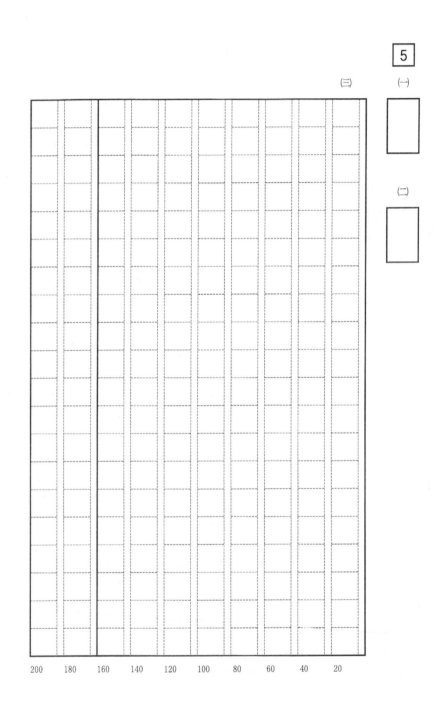

2022 年度　三重県公立高等学校（後期選抜）［配点］

【数　学】

[1] (1)〜(3)1点×3　(4)〜(8)2点×5

[2] (1)①1点　②2点　③1点×2　(2)①(A)(B)：1点　(C)(D)：1点　②1点　(3)2点×2　[3] 2点×4

[4] (1)①1点　②2点　(2)3点　[5] (1)1点×3　(2)4点　(3)2点×2

【英　語】

[1] (1)1点　(2)1点×3　(3)2点×4　(4)2点×3　[2] 2点×4　[3] 2点×6

[4] (1)2点×2　(2)1点×2　(3)2点　(4)2点×2

【社　会】

[1] (1)1点×2　(2)1点×2　(3)(a)1点　(b)2点　(4)1点×2　[2] (1)1点　(2)2点　(3)〜(6)1点×4　(7)2点

[3] (1)〜(3)1点×3　(4)2点　(5)1点　(6)1点　(7)2点

[4] (1)1点　(2)1点　(3)2点　(4)1点　(5)2点　(6)2点

[5] (1)1点　(2)2点　(3)(a)1点　(b)2点　(4)1点×2　(5)2点　(6)1点　(7)1点　(8)2点

【理　科】

[1] 1点×4　[2] 1点×4　[3] (1)1点　(2)1点　(3)2点　[4] (1)1点×2　(2)(a)1点　(b)2点

[5] 1点×8（(1)(a)・(3)は各完答）　[6] 1点×8

[7] (1)(a)〜(c)1点×3　(d)記号：1点　変化：2点　(2)1点×2

[8] (1)(a)1点　(b)1点　(c)2点　(2)(a)〜(c)1点×3　(d)2点

【国　語】

[1] 1点×8　[2] (一)2点　(二)2点　(三)3点　(四)2点　(五)3点　[3] (一)〜(三)2点×3　(四)3点×2

[4] 2点×4　[5] (一)2点　(二)2点　(三)6点

受検番号	得点
番	

1

(1)		(2)		(3)	
(4)		(5)			
(6)	$x=$				
(7)	①		②		

2

(1)	①	$a=$	②	10 時　　分
	③	10 時　　分		
(2)	①		②	
	③		④	
	⑤		⑥	
(3)	①		②	

3

(1)	A(　　,　　)	(2)	$\leqq y \leqq$
(3)	E(　　,　　)	(4)	

4

(1)	①	cm	②	cm

(2)

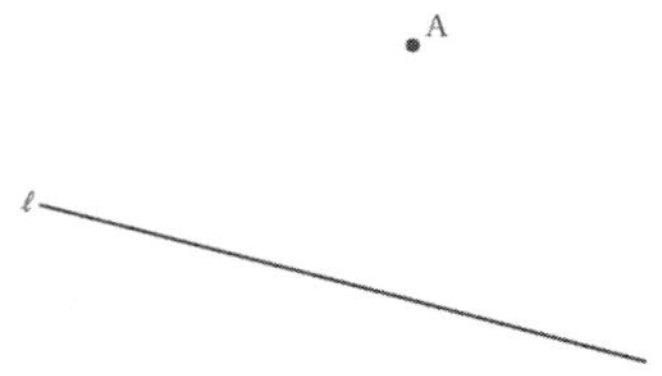

5

(1)	(ア)		(イ)	
	(ウ)			
(2)	〈証　明〉			
(3)	①	cm	②	$\triangle BFG : \triangle OFG =$　　：

◇K8(770—4)

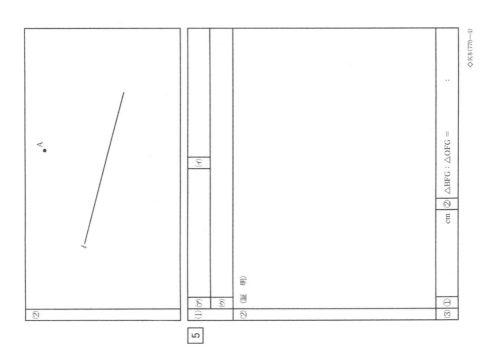

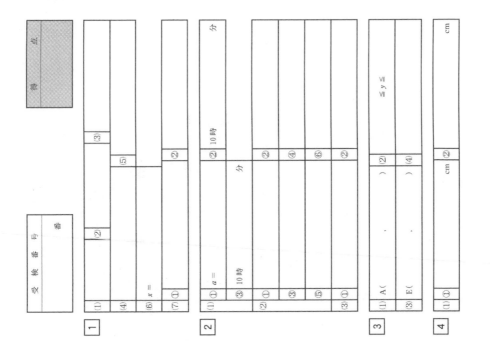

受検番号
番

得点

1

(1)						
(2)	No. 1		No. 2		No. 3	
(3)	No. 1		No. 2			
	No. 3		No. 4			
(4)	No. 1		No. 2		No. 3	

2

(1)	No. 1	①		②	
	No. 2				
(2)					

3

(1)	①	
	②	
	③	
(2)	①	
	②	
	③	

4

(1)	①		②	
(2)	A		B	
(3)				
(4)				

◇K10(770—8)

※実物の大きさ：173% 拡大（B4 用紙）

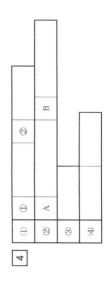

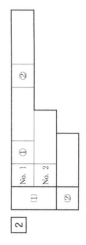

受検番号	番

得点	

1

(1)	
(2)	(a)
	(b)
	(c)
(3)	(a)
	(b)

2

(1)	(a)
	(b)
	(c)
(2)	(a)
	(b)
(3)	

3

(1)	
(2)	
(3)	
(4)	
(5)	
(6)	記号
	理由
(7)	

4

(1)	
(2)	
(3)	
(4)	
(5)	
(6)	

5

(1)	
(2)	
(3)	
(4)	
(5)	(a) から
	(b)
(6)	
(7)	(a)
	(b)
(8)	

◇K9(770—6)

※実物の大きさ：173% 拡大（B4 用紙）

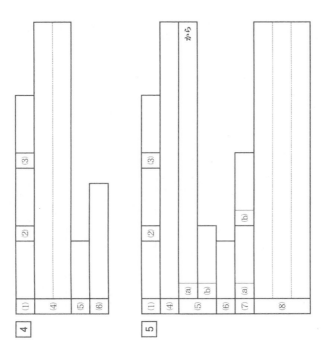

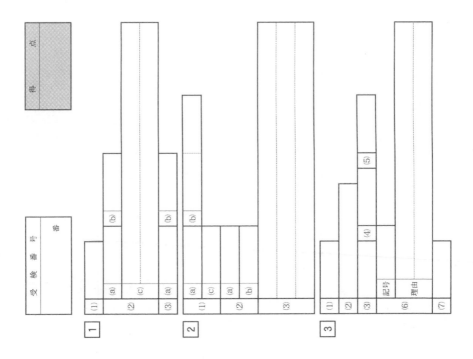

受検番号	得点
番	

1

(1)	(a)		(b)	
(2)	A → → → → →			

2

(1)		(2)	
(3)			

3

(1)	cm³	(2)		(3)	

4

(1)		(2)		
(3)	(a)	N	(b)	

5

(1)	(a)	X	(b)	
	(c)	動物	(d)	あ　　　い
(2)	(a)	A　　　膜	(b)	う
	(c)			

6

(1)	(a)		(b)	あ　　　(c)
	(d)	陽イオン		陰イオン
(2)	(a)	加えたうすい塩酸の体積と水素イオンの量との関係		
		加えたうすい塩酸の体積と塩化物イオンの量との関係		
	(b)	→		

7

(1)		(2)	→ → →	
(3)	(a)		(b)	組織
	(c)	岩		
	(d)	マグマが　冷やされたから。		
	(e)			

8

(1)	(a)	A	(b)	V
(2)	(a)	J		
	(b)			
(3)	(a)	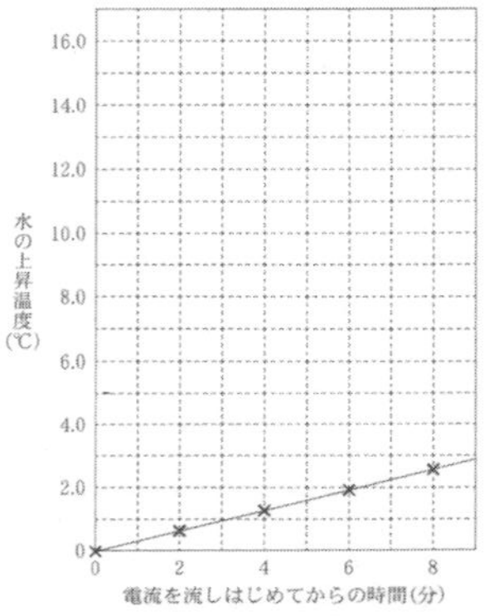		
	(b)	分　　　秒後		

◇K11(770—10)

※実物の大きさ：173% 拡大（B4 用紙）

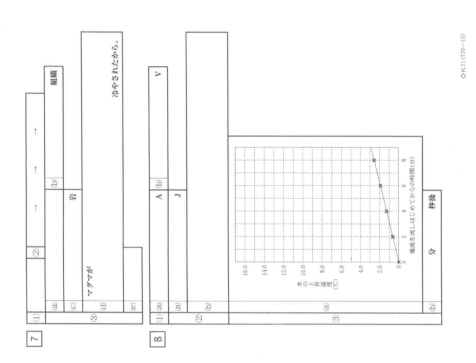

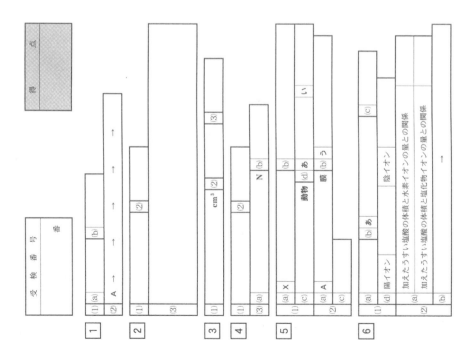

受検番号　　番

得点

1
① る　② げる　③　④
⑤ おぎな う　⑥ やしな う　⑦ たん じゅん　⑧ ひょう じゅん

2
(一)
(二)
(三)
(四) 16
(五) 25 50 55 65

3
(一)
(二)
(三)
(四) 20 25 30
(五)

4
(一)
(二)　(三)　(四) 5 10

5
(一)　(二)

（裏面へ続く）

◇K7(770—2)

※実物の大きさ：173% 拡大（B4用紙）

㈢

200　180　160　140　120　100　80　60　40　20

―おわり―

※実物の大きさ：122% 拡大（B5 用紙）

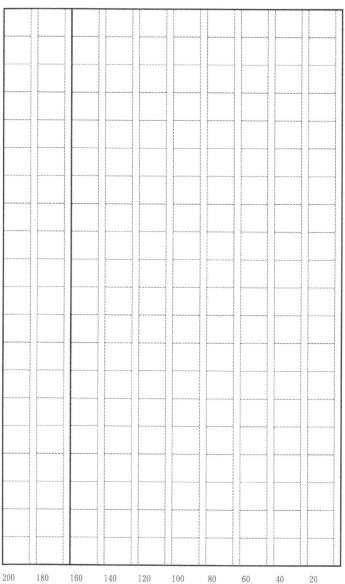

【数　　学】

1 (1) 1 点　(2) 1 点　(3)～(7) 2 点×5

2 (1) ① 1 点　② 2 点　③ 2 点　(2) 1 点×4（③④・⑤⑥は各完答）(3) 2 点×2　3 2 点×4

4 (1) ① 1 点　② 2 点　(2) 3 点　5 (1) 1 点×3　(2) 4 点　(3) 2 点×2

【英　　語】

1 (1) 1 点　(2) 1 点×3　(3) 2 点×4　(4) 2 点×3　2 2 点×4　3 2 点×6

4 (1) 2 点×2　(2) 1 点×2　(3) 2 点　(4) 2 点×2

【社　　会】

1 (1) 1 点　(2)(a) 1 点　(b) 2 点　(c) 2 点　(3)(a) 1 点　(b) 2 点　2 (1) 1 点×4　(2)(a) 1 点　(b) 2 点　(3) 2 点

3 (1) 1 点　(2) 2 点　(3)～(5) 1 点×3　(6) 2 点　(7) 1 点　4 (1)～(3) 1 点×3　(4)～(6) 2 点×3

5 (1)～(3) 1 点×3　(4) 2 点　(5)(a) 2 点　(b) 1 点　(6) 1 点　(7)(a) 2 点　(b) 1 点　(8) 2 点

【理　　科】

1 (1) 1 点×2　(2) 2 点　2 (1) 1 点　(2) 1 点　(3) 2 点　3 (1) 2 点　(2) 1 点　(3) 1 点　4 1 点×4

5 1 点×8　6 (1) 1 点×5　(2)(a) 1 点×2　(b) 2 点

7 (1) 1 点　(2) 1 点　(3)(a)～(c) 1 点×3　(d) 2 点　(e) 1 点　8 (1) 2 点×2　(2) 1 点×2　(3)(a) 1 点　(b) 2 点

【国　　語】

1 1 点×8　2 (一)～(三) 2 点×3　(四) 3 点　(五) 3 点　3 (一)～(三) 2 点×3　(四) 3 点　(五) 3 点

4 2 点×4　5 (一) 2 点　(二) 2 点　(三) 6 点

受検番号	得点
番	

1

(1)		(2)		(3)	
(4)		(5)			
(6)	$x =$	(7)	$n =$		

2

(1) ①　　円　② ㋐　　冊

② ㋑

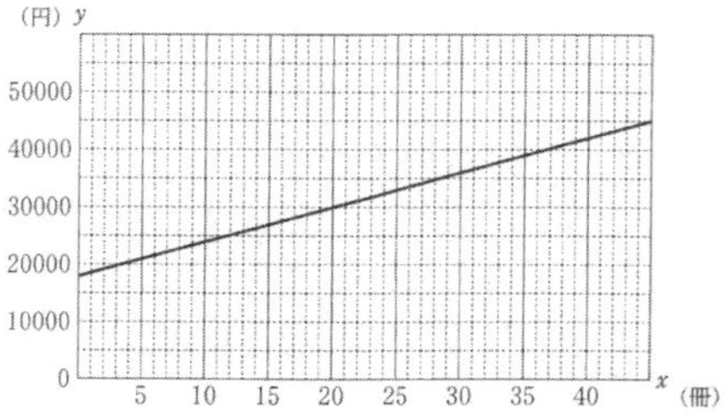

② ㋒　　冊以上

(2)	①		②	
	③		④	
(3)	①		②	

3

(1)	$a =$	(2)	$\leqq y \leqq$
(3) ①	D（　　，　　）	②	$y =$

4

(1) ①	cm	②	cm

(2)

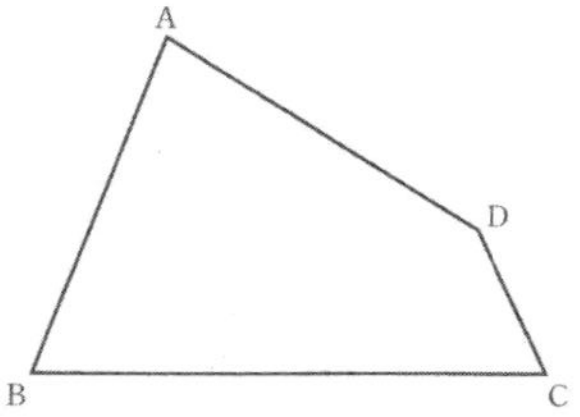

5

(1) ㋐		㋑	
㋒			

(2)〈証　明〉

(3) ①	cm^2	②	BG : FE =　　：

◇K8(116―4)

※実物の大きさ：173% 拡大（B4 用紙）

受検番号	
	番

得点

1

(1)						
(2)	No. 1		No. 2		No. 3	
(3)	No. 1		No. 2			
	No. 3		No. 4			
(4)	No. 1		No. 2		No. 3	

2

(1)	No. 1	①		②
	No. 2			
(2)				

3

(1)	①	
	②	
	③	
(2)	①	
	②	
	③	

4

(1)	①		②	
(2)	A		B	
(3)				
(4)				

◇K10(116—8)

※実物の大きさ：173% 拡大（B4 用紙）

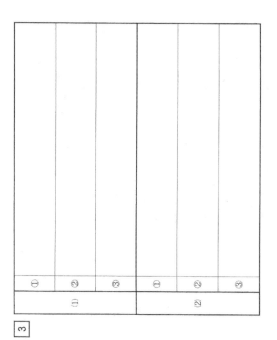

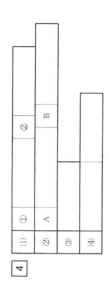

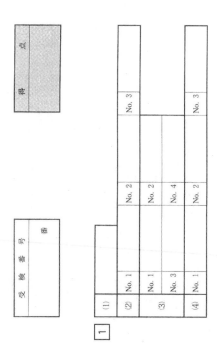

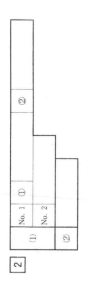

受検番号　　番

得点　　点

1

(1) (a)
(1) (b) ロンドンは，
(2) (a)　(b)
(3) Ⅰ　Ⅱ

2

(1) (a)　(b)
(2) (a)　(b)
(3) (a)　(b)

3

(1)
(2)
(3)
(4)
(5)
(6) 記号
(6) 理由

4

(1)　(2)
(3)
(4) (a)
(4) (b) →　→　→
(4) (c)

5

(1)
(2) (a)　(b)
(3)
(4)　(5)
(6)
(7) (a) 権
(7) (b)

◇K9(116—6)

※実物の大きさ：173% 拡大（B4 用紙）

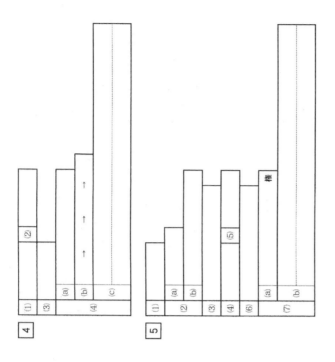

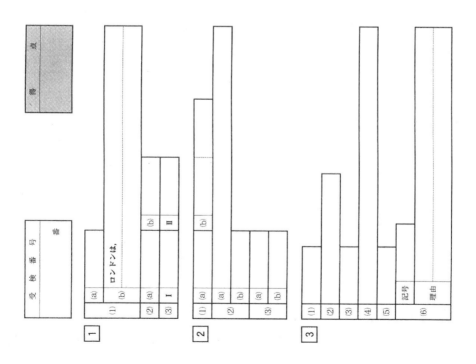

受検番号	得点
番	

1

(1)	あ	(2)	X
(3)		(4)	

2

(1)				
(2)	A	B	(3)	

3

(1)	m	
(2)		
(3)	X	Y

4

(1)	A	B
(2)	(a)	
	(b)	

5

(1)	(a)	から　の向き	(b)	地球の
	(c)			
(2)	(a)	度	(b)	時間後
	(c)			
	(d)	度	(3)	

6

(1)	(a)			
	(b)	A		B
(2)	(a)	マグネシウム：酸素 ＝ ：	(b)	g
(3)	(a)		(b)	

7

(1)	(a)		(b)	
	(c)			
	(d)			
(2)	(a)	試験管 A で見られた BTB 溶液の色の変化は		
	(b)	あ　い	う	え
	(c)			

8

(1)	(a)		(b)	cm/秒
	(c)	位置エネルギー		
		運動エネルギー		
	(d)	運動		
(2)				
(3)				

◇K11(116―10)

※実物の大きさ：173% 拡大（B4 用紙）

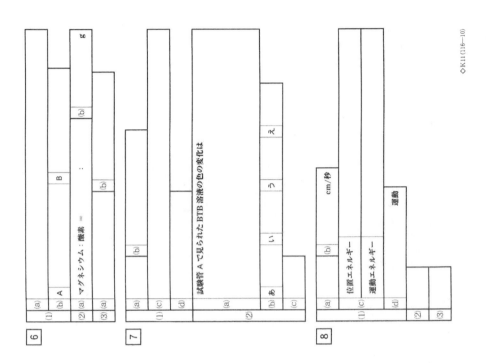

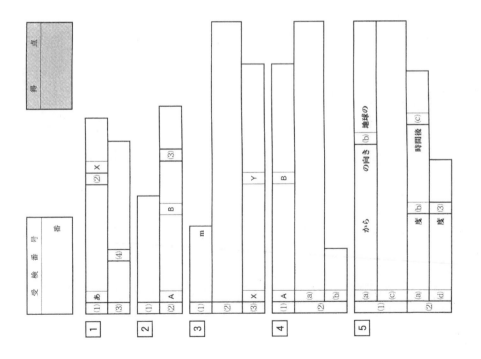

受検番号　番

得点

1
① う
② る
③
④
⑤ かたい
⑥ おさな い
⑦ こんざつ
⑧ えんじゅく

2
㈠
㈡
㈢
㈣ 25 30 40 から。
㈤

3
㈠
㈡
㈢ 20 25 30 こと。
㈣
㈤

4
㈠
㈡
㈢
㈣ 10 15

5
㈠
㈡
㈢

（裏面へ続く）

◇K7(116—2)

※実物の大きさ：173% 拡大（B4 用紙）

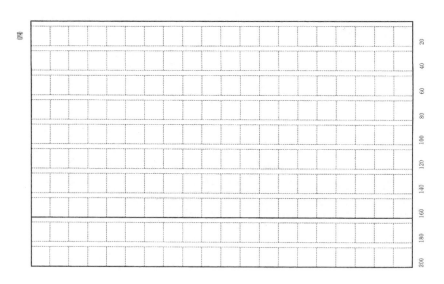

四

おわり

※実物の大きさ：173% 拡大（B4 用紙）

2020 年度　三重県公立高等学校（後期選抜）［配点］

【数　　学】

[1] (1) 1 点　(2) 1 点　(3)～(7) 2 点×5

[2] (1) ① 1 点　② ㋐ 2 点　㋑ 1 点　㋒ 2 点　(2) ① 1 点　② 1 点　③④ 1 点　(3) 2 点×2　[3] 2 点×4

[4] (1) ① 1 点　② 2 点　(2) 3 点　[5] (1) 1 点×3　(2) 4 点　(3) 2 点×2

【英　　語】

[1] (1) 1 点　(2) 1 点×3　(3) 2 点×4　(4) 2 点×3　[2] 2 点×4　[3] 2 点×6

[4] (1) 2 点×2　(2) 1 点×2　(3) 2 点　(4) 2 点×2

【社　　会】

[1] (1) (a) 1 点　(b) 2 点　(2) 2 点×2　(3) 2 点　[2] (1) 1 点×3　(2) (a) 2 点　(b) 1 点　(3) (a) 1 点　(b) 2 点

[3] (1) 1 点　(2) 2 点　(3) 1 点　(4) 2 点　(5) 1 点　(6) 2 点　[4] (1)～(3) 1 点×3　(4) 2 点×3

[5] (1) 1 点　(2) (a) 1 点　(b) 2 点　(3) 2 点　(4) 1 点　(5) 1 点　(6) 2 点　(7) 2 点×2

【理　　科】

[1] 1 点×4　[2] (1) 1 点　(2) 2 点　(3) 1 点　[3] (1) 1 点　(2) 2 点　(3) 1 点

[4] (1) 1 点×2　(2) (a) 2 点　(b) 1 点　[5] (1) (a) 1 点　(b) 1 点　(c) 2 点　(2) 1 点×4　(3) 1 点

[6] (1) (a) 2 点　(b) 1 点　(2) (a) 1 点　(b) 2 点　(3) 1 点×2　[7] (1) 1 点×4　(2) (a) 2 点　(b) 1 点　(c) 1 点

[8] (1) (a) 1 点　(b) 2 点　(c) 1 点×2　(d) 1 点　(2) 1 点　(3) 1 点

【国　　語】

[1] 1 点×8　[2] ㈠～㈢ 2 点×3　㈣ 3 点　㈤ 3 点　[3] ㈠ 2 点　㈡ 2 点　㈢ 3 点　㈣ 3 点　㈤ 2 点

[4] ㈠ 2 点　㈡ 1 点　㈢ 2 点　㈣ 3 点　[5] ㈠ 1 点　㈡ 1 点　㈢ 2 点　㈣ 6 点

~MEMO~

~MEMO~

~*MEMO*~